MEXIKO

Volker Mehnert

VERLAG MARTIN VELBINGER

Erhältlich im Buchhandel oder gegen Voreinsendung von DM 42,- auf das Postgirokonto München, Konto-Nr. 2o 65 6o-8o8, BLZ 7oo 1oo 8o oder gegen Verrechnungsscheck im Brief.

VERLAG MARTIN VELBINGER, Bahnhofstr. 1o6, 82166 Gräfelfing/München

INHALT

Anreise

1.) Linienflüge ... 9
2.) Charterflüge ... 10
3.) Billigreisen ... 10
4.) Anreise via USA ... 11

Transport in Mexiko

Flüge ... 12
Bus ... 15
Bahn ... 17
Pesero ... 18
Taxi ... 18
Mietwagen ... 19
Autofahren in Mexiko ... 20
Fähren ... 22
Trampen ... 22

Allgemeine Tips.

Einreise ... 23
Zollbestimmungen ... 23
Zeitzonen ... 23
Klima ... 24
Reisezeiten ... 24
Kleidung ... 25
Gesundheit ... 25
Mexikanische Behörden in Europa ... 27
Botschaften und Konsulate in Mexiko ... 28
Tourist Info ... 28
Polizei ... 29
Drogen ... 30
Frauen Allein ... 31
Diebstahl/Betrügereien ... 32
Geld ... 33
Post/Telefon ... 35
Museen/Öffnungszeiten/Elektrizität ... 36
Sprache ... 37
Fotografieren/Zeitungen ... 38

Unterkunft.

Hotels ... 40
Casa de Huéspedes ... 42
Motels ... 42
Privatunterkünfte ... 42
Jugendherbergen ... 43
Camping ... 43
Palapa ... 44

Essen und Trinken

Preise ... 45
Frühstück ... 46
Mittagessen ... 46
Abendessen ... 46
Restaurants ... 47
Marisquería ... 48
Café ... 48
Fonda ... 48
Fast Food ... 49
Vegetarische Restaurants ... 49
Calle ... 49
Cantina ... 50
Grundnahrungsmittel ... 50

MEXIKO

VERLAG MARTIN VELBINGER

Bahnhofstr. 1o6 82166 Gräfelfing/München

Dieses vorliegende Buch erscheint als BAND 03 einer Reihe unkonventioneller Reiseführer im VERLAG MARTIN VELBINGER:

SÜDOST - EUROPA
- Bd. o4 Griechenland/Gesamt
- Bd. 3o Griechenland/Kykladen
- Bd. 32 Griechenland/Dodekanes
- Bd. 33 Nordöstl. Ägäis
- Bd. 21 Kreta
- Bd. 35 Ungarn
- Bd. 41 Österreich/Ost
- Bd. 42 Österreich/West
- Bd. 16 Jugoslawien/Gesamt
- Bd. 34 Jugoslawien/Inseln-Küste
- Bd. 52 Türkei/Küste

SÜD - EUROPA
- Bd. 11 Toscana/Elba
- Bd. 15 Golf von Neapel/Campanien
- Bd. 12 Süditalien
- Bd. 14 Sardinien
- Bd. 23 Sizilien/Eol.Inseln
- Bd. o6 Südfrankreich
- Bd. 46 Côte d'Azur/Provence
- Bd. 13 Korsika

SÜDWEST - EUROPA
- Bd. o5 Portugal/Azoren/Madeira
- Bd. 48 Andalusien

WEST - EUROPA
- Bd. 25 Bretagne/Normandie/Kanalinseln
- Bd. 26 Franz. Atlantikküste/Loire
- Bd. 24 Irland
- Bd. 17 Schottland
- Bd. 27 Südengland
- Bd. 57 Wales

NORD - EUROPA
- Bd. 18 Schweden
- Bd. 19 Norwegen/Süd-Mitte
- Bd. 28 Skandinavien/Nord
- Bd. 29 Finnland
- Bd. 5o Dänemark

STÄDTEFÜHRER
- Bd. o7 Paris
- Bd. 1o Wien

AMERIKA
- Bd. 53 USA/Westküste Kalifornien
- Bd. 54 USA/ Der Nordwesten Oregon, Washington
- Bd. 58 USA/ Der Südwesten
- Bd. o8 Bahamas/Florida
- Bd. o2 Südliche Karibik
- Bd. o3 Mexiko
- Bd. 36 Chile/Antarktis
- Bd. 37 Venezuela/Guyanas
- Bd. 38 Kolumbien/Ecuador
- Bd. 39 Brasilien
- Bd. 56 Argentinien/Uruguay/Paraguay

NAHER OSTEN/AFRIKA
- Bd. 44 Togo
- Bd. 43 Kenia
- Bd. 51 Marokko

Weitere Titel in Vorbereitung. Bitte Anfrage an den Verlag.

Buchkonzept: Martin Velbinger
Karten: Pedro Zegarra (PZ), Ana Maria Velasco (AMV), Martin Velbinger (MVE)
Layout: Sabine Wildenblanck
Cover: Bettina v. Hacke

Herzlichen Dank an

* **Anna Cramer-Mehnert** für wertvolle Ratschläge und Mithilfe.
* das **Staatliche Mexikanische Verkehrsamt** in Frankfurt/M. und die **Secretaría de Turismo** in Mexico City, deren Mitarbeiter uns bestens unterstützten.

ISBN: 3-88316-004-0

ALLE ANGEGEBENEN PREISE sind Ca.-Preise, auch wenn sie nicht als solche bezeichnet sind. Für die Richtigkeit und Vollständigkeit aller Angaben, insbesondere der Abfahrtszeiten und Preise kann keine Gewähr übernommen werden.

© Copyright 1996 by Verlag Martin Velbinger, Gräfelfing/München. Alle Rechte vorbehalten, auch die der auszugsweisen Veröffentlichung, Übersetzung, Entnahme von Abbildungen etc. Die Wiedergabe von Gebrauchsnamen, Warenbezeichnungen, Handelsnamen u.ä. ohne besondere Kennzeichnung in diesem Buch berechtigen nicht zu der Annahme, daß diese im Sinne der Warenzeichen- und Markenschutzgesetzgebung als frei zu betrachten wären und daher von jedermann benutzt werden dürfen.

DRUCK und BINDUNG: Ebner Ulm
SATZ: Verlag Martin Velbinger, Gräfelfing/München
PRINTED IN GERMANY

aktualisiert, erweitert
2. AUFLAGE 1996

Spezialitäten.......................52	Segeln 59
Getränke..........................53	Tauchen und Schnorcheln......59
	Angeln...........................59

Sport

Sportschulen/Ausrüstung/	Fallschirmsegeln 60
Preise............................56	Wasserski 60
Tennis 56	Zuschauer-Sportarten...........60
Golf..............................57	
Wandern.........................57	
Bergsteigen 57	

Einkaufen

Reiten............................58	Märkte...........................61
Baden............................58	Shopping- Center 62
Surfen 58	Strassenhändler.................62
Windsurfen 59	Artesanía 63
	Bücher...........................66

Fiestas und Feiertage... 67

Highlights 72

Mexikanisches Lexikon.. 76

Kunst und Kultur 82

Präkolumbianische Kunst......82	Musik............................90
Moderne Wandmalerei..........82	Traditionen.....................92
Mexikanische Literatur 85	Mexiko im Film 92

Geschichte... 103

Literatur 164

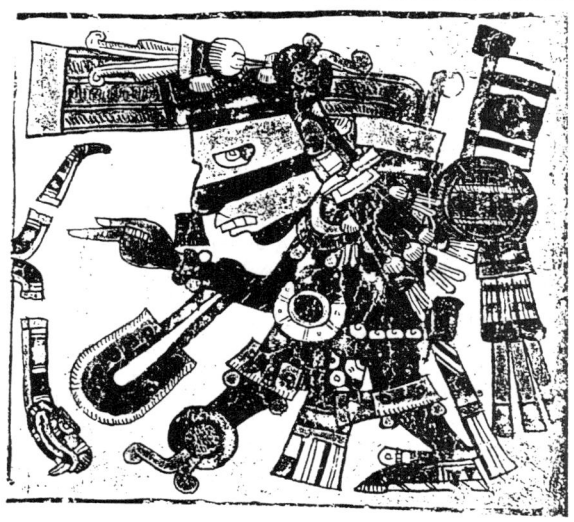

Mexico City

Geschichte 173
Stadtbesichtigung 185
Klima 185
Ankunft in Mexico City 185
Transport in Mexico City.......188
Tourist Info 191
Notruf 191
Botschaften 191
Goethe Institut...................191
Post..............................192
Telefon 192
Stadtorientierung 192
Museen 192
Centro Histórico.................195
Parque Alameda 202
Paseo de la Reforma /
Zona Rosa.....................205
Chapultepec / Polanco 206
Coyoacán.......................212
San Angel 215
Richtung Süden 216
Xochimilco......................218
Richtung Norden................218
Hotels...........................220
Restaurants......................224
Veranstaltungen 229
Märkte 231
Artesanía 232
Bücher..........................233
Verbindungen...................233
Ausflüge ab Mexico City.......238
Vulkan Popocatépetl 238
Teotihuacán 240
Tula 245
Tepotzotlán......................246

Zentrales Hochland

Reiserouten 250
Pachuca.........................250
Querétaro.......................253
San Miguel de Allende..........259
Guanajuato......................265
San Luis Potosí..................276
Ojo Caliente....................282
Real de Catorce.................282
Zacatecas 283
Aguascalientes..................291
Guadalajara 295
Tlaquepaque 306
Pátzcuaro........................308
Morelia 313
Cuernavaca.....................319
Xochicalco......................324
Taxco...........................325
Puebla 330
Cholula 340
Tlaxcala.........................341
Cacaxtla 341

Zentrale Golfküste

Xalapa..........................346
Veracruz........................349
Zempoala.......................362
Papantla 363
El Tajín 365
Poza Rica.......................368
Tampico 368

Der Norden

Einreise aus den USA 373
Reiserouten 374
Matamoros......................375
Nuevo Laredo 376
Monterrey 379
Nationalpark Cumbres..........384
de Monterrey
Saltillo..........................385
Real de Catorce.................386
Durango 386
Mazatlán........................391
Los Mochis 398
Kupferschlucht-Eisenbahn.....401
Divisadero de Barrancas........403
Creel 404
Chihuahua......................406
Paquimé (Casas Grandes)......414
Ciudad Juarez..................415
Nogales.........................416

Baja California

Einreise aus USA 419
Reiserouten 420
Mexicali 421
Tijuana........................... 424
Ensenada........................ 429
Guerrero Negro 434
San Ignacio 436
Santa Rosalía 436
La Paz 438
Cabo San Lucas 445
San José del Cabo............. 448

Pazifikküste

Reiserouten 453
Puerto Vallarta.................. 454
Manzanillo 459
Colima............................ 460
Volcán de Colima 464
Acapulco 465
Laguna Coyuca................. 476
Puerto Escondido 477
Puerto Angel.................... 480
Bahías de Huatulco 481
Tapachula 482

Südliche Sierra

Oaxaca........................... 485
Monte Albán 498
Mitla.............................. 504
Tuxtla Gutiérrez................ 505
Cañón del Sumidero 507
Chiapa de Corzo............... 507
San Cristóbal de las Casas ... 508
Comitán 519
Chinkultic 520
Lagos de Montebello.......... 521

Halbinsel Yucatán

Reiserouten 523
Villahermosa.................... 523
Comalcaco 529
Campeche....................... 530
Edzná............................. 533
Mérida........................... 534
Celestún 543
Dzibilchaltún.................... 543
Puuc-Region.................... 544
Uxmal 544
Kabah............................. 548
Sayil 550
Xlapak............................ 550
Labná............................. 550
Grutas de Loltún 551
Ticul 551
Mayapán......................... 552
Chichén Itzá..................... 552
Cancún........................... 561
Isla Mujeres..................... 570
Isla Contoy...................... 573
Playa del Carmen.............. 573
Xel-Ha........................... 576
Akumal 576
Cozumel......................... 576
Tulum............................ 582
Reserva Siankaan 585
Cobá.............................. 586
Chetumal........................ 587
Laguna Milagros 589
Cenote Azul..................... 589
Bacalar........................... 589
Majahual und Xcalac.......... 591
Banco Chinchorro............. 591
Kohunlich........................ 591
Xpujil............................. 592
Becan............................. 592
Chicanná 592
Palenque......................... 593
Palenque / Ort.................. 598
Agua Azul....................... 602
Misol-Ha 603
Bonampak....................... 603
Yaxchilán........................ 604

Index 605

Direktflüge nach Mexiko sind in den vergangenen Jahren relativ preiswert geworden. Abgesehen von Linienflügen existiert ein großes Angebot an Charter- und Billigflügen, so daß sich die Anreise kostengünstig gestalten läßt.

★ Linienflüge

Ziel ist in der Regel <u>MEXICO CITY</u>, das von praktisch allen europäischen Hauptstädten täglich angeflogen wird. Flugzeit ca. 11- 12 Stunden im Direktflug auf der Strecke Frankfurt -> Mexico City.

LUFTHANSA fliegt täglich nonstop von Frankfurt nach Mexico City. Der günstige Holiday- Tarif beträgt je nach Saison ca. 1.55o bis 1.9oo DM; noch preiswerter ist der Holiday Special- Tarif für ca. 1.45o bis 1.6oo DM. Bedingung bei beiden Tarifen sind feste Buchung und Bezahlung 24 Stunden nach der Reservierung, Mindestaufenthalt 7 Tage, Umbuchung oder Stornierung 1oo DM. Maximale Aufenthaltsdauer beim Holiday- Tarif 6 Monate, beim Holiday Special- Tarif nur 3 Monate.

Bei Flügen ab anderen deutschen Flughäfen als Frankfurt erhöht sich der Preis beim Holiday- Tarif um 13o DM (Ausnahmen: Düsseldorf und Köln); beim Special- Tarif keine Extra- Kosten für innerdeutsche Anschlußflüge nach Frankfurt.

Gabelreisen (d.h. unterschiedlicher Ankunfts- und Abflugsort) mit den Lufthansazielen in der Karibik sind ohne Aufpreis möglich. Beim Holiday- Tarif auch Anschlußflüge innerhalb Mexikos zu folgenden Zielen: Cancún (Gesamtpreis je nach Saison 1.85o bis 2.2oo DM), Acapulco, Guadalajara, Ixtapa, Manzanillo, Puerto Vallarta (jeweils 1.95o bis 2.3oo DM), Cozumel, Monterrey, Mazatlán, Mérida, Los Cabos (jeweils 2.ooo bis 2.35o DM).

AEROMEXICO fliegt 2 x pro Woche ab Frankfurt über Paris und Cancún nach Mexico City zu ähnlichen Konditionen. Nachteil gegenüber Lufthansa sind die Zwischentops und die damit verlängerte Reisezeit. Der Vorteil bei der mexikanischen Fluglinie besteht in der Möglichkeit, Cancún und Mexico City als Ankunfts- und Abflugsort zu kombinieren, so daß man sich vor allem bei Reisen im Süden und Osten Mexikos die zeit- und kostenaufwendige Rückreise zum Ausgangspunkt erspart. Je nach Reiseroute wiegt dies den längeren An- und Heimflug wieder auf. Anschlußflüge zu allen Zielen von Aeroméxico möglich.

Andere europäische Fluggesellschaften wie Air France, KLM oder Iberia haben ähnliche Angebote; US-Airlines verbinden deutsche Flughäfen über ihr amerikanisches Drehkreuz mit Mexico City und einigen anderen Zielen in Mexiko.

Vorteil der Flüge per Liniengesellschaft: man kann in der Regel auch kurzfristig noch buchen, die Tickets gelten bis zu 3 Monate (bei anderen Tarifkonstruktionen sogar noch länger), - und man kann nachträglich noch Termine umbuchen, wenn man aus irgendwelchen Gründen früher nach Hause muß bzw. länger in Mexiko bleiben möchte.

★ Charterflüge

Per Charter lassen sich auch andere Flughäfen als Mexico City und Cancún direkt anfliegen. Außerdem existieren innerhalb Deutschlands Alternativen zum Abflughafen Frankfurt.

LTU fliegt 1 x pro Woche ab München über Düsseldorf nach Cancún. Preise je nach Saison 1.650 bis 1.850 DM. Außerdem 1 x pro Woche ab München über Düsseldorf nach Acapulco. Flugpreis je nach Saison 1.700 bis 1.900 DM.

CONDOR fliegt 1 x pro Woche ab München über Frankfurt nach Cancún (je nach Saison ab München 1.500 bis 1.900 DM, ab Frankfurt 1.400 bis 1.800 DM). Außerdem 1x pro Woche ab Köln nach Cancún (ca. 1.300- 1.700 DM) mit Zubringerdiensten ab Berlin, Hamburg und Leipzig.

Alle größeren REISEVERANSTALTER haben inzwischen ihre regelmäßigen Flüge zu verschiedenen Ferienziele Mexikos, wobei häufig die Flüge von LTU und CONDOR genutzt werden.

Je nach Veranstalter besteht die Möglichkeit, daß man beispielsweise Retourflug & Hotel für 1 Woche bucht, um anschließend sich noch 2 oder 3 Wochen auf eigene Faust durch Mexiko zu schlagen und dann wieder in den Retour- Flieger zu steigen. Zudem ist es keine schlechte Idee, daß man nach dem Arbeitsstreß in Europa sich zunächst in Mexiko am Strand erholt, um dann intensiv in die Schönheit des Landes einzusteigen... Besonders attraktiv für eine Kombination von Pauschal- und Individualurlaub ist Cancún. Details dazu siehe entsprechendes Regional- Kapitel.

★ Billigreisen

Zwischenzeitlich gibt's jede Menge Reisebüros, die Billigtickets verkaufen, und der Reiseteil der Tageszeitungen sowie die Stadtzeitungen sind voll mit derartigen Angeboten. Am besten die Zeitungen studieren und den Telefonhörer in die Hand!

PREISE: können je nach Saison retour bei 1.100- 1.300 DM beginnen. Geflogen wird meist mit Linienmaschinen, bei teils mehrmonatiger Ticketgültigkeit. Vergleich der einzelnen Angebote lohnt, da man kräftig Geld sparen kann.

Außerdem sind Flugrouten und Zwischenstops sehr unterschiedlich. Einige Billigflüge haben nur einen Stop, andere dafür mehrere Aufenthalte mit Umsteigen. Dadurch erheblich verlängerte Gesamtflugzeiten.

Nachteile der Billig-Flüge: Meist Einschränkungen bezüglich der Wochentage sowie Länge der minimalen und maximalen Reisedauer. Vor allem zur Ferienzeit sehr frühzeitig ausgebucht (in der Nebensaison sind Tickets dagegen auch kurzfristig verfügbar). Nachträgliche Terminänderungen für Hin- oder Rückflug sind in der Regel nicht ohne saftigen Aufpreis möglich.

Ziel ist meist Mexico City: sowieso Tip als Mexiko- Einstieg, da sich das Land hier kompakt in allen Aspekten präsentiert und man u.a. in den Museen der Hauptstadt den besten Überblick über die Geschichte des Landes erhält. Zudem gehen die Verkehrsverbindungen sternförmig ab M.C.

Tip können auch die "Last- minute- Flugbüros" sein, die sich inzwischen in den Großstädten etabliert haben. Sie verkaufen in letzter Minute Angebote von Reiseveranstaltern

> zu erheblich vergünstigtem Preis. Allzu flexibel ist man bei dieser Form des Reisens allerdings nicht: Zur Hochsaison landet man unter Umständen (wegen günstigem Preis) in Tunesien oder auf Ceylon, - statt wie geplant in Mexiko...

★ Anreise via USA

Angesichts der günstigen Preise für Direktflüge aller Art nach Mexiko ist die Anreise über die USA inwischen keine finanziell günstigere Alternative mehr. Außerdem ist sie in jedem Fall zeitaufwendiger. Für einen vier- bis sechswöchigen Aufenthalt bietet Mexiko zudem ausreichend Abwechslung, so daß der Abstecher durch Nordamerika nur die ohnehin schon gewaltigen Entfernungen vergrößert.

<u>Fazit</u>: Der Umweg lohnt eigentlich nur bei besonders langer Urlaubszeit, wenn man den einen oder anderen Bundesstaat der USA zusätzlich besuchen möchte. Mögliche Varianten:

> 1.) Per Transatlantikflug nach New York oder in eine der Metropolen an der Ostküste. Von dort weiter per Greyhound-Bus zur mexikanischen Grenze und von dort Anschluß in alle Teile Mexikos. Ein Vorhaben, das entsprechend Zeit braucht (New York -> Mexico City reine Fahrzeit ca. 3 Tage).
>
> 2.) Per Direktflug in eine US- Metropole (New York, Boston, Chicago, Atlanta, Miami, Los Angeles, San Francisco), dann weiter per Flug nach Mexiko. Hat den Vorteil, daß man in der jeweiligen Stadt noch ein paar Besichtigungstage einschieben kann, was sich besonders lohnt in New York, Los Angeles und San Francisco (siehe VELBINGER Band 53 "Kalifornien").
>
> 3.) Per Direktflug in die USA und von dort weiter per Rundflugtickets in weitere Städte auf dem nordamerikanischen Kontinent, wobei oft ein Flug nach Mexiko inklusive ist. Jede US- Airline hat ihren speziellen Airpass mit jeweiligen Sonderpreisen und -konditionen. Die Entscheidung für die jeweilige Fluglinie hängt ab von der individuellen Reiseplanung und dem darauf abzustimmenden Airpass. Reisebüros kennen sich mit den Details aus.

Weitere Details zur Ein- und Ausreise über die USA in den Kapiteln "Nord-Mexiko" und "Baja California".

Transport in MEXIKO

Bei Reisen in Mexiko sollte man die <u>gewaltigen Entfernungen</u> nicht unterschätzen und dies von vornherein in die Reiseplanung einbeziehen. Das billigste Transportmittel ist der <u>Bus</u>, braucht auf großen Distanzen aber entsprechend Zeit, die vom Urlaub abgeht. Optimale Kombination sind daher <u>Bus & Flug</u>, wobei man große Entfernungen per Flug schnell zurücklegt und vor Ort dann mit dem Bus weiterreist.

12 Transport in Mexiko

Die Eisenbahn hat Sinn bei Langstrecken, wenn man nachts im Schlafwagen reist und sich dadurch auch eine Hotelübernachtung erspart. Ansonsten ist der Bus das mit Abstand meist verbreitete und benutzte Verkehrsmittel.

Mietwagen sind sehr teuer und haben nur dann Sinn, wenn man als Halb- oder Eintagesausflug regional schwierig erreichbare Punkte besuchen will, bzw. auf Baja California und mit Abstrichen auf einer Yucatán- Rundreise.

Flüge

Die beiden mexikanischen Airlines **AEROMÉXICO** und MEXICANA fliegen ab Mexico City sternförmig alle größeren Städte des Landes an, weitere Knotenpunkte sind Guadalajara und Monterrey. Querverbindungen bestehen durch Regional- Airlines, die mit kleinen Propellermaschinen operieren.

Die Flugpreise sind in den letzten Jahren kräftig gestiegen, und Fliegen ist nicht mehr unbedingt billig, z.B. Mexico City -> Mérida ca. 225 US, oder Mexico City -> Tijuana an der US- Grenze zu Kalifornien ca. 3o0 US, Preise jeweils einfach. In Relation zur geflogenen Strecke sind die Preise noch passabel, - summieren sich aber gewaltig, wenn man im Rahmen einer Urlaubsreise das gesamte Land abfliegen würde. In Mexiko als einzelne Tickets gekauft, kommen schnell satte Summen zusammen. Auf vielen Teilstrecken gibt es allerdings fast das ganze Jahr über Sondertarife, die bis zu 5o % unter dem Normalpreis liegen können. Vor allem auf Strecken, die sowohl Aeroméxico als auch Mexicana bedienen. Nachfragen lohnt also. Wenig Chancen jedoch zur Hauptreisezeit im Sommer, zu Ostern und Weihnachten/Neujahr.

Mexi- Pass

Für Ausländer gibt es verbilligte Tickets für Inlandsflüge der Mexicana. Neuerdings dürfen auch Flüge von AEROMEXICO zu den jeweiligen Zielorten genutzt werden. Die einzelnen Airpässe umfassen verschiedene Städte, die mit dem jeweiligen Airpass angeflogen werden dürfen.

Pass	Region	2 Coupons	4 Coupons	Zusatzcoupon
"Colonial"	Zentralmexiko	124 US	232 US	62 US
"Pleasure"	Zentral-/Nordmexiko	21o US	418 US	1o5 US
"Golden"	Zentral-/Nordmexiko, Baja California	35o US	683 US	175 US
"Maya"	Zentral-/Nordmexiko, Yucatán	262 US	497 US	131 US
"Central"	Zentral-/Nordmexiko, Yucatán, Guatemala	264 US	563 US	132 US

Pro Pass kann man 2 oder 4 oder 5 Coupons kaufen, mehr geht nicht. Jeder Coupon gilt für einen Flug, dessen Termin und Sitz in der Maschine man vorreservieren kann. Eine Flugunterbrechung ist jedoch nicht möglich (Beispiel: 1 Coupon für die Strecke Mexico City -> Tijuana. Diesen Coupon kann man nicht verwenden für die Strecke Mexico

City -> Guadalajara, dort Flugunterbrechung plus Guadalajara -> Tijuana). Analog braucht man für die Strecke z.B. Mexico City -> Tijuana retour 2 Coupons.

* Der Pass "Colonial" gilt für Städte im Hochland wie Mexico City, León, Guadalajara, Zacatecas und San Luis Potosí, - für die Pazifikküste wie Acapulco, Manzanillo, Huatulco, Puerto Escondido, Zihuatanejo - die Karibikküste wie Veracruz und Tampico und für Oaxaca.

* Der Pass "Pleasure" gilt für alle Ziele des "Colonial" sowie die Städte im Norden wie Monterrey, Nuevo Laredo, Puerto Vallarta, Chihuahua, Los Mochis, La Paz, Mazatlán und San José del Cabo/Baja California.

* Der Pass "Golden" umfaßt die Städte aller anderen Airpässe sowie im äußersten Nordwesten zusätzlich Hermosillo, Mexicali und Tijuana.

* Der Pass "Maya" gilt für alle Ziele von "Colonial" und "Pleasure" (Nord-/Zentralmexiko) sowie die Städte Cancún, Chichén Itzá, Cozumel, Cd. del Carmen, Mérida, Tuxtla Gutierrez und Villahermosa, alle Yucatán. Er ist touristisch der interessanteste der Airpässe, wobei man mit den maximal 5 Flugcoupons meist nicht auskommt.

* Der Pass "Central" bringt als Zusatzbonbon zu den Zielen des "Maya" den Abstecher nach Guatemala.

Man muß beim Kauf vorab die Route festlegen, wobei man auch mehrere Air- Pässe aneinander hängen kann.

Kontakt und Buchungsadresse der MEXICANA: Eisenbahnstr. 2o4, D-633o3 Dreieich. Tel. (o61o3) - 64o58, - Fax: (o61o3) - 62o16.

Ob sich die Airpässe lohnen, ist persönliche Entscheidung und Rechenexempel. Wer beispielsweise zwei Monate für Mexiko Zeit hat, wird auf Busse zurückgreifen, die billiger sind. Bei knapper Urlaubszeit von nur drei Wochen und großem Besichtigungsprogramm kann die Wahl des richtigen Airpasses Geld und Zeit sparen helfen, - muß aber nicht.

★ Der Pass "COLONIAL" bringt zwar bei 4 Coupons gegenüber den normalen Flugtarifen eine Preisersparnis. Da aber die Flugverbindungen sternförmig ab Mexico City laufen (z.B. nach Acapulco, nach Veracruz, nach Guadalajara etc.), sind beim Besuch von 2 Städten bereits 4 Coupons aufgebraucht, sofern man nicht hinwärts fliegt und retour den Bus nimmt.

Preis-/Zeitvergleich Strecke Mexico City -> Acapulco: Bus ca. 23- 4o US/7 Std., Flug mit "Colonial- Pass" 1 Coupon ca. 62 US/1 Std., normal gekauftes Flugticket ca. 115 US. Zu berücksichtigen ist auch, daß im Zentralen Hochland lediglich die Städte Guadalajara und San Luis de Potosi angeflogen werden. Hier bietet sich die Benutzung des Busses ab Mexico City als Transportmittel für die Rundreise im Hochland an, da man auf der Reise per Bus bis Guadalajara oder San Luis Potosi noch weitere lohnende Städte einbauen kann.

Anders, wer ab Mexico City lediglich einen Abstecher nach Acapulco bzw. Veracruz einbauen möchte und knapp mit Zeit ist. Hier zahlt man zwar 232 US für die benötigten 4 Coupons, hat sich aber durch den schnelleren Flug (gegenüber Bus) gut 3 1/2 Urlaubstage eingespart.

14 Transport in Mexiko

★ Der <u>Pass "MAYA"</u> ist sinnvoll, da er hilft, die weite Distanz von Mexico City nach Mérida/Yucatán preiswert zu überbrücken. Man spart sich bis Mérida retour gegenüber normal gekauften Flugtickets ca. 18o US. Allerdings liegen einige lohnende Punkte dazwischen, wie z.b. Oaxaca (Monte Albán).

> <u>Preis-/Zeitvergleich</u> Strecke Mexico City -> Mérida/Yucatán: Bus ca. 54-66 US/28 Std., Flug mit "Maya- Pass" ca. 13o US/1 1/2 Std., normal gekauftes Flugticket ca. 225 US.
>
> Wer direkt von Mexico City nach Mérida will, spart sich mit dem Maya Pass/2 Coupons somit gut 2 Tage/Nächte Busfahrerei. <u>Mérida</u> ist guter Ausgangspunkt für die Puuc Region (u.a. Uxmal), Chichén Itzá und hat exzellente Busverbindungen rüber nach Cancún sowie südlich nach Chetumal.
>
> Unterm Strich bringt der Maya Pass allenfalls Vorteile für Langstreckenflieger ab Mexico City bzw. in Gegenrichtung für Urlauber, die sich in Cancún, Cozumel etc. einquartiert haben und die Hauptstadt des Landes besuchen wollen. Außerdem berücksichtigen, daß außerhalb der Hochsaison die Flugtarife um bis zu 5o % unter den regulären Preisen liegen können, was die Kalkulation im Vergleich zum Airpass natürlich kräftig verändert.

★ Der <u>Pass "CENTRAL"</u> bringt ohne Frage einen Preisvorteil für Ausländer, die ab Mexico City noch <u>Guatemala City</u> im Direktflug einbauen wollen. Er ist billiger als ein normal gekauftes Flugticket. Ob er sich allerdings für Tikal/Guatemala lohnt, ist Rechenexempel.

★ Die <u>Airpässe für den Norden Mexikos</u> ("PLEASURE" und "GOLDEN") sind teuer, decken allerdings auch große Flugdistanzen ab. Ob sie für den europäischen Mexiko-Besucher lohnen, ist Entscheidungsfrage.

> Der Airpass "<u>PLEASURE</u>" deckt immerhin die Strecke Mexico City -> San José del Cabo/Südspitze Baja California ab. Wer einen Zwischenstop in Guadalajara/Hochland einlegt, braucht bereits 2 Coupons. Ab La Paz/Baja California dann z.B. mit dem Schiff rüber nach Los Mochis und weiter die spektakuläre Zugfahrt via Creel nach Chihuahua (siehe Seite 4o1) und von dort zurück nach Mexico City oder in eine andere Stadt von Hochland oder Norden.
>
> Der Airpass "<u>GOLDEN</u>" ist nützlich für die Mexiko- Anreise von Europa via Los Angeles (günstige Retourflüge ab ca. 1.000 DM). Von Los Angeles weiter mit dem Bus bis Tijuana/Mexiko und hier eingestiegen in den "Golden- Airpass", der mit 2 Coupons (z.B. Tijuana -> M.C. -> Tijuana) derzeit 35o US kostet und inkl. der Busverbindung L.A. -> Tijuana billiger ist als der Direktretourflug L.A. -> M.C.

> <u>BEACHTEN</u>: Wer einen Pleasure oder Golden Pass kauft und gleichzeitig mit dem Pass Teilstrecken innerhalb des Hochlands wie Guadalajara -> M.C. fliegt, muß die relativ teuren Coupons drangeben, die dann genauso teuer sein können wie ein reguläres Ticket.

Unterm Strich ist das derzeitige Tarifsystem der Mexicana- Airpässe wegen der komplizierten Gestaltung nicht unbedingt kundenfreundlich. Ein <u>Flugplan</u> ("timetable") von Mexicana und Aeroméxico ist für die eigene Reiseplanung sinnvoll, um zu sehen, ob sich bestimmte Airpässe lohnen, - oder aber auch nicht, weil es beispielsweise an Querverbindungen fehlt.

GENERELLE TIPS FÜR INLANDSFLÜGE: Über Weihnachten/Neujahr, während der Osterwoche sowie um wichtige Feiertage herum sind die meisten Flüge total ausgebucht. Wer in diesen Tagen fliegen will, muß sehr langfristig reservieren und möglichst frühzeitig das Ticket kaufen. Adressen:
* MEXICANA: Eisenbahnstr. 4o4, D-633o3 Dreieich. Tel. (o61o3) - 64o58.
* AEROMEXICO: Hugo- Eckener- Ring D 4.15, D-6o549 Frankfurt/Main, Tel. (o69) - 692 961).

INTERNATIONALE FLÜGE: Fast alle Airlines von Lufthansa über Air France bis Iberia haben ihre Büros in der Hauptstadt Mexico City. Wer mit einem Linienflug nach Mexiko gekommen ist, muß den Rückflug trotz "o.k." im Ticket spätestens 72 Std. vor Abflug nochmals rückbestätigen. Andernfalls kann man den Anspruch auf die Reservierung verlieren.

Wer sich zu diesem Zeitpunkt nicht in Mexico City befindet, geht zu einem Reisebüro, welches auf Kosten der Airline deren Büro in Mexico City anruft, um die Rückbestätigung zu erledigen. Manche Airlines akzeptieren gleich bei Ankunft in Mexiko auch die sofortige Bestätigung des Rückflugdatums. Dies am besten gleich vornehmen, dann ist man während der Reise die Sorge los.

AIRPORT- TAX bei internationalen Flügen ab Mexiko: rund 13 US, zu entrichten in Pesos oder US. So viel muß also im letzten Augenblick noch in der Reisekasse sein, sonst kommt man nicht außer Landes.

Bei nationalen Flügen 8 US, die bereits im Ticketpreis inklusive sind bzw. bei den Mexicana- Airpässen pro Flug extra zu zahlen sind.

Regional- Airlines

fliegen mit meist modernen Propellermaschinen auf Querverbindungen, die weder von Mexicana noch Aeroméxico betrieben werden. Häufige Verbindungen zwischen touristisch wichtigen Punkten, wie z.B. Oaxaca -> Mérida, die lange und anstrengende Busfahrten durch die Sierra oder durch das tropisch heiße Tiefland ersparen. Oft also eine lohnende und nicht kostspielige Alternative zum Landweg.

Inzwischen sind fast alle regionalen Unternehmen von Mexicana oder Aeroméxico aufgekauft oder arbeiten eng mit ihnen zusammen. Ihre Flüge erscheinen unter Flugnummern der beiden großen Gesellschaften in deren Flugplänen. Zur leichteren Orientierung werden diese Flüge im Text unter der Rubrik "Aeroméxico" oder "Mexicana" erwähnt. Wichtigste Ausnahmen sind AVIACSA (südliche Sierra und Yucatán) und TAESA (eher auf Geschäftsleute orientierte Verbindungen im Norden, touristisch interessant die Strecken in Yucatán).

BUSSE
Stadtbusse:

Die innerstädtischen Busse sind im Normalfall wüste Rappelkisten, die nur wenige Pesos kosten, meistens überfüllt sind und die Straßen mit ihren schwarzen Abgasfahnen verpesten. Wenn's geht, sollte man die Colectivo- Kleinbusse vorziehen, die auf festgelegten Routen verkehren und kaum teurer sind als der Bus.

Überlandbusse:

sind in Mexiko das wichtigste Verkehrsmittel zwischen den Städten. Das Netz ist hervorragend ausgebaut: zwischen den großen Städten häufig am Tag Fernbusse. Näher zusammenliegende Städte werden in der Regel stündlich oder sogar halbstündlich bedient. Auch entlegene Dörfer haben in der Regel zumindest tägliche Busverbindung.

PREISE: variieren kräftig je nach Komfort des eingesetzten Busmaterials und der gefahrenen Route. Schnelle und direkte Verbindungen in supermodernen Reisebussen können mehr als das Doppelte des normalen 1.- Klasse- Preises kosten. Wer auf Geschwindigkeit und Komfort Wert legt, achtet auf Hinweise wie "lujo", "directo", "expresso" oder "futura".

CENTRAL CAMIONERA: zentraler Busterminal. Gibt es zwischenzeitlich in allen größeren Städten. Hier fahren alle Busgesellschaften zentral ab gemeinsamem Terminal, was die frühere Umsteigerei zwischen den über die Stadt verteilten Abfahrtsbüros der einzelnen Busgesellschaften abschaffte. Nachteil allenfalls, daß die "Central Camionera" meist außerhalb des Stadtzentrums liegt, man also noch per Stadtbus oder Taxi rausfahren muß.

Im Busterminal die Büros der einzelnen Gesellschaften. Bei der Ankunft kann man sich schon grob über die Abfahrtszeiten zum nächsten Reiseziel informieren oder auch gleich die Fahrkarte kaufen.

Schwieriger ist es in Städten, in denen die Busunternehmen noch ihre eigenen Abfahrtsbüros unterhalten. Details zur Orientierung in diesen Fällen in den entsprechenden Kapiteln. Nach und nach entstehen aber fast überall die zentralen Terminals.

ERSTE ODER ZWEITE KLASSE: Nach Möglichkeit versuchen, einen Bus der 1. Klasse zu erwischen. Wichtigster Vorteil ist die geringere Anzahl der zeitraubenden Zwischenstops. Auch sind die Sitzplätze im Bus fast immer numeriert, und man kann sich für 1.- Klasse- Busse bereits das Ticket 2 oder 3 Tage vorab mit Reservierung kaufen, was spätere, überflüssige Wege zum Busterminal oder Wartezeiten erspart.

Welche der vielen Buslinien 1. oder 2. Klasse fährt, ist auf den ersten Blick manchmal nicht ersichtlich. Daher entweder fragen oder sich an den Preisen orientieren, die überall auf den Busbahnhöfen sehr deutlich angeschlagen sind.

BUSVERKEHR: Manche Busse kommen "de paso", d.h. sie werden nicht im Ort selbst eingesetzt, sondern halten auf der Durchfahrt. Dann werden nur so viele Fahrkarten verkauft wie Sitzplätze frei werden. In diesem Fall unbedingt am Schalter stehenbleiben und warten, bis der Bus

eintrifft und die Tickets vergeben werden, sonst sind andere schneller.
In der Regel sind die Busse <u>pünktlich</u> bei der <u>Abfahrt</u>, auf die Angaben zur Ankunftszeit sollte man sich aber nicht unbedingt verlassen.

Im Einsatz sind teilweise alte bis uralte Busse, die früher bei Greyhound in den USA ihren Dienst taten und dann nach Mexiko verkauft wurden. Fast alle Langstreckenlinien setzen zunehmend modernere Reisebusse ein.

<u>Pannen</u> kommen auch bei 1.- Klasse- Bussen nicht selten vor. Aber in den meisten Fällen beheben die Fahrer den Schaden selbst: "ahorita" geht's weiter.

<u>PLATZ IM BUS</u>: Vor allem in alten Bussen möglichst weit vorn sitzen. Nicht nur wegen des üblichen Geschaukels, sondern auch, da die Motoren und defekter Auspuff hinten im Bus unwahrscheinlich laut röhren. Gut die Plätze 3 und 4 wegen der besten Sicht sowie 9/1o und 11/12, weil man dort die Kontrolle über das Öffnen und Schließen der Fenster hat: auf langen Strecken und bei großer Hitze ein ziemlicher Vorteil.

 ## Bahn

Die mexikanische Eisenbahn "Ferrocarriles Nacionales de México" hat in den letzten Jahren ein großangelegtes Modernisierungsprogramm durchgeführt, das noch nicht abgeschlossen ist.

Vor allem die Strecken im Norden und Westen des Landes sind bereits mit komfortablem Zugmaterial ausgerüstet. Es wurde Schluß gemacht mit der früher notorischen Unpünktlichkeit.

Für Mexiko- Urlauber bieten sich vor allem die <u>Langstrecken</u> der mexikanischen Ferrocarriles an. Sie brauchen zwar länger als der Bus, führen aber Schlafwagen mit, in dem man sich ausstrecken kann, die Nacht durchrattert und zugleich die Hotelübernachtung spart.

Die Züge der 1. Klasse verfügen in der Regel über verschiedene Abteil-Kategorien:

"<u>Primera Numerada</u>": reservierte Sitzplätze in einfachen Waggons.

"<u>Primera Especial</u>": komfortable Waggons mit bequemen, schwenkbaren Sitzen.

"<u>Camarín</u>": Schlafwagen mit zwei Betten pro Abteil.

"<u>Alcoba</u>": Schlafwagen, Einzelabteil.

Die im Text genannten Preise beziehen sich jeweils auf "<u>Primera Especial</u>". "Primera Numerada" ist nicht in allen Zügen vorhanden und etwas preiswerter als das vergleichbare Busticket. "Primera Especial" - etwa soviel wie ein durchschnittlich komfortabler Bus. Die Schlafwagenplätze sind sehr teuer und kommen schon in die Nähe eines Flugtickets für die entsprechende Strecke. Im Fahrpreis der Bahn allerdings einfache Mahl-

zeiten inbegriffen.
Die Züge der 1. Klasse sind sicher und pünktlich. Im folgenden die wichtigsten bisher von "Ferrocarriles Nacionales" eingerichteten Verbindungen der 1. Klasse. Weitere sind geplant.

"El Constitucionalista": Mexico City -> Querétaro -> San Miguel de Allende -> Guanajuato.
"El Jarocho": Mexico City -> Veracruz.
"El Oaxaqueño": Mexico City -> Puebla -> Oaxaca.
"El Purepecha": Mexico City -> Morelia -> Pátzcuaro -> Uruapan.
"El Regiomontano": Mexico City -> San Luis Potosí -> Monterrey -> Nuevo Laredo.
"El Tapatío": Mexico City -> Guadalajara.
"El División del Norte": Mexico City -> Aguascalientes -> Zacatecas -> Chihuahua -> Cd. Juárez.
"El Tamaulipeco": Monterrey -> Matamoros.
"El Nuevo Chihuahua - Pacífico": Chihuahua -> Los Mochis.
"El Pacífico": Guadalajara -> Mazatlán -> Nogales/Mexicali.

Es gibt allerdings immer noch einige Strecken, die nur mit 2.- Klasse- Zügen bedient werden. Wegen Überfüllung, Langsamkeit und extremer Unpünktlichkeit sind sie für Mexiko- Reisen keine brauchbare Alternative.

Pesero

"Pesero" heißen in einigen Städten die Kollektiv- Taxen. Zumeist VW-Kleinbusse, die auf festgelegten innerstädtischen Routen verkehren und praktisch ein Mittelding zwischen Bus und Taxi darstellen, wobei sie nur wenig teurer sind als der Bus.

Besteht Alternative, so ist der Pesero vorzuziehen. Der Preis ist kaum höher als im Bus. Zudem besteht die Möglichkeit, dem Fahrer Bescheid zu sagen, wo man genau hin will, und man hat Kontakt mit ihm.

In den großen, oft überfüllten Bussen wird man schnell nach hinten gedrängt, und der Fahrer kann sich dem Sonderwunsch des Gringo beim besten Willen nicht mehr widmen. Zudem nehmen die Peseros nur so viele Leute mit, wie Sitzplätze vorhanden sind. Daß es dabei trotzdem manchmal recht eng wird, hat auch seinen Vorteil: Wer ein wenig Spanisch spricht, bekommt schnell Kontakt und eventuell einen guten Tip vom Nachbarn. Gerade die einfachen Leute sind sehr hilfsbereit, nicht nur wenn sie merken, daß der Ausländer versucht, ihre Sprache zu sprechen.

Taxis

sind in Mexiko erheblich preiswerter als in Europa, allerdings nicht so komfortabel (Ausnahme: Flughafentaxis). Im Einsatz oft VW- Käfer. Der rechte Vordersitz ist ausgebaut, so daß man halbwegs bequem einsteigen kann. Die Stelle, wo der Beifahrersitz war, wird gleichzeitig genutzt, um Gepäck zu transportieren. Im innerstädtischen Verkehr sind die VW- Taxis eine nicht übermäßig teure Alternative zu Bussen und Peseros.

Bei Taxifahrten gibt es häufig Ärger: In Mexico City und einigen Großstädten haben die Taxis einen Taxameter. Auf dessen Einschaltung sollte man bestehen, auch wenn der Fahrer dies nicht möchte, sondern lieber einen (natürlich höheren) Pauschalbetrag fordert. Am besten immer genug Kleingeld dabeihaben, damit am Ende nicht der Streit um das Wechselgeld aufkommt.

In der Provinz haben die Taxis meist kein Taxameter, der Preis muß vorher eindeutig und klar vereinbart werden. Auch hier nach Möglichkeit am Schluß die passende Summe bereithalten, weil der Fahrer nicht selten eine ganz andere Summe als die vereinbarte gehört haben und das Wechselgeld nicht rausrücken will. Auf jeden Fall: Auf der Vereinbarung bestehen, der "taxista" wird letztlich maulend einwilligen.

Bei der Ankunft auf Busbahnhöfen werden häufig für Taxifahrten zum Hotel oder ins Zentrum Phantasiesummen gefordert, weil man davon ausgeht, daß der Neuankömmling keine Ahnung von den wirklichen Entfernungen hat. Die Preisangaben in diesem Buch dienen in diesem Fall als Orientierung. Ansonsten am Schalter der Buslinie oder im Tourist Büro (sofern vorhanden) fragen, was die Fahrt ungefähr kosten darf.

Mietwagen

in Mexiko angemietet extrem teuer. Pro Tag muß man mit ca. 5o- 1oo US rechnen, wohlgemerkt für einen Käfer oder ähnliches Fahrzeug. Die Preise variieren extrem, je nach Saison und Ort.

Bei Anmiete für einen Mexikorundtrip kommen hier gemäß der Entfernungen gewaltige Summen zusammen. Den Mietwagen sollte man daher nur regional begrenzt für einen 1- oder 2- Tagestrip anmieten. Beispielsweise um abgelegene Punkte zu erreichen, die nur schlecht mit öffentlichen Verkehrsmitteln zugänglich sind.

Etwas billiger wird es, wenn man den Mietwagen bereits in Europa bei einem der internationalen Vermieter wie Avis, Hertz etc. für Mexiko bucht. Trotzdem noch ein arg teurer Spaß, selbst wenn auf Basis "unbegrenzter Kilometer" angemietet.

ANMIETEN: kann innerhalb Mexikos zu erheblichem Ärger führen, - egal ob nationaler oder internationaler Anbieter. Der zunächst genannte Preis schließt meist weder Steuer noch Versicherung ein. Beide haben es in sich und erhöhen die Ausgangssumme erheblich. Bei Unterschrift des Vertrages unbedingt das Kleingedruckte lesen und die komplizierte Zahlenaufstellung bei der Preisberechnung genau überprüfen.

Bei Vorbuchung in Europa ist das Mieten erheblich billiger, aber immer noch teuer genug. In jedem Fall einen schriftlichen Beleg über den vereinbarten Tarif verlangen, damit man in Mexiko vor Ort keine Überraschungen erlebt. Auch die mexikanischen Büros namhafter internationaler Vermieter finden am Ende tausend hergeholte Gründe, warum der Tarif höher als der ursprünglich versprochene ist. Ein schriftlicher Beleg ist dann das beste und einzige Argument.

Kreditkarte von Diners, American Express, Visa etc. ist Bedingung, um in Mexiko ein Fahrzeug anzumieten.

Fahrzeugübernahme: Exakt den Tankstand prüfen, Fahrzeugzustand wie Blinker, Scheinwerfer, Bremslichter und Ersatzreifen. Alles in allem ruhig etwas pingelig sein, um späteren Ärger zu vermeiden. Das gilt auch für eventuelle Blechschäden am Fahrzeug, die man unbedingt in die Papiere eintragen sollte, um Problemen bei Fahrzeugrückgabe vorzubeugen.

Achtung: Diebstahl von Autoteilen (z.B. Spiegel) ist oft nicht in der Versicherungssumme enthalten. Vorsicht also beim Parken auf unbewachten Parkplätzen.

In der Regel lohnt ein Mietauto weder für die Städte noch auf Langstrecken, sondern höchstens für Ausflüge zu Zielen, die mit öffentlichen Verkehrsmitteln nicht oder nur schlecht erreichbar sind (siehe entsprechende Hinweise in den jeweiligen Kapiteln). Das Taxi ist oft die preiswertere Variante, zumal der Taxista sich vor Ort auskennt.

Ausnahmen für größere Touren sind das Zentrale Hochland sowie die Halbinseln Baja California und Yucatán, wo man per Mietwagen sehr angenehm herumkommt und außerdem viele Orte erreicht, zu denen es keinen öffentlichen Transport gibt:

Baja California: Wer Baja intensiver erkunden will, ist mit einem PKW (ideal: Vierradantrieb) am besten bedient, um die vielen abgelegenen Buchten und Strände zu erreichen. Eine akzeptable Rundtour auf der Halbinsel selbst ist nicht möglich, sondern nur Fährtransport rüber aufs Festland und weiter nordwärts entlang der Pazifikküste zum Ausgangspunkt. Oder Fahrzeug nur one way mieten, was einige Vermieter inzwischen ohne Preisaufschlag akzeptieren (siehe Kapitel "Baja California").

Yucatán: Auch hier ist ein eigenes Fahrzeug hilfreich, da viele der Maya-Stätten weit abseits liegen und per Bus oft nicht oder nur sehr zeitraubend zu erreichen sind. Wer sich besonders für die Ausgrabungsstätten interessiert, sollte die Alternative Mietwagen in seine Überlegungen einbeziehen. Es gibt auch eine attraktive Rundtour, die alle wichtigen Orte berührt. Details siehe Kapitel "Yucatán".

Autofahren in Mexiko

Benzin: ist verglichen mit europäischen Verhältnissen sehr billig: derzeit Normal ca. o,4 US, Super ca. o,5 US pro Liter. Die staatliche Gesellschaft PEMEX unterhält ein dichtes Tankstellennetz überall im Land. An vielen Tankstellen ist aber nur Normalbenzin erhältlich. Unverbleites Benzin ist selten. Verläßliche Stellen nur in den größten Städten, entlang der US-Grenze und in Baja California.

Tankstellen: sind in Mexiko ein heißes Pflaster für diverse Tricks. Auf jeden Fall zunächst einmal aussteigen und überprüfen, ob die Zapfsäule auf Null gestellt ist. Sich am

Ende nicht darauf einlassen, daß angeblich das Zählwerk kaputt ist, sondern den angezeigten Preis bezahlen und nicht mehr! Besondere Vorsicht beim Wechselgeld: Oft gibt es zwei Versuche, zu wenig herauszugeben: erst mit einer größeren Summe, und wenn das auffällt, dann noch einmal mit ein paar Münzen.

★ Versicherung: Bei Mietwagen ist der Abschluß einer Versicherung Pflicht. Wer von USA einen Wagen einführt, muß an der Grenze eine zusätzliche mexikanische Versicherung abschließen.

★ Führerschein: Internationaler Führerschein mit Kopie, damit man nicht bei jeder Kontrolle gleich das Original hingeben muß. Mexikanische Polizisten sind bei wirklichen oder angeblichen Verkehrsübertretungen schnell dabei, den Führerschein einzukassieren und ihn erst nach langwierigen Verhandlungen oder ein paar Scheinchen herauszurücken. Bei Kopien ist dieses Risiko geringer, sie sollten jedoch beglaubigt sein und möglichst viele schöne Stempel enthalten. Außerdem ein Sicherheitsfaktor bei Verlust des Original- Führerscheins.

★ Autoimport aus USA: Einfuhrpapiere werden bis zu 180 Tagen Laufzeit ausgestellt. Notarielle Bestätigung erforderlich, daß man der Eigner des Wagens ist oder daß der Wagen mit Erlaubnis des Eigners ausgeführt wird. Die in den Papieren festgelegte Frist nicht überschreiten, sonst gibt es bei der Ausreise Ärger. Eine zusätzliche mexikanische Versicherung muß bei der Einreise abgeschlossen werden. Ansonsten relativ unbürokratischer Grenzverkehr.

Wer sich nur in der Grenzregion und in Baja California selbst aufhalten will, kann die Grenze problemlos und ohne große Formalitäten überqueren.

★ Maut: Viele der in den letzten Jahren gebauten Schnellstraßen und Autobahnen sind gebührenpflichtig. Unterschiedliche Tarife: manchmal nur wenige Pesos, oft aber auch relativ ansehnliche Summen. Gelegentlich wird auch bei Brückenüberquerungen eine kleine Gebühr verlangt.

★ Straßenzustand: Viele der Hauptverkehrsstraßen sind hervorragend ausgebaut. Vor allem im Gebirge sind die Strecken aber unwahrscheinlich kurvenreich und oft in schlechtem Zustand. Extreme Vorsicht geboten, da Leitplanken eine Seltenheit sind. Warn- und Hinweisschilder ernst nehmen. Aufgepaßt auch auf die Asphaltbuckel ("topes") an Ortseingängen und -durchfahrten. Sie sind nur im Schrittempo zu überqueren.

★ Parken: In den Städten höllisch aufpassen, und das Fahrzeug möglichst auf bewachtem Parkplatz abstellen. Auf jeden Fall sich genau versichern, daß Parken erlaubt ist. Wenn nicht, nimmt ein eifriger Polizist garantiert die Nummernschilder mit auf sein Revier. Dann gibt es eine Menge (kostenpflichtigen) Ärger, bis man sie wieder zurückbekommt. Bei längerem Parken das Auto nach Möglichkeit vollständig leerräumen (vor allem über Nacht) und das Handschuhfach demonstrativ geöffnet lassen. Dann wissen potentielle Diebe eigentlich schon Bescheid.

Wer vorhat, häufiger in Städten zu parken, sollte beim Mieten des Autos auf einem Wagen mit Alarmanlage bestehen. Manche sind nämlich damit ausgerüstet, andere wieder nicht. - Fahren bei Nacht: Wenn möglich vermeiden. Das Unfallrisiko mit unbeleuchteten Fahrzeugen, Eselskarren und Fußgängern kann erheblich sein, insbesondere wenn die Scheinwerfer des eigenen Fahrzeuges ungenügend sind und der Fahrer ermüdet...

★ Unfälle: Bei Personenschäden kommt man schnell ins Gefängnis, daher sofort mit der Botschaft oder einem Konsulat in Verbindung setzen. Bei Unfällen Dritter sich besser heraushalten: Zeugen werden oft ebenfalls lange festgehalten; außerdem eignet sich ein

✱ Pannen: Auf wichtigen Überlandstraßen und touristisch interessanten Strecken hat das Tourismusministerium einen Pannenhilfsdienst organisiert: die sogenannten "Angeles Verdes" (grüne Engel). Patrouillieren und geben kostenlose Unterstützung für liegengebliebene Fahrzeuge. Angemessenes Trinkgeld ist üblich, auch Material muß bezahlt werden. An den Autobahnen in regelmäßigen Abständen SOS- Notrufsäulen. Auf den meisten anderen Straßen braucht man Glück oder andere Autofahrer, die der Polizei oder den "Angeles" Bescheid sagen.

anwesender Gringo gut dazu, ihm einen Teil der Schuld in die Schuhe zu schieben.

Fähren

Bestehen zwischen der Halbinsel Baja California und dem Nordwesten des Landes. Für den, der Baja California bereist, sind diese Fähren sehr praktisch; sie ersparen den teuren Flug oder Hunderte von km Rückfahrt auf gleicher Strecke Überland:

La Paz -> Mazatlán.
La Paz -> Los Mochis (Topolobampo).
Santa Rosalía -> Guaymas.

Auf allen diesen Strecken auch Autotransport. Trotz Preiserhöhungen nach der Privatisierung der Fährlinie liegen die Tarife vor allem im Personenverkehr immer noch relativ niedrig.

Personen- und Autotransport auch zu den beiden beliebten Karibikinseln Cozumel und Isla Mujeres:

Playa del Carmen -> Cozumel (nur Personenverkehr).
Puerto Morelos -> Cozumel (Autofähre).
Puerto Juárez -> Isla Mujeres (nur Personenverkehr).
Punta Sam -> Isla Mujeres (Autofähre).

Trampen

Vor allem auf Lang- und Mittelstrecken keine besonders sinnvolle Reiseart in Mexiko. Viele der touristisch interessanten Routen sind wenig befahren, und man vergeht beim Warten in der glühenden Sonne. Außerdem sind Bus- oder Bahnpreise so niedrig, daß sie kein allzu großes Loch in die Reisekasse reißen.

Bei Ausflügen oder kleineren Entfernungen kann Trampen schon mal praktisch sein. Hinweise dazu in den entsprechenden Kapiteln. Frauen allein sollten dagegen das Trampen auf jeden Fall vermeiden.

Allgemeine Tips

EINREISE

Die Einreiseformalitäten für Mexiko beschränken sich auf ein Minimum: Nötig ist für Deutsche, Österreicher und Schweizer ein gültiger REISEPASS sowie eine TOURISTENKARTE.

Wer per Flugzeug einreist, braucht sich um die Touristenkarte nicht zu kümmern, da er sie automatisch von der Fluggesellschaft beim Einchecken oder an Bord bekommt. Wer auf dem Landweg nach Mexiko fährt, besorgt sie sich vorher bei einem mexikanischen Konsulat, beim Staatlichen Mexikanischen Verkehrsamt in Frankfurt oder bei einer der Mexiko anfliegenden Fluggesellschaften. Die Touristenkarte ist kostenlos.

Die Karte (Original und Kopie) muß bei der Einreise abgestempelt werden. Das Original gilt für die Einreise; die Kopie ebenso sorgfältig aufbewahren wie den Reisepaß, da sie bei Polizeikontrollen im Land und bei der Ausreise verlangt wird.

Sie gilt automatisch zunächst für 3o Tage. Wer zwischen 3o und 9o Tagen bleiben will, sollte gleich beim Ausstellen der Karte darauf bestehen, daß eine Gültigkeit von 9o Tagen eingetragen wird. Dies geht problemlos und ohne sonstige Formalitäten.

Wer sich noch länger aufhält, kann die Touristenkarte (vor Ablauf der eingetragenen Frist!) einmal oder mehrmals bis zu einem Maximum von 18o Tagen verlängern lassen. Adresse in Mexico City: Dirección General de Servicios Migratorios, Av. Chapultepec 284, Tel. 626 72oo

Wer im Grenzgebiet reist, geht zu einem der Servicios Migratorios an einem der Grenzübergänge. Bei Verlust der Karte sind die gleichen Behörden zuständig.

ZOLLBESTIMMUNGEN

Was der Mexiko- Besucher in der Regel so braucht, kann problemlos und zollfrei eingeführt werden. Es gibt auch keine Beschränkung beim Im- und Export von Devisen. Die einzige für Touristen etwas hinderliche Mengenbegrenzung bezieht sich auf Filme und Videokassetten: Maximal 12 pro Person. Dies wird in der Praxis (vor allem bei Filmen) aber nicht so genau genommen.

ZEITZONEN

Mexiko ist aufgeteilt in drei Zeitzonen: Fast im gesamten Land (einschließlich großer Teile des Nordens sowie im gesamten Süden und Osten) gilt die zentrale Zeit des Hochlandes.

In den Staaten der nördlichen Pazifikküste (Nayarit, Sinaloa und Sonora)

und im Südteil der Halbinsel Baja California gehen die Uhren eine Stunde nach.

Der Norden von Baja California hat sogar zwei Stunden Zeitunterschied zur Zentralzone.

Da es in Mexiko keinen Wechsel von Sommer- und Winterzeit gibt, beträgt der Unterschied der Zentralzeit zu Mitteleuropa im Winter 7 und im Sommer 8 Stunden.

KLIMA

Das Klima in Mexiko wird weniger bestimmt durch die jeweilige geographische Breite als durch die landschaftlichen Gegebenheiten: Die beiden Gebirgszüge der Sierra Madre schließen das ausgedehnte Hochland von Mexiko ein, das zwischen 1.5oo und 2.ooo m über dem Meeresspiegel liegt.

Im Zentralen Hochland um Mexico City herrscht daher ganzjährig ein angenehm warmes Klima; im nördlichen Teil des Hochlandes bis zur US-Grenze ist es im Sommer extrem heiß, im Winter kann es sehr kühl werden.

In den Höhenlagen der Sierra (vor allem der Sierra Madre Occidental) kommt es im Winter zu Minustemperaturen und gelegentlichem Schneefall.

An den Küsten und auf der Halbinsel Yucatán ist es dagegen das ganze Jahr über feucht- heiß. Die Halbinsel Baja California hat trockenes Wüstenklima, nur im Nordteil kann es im Winter etwas kühlere Tage geben.

Regenzeit: Zwischen Juni und September herrscht in Mexiko Regenzeit, die allerdings in den einzelnen Regionen unterschiedlich ausgeprägt ist: Der Norden und Baja California haben kaum Niederschläge, an den Küsten regnet es viel, und im Zentralen Hochland kommt es nachmittags in der Regel zu Schauern.

Aber auch in der Regenzeit gießt es nicht ununterbrochen. Nach ein paar Stunden scheint meist wieder die Sonne. Regenreichstes Gebiet ist das Hochland von Chiapas im Südosten, wo es während der Sommermonate gelegentlich zu Überschwemmungen und weggeschwemmten Straßen kommt.

Reisezeiten

Mexiko ist das ganze Jahr über problemlos und gut zu bereisen. In den Sommermonaten ist es natürlich besonders heiß, und zwischen Juni und September muß man sich in den meisten Gebieten auf gelegentliche, mehr oder weniger intensive Regenfälle einstellen. Man gewöhnt sich jedoch schnell an den Rhythmus der Schauer und plant für die Zeit eben Museumsbesuche oder eine Siesta ein.

In den Wintermonaten sind die bekannten Seebäder an der Pazifik- und Karibikküste mit Touristen aus USA und Kanada überlaufen. Über Weihnachten/Neujahr sowie während der Osterwoche kommt dazu noch der Strom der mexikanischen Touristen. In dieser Zeit an den Küsten sowie in den Städten des Zentralen Hochlandes sehr voll.

Die angenehmsten Reisezeiten sind daher von <u>Mitte Oktober bis kurz vor Weihnachten</u> sowie von <u>Mitte Januar bis Ende April</u>: kein Regen, weniger Hitze und relativ wenig Touristen.

KLEIDUNG

Da man sich im Prinzip das ganze Jahr über in fast allen Regionen auf warmes bis heißes Klima einstellen muß, ist in der Regel leichte Sommerkleidung angebracht. Baumwollkleidung ist Kunstfasern in jedem Fall vorzuziehen, vor allem in tropischen Gebieten.

Ein Pullover für kühle Abende oder für Busse und Restaurants mit eiskalten Klimaanlagen ist auch im Sommer nötig. Dazu in den Monaten Juni bis September ein leichter Regenschutz gegen die auftretenden Schauer.

Wer nicht gerade Bergtouren oder Vulkanbesteigungen vorhat, kommt während der Wintermonate auch im Norden und im zentralen Hochland mit Pullover, festem Schuhwerk und einer leichten Jacke aus.

Gesundheit

<u>Impfungen</u>: Derzeit für die Einreise nach Mexiko keine Impfungen vorgeschrieben. Wer sich auf den üblichen Touristenpfaden bewegt, dürfte in der Regel mit den gewöhnlichen Impfungen gegen Kinderlähmung und Wundstarrkrampf auskommen.

Ob Prophylaxen gegen <u>Typhus</u>, <u>Paratyphus</u> und <u>Hepatitis</u> notwendig sind, ist umstritten und hängt stark von den Reisegewohnheiten des einzelnen ab. Wer viel auf Märkten und in billigen Restaurants ißt, ist natürlich gefährdeter als der Pauschaltourist im Luxushotel. Im Zweifel den Rat des Hausarztes einholen.

Wer mehrere Impfungen benötigt, sollte rechtzeitig vor der Reise damit beginnen, damit eine sinnvolle Reihenfolge eingehalten werden kann und die Nebenwirkungen nicht die ersten Urlaubstage vermiesen.

<u>Malaria</u>: Leider ist die Malaria weltweit wieder auf dem Vormarsch, und auch in den feucht- heißen Regionen Mexikos ist das Risiko einer Übertragung nicht auszuschließen. In den Städten ist die Gefahr gering; wer dagegen in tropischen Urwaldgebieten unterwegs ist, sollte eine Malaria-Prophylaxe mit seinem Arzt besprechen.

Sonne: Eine sehr angenehme Begleiterscheinung jeder Mexiko- Reise. Aber auf jeden Fall in Maßen genießen, vor allem an den verlockenden Stränden, wo man sich stundenlang im Wasser (und damit auch in der Sonne) aalen könnte. An den ersten Tagen sich nur für wenige Minuten der vollen Sonne aussetzen, deren Kraft nicht unterschätzen.

Vorsicht ist auch im Hochland geboten, da dort die Sonne noch intensiver sticht, man subjektiv aber nicht solche Hitzegefühle entwickelt wie in den tropischen Gebieten. Nicht umsonst gehört der Sombrero zur Standardausrüstung des Mexikaners.

Erkältungen: Gerade das warme Klima verleitet dazu, sich nicht auf Temperaturschwankungen einzustellen, so daß Erkältungen die unweigerliche Folge sind.

Vorsicht vor allem vor kühlen Abenden im Hochland. Außerdem bei Trips aus tropischen Küstengebieten in höhere Regionen unbedingt warme Kleidung zur Hand haben: Innerhalb kürzester Zeit kann es im Bus eiskalt werden. Auch die leichten Windzüge bei geöffnetem Fenster können den schwitzenden Körper schnell erkälten. Gefährlich sind auch die Klimaanlagen in Hotels, Restaurants und Bussen.

Höhenkrankheit: Ist in der Regel auch im Zentralen Hochland nicht zu befürchten. Bei einer Höhe um 2.000 m in den ersten Tagen allerdings etwas Zurückhaltung bei körperlicher Anstrengung und Alkoholgenuß.

Problematisch kann es ab 2.500- 3.000 m werden. Bei Bergtouren und Vulkanbesteigungen wie z.B. zum Popocatépetl ist daher eine langsame und ausreichende Gewöhnung an die Höhe immer noch das beste. Im Notfall Mittel gegen Kopfschmerzen und Übelkeit. Wer Herz- Kreislaufprobleme hat, sollte vor der Reise seinen Arzt um Rat fragen.

Durchfall: "Moctezumas Rache" trifft noch die meisten Touristen irgendwann mal im Verlaufe ihrer Reise, auch wenn sie sich streng an die immer wieder gegebenen Empfehlungen halten: keinen Salat, ungeschältes Obst etc. zu essen.

Ganz auf das exotische Obst und Gemüse zu verzichten, hieße aber auch, sich um einen sehr angenehmen Teil des Mexiko- Erlebnisses zu bringen, ohne dennoch dem Durchfallrisiko sicher entgehen zu können. Viele Früchte wie Bananen, Papayas sind risikolos zu genießen. Vorsicht dagegen bei grünen Salaten, Erdbeeren und allen Gemüsen, die in Bodennähe wachsen.

Eine gute Portion Vorsicht sowie eine langsame Gewöhnung an die unterschiedlichen Eßgewohnheiten und Lebensmittel sind vielleicht das sicherste Rezept, Beeinträchtigungen des Reisevergnügens durch Magen- und Darmerkrankungen in Grenzen zu halten. Ein gutes Medikament sollte im Reisegepäck enthalten sein.

Trinkwasser: In vielen Städten und Hotels ist das Trinkwasser in Ordnung. Da man dies aber nirgends per Zertifikat garantiert bekommt, läßt sich das Risiko dadurch vermeiden, daß man auf Leitungswasser vollständig verzichtet. Mineralwasser wird überall angeboten und ist spottbillig. Viele Hotels haben in den Zimmern eine Mineralwasserflasche oder eine Karaffe mit Trinkwasser.

Hygiene: Ein wichtiger Schutz vor der Übertragung von Krankheiten ist vor allem in tropischen Gebieten die persönliche Hygiene. Wer viel in Billighotels übernachtet, kann mit einem eigenen Schlafsack manchem Risiko aus dem Wege gehen.

Weniger aufwendig ist die Mitnahme eines Innenschlafsacks oder Bettbezugs für solche Hotels, bei denen man nicht sicher sein kann, daß die Bettwäsche wirklich frisch ist. Möglichst auch nicht barfuß im Hotelzimmer herumlaufen (Fußpilz).

Toiletten sind nach mitteleuropäischen Maßstäben oft eine Katastrophe. Öffentliche Toiletten sind extrem rar; wenn's eilt, ins nächste Restaurant gehen. Auf Flughäfen und in Museen sind Toiletten unterschiedlich bis schlecht.

Auch die Toiletten in den Restaurants halten nicht immer den Standard, den Einrichtung und Preise des Lokals versprechen. In den seltensten Fällen ist Toilettenpapier vorhanden, manchmal wird es vor dem Örtchen in Minimalmengen verkauft. Daher am besten immer einen kleinen Vorrat dabeihaben.

MEXIKANISCHE BEHÖRDEN IN EUROPA

Deutschland:

Botschaft: Adenauerallee 1oo, 53113 Bonn Tel. o228/914 86o.

Konsulat: Kurfürstendamm 72, 1o711 Berlin, Tel. o3o/324 9o 47.

Generalkonsulat: Hallerstr. 7o, 20146 Hamburg, Tel. o4o/448 774.

Konsulat: Neue Mainzer Str. 57, 60311 Frankfurt/Main, Tel. o69/235 7o9.

Honorarkonsulat: Kramerstr. 1o, 3o159 Hannover, Tel. o511/328 188.

Honorarkonsulat: Vogelweidestr. 5, 81677 München, Tel. o89/981 617.

Staatliches Mexikanisches Verkehrsamt: Wiesenhüttenplatz 26, 60329 Frankfurt/Main, Tel. o69/253 413.

Honorarkonsulat: Kennedy-Platz 1, 282o3 Bremen, Tel. o421/324 946.

Honorarkonsulat: Plieninger Str. 15o, 7o567 Stuttgart, Tel. o711/728 98 62.

Schweiz:

Botschaft: Bernastr. 57, 3oo5 Bern, Tel. o31/351 18 75.

Honorarkonsulat: 12, Place de Cornavin, 12o1 Genf, Tel. o22/2o3 311.

Honorarkonsulat: Villa Zanroc, 5 rue Marterey, 1oo5 Lausanne, Tel. o21/2o2 16o.

Honorarkonsulat: Zollikerstr. 28, 8oo8 Zürich, Tel. o1/552 94o.

Österreich:

Botschaft: Türkenstr. 15, 1o9o Wien, Tel. 1222/31o 95 24.

BOTSCHAFTEN UND KONSULATE IN MEXIKO

DEUTSCHLAND

Botschaft:
Mexico City, Lord Byron 737 (Metro Auditorio), Tel. (91-5) 545-6655.

Konsulate:
Acapulco: Sebastián Elcano 19o/Ecke Antón de Alaminos, Casa Tres Fuentes, Costa Azul, Tel. (91-74) 84186o.

Cancún: Punta Conoco 36, Tel. (91-98) 845333.

Chihuahua: Boulevard Fuentes Mares 88o4, Tel. (91-14) 2o2o3o.

Guadalajara: Av. Ramón Corona 2o2, Tel. (91-36) 131414.

Mazatlán: Jacaranda 1o, Loma Linda, Tel. (91-69) 8228o9.

Tampico: 2 de Enero 1o2-A Sur. Tel. (91-12) 129784.

Tijuana: Blvd. Sanchez Taboada 981o-1, Zona del Rio, Tel. (91-66) 8o183o.

Veracruz: Madero 256, Tel. (91-29) 38o599.

SCHWEIZ

Botschaft:
Mexico City, Hamburgo 66, 4. Stock, Tel. (91-5) 533-o735.

Konsulate:
Guadalajara: Av. Revolución 7o7, Tel. (91-3) 61759oo.

Konsulate:
Guadalajara: Av. Revolución 7o7, Tel. (91-3) 61759oo.

Mérida: Hotel Montejo Palace, Calle 56-A Nr. 483-C, Tel. (91-99) 239o33.

Monterrey: Edificio Torre Alta, Av. Roble 3oo, Colonia del Valle, Tel. (91-8) 378o5oo.

Veracruz: Emparán 251, Tel. (91-29) 36oo57.

ÖSTERREICH

Botschaft:
Mexico City, Campos Eliseos 3o5, Tel. (91-5) 54o-3651.

Konsulate:
Acapulco: J.R. Escudero 1, Despacho 3, Tel. (91-74) 822166.

Guadalajara: Mar Negro 1221, Lomas del Country, Tel. (91-3) 623o757.

Monterrey: Rio Orinoco 1o5 Poniente, Colonia del Valle, San Pedro Garza García, Tel. (91-8) 3569o15.

Tijuana: Blvd. Agua Caliente 34o1, Despacho 8o3, Tel. (91-66) 86538o.

In jedem größeren Ort gibt es ein regionales Touristenbüro oder eine Zweigstelle des mexikanischen Tourismusministeriums (SECTUR). Ob sich ein Gang zur Touristeninformation lohnt, ist von Ort zu Ort sehr verschieden. Da sich die Büros fast immer in zentraler Lage befinden, kann der kleine Umweg jedoch kaum schaden.

In der Regel gilt, daß die Touristeninformation in Orten mit viel Pauschaltourismus (also vor allem an den Küsten) wenig hilfreich ist für Einzelreisende, die einen ganz bestimmten Rat brauchen. Steckt man in ernsthaften Schwierigkeiten, dann ist das Touristenbüro auf jeden Fall die erste

Anlaufstelle um herauszufinden, wer weiterhelfen kann.

Notruf: Das Tourismusministerium in Mexico City (SECTUR) hat einen 24- stündigen Telefondienst eingerichtet, der in Notfällen und bei Beschwerden ständig erreichbar ist: in Mexico City die Nummern 25o-o123 oder 25o-o151. Von außerhalb kommt die Vorwahl der Hauptstadt hinzu: 91-5.

Stadtpläne: Brauchbare Stadtpläne der jeweiligen Orte verteilen die meisten Touristenbüros kostenlos. Oft haben sie auch einen groben Übersichtsplan des Staates oder der Region, der aber nur für eine erste Orientierung taugt. Eine detaillierte und gute Karte von Mexico City ist die von "Guía Rojí", erhältlich in den "Sanborn's" Läden in Mexico City und einigen anderen Großstädten.

Landkarten: "Guía Rojí" hat recht übersichtliche und preiswerte Karten der einzelnen mexikanischen Bundesstaaten, die allerdings immer nur das begrenzte Gebiet eines oder mehrerer Staaten abdecken.

Im Buchladen des Museo Nacional de Antropología sowie des Palacio de Bellas Artes in Mexico City gibt es eine Auswahl an Regionalkarten, herausgegeben vom offiziellen "Instituto Nacional de Estadística, Geografía e Información".

Wer mit dem Pkw unterwegs ist, sollte sich die Mexiko- Karte der staatlichen Erdölgesellschaft PEMEX besorgen (auch für Busreisende umfassend und hilfreich). Erhältlich an größeren PEMEX- Tankstellen und in manchen Buchläden. Die Karte ist hinsichtlich der Straßen sehr detailliert, einigermaßen aktualisiert und gut handhabbar. Nützlich für abgelegene Strecken sind auch die eingetragenen Tankstellen, so daß man den nächsten Tankstop rechtzeitig einplanen kann.

Schon zu Hause im Buchhandel die Mexiko- Karten von Hallwag oder Hildebrand, die aber im Vergleich zu den einheimischen Karten nicht besonders billig sind.

POLIZEI

Die mexikanische Polizei ist ein Kapitel für sich. Für den Besucher zunächst besonders auffällig ist die Verkehrspolizei: Allgegenwärtige Polizisten überwachen, regeln oder behindern den Verkehr fast an jeder Straßenkreuzung mit lauten Trillerpfeifen und wildem Gestikulieren.

Viel kommt nicht dabei heraus, und man hat bei den drei oder vier Uniformierten, die eine einzige Kreuzung bevölkern, manchmal den Eindruck, daß sie im Rahmen eines umfassenden staatlichen Arbeitsbeschaffungs- oder Postenverteilungsprogramms ihren Dienst tun.

Der Tourist, der nicht mit dem eigenen Pkw oder Mietwagen unterwegs ist, wird in den meisten Ordnungshütern freundlich- hilfsbereite Menschen finden. Auch beim Autofahren außerhalb von Mexico City (und innerhalb hat es nun wahrlich keinen Sinn) gibt es wenig Probleme mit der Polizei.

Es kann allerdings passieren, daß Polizisten (wie auch Passanten) sich nach dem gefragten Ziel nicht auskennen. Da sie dem Touristen aber gerne weiterhelfen möchten, schicken sie ihn einfach irgendwohin...

Parkverbot dringend beachten! Ausgezeichnet durch Schilder oder einen gelb gestrichenen Bordstein,- oder aber persönliche Entscheidung eines Polizisten...

Ist nach dem Parken das Nummernschild oder gar das ganze Auto weg, ist in der Regel die Polizei im Spiel. Also beim nächsten Revier nachfragen und zahlen. Wenn möglich, deshalb einen ausgewiesenen und bewachten Parkplatz aufsuchen. (Weitere Tips siehe Autofahren in Mexiko)

Sollte es doch einmal zu einem Zwischenfall wegen wirklicher oder angeblicher Verkehrsübertretung kommen, nicht diskutieren, sondern die Sache locker nehmen, auch wenn man sich im recht fühlt. Prinzipiell benötigt der Polizist Respekt evtl. auch mal ein oder zwei Dollar Trinkgeld.

Aber nicht gleich von vornherein mit den Scheinen winken, sondern erst einmal abwarten, wie sich die Sache entwickelt. Bestechung ist zwar kein Fremdwort in Mexiko, aber Touristen gegenüber ist man inzwischen etwas vorsichtiger und versucht, ihnen nicht durch ständige Strafzettel den Urlaub zu vermiesen.

DROGEN

Trotz offiziellen Verbots gibt es in Mexiko wie überall einen Markt für Rauschmittel. Außerdem wird in den abgelegenen Gebieten der Sierra Madre einiges angebaut und von einer Mafia in die USA geschmuggelt.

Angeblich gibt es schon ganze Tunnelsysteme unter der Grenze, die nur diesem Zweck dienen. Vor allem in Grenznähe, aber auch schon auf vielen Strecken des Nordens und der nordwestlichen Pazifikküste werden deshalb von Spezialeinheiten ausgiebige Straßenkontrollen durchgeführt.

Inwieweit der staatliche Kampf gegen den Drogenhandel wirklich ernsthaft ausgefochten wird, oder ob es sich nur um demonstrative Maßnahmen handelt, die der einflußreichen Mafia nicht schaden, sei dahingestellt. Sicher dagegen ist eins: Nichts ist für die Drogenfahnder schöner, als einen Gringo mit dem verbotenen Stoff zu erwischen. Der wandert umgehend ins (extrem ungemütliche) Gefängnis und braucht sich auch von seiner diplomatischen Vertretung keine große Hilfe zu erhoffen.

Deshalb unbedingt Finger weg: Mit dem Besitz oder Konsum von Drogen ist in Mexiko nicht zu spaßen.

FRAUEN ALLEIN

Alleinreisende Frauen müssen davon ausgehen, daß sie häufig mit den verschiedenen Ausprägungen des mexikanischen "<u>Machismo</u>" konfrontiert werden: Verbale Anmache auf der Straße ist an der Tagesordnung, und auch bei zunächst harmlos erscheinenden Kontakten und Gesprächen kommt der mexikanische Mann ziemlich schnell "zur Sache".

Frauen, die allein unterwegs sind, erscheinen in der mexikanischen Männergesellschaft einfach ungewöhnlich und verleiten die Herren der Schöpfung zu den verwegensten Spekulationen: Vor allem in der Nähe zur US-Grenze, in Mexico City und in den Touristenzentren an der Küste gilt die "<u>gringa</u>" als leichtes Opfer, deren Alleinreisen als Absicht mißverstanden wird, sich einen mexikanischen Liebhaber zu angeln.

Der Wunsch vieler Mexikaner, auf irgendeine Weise ins gelobte Nachbarland im Norden zu kommen, tut ein Übriges: Vielleicht schafft man den Schritt ja mit Hilfe der "gringa" oder ihres Geldes.

Auch wer allein unterwegs ist, möchte natürlich die Menschen des Landes kennenlernen und nicht von vornherein jeden Kontakt vermeiden oder abblocken. Leider haben Frauen in diesem Punkt in Mexiko die Schwierigkeit, daß Verhaltensweisen, die in Europa als völlig normal oder belanglos gelten, von mexikanischen Männern sofort als Annäherungsversuch oder gar sexuelles Angebot gedeutet werden.

Die Gratwanderung zwischen freundlichem Kontakt und Anmache ist ungeheuer schwierig und erfordert ein extrem gutes Gespür für die jeweilige Situation sowie eine große Portion Standfestigkeit, um immer wieder auftretende Frustrationen wegzustecken.

Vollständig entziehen kann man sich als alleinreisende Frau diesem Problem nicht. Es gehört zum mexikanischen Alltag wie der Tourismus oder die Armut. Wer in Ruhe gelassen werden will, hat allerdings einige Möglichkeiten, sich allzu aufdringlichen Kontakten zu entziehen:

Da die Kleidung ein erster Blickfang ist, kann man schon durch entsprechend <u>dezente Bekleidung</u> einiges signalisieren. Sich gleich als Europäerin zu erkennen geben, führt oft schon zu einer etwas respektvolleren Behandlung, und auch eine Art Ehering am Finger verschafft eine gewisse Bewegungsfreiheit.

Da die zweite Frage meist dahingeht, ob man allein unterwegs ist, kann man dezent darauf hinweisen, daß im Hotel der Mann oder Freund wartet. Mit etwas Glück geht das Gespräch dann entspannter vonstatten, oft ist es aber damit auch gleich beendet, das freundliche Interesse erlischt im Nu.

Ein entschiedenes und deutliches Nein wird in den meisten Situationen ebenfalls respektiert. Reicht die verbale Überzeugungsarbeit nicht aus, dann hilft manchmal nur brüskes Weggehen, um unerwünschte Begleitung zu vermeiden.

DIEBSTAHL

Hinsichtlich der Diebstahlsgefahr ist Mexiko keineswegs unsicherer als manches südeuropäische Reiseland und problemloser als die meisten anderen lateinamerikanischen Länder. Wer nicht gedankenlos die Kamera oder provokativ den Geldbeutel herumhängen läßt, braucht in der Regel wenig zu befürchten.

Bewaffnete Überfälle auf Touristen sind trotz immer größer werdender Armut im Land derzeit nicht üblich. Es gibt natürlich wie in allen Großstädten Stadtviertel, in denen ein Tourist absolut nichts verloren hat.

Einige TIPS, die das Risiko, bestohlen zu werden, erheblich vermindern:

Gepäck auf Bahnhöfen, Flughäfen und in Busterminals nie unbeaufsichtigt lassen. Schon die kurzfristige Ablenkung an einem Fahrkartenschalter kann dem Gelegenheitsdieb grünes Licht signalisieren.

Möglichst wenig Wertsachen und Bares mit sich herumtragen. Wenn's geht, die Reisekasse und den Paß im Hotelsafe (in mittleren und teuren Hotels in der Regel vorhanden und kostenlos) deponieren.

Kameras sind in einer Plastiktüte oder unauffälligen Stofftasche sicherer aufgehoben als in den stoß-, staub- und wasserfesten Kamerataschen, die weithin schon anzeigen, welch wertvollen Inhalt sie verbergen. Zumindest für Fototrips in Städten und im Gedränge packt man die Kamera besser vorübergehend in unauffälligere Behältnisse. Gut ist zum Beispiel ein kleiner, leichter Rucksack, den man im Gedränge vor der Brust tragen kann.

Bereits zu Hause eine beglaubigte Kopie des Reisepasses anfertigen lassen, die man bei Besichtigungstouren durch die Städte dabeihat, während der Paß im sicheren Safe lagert. Eine weitere Kopie des Passes sowie Flugtickets und andere Papiere kann man bei der Botschaft in Mexico City hinterlegen, wenn die Reise in der Hauptstadt beginnt und endet. Bei Verlust des Originals geht der Ersatz dann sehr viel schneller und einfacher über die Bühne.

Generell gilt: Vorsicht ist, wie überall, angebracht, übertriebene Ängstlichkeit dagegen fehl am Platze.

BETRÜGEREIEN

Sehr viel häufiger wird man als Tourist konfrontiert sein mit Versuchen, per Tricks und kleinen Betrügereien an ein paar zusätzliche Pesos heranzukommen. Daß man vor diesen Gaunereien überall auf der Hut sein muß, ist zwar ärgerlich, der Schaden dagegen ist in den meisten Fällen nicht so hoch wie bei Diebstählen. Wer sich ein wenig mit den gängigen Situationen vertraut macht und die Tricks kennt, fällt nicht mehr so leicht darauf herein und schont damit die Reisekasse erheblich.

HEKTIK: In jeder Situation ruhig bleiben und nichts übereilen, ob beim Geldwechseln, Ticketkauf oder anderen notwendigen Schritten. Gerade in Mexiko hat jeder Mensch auch in einer langen Warteschlange Verständnis dafür, daß es langsam vorangeht. Vorsicht also, wenn irgendwer für unmexikanische, künstliche Hektik sorgt. Beim Bezahlen oder Geldwechseln Scheine sorgfältig und einzeln nachzählen. Wenn möglich, sich vorher etwas mit dem Aussehen der Scheine vertraut machen.

RESTAURANT: Nichts bestellen, ohne vorher nach dem Preis gefragt zu haben. Vor allem Getränke werden oft angeboten, ohne daß sie auf der Karte stehen. Unbedingt den Preis erfragen, sonst ist nachher unter Umständen die Flasche Bier teurer als das ganze Menü.

Meist ist die 1o-prozentige Mehrwertsteuer im Preis enthalten und dies auf der Karte auch vermerkt: "IVA incluido". Wenn nicht, nachfragen.

HOTEL: Auch bei Hotels (egal ob billig oder teuer) vergewissern, ob im angegebenen Preis "IVA incluido" ist. Frühstück ist in der Regel im Zimmerpreis nicht inbegriffen.

TAXI: siehe Seite 18, TANKSTELLEN: siehe Seite 2o.

Wenn trotzdem etwas passiert ist, Ruhe bewahren, sich auf keinen Fall aufregen, sondern dem "Täter" die Chance geben, daß er den "leider vorgekommenen Irrtum" korrigieren kann. Deshalb niemand einer bösen Absicht verdächtigen, sondern freundlich um die Überprüfung der Rechnung oder des Wechselgeldes bitten. Selbst wenn man den Betrug erst etwas später merkt: Zurückgehen und mit dem Geld in der Hand freundlich reklamieren. Meist bekommt man die entsprechende Summe zurück, da niemand größeren Ärger riskieren will.

GELD

Währung: Obwohl die Teuerungsrate seit dem Ende der 8oer Jahre gesenkt werden konnte, ist der mexikanische Peso weiterhin vergleichsweise inflationär. Anfang 1993 wurde daher damit begonnen, die alten Peso- Scheine mit den vielen Nullen durch neue Scheine zu ersetzen: 1 neuer Peso = 1.ooo alte Pesos.

Da in nächster Zeit alte und neue Scheine und Münzen parallel im Umlauf sein können, sollte man sich ein wenig mit deren Aussehen vertraut machen, um böse Überraschungen beim Währungstausch oder beim Wechselgeld zu vermeiden.

Größere Scheine können von Händlern und Taxifahrern oft nicht gewechselt werden, wenn ihre Tageseinnahme diese Summen noch nicht erreicht haben. Deshalb große Scheine rechtzeitig im Hotel oder bei einer Bank eintauschen und immer genügend Kleingeld dabeihaben.

Das Zeichen "$" gilt in der Regel für den mexikanischen Peso. Höchstens im Grenzgebiet zu den USA oder in Badeorten wie Cancún und Acapulco sind die Preise gelegentlich in US- Dollar angegeben. Das Zeichen dafür normalerweise: US $.

Geldwechsel: Bargeld und Reisechecks wechseln zahlreiche Banken und Casas de Cambio. Die Kurse variieren nur minimal. Die Casas de Cambio haben den Vorteil, daß sie sonst keine Dienste anbieten, so daß man sich nicht in lange Schlangen von Bankkunden einreihen muß. Außerdem sind sie bis zum späten Nachmittag geöffnet, während Banken vielerorts nur wenige Stunden am Vormittag Devisen wechseln.

Auf Traveller- Schecks werden manchmal einige Prozente Kommission kassiert. Vorher nachfragen, und wenn man genügend Zeit hat, eine andere Bank oder Wechselstube aufsuchen.

Keine Pesos in Europa wechseln: Der Kurs ist sehr viel schlechter, und auf jedem internationalen Flughafen in Mexiko und an jedem Grenzübergang gibt es eine Wechselmöglichkeit.

Reisekasse: Günstigste Reisewährung sind Reisechecks, ausgestellt in US- Dollar. Sind relativ sicher und werden in allen Casas de Cambio, bei vielen Banken und in besseren Hotels in Pesos umgetauscht. Für alle Fälle (Taxi bei der Ankunft, kleinere Einkäufe etc.) aber auch ein paar Bar-Dollars in kleinen Scheinen mitführen. DM oder auf DM ausgestellte Reiseschecks sowie andere europäische Währungen werden außerhalb von Mexico City kaum akzeptiert. Deshalb sich unbedingt schon zu Hause um die notwendige Dollarmenge kümmern.

Wer auf etwas "gehobenerem Niveau" reist (mittlere bis teure Hotels, Mietwagen etc.), sollte eine der üblichen, international gültigen Kreditkarten dabeihaben. Damit erspart man sich viele umständliche Formalitäten und die Hinterlegung von Kautionen. Nicht überall aber werden Kreditkarten akzeptiert, weshalb ein Teil der Reisekasse aus Dollars oder Traveller- Schecks bestehen sollte.

Steuer: Auf fast alle Waren und Dienstleistungen wird eine 1o- prozentige Mehrwertsteuer erhoben, die sogenannte IVA ("Impuesto al Valor Agregado"). Die IVA ist in der Regel auch in Restaurants und Hotels in den ausgewiesenen Preisen enthalten. Im Zweifel vorher vergewissern, um nachträglichen Ärger zu vermeiden.

Trinkgeld: In den Rechnungen der Restaurants ist das Trinkgeld normalerweise nicht enthalten (Ausnahmen gibt es gelegentlich in den total auf

Tourismus eingestellten Badeorten an der Pazifik- oder Karibikküste). In der Regel erwarten die Kellner in besseren Restaurants etwa 1o %; in billigen Lokalen einfach aufrunden. Aber beachten, daß die Kellner oft kein oder nur ein minimales Gehalt bekommen und deshalb hauptsächlich vom Trinkgeld leben. Taxifahrer erwarten und bekommen kein Trinkgeld, zumal sie meist schon den entsprechenden "Gringo- Aufschlag" in ihre Preisforderung einbauen.

POST

In Mexiko relativ zuverlässig. Briefe nach Europa brauchen zwischen 1o und 14 Tagen, je nachdem wo sie aufgegeben werden. Es kommt aber auch schon mal vor, daß die Postkarte an Tante Luise statt auf dem Luftwege per Schiff transportiert wird und daher erst nach 6 bis 8 Wochen eintrudelt. Nach Möglichkeit die Briefe im Postamt direkt aufgeben und nicht in einen Briefkasten werfen. Dies mindert das Verlustrisiko ein wenig.

"Poste restante": Man kann sich an jedes Hauptpostamt der größeren Städte (am besten aber Mexico City) Briefe kommen lassen. Die Briefe sollten sehr deutlich den Namen des Adressaten sowie den Vermerk "poste restante" sowie das entsprechende Postamt aufweisen. Werden allerdings nur 1o Tage aufbewahrt, danach zum Absender zurückgeschickt. Gelegentlich irren sich die mexikanischen Postbeamten beim Ablegen des Briefes in ihrem Archiv: Also ruhig auch unter dem Anfangsbuchstaben des Vornamens nachsehen lassen.

TELEFON

Das Telefonnetz in Mexiko ist gut ausgebaut, Verbindungen innerhalb des Landes kommen relativ schnell zustande, Ferngespräche nach Europa per Satellit und Direktwahl.

Ortsgespräche: Entweder von den überall vorhandenen Münzfernsprechern ("Ladatel") oder vom Hotel aus. In vielen Hotels gratis.

Ferngespräche: Für Ferngespräche dagegen muß man wesentlich tiefer in die Tasche greifen. Der Preis richtet sich nach Zeitdauer und Distanz. Dabei ist zu bedenken, daß die Entfernungen in Mexiko andere sind als zwischen München und Nürnberg. Ferngespräche am besten direkt von einem der "Ladatel" - Apparate (am billigsten) oder von einer der "Casetas de larga distancia" (blau- weißes Schild mit dem Telefonhörer). Dort bekommt man die Gespräche in der Regel von der Telefonistin vermittelt. In Hotels kosten sie leicht das Dreifache, da eine Vermittlungsgebühr und zur 1o- prozentigen Mehrwertsteuer noch eine weitere Steuer erhoben wird.

Wenn man mit Fluglinien zur Rückbestätigung des Fluges oder Änderung des Abflugtermins telefoniert, dann versuchen "por cobrar" anzurufen, d.h. der Adressat zahlt das Gespräch.

Sollte die Telefonistin nicht das Anwählen der Nummer übernehmen, zunächst die 91 wählen, dann die jeweilige Vorwahl des Ortes (z.B. 5 für

Mexico City) und zum Schluß die Nummer des Teilnehmers.

Auslandsgespräche: Das Telefonieren ins Ausland ist extrem teuer. Das "por cobrar" System funktioniert nur nach Kanada und in die USA. Deshalb außer in dringenden Fällen auf das Gespräch mit den Daheimgebliebenen verzichten: Ein Hundertmarkschein ist oft weg, bevor der eigentliche Adressat am Telefonhörer angelangt ist.

Für alle Fälle: Zunächst 98 wählen, dann die Vorwahl des jeweiligen Landes. Nach Deutschland also 98-49. Dann Ortskennzahl ohne Null und die Nummer. Am billigsten sind die immer häufiger anzutreffenden "Ladatel"-Apparate, die mit Münzen oder Telefonkarten funktionieren. In einigen Hotels und Flughäfen auch mit internationaler Kreditkarte. Ansonsten wie innermexikanische Ferngespräche über die casetas de larga distancia.

Mit der Ratifizierung des Freihandelsabkommens NAFTA dürften sich in den nächsten Jahren gravierende Änderungen ergeben: Ende des Monopols von TelMex, Vordringen von US- Telefongesellschaften, Preissenkungen.

Telefonate nach Mexiko: Vorwahl oo52.

Fax, Telex und Telegramm
Öffentliche Telex- und Telegrammstelle u.a. im Flughafen von Mexico City (Sala A). Viele Telefonzentren (casetas de larga distancia) verfügen inzwischen auch über ein Fax- Gerät. Im Notfall kennt jedes Touristenbüro und jeder Hotelportier die nächstgelegene Fax- oder Telexstelle.

MUSEEN
Fast alle Museen in Mexiko sind montags geschlossen. Einige wenige Ausnahmen sind im jeweiligen Text vermerkt. Die Öffnungszeiten variieren stark und werden nicht immer eingehalten. Möglichst nicht kurz vor der Schließung kommen, da man unter Umständen schon eine halbe Stunde vorher nicht mehr eingelassen wird. Sonntags in der Regel gratis.

ÖFFNUNGSZEITEN
Ob Museen, Restaurants oder Läden - die Öffnungszeiten sind oft das reine Glücksspiel. Zwischen 14 und 17 Uhr auf jeden Fall mit der Siesta- Zeit rechnen, die aber nirgends festgelegt ist und sehr freizügig und willkürlich gehandhabt wird. Zum Ausgleich sind viele Geschäfte bis in die Nacht hinein geöffnet. Die meisten Banken haben nur bis 14 Uhr auf, wickeln Devisengeschäfte aber oft lediglich zwischen 1o und 12 Uhr ab.

ELEKTRIZITÄT
Überall im Land beträgt die Stromspannung 11o Volt (manchmal etwas

höher bis maximal 127 Volt). Elektrische Geräte sind also nur zu verwenden, wenn sie umschaltbar sind von 22o auf 11o Volt. Außerdem passen nur die flachen US- Stecker in die Steckdosen. Nötig also ein entsprechender Adapter.

SPRACHE

Das mexikanische Spanisch weist die üblichen lateinamerikanischen Abweichungen von der Sprache des europäischen Mutterlandes auf, wird aber in der Regel sehr deutlich und verständlich ausgesprochen. Hinzu kommen Begriffe, die aus Indianersprachen oder dem Amerikanischen übernommen oder abgewandelt sind.

Die Indios sprechen weiterhin neben dem Spanischen auch ihre lokalen Sprachen, die großen Sprachfamilien zuzuordnen sind (z.B. Nahuatl im zentralen Hochland oder Maya im Südosten), die aber oft schon von Ort zu Ort sehr unterschiedlich sind. Indios in entfernten Gebieten des Hochlandes können sich oft nur sehr rudimentär oder überhaupt nicht mit Spanisch verständigen.

Zweifellos kommt man in vielen Teilen Mexikos auch mit Englisch über die Runden. Viele Mexikaner demonstrieren sogar recht gern die paar Brocken, die sie beherrschen. Auf Dauer jedoch ist es besser, wenigstens den Versuch zu machen, sich auf Spanisch zu verständigen. Vor allem wenn man auf eigene Faust durchs Land reist und es auch etwas von "innen" kennenlernen möchte. Schon der Ansatz wird von den Einheimischen honoriert und hebt sich ab von der Mehrzahl der US-Touristen, die einfach auf Englisch loslegen und meinen, alle Welt müsse sie verstehen.

Auch wer kein Spanisch spricht, sollte sich also vor Beginn der Reise einige Grundbegriffe aneignen sowie für Notfälle und zum Lernen vor Ort ein kleines Wörterbuch dabeihaben. Auf dem Land oder in irgendeinem 2.-Klasse- Bus ist man sonst unter Umständen ziemlich hilflos. Wichtig ist vor allem ein einigermaßen sicheres Beherrschen der Zahlen, um bei Fragen nach Preisen, Abfahrtszeiten etc. nicht völlig verloren zu sein.

Sprachkurse: Wer sich länger und intensiv mit der spanischen Sprache befassen möchte, hat in Mexiko vielerlei attraktive Möglichkeiten, an Sprachkursen teilzunehmen.

In der Regel sind die Kurse nicht übermäßig teuer und arbeiten mit wenig Teilnehmern. Unterrichtssprache ist ausschließlich Spanisch, und es wird mehr Wert gelegt auf eine rasche mündliche Verständigung als auf Grammatik und schriftliche Kommunikation. Ergänzend gibt es Vorlesungen über mexikanische Geschichte, Kultur und Kunst.

Oft haben die Kursteilnehmer die Möglichkeit, in einer mexikanischen Familie zu leben, so daß der Unterricht durch die alltägliche Notwendigkeit der Verständigung ergänzt wird.

Leider ist die Qualität der Kurse nicht immer gleichmäßig, ändert sich von Jahr zu Jahr und hängt stark vom Konzept der jeweiligen Lehrer ab, die manchmal eine eigenwillige Auffassung von Sprachunterricht haben und sich nur schwer den Bedürfnissen der Teilnehmer anpassen können.

Berühmt sind die Sprachenschulen von Cuernavaca, wo sich allerdings ein längerer Aufenthalt nicht sonderlich lohnt, da die Stadt ansonsten wenig bietet und als Naherholungsgebiet der smog- geschädigten Hauptstädter hoffnungslos überlaufen und teuer ist. Attraktiver sind aus diesem Grunde Sprachkurse in Guadalajara, Morelia, Puebla, San Miguel de Allende, Oaxaca oder Mérida (Adressen siehe unter den genannten Orten).

FOTOGRAFIEREN

Mexiko ist ein so vielseitiges und farbenfrohes Land, daß Fotofreunde unbedingt auf ihre Kosten kommen. Extreme Zurückhaltung ist jedoch geboten beim Fotografieren der Indianerbevölkerung, vor allem in der Südlichen Sierra und im Staat Chiapas. Nicht selten kann es zu gewalttätigen Gegenreaktionen der Indios kommen, die nicht damit einverstanden sind, das Objekt der fotografischen Begierde touristischer Eindringlinge zu sein.

Fotomaterial ist teuer in Mexiko, weshalb man sich die für eine Reise notwendige Ausrüstung von zu Hause mitbringen sollte, vor allem wenn man spezielle Marken und besondere Filmfabrikate oder -empfindlichkeiten bevorzugt. Offiziell dürfen allerdings nur 12 Filme eingeführt werden, was in der Praxis aber wohl nicht immer streng gehandhabt wird.

In Museen, archäologischen Ausgrabungsstätten und vielen Kolonialgebäuden ist die Verwendung von Stativ und Blitzlicht verboten. Wer eine Ausnahmegenehmigung erhalten will, wendet sich an folgende Adresse in Mexico City:

Instituto Nacional de Antropología e Historia, Dirección de Asuntos Jurídicos, Av. Córdoba 45, 2o.Piso, Tel. 511-0844 oder 533-4976.

ZEITUNGEN

Europäische Zeitungen und Zeitschriften sind rar und teuer. Am ehesten noch auf internationalen Flughäfen. US-Zeitungen gibt es in Mexico City und den großen Badeorten an der Pazifik- und Karibikküste.

In Mexico City kursieren mehrere Tageszeitungen, von denen einige auch in den größeren Städten des Landes zu kaufen sind:

<u>EXCELSIOR</u>: Führende konservative Zeitung mit ausführlichen Informationen zu Politik, Wirtschaft und Kultur.

<u>LA JORNADA</u>: Linke Tageszeitung; stark antiamerikanisch und oft regierungs- und behördenkritisch.

UNO MAS UNO: Liberales Blatt mit ausführlichem Kulturteil, meist auf Regierungslinie.

EL UNIVERSAL: Große, umfangreiche Tageszeitung mit ausführlichem internationalen Teil.

THE NEWS: Englischsprachiges Blatt; informativ hinsichtlich internationaler Ereignisse (aus dem Blickwinkel der in Mexiko ansässigen US-Amerikaner) sowie touristischer Belange.

EL PAIS: Seit Juni 1994 erscheint diese angesehene spanische Tageszeitung auch mit einer eigenen Mexiko- Ausgabe, die sich zu einer der wichtigsten und informativsten Zeitungen des Landes entwickeln dürfte.

Die Provinzzeitungen (auch in Großstädten) sind in der Regel ziemlich mies und bloße Revolverblätter.

Mexik. Weinschenke, verg. Jahrhundert

Unterkunft

Das Angebot an Übernachtungsmöglichkeiten ist in fast jeder mexikanischen Stadt sehr breit gestreut und reicht von der Hängematte bis zum Luxushotel. In der Regel gibt es keine Schwierigkeiten, eine Unterkunft zu finden, die qualitativ und preislich den eigenen Vorstellungen entspricht.

Die Hotelpreise in Mexiko liegen generell erheblich niedriger als in Europa, variieren aber sehr stark von Ort zu Ort, so daß ein Zimmer von gleicher Qualität in einem der Luxusbadeorte am Pazifik durchaus zehnmal so teuer sein kann wie in einer Kleinstadt im Zentralen Hochland.

Regionale Unterschiede

Das Land ist vom Tourismusministerium eingeteilt worden in verschiedene Zonen, in denen für die jeweilige Hotelkategorie bestimmte Maximalpreise festgelegt sind, so daß z.B. in Mexico City oder in den Küstenbadeorten höhere Preise verlangt werden können als anderswo.

Zu den preiswertesten Gebieten gehören vor allem die Südliche Sierra und (außerhalb der Ferien und Feiertage) das Zentrale Hochland. Die Hotels müssen sich an diese Festlegungen halten und tun dies normalerweise auch.

Saisonbedingte Unterschiede

Die Hotelpreise können je nach Saison, Feiertagen oder langen Wochenenden extrem stark nach oben oder unten variieren. Vor allem in den Hochlandstädten um Mexico City sowie in den Küstenbadeorten. Hochsaison an der Küste ist zwischen November und Februar (US- Tourismus) sowie zur mexikanischen Ferienzeit im Juli/August.

Besonders kritisch sind im ganzen Land die Zeit zwischen Weihnachten und Neujahr, die Osterwoche sowie lange Wochenenden, die sich ergeben, wenn einer der nationalen Feiertage auf einen Freitag oder Montag fällt.

Preislisten

Im Zimmer oder an der Rezeption hängen die von der Tourismusbehörde genehmigten und abgestempelten Preislisten, deren Angaben nicht überschritten werden dürfen. Ist nicht gerade Hochsaison, bekommt man die jeweiligen Zimmer häufig auch für einen Preis, der unter diesen offiziellen Angaben liegt: Nachfragen und handeln.

Zimmerkategorien

<u>Doppelzimmer</u>: Die Definition des "Doppelzimmers" ist in Mexiko etwas schwierig. Damit man auch das bekommt, was man sich vorstellt, bei der

Auswahl genau nachfragen, besser noch hinschauen:

Manche Hotels verlangen den gleichen Preis fürs Zimmer, egal ob eine oder zwei Personen drin schlafen. Bei anderen erhöht sich der Preis leicht bei zwei Personen; wieder andere kassieren das Doppelte für ein Pärchen. Einige Hotels machen einen Preisunterschied, je nachdem ob zwei Einzelbetten oder ein Doppelbett verlangt werden. In besseren Hotels stehen oft zwei Doppelbetten ohne Aufpreis im normalen Doppelzimmer.

Wer die preisgünstigste Variante des jeweiligen Hotels bekommen will, fragt am besten nach "habitación single para dos personas" - Einzelzimmer für zwei Personen. Das mindeste, was man dafür bekommt, ist ein einfaches Doppelbett.

Einzelzimmer: Regelrechte Einzelzimmer gibt es nicht sehr häufig. Sie sind normalerweise nur unwesentlich preiswerter als die einfachen Doppelzimmer.

Hotelkategorien

Unter der Rubrik "Hotels" sind in diesem Buch die Unterkünfte in folgende Kategorien eingeteilt (Preisangaben jeweils für ein Doppelzimmer ohne Frühstück inkl. der derzeit 1o- prozentigen Mehrwertsteuer):

LUXUS: Hotels entsprechen internationalem Standard, verfügen in der Regel über Swimming-Pool, Klimaanlage, Farbfernseher und große, komfortable Zimmer. Entweder im hochmodernen Glas- Beton- Stil oder in historischen und stilvollen Gebäuden.

In dieser Kategorie einige Traum-Hotels in ehemaligen Haciendas, Kolonialgebäuden und Klöstern, wo das Wohnen noch ein besonderes Erlebnis ist. Auch diese Häuser sind oft, gemessen an europäischen Verhältnissen, nicht übermäßig teuer. Preise in der Luxusklasse ab 1oo US aufwärts, also keineswegs ein Vergnügen nur für Millionäre.

TEUER: Auch diese Hotels meist noch mit hervorragendem Standard. Sie sind so etwas wie die "Business-Class" der Unterkünfte. Viele verfügen über Schwimmbad, Farbfernseher und Klimaanlage. In dieser Kategorie ebenfalls viele Hotels in wunderschön restaurierten Kolonialhäusern. In ihren Einrichtungen genügen sie modernen Ansprüchen. Die Preisspanne liegt zwischen 6o und 1oo US.

MITTEL: Mittelklassehotels sind fast überall in besonders großer Auswahl vorhanden. In den Touristenorten relativ einfach und ohne großen Komfort, während in mancher Stadt des Zentralen Hochlandes durchaus die Qualität der Teuer-Klasse geboten wird.

Hier lohnt sich auf jeden Fall immer ein vorheriger Blick in die Zimmer, denn für gleichen Preis sind die Standards selbst am gleichen Ort recht verschieden. Die Preise liegen zwischen 25 und 6o US.

BILLIG: Diese Kategorie umfaßt passable Hotels mit einfacher Einrichtung bis hin zu Häusern, deren Qualität extrem basic ist. Für lateinamerikanische Verhältnisse sind diese Hotels in der Regel recht sauber.

In den meisten Städten ist das Angebot an Billig-Hotels ausreichend und die Qualität akzeptabel. Besonders niedriger Qualitätsstandard (bei gleichzeitig überhöhten Preisen) in vielen Badeorten oder Hafenstädten. Die Sauberkeit läßt zu wünschen übrig vor allem in tropischen Gebieten, während im Hochland auch sehr billige Hotels oft ausgeprochen gepflegt sind.

Halbwegs passable Billighotels kosten in den meisten Städten zwischen 15 und 25 US pro Doppelzimmer. Darunter gibt es, außer in Ausnahmefällen, nur wüste Absteigen in zweifelhaften Stadtvierteln, absolut nicht zu empfehlen. In manchen vom Tourismus noch sehr wenig berührten Orten gibt es schon für 1o bis 15 US etwas Ordentliches.

Kommt man nicht gerade zur Hochsaison, so läßt sich der Preis oft um ein oder zwei Dollar herunterhandeln: sich das Zimmer zeigen lassen, ein wenig zögern oder fragen, ob es nicht noch etwas Preiswerteres gibt. Überzeugend für mexikanische Ohren ist manchmal auch der Hinweis, daß man kein Nordamerikaner sei und folglich nicht so viel Geld habe.

CASA DE HUÉSPEDES

Die Casas de Huéspedes sind kleine Pensionen, die in Qualität und Preis den Billig- Hotels vergleichbar sind, weshalb sie bei den Listen der Unterkünfte im jeweiligen Ort auch unter dieser Kategorie eingeordnet sind. Manchmal bieten sie mehr, manchmal weniger fürs Geld als ein vergleichbares Billig- Hotel. Auch hier gilt die Regel: auf jeden Fall das Zimmer vorher anschauen und evtl. etwas handeln.

MOTELS

Sind in Mexiko nicht so weit verbreitet wie in den Vereinigten Staaten. Es gibt sie aber in vielen Städten des Nordens und des Zentralen Hochlandes (zumeist am Ortsrand). Außerdem entlang der Routen, die stark von nordamerikanischen Autofahrern frequentiert werden: in Baja California, entlang der gesamten Pazifikküste sowie in Yucatán. Für den Bus- oder Flugreisenden sind sie in der Regel keine Alternative, da sie meist zu weit abseits liegen und kostspielige Taxifahrten erforderlich machen.

PRIVATUNTERKÜNFTE

Das Angebot an Privatzimmern ist in Mexiko dürftig. Auf der Durchreise ist eine Privatunterkunft keine Alternative. Wer sich jedoch in einer Hochlandstadt längere Zeit aufhält (z.B. für einen Sprachkurs) kann sich in Ruhe nach einem Privatzimmer umsehen. Vermittlung über das Touristenbüro oder die Veranstalter der jeweiligen Sprachkurse.

Jugendherbergen

Eine Reihe von Städten verfügt über sehr ordentliche Jugendherbergen, deren Qualität und Preise jedoch von Ort zu Ort verschieden sind. Manchmal sind sie eine gute Alternative zum Billighotel; insgesamt jedoch Übernachtungen in der Herberge als Ausnahme ansehen, da das Netz nicht sehr eng geknüpft ist. Im folgenden eine Liste der Orte mit Jugendherbergen. Preise bewegen sich je nach Ort zwischen 6 und 1o US pro Person.

- Cancún	- Playa del Carmen	- Durango
- Tijuana	- Morelia	- Veracruz
- Mexicali	- Zacatecas	- San Luis Potosí
- La Paz	- Querétaro	- Insurgentes
- Los Cabos	- Aguascalientes	- Guadalajara
- Zihuatanejo	- Campeche	- Tuxtla Gutiérrez
- Chetumal	- Cuautla	- Ciudad Obregón

Die Herbergen sind bekannt unter dem Namen "<u>Albergue Juvenil CREA</u>" (CREA = Consejo Nacional de Recursos para la Atención de la Juventud). Inzwischen heißen sie allerdings offiziell "<u>Villas Deportivas</u>" und unterstehen einer anderen staatlichen Behörde. Der alte Name hält sich aber hartnäckig selbst bei offiziellen Stellen.

Die Herbergen stehen auch Ausländern mit internationalem Jugendherbergsausweis offen. Sie sind in der Regel in recht ordentlichem Zustand und auch vom Preis her manch düsterem Billighotel vorzuziehen. Kontakte mit mexikanischen Jugendlichen knüpfen sich hier leichter als anderswo.

<u>Nachteil</u>: Sie liegen oft weit außerhalb am Stadtrand inmitten von Sportplätzen, so daß man Bus- oder Taxifahrten ins Zentrum einkalkulieren muß.

Manche Jugendherbergen bieten preiswerte Mahlzeiten an, die zwischen 2 und 4 US fürs Frühstück sowie zwischen 3 und 5 US für ein Abendessen liegen.

Eine echte Alternative sind die Herbergen in Cancún und Los Cabos (Cabo San Lucas), die zwar die teuersten von allen sind, deren Übernachtungspreise aber noch weit unter denen der Billighotels in diesen Luxusbadeorten liegen. In Cancún direkt am Strand zwischen den teuren Hotels; in Los Cabos neben Schlafsaal auch preisgünstige Einzel- und Doppelzimmer.

Eine Mexiko-Reise mit Zelt ist praktisch nicht zu empfehlen, außer wenn man sich hauptsächlich an einsamen und abgelegenen Stränden

(Baja California, Pazifik- und Karibikküste) aufhalten will. Dort findet man herrliche Stellen, allerdings kaum ausgerüstete Plätze. Oft ist selbst die Versorgung schwierig, da es weder Läden noch Restaurants gibt. Eine Alternative für Individualisten, die sich eine Weile völlig aus dem Getriebe dieser Welt ausklinken wollen.

Camping ist insgesamt im mexikanischen Tourismus kein Begriff: Von Ausnahmen abgesehen, gibt es nur die sogenannten "<u>Trailer- parks</u>", auf denen die Karawanen der US-amerikanischen Wohnmobile stehen.

Die Trailer-Parks befinden sich häufig an sehr unattraktiven Stellen (in der Regel direkt an der Durchgangsstraße); außerdem akzeptieren sie oft keine Zelte, so daß sie für den normalen Rucksacktouristen nicht in Frage kommen.

Also besser das Zelt zu Hause lassen und sich in größeren Orten an Billighotels oder Jugendherbergen halten. Am Strand kann man sich dann hier und dort mal eine Hängematte unterm Palmendach mieten und so in puncto "<u>Outdoor-Feeling</u>" noch auf seine Kosten kommen.

PALAPA

So heißen die mit Palmblättern gedeckten Hütten, in denen man vielerorts am Strand seine Hängematte aufhängen oder eine solche mieten kann. Allerdings nicht überall damit rechnen. Als Faustregel gilt: Je entwickelter und touristischer ein Küstenbadeort ist, desto geringer die Chance, eine Palapa zu finden.

An der <u>Karibik- und Pazifikküste</u> sowie in <u>Baja California</u> Traumstrände, an denen die einzige Übernachtungsmöglichkeit die Hängematte ist. Das Rau schen der Wellen, Sonnenschein und das leichte Schaukeln der Hängematte - ein wohliges Glücksgefühl läßt alle Probleme dieser Welt schlagartig vergessen.

Leider (oder zum Glück für die wenigen "Auserwählten") sind diese Orte meist ohne eigenes Fahrzeug nicht zu erreichen und haben kaum oder keine Versorgungseinrichtungen.

Essen und Trinken

Mexiko ist eines der wenigen lateinamerikanischen Länder, das eine eigenständige Küchentradition und Eßkultur hervorgebracht hat. Die mexikanische Küche ist mit Abstand die originellste und einfallsreichste auf dem gesamten amerikanischen Kontinent.

Indianische Elemente haben sich dabei im Laufe der Zeit vermischt mit den Rezepten und Zutaten, die die spanischen Konquistadoren aus der Alten Welt mitbrachten. Die eigenwilligsten und besten Rezepte findet man heute in Oaxaca, Yucatán, Puebla und Veracruz, während sich nördlich von Mexico City auch im kulinarischen Bereich zunehmend der nordamerikanische Einfluß bemerkbar macht.

Eine Gewöhnung an die von europäischem Geschmack stark abweichenden Gerichte mag vielleicht ein wenig dauern; ist man aber erst einmal auf den Geschmack gekommen, dann ist ein Trip durch Mexiko immer auch eine spannende Entdeckungsreise zu den Spezialitäten der mexikanischen Küche.

PREISE

Natürlich gibt es in Mexiko Restaurants in jeder Qualität und Preislage. In Mexico City und den Touristenzentren an der Küste auch jede Menge Nobelrestaurants mit französischer, italienischer oder japanischer Küche. Wer sich also ganz und gar nicht mit den mexikanischen Spezialitäten anfreunden kann, braucht auch nicht zu verhungern, muß aber in der Regel höhere Kosten einkalkulieren.

Im Durchschnitt jedoch sind die Ausgaben für Verpflegung in Mexiko weitaus geringer als bei einer Reise innerhalb Europas. Grundnahrungsmittel, Obst und Gemüse kosten für unsere Maßstäbe extrem wenig, so daß sich Selbstversorger auf den Märkten für wenige Pesos eindecken können.

Einfache mexikanische Lokale, sogenannte "taquerías", bieten vom Frühstück bis zum Abendessen sehr preiswerte Mahlzeiten an: Ganz besonders billig ist ein Menü zur Mittagszeit, die auf Tafeln oder Speisekarten angeschlagene "comida corrida". Häufig schon für 2 US ein einfaches, aber vollständiges Menü mit Getränk.

Auch bessere Restaurants haben ein relativ moderates Preisniveau. Lediglich an der Grenze zu den USA und in den Touristenzentren, in denen der

Dollar regiert, wird es teuer. Aber auch dort gute und billige Lokale, in denen die Einheimischen essen und auch ein Tourist keineswegs schief angesehen wird.

Zwar gibt es vor allem in den Großstädten jede Menge komfortable und teure Restaurants nach europäischem Vorbild, die internationale und mexikanische Gerichte servieren, die beste und authentischste mexikanische Küche jedoch erlebt man in preiswerten Restaurants und Mittelklasselokalen. Der Mut zum Experiment beim Essengehen macht sich in Mexiko auf jeden Fall bezahlt.

Die Preisangaben in diesem Buch beziehen sich, wenn nicht anders vermerkt, auf die Kosten für ein durchschnittliches Hauptgericht in dem jeweiligen Restaurant: preiswert (bis ca. 5 US), mittel (ca. 5 bis 1o US), teuer (ab ca. 1o US aufwärts).

Frühstück

Mexiko ist kein Land für Frühstücksmuffel. Für ca. 3 bis 5 US häufig schon ein komplettes "desayuno" mit Kaffee, Saft, Früchten, Eiern, Bohnen, Schinken und genügend Tortillas. Hier und da gibt es leckere Frühstücksbuffets zur Selbstbedienung und -auswahl.

Diese komplette Mahlzeit, die man sich auch nach individuellen Wünschen zusammenstellen kann, ist vor allem praktisch, wenn man unterwegs ist: Sie hält meist bis zum Abend vor, so daß man Trips ohne Rücksicht auf den obligatorischen Zwischenstop fürs Mittagessen planen kann. Zwei oder drei Früchte in der Reisetasche tun es dann auch.

Im Hotelpreis ist das Frühstück in der Regel nicht inbegriffen. Kein Mensch erwartet, daß der Gast im Hotel auch frühstückt. Wer es etwas billiger (meist auch besser und umfangreicher) haben will, geht infolgedessen in eine der Frühstücksbars oder Taquerías. Dort beginnen auch viele Mexikaner den Tag mit einer ausgiebigen Mahlzeit.

Mittagessen

Die sogenannte "comida" gibt es zur Not schon ab 12 Uhr, so richtig los geht es aber erst ab 14 Uhr und später. Die Mexikaner nehmen sich für diese ausgiebige Mahlzeit viel Zeit und bleiben oft bis zum späten Nachmittag. Die meisten Restaurants sind mittags voller als abends.

In der Regel ist ein preiswertes Menü im Angebot, die sogenannte "comida corrida", bei der manchmal sogar noch ein Getränk inklusive ist. Wer nicht viel Geld für Essen ausgeben möchte, sollte seine Hauptmahlzeit mittags einnehmen und sich an den überall aushängenden Schildern orientieren, die den Preis für die "comida corrida" signalisieren: anständige Portionen und passable Qualität für sehr wenig Geld.

Abendessen

Abends dagegen ist in der Mehrzahl der Restaurants nicht so viel los (ausgenommen in den Ferienorten an der Küste). In der Provinz, aber beispielsweise auch im Centro Histórico von Mexico City werden die Bürgersteige früh hochgeklappt:

Lokale, die um 2o Uhr bereits schließen, sind keine Seltenheit. Nach 22 Uhr kann es vielerorts schwierig werden, noch etwas zu essen zu bekommen. Die in diesem Buch angegebenen Restaurants haben in der Regel auch abends geöffnet.

Nobelrestaurants

Hauptsächlich in Mexico City, Guadalajara und anderen Großstädten sowie in den Touristenzentren an der Küste. Bieten die internationalen Einheitsgerichte oder sind spezialisiert auf die Küche eines Landes. Von Ausnahmen abgesehen allerdings keine kulinarischen Höhenflüge erwarten, wie sie in den Küchentempeln Europas vorkommen.

Der Preis rechtfertigt sich in diesen Häusern oft hauptsächlich durch die vornehme Umgebung und den aufmerksamen (zuweilen aufdringlichen) Service, bei dem ein Heer von unausgelasteten Kellnern dem Gast kaum eine ruhige Minute gönnt.

Wer sich nach der eher ländlich- rustikalen Küche Mexikos jedoch wieder einmal seinen feinen europäischen Gaumen kitzeln lassen möchte, braucht für dieses Vergnügen nicht so tief in die Tasche zu greifen wie zu Hause.

Mittelklasse

Für Feinschmecker, die sich mit den mexikanischen oder regionalen Spezialitäten vertraut machen möchten, sind die Mittelklasserestaurants sicher die beste Wahl.

Oft authentische Gerichte in verschiedenen Variationen und manchmal auch eigene Kreationen des Küchenchefs auf der Grundlage traditioneller Rezepte.

Im Idealfall ist auch das Ambiente der Küche angepaßt: gemütlich- rustikale Lokale in alten Kolonialgebäuden, dekoriert mit Kacheln oder Bildern, die das "Mexiko- Feeling" abrunden.

Taquería

Einfaches und preiswertes, in vielen Fällen auch gutes Lokal, in dem hauptsächlich "tacos" und andere mexikanische Gerichte serviert werden.

Das Essen ist auf jeden Fall schmackhafter und besser als in den meisten Allerweltsrestaurants mit ihrer "internationalen Küche" aus Fleisch und Pommes frites.

Manche auf den ersten Blick schmuddelige Bude in der Bahnhofsgegend kann sich dabei als Geheimtip entpuppen. Ein Blick hinter die Theke (meist wird dort das Essen zubereitet) oder auf die Teller der anderen Gäste ist das beste Kriterium für die Entscheidung, ob man sich niederläßt oder der Taquería den Rücken kehrt.

Marisquería/Ostionería

Kleine Lokale, die nur Fisch und Meeresfrüchte auf der Speisekarte haben. Die Produkte sind in der Regel hervorragend und frisch, die Zubereitung ist einfach ohne großen Schnickschnack, so daß man sich ganz auf den Geschmack des Rohprodukts konzentrieren kann.

<u>Marisquerías</u> an der Küste natürlich besonders preiswert und gut. Die Auswahl an bekannten und unbekannten Meerestieren ist gewaltig und lädt immer wieder zum Ausprobieren ein.

Im Landesinnern dagegen genau hinschauen, wie die angebotenen Tierchen aussehen - meist sind sie aufgereiht hinter einer gläsernen Theke. Marisquerías haben normalerweise nur mittags geöffnet, schließen spätestens zwischen 18 und 2o Uhr.

Café

Im mexikanischen Café gibt es keineswegs nur Kaffee und Kuchen. Vor allem am späten Nachmittag sind die Cafés gefüllt mit Gästen, die dort ihr spätes Mittagessen oder eine frühe Abendmahlzeit einnehmen. Sie sind auch beliebte Treffpunkte für ein ausgiebiges Frühstück.

Fonda

Kleiner Imbißstand, meist in oder neben einem der städtischen Obst- und Gemüsemärkte. In den Fondas oft ein sehr appetitliches Essen, das vor den Augen des Kunden und mit den absolut frischen Produkten des Marktes zubereitet wird.

Was die Neue Küche in Europa als großartige Errungenschaft ausgibt, frische Produkte, schonend zubereitet, ist hier eine ganz natürliche Selbstverständlichkeit. Wer preiswert und trotzdem ordentlich essen will, hat auf den Märkten immer eine große Auswahl dieser einfachen Garküchen mit der familiären Atmosphäre.

Auch in puncto Hygiene sind die Fondas fast überall akzeptabel. Die sauberen, gekachelten Tresen sind ein erster Hinweis darauf, die liebevolle und appetitliche Zubereitung bestätigt diesen Eindruck. Genauer jedoch hinschauen in tropischen Gebieten:

Meistens verrät schon ein kurzer Blick auf Menschen und Produkte, ob es ratsam ist, dort einzukehren oder nicht. In der Regel jedoch lassen Gebrutzel und herrliche Düfte einem das Wasser im Mund zusammenlaufen. Wer sich noch nicht an die mexikanische Küche gewöhnt hat, läßt sich einfach einen der exotischen Fruchtsäfte auspressen. Immer und überall ein Hochgenuß.

Fast Food

Die Fast Food- und Pizzawelle ist auch in Mexiko nicht mehr aufzuhalten. Restaurantketten im US- Stil gibt es haufenweise vor allem in Mexico City und den Küstenbadeorten. Aber auch anderswo braucht der Hamburger-Fan nicht auf seinen schnellen Imbiß zu verzichten.

Diese Form der "americanización" dürfte sich durch das Freihandelsabkommen NAFTA mit den USA und Kanada noch verstärken. Sie ist vielen traditionell eingestellten Mexikanern allerdings suspekt, denn sie führt vielerorts zur Verdrängung der heimischen Küche. Besonders absurd wird diese Entwicklung beim Re- Import der Tortilla durch Fast- Food-Ketten wie "Taco Bell": Die US- Variante der mexikanischen Küche schickt sich an, die Original- Version zu verdrängen. Noch ist es allerdings nicht so weit, selbst die Mehrzahl der Fast- Food- Lokale serviert kleine mexikanische Gerichte, die etwas Abwechslung ins Einheitsmenü bringen.

Vegetarische Restaurants

Vegetarier dürften in Mexiko kaum Probleme haben: Fast in jeder Stadt gibt es irgendwo ein vegetarisches Restaurant. Die Küche ist dort in der Mehrzahl der Fälle allerdings sehr einfach.

Außerdem sind viele der typisch mexikanischen Gerichte, die in Restaurants und Taquerías serviert werden, sowieso fleischlos. Das Angebot an frischem Obst und Gemüse ist im übrigen so groß und vielfältig, daß auch der Nicht- Vegetarier problemlos für einige Zeit auf Fleisch verzichten kann, ohne daß es langweilig werden dürfte.

Calle

Fragt man einen Mexikaner, wo er ißt, bekommt man nicht selten die Antwort: "En la calle." - Auf der Straße. Was damit gemeint ist, sieht auch der Fremde auf den ersten Blick. Die Straßen der mexikanischen Städte (besonders in der Nähe von Märkten, Bahnhöfen, Busterminals etc.) sind voll mit "Kleinunternehmern", die ihren Miniofen auf dem Bürgersteig installieren und für die eiligen Passanten schnelle Mahlzeiten zubereiten.

Die Palette reicht von Erdnüssen über Tortillas und Sandwiches bis hin zu Fleischspießen. Wer es darauf anlegt, kann sich im Vorbeigehen an den verschiedenen Ständen die buntesten Menüs zusammenstellen. Auf Süßspeisen, Obstsalate und frisch gepreßte Säfte braucht keiner zu verzichten.

Auch wenn es oft sehr appetitlich aussieht: Bei den Straßenständen ist Vorsicht geboten, da die Hygiene häufig zu wünschen übrigläßt. Auf jeden Fall werden einen jedoch die allgegenwärtigen Düfte schnell daran erinnern, daß der Magen auch zu seinem Recht kommen muß, so daß man nach kurzer Zeit den Verlockungen der Straßenhändler erliegt oder das nächstgelegene Restaurant aufsucht.

Cantina

Mexikanische Form der Kneipe, zu der Frauen, Minderjährige und Uniformierte normalerweise keinen Zutritt haben. Betrunkene dagegen sind an der Tagesordnung. Der Eingang ist meist markiert durch eine der charakteristischen Wildwest- Schwingtüren.

Die Cantina ist der Ort, wo sich der mexikanische Macho seine Probleme von der Seele redet oder sie im Alkohol ertränkt. Männliche Touristen können sich ruhig mal hineinwagen, sollten sich aber auf jeden Fall zurückhalten und nicht gerade eine Cantina im düstersten Hafenviertel wählen.

GRUNDNAHRUNGSMITTEL

Tortilla

Die Tortilla ist der unvermeidliche Begleiter jeder Mexiko- Reise, denn sie wird vom Frühstück bis zum Abendessen praktisch bei jeder Mahlzeit serviert: ein dünner Fladen aus Maismehl, gelegentlich auch mal aus Weizenmehl.

Sie dient gleichzeitig als Nahrungsmittel und als Besteckersatz, da der Mexikaner mit der aufgerollten Tortilla Soßen auftunkt und die kleingehackten Stücke seiner Fleisch- oder Gemüsemahlzeit in den Mund balanciert.

Beim Essen auf der Straße und in den Garküchen der Märkte ersetzt die Tortilla obendrein noch den Teller. Im Restaurant bekommt man immer gleich einen ganzen Stapel davon serviert; nachbestellen kostet nichts - als Ausländer wird man sogar mit einem wohlwollenden Blick bedacht: "Wissen also langsam auch die Gringos unsere famosen Tortillas zu schätzen!"

Schmecken zunächst etwas fad; aber wer gelernt hat, sie mit den entsprechenden Chili- Soßen zu kombinieren oder mit Huhn und Käse zu füllen, verleiht der Sache Geschmack. Fritiert ist die Tortilla knusprig braun und heißt **Taco**.

Ob als Tortilla, Taco, Enchilada, Quesadilla oder Brot: Der MAIS ist in Mexiko auch heute noch das wichtigste Grundnahrungsmittel. Doch seine Bedeutung reicht weit in die Vergangenheit hinein, denn fast alle Hochkulturen des präkolumbianischen Amerika beruhten auf der relativ gesicherten Versorgung der Bevölkerung mit Mais. In einigen Kulturen wurde er als heilige Pflanze oder sogar als Gottheit verehrt.

Schon um 5ooo v. Chr. sammelten Indianer in Zentralamerika die damals noch sehr kleinen Früchte der wilden Maispflanze. Es dauerte noch rund eintausend Jahre, bis sie den Mais in rudimentärer Form domestiziert und kultiviert hatten. Damit war der Grundstein gelegt für die Lebensmittelversorgung der großen und einflußreichen Völker des amerikanischen Kontinents: Die Maya kultivierten den Mais im Urwald Mittelamerikas, die Azteken im mexikanischen Hochland; die Inka bauten ihn auf Terrassen in den Anden an, und die Anasazi auf dem Colorado Plateau im heutigen Südwesten der USA. Sein hoher Ertrag und Nährwert sowie die Lagerfähigkeit ermöglichten es der Herrscher- und Priesterkaste, Arbeitskräfte aus der Landwirtschaft abzuziehen und sie für Bauvorhaben und künstlerische Tätigkeiten einzusetzen.

Als Kolumbus Amerika erreichte, überbrachten ihm Eingeborene die gelben Körner, die sie "mahiz" nannten, als Geschenk. Von einer seiner späteren Reisen brachte er die Samen dieser in Europa unbekannten Pflanze mit, die von den Botanikern der Alten Welt bestaunt wurde. Keine hundert Jahre später war der Mais in der europäischen, afrikanischen und asiatischen Landwirtschaft heimisch, und noch heute spielt er eine entscheidende Rolle bei der Lebensmittelversorgung in den USA und in Lateinamerika.

Chili

Auch die Chili- Schoten haben eine jahrtausendealte Tradition in der mexikanischen Küche. In der prähispanischen Mythologie war die Göttin des Chilis die Schwester des Wasser- und Regengottes Tlaloc und hörte auf den respektablen Namen Tlatlauhqui- cihuatl- ichilzintli.

Fast ebenso kompliziert sind die Bezeichnungen für die Dutzende von Chili- Sorten, die heutzutage den mexikanischen Märkten Farbe verleihen und fast jedes Gericht verfeinern: Chipotle, Pulla, Guajillo Rojo, Piquín, Catarina, Serrano, Cascabel, Pasilla... Die Liste ließe sich beliebig fortsetzen, da die einzelnen Sorten in jeder Region einen anderen Namen haben und obendrein noch anders bezeichnet werden, je nachdem ob sie frisch, getrocknet oder gerieben auf den Markt kommen.

Der Geschmack fast jedes mexikanischen Gerichtes hängt ab von der Verwendung des Chili. Natürlich ist die Schärfe ein Hauptmerkmal; die Kunst besteht jedoch darin, die verschiedenen Sorten so zu dosieren, daß Schärfe und Geschmack in ein Gleichgewicht kommen, d.h. die Schärfe soll den Geschmack nicht übertönen.

Daß europäische Gaumen auch mit einem perfekten Gleichklang dieser beiden Faktoren zunächst ihre Schwierigkeiten haben, sollte niemanden von vornherein davon abhalten, dem Chili auf den Geschmack zu kommen.

Meist werden die scharfen Soßen oder Zutaten extra gereicht, so daß man seine Erfahrungen langsam machen und selbst dosieren kann. Mit der Zeit wird einem mexikanisches Essen ohne Chili fad und langweilig vorkommen. Der Umweg über "Moctezumas Rache" ist ein Opfer, das dafür schon mal einkalkuliert werden sollte.

Frijoles

Verschiedene Bohnensorten gehören vor allem in der einfachen Küche unabdingbar zu vielen Gerichten. Schon zum Frühstück und zu allen Eierspeisen bekommt man sie serviert.

Für Tellergerichte werden sie normalerweise gekocht, zerstampft und kommen als etwas unansehnlicher Brei auf den Tisch. In Eintöpfen serviert man sie unzerstampft. Eine besondere Delikatesse sind sie wohl in den seltensten Fällen, sondern gehören eher zu den Magenfüllern der ärmeren Leute.

SPEZIALITÄTEN

Besondere regionale Spezialitäten sind unter der Rubrik "Essen und Trinken" in den entsprechenden Kapiteln ausführlich besprochen. Im folgenden Gerichte, die man häufig in fast allen Teilen Mexikos antrifft:

Antojitos: Verschiedenartige Vorspeisen, zumeist ein Fleisch- und Soßengemisch, das in eine Tortilla eingerollt wird.

Birria: Spezialität aus dem Staate Jalisco: Eintopf aus Ziegenfleisch und gewürzten Soßen.

Botana: Kleine Vorspeisen, die zum Aperitiv gereicht werden. Sind vergleichbar mit den spanischen Tapas.

Ceviche: In kleine Stücke geschnittener roher Fisch, der über Nacht in einer Mischung aus Zitronensaft und Chili mariniert wird. Kommt kalt auf den Tisch und ist eine der großen Spezialitäten aller Küstenregionen, obwohl man Ceviche auch im Landesinnern fast überall in den Marisquerías oder Ostionerías bekommt.

Chicharrón: Fritierte Schweineschwarte. Das knusprige, goldglänzende Ergebnis wird gelegentlich als Vorspeise serviert oder auf der Straße einfach so geknabbert.

Chilaquiles: Kleingeschnittene Tortillas (meist vom Vortag), die in einer pikanten Soße aus Käse und Sahne noch einmal aufgekocht werden.

Chile Relleno: Große, grüne Chili-Schoten (ähnlich unseren Paprikaschoten), gefüllt mit Reis, Eiern oder Käse.

Enchiladas: Zusammengefaltete Tortilla, gefüllt mit Käse, Sahne, Huhn und überzogen mit einer pikanten Soße.

Guacamole: Avocado-Püree, verfeinert mit kleingehackten Tomaten, Chili, Zwiebeln und Gewürzen. Eine der beliebtesten und fast überall erhältlichen Vorspeisen.

Manchamanteles: Wörtlich übersetzt "Tischdeckenbekleckser". Regional verschiedene Zubereitungsarten für diesen Eintopf aus Fleisch, Chili, Früchten und Gewürzen.

Mole: Ursprünglich ein Synonym für Soße. Heutzutage werden damit vorwiegend die besonders schweren, dunklen Soßen aus Kakao, Nüssen, Chili und Gewürzen bezeichnet.

Besonders berühmt sind die "mole poblano" aus Puebla und die "mole oaxaqueña" aus Oaxaca. Sie gehören zum besten und originellsten, was die mexikanische Kochkunst zu bieten hat. Weitere Details dazu in den Regionalkapiteln zu Oaxaca und Puebla.

Pozole: Ursprünglich aus den Staaten Colima und Jalisco stammend, wird Pozole heute auch in vielen anderen Teilen Mexikos in unterschiedlichen Varianten serviert. Ein Maiseintopf mit Huhn oder Fleisch, Chili und Gewürzen.

Quesadillas: Zusammengefaltete Tortillas, gefüllt mit Käse und verschiedenen Gemüsesorten.

Salsa Mexicana: Pikante Soße aus Chili- Schoten, Tomaten, Zwiebeln und Gewürzen, die es in tausend Varianten gibt und die auf beinahe jedem Restauranttisch steht. Damit kann jeder seinem Gericht die gewünschte Schärfe verpassen. In Restaurants, die etwas auf sich halten, ist sie hausgemacht.

Tacos: Aufgerollte und knusprig fritierte Tortillas, phantasievoll gefüllt in tausendundeiner Weise. Besonders häufig mit einer Hühner- oder Gemüsefüllung.

Tamales: Werden in den verschiedenen Landesteilen auf sehr unterschiedliche Art und Weise hergestellt. Eine Masse aus gewürztem Maismehl ist die Grundlage: Die Masse wird vermischt mit Gemüse, manchmal auch Huhn, und in Mais- oder Bananenblätter gewickelt, die im heißen Wasser gegart werden. Ebenfalls eine Zubereitungsart aus prähispanischer Zeit.

Tortas: Werden an jeder Straßenecke angeboten, haben aber nichts mit Kuchen zu tun, wie der Name suggeriert, sondern sind dick belegte Sandwiches.

GETRÄNKE

Die internationalen Getränkemultis haben Mexiko natürlich auch längst erreicht und große Teile des Marktes fest im Griff. Wer darauf steht, braucht also nicht zu verdursten. Trotzdem halten sich in Mexiko hartnäckiger als anderswo in Lateinamerika noch einige traditionelle oder regionale Produkte. Daher bringt auch auf diesem Sektor eine Reise durchs Land hier und da positive Überraschungen.

<u>**Bier**</u>: Ist überall im Land verbreitet und beliebt. Es gibt zahlreiche Sorten, von denen die besten wohl "<u>Bohemia</u>", "<u>Dos Equis</u>" und das dunkle "<u>Negro Modelo</u>" sein dürften, die überregional auf dem Markt sind. Auch manche "cervezas" aus kleineren Brauereien der Provinz sind nicht schlecht.

Im Restaurant ist Bier (gemessen am Preis der Speisen) oft ziemlich teuer. Da die Getränkepreise manchmal nicht auf der Karte stehen, sollte man sich vorher vergewissern, was die Flasche kostet.

<u>**Wein**</u>: Mexiko besitzt einige kleinere Weinbauregionen. Erwähnenswert sind vor allem <u>Aguascalientes</u> und <u>Zacatecas</u> im Norden des Zentralen Hochlandes sowie <u>Ensenada</u> im Norden der Halbinsel Baja California.

Am besten sind die Rotweine: Im Zentralen Hochland erreichen die "vinos" die Qualität eines guten Landweines, bei Ensenada werden in letzter

54 Essen und Trinken

Zeit immer bessere Qualitäten erzielt, die sich am nördlichen Vorbild Kalifornien orientieren.

Nur die besseren Restaurants haben Wein auf ihrer Karte. Außerhalb der Weinbaugebiete kommt eine Flasche kaum unter 1o US $ auf den Tisch. Ausländische Weine in Nobelrestaurants zu entsprechenden Preisen.

Gaseosas: Die üblichen Erfrischungsgetränke der Allerweltsmarken. Außergewöhnlich ist allerdings der "Toronja"- Geschmack (Pampelmuse), den einige Firmen anbieten.

Jugos: In allen Teilen Mexikos ausgezeichnete, frisch ausgepreßte Säfte der zahlreichen exotischen Früchte des Landes. Leider sind die Säfte häufig wesentlich teurer als die üblichen Cola-Getränke.

Aguas: Mit Wasser verdünnte Fruchtsäfte, die den Durst besser löschen und auch preiswerter sind als die "jugos".

Liquados: Kalte Milchmixgetränke. Ein Schuß des gewünschten Fruchtsaftes wird dem Glas Milch beigegeben und kurz im Mixer zu einem schmackhaften Getränk verquirlt.

Mezcal: Hochprozentiger Agavenschnaps, der bei den Mexikanern im ganzen Land sehr beliebt ist. Besonders guter Mezcal wird hergestellt im Zentralen Hochland sowie in der Sierra von Oaxaca.

Tequila: Inzwischen auch international bekannte Spezialform des Mezcal, gewonnen aus der "agave tequilana", die im Zentralen Hochland um Guadalajara zu Hause ist. Nur der Mezcal aus dieser gesetzlich fest umrissenen Produktionszone darf sich Tequila nennen - nach dem kleinen Ort nordwestlich von Guadalajara, in dem sich die meisten Destillierbetriebe befinden.

Margarita: Ein Cocktail aus Tequila und Limettensaft; vor dem Servieren wird der angefeuchtete Rand des Glases leicht in Salz getaucht. Beliebter Aperitiv vor allem in den Bars und Restaurants der Touristenzentren, wo er bei US- Amerikanern als besonders mexikanisch gilt.

Pulque: Das älteste der berauschenden Agavengetränke hatte bereits in prähispanischer Zeit seine Bedeutung als rituelles Rauschmittel für Priester und Opfer bei religiösen Zeremonien. Außerdem galt Pulque als Heilmittel. Das leicht milchige, vergorene Getränk ist heute die billige alkoholische Alternative der armen Leute.

Atole: Nahrhaftes, traditionelles Getränk aus Maismehl, das in Wasser oder Milch aufgelöst wird. Häufig mit Fruchtsaft oder Gewürzen verfeinert.

Kakao: War vor Ankunft der Spanier ein beliebtes Getränk der Maya und Azteken, bevor es seinen Siegeszug nach Europa antrat.

Champurrado: Ähnlich dem Atole, das durch Zugabe von Kakao noch nahrhafter gestaltet wird.

Kaffee: Auch beim Kaffee scheint der Fortschritt den Mexikanern mehr und mehr die Instant- Produkte aufzudrängen, die dann natürlich auch stolz den Touristen präsentiert werden. An der Golfküste, in der Gegend von Xalapa, gibt es allerdings noch einen hervorragenden einheimischen Kaffee, den "Coatepec".

Agua Mineral: Das Mineralwasser (mit oder ohne Kohlensäure) ist dem nicht überall einwandfreien Leitungswasser vorzuziehen. Es ist an jeder Ecke erhältlich und spottbillig.

In besseren Hotels steht oft eine Flasche Mineralwasser im Zimmer, oder man kann sich auf dem Flur eine Karaffe mit "agua purificada" (gefiltertem Leitungswasser) aus einem großen Behälter abzapfen.

SPORT

Wer seinen Urlaub nicht nur mit Besichtigungstouren und Faulenzen am Strand verbringen will, hat in Mexiko vor allem an den Küsten phantastische Möglichkeiten für einen Aktiv- Urlaub.

Die fast 1o.ooo km lange Küstenlinie am Pazifik, Golf von Mexiko und an der Karibik ist ein absolutes Paradies für Wassersportler. Auch Kombinationen gibt es in Hülle und Fülle: eine Zeitlang dem bevorzugten Sport nachgehen und hinterher per Rundtrip oder auf Ausflügen Teile des Landes kennenlernen.

Besonders auf der <u>Halbinsel Yucatán</u> lassen sich sportliche Aktivitäten ideal ergänzen durch Ausflüge zu den zahlreichen Maya-Ausgrabungsstätten.

Sportschulen

Da die Klimabedingungen das ganze Jahr über hervorrragend und die Preise vergleichsweise niedrig sind, hat man in Mexiko Gelegenheit, sich mal an eine neue Sportart heranzuwagen: Für Windsurfen, Segeln, Tauchen etc. gibt es in den größeren Küstenorten Kurse auf jedem Niveau.

Ausrüstung

In der Regel dürfte es zu beschwerlich und teuer sein, sich seine Sportausrüstung per Flugzeug mit über den Großen Teich zu nehmen. Vor allem, wenn es sich um etwas sperrigere Gegenstände als einen Tennisschläger handelt.

Aber dort, wo sich ein paar Touristen tummeln, gibt es auch das entsprechende Gerät für die diversen Sportarten zu mieten. Die Preise sind erschwinglich, auch wenn man in Acapulco oder Cancún nichts geschenkt bekommt.

Der Durchschnittsurlauber dürfte auf jeden Fall mit den Verleihkosten einer Ausrüstung besser bedient sein, als beispielsweise sein Surfbrett über den Ozean und quer durch Mexiko mitzuschleppen.

Preise

Die Preise für sportliche Aktivitäten, Unterricht und Material sind von Ort zu Ort sehr verschieden, liegen aber meist unter europäischem Niveau. Details dazu in den jeweiligen Regional- Kapiteln.

Tennisplätze praktisch in jeder größeren Stadt, sowohl im Hochland als auch an der Küste. In den Touristenzentren haben viele der besseren Hotels einen eigenen Platz oder vermitteln den Zugang zu anderen Anlagen.
Im Hochland nicht gleich bei der Ankunft loslegen, sondern sich erst mal

eine Weile an die dünne Luft auf 2.000 m Höhe gewöhnen.

GOLF

 Golfplätze sind dünn gesät in Mexiko. In größeren Städten gibt es normalerweise mindestens einen Golfclub, zu dem Gäste nur in Begleitung eines Mitglieds Zutritt haben. Gute Hotels vermitteln aber die entsprechenden Kontakte.

In den Badeorten an der Karibik- und Pazifikküste sowie in Baja California entstehen zunehmend neue und gepflegte Anlagen, die Touristen offenstehen.

WANDERN

Mexiko ist nicht gerade das ideale Land für Wanderfreunde: An den Küsten ist es tropisch heiß, und auch im Hochland brennt einem die Sonne fast den ganzen Tag und sehr intensiv aufs Hirn. Allerdings einige landschaftlich spektakuläre Routen in der Umgebung der Vulkane Popocatépetl und Colima sowie in der Sierra Tarahumara im Nordwesten Mexikos. Fast europäisches Wander- Feeling dagegen erlebt man bei den Lagos de Montebello in der Südlichen Sierra: grüne Landschaft, zahlreiche Seen und Wasserläufe und im Sommer viel Regen.

BERGSTEIGEN

Vor allem im Zentralen Hochland einige attraktive Gipfel, die Bergsteiger aus aller Welt anziehen. Dabei ist neben der Höhe auch entscheidend die landschaftliche Schönheit und das Gefühl, einen Vulkan zu besteigen, in dessen Innern die Erde noch nicht zur Ruhe gekommen ist.

Nur für geübte Bergsteiger mit entsprechender Ausrüstung sind zu empfehlen der Pico de Orizaba (ca. 5.750 m) zwischen Puebla und Veracruz sowie der Ixtaccíhuatl (ca. 5.290 m) bei Mexico City.

Der berühmte Popocatépetl (5.450 m) dagegen läßt sich auch ohne große bergsteigerische Kenntnisse von sportlich einigermaßen trainierten Leuten bezwingen. Voraussetzung ist allerdings eine angemessene Höhengewöhnung.

Auch die beiden Gipfel des Volcán de Colima können unter günstigen Bedingungen (abhängig von den herrschenden Schneeverhältnissen und der aktuellen vulkanischen Tätigkeit) von Nicht- Experten erklettert werden.

Wichtig ist in jedem Fall eine genaue vorherige Information vor Ort über Wetterlage und vulkanische Aktivität des Berges. Wegen der klimatischen Bedingungen geht die Bergsteigesaison in Mexiko etwa von Oktober bis März.

REITEN

Viele Mexikaner scheinen auf dem Pferderücken zur Welt gekommen zu sein. In den riesigen Weiten des Nordens ist das Pferd auch heute noch oft das beste Fortbewegungsmittel, und die Cowboy- Tradition hält sich auf den großen Farmen lebendig.

Günstige Ausgangsgangspunkte für längere Ritte in die Umgebung sind einige Städte des Zentralen Hochlands (z.B. San Miguel de Allende oder Querétaro), wo man Pferde relativ günstig mietet. Auch in vielen Badeorten an der Küste kann man Ausritte am Strand unternehmen.

Hier hat das Reiten allerdings seinen urwüchsigen Charakter weitgehend eingebüßt, die Pferde sind nicht die besten und dienen eher dem Amüsement als dem wirklich sportlichen Interesse oder dem intensiven Landschaftserlebnis.

BADEN

Ideale Bedingungen fast überall an den Küsten: einsame Traumstrände oder flottes Touristenleben in den Badeorten. Besonders sauber sind Strände und Wasser an der Karibikküste sowie auf der Halbinsel Baja California. Die Temperaturen lassen einen das ganze Jahr über mit Wonne in die Wellen springen.

Örtlich ist allerdings Vorsicht geboten: Vor allem am Pazifik gibt es teilweise sehr hohen Wellengang und gefährliche Strömungen. Warnungen und Hinweisschilder daher unbedingt ernst nehmen. Im Zweifel die Einheimischen fragen.

FKK- Anhänger sind im moralisch konservativen und streng katholischen Mexiko fehl am Platze. Auch an einsamen Stränden sollte man die Badebekleidung anlassen. "Oben ohne" bei Frauen bringt ebenfalls Ärger oder zumindest ein aufdringliches Heer von mexikanischen Machos und Möchtegern- Machos ein.

SURFEN

Das Wellenreiten mit dem kleinen Brett ohne Segel ist in Mexiko sehr beliebt. Auch viele US- Amerikaner pilgern zu den Küstenabschnitten, die besonders hohe und geeignete Wellen versprechen. Neben vielen anderen Orten sind vor allem beliebt die Südspitze der Halbinsel Baja California sowie Badeorte entlang der Pazifikküste (z.B. Puerto Escondido).

Brett entweder selbst mitbringen oder vor Ort kaufen oder leihen. Das Vergnügen ist zwar nicht teuer, läßt sich jedoch nicht so leicht erlernen. Wer es einmal beherrscht, hat extrem viel Spaß.

Auf jeden Fall ist Surfen in Mexiko billiger als in den Surf- Mekkas von Kalifornien und Hawaii, und der Anfänger fühlt sich nicht so verloren wie zwischen den famosen Beach- Cracks der US- Szene.

WINDSURFEN

Windsurf- Paradiese gibt es fast überall an den Küsten. Verleih von Brettern und Unterricht aber nur in größeren Badeorten. Wer sich nicht zu weit aufs offene Meer hinauswagt, kann das Windsurfen in Mexiko fast überall und zu jeder Jahreszeit ohne den lästigen Neopren- Anzug genießen.

SEGELN

Auch Segelbootverleih und Segelschulen in allen Badeorten sei es am Pazifik, an der Karibik oder in Baja California. Hauptsächlich Jollensegeln. Charter von Hochseejachten ist nicht verbreitet.

TAUCHEN UND SCHNORCHELN

Viele Küstenabschnitte mit ausgezeichneten Bedingungen für den Unterwassersport. Felsküsten vor allem entlang der Pazifikküste sowie in Baja California.

Absoluter Leckerbissen für Taucher aber sind die Korallenriffs vor der Karibikinsel Cozumel sowie das Korallenriff "Banco Chinchorro" in der Nähe von Chetumal. Dort zwischen Korallen und versunkenen Schiffen aus mehreren Jahrhunderten eine besonders ungewöhnliche Unterwasserwelt.

Vor allem auf Cozumel eine große Anzahl von Tauchschulen. Ein Verleih von Tauch- und Schnorchelausrüstung ist normalerweise nicht weit, wenn irgendwo ein attraktives Stückchen Meer vorhanden ist.

ANGELN

Mexiko verfügt über eines der weltbesten Reviere für das Hochseeangeln: Vor der Südspitze der Halbinsel Baja California gibt es einen ungeheuren Fischreichtum - besonders beliebt die Jagd auf den Schwertfisch Marlin, der hier noch in großen Exemplaren vorkommt.

In vielen der Badeorte umfangreiche Flotten von hochseegängigen Motorjachten, die mit allem ausgerüstet sind, was der Sportangler so braucht. Ein besonders großes Angebot an Ausflügen und Touren in den Jachthäfen von La Paz, Cabo San Lucas und Mazatlán.

Auch an der südlichen Pazifikküste und der Karibik Hochseeangeln, die Fischgründe sind aber nicht so sagenumwoben wie dort, wo das Mar de Cortés auf den Pazifik trifft und wo zwischen Oktober und März vor allem nordamerikanische Angelfanatiker ihre Beute an Bord hieven.

FALLSCHIRMSEGELN

Kommt vor allem in den Luxusbadeorten wie Acapulco und Cancún immer mehr in Mode, wo sich Männlein und Weiblein an einem Fallschirm hinter einem Motorboot herziehen lassen. Der Spaß ist jedoch nicht ganz ungefährlich: Bei ungünstigen Windverhältnissen hat schon manch einer den vorgesehenen Kurs verlassen und ist an der falschen Stelle mehr oder weniger schmerzhaft gelandet.

WASSERSKI

Die etwas traditionellere Form, sich hinter ein Motorboot spannen zu lassen. Ist zumindest noch etwas sportlicher als das Fallschirmsegeln und läßt sich nach ein paar Versuchen einigermaßen beherrschen. Eine Abwechslung, die fast alle größeren Badeorte bieten.

ZUSCHAUER- SPORTARTEN

Fußball: Ist in Mexiko mit Abstand der beliebteste Sport. Erst recht nach den beiden Weltmeisterschaften von 1970 und 1986, und seit der Mexikaner Hugo Sánchez Ende der achziger Jahre bei Real Madrid zum erfolgreichsten Torschützen Europas aufgestiegen ist.

Im krassen Gegensatz zur Begeisterung (ein Lokalderby in einem mexikanischen Stadion ist ein Erlebnis für sich) steht allerdings das Leistungsniveau sowohl der einheimischen Clubmannnschaften als auch der Nationalelf, die auf internationaler Ebene kaum einen Blumentopf gewinnen.

Baseball, **Basketball** und **American Football** kommen vor allem per Fernsehen aus den USA ins Haus. Wichtige Spiele der nordamerikanischen Profi- Ligen gehören zum Pflichtprogramm einiger Fernsehsender, die man in vielen Hotelzimmern empfangen kann. Baseball wird von den Mexikanern auch selbst praktiziert, die charakteristischen Plätze existieren manchmal noch im hinterletzten Dorf.

Stierkampf: Wie im spanischen Mutterland sind Stierkämpfe auch in Mexiko außerordentlich beliebt. Die meisten Städte haben ihre Arena, die "Plaza de Toros".

Die mexikanischen Toreros genießen einen guten Ruf, zur Saison kommen aber auch einige Größen der spanischen Szene über den Atlantik. Die Stierkampfsaison hat von Ort zu Ort unterschiedliche Ausprägungen, am ehesten kann man mit den "corridas de toro" zwischen Oktober und März rechnen.

In manchen Touristenzentren ist das ganze natürlich inzwischen ein Spektakel für die ausländischen Besucher, die Saison paßt sich dem Verlauf der Touristenströme an.

Charreada: Die mexikanische Form des Rodeos, bei der die Reiter in verschiedenen Wettkämpfen ihre Geschicklichkeit beweisen. Die Charreada hat ihre Tradition auf den großen Farmen des Nordens, die Cowboy-Rituale haben sich trotz gravierender Veränderungen in der Landwirtschaft bis heute erhalten.

Leider gibt es Veranstaltungen nur sehr unregelmäßig. Wer Glück hat, erlebt während einer regionalen Fiesta oder Landwirtschaftsmesse eine Charreada.

Jai- Alai: Das baskische Rückschlagspiel (verwandt dem Squash oder Raquetball) ist in einigen Städten als Wettsport beliebt - besonders in den nördlichen Grenzstädten wie Tijuana.

Extrem kommerzialisiert: Während die Spieler sich abhetzen, sitzt der Zuschauer gemütlich am Tisch, trinkt sein Bier und setzt die Scheinchen auf seinen Favoriten.

Pferderennen: Eine gute Pferderennbahn ist das "Hipódromo de las Américas" in Mexico City. Mehrmals pro Woche hochklassige Rennen, bei denen Unsummen von Dollars und Pesos den Besitzer wechseln.

EINKAUFEN

In Mexiko bestehen ausgezeichnete Möglichkeiten, gute und relativ preisgünstige Andenken und Reisemitbringsel zu kaufen. Viele Produkte sind ausgefallen und wunderschön, so daß sie zu Hause kaum in irgendeiner Schublade ihr Leben fristen werden.

Selbst im Bereich des Kunsthandwerks jede Menge authentische Arbeiten, obwohl sich die Mexikaner immer mehr auf den angeblichen oder wirklichen Geschmack der Touristen einstellen und trostlosen Souvenirkitsch en masse produzieren, der dann vor allem in den großen Touristenzentren feilgeboten wird.

Wer sich dagegen etwas Zeit nimmt und genau hinschaut, findet überall in Mexiko noch Artesanía, die nicht für den Ausländer produziert, sondern auf den Märkten auch von den Einheimischen gekauft wird.

Jede Stadt, jedes Dorf hat seinen Markt mit einer riesigen und farbenfrohen Auswahl an Lebensmitteln, besonders Obst und Gemüse. Manchmal befinden sie sich in großen, mehrstöckigen Markthallen, anderswo einfach nur auf einem Platz oder in mehreren Straßenzügen.

Selbstversorger können sich auf den Märkten besonders

billig mit den besten und frischesten Lebensmitteln eindecken. Viele Märkte auch mit einer Abteilung für Artesanía.

Auch wenn man nichts kaufen will, lohnt sich in beinahe jedem Ort ein Bummel über den Markt. Denn dort findet man wie nirgends sonst noch die authentische mexikanische Lebensart und mexikanisches Temperament. Auf den Freiluftmärkten bieten sich im übrigen für den Foto- Fan kaum zu übertreffende, farbige Motive.

SHOPPING- CENTER

Die Einkaufszentren nach US- Vorbild schießen in den größeren Städten wie Pilze aus dem Boden. Die Mexikaner sind stolz auf diese Errungenschaft und wundern sich oft, daß der Besucher nicht unbedingt nach Mexiko gekommen ist, um in diesen modernen Ladenzeilen einzukaufen.

Wer länger in Mexiko unterwegs ist, kann in den Shopping- Centers das eine oder andere lang entbehrte Produkt erstehen, das im mexikanischen Alltag nicht vorhanden ist: Die Läden verkaufen teure Importwaren aus Europa und den USA. Die Sachen sind normalerweise billiger als in den Vereinigten Staaten.

STRASSENHÄNDLER

Die Straßen in mexikanischen Städten sind voll mit fliegenden Händlern, die ihre Waren am Körper tragen oder sie auf einer kleinen Decke auf dem Bürgersteig ausbreiten.

Wer ein gutes Auge hat, findet dort gelegentlich ein günstiges Angebot. In der Regel sind die Produkte jedoch von minderwertiger Qualität und bestimmt für den ärmeren mexikanischen Haushalt. Die fliegenden Händler an den Stränden dagegen sind voll eingestellt auf Touristen. Ob ihre Waren gut sind oder nicht, ist im Einzelfall genau zu prüfen. Die Preise sind auf jeden Fall überhöht, so daß Handeln unerläßlich ist.

Der Straßenhandel in Mexico City hat sich inzwischen zu einem bedeutenden Wirtschaftszweig entwickelt, in dem schätzungsweise eine halbe Million Menschen beschäftigt sind, und wo vom Kamm über die Unterhose bis zum Elektrogerät alles angeboten wird. Zum Leidwesen der Einzelhändler kann der sogenannte "sector informal" seine Waren weitaus billiger anbieten, denn Steuern oder Ladenmiete fallen für die Straßenhändler nicht an. Offenbar stammt auch ein Teil der Waren aus illegalen Firmen, die am Finanzamt vorbei nur für den Straßenhandel produzieren.

Das Durcheinander der Händler auf den Bürgersteigen der Metropole ist stärker organisiert, als man auf den ersten Blick annehmen könnte: Die Geschäfte werden von einflußreichen Personen in Mafia-Manier geleitet; sie bestimmen, wer sich an welcher Straßenecke niederlassen darf und kassieren entsprechende Provisionen. Dafür gibt's dann allerdings auch Schutz gegen empörte Einzelhändler und die gelegentlich einschreitende Polizei. Obwohl dem Staat jährlich Millionen verlorengehen, wird ein prinzipielles

Verbot des Straßenhandels offensichtlich nicht erwogen, zu mächtig sind die Hintermänner und zu viele Familien hängen mittlerweile von den Verdiensten in diesem Sektor ab.

Handeln gehört auf den Märkten und in fast allen Artesanía- Läden zum Pflichtprogramm. Die Ausgangspreise sind einfach überhöht, und die Händler haben ein Vergnügen daran, mit dem Ausländer zu feilschen.

Besser geht das natürlich, wenn man ein bißchen Spanisch beherrscht oder zumindest die Zahlenangaben versteht. Aber keine absurden Minimalsummen nennen, da Mexikaner dies als mangelnden Respekt vor der Qualität ihrer Arbeit oder ihrer Produkte auffassen und solche Verhandlungen schnell verletzt abbrechen: mit dem Hinweis, daß man ja überhaupt kein echtes Interesse habe.

Auch in vielen ganz normalen Läden nicht jeden Preis akzeptieren, sondern versuchen, die Ausgangsforderung erst einmal in Frage zu stellen. Oft wird dann nach einem Gegenangebot gefragt, welches man dann im entsprechenden Rahmen angeben kann. Dies vor allem bei Läden, die auf Touristen eingestellt sind (Silber, Artesanía etc.).

ARTESANÍA

Mexikanisches Kunsthandwerk ist sehr vielseitig und farbenfroh. Interessant sind vor allem die regionalen Unterschiede in der Verwendung von Material, Farben und Techniken.

Vieles hat seinen Ursprung in prähispanischer Zeit, obwohl sich von den einstigen Techniken nur noch wenig erhalten hat. Während der Kolonialzeit haben sich die indianischen Handwerker spanischen Anforderungen und Materialien angepaßt. Doch auch die Spanier haben Elemente der Indio- Artesanía übernommen.

Die über Jahrhunderte gewachsene Tradition ist heute allerdings bedroht durch die Invasion der Touristen, für deren Geschmack die Produkte abgewandelt oder sogar ganz neue, "typisch mexikanische" Gegenstände hergestellt werden.

Seit der mexikanischen Revolution hat die heimische Volkskunst auch im Land selbst einen sehr großen Stellenwert erhalten. Gilt als der wahre Ausdruck mexikanischer Kultur und Wesens. In vielen Städten Museen für regionales Kunsthandwerk, die einen guten Überblick über die Geschichte und Tradition der Volkskunst geben.

Wer sich wirklich dafür interessiert, kann dort auch lernen, Authentisches vom abgewandelten Souvenirkitsch zu unterscheiden und sich auf diese Weise für den Einkauf auf dem Markt vorbereiten. Manche Museen haben außerdem eine kleine Verkaufsabteilung: dort in der Regel gute Qualität zu fairen Preisen.

In Mexico City und einigen anderen Städten gibt es die sogenannten "Fonart"- Läden, die unter staatlicher Aufsicht Kunsthandwerk aus dem gesamten Land anbieten. Wer wenig Zeit hat, kann sich dort mit garantiert hervorragenden Produkten eindecken, muß allerdings dafür relativ hohe Preise bezahlen.

Besser ist es, sich bei "Fonart" einen Überblick zu verschaffen über das, was mexikanische Artesanía ist und auf welchem Niveau sich in etwa die Preise bewegen. Dann in der jeweiligen Region auf den Märkten umsehen und die gewünschten Sachen preiswerter kaufen. Auch einige Märkte in Mexico City haben ein umfassendes Angebot an Artesanía aus dem ganzen Land und sind im Durchschnitt preiswerter als die "Fonart"- Läden.

SILBER

Mexikanische Silberarbeiten und Schmuck gehören zu den beliebtesten Mitbringseln. Das Angebot ist im ganzen Land vielfältig und relativ preiswert. Besonders bekannt sind die Silberschmiede von Taxco, die einen weltweiten Ruf genießen, seit der Amerikaner William Spratling in den dreißiger Jahren das malerische Städtchen "wiederentdeckte" und das Kunsthandwerk förderte.

Das Angebot in Taxco ist unermeßlich, die Preise müssen aber nicht unbedingt niedriger liegen als anderswo, da die Touristen den Ort inzwischen vollständig erobert haben. Auch in Mexico City und anderen Städten Silberarbeiten aus Taxco in großer Auswahl und zu recht günstigen Preisen.

KERAMIK

Töpferarbeiten werden in fast allen Regionen Mexikos angeboten und sind nicht nur ein dekoratives, sondern oft auch ein praktisches Mitbringsel. Besonders bekannt sind die Töpfer aus den Orten Tlaquepaque und Tonalá bei Guadalajara sowie die "schwarze" Keramik aus San Bartolo Coyotepec in der Nähe von Oaxaca.

Recht interessant (und teuer) sind manchmal auch Designs moderner Künstler, die in Mexico City und manchen Touristenzentren verkauft werden.

KACHELN

Noch heute sind viele Gebäude in Puebla mit den charakteristischen Kacheln verkleidet. Hergestellt von spanischen Handwerkern in Anlehnung an die berühmten spanischen Talavera- Kacheln.

Die Produktion von Kacheln hat zwar in Puebla seit der Kolonialzeit an Bedeutung verloren, aber noch immer gibt es einige kleine Manufakturen, in denen die Kacheln in Handarbeit hergestellt werden. Wer Interesse hat, kann den Produktionsprozeß besichtigen und sich sogar Kacheln nach eigenem Wunsch und Design herstellen lassen.

"PAPEL AMATE"

Ein zähes Papier, das nach traditioneller Methode aus Holzfasern geklopft

wird. Dienten die in dieses Papier geritzten Motive früher lediglich rituellen Zwecken, so werden sie in jüngster Zeit zusätzlich bunt bemalt und kommen als leicht transportierbares Andenken auf den Markt.
Die Produktionsstätten befinden sich hauptsächlich im Staat Guerrero, südwestlich von Mexico City.

TEXTILARBEITEN

Immer häufiger gibt es bestimmte Teile indianischer Kleidung, die nicht mehr für die Einheimischen, sondern für Fremde hergestellt werden: Besonders in der Gegend um Oaxaca und in der Sierra von Chiapas werden den Touristen mehr oder weniger authentische Umhänge ("sarapes"), Gürtel und sonstige Kleidungsstücke angeboten. Haben ihren Ursprung in den regionalen Trachten der verschiedenen Indio- Stämme.

Ganze Dörfer (z.B. Teotitlán del Valle bei Oaxaca) widmen sich dem Weben von Umhängen und Teppichen. Die Sachen aber nach Möglichkeit nicht in Indio- Dörfern tragen, da sie häufig eine dem Touristen unbekannte Bedeutung haben, so daß sie auf seinem Körper auf die Einheimischen lächerlich oder verletzend wirken können.

LEDER

Auf den meisten Märkten ein breites Angebot an Gürteln und Taschen aus Leder. Im Norden des Landes ist vor allem zünftige Cowboy- Kleidung beiebt: Stiefel, Westen und Gürtel im Wildwest- Stil gehören dort noch zur Alltagskluft der wirklichen oder vermeintlichen "rancheros".

SOMBREROS

Die fein gearbeiteten Strohhüte, die vor allem auf dem Land noch heute von jedem männlichen Mexikaner getragen werden, gibt es auf Märkten und in kleinen Läden vor allem im Zentralen Hochland. Die riesigen schwarzen Sombreros, bekannt aus manchem Wildwestfilm, tragen normalerweise nur die Mariachi- Spieler zu ihren dunklen Anzügen. In den Touristenzentren an der Küste gelten sie allerdings als beliebte und mexiko- typische Andenken.

HÄNGEMATTEN

Ein nützliches Utensil für den Rucksackreisenden, das auch zu Hause noch Verwendung finden kann. Wer nach preiswerten Unterkünften Ausschau hält, wird vor allem an der Küste häufig Gelegenheit finden, irgendwo unter einem Palmendach für wenige Pesos seine Hängematte aufzuhängen. Breites Angebot besonders in den tropischen Regionen. Die besten Hängematten kommen aus Mérida. Für einen halbwegs komfortablen Schlaf oder eine wirklich entspannende Siesta allerdings ein Gewebe aus guter Qualität aussuchen und darauf achten, daß die Hängematte nicht zu schmal ist. Details zum Kauf siehe Kapitel "Mérida".

BÜCHER

Gute Bildbände über Mexiko sowie Bücher zur Archäologie und Geschichte vor allem in einigen Buchhandlungen in Mexico City (Adressentips siehe dort). Auch viele Museen haben angegliederte Buchhandlungen, in denen sich manch interessante Lektüre zur mexikanischen Kultur findet, vor allem natürlich in spanischer Sprache.

TEQUILA

Der hochprozentige Agavenschnaps ist überall in Mexiko in zahlreichen Varianten im Angebot und wesentlich billiger als in Europa. Details zur Herstellung des Tequila im Kapitel "Guadalajara".

FIESTAS UND FEIERTAGE

FEIERTAGE

Die verschiedenen nationalen Feiertage sollte man sich vor allem deshalb merken, weil an diesen Tagen der innermexikanische Tourismus explosionsartig zunimmt.

Speziell im Zentralen Hochland sowie in den Pazifik- und Karibikbadeorten sind die Hotels dann meist schon frühzeitig ausgebucht. Wer es einrichten kann, sollte also entweder selbst langfristig reservieren oder sich während der kritischen Zeit anderswo aufhalten. Dabei bietet sich vor allem Mexico City an, das an solchen Tagen etwas weniger hektisch ist als sonst.

Aufgepaßt auch beim Transport: Bustickets (vor allem aus Mexico City heraus) sind schon Tage vorher oft nicht mehr zu haben. Ähnliches gilt für Flüge. Mietwagen sind besonders um Weihnachten/Neujahr und an Ostern absolute Mangelware, da um diese Zeit obendrein noch die US-Touristen auf diesen Markt drängen.

Wer kurz vor irgendeinem Feiertag in Mexico City eintrifft, sollte sich zuallererst um die Weiterreise für die geplanten Termine kümmern. Danach dann in Ruhe das Programm in der Hauptstadt gestalten. Einige Tage ungewollt in Mexico City herumzusitzen, kann dagegen ziemlich frustrierend sein.

Gesetzliche Feiertage in ganz Mexiko:

1. Januar: Neujahr

5. Februar: Verfassungstag

21. März: Geburtstag Benito Juárez

Osterwoche: Höhepunkt zwischen Gründonnerstag und Ostersonntag

1. Mai: Tag der Arbeit

5. Mai: Jahrestag der siegreichen Schlacht bei Puebla

1. September: Bericht des Präsidenten zur Lage der Nation

16. September: Unabhängigkeitstag

12. Oktober: Día de la Raza - Tag der Entdeckung Amerikas durch Kolumbus

1./2. November: Allerheiligen und Allerseelen

20. November: Tag der Revolution.

25. Dezember: Weihnachten

Fällt ein Feiertag auf Donnerstag oder Dienstag, so wird der dazwischenliegende Werktag oft ebenfalls als freier Tag genutzt und das Wochenende auf diese Weise verlängert.

FIESTAS

Der mexikanische Kalender ist voll mit nationalen, regionalen und örtlichen Fiestas, die überall im Land eine große Bedeutung haben und sehr ausgiebig und farbenfroh begangen werden.

Meist handelt es sich um religiöse oder kulturelle Feste, bei denen es noch recht ursprünglich zugeht. Die wenigsten sind auf Touristen abgestellt. Es lohnt sich also, seinen Reiseplan so einzurichten, daß man zumindest in einem der besuchten Orte eine Fiesta miterleben kann. Unter Umständen kann dies zu einem der schönsten Erlebnisse der gesamten Reise werden.

Vor allem die farbenprächtigen Feste der Indio- Bevölkerung verlocken natürlich zum Fotografieren. Zurückhaltung ist jedoch geboten: lieber vorher fragen, wie die Leute dazu stehen. Wenn Fotografieren nicht erwünscht ist, dann unbedingt die Finger davon lassen.

Der folgende Festkalender bringt eine begrenzte Auswahl, die Liste ließe sich praktisch beliebig verlängern. Weitere Angaben in den jeweiligen Regional- Kapiteln dieses Buches. Wer darüber hinaus Interesse hat, fragt bei der Ankunft am besten beim jeweiligen örtlichen Touristenbüro nach, ob in den nächsten Tagen irgendein Fest ansteht.

Januar

6. Heilige Drei Könige. Hauptsächlich Feiern im Rahmen der Kirche und Familie. Mancherorts auch Märkte.

17. San Antonio Abad. In MEXICO CITY Segnung der Tiere in verschiedenen Kirchen der Stadt.

17. Santa Prisca. In TAXCO ebenfalls Segnung der Tiere und am nächsten Tag Folkloreveranstaltungen zu Ehren der Schutzpatronin der Stadt.

2o. San Sebastián. Mehrere Tage dauern die Feierlichkeiten in CHIAPA DE CORZO bei Tuxtla Gutiérrez. Höhepunkt ist ein "Seegefecht" auf dem Rio Grijalva mit anschließendem Feuerwerk.

Februar

2. Mariä Lichtmeß. Feierlichkeiten im ganzen Land. Besonders lebendig und farbenfroh in VERACRUZ, wo die Straßen geschmückt werden und viele Bewohner ihre Trachten tragen.

Karneval. Die tollen Tage sind besonders toll in den Städten VERACRUZ, MERIDA UND MAZATLAN.

März

21. Geburtstag von Benito Juárez. Volkstümlicher Markt in seinem Geburtsort GELATAO bei Oaxaca.

Semana Santa. Während der gesamten Osterwoche zwischen Palmsonntag und Ostersonntag religiöse Veranstaltungen im ganzen Land: berühmt vor allem die Passionsspiele in Taxco und Mexico City und die Fackelzüge in San Luis Potosí.

April

Ende April findet in AGUASCALIENTES eine der größten Messen des Landes statt. Neben Ausstellungen vor allem kulturelle Veranstaltungen, Folklore und Stierkämpfe.

Ebenfalls Ende April in PUEBLA eine ähnliche Messe. Neben Viehmarkt auch Ausstellungen von Kunst und Artesanía.

Mai

1. Tag der Arbeit. In vielen Städten Paraden und öffentliche Veranstaltungen. Das Geschäftsleben kommt ziemlich zum Erliegen.

3. Tag des Heiligen Kreuzes. Wird landesweit begangen von den Bauarbeitern, die auf Rohbauten Kreuze anbringen. Im Anschluß vielerorts Feuerwerk.

5. San Isidro Labrador. Feierlichkeiten vor allem auf dem Land zu Ehren des Schutzpatrons der Bauern. Segnung von Tieren und Aussaat.

Juni

Fronleichnam. Besonders attraktiv auf dem Zócalo von MEXICO CITY, wo Kinder sich in Trachten zu verschiedenen Veranstaltungen einfinden.

Außerdem gibt es in PAPANTLA Vorführungen der berühmten "voladores", der fliegenden Menschen, die an diesem Tag das aus prähispanischer Zeit stammende Ritual besonders festlich durchführen.

24. San Juan. Feiern und Prozessionen zu Ehren des Schutzpatrons in SAN JUAN DEL RIO bei Querétaro und SAN JUAN CHAMULA bei San Cristóbal de las Casas.

29. San Pedro y San Pablo. Vor allem in Fischerorten Feste zu Ehren des Heiligen Petrus.

Juli

16. Virgen del Carmen. Landesweit Pilgerzüge zur Statue der Jungfrau mit vielen religiösen Riten. In SAN ANGEL (Stadtteil von Mexico City) ein riesiger Blumenmarkt.

Guelaguetza. An den letzten beiden Montagen im Juli in OAXACA. Eines der wichtigsten Kulturfestivals mit prähispanischer Tradition in Mexiko. Sehr eindrucksvolle Folkloreveranstaltungen in einem Freilichttheater sowie auf den Straßen und Plätzen der Stadt.

25. Fiesta de Santiago. Religiöse Zeremonien und Prozessionen im ganzen Land. Besonders ausgeprägt in den Orten, die "Santiago" als Zusatz in ihrem Namen tragen. In manchen Orten auch "charreadas", Wettkämpfe im mexikanischen Rodeo.

August

13. Jahrestag der Eroberung von Tenochtitlán durch die Spanier. Veranstaltungen zu Ehren der heldenhaften Verteidiger der Stadt in MEXICO CITY am Denkmal Cuauhtémocs auf dem Paseo de la Reforma sowie auf der Plaza de las Tres Culturas.

15. Mariä Himmelfahrt. Religiö-

se Zeremonien und Prozessionen im gesamten Land. Besonders attraktiv in HUAMANTLA bei Tlaxcala, wo am Vorabend viele Straßen mit Blumen und gefärbtem Sägemehl ausgeschmückt werden.

25. San Luis. In SAN LUIS POTOSI finden nach den Gottesdiensten auf den Plätzen Tanz- und Folkloreveranstaltungen statt.

September

8. Mariä Geburt. In TEPOZTLAN bei Cuernavaca Prozessionen und vielseitige Folkloreveranstaltungen.

15. Um 11 Uhr abends wird überall im Land der Ruf nach Unabhängigkeit ("grito de Dolores") wiederholt, mit dem Pater Hidalgo 181o den Befreiungskampf von der spanischen Kolonialherrschaft einleitete. In MEXICO CITY wird der Ruf vom Balkon des Palacio de Gobierno aus vom mexikanischen Präsidenten vorgenommen.

Über eine halbe Million Menschen versammeln sich dafür auf dem Zócalo. Hinterher Feuerwerk. Am nächsten Tag Militärparade vom Zócalo zum Paseo de la Reforma.

29. San Miguel. In SAN MIGUEL DE ALLENDE finden in den zwei Wochen um diesen Tag herum unzählige Veranstaltungen statt: Ausstellungen, Märkte, Kulturfestivals und Stierkämpfe.

Oktober

Während des gesamten Monats in GUADALAJARA die "Fiestas de Octubre". Kulturelle, folkloristische und sportliche Veranstaltungen wechseln sich ab mit Märkten, Messen und Ausstellungen (Artesanía, Antiquitäten, Produkte der regionalen Landwirtschaft).

4. San Francisco de Asis. Landesweit religiöse Zeremonien und Prozessionen.

12. Virgen de Zapopan. Hunderttausende von Gläubigen begleiten in GUADALAJARA die Prozession der Jungfrauenstatue von der Kathedrale zur Basilika von Zapopan.

Festival Cervantino. In den letzten beiden Oktoberwochen ist die Universitätsstadt GUANAJUATO Schauplatz des bedeutendsten mexikanischen Kulturfestivals. Viele Besucher aus dem In- und Ausland. Neben offiziellen Veranstaltungen mit international bekannten Künstlern spontanes Theater sowie Auftritte von Musik- und Tanzgruppen in denStraßen und auf den Plätzen der Stadt.

November

1. Allerheiligen. Prozessionen und religiöse Veranstaltungen.

2. Allerseelen. Das typischste aller mexikanischen Feste ist der Día de los Muertos, der Allerseelentag am 2. November. Im ganzen Land herrscht eine eigentümliche Stimmung, in der sich das besondere Verhältnis der Mexikaner zum Tod manifestiert: Sie bereiten sich vor auf den Besuch ihrer Ahnen, die an diesem

Tag erscheinen sollen, indem sie ihre Häuser schmücken und besondere Mahlzeiten zubereiten. Kerzen und Lebensmittel werden zu den Friedhöfen getragen, um den Toten einen ehrenvollen Empfang zu bereiten.

Auch dem Tod selbst wird gehuldigt: In den Schaufenstern der Läden sieht man schon Tage vorher riesige Mengen an Skeletten und Totenköpfen aus Schokolade oder Marzipan. Diese werden am Día de los Muertos an Verwandte und Freunde verschenkt, die sie dann genüßlich verzehren. In Zeitungen und Zeitschriften erscheinen die "calaveras" des Karikaturisten José Guadalupe Posada, die Personen aus allen Schichten der mexikanischen Gesellschaft im Gewand des Todes darstellen. Was in europäischen Augen makaber erscheinen mag, ist für Mexikaner kein Problem; der Tod und die Toten sind ein selbstverständlicher Bestandteil ihres Lebens.

Einen ungewöhnlichen Eindruck von der fröhlichen, für den fremden Beobachter aber oft auch bedrückenden Atmosphäre am Día de los Muertos vermittelt John Huston in seinem filmischen Meisterwerk "Under the Volcano". Ein ausländischer Konsul gerät in den Strudel der Fiesta, in der der Tod nicht nur symbolisch präsent bleibt, sondern für einige Protagonisten auch zur fatalen Realität wird.

2o. Tag der Revolution. Riesige Parade in MEXICO CITY.

Dezember

Anfang Dezember Silbermesse in TAXCO. Phantastische Ausstellungen von Silberarbeiten der besten Silberschmiede des Landes. Die besten Stücke werden prämiert. Natürlich sind die Ausstellungen auch mit Verkauf verbunden. Parallel dazu ein abwechslungsreiches Kulturprogramm.

12. Nuestra Señora de Guadalupe. Wichtigster religiöser Feiertag des Landes. Die Schutzpatronin Mexikos wird auf Prozessionen und Pilgerzügen im ganzen Land verehrt. Millionen kommen zur Basilika der Jungfrau im Norden von MEXICO CITY.

In der Vorweihnachtszeit überall die sogenannten "posadas", bei denen Maria und Josef symbolisch eine Unterkunft suchen.

Die Teilnehmer der Prozessionen kehren jeden Abend in anderen Häusern ein. Auf der Straße finden auch improvisierte Laienspiele statt, mit teils derbvolkstümlichen Abwandlungen der Heilsgeschichte sowie aktuellen Anspielungen auf die Zustände im Land.

23. Fiesta de los Rábanos. Die Bauern von OAXACA und Umgebung bringen ihre größten Rettiche in die Stadt, wo sie von ihnen selbst oder von einheimischen Künstlern zu skurrilen Figuren geschnitzt werden.

24. Heiligabend und Weihnachten werden normalerweise im Familienkreis begangen. Der Besuch der Mitternachtsmesse ist für viele Mexikaner selbstverständlich.

HIGHLIGHTS

Was ist das Schönste an einer Mexiko- Reise? - Von fünf Leuten bekommt man natürlich fünf verschiedene Antworten, denn das Wesentliche am Reisen ist ja gerade das subjektive Erleben.

Und trotzdem gibt es in jedem Bereich einige Höhepunkte, an denen keiner vorbeigehen sollte, der ein spezielles Interesse für ein bestimmtes Gebiet hat. Die folgenden Highlights dienen also dazu, sich in dem riesigen Angebot Mexikos ein wenig zurechtzufinden und die Reiseplanung an einigen markanten Punkten zu orientieren.

KOLONIALSTÄDTE

OAXACA (Südliche Sierra): ein harmonisches Stadtzentrum mit kolonialen Wohnhäusern, schönen Plätzen und einigen attraktiven Kirchengebäuden. Dazu in der Umgebung einige der beeindruckendsten präkolumbianischen Ruinen .... Seite 485

SAN CRISTÓBAL DE LAS CASAS (Südliche Sierra): eine bezaubernde Kleinstadt im Kolonialstil, in der die indianische Bevölkerung noch das Straßenbild und die Märkte beherrscht .... Seite 5o8

PÁTZCUARO (Zentrales Hochland): Die einheitliche Kolonialarchitektur der relativ bescheidenen Häuser und das beschauliche Leben auf den Straßen geben dem Ort einen dörflichen Charme, der kaum sonst in Mexiko zu finden ist und den auch der Tourismus bisher noch nicht grundsätzlich verwandelt hat. .... Seite 3o8

PRÄKOLUMBIANISCHE AUSGRABUNGSSTÄTTEN

TEOTIHUACÁN (Mexico City): Ein riesiges Zeremonialzentrum mit zwei kolossalen Pyramiden und vielen sehenswerten Details. Teotihuacán ist mit Abstand die bedeutendste Ruinenstadt des Zentralen Hochlands und von Mexico City aus bequem zu erreichen. ....Seite 24o

PALENQUE (Yucatán): der Inbegriff einer im Regenwald versunkenen Maya- Stadt. Eindrucksvolle Tempel, Pyramiden und viele künstlerische und architektonische Details. .... Seite 593

UXMAL (Yucatán): Zeremonialzentrum der Maya, das sich durch einen überaus dekorativen Baustil mit ausgeprägten künstlerischen Elementen auszeichnet. .... Seite 544

CHICHEN ITZÁ (Yucatán): größte und am besten rekonstruierte Maya-Stätte auf der Halbinsel Yucatán. In Chichén Itzá findet man praktisch alle typischen Bauwerke, die in präkolumbianischen Zeremonialzentren immer wieder auftauchen: Pyramiden, Tempel, Wohnanlagen, Ballspielplätze und eine Sternwarte. .... Seite 552

TULUM (Yucatán): phantastische Lage auf einem Felsplateau direkt über dem Karibischen Meer. .... Seite 582

MONTE ALBÁN (Südliche Sierra): ebenfalls in eindrucksvoller Lage auf einem Berggipfel, wo die Ausgrabungsstätte den Schnittpunkt von drei riesigen Tälern bildet..Seite 498

MUSEEN

MEXICO CITY: Museo Nacional de Antropología. In hervorragend aufgebauten Sälen die besten und interessantesten Fundstücke der verschiedenen präkolumbianischen Kulturen Mexikos. Ein Museum, das auch Museumsmuffel keinesfalls verpassen sollten. .... Seite 2o9

XALAPA (Zentrale Golfküste): Museo de Antropología. Fundstücke der Olmeken-, Tolteken- und Huastekenkulturen der Golfküste. Besonders sehenswert die zahlreichen tonnenschweren Kolossalskulpturen. ... S. 346

KIRCHEN

MEXICO CITY: Die Kathedrale von Mexico City ist das größte Kirchengebäude des Landes. Ein kolossaler Bau, der die eine Seite eines riesigen Hauptplatzes einnimmt. .... Seite 197

ZACATECAS (Zentrales Hochland): Prunkvolle Fassade der Kathedrale aus rosafarbenem Gestein. Über und über mit fein gearbeiteten Reliefs überzogen. Eindrucksvolles Beispiel des mexikanischen Barock. .. S. 285

PUEBLA (Zentrales Hochland): Die Capilla del Rosario (Rosenkranzkapelle) in der Kirche Santo Domingo ist im Innern ein prachtvolles Kleinod aus vergoldeten Ornamenten und Reliefs. Barocker Überschwang in seiner vollsten Ausprägung. .... Seite 332

TLAXCALA (Zentrales Hochland): Santuario de Ocotlán. Oberhalb der Stadt auf einem Hügel mit herrlichem Blick auf zwei schneebedeckte Vulkangipfel liegt diese barocke Wallfahrtskirche. Fassade, Türme und Innenausstattung sind klassische Beispiele für den üppigen Churriguera-Stil. .... Seite 341

STRÄNDE

KARIBIKKÜSTE: Jede Menge Traumstrände mit glasklarem Wasser und feinkörnigem Sand zwischen Cancún und Chetumal. Einsame Strände wechseln ab mit kleinen und großen Touristenzentren, jede Art von Wassersport. .... Seite 564

BAJA CALIFORNIA: Entlang der gesamten Küste unzählige einsame Strände - allerdings oft nur schwer zugänglich und ohne jegliche Einrichtungen. An der Südspitze der Halbinsel gute touristische Infrastruktur. Überall sauberes Wasser. .... Seite 419

PAZIFIKKÜSTE: Touristenzentren, die seit Jahrzehnten einen Namen haben. Viel Abwechslung, Wassersport und Nachtleben. Dazwischen immer wieder einsame Strände und kleinere Badeorte, an denen sich auch der naturverbundene Rucksacktourist wohlfühlen kann. .... Seite 453

SPORT

COZUMEL (Yucatán): Hervorragende Tauch- und Schnorchelmöglichkeiten an den Korallenriffen vor der Insel. Viele Tauchschulen und gute Infrastruktur. .... Seite 576

CHETUMAL (Yucatán): Banco de Chinchorro - ein ziemlich abgelegenes Korallenriff, dessen Unterwasserwelt bereichert ist durch zahlreiche gestrandete Schiffe aus mehreren Jahrhunderten. Ein Paradies für erfahrene Taucher, die nicht auf eine funktionierende Infrastruktur angewiesen sind.
.... Seite 591

LA PAZ (Baja California): Das Meer um die Südspitze der Halbinsel ist eines der weltbesten Reviere für die Hochseeangelei. Zentnerschwere Marlins (Schwertfische) sind das begehrte Objekt des Angelfiebers. Eine ganze Flotte von hochseetüchtigen und voll ausgerüsteten Jachten wartet im Hafen auf Experten und Anfänger.............................Seite 438

FLAIR

VERACRUZ (Zentrale Golfküste): lebensfrohe Hafenstadt mit einer Mischung aus mexikanischer Provinz, internationalem Flair und Karibikatmosphäre. .... Seite 349

SAN CRISTÓBAL DE LAS CASAS (Südliche Sierra): lebendiges und buntes Kolonialstädtchen mit attraktiven Straßenmärkten und viel indianischem Einfluß. .... Seite 5o8

GUANAJUATO (Zentrales Hochland): verwinkelte Universitätsstadt mit romantischen Gäßchen und Plätzen sowie einem ausgeprägten Studentenleben und kulturellen Angeboten. .... Seite 265

KULTUR

MEXICO CITY: Kaum eine Stadt auf dem amerikanischen Kontinent hat ein so vielseitiges kulturelles Angebot: Weltklassemuseen mit permanenten und wechselnden Ausstellungen sowie das übliche Kunst- und Konzertprogramm einer Weltstadt. .... Seite 173

LANDSCHAFT

POPOCATÉPETL (Mexico City): Die Besteigung dieses berühmten Vulkans ist auch für Nicht-Bergsteiger zu schaffen und bietet neben dem sportlichen ein landschaftliches Erlebnis der Sonderklasse. ...... Seite 238

BARRANCA DEL COBRE (Norden): Phantastische Eisenbahnfahrt durch die Sierra Madre zur Kupferschlucht sowie Ausflüge und Wanderungen im Bereich der bis zu 2.ooo m tiefen Canyons. ....Seite 4o1

CAÑÓN DEL SUMIDERO: Bootsfahrt auf dem Rio Grijalva, der sich durch den 1.ooo m tiefen Canyon schlängelt. .... Seite 5o7

REISEROUTEN

Je nach Interessenlage und Zeit lassen sich natürlich unendlich viele Reiserouten durch Mexiko planen. Die beiden folgenden Vorschläge sind für etwa 4 bis 6 Wochen berechnet und geben einen abwechslungsreichen Überblick über die verschiedenen Attraktionen des Landes: Kolonialstädte, präkolumbianische Ausgrabungsstätten, Strände, landschaftliche Höhepunkte. Weitere Routen sind in den einzelnen Regionalkapiteln dieses Buches beschrieben.

Route A (Schwerpunkt: präkolumbianische Ruinen):

Mexico City (mit Teotihuacán) -> Puebla -> Oaxaca -> Tuxtla Gutiérrez -> San Cristóbal de las Casas -> Palenque -> Mérida -> Uxmal -> Chichén Itzá -> Cancún -> Tulum/Cobá -> Mérida -> Villahermosa -> Veracruz -> Xalapa -> Mexico City.

Route B (Schwerpunkt Kolonialstädte und Strände):

Mexico City (mit Teotihuacán) -> Querétaro -> San Luis Potosí -> Zacatecas -> Durango -> Mazatlán -> Los Mochis -> Barranca del Cobre -> Chihuahua -> Tijuana -> Ensenada -> La Paz -> Los Cabos -> Puerto Vallarta -> Guadalajara -> Pátzcuaro -> Morelia -> Mexico City.

MEXIKANISCHES LEXIKON

Die folgenden Begriffe tauchen immer wieder auf im mexikanischen Alltag und werden auch dem Besucher hier und da begegnen. Wer sie versteht, hat nicht nur eine sprachliche Hürde überwunden, sondern erleichtert sich die Orientierung und bekommt im einen oder anderen Fall auch ein wenig Verständnis für die besondere Sicht- und Lebensweise der Mexikaner.

Ahorita: die Verkleinerungsform von "ahora" (= jetzt). Soll den ungeduldigen Frager beruhigen durch den Hinweis, daß die Sache gleich in die Gänge kommt. Wobei aber über die wirkliche Länge dieses Zeitraums noch nicht entschieden ist: Es kann tatsächlich gleich losgehen; aber wenn man Pech hat, sind einige Stunden Wartezeit einzukalkulieren.

Alameda: wörtlich "Pappelallee". In vielen Orten die Hauptstraße oder eine breite Promenade, wobei die Pappeln nicht mehr unbedingt existieren müssen.

Angeles Verdes: die vom Tourismus- Ministerium organisierte Straßenwacht der "Grünen Engel" patrouilliert auf wichtigen Überlandstraßen und leistet kostenlose Pannenhilfe für liegengebliebene Autofahrer.

Artesanía: Kunsthandwerk, in Mexiko besonders bunt und vielseitig. Wird von den Mexikanern als authentische Volkskunst angesehen und nicht nur an Touristen verkauft, sondern auch in zahlreichen Museen ausgestellt.

Braceros: mexikanische Wanderarbeiter, die sich für eine Saison auf den Farmen im Süden und Westen der USA verdingen. Der Traum vom großen Geld lockt schon seit Jahrzehnten Millionen von Menschen an die mexikanische Nordgrenze, wo sie hoffen, den ersehnten Sprung ins gelobte Land des Nordens zu tun.

Casa de la Cultura: oder auch "Centro Cultural". Gibt es fast in jeder Stadt: Treffpunkt von Intellektuellen und Künstlern. Ein Ort, an dem sich leicht Kontakte mit Mexikanern ergeben können, die stolz sind auf ihre kulturellen Errungenschaften. Registrieren es sehr positiv, wenn sich ein Ausländer dafür interessiert.

Oft eine lohnende Anlaufstelle für Leute, die mehr über Mexiko wissen wollen. Einmal abseits der üblichen Touristenpfade und doch problemlos zu erreichen.

Caseta de Cobro: Mautstellen an gebührenpflichtigen Autobahnen (vor allem in der Nähe von Mexico City) sowie häufiger bei größeren Brückenkonstruktionen. Die paar Pesos kann derjenige verschmerzen, der sich einen teuren Mietwagen geleistet hat.

Cantina: mexikanische Kneipe, in der es oft nicht gerade zimperlich zugeht. Frauen, Minderjährige und Uniformierte haben keinen Zutritt. Sich zu betrinken, ist der Hauptzweck, der den mexikanischen Macho in die Cantina treibt.

Central Camionera: Inzwischen verfügen die meisten größeren Städte über diesen zentralen und modernen Busbahnhof. Vorteil: leichte Orientierung über die Verkehrsverbindungen überland. Nachteil: weite innerstädtische Wege ins Zentrum und zu den Hotels.

Charreada: mexikanische Form des Rodeos, vor allem im Zentralen Hochland und im Norden praktiziert. Hier wird die Cowboy- Tradition, die auch im nördlichen Mexiko zu Hause ist, lebendig erhalten.

Chicanos: Hispano- Amerikaner, die es geschafft haben, vorübergehend oder dauerhaft in den USA ansässig zu werden. Stehen dort in der Regel auf der untersten Sprosse der sozialen Stufenleiter.

Chile: Grundnahrungsmittel in Mexiko. Die scharfen Chili- Schoten bringen in ihren zahlreichen Varianten erst den richtigen Geschmack ins Essen.

Chilangos: Spitzname für die Bewohner von Mexico City. Nicht ohne Grund tituliert man sie als "Chili- Fresser", was jedoch eigentlich auch für andere Mexikaner gelten müßte.

Churriguera: häufig anzutreffender Baustil, vorwiegend bei Kirchen. Zeichnet sich aus durch eine mit barocken Schmuckelementen überladene Gestaltung von Fassaden und Portalen. Benannt nach einer spanischen Baumeisterfamilie.

Comics: eine Sucht der Mexikaner. Ob am Strand, im Bus oder auf der Straße - überall studieren sie die kleinen Heftchen mit den wüsten und angeblich so realistischen Geschichten.

Die Kioske sind überfüllt mit Hunderten verschiedener Hefte. Stories von illegalen Grenzgängern am Rio Grande, die von bösen Machos bedrängte Weiblichkeit, Eingreifen guter Polizisten und Detektive in höchster Not, das sind nur einige der immer wiederkehrenden Motive. Ein Sammelsurium aus Sex & Crime & Western.

Wer viel mit Überlandbussen fährt, bekommt unweigerlich mit einem Auge Unmengen dieser triefenden Geschichten mit, die vom Vorder- oder Nebenmann verschlungen werden.

Convento: Kloster. Seit die mexikanische Revolution endgültig ernst gemacht hat mit der Trennung von Kirche und Staat, die schon von Benito Juárez eingeleitet wurde, sind die meisten "Conventos" in "Ex- Conventos" verwandelt worden.Dienen heute oft als öffentliche Gebäude oder Museen.

Correo: die mexikanische Post.

Deuda Externa: Die etwa 1oo Milliarden US- Dollar Auslandsschulden Mexikos bestimmen heutzutage das Wirtschaftsleben. Mexiko ist krampfhaft auf der Suche nach neuen Investitionen und Finanzierungen sowie nach Märkten für die eigenen Produkte, die ein paar Devisen in die Kassen bringen sollen.

Auflagen der Weltbank und des IWF krempeln auch im Innern die wirtschaftlichen Strukturen um: Privatisierung von Staatsbetrieben und Zunahme der Armut innerhalb der Bevölkerung sind die augenscheinlichsten Konsequenzen.

Feria: regionale Messe oder örtlicher Markt. Meist verbunden mit attraktiven kulturellen oder folkloristischen Veranstaltungen.

Fonda: kleine Garküche innerhalb der städtischen Märkte, wo man ausgesprochen billig und oft gar nicht schlecht ein einfaches Essen bekommt.

Gracias: leicht zu lernendes spanisches "Dankeschön", das man nicht häufig genug praktizieren kann. Möglichst verbunden mit einem freundlichen Lächeln. Wie überhaupt ein bißchen Freundlichkeit mehr bewirkt als das angeblich überall nötige Schmiergeld.

Gringo: Bezeichnung für die Nordamerikaner. Wegen der historischen Konflikte und der Übermacht der USA hat dieser Begriff oft eine ziemlich negative Färbung. Als Gringo kann auch der Europäer behandelt werden, dem es ja nicht ins Gesicht geschrieben ist, daß er nicht über die Nordgrenze gekommen, sondern per Flugzeug über den großen Teich geflogen ist.

Die beiden Theorien über die Entstehung des Worts klingen wenig plausibel: Angeblich haben die Amerikaner bei ihrer Invasion im Norden Mexikos 1847 das Lied "Green grows the Lilac in the valley" gesungen, dessen Anfang die Mexikaner dann in Gringo verwandelten. Nach einer anderen Version riefen sie den grün uniformierten Yankee- Soldaten zu: "Green go".

Héroes: die vaterländischen Helden. Mehr oder weniger jeder Politiker, der einen größeren Einfluß auf den Gang der mexikanischen Geschichte hatte. Dabei ist es nicht so wichtig, welche Rolle der einzelne gespielt hat: So wird sowohl Emiliano Zapata verehrt als auch Victoriano Carranza, der sein Gegenspieler war und ihn ermorden ließ.

Indios: Jahrhundertelang ausgebeutet, unterdrückt und dezimiert von Spaniern, Europäern und Gringos. Später haben die Mexikaner diese Aufgabe übernommen. Unter der Diktatur von Porfirio Díaz durften Indios beispielsweise die Hauptstadt nicht betreten.

Heute leben sie in den Elendsvierteln der Städte oder auf dem Land, wo sie von manchem alternativen Reiseführer als "letzte authentische Indios" oder ähnliches vermarktet werden. Eigentlich gibt es in Mexiko genug anderes zu sehen, als daß man deren Elend als "Leben im Einklang mit der Natur" betrachten und bewundern müßte.

IVA: "Impuesto al Valor Agregado". 1o- prozentige Mehrwertsteuer auf fast alle Produkte und Dienstleistungen.

Machismo: lateinamerikanische Ausprägung eines Männlichkeitsideals, das in Mexiko ungeheuer lebendig ist und dem sich vor allem alleinreisende Frauen kaum entziehen können: Sie werden auf Schritt und Tritt bedrängt von den forschen Möchtegern- Liebhabern.

Machismo ist eine über das rein Sexuelle hinausgehende tiefere Lebenseinstellung, die der mexikanische Schriftsteller und Philosoph Octavio Paz in ihren verschiedenen Erscheinungsformen beschrieben und analysiert hat.

Mariachi: volkstümliche Musik mit Streich- und Blasinstrumenten und schmalzigen Texten, die bei vielen mexikanischen Festen die musikalische Untermalung liefert. Die Gruppen, die in den Touristenlokalen aufspielen, haben ihre festen Sätze pro Lied, das man sich wünschen kann und dann bezahlen muß.

Marimba: eine Art riesiges Xylophon afrikanischen Urprungs, das von mehreren Personen gleichzeitig gespielt wird und einen angenehmen Klang hat. Wird gespielt auf Straßen und Plätzen, wo die Musiker im allgemeinen wohlwollende Aufmerksamkeit erregen und sich die Pesos für ihren Lebensunterhalt verdienen.

Mercado: Obst-, Gemüse- und Artesaníamarkt. Entweder in großen Markthallen oder einfach auf der Straße. Hier bekommt man auch als Fremder noch am ehesten einen Eindruck von dem, was mexikanisches Leben und Latino- Mentalität bedeuten.

Mexico City: existiert nicht im mexikanischen Wortschatz; heißt entweder Ciudad de México oder ganz einfach México. Damit identifiziert innerhalb des Landes jedermann die Hauptstadt und nicht den Staat. "D.F." (= Distrito Federal) ist die administrative Bezeichnung des in-zwischen selbst über die offiziellen Grenzen des Distrito Federal hinauswuchernden Hauptstadt- Ungetüms.

Mordida: "der Biß" - Umschreibung für das Bestechungsgeld, ohne das manch ein mexikanischer Beamter nicht so recht in die Gänge kommen will. Der Tourist wird damit kaum konfrontiert; seinen Stempel im Paß erhält er auch ohne ein Scheinchen zwischen den Seiten.

Wer sich einen Mietwagen leistet, kann allerdings schon mal wegen eines wirklichen oder vermeintlichen Vergehens angehalten werden. Dann hilft einem u.U. ein diskretes Angebot aus der leidigen Affäre.

La Muerte: der Tod, - für Mexikaner keine allzu schreckenerregende Vorstellung. Zeigt sich beispielsweise an der Gleichmut, mit der selbst schwangere Frauen mit drei kleinen Kindern an der Hand achtspurige Stadtautobahnen überqueren. Ebenso an den Erscheinungsformen des "día de la muerte", dem Allerseelentag am 2. November: in Mexiko ein eher fröhliches Ereignis, bei dem man mit allerlei Geschenken, Speisen und

Getränken zum Friedhof pilgert und es sich gemeinsam mit den verstorbenen Ahnen gutgehen läßt.

Die Auslagen der Geschäfte sind um diese Zeit voll mit Totenköpfen und Gerippen aus vielerlei Materialien: Besonders gelungen sind die Totenköpfe aus Schokolade oder Marzipan, die hier verspeist werden wie anderswo Weihnachtsmänner oder Osterhasen.

Nahuatl: Sprache der Azteken. Wird bis heute von Indios im Zentralen Hochland gesprochen.

Palapa: Palmendach am Strand, unter dem der Rucksacktourist in der Nacht oder zur Siesta- Zeit gegen einen geringen Obulus seine Hängematte aufhängen kann.

PB: Kürzel, welches dem Touristen vornehmlich im Fahrstuhl begegnet und Synonym ist für "planta baja": Erdgeschoß.

Pemex: Mexikanische Erdölgesellschaft, seit der Verstaatlichung der Ölindustrie 1938 durch Präsident Lázaro Cárdenas ein Symbol für mexikanische Souveränität. Inzwischen allerdings ist ihr Ruf durch eine skandalträchtige Führungsspitze und eine nicht minder korrupte Gewerkschaft ziemlich ramponiert. Sie ist zwar für Mexiko eine der wichtigsten Devisenquellen, gilt allgemein aber auch als der weltweit ineffizienteste Erdölkonzern. Der Tourist hat mit der Pemex lediglich an den Tankstellen zu tun, die in Mexiko zum Glück noch nicht so sehr die Stadtbilder bestimmen wie anderswo.

Pesero: Kollektiv- Taxi (meist in Form eines VW- Kleinbusses), das für wenige Pesos auf bestimmten festgelegten Routen vekehrt und auch für Touristen keine schlechte Alternative zu den vollgestopften Bussen und den etwas teureren Taxis darstellt.

Peso: mexikanische Währung, die konstant an Wert verliert. Anfang 1993 wurde deshalb damit begonnen, die alten Peso-Scheine mit den vielen Nullen durch neue zu ersetzen. 1 neuer Peso = 1.ooo alte Pesos. Da auch noch alte Scheine und Münzen im Umlauf sein können, ist vor allem beim Geldwechsel besondere Aufmerksamkeit geboten.

Plaza de Toros: die örtliche Stierkampfarena, in der die Mexikaner zur Saison ebenso viel Begeisterung fürs Stiere- Morden aufbringen wie ihre Verwandten im spanischen Mutterland.

PRI: allgegenwärtiges Kürzel für "Partido Revolucionario Institucional", die allgegenwärtige staatstragende Regierungspartei, die sich seit Jahrzehnten an der Macht hält. Wenn die Wahlergebnisse es erfordern, wird zur Not auch kräftig geschummelt, damit der Clan einflußreicher Familien auch weiterhin die Geschicke des Landes bestimmt.

Ob die von Präsident Salinas de Gortari 199o eingeleiteten staatlichen und parteiinternen Reformen an dieser Situation etwas ändern, bleibt abzuwarten.

Sectur: Abkürzung für "Secretaría de Turismo", das Tourismusministerium in Mexico City, das auch in den Hauptstädten der Bundesstaaten Zweigstellen unterhält. Beschwerden über Hotels, Restaurants oder Transportmittel werden dort entgegengenommen.

Siesta: die auch in Mexiko übliche verlängerte Mittagspause heißer Länder. Sollte man sich auch als Tourist angewöhnen. Erstens ist um diese Uhrzeit sonst sowieso nicht viel los, zweitens sind in der Mittagshitze auch die schönsten Maya- Ruinen nicht ohne Selbstüberwindung zu erklettern, und drittens tut sie einfach gut, die Siesta.

Sombrero: vor allem auf dem Land beliebte Kopfbedeckung aus Stroh oder Filz. Praktisch und nötig gegen die sengende Sonne. Die riesigen runden Sombreros, bekannt aus zahlreichen Wildwestfilmen, sieht man jedoch höchstens bei Mariachi- Spielern und in den Abflughallen der Flughäfen von Acapulco bis Cancún - auf den Köpfen von heimkehrenden US- Touristen.

s/n: Kürzel, das einem häufig bei Adressenangaben begegnet: Bedeutet "sin número" (ohne Hausnummer). In der Regel deshalb, weil sowieso jeder Einheimische weiß, wo das Hotel oder Restaurant zu finden ist.

Taquería: einfaches und preiswertes Lokal, in dem hauptsächlich Tacos und andere mexikanische Gerichte serviert werden. Bieten qualitativ oft recht viel für die niedrigen Preise.

Tianguis: indianische Bezeichnung für einen großen Markt, die auch in den spanischen Wortschatz eingegangen ist.

Topes: Asphaltbuckel quer über die Straße. Meist an Ortseingängen, bei Fußgängerüberwegen und vor Schulen. Offenbar die einzige Art und Weise, den mexikanischen Autofahrer zum Langsamfahren zu bewegen.

Ist man viel unterwegs, werden die ewigen "topes" auf Dauer zur Nervenprobe. Nicht nur im eigenen Pkw, sondern auch im Bus, der sich erst mit der Vorder- und dann mit der Hinterachse über die Buckel quält, so daß man entsprechend durchgeschüttelt wird. Fast ein Grund, auf die Bahn umzusteigen.

Tortilla: Fladen aus Maismehl. Grundnahrungsmittel der Mexikaner, ohne das keine Mahlzeit überhaupt erst angefangen wird.

Zócalo: "Sockel". Volkstümliche Bezeichnung für den zentralen Platz in den meisten Städten. Der Ausdruck kommt daher, daß auf dem Platz vor der Kathedrale in Mexico City jahrzehntelang der Sockel für ein Unabhängigkeitsdenkmal stand, das man niemals fertiggestellt hat. Von der Hauptstadt aus hat sich der Begriff dann auch in anderen Orten durchgesetzt.

Für den Besucher ist der Zócalo immer ein erster Anlaufpunkt, wo er zumindest einige Hotels und Restaurants sowie in der Regel die eine oder andere Sehenswürdigkeit findet.

KUNST UND KULTUR

Präkolumbianische Kunst

Mexikanische Museen und Ausgrabungsstätten besitzen einen ungeheuren Schatz an Kunst- und Gebrauchsgegenständen aus der Zeit vor der Entdeckung Amerikas durch die Europäer. Doch dies ist nur ein winziger Bruchteil dessen, was einst von den verschiedenen indianischen Völkern des mexikanischen Hochlandes und der tropischen Küstenebenen geschaffen wurde.

Als die Spanier mexikanischen Boden betraten, waren sie voll Bewunderung für Dinge, die sie nie gesehen, von denen sie nicht einmal geträumt hatten. Der anfängliche Respekt für die Leistungen der ansässigen Indio-Völker wich aber schnell der Begehrlichkeit. Die Konquista wurde zu einer Geschichte des Raubes und der Zerstörung, der auch die sagenhaften Kunstschätze in großen Mengen zum Opfer fielen:

Tempel- und Pyramidenbauten wurden mitsamt ihren künstlerischen Dekorationen zerstört, wertvolle Figuren und Gefäße aus Edelmetall eingeschmolzen, um sie leichter per Schiff ins Mutterland transportieren zu können. Fast alle Handschriften wurden verbrannt.

Die Spanier entdeckten allerdings nicht alle präkolumbianischen Zeremonialzentren; viele waren bereits bei ihrer Ankunft von den Indios verlassen und im Urwald versunken. An ihnen nagte über Jahrhunderte der Zahn der Zeit; und als man sie entdeckte, war vieles verfallen, vermodert, zerstört. Grabräuber und geschäftstüchtige Archäologen taten ein übriges, um wertvolle Kunstgegenstände verschwinden zu lassen oder außer Landes zu bringen.

Und trotzdem: Was heute noch in Mexiko an präkolumbianischer Kunst zu sehen ist, erregt nicht nur bei Eingeweihten und Experten Erstaunen und Bewunderung. Ausführliche Darstellung der künstlerischen und kulturellen Leistungen der präkolumbianischen Völker im Kapitel "Geschichte".

Moderne Wandmalerei

Wer durch Mexiko reist, kommt nicht vorbei am "MURALISMO", der Wandmalerei, die in ihren Anfängen eine ungeheure Polemik entfachte, inzwischen aber zu einer Art mexikanischer Nationalkunst avanciert ist.

Zu Beginn der zwanziger Jahre begann das mexikanische Erziehungsministerium unter Führung des damaligen Ministers José Vasconcelos eine Volksbildungs- und Alphabetisierungskampagne, deren sichtbarstes Element die Bemalung öffentlicher Gebäude, Schulen und Kulturzentren mit überdimensionalen Szenen aus der mexikanischen Geschichte und aus dem Alltag der Volksmassen darstellte.

Den Menschen, die weder lesen noch schreiben konnten, sollte auf schnelle und einfache Weise eine Vorstellung von mexikanischer Identität vermittelt werden, und da schien die Bemalung von jedermann zugänglichen Gebäuden ein gutes und nicht allzu kostspieliges Mittel.

Zahlreiche Künstler, die ihre Lehrjahre in Europa zugebracht hatten, wurden aufgerufen, sich an der Kampagne zu beteiligen und erhielten staatliche Aufträge. Dabei stand das künstlerische Element zunächst nicht unbedingt im Vordergrund: "<u>Fläche und Geschwindigkeit</u>" waren in den ersten Jahren gefragt, um das Programm so schnell wie möglich in Hauptstadt und Provinz zu verwirklichen.

Die beteiligten Künstler entwickelten jedoch sehr schnell ein ästhetisches Konzept, das den "muralismo" auch vom künstlerischen Standpunkt als konsequente Entwicklung mexikanischer Malerei rechtfertigte. Sie verbanden dabei Strömungen der europäischen Kunst der Jahrhundertwende mit traditionellen Elementen präkolumbianischer Wandmalereien. Unter der Führung der drei wichtigsten Maler - <u>Diego Rivera</u>, <u>David Siqueiros</u> und <u>José Orozco</u> - entstand die "<u>Escuela Mexicana de Pintura</u>", die bis in die fünfziger Jahre die künstlerische Richtung bestimmte und die Staatsaufträge für sich monopolisierte.

Die Motive der Monumentalgemälde beziehen sich häufig auf das indianische Erbe Mexikos, das in den verschiedensten Formen verherrlicht wird. Die Konquista dagegen wird (sicher mit einigem historischen Recht) als blutiges Gemetzel verurteilt. Auch die spanischen Herren der Kolonialzeit kommen nicht besonders gut weg.

Immer wieder tauchen die Helden des Unabhängigkeitskampfes auf, die das Volk mit Flamme und Schwert vom Joch der Kolonialherrschaft befreien. Und natürlich ist die mexikanische Revolution, in deren Folge die Wandmalerei entstanden ist, ein beliebtes und immer wiederkehrendes Thema. Besonders populär: <u>Emiliano Zapata</u>, der siegreiche Held und Führer der Volksmassen und Bauernarmeen.

Daß zahlreiche der Muralisten der Kommunistischen Partei beitraten (u.a. auch Rivera und Siqueiros), beunruhigte die staatlichen Auftraggeber offenbar nicht, solange deren Bilder die gewünschte Funktion verrichteten: Revolutionäre Szenen und klassenkämpferische Aspekte schienen die Bildung einer mexikanischen Identität und eines Nationalbewußtseins bei den Volksmassen zu fördern, so daß man über die hier und da auftauchenden Porträts von Stalin oder Mao hinwegsah. Die Polemik entzündete sich vielmehr am Gesamtkonzept einer <u>Abkehr von der Staffelei</u> und den Salonbildern des Bürgertums sowie an der umstrittenen künstlerischen Qualität der oft in Akkordarbeit erstellten Flächenbilder.

Durch die Unterstützung verschiedener Regierungen sowie eine zunehmende internationale Anerkennung konnte sich der "muralismo" jahrzehntelang halten und wurde schließlich als revolutionäre mexikanische Nationalkunst vollständig anerkannt. In seinem Gefolge gingen selbst einstige Verfechter der eher traditionellen Malerei wie der abstrakte Künstler <u>Rufino Tamayo</u> dazu über, sich an monumentalen Wandbildern zu versuchen.

In den fünfziger Jahren gestaltete man auch die Außenwände moderner öffentlicher Gebäude mit der flächendeckenden Kunst. Berühmtestes Beispiel dafür ist das Hochhaus der Universitätsbibliothek von Mexiko City, das von <u>Juan O'Gorman</u> mit kolossalen Mosaiken bedeckt wurde.

Heute gibt es kaum ein öffentliches Gebäude, das nicht im Innern oder unter den Arkadengängen wenigstens ein Monumentalgemälde aufweist. Zwar ist die Zeit der großen Muralisten mit dem Tod von Rivera, Orozco und Siqueiros längst vorbei, aber noch immer wird hier und da eine öffentliche Wand von einem modernen Künstler bemalt. Weitere Einzelheiten zu Leben und Werk der wichtigsten Muralisten: Diego Rivera (Seite 2oo und 216), David Siqueiros (Seite 211) und José Orozco (Seite 3oo).

<u>Frida Kahlo</u> ist eine der wenigen mexikanischen Künstlerinnen, die über die Grenzen ihres Landes hinaus bekannt wurden und gilt als bedeutendste Malerin Lateinamerikas. In den siebziger Jahren war sie außerdem eine der Symbolfiguren der internationalen Frauenbewegung. Ihre surrealistischen Bilder, meist Selbstporträts, sind ein Reflex ihres schmerzvollen Lebens und demonstrieren den persönlichen Kampf gegen eine unabänderliche Realität. Sie zeigen ihre Wunden, Schmerzen und Ängste, aber auch die innere Stärke einer Frau, die sich immer wieder dagegen aufbäumt.

Als Tochter des Deutschstämmigen Guillermo Kahlo und der Mexikanerin Matilde Calderón wurde Frida <u>19o7 in Mexico City geboren</u>. In ihrer Kindheit erkrankte sie an Kinderlähmung, ihr rechtes Bein blieb davon zeitlebens geschwächt. Als achtzehnjähriges Mädchen erlebte sie einen schrecklichen Unfall, der ihr gesamtes späteres Leben prägte: Bei einem Zusammenstoß von Bus und Straßenbahn erlitt sie zahlreiche Bein-, Becken und Wirbelbrüche, eine Stange durchbohrte ihren Unterleib. Als Folge davon blieb sie ihr Leben lang an Bett und Rollstuhl gefesselt.

Während des monatelangen Krankenhausaufenthaltes begann Frida Kahlo zu malen. 1928 trat sie der Kommunistischen Partei bei und lernte dort den 2o Jahre älteren <u>Maler Diego Rivera</u> kennen, den sie ein Jahr später heiratete. Ihre Eltern waren entsetzt von dieser Verbindung, nannten Rivera einen "vollgefressenen Breughel" und sahen in der Eheschließung eine "Hochzeit zwischen einem Elefanten und einer Taube". Das Leben der beiden war fortan ein ständiges Hin und Her zwischen Liebe und Verletzung, Trennung und Vereinigung. Rückblickend bezeichnete Frida Kahlo das Zusammentreffen mit Rivera als zweiten großen Unfall ihres Lebens.

In den dreißiger Jahren führten beide ein bewegtes Leben: Reisen in die USA und nach Europa; auf beiden Seiten Liebesaffären mit wechselnden Partnern; Frida hatte u.a. kurze Zeit ein Verhältnis mit Leo Trotski; Scheidung und Wiedervermählung mit Rivera. Operationen und Fehlgeburten schwächten Fridas Gesundheitszustand und bedeuteten enorme psychische Belastungen. Gemeinsam mit Diego Rivera förderte sie das kulturelle Erbe Mexikos, sammelte präkolumbianische Kleinkunst und machte mexikanische Volkskunst in Intellektuellenkreisen salonfähig.

<u>1938</u> erlebte Frida Kahlo bei einer Einzelausstellung in New York ihren ersten großen

Erfolg als Malerin. Ein Jahr später sorgte sie für Furore in Paris. Kandinsky war von ihren Bildern so bewegt, daß er sie mitten im Ausstellungsraum in die Arme nahm und küßte. Auch Picasso lobte ihre künstlerischen Qualitäten. In den vierziger Jahren nahm Frida Kahlo an weiteren bedeutenden Ausstellungen teil und befreite sich als Künstlerin aus dem Schatten ihres Ehemannes.

Nach mehreren Krankheiten und Operationen starb sie 1954. Trotz des immer leidvoller gewordenen Lebens hatte sie bis zuletzt gemalt und sich für ihre Überzeugungen eingesetzt. Noch zehn Tage vor ihrem Tod nahm sie trotz einer Lungenentzündung an einer politischen Demonstration teil.

Mexikanische Literatur

Von den literarischen Versuchen der präkolumbianischen Völker ist wenig bekannt, da ihre Schriften von den spanischen Konquistadoren und deren missionierenden Begleitern radikal vernichtet wurden. Erst in späteren Jahrzehnten gelang es einigen indiofreundlichen Mönchen, literarische Überlieferungen in der AZTEKENSPRACHE NAHUATL aufzeichnen zu lassen, so daß zumindest eine vage Vorstellung vom Stand schriftlich niedergelegter Kunstformen in prähispanischer Zeit existiert.

Über die ZEIT DER KONQUISTA informieren vor allem die Berichte des Eroberers Cortés an den spanischen Herrscher, in denen er nicht nur seine militärischen Schachzüge begründet, sondern auch ein detailliertes Bild der vorgefundenen Gesellschaften aus spanischer Sicht zeichnet. Auch der Bericht des Spaniers Bernal Díaz del Castillo, der an fast allen Eroberungszügen der ersten Stunde beteiligt war, gibt einen Einblick in das Leben der präkolumbianischen Völker und der einfachen spanischen Soldaten, die zum höheren Ruhm und Reichtum ihrer Anführer der indianischen Kultur ein Ende bereiteten.

Die SCHRIFTSTELLER DER KOLONIALZEIT sind weniger bedeutend. Ihre Werke orientieren sich an den Werten des Mutterlandes und stehen eher in der Tradition spanischer Kunst, als daß man sie zu einer gesonderten mexikanischen Literatur rechnen könnte.

Erst im Gefolge der MEXIKANISCHEN REVOLUTION entstand eine eigenständige mexikanische Richtung, deren Stil und Thematik sich einreiht in die langsam sich entwickelnde lateinamerikanische Literatur. Sie gewinnt ihr Selbstbewußtsein nicht aus der Kopie europäischer Vorbilder, sondern versucht, volkstümliche und indianische Elemente zu verarbeiten.

Die Wirren der Revolution aus dem Blickwinkel des einfachen Volkes sind hervorragend beschrieben in den kurzen Werken "Juan Pérez Jolote" von Ricardo Pozas und "Los de Abajo" von Mariano Azuela. Sie sind zwar Bestseller in Mexiko, in Europa dagegen bisher kaum beachtet.

Obwohl sie vielleicht nicht die ganz großen literarischen Würfe darstellen, lohnt die Lektüre, weil sie einen Einblick in eine uns vollständig fremde Welt vermitteln, die auch die meisten intellektuellen mexikanischen

Schriftsteller des 2o. Jh. nicht in dieser Einfachheit und Klarheit darstellen können. Ähnliches gilt auch für das Werk der Autorin <u>Rosario Castellanos</u>, die die Veränderungen beschreibt, welche die mexikanische Revolution in ihrer Heimat, der abgelegenen Provinz Chiapas, ausgelöst hat.

Eine Ausnahmeerscheinung bildet das Werk des geheimnisumwobenen Autors <u>B. Traven</u>. Seine Romane sind zwar ursprünglich in deutscher Sprache geschrieben, doch haben ihm seine einfühlsamen und verständnisvollen Texte über mexikanische Realitäten in Mexiko viel Anerkennung eingebracht. Lateinamerikanische Nachschlagewerke führen ihn zuweilen als mexikanischen Autor. Er selbst hat seine deutsche Herkunft immer geleugnet und sich mit einer Aura von Unnahbarkeit und Mysterium umgeben.

Wer er wirklich war, ist bis heute nicht geklärt, Vermutungen und Gerüchte sind zu Dutzenden im Umlauf. Die abenteuerlichsten Versionen sehen in ihm einen Sproß des letzten deutschen Kaisers, einen Bruder Walter Rathenaus oder gar Jack London, der seinen Tod nur vorgetäuscht habe und als B.Traven wieder auferstanden sei. Weniger aufregend sind Hinweise auf einen schlesischen Schlosserlehrling oder einen Theologiestudenten aus Cincinnati.

Travens Geburt jedenfalls liegt definitiv im Dunkeln. Um 191o wird er in Deutschland als Ret Marut erstmals aktenkundig: ein Schauspieler und Regisseur, der über die Provinzbühnen tingelt und gelegentlich kurze Erzählungen verfaßt. Im I. Weltkrieg gibt er eine regierungskritische Zeitschrift heraus, später ist er eine der führenden Persönlichkeiten der Münchner Räterepublik. Nach deren Scheitern verschwindet Ret Marut im Untergrund und hält sich in verschiedenen Ländern Europas auf. 1924 taucht er in Mexiko auf und schlägt sich in Tampico als Arbeiter bei Erdölbohrungen durch.

Unter dem Pseudonym B. Traven verfaßt er am Ende der zwanziger Jahre in kurzer Folge eine Reihe von Aufsätzen und Romanen, die von deutschen Zeitungen und Verlagen veröffentlicht werden: "Das Totenschiff", "Der Schatz der Sierra Madre", "Der Busch", "Die weiße Rose". In den dreißiger Jahren folgen u.a. "Karren", "Marsch ins Reich der Caoba" und "Ein General kommt aus dem Dschungel". Meist handeln die Werke von der sozialen Lage der Unterprivilegierten oder dem Leben der Indianer.

Trotz seines Weltruhms meidet Traven die Öffentlichkeit und leugnet weiterhin eine mögliche deutsche Herkunft, obwohl er spanisch und englisch nur mit starkem deutschen Akzent spricht. Er reist immer wieder durch abgelegene Dschungelgebiete Mexikos und lebt ansonsten unerkannt und zurückgezogen in verschiedenen Städten des Landes. Nach seinem Tod 1969 wird seine Asche seinem letzten Willen entsprechend per Flugzeug über dem Regenwald von Chiapas verstreut. Der Autor, der im Leben schon wenig Spuren hinterließ, wollte auch im Tode nicht greifbar bleiben. Seine Werke allerdings sind längst ein elementarer Faktor beim Verständnis der mexikanischen Realität im 2o. Jahrhundert.

Auch in Europa viel Beachtung gefunden hat inzwischen der Lyriker und Essayist <u>Octavio Paz</u>, dessen Werke enorm zum Verständnis der mexikanischen Mentalität, des Machismo und des Verhältnisses zum mächtigen Nachbarn USA beigetragen haben. 199o erhielt er für sein Werk den Literatur- Nobelpreis. Lesenswert ist in diesem Sinne vor allem der Band

"Das Labyrinth der Einsamkeit". Inzwischen schon ein Klassiker für all jene, die sich intensiver mit dem mexikanischen Denken vertraut machen möchten.

Obwohl sein Werk nur aus den beiden kurzen Bändchen "Pedro Páramo" und "El Llano en Llamas" besteht, gilt Juan Rulfo als einer der bedeutendsten mexikanischen Autoren dieses Jahrhunderts. Beide Bücher sind in der Tat beeindruckend, vor allem durch die stilistische Klarheit und Strenge, mit der die Verlorenheit und Trostlosigkeit des mexikanischen Landlebens aufgezeichnet ist.

Die Ausweglosigkeit, in der die bäuerliche Bevölkerung trotz Revolution und großspuriger Versprechen auf Landreform steckengeblieben ist, verleiht Rulfos Werk einen bitteren Realismus.

Gegenwärtig finden vor allem die Romane von Carlos Fuentes internationale Anerkennung, obwohl er in Mexiko selbst nicht unumstritten ist. Fuentes lebt seit vielen Jahren im Ausland und beschreibt die mexikanische Gesellschaft aus dem Blickwinkel eines Außenstehenden, der allerdings über profunde Insiderkenntnisse verfügt.

Dies trägt ihm von mexikanischen "Puristen" gelegentlich den Vorwurf des Verrats ein. Für Ausländer dagegen bietet er einen ersten Zugang zu den Problemen der mexikanischen Gesellschaft und ihrer Geschichte. Unter anderen liegen die Romane "Terra Nostra", "Der alte Gringo", "Hautwechsel" und "Die Heredias" in deutscher Übersetzung vor.

Fast alle bekannten mexikanischen Schriftsteller des 2o. Jahrhunderts haben ihr Land und ihre Kultur auch in Kurzgeschichten und Erzählungen porträtiert. Vor allem Anthologien unterschiedlicher Autoren können daher ein vielseitiges und abwechslungsreiches Bild der mexikanischen Gesellschaft vermitteln. Eine größere Anzahl von Geschichten berühmter, aber auch weniger bekannter Autoren ist inzwischen auch in deutscher Sprache erschienen.

Bemerkenswert sind außerdem einige neuere Kriminalromane, die das Genre um eine genuin mexikanische Variante erweitern. Paco Ignacio Taibo und Jorge Ibargüengoitia sind derzeit ihre bekanntesten und besten Vertreter. Sie bieten nicht nur spannende Unterhaltung, sondern zudem einfühlsame Milieuschilderungen und Hintergründe von kriminellen Machenschaften in Wirtschaft und Politik. Wenn einer der Autoren die gedungenen Mörder als den "mexikanischsten aller mexikanischen Berufsstände" bezeichnet, dann klingt darin eine kräftige Portion Kritik an den Umständen an, in denen die geschilderten Verbrechen erst möglich sind.

In den letzten Jahren sorgten zwei mexikanische Frauen mit ihren Werken auch international für Furore: Angeles Mastrettas Romane "Arráncame la vida" (Mexikanischer Tango) und "Mujeres de Ojos Grandes" (Frauen mit großen Augen) landeten auch bei uns zeitweise in den Bestsellerlisten. Der

Kunst und Kultur

Roman "Como Agua para Chocolate" (Schäumend wie heiße Schokolade) von <u>Laura Esquivel</u> erzählt eine romantisch-sinnliche Geschichte aus den Anfangsjahren der Mexikanischen Revolution. In der Erzählweise orientiert er sich am magischen Realismus eines García Marquez, die Verfilmung wurde weltweit eine der erfolgreichsten mexikanischen Produktionen überhaupt.

Die nachfolgende Auswahl mexikanischer Literatur erhebt keinen Anspruch auf Vollständigkeit, die angegebenen Werke geben aber in jedem Fall einen guten Einblick in mexikanisches Leben und Denken. Sie sind alle auch auf deutsch erschienen. Zu ausländischer Belletristik, die sich mit dem Thema Mexiko befaßt, siehe Seite 169.

Juan Rulfo: "<u>El Llano ein Llamas</u>" (Der Llano in Flammen, Fischer TB 547o, 12,80 DM). Eines der bedeutendsten Bücher der mexikanischen Literatur. In Erzählungen und Kurzgeschichten tiefgehende Beschreibungen des alltäglichen Landlebens und der Mentalität der Landbevölkerung.

Mariano Azuela: "<u>Los de Abajo</u>" (Die Rechtlosen, dipa Verlag, 32 DM). Noch während der mexikanischen Revolution als Fortsetzungsroman geschrieben. Realistische Geschichte um einen Bauern, der zum Revolutionsgeneral aufsteigt. Alle an der Revolution beteiligten gesellschaftlichen Schichten sind durch einen typischen Charakter vertreten. Klare und schnörkellose Sprache.

B. Traven: "<u>Der Schatz der Sierra Madre</u>" (Büchergilde Gutenberg, 24 DM). Spannender Klassiker über Psyche und Konflikte von Goldsuchern in der mexikanischen Sierra. Der Roman spart auch die sozialen Hintergründe nicht aus, die dazu führten, daß sich die Goldsucher immer aufs Neue an die entbehrungsreiche Arbeit machen mußten, ohne jemals den ersehnten Reichtum zu erlangen. Erfolgreich verfilmt von John Huston, mit Humphrey Bogart in einer der Hauptrollen.

B. Traven: "<u>Die weiße Rose</u>" (Büchergilde Gutenberg, 24 DM). Roman über das Wirken einer nordamerikanischen Erdölgesellschaft in Mexiko. Aufgezeigt werden die Methoden, mit denen sich die großen Konzerne das Land der kleinen Leute aneignen, um darauf dann enorme Profite zu erwirtschaften. Realistische Schilderung von Korruption, Intrigen, Erpressung und anderen üblen Methoden zur Erreichung der Ziele. Überzeugendes Charakterbild eines Öl-Magnaten. Ein Klassiker der Mexiko-Literatur.

Angeles Mastretta: "<u>Arráncame la vida</u>" (Mexikanischer Tango, Suhrkamp Verlag, 14 DM). Roman über den Aufstieg eines mexikanischen Generals zum Gouverneur und Präsidentenberater. Erzählt aus der Sicht seiner Frau, die sich zunehmend von der bloßen Rolle der Ehegatin emanzipiert. Gleichzeitig ein schonungsloses Porträt der mexikanischen Oberschicht und der politischen Machenschaften in den Jahren nach der Mexikanischen Revolution. Intrigen, Bestechung und Mord werden skrupellos eingesetzt für Machtstreben und persönliche Bereicherung.

Angeles Mastretta: "Mujeres de Ojos Grandes" (Frauen mit großen Augen, Suhrkamp Verlag, 36 DM). Dutzende von Kurzgeschichten und Fragmenten aus dem Leben "gewöhnlicher und ungewöhnlicher" Frauen. Jugenderlebnisse, Szenen aus dem Eheleben, Emanzipationsprozesse. Locker und humorvoll erzählt.

Laura Esquivel: "Como Agua para Chocolate" (Schäumend wie heiße Schokolade, Insel Verlag, 38 DM). Tragische Liebesgeschichte auf einem Landgut während der Mexikanischen Revolution. Kochrezepte traditioneller mexikanischer Gerichte bilden den roten Faden der Handlung und geben ihr immer wieder eine überraschende Wendung. Magischer Realismus, der mexikanische Geschichte, ländliche Familienstrukturen sowie eine Prise Erotik und Humor in einem unterhaltsamen Roman vereint. Im Anschluß an die Verfilmung inzwischen auch als Paperback erschienen unter dem Titel "Bittersüße Schokolade" (Insel Verlag, 24,8o DM).

Carlos Fuentes: "Gringo viejo" (Der alte Gringo, rororo, 7,8o DM). Roman über den amerikanischen Autor Ambrose Bierce, der 1913 während der Revolution nach Mexiko ging und spurlos verschwand. Er trifft auf Pancho Villas Truppen, gerät in die Kampfhandlungen und verbringt seine letzten Tage an der Seite einer amerikanischen Lehrerin und eines mexikanischen Generals. Trotz wechselseitiger Bemühungen machen die kulturellen Unterschiede ein dauerhaftes Verständnis zwischen den Protagonisten unmöglich. Aufschlußreiche Einblicke in mexikanische Denkweisen sowie in die Ursachen und Verlaufsformen der Revolution.

Carlos Fuentes: "Terra Nostra" (dtv, 29,8o DM). Gewaltiges Romanwerk von über tausend Seiten. Ungewöhnliches Porträt des 16. Jh., vom spanischen Königshof bis in die Weiten des neu entdeckten amerikanischen Kontinents. Eine Geschichte von Mythen, Religion, Hemmungslosigkeit, Eroberungen, Macht, Kampf und Tod. Ausschweifend erzählt in blumiger Sprache.

Carlos Fuentes: "Una familia lejana" (Die Heredias, Ullstein Verlag, 9,8o DM). Familienchronik aus der Alten und Neuen Welt. Vor dem geschichtlichen Hintergrund der mexikanischen Revolution entspinnt sich eine Handlung, die zeitlich zwischen Gegenwart und Vergangenheit und räumlich zwischen Europa und Amerika verläuft.

Carlos Fuentes: "Cambio de piel" (Hautwechsel, rororo, 12,8o DM). Die Geschichte von vier unterschiedlichen Menschen, die sich für kurze Zeit gemeinsam in einer mexikanischen Stadt aufhalten. Sie durchleben schicksalhafte Stunden, in denen über Gefühle und Leidenschaften auch Grundmuster der mexikanischen Gesellschaft zutage treten.

Héctor Aguilar Camín: "Morir en el Golfo" (Der Kazike, Fischer Taschenbuch, 14,8o DM). Spannender und ernüchternder Roman über mexikanische Realitäten in Politik und Wirtschaft. Vor dem Hintergrund des Erdölbooms entwickelt sich eine Handlung, in der Korruption und Kriminalität beinahe zur Selbstverständlichkeit werden. Macht und Intrigen der großen Bosse in der mexikanischen Gesellschaft erinnern an Mafia- Verhältnisse im Amerika der zwanziger Jahre.

Paco Ignacio Taibo: "No habrá final feliz" (Das nimmt kein gutes Ende, Goldmann Verlag, 6,80 DM). Ein Privatdetektiv schlittert ungewollt in eine undurchsichtige Mordaffäre, bei der einflußreiche Polizisten und Staatsbeamte die Fäden ziehen. Kriminalroman über Korruption, Gewalt und Politik im mexikanischen Alltag, mit realistischen Schilderungen aus dem Milieu von Menschen, die in den weniger feinen Stadtvierteln von Mexico City ihren täglichen Überlebenskampf bestreiten.

Paco Ignacio Taibo: "La vida misma" (Das bizarre Leben, rororo, 7,80 DM). Eine mexikanische Stadt versucht, Ausbeutung, Korruption und Polizeiwillkür zu bekämpfen und sich von der Herrschaft der allmächtigen Regierungspartei zu befreien. In dieser Situation wird ein Kriminalschriftsteller zum Polizeichef ernannt. Er sorgt während der Aufklärung einiger mysteriöser Morde für Komik, Spannung und manche Überraschung. Ein scheinbar utopischer Thriller, der jedoch Macht und Gewalt im heutigen Mexiko anprangert.

Jorge Ibargüengoitia: "Dos crímenes" (Zwei Verbrechen, rororo, 9,80 DM). Erbschaftsgeschichte aus der mexikanischen Provinz, in der die potentiellen Erben eines Grundbesitzers versuchen, sich gegenseitig auszumanövrieren. Klischees vom reichen Onkel und seinen guten und bösen Verwandten werden zunächst aufgebaut, um sie am Ende zu entlarven. Kriminalroman mit einer unkonventionellen Auflösung, die für anfängliche Langatmigkeiten entschädigt.

Erzählungen und Kurzgeschichten: Empfehlenswert sind drei Bände, die in Deutschland anläßlich der 500-Jahrfeier der Entdeckung Amerikas herausgegeben wurden. In ihnen finden sich zahlreiche Aspekte der mexikanischen Mythologie und Realität:

"Menschenlabyrinth" (Luchterhand Verlag, 42 DM): Neben Juan Rulfo und Carlos Fuentes sind weitere 22 Autoren mit einer ihrer besten Erzählungen vertreten. "Mexiko erzählt" (Fischer Taschenbuch, 14,90 DM): 16 Geschichten von Schriftstellern des 20. Jh., unter ihnen bekannte Namen wie Octavio Paz, Juan Rulfo, Carlos Fuentes. "Erkundungen" (Verlag Volk und Welt, 24,80 DM): Dokumentation der jüngeren Autorengeneration, alle Erzählungen erstmals erschienen in den achtziger Jahren.

Musik

Mexikanische Volksmusik hat eine lange Tradition: Schon die prähispanischen Völker maßen der Musik eine wichtige Rolle bei. Nicht nur zur Unterhaltung bei Festen und Tänzen, sondern auch als rituelle Handlung, die dem Gebet gleichkam. Neben verschiedenen Flöten und Pfeifen benutzten sie hauptsächlich Schlaginstrumente, die aus Materialien wie

Schildkrötenpanzern, Muscheln oder gar menschlichen Schädeln hergestellt waren.

Die Spanier kümmerten sich um diese musikalischen Traditionen nur insoweit, als sie sie für heidnisch erklärten und verboten. Sie versuchten, den Indios ihre eigene Musik aufzuzwingen und lehrten sie vor allem den <u>Kirchengesang</u>. Die indianische Musik entwickelte sich in der Kolonialzeit folglich nur "im Untergrund" und war ständig von kirchlichen Verboten und staatlichen Maßnahmen bedroht.

Erst mit der Unabhängigkeit kamen viele bisher verbotene Lieder zum Vorschein und begleiteten den Befreiungskampf musikalisch. Aus einer Mischung mit verschiedenen europäischen Strömungen entstanden Mitte des vorigen Jahrhunderts die <u>MARIACHI- KAPELLEN</u>, die auch heute noch das wichtigste Element mexikanischer Volksmusik darstellen. Besonders populär waren sie in Guadalajara und im Staate Jalisco.

Die Musiker tragen die Kleidung der "<u>charros</u>", jene Tracht der Reiter auf den Haciendas: schwarze, enge Hosen und silberbesetzte Jacken sowie einen riesigen schwarzen Sombrero mit ungewöhnlich breiter Krempe.

Der Name dieser typischsten aller mexikanischen Musikformen stammt ironischerweise aus der Zeit der französischen Besatzung: Da sie praktisch bei jeder Hochzeit gespielt wurde, nannten die Franzosen sie "mariage". Daraus machten die Mexikaner dann Mariachi. Nach einer anderen Version entstammt das Wort einer präkolumbianischen Indianersprache und bedeutet "das, was schnell klingt". Wie dem auch sei - die heutige Musik ist jedenfalls geprägt von großen Gesten und heftigen Gefühlen: Besungen werden immer wieder Liebesschmerz und Liebesleid sowie die schöne Heimat Mexiko.

Auch heute noch spielen die Mariachi- Kapellen besonders bei Familienfesten. Sie treten aber auch in Lokalen und auf öffentlichen Plätzen auf, wo man sich für ein paar Pesos ein persönliches Ständchen bringen lassen kann. Wer seiner mexikanischen Geliebten nur unter Schwierigkeiten nahekommt, kann ebenfalls auf eine Mariachi- Gruppe zurückgreifen: Die weiß garantiert, was einer Señorita gefällt, und bringt ein überzeugendes Ständchen unter dem Fenster der Angebeteten.

Wer Mariachi- Musiker in voller Aktion erleben will, sollte gegen Abend in Mexico City auf der Plaza Garibaldi oder in Guadalajara auf der Plaza de los Mariachis vorbeischauen. Dort versammeln sich jeden Tag die Mariachi- Gruppen und veranstalten ein spontanes Musik- Festival, bei dem die Melodien der vielen Emsembles so hoffnungslos durcheinandergehen, daß an reinen Musikgenuß nicht zu denken ist. Die Stimmung dafür aber unvergleichlich und unvergeßlich: Mexiko "live".

Eine andere Form mexikanischer Volksmusik, die auch heute noch in vielen Teilen des Landes lebendig ist, brachten die Negersklaven aus Afrika mit: die <u>MARIMBA</u>.

Ihre Klänge erinnern an eine Mischung aus afrikanischen und karibischen Rhythmen, weshalb sie auch besonders beliebt ist in den tropischen Gebieten an der Golfküste, am Pazifik und in Yucatán. Dort sieht man überall auf den Plätzen und in vielen Lokalen das charakteristische xylophonartige Instrument, das einen gewaltigen Klangkörper besitzt und von mehreren Personen gleichzeitig gespielt wird.

Traditionen

Mexikanische Kunst und Kultur beschränkt sich nicht auf die wenigen allseits bekannten Höhepunkte der Malerei, Literatur und Musik. Im Gegenteil, typisch mexikanisch sind eigentlich die unzähligen Ausprägungen volkstümlicher Kunst, die noch im kleinsten Ort und zu jeder Gelegenheit ihren Ausdruck findet, z.B. auf regionalen oder lokalen Festen. Dort erscheint die Indianerbevölkerung in ihren traditionellen Trachten, und die heimischen Volkstänze werden noch nicht von der elektronischen Musik bestimmt, die mehr und mehr aus allen Lautsprechern dringt.

Mexikanische Kultur ist auch zugegen bei Stier- und Hahnenkämpfen oder bei den Reiterwettbewerben der "charreada", sie findet ihren Ausdruck bei den Vorführungen der "voladores" von Papantla oder in den tausendundein Formen der regionalen Artesanía.

Wer in Mexiko unterwegs ist, begegnet überall und immer wieder der Volkskunst, die ihm dort mit sehr viel größerem Selbstbewußtsein vorgetragen wird als in vielen anderen lateinamerikanischen Ländern. Die Frage ist allerdings, wie lange noch. Denn Fernsehen und der ständige Kontakt mit ausländischen Touristen lassen auch viele Mexikaner immer mehr auf fremde Errungenschaften schielen und verwandeln die Folklore nach und nach in ein bloßes Touristenspektakel.

Da ist auch Mexiko keine Ausnahme unter den Reiseländern dieser Welt, auch wenn die stolze und selbstbewußte Haltung der Mexikaner vor allem gegenüber dem großen Nachbarn im Norden den Prozeß der Assimilation kräftig verlangsamt.

Einen der authentischsten Einblicke in mexikanische Bräuche und Traditionen bietet der Film "Unter Mexikos Sonne", 1930 vom russischen Regisseur Sergej Eisenstein an Originalschauplätzen gedreht. Ein einfühlsamer Dokumentarbericht aus einer Zeit, in der noch vieles Bestand hatte, was heute längst verschwunden oder in bloßes Spektakel verwandelt ist: religiöse Riten und Feste der Landarbeiter und Indios, Stier- und Hahnenkämpfe, Familienfeiern und Hochzeiten. Eisenstein spart dabei auch die Unterdrückung und Ausbeutung der Indianerbevölkerung durch spanische Kolonialherren und mexikanische Hacienda- Besitzer nicht aus. Ein unvollendetes und technisch mangelhaftes Filmwerk, das aber mehr über mexikanische Traditionen aussagt als die meisten bunten Broschüren und aufwendig gedrehten Filme von heute.

Mexiko im Film

Hollywood hat aus Kostengründen viele Filme in Mexiko gedreht, doch das Land bildet darin zumeist nur die Kulisse für zweitklassige Western. Das mexikanische Kino selbst hatte in den vierziger Jahren eine Blütezeit, verlegte sich danach jedoch auf moraltriefende Billigproduktionen und hat erst in den letzten Jahren wieder einige qualitativ hochwertige Filme hervorgebracht. Trotzdem ist in den vergangenen Jahrzehnten eine Anzahl mexikanischer und internationaler Produktionen entstanden, die ein realistisches Bild von Mexiko vermitteln oder Mythen und Legenden auf unterhaltsame Weise aufarbeiten.

Eine Reihe von Regisseuren verhalf dem mexikanischen Film in den vierziger Jahren zu einer Serie erfolgreicher Schwarz- Weiß- Filme. Diese Melodramen mögen aus heutiger Sicht übertrieben emotional erscheinen, hatten aber durchaus ihre künstlerischen Qualitäten. Sie beruhten meist auf abstrusen Geschichten von Liebe, Haß und Eifersucht, doch neben hervorragender Fotografie besaßen viele von ihnen einen sozialkritischen Hintergrund. Besonders gut studieren lassen sich in diesen Filmen die Ausprägungen des Machismo und dessen Folgen für die mexikanische Gesellschaft.

Eine Ausnahmeerscheinung des Filmschaffens in Mexiko ist <u>Luis Buñuel</u>, der aus Spanien emigrierte, 1946 nach Mexiko kam und dort 2o seiner insgesamt 32 Filme drehte. Zwar zählen seine mexikanischen Produktionen in der Mehrzahl nicht zu den international erfolgreichsten, doch einige von ihnen beziehen sich in eindrucksvoller Weise auf die Realitäten im Lande. Bereits sein erster mexikanischer Film ("<u>Gran Casino</u>", 1947) schildert in einfachen Bildern das Leben auf einem Ölfeld bei Tampico.

Einen durchschlagenden Erfolg erreichte Buñuel allerdings erst 195o mit "<u>Los Olvidados</u>". Der Film schildert in realistischen Bildern das Leben von Jugendlichen in einem Elendsviertel in Mexico City. Die teilweise brutalen Szenen riefen allerdings auch Empörung hervor, viele Mexikaner waren in ihrem Nationalstolz gekränkt. Während er in Mexiko nach wenigen Tagen wieder abgesetzt wurde, feierte der Film Erfolge bei Filmfestspielen in Europa. Er gilt noch heute als eines der Meisterwerke der Filmgeschichte.

Erstaunlich ist, daß in der mexikanischen Filmproduktion jahrzehntelang weder die präkolumbianische Epoche noch die spanische Konquista zum Thema gemacht wurden. Erst in der Vorbereitung zur 5oo-Jahr- Feier der <u>Entdeckung Amerikas</u> entstand zu Beginn der neunziger Jahre ein größeres Interesse an der filmischen Rekonstruktion der alten Hochkulturen und deren Zerstörung durch die Konquistadoren. Diese Filme über indianische Helden und Mythen, europäische Eroberer und historische Persönlichkeiten wurden zwar keine Welterfolge, bringen die mexikanische Geschichte jedoch in sehenswerter, oft experimenteller Weise auf die Leinwand.

Ausländische Filme, die sich mit Mexiko beschäftigen, sind rar und geben nur selten ein realistisches Bild des Landes. Vor allem amerikanische Produktionen verlagern die eigenen Wildwest- Mythen in das südliche Nachbarland und verwandeln beispielsweise die Führer der mexikanischen

Revolution in Revolverhelden nach Hollywood- Vorbild. Doch selbst dabei erfährt man einiges über mexikanische Geschichte und bekommt gute Unterhaltung mit einer Prise mexikanischer Atmosphäre geboten.

Zu den besonders sehenswerten ausländischen Produktionen gehören in jedem Fall John Hustons Filme "<u>The Treasure of the Sierra Madre</u>" und "<u>Under the Volcano</u>", die im Abstand von 35 Jahren entstanden und jeweils einen Aspekt der mexikanischen Realität meisterhaft darstellen; außerdem Louis Malles Revolutionskomödie "<u>Viva Maria</u>" sowie der Dokumentarfilm "<u>Que viva México</u>" des russischen Regisseurs Sergej Eisenstein.

Die folgende Auswahl erhebt keinen Anspruch auf Vollständigkeit, die erwähnten Filme zeigen jedoch interessante Aspekte der mexikanischen Realität, Geschichte oder Mythologie. Fast alle liegen in synchronisierter Fassung vor und werden gelegentlich in Programmkinos oder im Fernsehen gezeigt.

"<u>Que viva México</u>" (Unter Mexikos Sonne), 1930 vom russischen Regisseur Sergej Eisenstein an Originalschauplätzen gedreht. Unvollendet und technisch mangelhaft, trotzdem ein authentischer und einfühlsamer Einblick in mexikanische Bräuche und Traditionen: Stier- und Hahnenkämpfe, Feste, Familienfeiern und religiöse Riten der Landarbeiter und Indios. Eisenstein spart auch die grausame Unterdrückung und Ausbeutung der Indianerbevölkerung durch spanische Kolonialherren und mexikanische Hacienda- Besitzer nicht aus.

"<u>Viva Villa</u>" (Schrei der Gehetzten), USA 1934. Pancho Villas Weg vom Bauernsohn zum mexikanischen Volkshelden. Der Film zeichnet einen kindlich- naiven Banditen, der in den Wirren der Mexikanischen Revolution zwischen die politischen Fronten gerät und schließlich den Aufstand in die eigenen Hände nimmt. Nicht immer orientiert an historischen Tatsachen, trotzdem überzeugende Milieu-Schilderungen der Revolutionszeit.

"<u>Juarez</u>", USA 1939. Eigenwillig- naive Darstellung der Regierungszeit Maximilians von Habsburg als mexikanischem Kaiser, nach einem Bühnenstück von Franz Werfel. Viel vaterländisches Pathos begleitet Maximilian, Benito Juárez und Porfirio Díaz bei ihrem Kampf um die Herrschaft im Land. Aus dem Hintergrund agieren die eigentlichen Helden dieses Hollywood- Dramas: die Gringos und ihr Ideal von 'freedom and democracy'. Die schauspielerischen Glanzpunkte jedoch setzt Bette Davis in der Rolle der Kaiserin Charlotte.

"<u>The treasure of the Sierra Madre</u>" (Der Schatz der Sierra Madre), USA 1947. Verfilmung des gleichnamigen Romans von B. Traven, mit Humphrey Bogart in der Hauptrolle. Von Tampico aus starten drei abgebrannte Abenteurer zur Goldsuche in die mexikanischen Berge. Doch je mehr Gold sie finden, desto mißtrauischer und feindseliger verhalten sie sich zueinander. Eine gelungene psychologische Studie, die Regisseur

John Huston mehrere Oscars einbrachte.

"Salón México", Mexiko 1948. Eines der berühmtesten Melodramen aus dem Mexiko der vierziger Jahre. Inszeniert von Emilio Fernández, dem bedeutendsten Regisseur dieses Genres. Haarsträubende Story über ein Barmädchen, das sich verkauft, um ihrer jüngeren Schwester die Ausbildung zu finanzieren. Rührselig und aus heutiger Sicht oft amüsant in Szene gesetzt bis zum unausweichlichen Happy- End. Nebenbei ein kleines Lehrstück über den Machismo in der mexikanischen Gesellschaft.

"Las Abandonadas" (Die Verlassenen), Mexiko 1945. Ein weiteres typisches Melodrama von Fernández. In der Hauptrolle Dolores del Rio, zu jener Zeit die populärste Schauspielerin Lateinamerikas. Die Geschichte ebenfalls abstrus: Entbehrungsreiche Irrungen und Wirrungen einer Tänzerin zwischen Familie und Prostitution.

"Los Olvidados" (Die Vergessenen), Mexiko 1950. Luis Buñuels Meisterwerk über eine Bande herumstreunender Jugendlicher in den Armenvierteln von Mexico City. Elend und Gewalt werden in schonungsloser Offenheit dargestellt. Anhand von Konflikten zwischen den Bandenmitgliedern wird die Ausweglosigkeit verdeutlicht, in der diese Jugendlichen am Rande der mexikanischen Gesellschaft existieren. Ein Film, der noch heute nichts von seiner Aktualität verloren hat.

"Viva Zapata", USA 1951. Elia Kazans Schwarz- Weiß- Klassiker über den Aufstieg des Bauernsohnes Emiliano Zapata zum mexikanischen Volkshelden. Meisterhaft fotografiert, manchmal etwas melodramatisch inszeniert. Marlon Brando in einer Glanzrolle: Der Revolutionsführer agiert zwar nicht unbedingt getreu dem historischen Vorbild, sondern eher wie ein amerikanischer Western- Held, trotzdem vermittelt der Film einen überzeugenden Eindruck von den Machtkämpfen im revolutionären Mexiko.

"Les Orgueilleux" (Aufenthalt vor Veracruz), Frankreich/Mexiko 1953. In einem mexikanischen Dorf bricht eine tödliche Epidemie aus, in deren Folgen auch einige Europäer verstrickt werden. Im Verlauf der etwas zähen Handlung entwickelt sich eine melodramatische Liebesgeschichte.

"Vera Cruz", USA 1954. Western, dessen Schauplatz das Mexiko von 1860 ist. Im Auftrag von Kaiser Maximilian soll ein Goldtransport nach Veracruz geschafft werden. Zwei amerikanische Abenteurer übernehmen die risikoreiche Aufgabe und müssen sich mit jeder Menge Widrigkeiten herumschlagen. Humorvoll und spannend. Starbesetzung mit Gary Cooper und Burt Lancaster in den Hauptrollen.

"Kings of the Sun" (Könige der Sonne), USA 1963. Typischer Monumentalfilm aus Hollywood, mit Yul Brynner in der Hauptrolle. Trotz vieler Widerstände gründen die Maya ein neues Reich vor der Kulisse der klassischen Pyramiden. Die historische Wirklichkeit wird den Effekten des kommerziellen Kinos untergeordnet.

"The Night of the Iguana" (Die Nacht des Leguan), USA 1964. John Hustons Verfilmung eines Werkes von Tennessee Williams. Bedeutend weniger durch seinen Inhalt als wegen der Folgen: Während der Dreharbeiten in Puerto Vallarta berichtete die US- Presse täglich über den neuesten Stand der Romanze zwischen Richard Burton und Elizabeth Taylor. Der damals noch kleine Fischerhafen und seine tropischen Strände wurden zum Inbegriff des Traums vom süßen Leben. Kaum hatte das Filmteam den Ort verlassen, begann der Touristenstrom und verwandelte das Dorf in ein mondänes Seebad.

"Viva Maria", Frankreich/Italien 1965. Louis Malles Parodie auf die heroisierenden Filme zur mexikanischen Revolution: Eine Varieté- Truppe tingelt durchs Land und gerät zwischen die Fronten einer Aufstandsbewegung. Jeanne Moreau und Brigitte Bardot spielen zwei Tänzerinnen, die den Machos von Kirche, Staat und Großgrundbesitz das Fürchten beibringen. Sie bedienen Maschinengewehre, übernehmen die Führung der Revolution und werden als "Marias" letztlich zu deren Symbolfiguren.

"Giù la testa" (Todesmelodie), Italien 197o. Sergio Leones Beitrag zum mexikanischen Revolutions-Mythos. Im Stil der erfolgreichen Italo-Western, mit James Coburn und Rod Steiger in den Hauptrollen. Ein irischer Revolutionär und ein mexikanischer Bandit schlagen sich gemeinsam durch die Wirren der Jahre 1911- 14. Viel Action und eine Häufung von Gewaltszenen.

"Nuevo Mundo" (Neue Welt), Mexiko 1976. Schonungslos schildert der Film die Brutalitäten, mit denen spanische Geistliche die Bekehrung der Indios zum Christentum durchsetzten. Als Reaktion auf die Grausamkeiten planen die Unterdrückten einen Aufstand. Ein Priester versucht, durch die Fiktion einer Madonna mit indianischen Gesichtszügen den Frieden zu erhalten und die Indios endgültig zu bekehren. Die kompromißlose Behandlung des Themas veranlaßte seinerzeit die mexikanischen Behörden, den Film trotz Einladung zu den Festspielen in Cannes und Berlin nicht freizugeben. Erst im Zuge der 5oo- Jahr- Feiern zur Entdeckung Amerikas wurde er 1992 uraufgeführt.

"Bartolomé oder die Rückkehr der weißen Götter", BRD/Mexiko/Costa Rica 1982. Leben und Kampf des Geistlichen Bartolomé de las Casas, der sich im 16. Jahrhundert gegen die Ausrottung der Indios wandte, beim spanischen Hof zwar Schutzgesetze erwirkte, in der Praxis aber letztlich scheiterte. Parallel dazu ein einfühlsam und wirklichkeitsnah dargestellter Konflikt zwischen Indianern und einem Erdölkonzern im heutigen Lateinamerika. Die bedrückende lateinamerikanische Realität aus zwei Epochen verdeutlicht, wie wenig sich für die Ureinwohner Mittelamerikas seit der Konquista wirklich verändert hat.

"Under the Volcano" (Unter dem Vulkan), USA 1983. Malcolm Lowrys gleichnamiger Roman gekonnt verfilmt von Altmeister John Huston. In den Hauptrollen Jacqueline Bisset und der als Alkoholiker brillant agierende Albert Finney. Obwohl die Person eines englischen Konsuls in Cuernavaca im Mittelpunkt steht, bringt der Film realistische Milieu- Schilderungen von mexikanischen Dorfplätzen und Cantinas. Besonders gelungen die Atmosphäre bei den Feiern am Día de los Muertos (Allerseelen).

"Frida - Naturaleza Viva" (Frida Kahlo - Es lebe das Leben), Mexiko 1984. Anspruchsvolles Porträt der berühmten Malerin. Ohne viel Worte entfalten sich in fragmentarischen Sequenzen und Rückblenden Schicksal und Gefühlswelt eines ungewöhnlichen Menschen. Zahlreiche Bilder der Künstlerin sind in die Handlung eingebettet, ein wesentlicher Aspekt ist ihr Verhältnis zu Diego Rivera und Leo Trotski. Viele Anspielungen sind allerdings nur verständlich, wenn man sich bereits vorher mit dem Leben von Frida Kahlo beschäftigt hat.

"Ulama", Mexiko 1987. Im Mittelpunkt steht das präkolumbianische Ballspiel: von seinen Anfängen bei den Olmeken über die mystische und symbolische Ausprägung bei den Maya bis hin zur beinahe vergessenen Tradition im modernen Mexiko. Ein umfassendes Bild dieses ungewöhnlichen Aspekts mexikanischer Kultur. Untermalt mit Visionen und Zitaten aus der Vorstellungswelt der Indios, gefilmt in zahlreichen präkolumbianischen Ruinenstätten.

"Cabeza de Vaca", Mexiko 1989. Auf historischen Tatsachen beruhende Geschichte des Spaniers Alvar Nuñez Cabeza de Vaca: Ein Schiffbruch verschlägt ihn 1528 an die mexikanische Küste, wo ihn unbekannte Indios in ihrem Stamm aufnehmen. Die fremde Welt verliert ihre anfänglichen Schrecken, der einstige Konquistador paßt sich an die indianische Lebensweise an. Als er nach acht Jahren wieder mit seinen christlichen Landsleuten zusammentrifft, erlebt er einen zweiten Kulturschock. Mit ungewöhnlichen Mitteln stellt der Film europäische Sichtweisen in Frage und bietet wenig vertraute Einblicke in fremdartige Lebenswelten.

"La Tarea" (Die Hausaufgabe), Mexiko 199o. Amüsante und hintergründige Komödie über das lateinamerikanische Verständnis von Sexualität und Erotik. Charakteristische Ausprägungen des Machismo sowie die dazu passenden weiblichen Verhaltensweisen werden durch eine ungewöhnliche filmische Perspektive entlarvt und ironisiert.

"Retorno a Aztlán" (Rückkehr nach Aztlán), Mexiko 199o. Erstaunlicherweise auch in Mexiko eine Seltenheit: ein Spielfilm über das Leben im Reich der Azteken. Einfühlsame Schilderung einer rituell motivierten Wanderung durch das Hochland von Mexiko. Legenden aus indianischen Bilderhandschriften werden in Szene gesetzt und auf diese Weise das Verhältnis der Azteken zur Natur und zu ihren Gottheiten verdeutlicht. Der Film nähert sich der Indio- Kultur mit einem einfachen Realismus und entgeht dadurch der Gefahr einer vordergründigen Glorifizierung indianischer Vergangenheit.

"Yo, la peor de todas" (Ich, die Unwürdigste von allen), Argentinien

1990. Die wohl bekannteste Regisseurin Lateinamerikas, María Luisa Bemberg, verfilmte die Geschichte von Juana Inés de la Cruz, der bedeutendsten spanisch- mexikanischen Schriftstellerin der Kolonialzeit. In ihrer Neigung zu Literatur und Wissenschaft erfährt die Protagonistin die gesellschaftlichen Schranken, die eine gebildete Frau im 17. Jahrhundert nicht überschreiten durfte.

"Danzón", Mexiko 1991. Die Passion für den mexikanischen Tanz Danzón bildet den Hintergrund für den Selbstfindungsprozeß einer alleinstehenden Mutter aus Mexico City. Sie bricht vorübergehend aus ihrer gewohnten Umgebung aus und fährt nach Veracruz. Dort erkämpft sie sich ein Stück Unabhängigkeit und kehrt mit gesteigertem Selbstbewußtsein nach Hause zurück. Poetisch erzählt mit viel Lokalkolorit und Hafenatmosphäre aus Veracruz. Die musikalische Untermalung ist ein überzeugendes Dokument mexikanischer Gegenwartskultur.

"El Mariachi", USA 1992. In einer Kleinstadt im mexikanischen Norden spielt sich ein Verwechslungsdrama ab, das trotz seines blutigen Verlaufs komödiantische Züge trägt. Ein harmloser Musiker wird für einen Killer gehalten und muß sich der Attacken rivalisierender Ganoven erwehren. Flott inszeniert, mit rasanten Schnitten und Action- Szenen. Trotz einiger Überzeichnungen viele realistische Details aus dem Leben in der mexikanischen Provinz. Eine amerikanische Außenseiterproduktion, die auf Filmfestivals in Europa und den USA mehrfach ausgezeichnet wurde.

"Como agua para chocolate" (Bittersüße Schokolade), Mexiko 1992. Der kommerziell erfolgreichste mexikanische Film aller Zeiten, in dem sich eine tragische Liebe und kulinarische Genüsse der unterschiedlichsten Art zu einer ungewöhnlichen Konstellation vereinen: Die Liebenden können nur vermittelt über die Kochkunst zusammenfinden. Sinnlich und humorvoll inszeniert, mit verblüffenden Komponenten des magischen Realismus, vor der historischen Kulisse der mexikanischen Revolution.

"Die gefürchteten Zwei", Italien 1968. Ausgerechnet ein Klassiker des Italo- Western treibt das Klischee vom abgebrühten und erfolgreichen Gringo inmitten von mexikanischen Dilettanten auf die Spitze: Während der Mexikanischen Revolution zeigt ein Gringo - natürlich für die entsprechende Menge harter Währung - den Einheimischen, wie man einen Aufstand organisiert und in allen Lagen die Kontrolle behält. Regisseur Sergio Corbucci und die Hauptdarsteller Franco Nero und Jack Palance sorgen immerhin für Spannung und eine Reihe origineller Western- Szenen.

"Ein Fressen für die Geier", USA 1969. Hollywoods Antwort auf den Italo- Western: Clint Eastwood als Revolverheld und Shirley MacLaine als Nonne machen sich gegenseitig das Leben schwer, doch letztlich kämpfen sie gemeinsam mit mexikanischen Guerrillas gegen die französischen Besatzungstruppen. Spritzig- amüsanter Western, gefilmt in der typischen Berglandschaft Nord- Mexikos.

"L'assassinio di Trotzky" (Das Mädchen und der Mörder), Italien/Frankreich 1971. Film über das Exil des russischen Revolutionärs Leo Trotzki in Mexico City und das Komplott zu seiner Ermordung. Etwas zusammenhanglos in Szene gesetzt, allerdings mit internationaler Star- Besetzung: Neben Romy Schneider spielen Richard Burton und Alain Delon in den Hauptrollen.

"Bring me the Head of Alfredo García" (Bringt mir den Kopf von Alfredo García), USA 1974. Regisseur Sam Peckinpah verfilmte die Geschichte eines Pärchens auf der Jagd nach einem mexikanischen Frauenheld, auf dessen Kopf eine hohe Belohnung ausgesetzt ist. Etwas langwierige Handlungswege und eine kräftige Portion Brutalität. Amerikanisches Gefühls- und Gangsterdrama, in dem Mexiko lediglich die austauschbare Kulisse darstellt.

"La Ilegal" (Der Fall Claudia Bernal), Mexiko 1987. Melodrama um eine Mexikanerin, die sich ohne Aufenthaltsgenehmigung in Kalifornien aufhält und dort durch eine Intrige von ihrem Kind getrennt wird. Nach Abschiebung und erneuter Rückkehr in die USA versucht sie, ihr Kind zurückzuholen. Einblick in die Machenschaften der Schlepper an der Grenze und die Ausbeutung illegaler Mexikaner in den Vereinigten Staaten.

"Yo, la peor de todas" (Ich, die Unwürdigste von allen), Argentinien 199o. Die wohl bekannteste Regisseurin Lateinamerikas, María Luisa Bemberg, verfilmte die Geschichte von Juana Inés de la Cruz, der bedeutendsten spanisch- mexikanischen Schriftstellerin der Kolonialzeit. In ihrer Neigung zu Literatur und Wissenschaft erfährt die Protagonistin die gesellschaftlichen und religiösen Schranken, die eine gebildete Frau im 17. Jahrhundert nicht überschreiten durfte. Nur durch den Einritt ins Kloster kann sie ihren Interessen nachgehen, doch auch dies wird ihr schließlich zum Verhängnis.

"La Negra Angustias" (Die schwarze Angustias), Mexiko 1954. Matilde Landeta, Regisseurin und Pionierin des mexikanischen Kinos, verfilmte die Geschichte einer Mulattin, die als Außenseiterin in der mexikanischen Macho- Gesellschaft aufwächst. Sie wehrt sich gegen die Zudringlichkeiten der Männer und landet schließlich bei der Truppe des Revolutionärs Emiliano Zapata. Dort führt sie ihren eigenen Kampf gegen Unterdrückung und Machismo, den auch eine vorübergehende Liebesaffäre nicht aufhalten kann.

"Lola" (Eine Frau namens Lola), Mexiko 1989. Szenen aus dem Leben einer alleinstehenden Mutter in einer mexikanischen Großstadt. In Hausfluren, Hinterhöfen, Wohnungen und Fabriken, auf Straßen und Märkten entsteht das Bild eines tristen Alltags zwischen Arbeit und Kindererziehung, der dem durchreisenden Touristen in der Regel verborgen bleibt.

"Canasta", Mexiko 1956. Episodenfilm nach Kurzgeschichten von B. Traven. Während die Stories aus heutiger Sicht nicht besonders originell erscheinen, bietet der Film zwischendurch Hintergrundaufnahmen von Taxco, Mexico City, Oaxaca, Monte Albán und Acapulco in den fünfziger Jahren. Bilder aus der jüngeren Vergangenheit Mexikos, die man nur selten zu sehen bekommt.

DIE PRÄKOLUMBIANISCHEN KULTUREN ... 103
Die Olmeken ... 104
Teotihuacán/Tula ... 105
Zapoteken/Mixteken ... 106
Kulturen der Golfküste ... 107
DIE MAYA ... 107
Der Lebensraum ... 107
Wirtschaft und Transport ... 108
Staat und Politik ... 109
Religion ... 110
Der Kalender ... 110
Das Zahlensystem ... 112
Bücher und Schrift ... 113

Architektur ... 116
Das Ballspiel ... 118
Niedergang der Maya-Kultur ... 120
Die Wiederentdeckung der Maya-Stätten ... 121
DIE AZTEKEN ... 129
Die Herkunft ... 129
Das mächtige Tenochtitlán ... 130
Die Märkte ... 131
Die soziale Struktur ... 132
Die Welt der Götter ... 134
DIE KONQUISTA ... 137
DAS SPANISCHE KOLONIALSYSTEM ... 140
Die Auswanderung ... 140
Die Kolonialverwaltung ... 140
Wirtschaftliche Beschränkungen ... 142
Silber: Hauptprodukt der Kolonie ... 143
Die Rolle der Kirche ... 145
Piraten und Freibeuter ... 146
Der Kampf um Unabhängigkeit ... 150
REPUBLICA DE MEXICO ... 153
Liberalismus- Kaiserreich- Militärdiktatur ... 155
Die Mexikanische Revolution ... 157
Das nachrevolutionäre Mexiko ... 161

GESCHICHTE

"El pasado", *die Vergangenheit, ist in Mexiko nicht bloße Geschichte, sondern lebendig und allgegenwärtig. Dies sowohl im öffentlichen Leben als auch im Bewußtsein des einzelnen. Und auch der Tourist, wenn er seine Urlaubstage nicht nur am Strand verbringt, wird immer wieder konfrontiert mit der mexikanischen Geschichte: ein nicht unwesentlicher Bestandteil jeder Reise durch Mexiko.*

Feiertage, Denkmäler, unzählige Wandmalereien, Museen: Alles dient der Erinnerung an die glorreichen Zeiten der Vergangenheit, die bei näherem Hinsehen allerdings weniger glorreich erscheinen: Invasionen, blutige Bürgerkriege und brutale Unterdrückung. In der mexikanischen Geschichte spielt der Tod eine Hauptrolle, und das nicht erst, seit die Spanier mit ihrem Missionierungs- und Eroberungsfeldzug fast 9o Prozent der indianischen Ureinwohner des Landes ausgerottet haben.

DIE PRÄKOLUMBIANISCHEN KULTUREN

Die Besiedlung des amerikanischen Kontinents erfolgte etwa zwischen 5o.000 und 1o.000 v.Chr. durch Horden von Jägern und Sammlern, die in verschiedenen Schüben über die damals passierbare Beringstraße aus Asien einwanderten. Relativ weit entwickelte Kulturen entstanden jedoch nur in zwei Gebieten: im südamerikanischen Andenhochland sowie im sogenannten Mesoamerika, von Zentralmexiko bis ins heutige Honduras, wobei vor allem Mexiko zur Drehscheibe der Geschichte zahlreicher Völker wurde.

Trotz signifikanter Unterschiede lassen sich bei den meisten Kulturen Gemeinsamkeiten feststellen, die darauf hindeuten, daß sie immer wieder in Kontakt miteinander kamen und auch bereit waren, Elemente der anderen Kultur aufzunehmen und weiterzuentwickeln.

In vielen Teilen des Landes entstanden große Zeremonialzentren mit den auch heute noch beeindruckenden Bauwerken, während die Bevölkerung in deren Umgebung in primitiven Hütten wohnte. Die Gottheiten waren in der Regel Naturgötter, wobei vor allem dem Regengott eine große Bedeutung zukam. Auch die Sonne spielte eine wichtige Rolle im Leben der präkolumbianischen Völker: Vor allem die Angst vor ihrem Erlöschen bestimmte die religiösen Zeremonien und führte in der Spätzeit zu einer größeren Welle von Menschenopfern, die die Sonne am endgültigen Untergang hindern sollte.

Die Indios Mesoamerikas kannten weder Zugtiere noch das Rad, weshalb der Transport von tonnenschweren Steinblöcken den Wissenschaftlern bis heute Rätsel aufgibt. Mathematik und Astronomie dagegen waren weit entwickelt, und viele Völker benutzten eine Hieroglyphenschrift zur Aufzeichnung wichtiger Daten und Ereignisse.

Dennoch liegt die Geschichte der meisten Völker im dunkeln, da die Spanier während ihrer Eroberungszüge unersetzliche Dokumente und Inschriften für immer zerstörten. Hätten nicht einige Mönche im 16. Jahrhundert nachträgliche Forschungen angestellt und viele mündliche Überlieferungen aufgezeichnet, so wären die präkolumbianischen Kulturen heute noch weit weniger erschlossen.

Die Olmeken

Die erste Kultur im mexikanischen Raum, von der noch größere Spuren vorhanden sind. Etwa ab 15oo v. Chr. siedelten sie an der Golfküste zwischen Veracruz und Tabasco. Sie entwickelten erste Grundlagen in den für die späteren Kulturen so charakteristischen Elementen wie Architektur, Himmelskunde und Schriftzeichen. Bekannt geworden ist vor allem der Siedlungsraum von La Venta durch den Fund kolossaler Steinskulpturen, die bis zu 3o Tonnen wiegen und auf bis heute nicht völlig geklärte Art zu ihrem Bestimmungsort transportiert wurden.

Der Einfluß der Olmeken muß sich über ganz Mesoamerika erstreckt haben, da man an vielen Orten des Hochlandes und der tropischen Ebenen die Spuren ihrer Kultur wiederentdeckt hat. Vermutlich unterhielten sie Handelsbeziehungen mit der Mehrzahl der benachbarten Völker.

Wie sie sich selbst genannt haben, ist unklar. Der Name "Olmeken" stammt von den Azteken, die die Bewohner der Golfregion und die Nachfahren dieses einst mächtigen Volkes nach der Kautschukregion "Olman" benannten.

Unbekannt sind auch Einzelheiten ihres Glaubens und ihrer Vorstellungswelt, da es keinerlei schriftliche Überlieferungen gibt und auch die Symbolik stark von derjenigen späterer Kulturen abweicht. Sicher dagegen ist, daß die kulturellen Leistungen der Olmeken von anderen Völkern aufgenommen und in verschiedenen Teilen Mexikos weiterentwickelt und verfeinert wurden (u.a. das Kalendersystem und das Ballspiel).

Teotihuacán/Tula

Die Kultur von Teotihuacán gehört zu den ersten klassischen Hochkulturen Mexikos, ihre Anfänge liegen um 2oo v. Chr. Über Herkunft und Stammeszugehörigkeit der Bewohner ist nichts bekannt. Der Name stammt ebenfalls von den Azteken, die in dem zu ihrer Zeit längst verlassenen Zeremonialzentrum den "Wohnort der Götter" sahen: eine Begräbnisstätte für einflußreiche Könige der Vorgeschichte.

Große Teile des städtischen Zentrums sind vermutlich schon in den ersten Jahrhunderten der Besiedlung errichtet worden. Die mächtige Sonnenpyramide z.B. entstand nicht, wie sonst in Mexiko üblich, durch sich wiederholende Überbauungen, sondern wurde in einem Zug in ihrer endgültigen Form konstruiert.

Der Einfluß Teotihuacáns auf das gesamte Hochland nahm vor allem in den ersten Jahrhunderten unserer Zeitrechnung enorm zu. Die Stadt soll zeitweise zwischen 1oo.ooo und 2oo.ooo Einwohner gehabt haben und war eine Pilgerstätte für viele Völker des mesoamerikanischen Raumes. Mit den Maya bestanden rege Handelsbeziehungen, und möglicherweise besaß Teotihuacán im Südosten sogar die eine oder andere Kolonie.

Die Ursachen des Niedergangs von Teotihuacán im 7. und 8. Jahrhundert sind nicht bekannt. Interne Schwierigkeiten mit der Versorgung einer derart riesigen Stadt mögen dazu beigetragen haben, daß sie sich gegen die vermehrten Angriffe kriegerischer Stämme aus dem Norden nicht mehr halten konnte. Die Mehrzahl der Bewohner jedenfalls verließ Teotihuacán. Brandspuren legen eine gewaltsame Zerstörung vieler Gebäude nahe.

Nach der Auflösung Teotihuacáns übernahmen in den folgenden Jahrhunderten die Tolteken die Herrschaft im Zentralen Hochland und bauten Tula zu ihrer Hauptstadt aus. Im Mittelpunkt ihrer Kultur stand die Verehrung der Kriegerkaste, während der Einfluß der Priester zurückgedrängt wurde.

Die künstlerischen Leistungen der Tolteken sind nicht so ausgeprägt wie bei anderen Kulturen Mesoamerikas. Trotz ihrer kriegerischen Ausrichtung konnten sie sich auf Dauer nicht gegen den Ansturm der Chichimeken-Stämme halten, die von Norden her ins Zentrale Hochland eindrangen.

Im 12. Jahrhundert mußten sie Tula endgültig verlassen. Schon vorher war ein Teil des Volkes nach Osten gezogen und im Maya- Land wieder aufgetaucht: Die Maya- Metropole Chichén Itzá, in der sich Elemente der Maya- Kultur mit eindeutig aus Tula stammenden Einflüssen vermischten, wurde von ihnen übernommen und weiterentwickelt.

Zapoteken/Mixteken

Parallel zu Teotihuacán entwickelten die Zapoteken im Hochland von Oaxaca die klassische Kultur von Monte Albán (siehe Seite 498), welche zwischen 3oo und 7oo n. Chr. ihre Blütezeit erlebte. Architektur und künstlerische Gestaltung deuten darauf hin, daß Monte Albán in engem Kontakt mit Teotihuacán und mit den Maya- Städten Yucatáns stand.

Der Niedergang der Zapotekenherrschaft am Ende der klassischen Periode kam relativ plötzlich, beeinflußt vor allem durch das Vordringen der Mixteken, die aus dem Raum Puebla/Cholula ins Hochland von Oaxaca einfielen und das Erbe der Zapoteken antraten. Sie übernahmen viele der kulturellen Entwicklungen und führten sie in eigenständiger Form fort:

So wurde während ihrer Herrschaft Mitla (siehe Seite 5o4) zum zeremonialen Zentrum ausgebaut, dessen eigenwillige Ornamentik eine Ausnahmeerscheinung innerhalb der klassischen mexikanischen Kulturen dar-

KRIEGER
Codex Mendoza

stellt. Bei Ankunft der Spanier im Tal von Oaxaca hatte sich das große Zentrum Monte Albán aufgelöst, die Menschen lebten verteilt in kleineren städtischen Einheiten und auf dem Lande.

Kulturen der Golfküste

Im Anschluß an die olmekische Kultur entwickelten sich auch an der Golfküste während der sogenannten klassischen Periode zwischen 2oo und 9oo n. Chr. eigenständige Kulturen. Vor allem die Totonaken beherrschten lange Zeit das Gebiet des heutigen Staates Veracruz. Das eindrucksvolle Zeremonialzentrum El Tajín (siehe Seite 365) mit der berühmten Nischenpyramide war offensichtlich ihre Hauptstadt. Zwar war diese Kultstätte bei Ankunft der Spanier verlassen, die Totonaken lebten aber noch als selbständiger Volksstamm in der Nähe von Veracruz.

Auch die Huasteken, Nachbarn der Tolteken an der Golfküste, entwickelten eine hochstehende Kultur, die sich besonders auszeichnet durch Wand- und Gefäßmalereien, heute eindrucksvoll im Anthropologischen Museum von Xalapa (siehe Seite 346) ausgestellt.

DIE MAYA

Eine der am weitesten entwickelten Hochkulturen des amerikanischen Kontinents. Noch heute unzählige Spuren ihrer grandiosen Bautätigkeit sowie ihrer Leistungen auf mathematischem und astronomischem Gebiet.

Der Lebensraum

Ist von den Maya die Rede, denkt jeder zunächst an ein Volk, das vor Jahrhunderten gewaltige Pyramidenbauten im Hochland Mittelamerikas und in den Ebenen der mexikanischen Halbinsel Yucatán errichtet hat. Doch die Maya sind kein Volk, das untergegangen ist: Mehr als zwei Millionen Mayas leben noch heute, und zwar in einem relativ zusammenhängenden Gebiet, von Honduras bis ins Bergland des mexikanischen Staates Chiapas.

Auch über die Halbinsel Yucatán sind die dörflichen Siedlungen der Maya-Bevölkerung verstreut. Sie lebt wie in alter Zeit in gebrechlichen Hütten aus zusammengebundenen Bambusstangen. Ein Dach aus Palmenblättern hält den Regen ab. Wer diese Hütten sieht, kann kaum glauben, daß die Vorfahren dieser Menschen ungeheure architektonische Leistungen wie Paläste und Pyramiden erbracht und sich mehrere Jahrunderte lang gegen eine endgültige Beherrschung durch spanische Eroberer und mexikanische Zentralgewalt gewehrt haben.

Aber auch in der Blütezeit der Maya- Kultur (ca. 3oo bis 9oo n. Chr.) lebte das einfache Volk nicht in den riesigen Steinpalästen. Die Bevölkerung war verstreut in relativ kleinen Dorfgemeinschaften auf dem Land und im Regenwald. Von den Hütten aus jener Zeit ist natürlich nichts mehr vorhanden, doch die Hinweise sind eindeutig: Archäologen fanden überall im Maya- Gebiet winzige Hügel aus Stein und Erde, auf denen die Häuser zum Schutz vor Überschwemmungen standen.

Kriterien für die Auswahl des Standorts einer Siedlung waren die Fruchtbarkeit des Bodens und das Vorhandensein von Wasserreservoiren. Und dies waren auch die generellen Überlebensprobleme, die die Maya vor allem in Yucatán bewegten. Die Böden dieses flachen Landes bestehen aus Kalkstein, der das Entstehen einer fruchtbaren Bodenschicht verhindert. Ackerbau war daher nur möglich nach einer kontrollierten Brandrodung des Urwalds: Für zwei Jahre ließ sich dann Mais anbauen, ehe die Erde erschöpft war und wieder bis zu 2o Jahre brachliegen mußte. Folge war, daß die Bauern ständig das bebaute Land wechseln mußten.

Das zweite Problem bestand in der akuten Wasserknappheit. Der poröse Kalksteinboden läßt die Regenfälle sofort versickern, Flüsse gibt es in weiten Teilen Yucatáns daher auch heute nicht. Deshalb mußten die Maya sich die Standorte für ihre Dorfgemeinschaften und Zeremonialzentren sehr genau aussuchen. Sie fanden an vielen Stellen des Landes große Löcher im Boden, bei denen der Kalkstein über unterirdischen Höhlen zusammengebrochen war. Dort hatten sich größere, oft sehr tiefe Teiche gebildet, die sie "CENOTES" nannten.

CENOTE von Bolonchen
Illustration von Frederick Catherwood

Sie dienten den Maya als Grundlage ihrer Wasserversorgung. Da sie praktisch die einzig konstante Wasserquelle waren, bekamen sie im Laufe der Zeit den Stellenwert eines Heiligtums. Um den Regengott gnädig zu stimmen, hielten die Priester entsprechende Zeremonien ab, bei denen sie Opfergaben in den Cenote warfen. In besonders "schwierigen" Fällen schreckten sie auch vor Menschenopfern nicht zurück: Im heiligen Cenote des Zeremonialzentrums von Chichén Itzá fanden Archäologen neben zahlreichen Gegenständen auch menschliche Skelette.

Wirtschaft und Transport

Zwei relativ genügsame Pflanzen, Mais und Chili- Schoten, gediehen auf dem kargen Boden und waren die Lebensgrundlage der Maya-Bevölkerung. In seltenen wasserreichen Gebieten bauten sie auch Kakao an, der daher extrem wertvoll und begehrt war. Kakaobohnen erfüllten Geldfunktionen, und den Konsum leistete sich nur die Schicht der Herrschenden.

Andere Produkte besorgten sich die Maya vorwiegend über den Güteraustausch. Sie unterhielten ein ausgedehntes Netz von Handelsbeziehungen mit den Völkern Zentralmexikos, von wo aus sie vor allem Gerätschaften aus Kupfer bezogen. Aber die Handelswege verliefen auch zu noch weiter entfernten Orten. Entlang der Küste kamen die Maya bis nach Tampico im Norden und bis zur Küste Panamas im Süden: über 3.ooo km Distanz. Es gibt sogar Hinweise, daß sie auch mit den Bewohnern Jamaikas in Kontakt standen.

Die Entfernungen sind umso erstaunlicher, als die Maya für die Seefahrt lediglich Einbäume zur Verfügung hatten. Diese waren aber offenbar seetüchtig und konnten bis zu 4o Personen aufnehmen. Der Seeweg diente den Maya auch für den Binnenhandel, da die Transportwege im Inland äußerst beschwerlich waren. Zwar bauten sie befestigte Straßen, die vorwiegend die Zeremonialzentren mit der Küste verbanden, aber das Netz dieser sogenannten "SACBE" war nicht sonderlich dicht und verlief hauptsächlich im Norden Yucatáns.

Da die Maya das Rad nicht kannten, bewegten sie die Steinquader für den Bau von Tempeln und Pyramiden vornehmlich mit menschlicher Arbeitskraft und Seilen, die sie aus den Fasern der Agave gewannen. Auch andere Waren wurden damit verschnürt und auf dem Rücken transportiert.

Staat und Politik

Durch das Leben in kleinen Dorfgemeinschaften entwickelte sich auf Dauer auch kein zentrales Staatssystem. Es entstanden lediglich kleinere Provinzen, die sich jeweils um eine Zeremonialstätte gruppierten. Das Zeremonialzentrum war Sitz der Priesterkaste und Ort der religiösen Riten, erfüllte aber niemals die Funktion einer Stadt.

Daß die Maya wegen ihrer umfangreichen Handelsbeziehungen ein besonders friedfertiges Volk waren, kann nicht behauptet werden. Zwar dehnten sie sich kaum über die traditionellen Grenzen ihres Lebensraumes aus, im Innern aber gab es ständig Streitigkeiten zwischen den einzelnen Provinzen, die gewaltsam ausgetragen wurden. Besonders beliebt waren überraschende Überfälle auf Nachbargemeinwesen, die mit großem Getöse und unter Begleitung von Trommeln und Pfeifen durchgeführt wurden.

Die Besiegten hatten nichts zu lachen. Das einfache Volk mußte fortan in der Sklaverei sein Leben fristen, die Mitglieder der vornehmen Schichten dagegen wurden standesgemäß den Göttern geopfert, wobei man ihnen bei lebendigem Leibe die Herzen herausschnitt. Doch der überfallene Stamm hatte auch seine kriegerischen Gegenmittel. Der ins eigene Gebiet eingedrungene Gegner wurde durch Hinterhalte und kleinere nächtliche Überfälle belästigt: eine frühe Form der Guerilla-Taktik.

Religion

Die Maya hatten eine Vielzahl von Gottheiten, denen sie unterschiedliche Funktionen zuordneten. Es gab Götter, die wie eine Art Schutzpatron zuständig waren für soziale Gruppen oder Berufe, sogar eigene Götter für Dichter und Tänzer, Verliebte und Selbstmörder.

Aufgrund der Probleme mit der Landwirtschaft standen natürlich die Götter der Fruchtbarkeit im Mittelpunkt. Vor allem der Regengott Chac genoß besondere Verehrung, was die unzähligen steinernen Chac-Masken an Tempeln, Pyramiden und Palästen der Zeremonialzentren belegen. In der Puuc-Region um Uxmal, wo es keine cenotes gab, erlebte der Kult um den Regengott seinen Höhepunkt. Wasser war dort noch knapper und wertvoller als anderswo.

Die Götter hatten allerdings keinen feststehenden Charakter, sie waren ausgesprochen wankelmütig. Dies forderte besonders die Fähigkeiten der Priester heraus, die erkennen mußten, durch welche Vorzeichen sich ein positiver oder negativer Sinneswandel der Götter ankündigte. Außerdem hatten sie über die Maßnahmen zu entscheiden, mit denen die Haltung der Götter beeinflußt werden konnte und wieviele Opfer nötig waren, um den Gott gnädiger zu stimmen. Kein Wunder also, daß die Priester hohes Ansehen genossen und die Geschicke ihrer Gemeinschaften entscheidend mitbestimmten.

Der Kalender

Um den Göttern im richtigen Moment das geeignete Opfer bringen zu können, stellten die Priester astronomische Berechnungen an, die in ihrer praktischen Seite auch der Landwirtschaft dienten. Zeiten für Aussaat und Ernten konnten auf diese Weise besser bestimmt werden, und manch richtige Entscheidung der Menschen rechneten sie so der jeweiligen Gottheit als Verdienst an. Die Maya-Priester entwickelten ein dreifaches Ka-

YUM KAX – Gott des Maisbaus
AH PUCH – Gott des Todes
KUKULKAN – Gott des Lebens und des Windes
IXCHEL – Göttin der Wasserfluten und der Geburt

lendersystem, das astronomische Erkenntnisse mit magischen Elementen verknüpfte.

Der <u>astronomische Kalender</u> hatte zur Grundlage eine relativ genaue Berechnung der Länge des Sonnenjahres (präziser als im Gregorianischen Kalender). Dieses Jahr teilten die Maya auf in 18 Monate zu je 2o Tagen, wobei die Tage von 0 bis 19 durchnumeriert wurden und jeder Monat einen bestimmten Namen hatte. "0 pop" war z.B. der erste Tag im ersten Monat, "19 cumcu" der letzte Tag im letzten Monat. Nachdem also jede Tagesziffer 18 x wiedergekehrt war, waren die Monate eines Jahres um. Die fünf verbleibenden Tage des Jahres gehörten zu keinem Monat und galten als besonders problematisch und von Unglück bedroht.

Die Einteilung ihres <u>zweiten Kalenders</u> beruhte weniger auf wissenschaftlichen Methoden, sondern verdankte sich spekulativen Erwägungen. In diesem sogenannten <u>magischen Kalender</u> hatte jedes Jahr 13 Monate, über deren Ursprung sich die Forschung noch nicht einig ist. Hier waren die Monate durchnumeriert und hatten jeweils 2o Tage mit entsprechenden Namen, die 13 x wiederkehren mußten, bevor das magische Jahr beendet war. Erster Tag im zweiten Monat z.B. "2 Imix", erster Tag im letzten Monat "13 Imix".

Die Länge des magischen Jahres von 26o Tagen stimmte natürlich nicht mit der Länge

DIE MAYA-GÖTTER:

F
Gott der Menschenopfer

XAMANEK
Gott des Nord- oder Polarsternes

IXTAB
Göttin des Selbstmordes

ITZAMNA
Herr des Himmels

CHAC
Regengott und Gott des Gewitters

M
Kriegsgott

des Sonnenjahres überein: Die Berechnung ergab, daß sich beide Kalender, wenn sie an einem bestimmten Tag beginnen, nach 52 Sonnenjahren und 73 magischen Jahren wieder überschneiden. D.h. erst nach dieser Zeit fallen die beiden Ausgangstage erneut zusammen. Durch die Kombination der Daten aus beiden Kalendern war innerhalb dieser Periode jeder Tag auch ohne die bei uns übliche Jahreszahl eindeutig zu bestimmen: beispielsweise "0 pop/2 imix" oder "19 cumcu/13 imix".

Der 52- Jahre- Zyklus erlangte enorme religiöse Bedeutung nicht nur bei den Maya, sondern auch bei den meisten anderen präkolumbianischen Völkern. Gegen Ende des Zyklus näherte sich immer eine besonders schwierige oder unheilvolle Periode, die Azteken erwarteten zu diesem Zeitpunkt sogar den Untergang der Welt.

Für Datierungen, die über den Zeitraum von 52 Jahren hinausreichten, waren beiden Kalendersysteme nicht brauchbar. Der Tag "0 pop/1 imix" z.B. wiederholte sich wie alle anderen im Rhythmus von 52 Jahren, so daß bei langfristigen Datierungen diese Bezeichnung nicht ausreichte, um einen Tag eindeutig zu definieren.

Daher bedienten sich die Maya eines dritten Kalenders, dem sogenannten "long count". Dessen Nullpunkt verlegten sie aus bisher nicht bekannten Gründen weit zurück in die Vergangenheit, genau auf den 1o. August 3114 v. Chr. gemäß unserer Zeitrechnung. Von hier aus wurden die Tage einfach durchgezählt, jeder Tag in seinem Abstand zum Nullpunkt genau bestimmt. Anhand der Daten des "long count", die sich auf vielen Maya- Stelen und Inschriften finden, konnte die Archäologie präzise Zeitbestimmungen der Maya- Geschichte vornehmen und Korrelationen mit unserer Zeitrechnung herstellen.

Das Zahlensystem

Daß die Maya die Zahl 2o als Ausgangspunkt der Monatslänge in beiden Kalendern benutzten, war ebenfalls nicht zufällig. Grundlage dieser Festlegung war ihre Rechenweise, die einen vergleichsweise hohen Stand erreicht hatte: Mit einem Vigesimal- System (Zwanziger- System) waren sie in der Lage, komplizierte Berechnungen sehr viel leichter vorzunehmen als beispielsweise die Römer mit ihrem additiven Zahlensystem.

Das System bestand aus nur drei Zeichen: ein Punkt bedeutete "eins", ein waagrechter Balken "fünf" und eine stilisierte Muschel die "null". Die große mathematische Leistung war nun, daß sie mit diesen drei Symbolen jede

```
⌬ = 0     • = 1      •• = 2     ••• = 3     •••• = 4
▬ = 5     •̄ = 6      •̇•̇ = 7    •̇•̇•̇ = 8   •̇•̇•̇•̇ = 9
≡ = 10    •̳ = 11     •̳•̳ = 12   •̳•̳•̳ = 13  •̳•̳•̳•̳ = 14
≣ = 15    •̳̳ = 16    •̳̳•̳̳ = 17  •̳̳•̳̳•̳̳ = 18  •̳̳•̳̳•̳̳•̳̳ = 19

Anschließend weiter:
•̇ = 20    •̇• = 21   •̇•• = 22  •̇••• = 23  •̇•••• = 24
•̇•̇ = 2x20 = 40    ▬̇ = 5x20 etc.
```

Zahl relativ einfach darstellen konnten, da sie den Stellenwert erfanden: Wie in unserem heutigen Zahlensystem bestimmte die Position eines Zeichens innerhalb der gesamten Zahl seinen Wert. Allerdings erfolgte die Wertzuordnung nicht von rechts nach links wie bei den arabischen Zahlen, sondern von unten nach oben. Auch Rechenoperationen wie Addieren und Subtrahieren ließen sich auf diese Weise relativ unkompliziert vornehmen.

Bücher und Schrift

Nachdem sich die Spanier punktuell in Yucatán etabliert hatten, kam mit dem Geistlichen Diego de Landa ein religiöser Fanatiker nach Mérida. Er ließ in einer großangelegten Aktion alle Schriften und Aufzeichnungen der Maya verbrennen, denen er habhaft werden konnte. Die "teuflische" Tradition wollte er auf diese Weise von Grund auf ausrotten. Er hat offenbar so gründliche Arbeit geleistet, daß heute nur noch vier der zahlreichen Maya-Bücher vorhanden sind:

Die bedeutendste dieser Schriften ist der sogenannte "Codex Dresdensis", der seit 1739 in der Sächsischen Staatsbibliothek in Dresden aufbewahrt wird. Auf einer Länge von gut drei Metern finden sich darauf vor allem Informationen zu astronomischen Beobachtungen. - Eine weitere Schrift,

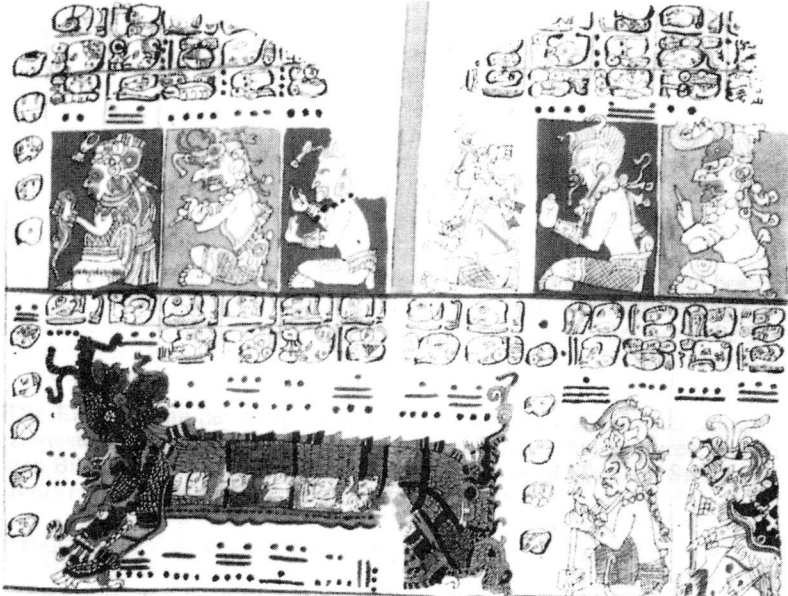

CODEX DRESDENSIS: der Ausschnitt zeigt Maya-Gottheiten und Schriftzeichen. 1739 in Wien entdeckt.

CODEX PERESIANUS: 1859 in einer Mülltonne der kaiserlichen

der "Codex Tro-Cortesianus" (= "Codex de Madrid") befindet sich in der spanischen Nationalbibliothek in Madrid (ein Buch mit Zaubersprüchen).

Vorschriften für Feierlichkeiten zu Ehren einer Gottheit enthält der "Codex Peresianus", heute in der Pariser Nationalbibliothek.

Über den Weg dieser Codices von Mexiko nach Europa weiß man nichts, vermutlich hatten Spanier sie auf dem Nachhauseweg als "Souvenir" mitgenommen. Die Schriften wanderten dann von Hand zu Hand, wobei den jeweiligen Besitzern vermutlich die Bedeutung nicht bewußt war.

Der "Codex Dresdensis" tauchte 1739 in Wien auf, wo ihn der damalige Leiter der Dresdner Königlichen Bibliothek, Johann Götze, fand und der Bibliothek einverleibte. - Der 145 cm lange und zu 11 Seiten zusammengefaltete "Codex Peresianus" wurde 1859 in einer Mülltonne in Paris gefunden, selbige stand gar noch in der dortigen kaiserlichen Bibliothek, was deutlich das damalige Unverständnis dokumentiert.

Die Maya-Manuskripte bestehen aus Fasern von weichgeklopfter Feigenbaumrinde, die durch Zugabe von Harzen und Kalk eine gewisse Festigkeit erlangten. Dieses "Papier" bemalten die Schriftkundigen mit farbigen Zahlen, Symbolen und Bildern.

Im Vergleich zu anderen Schriften im mesoamerikanischen Raum besitzt die Schrift der Maya bereits einen hohen Grad von Standardisierung und Abstraktion. Sie ist lesbar ohne zusätzliche mündliche oder bildliche Erläuterungen, geschrieben in geraden Zeilen und Spalten. Leserichtung von

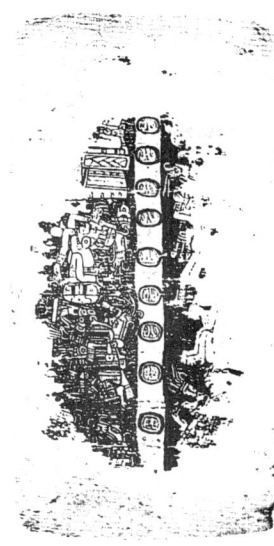

...ibliothek in Paris entdeckt. Es zeigt Gottheiten, sowie in den Schriftzeichen wichtige Informationen zu den Maya SCHRIFTZEICHEN:

links nach rechts in Doppelzeilen.

Die Entzifferung der Glyphen und Schriftzeichen war eine der kompliziertesten Aufgaben für die Experten präkolumbianischer Kulturen. Neben den Büchern konnten vor allem die zahlreichen Inschriften auf Stelen und Bauwerken herangezogen werden.

Die Schrift besteht aus einer Mischung von phonetischen und semantischen Symbolen, d.h. einige Zeichen stellen gesprochene Silben dar, andere repräsentieren bestimmte Begriffe wie Gottheiten oder Naturphänomene. Viele Begriffe sind daher auch doppelt vorhanden, einmal über die Kombination der Silben, zum anderen als feststehendes inhaltliches Zeichen.

Der Forschung fiel daher zunächst eine eindeutige Zuordnung besonders schwer: Welches Zeichen stand für eine Silbe, welches hatte eine inhaltliche Bedeutung? Nachdem zunächst einige Grundzeichen

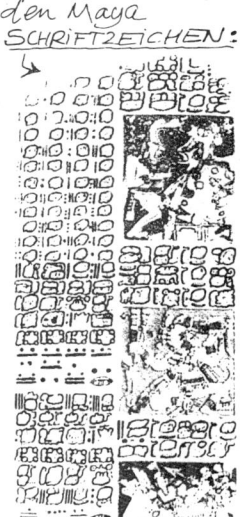
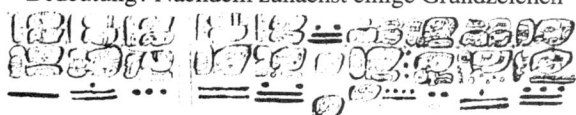

vor allem aus dem astronomischen Bereich entziffert waren, traten die Wissenschaftler lange Zeit auf der Stelle. Erst ab ca. 1950 hat es entscheidende Fortschritte gegeben, die vollständige Entzifferung der Maya-Schrift ist aber bis heute noch nicht geleistet.

Inhaltlich beschäftigen sich die überlieferten Texte hauptsächlich mit Wahrsagerei und Astronomie sowie der Geschichte und den Verwandschaftsbeziehungen von Herrschergeschlechtern. Daher sind heutzutage relativ genaue Fakten aus dem Leben der Machthaber bekannt (Geburt, Heirat, geführte Kriege), während die Inschriften nichts aussagen über soziale Verhältnisse und Gewohnheiten des einfachen Volkes.

Architektur

Die beachtlichsten Bauwerke der Maya- Architektur sind zweifellos die Tempelpyramiden. Ihre Konstruktion beruht auf dem Plattform- Prinzip, das die Maya auch für einfachere Bauten benutzten: Zum Schutz gegen Überschwemmungen während der Regenzeit setzten sie ihre Häuser auf flache Sockel, aufgeschüttet aus Erde oder Geröll. Bestimmte Gebäude wie Herrscher- oder Sakralbauten ließen sich auf diese Weise zunächst durch höhere Plattformen besonders hervorheben. Der Materialbedarf dafür war bereits enorm: So mußten z.B. für die Plattform des Gouverneurspalastes in Uxmal rund eine Million Tonnen Steine und Erde bewegt werden.

CHICHEN ITZA: "Nonnenkloster", reiche Reliefausstattung an der Fassade.

Ab einer gewissen Höhe hielten jedoch die gemauerten Seitenwände den Druck des Materials von innen nicht mehr aus, so daß ein Absatz eingeschaltet und darauf eine neue Plattform mit kleinerer Grundfläche errichtet wurde. Die Pyramiden sind demnach nichts anderes als eine Summe aufeinandergelagerter Plattformen. Auf der obersten stand der Tempel, dessen Erhöhung die gesamte Konstruktion diente. Die meisten Pyramiden der Maya kamen in ihrer endgültigen Größe und Höhe erst im Verlauf von Jahrhunderten zustande, indem immer wieder bereits vorhandene Plattformen von außen ummantelt und überbaut wurden: Das alte Gebäude war somit Teil des neuen, man sparte auf diese Weise Material und Arbeit.

Die Treppen, die zu den Tempelgebäuden hinaufführten, sind kein integraler Bestandteil der Plattformkonstruktion, sondern wurden nachträglich aufgesetzt. Wegen der statischen Stabilität ragen sie an der Basis weit aus dem Gebäude hervor, d.h. ihr Steigungswinkel ist geringer als derjenige der Pyramide selbst. Nur bei relativ flachen oder weniger steilen Pyramiden finden sich ausnahmsweise Treppen, die in das Bauwerk eingesenkt sind.

Ein weiteres Charakteristikum der Maya-Architektur sind die sogenannten Paläste, die sich in vielen Ausgrabungsstätten finden: flache, langgestrecke Gebäude, die entweder frei auf einer Plattform stehen oder sich um einen Innenhof gruppieren. Im Innern finden sich lange Reihen von düsteren fensterlosen Kammern. Ob die Paläste Wohnanlagen der Priester und Herrschenden waren oder hauptsächlich kultischen Handlungen dienten, ist nicht eindeutig nachweisbar.

Ihre Struktur zeichnet sich aus durch das sogenannte Kraggewölbe, das die Maya-Architekten zur Dachkonstruktion verwendeten. Während alle anderen präkolumbianischen Völker in der Regel Innenräume mit Rundhölzern und Mörtel überdachten, entwickelten die Maya ein steinernes Gewölbe.

Es handelt sich dabei nicht um die eigentliche Bogenkonstruktion, welche die architektonischen Meisterleistungen im Alten Europa ermöglichte, sondern lediglich um ein "falsches Gewölbe": Der Bogen kann keine tragende Funktion ausüben, seine Steine sind lediglich in schmalen Abstufungen übereinandergelagert, damit er nicht zusammenbricht. Darunter können daher auch keine breiten Räume entstehen, das Verhältnis von erzieltem Raumvolumen und dafür notwendigen Steinmengen ist äußerst ungünstig.

Die Paläste und Tempel, die mit Hilfe des Maya-Gewölbes überdacht sind, haben aus diesem Grunde ein eher massiges, gedrungenes Aussehen. Um dies zu überspielen, krönten die Architekten viele Gebäude mit einem Dachkamm, der auf einer der Grundmauern ruht und steil nach oben ragt. Häufig sind diese Dachkämme höher als das eigentliche Gebäude und geben den Bauwerken der Maya schon von weitem ihre unverwechselbaren Konturen.

Das Ballspiel

Eines der erstaunlichsten Phänomene der Neuen Welt war für die spanischen Konquistadoren das indianische Ballspiel, das die Azteken von früheren Kulturen übernommen hatten. Die Beschreibungen dieses Spiels durch die Spanier sind allerdings konfus und oberflächlich, sie haben die Regeln wohl nicht verstanden.

Kein Wunder, denn es handelte sich nicht um eine simple Sportveranstaltung, sondern eine kultische Handlung, der sie keinerlei Verständnis entgegenbringen wollten. Viele Angaben über das Spiel beruhen daher auch heute noch auf archäologischen Funden und Vermutungen.

Entstanden ist das Ballspiel offenbar in den tropischen Regionen an der Golfküste, wo bereits die Olmeken um 500 v. Chr. aus Baumharz einen Kautschukball herstellten und ihn für ein religiöses Ballspiel verwendeten. Fast alle mexikanischen Kulturen haben es später in der einen oder anderen Form übernommen. Bei den Maya spielte es eine entscheidende Rolle, was man an der Anzahl der Spielplätze in den jeweiligen Zeremonial-

KRAGGEWÖLBE: siehe Vorseite, typisch in der Maya-Architektur. Unten: verschiedene Formen des Kraggewölbes

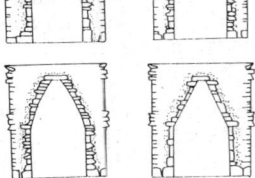

LINKS: Alfred P. Maudslay bei der Arbeit in Chichén Itzá 1889. Er sitzt im sog. Nonnenkloster, ty= pisches Beispiel von Kraggewölbe

zentren ablesen kann: Allein in Chichén Itzá gab es sieben.

Der religiöse Charakter des Spiels ergibt sich auch aus der Tatsache, daß die Ballspielplätze immer in unmittelbarer Nähe von Tempeln und Pyramiden errichtet wurden, also im Mittelpunkt der Zeremonialzentren. Außerdem finden sich in Bilderhandschriften Darstellungen ballspielender Götter.

Zwar existierten lokale Varianten, die Regeln sind aber über die Kulturen und Jahrhunderte erstaunlich konstant geblieben. Gespielt wurde auf einem rechteckigen Platz, an den Längsseiten von einem Erdwall oder einer Mauer begrenzt. Oft war in jede der Mauern ein steinerner Ring eingelassen, durch den der Ball unter bestimmten Umständen gespielt werden mußte.

Länge des Spielfeldes 3o- 5o m, Breite 7- 2o m. Der Ball durfte von den 3- 5 Spielern pro Mannschaft nur mit Hüfte und Gesäß gespielt werden, mancherorts waren auch Knie und Ellbogen erlaubt. Gegen den harten Kautschukball schützten die Spieler diese Körperpartien mit Ledergürteln und Bandagen.

Der kultische Hintergrund des Spiels war der Lauf der Sonne. Deren immer wiederkehrendes Erscheinen beschworen die Maya durch den Flug des Balles, den sich die beiden Mannschaften zuspielen mußten, ohne daß dieser den Bogen berührte. Damit sollte der Sonne vorgemacht werden, daß sie ihren Lauf nicht unterbrechen dürfe. Eine magische Zeremonie, um den Erhalt und den Fortgang der Welt zu gewährleisten.

Die Furcht vor dem morgendlichen Ausbleiben der Sonne führte um 6oo n. Chr. zu einer folgenschweren Erweiterung der Spielregeln: Die unterlegene Mannschaft, die den Spielfluß (und damit symbolisch den Lauf der Sonne) zu oft unterbrochen hatte, gefährdete damit den Bestand der Welt.

LABNA/Yucatán: auch der Torbogen mit Kraggewölbe

Sie mußte dafür der Sonne geopfert werden, damit diese aus dem Blut neue Kraft gewinnen konnte.

Noch heute spielen die Bewohner einiger Ortschaften in den mexikanischen Bundesstaaten Sinaloa und Nayarit eine abgewandelte Form des Spiels mit dem Kautschukball, das inzwischen seine ursprüngliche kultische Bedeutung verloren hat.

BALLSPIELPLATZ CHICHEN ITZA, Zeichnung von Catherwood. Seitlich zu sehen der Steinring an der Mauer, durch den der Ball geworfen werden mußte.

Niedergang der Maya-Kultur

Warum die Maya plötzlich aufhörten, ihre Zeremonialzentren weiter auszubauen oder neue zu gründen, ist ein Rätsel. Übermäßig starker Anstieg der Bevölkerung, Bauernaufstände oder ökologische Katastrophen sind nur einige der möglichen Erklärungen. Fest steht lediglich, daß die Zentren zu Beginn des 9. Jahrhunderts aufgegeben wurden, da sich von dieser Zeit an keine astronomischen Aufzeichnungen mehr finden lassen. Offenbar blieben nur noch vereinzelte Gruppen in der Nähe der einst stark bevölkerten Zentren.

Kurioserweise führte die darauffolgende Invasion eines fremden Volkes zu einer vorübergehenden Neubelebung der Maya-Kultur, wenn auch nicht in der reinen und ursprünglichen Form: Die Tolteken drangen von Norden her nach Yucatán ein und machten Chichén Itzá zu ihrem Zentrum. Dabei zerstörten sie aber nicht die von den Maya errichteten Bauten, sondern fügten ihre eigenen hinzu. Zu diesem Zwecke bedienten sie sich der einheimischen Künstler und Architekten, die ihr Wissen in die Konstruktionen einbrachten. Es entstand die eigentümliche Stilmischung, die noch heute für die Ruinen von Chichén Itzá charakteristisch ist.

Auch wenn die Maya bei Ankunft der <u>Spanier</u> ihren kulturellen Höhepunkt längst überschritten hatten, waren sie doch ein Volk, das sich den fremden Eroberern nicht so leicht unterwerfen wollte. Da die Bevölkerung weiterhin verstreut im Urwald lebte, gelang es den Konquistadoren nicht, durch die Eroberung eines Machtzentrums den Widerstand auszuschalten.

Die Maya wehrten sich in der bereits bei ihren internen Streitigkeiten bewährten Form. Sie überfielen die spanischen Truppen aus dem Hinterhalt und zogen sich dann wieder in den schützenden Regenwald zurück. Mit dieser Art des Guerrilla- Krieges kamen die Spanier nicht klar. Es dauerte rund 15 Jahre, bis sie sich so weit durchgesetzt hatten, daß sie die Stadt Mérida gründen konnten. Doch damit war der Widerstand der Maya-Bevölkerung noch längst nicht gebrochen.Während der gesamten Kolonialzeit gab es immer wieder Aufstände.

Auch nach der Unabhängigkeit Mexikos kam es zu einer Rebellion, bei der die Maya beinahe die gesamte Halbinsel Yucatán unter ihre Kontrolle brachten. Der sogenannte "<u>Krieg der Kasten</u>" dauerte ein halbes Jahrhundert und konnte erst 19o1 von den zentralistischen mexikanischen Truppen endgültig niedergeschlagen werden. Bis ins 2o. Jh. hatte also der Widerstand dieses Volkes gedauert, das zwar nicht mehr zu kulturellen Höchstleistungen in der Lage war, seine Identität aber nicht aufgeben wollte.

Die Wiederentdeckung der Maya- Stätten

Die Entdeckungsgeschichte der Maya- Ruinen ist eine Summe aus Zufällen, individuellen Abenteuern und systematischer Forschung. Beteiligt waren Priester und Soldaten, engagierte Hobby- Archäologen und wissenschaftliche Experten, Ingenieure auf der Suche nach Erdöl und Diplomaten mit Sinn für die Kultur des Gastlands. Einige waren besessen von einer fixen Idee oder gar komplette Spinner, und manch einer opferte sein gesamtes Vermögen für Reisen und Forschungsarbeiten im Maya- Siedlungsgebiet.

Während der <u>Kolonialzeit</u> stießen spanische <u>Mönche</u> oder <u>Soldaten</u> nur vereinzelt und zufällig auf Ruinenstätten, die vom Urwald überwuchert waren. Mit der Entdeckung von Palenque im 18. Jahrhundert kam etwas Methode in die Erforschung der Anlagen, auch wenn es zunächst um den Nachweis ging, daß nur ein europäisches Volk derartige architektonische Leistungen vollbracht haben könne: Die Theorie von einer Kolonie der Römer in Mittelamerika hielt sich fast ein Jahrhundert.

Ähnlich absurd wie die Theorien waren die Methoden der Forschung vor Ort: Im Auftrag von König Karl III. wirkte ein Artilleriehauptmann namens <u>Antonio del Rio</u> in Palenque, wo er die Urwaldbäume mit Hilfe von

Sprengstoff fällte und sie anschließend verbrannte. Ungeheure Schäden an den Gebäuden waren die Folge.

Auch der böhmische Maler und selbsternannte französische "Graf" Jean Frédéric de Waldeck versuchte noch zu Beginn des 19. Jahrhunderts die Theorie zu beweisen, daß die Maya- Kultur aus Europa oder dem Orient stamme. Über ein Jahr hielt er sich in Palenque auf und fertigte Zeichnungen von Gebäuden und Inschriften an, wobei er es mit der Wahrheit nicht so genau nahm, wenn diese seinen Theorien zu widersprechen drohte: Die von ihm abgezeichneten Figuren besitzen häufig ägyptische Gesichtszüge oder Körper gemäß dem griechischen Schönheitsideal.

Seriosität brachte vor allem der Amerikaner John Lloyd Stephens in die Maya- Forschung. Er bereiste zwischen 1839 und 1841 mehrfach Guatemala und die Halbinsel Yucatán und verfaßte anschließend ein Buch über sein Abenteuer, das für die damalige Zeit ein Bestseller war: zwölf Auflagen bereits im ersten Jahr. Der Erfolg verdankte sich hauptsächlich einer Kombination von spannender Reiseerzählung und archäologischen Schilderungen.

Für die Maya- Forschung von unschätzbarem Wert waren die Illustrationen des Buches, angefertigt von Stephens' Begleiter Frederick Catherwood, der in mühseliger Kleinarbeit Inschriften und Bilder auf Stelen und Tempelwänden kopierte. Heute längst nicht mehr erhaltene Inschriften zeichnete er mit Hilfe einer Art 'camera obscura' so detailgetreu, daß sie noch immer für Forschungszwecke verwendet werden können.

OBEN: John Lloyd Stephens. UNTEN: Forscherlager im Urwald von Yucatán

CATHERWOOD: gigantischer Kopf in der Pyramide von Izamal

Stephens' Veröffentlichung brachte das Interesse an den Maya sprunghaft voran: In der zweiten Hälfte des 18. Jahrhunderts zog es viele Gelehrte und Privatleute zu den Ruinen in Mexiko, Guatemala und Honduras. Besonderes Verdienst erwarb sich dabei Edward Herbert Thompson, amerikanischer Konsul in Yucatán. Um das riesige Ruinenfeld von Chichén Itzá vor Plünderungen zu sichern, kaufte er kurzerhand das gesamte

LINKS: Catherwood Ausstellung in New York. — UNTEN: der berühmte Kalenderstein (Azteken). Er befand sich in Tenochtitlán, Details siehe dort

1824: erste Ausstellung mexikanischer Funde in London, der Kalenderstein, - links Phantasiefigur einer Schlange, - recht

Gelände und begann mit den Ausgrabungen. Mit Baggern und Tauchern ging er dem "Cenote", dem Heiligen Brunnen, auf den Grund und barg Opfergaben und Skelette.

Überall im Maya-Gebiet waren um die Jahrhundertwende Gelehrte unterwegs, um zufällig entdeckte Ruinen zu erforschen oder systematisch nach neuen Ausgrabungsstätten zu suchen. Nach und nach beteiligten sich auch öffentliche Institutionen wie Stiftungen oder Universitäten an den Ausgrabungen und sorgten damit für mehr Kontinuität.

ERSTE FOTOGRAFIEN:
Nach der Erfindung der Fotografie durch L.J. Daguerre 1837 und deren Weiterentwicklung machten sich Fotografen mit schwerem Gepäck auf die Reise nach Yucatán, um die Fundstätten mit fotografischen Mitteln abzulichten.

Der Franzose Charnay war fasziniert vom Reisebericht Stephens' und konnte 1857 finanzielle Mittel vom franz. Bildungsministerium erwirken. Ihm sind die ersten Fotos der archäologischen Stätten zu verdanken, die zugleich den Stand der Freiräumungsarbeiten zeigen, zudem auch die Tempel vor

C.J.D. Charnay

Alfred P. Maudslay

der Mitte oatlicue

PALENQUE/YUCATAN: der Urwald wird gerodet, stark beschädigter Tempel

ihrer "Restaurierung", in deren Folge einiges "hinzugebaut" wurde. Seine Aufnahmen entstanden ab 1859. Neben Stativen und Kameras mußte er noch die Chemikalien und das Labor für die Entwicklung der Filmplatten auf Maultieren mittransportieren, da wegen des damaligen Standes der Fotografie die Platten umgehend entwickelt werden mußten. Das Gepäck wog knapp 2 Tonnen! Seinen ersten Bildband veröffentlichte er 1863. Weitere Foto-Expeditionen führten ihn zwischen 1863 und 1880 nach Mexiko. Seine berühmteste Publikation ist der 1885 erschienene Band "Die alten Städte der

Neuen Welt", ein Werk, das die archäologischen Stätten Mexikos der Weltöffentlichkeit präsentierte und zu weiteren Expeditionen motivierte.

Der andere große Maya-Fotograf war der Engländer <u>Alfred P. Maudslay</u>, der neben Mexiko auch Guatemala und Honduras in vielen Expeditionen bereiste, um von archäologischen Stätten Fotos anzufertigen. Maudslay, ursprünglich als Kolonialbeamter in Mexiko angestellt, war von seinen zunächst als Hobby durchgeführten Forschungen so begeistert, daß er sich bald ausschließlich diesen widmete. Er lernte Charnay kennen, der ihm seine Technik des <u>3- dimensionalen Abdrucks</u> mittels übereinandergelegter, nasser Zeitungen zeigte. Sie wurden anschließend in der Sonne bzw. über offenem Feuer getrocknet, heute ausgestellt im "Musée de l'homme" in Paris.

Maudslay setzte ab 1882 verbesserte Technologien der Fotografie ein; neue Erfindungen erforderten nicht mehr das umgehende Entwickeln der belichteten Negative. Dies reduzierte das Reisegepäck erheblich, da nicht mehr ein komplettes Fotolabor mit Chemikalien zur Vorort-Entwicklung mitgeschleppt werden mußte.

UXMAL/Yucatán: Fotografie von Charnay 2. Hälfte 19. Jhd., die belichteten Platten mußten vor Ort sofort entwickelt werden, was wegen mitgeführten Laboratorien und Chemikalien erheblichen Reiseballast bedeutete.

Zugleich entwickelte Maudslay das <u>Verfahren des 3- dimensionale Abdrucks</u> von Charnay weiter, indem er Gips beimischte, was den Abdrücken Stabilität gab, - allerdings auch erhebliche zusätzliche Transportprobleme zu den abgelegenen Maya Ruinen bedeutete: hinwärts mußte der Gips rangeschafft werden (je nach "Aktivitäten" Maudslays bis zu 4 Tonnen/Jahr), - und den Retourtransport der zerbrechlichen Abdrücke, die allerdings auf internationalen Ausstellungen in Europa sehr gefragt waren.

Maudslay hatte bei seinen Forschungsarbeiten keine finanziellen Probleme, da er als Sohn eines reichen Industriellen mit Geld unterstützt wurde.

Wichtige Leistungen in der frühen Maya- Forschung erbrachte auch <u>Teobert Maler</u>, 1842 in Rom geboren als Sohn deutscher Eltern. Für Kaiser Maximilian I., der Mexiko regierte (siehe Seite 156), diente Maler in der mexikanischen Armee bis 1867. Anschließend Privatreisen in Mexiko zu wichtigen archäologischen Stätten wie Mitla und Palenque, sowie Anfertigung von Fotos.

Wegen eigener Erbschaftsstreitigkeiten mußte er 1878 nach Europa zurück und wertete dort seine Mexikoreisen in Fotos, Abhandlungen und Vorträgen aus, die ihm interna-

Geschichte 127

TRANSPORT-PROBLEME: Sie waren erheblich für die Forscher im 19. Jhd., da die archäol. Stätten fast ausschließlich über viele 100 km lange Maultier-Pfade zu erreichen waren. Bei fast 2 Tonnen Fotogepäck (siehe Charnay) waren jede Menge Träger, Pferde und Esel nötig. OBEN: Forscher in strömendem Regen und Lady Maudslay.

tionalen Ruf brachten und ihn motivierten, sich intensiv mit der damals bestehenden Literatur zu Mexiko zu beschäftigen.

Zwischenzeitlich waren die Erbschaftsangelegenheiten positiv abgeschlossen, und das kleine Vermögen konnte in eine neue Forschungsreise <u>1884</u> nach Mexiko investiert werden. Maler fotografierte hierbei eine Vielzahl neu entdeckter Maya- Stätten sowie <u>1895</u> Petén. Wegen seiner Leistungen beauftragte ihn <u>1898</u> die Harvard University mit weiteren Expeditionen zu Ruinenstätten, die teils zum ersten Mal von Maler beschrieben, kartografiert und fotografiert wurden.

Teobert Maler (1842-1917)

Ständig kamen neue Fundstätten hinzu, entdeckt von <u>Kautschuksammlern</u>, <u>Holzfällern</u> oder <u>Ölsuchern</u>. Erst ins 2o. Jahrhundert fiel die Entdeckung so berühmter Orte wie Cobá (1926), Bonampak (1946) oder Chicanná (1966). Einer der sensationellsten Funde war die Grabkammer im Tempel der Inschriften von Palenque, die der mexikanische Archäologe <u>Ruz Lluillier</u> von 1949 bis 1952 freilegte: Zum ersten Mal hatte man in einer Pyramide der Maya eine Grabstätte mit wertvollen Kultgegenständen gefunden.

Noch heute werden gelegentlich kleinere Ruinenanlagen aufgespürt. Mit der Entdeckung größerer Maya- Stätten ist allerdings nach dem schon vor längerer Zeit erfolgten Einsatz von Luftbildern und Satellitenaufnahmen nicht mehr zu rechnen.

Daß Maya- Archäologie trotzdem noch spektakuläre Erfolge aufweisen kann, zeigte sich 1994 wiederum in Palenque: Dort fanden die mexikanischen Forscher Arnoldo González und Fanny López unter den Ruinen von Tempel XIII ein Fürstengrab mit einem Skelett, dem vielfältiger Jadeschmuck beigegeben war. Dieser Fund beweist, daß selbst in bedeutenden und intensiv erforschten Ruinenanlagen noch längst nicht alle vorhandenen Spuren der Maya-Kultur zum Vorschein gekommen sind.

DIE AZTEKEN

Gemessen an der jahrtausendealten Geschichte der präkolumbianischen Indiovölker Mittelamerikas war die Aztekenkultur noch im Kindesalter, als die Spanier sie zerstörten. In nur zwei Jahrhunderten stiegen die Azteken von einem unbedeutenden Stamm zur beherrschenden Macht in Zentralmexiko auf. Mit Tenochtitlán hatten sie eine Hauptstadt errichtet, vor deren legendärem Glanz und pulsierendem Leben selbst die Konquistadoren erblaßten.

Die Herkunft

Zusammen mit anderen kriegerischen Stämmen wanderten sie im 13. Jahrhundert aus dem mexikanischen Norden ins Valle de México ein. Bei ihrer Ankunft im Hochtal von Mexiko fanden die Azteken allerdings keinen freien Siedlungsraum vor. Zahlreiche andere Stämme hatten das Gebiet längst unter sich aufgeteilt. Da sie auch nicht stark genug waren, diese zu verdrängen, traten sie als Söldner in die Dienste der Tolteken. In vielen Feldzügen gegen Nachbarstämme erwiesen sie sich als hervorragende Krieger, mußten aber nach dem Untergang der Toltekenhauptstadt Tula weiterziehen.

Auch rund um den riesigen Texcoco-See (siehe auch S. 181), wo sie sich in der Folgezeit niederließen, lebten die Stämme nicht gerade in friedlicher Eintracht, so daß die Mexica wiederum als Söldner genügend zu tun

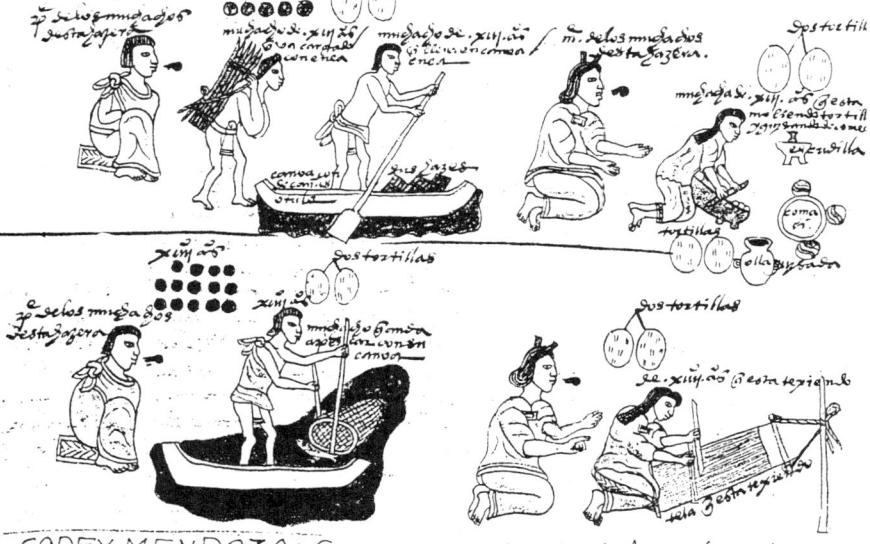

CODEX MENDOZA: Szenen aus dem täglichen Leben der Azteken

hatten. Doch im Laufe der Zeit emanzipierten sie sich von den anderen Stämmen und unternahmen Beutezüge auf eigene Faust. Zunächst blieb ihnen jedoch als Siedlungsgebiet nur eine sumpfige Insel im Texcoco-See. Als sie dort einen Adler sahen, der eine Schlange verzehrte, erblickten sie in diesem Zeichen die Erfüllung einer Prophezeiung und gründeten 1345 an dieser Stelle ihre Hauptstadt <u>Tenochtitlán</u>. Der Adler und die Schlange finden sich noch heute im mexikanischen Staatswappen.

<u>GRÜNDUNG</u> der Hauptstadt Tenochtitlán 1345

Die Azteken selbst nannten sich seit Beginn ihrer Wanderung "<u>mexica</u>", in Anlehnung an einen ihrer frühen Herscher mit Namen mexícatl. Da sie behaupteten, im mythischen Ort Aztlán ihren langen Weg begonnen zu haben, bekamen sie von den Nachbarvölkern den Namen "aztecas".

Das mächtige Tenochtitlán

Zwar besaßen die Azteken auf ihrer Insel nur sehr wenig nutzbaren Boden, doch aus dieser Not machten sie eine Tugend: Sie verankerten auf dem Grund des flachen Sees schwimmende Inseln aus Schilf und Erde, auf denen sie Landwirtschaft betrieben. Damit waren sie von Regenfällen vollkommen unabhängig, brachten mehrere Ernten pro Jahr ein und konnten die wachsende Bevölkerung ernähren.

Mit der Ausbreitung dieser schwimmenden Inseln, "<u>chinampas</u>" genannt, entwickelte sich auch die Stadt selbst. Es entstanden Wohngebiete und ein zeremonielles Zentrum. Mit der Zeit bauten die Bewohner Deiche, die ihre Stadt mit dem Festland verbanden und als Straßen dienten. Zwischen den Wohnvierteln legten sie ebenfalls Verkehrswege an, die ein eigentümliches Aussehen hatten: Die eine Hälfte bestand in einem befestigten Weg, direkt daneben verlief ein Kanal, auf dem die Bauern per Kanu zu ihren Feldern gelangten und Waren transportiert werden konnten.

Als die spanischen Eroberer die Stadt erreichten, fanden sie eine ausgedehnte Stadt vor, die mitten im See lag und von unzähligen Kanälen durchzogen war. Dazu sauber, phantastisch organisiert und voll Leben.

Nicht weniger als 3oo.ooo Menschen lebten dort. Die Häuser hatten alle einen kleinen Vorgarten, der zum Kanal hinführte, und Brücken überspannten die Wasserwege. Im Zentrum befand sich der Hauptplatz mit einer Größe von 183 x 67 m, auf dem die wichtigsten Tempel der Azteken standen.

Cortés und seine Leute waren überwältigt. Der abgebrühte Konquistador

LINKS: Fischen im See. OBEN: die "chinampas" (Schwimmende Inseln im See. Deutlich zu sehen die seitlichen Pflöcke).

ließ sich in seinen Briefen an Kaiser Karl V. zu gewaltigen Lobeshymnen hinreißen und scheute sich nicht, Tenochtitlán mit Sevilla und Córdoba zu vergleichen. Was ihn besonders wunderte, war, daß ein Volk von sogenannten Barbaren, die nicht einmal den richtigen Gott anbeteten, zu solch einer Leistung fähig war.

Die Märkte

Den immensen Reichtum der Stadt erlebten die Spanier vor allem auf den öffentlichen Märkten von Tenochtitlán, die in verschiedenen Stadtvierteln lagen. Zum größten dieser Märkte, "tlatelolco", kamen täglich 6o.ooo Menschen, um zu kaufen und zu verkaufen. Die Warenfülle war so riesig, daß Cortés im Brief an den Kaiser mehrere Seiten brauchte, um alle Produkte aufzuführen, die er dort gesehen hatte.

Neben jeglicher Art von Tieren und Federvieh gab es Obst und Gemüse in Hülle und Fülle, Honig, medizinische Kräuter, Edelsteine und Silberschmuck, Keramik und Lederwaren. Außerdem existierten Häuser, in denen man gegen Geld eine Mahlzeit bekam: aztekische Restaurants.

Das Getümmel auf dem Markt hatte allerdings auch seine spezielle Ordnung: Es gab ein gutes Dutzend Amtspersonen, die jegliche Art von Streitigkeiten schlichteten, die bei den Transaktionen aufkommen konnten. Zahlreiche Kontrolleure waren unablässig unterwegs, untersuchten die Qualität der angebotenen Waren und prüften die Korrektheit der verwendeten Waagen nach. Bezahlt wurde mit Kakaobohnen oder Goldstücken, die beide gleichermaßen Geldfunktionen erfüllten.

Der Markt war der einzige Ort, an dem in Tenochtitlán Waren gehandelt werden durften. Das hatte einen simplen Grund: Am Eingang wurde auf jeden herbeigeschafften Gegenstand eine Abgabe erhoben, die in die Kassen des Herrschers floß und die er sich natürlich nicht entgehen lassen wollte: eine präkolumbianische Form der Mehrwertsteuer mit Kontrollmechanismen gegen die Steuerflucht.

Die Produkte kamen in ihrer Mehrzahl nicht aus Tenochtitlán selbst, sondern wurden aus den unterworfenen Landesteilen herbeigeschafft. Die dortigen Stämme hatten ihren regelmäßigen Tribut zu entrichten, der bei nahegelegenen Orten alle 80 Tage eingefordert wurde. Weiter entfernt wohnende Stämme mußten einmal pro Jahr ihre Tributzahlungen abliefern. Welche Mengen zusammenkamen, läßt sich daraus ersehen, daß pro Jahr allein 2 Millionen Baumwollumhänge die Märkte von Tenochtitlán erreichten.

Die soziale Struktur

Nicht alle Azteken partizipierten jedoch gleichermaßen an den Tributzahlungen und dem außerordentlichen Reichtum der Stadt. Den Hauptanteil behielten der Herrscher und die obere Schicht, die damit auch die Pyramiden- und Tempelbauten finanzierten.

Der Aztekenherrscher selbst besaß zwar uneingeschränkte Macht, doch war er zumindest bei der Thronbesteigung von seinen Untertanen abhängig. In Tenochtitlán gab es nämlich eine eigentümliche Mischung im System der Herrschaftsnachfolge: Der Nachfolger eines verstorbenen Herrschers rekrutierte sich zwar aus dessen Verwandtschaft, auf wen aber die Wahl fiel, das bestimmte eine Art "Kronrat". Die höchsten Priester, verdiente Krieger und Vertreter einflußreicher Familien kamen zusammen und wählten die ihrer Meinung nach am besten geeignete Person aus.

Unterhalb der Herrscherfamilie gab es in der gesellschaftlichen Hierarchie eine Schicht von Adligen. Für einen Teil dieser Gruppe war der Adelstitel erblich, nämlich für alle diejenigen, die nachweisen konnten, daß ihre Vorfahren mit den Tolteken aus Tula verwandt waren.

Neben diesem erblichen gab es auch den erworbenen Adel: Erfolgreiche Krieger bekamen Land und Sklaven geschenkt, womit sie in die einflußreiche Gesellschaftsschicht aufstiegen. Deren Söhne aber konnten sich auf diesen Lorbeeren nicht ausruhen. Sie mußten selbst wieder außergewöhnliche Leistungen vollbringen, um im Stand ihrer Eltern verbleiben zu können.

Gelegenheit zur Auszeichnung bekam die junge Generation allerdings ausreichend. Mit sechs Jahren kamen die Jungen in eine militärische Schulung. Und als Zehnjährige durften (oder mußten) sie bereits an den Feldzügen teilnehmen. Wer dabei hervortrat, konnte seinen Aufstieg in der

Geschichte 133

CODEX MENDOZA: zeigt in den ersten beiden Reihen, wie ein Priester, je mehr Gefangene er hat, aufsteigt in Form repräsentativerer Kleidung. In der 3. Reihe sind Beamte dargestellt, - in der 4. Reihe sind Militärführer zu sehen, geschmückt mit Federn.

Kriegerkaste beginnen und schließlich in der obersten Hierarchie der Krieger landen. Dann durfte er sich das charakteristische Jaguarfell über den Rücken werfen oder einen Helm in Form eines Adlerkopfes tragen.

Wer nicht als Krieger vorankam, dem blieb noch die Karriere im Priesteramt, die ebenfalls jedem offenstand. Dabei mußte er sich allerdings verpflichten, nur für die Götter dazusein und auf eine Heirat zu verzichten: ein präkolumbianisches Zölibat.

Auf der nächsten Stufe der sozialen Rangordnung standen die Handwerker, die allgemeines Ansehen genossen. Auch sie besaßen noch gewisse Privilegien, wurden nicht zur Feldarbeit herangezogen und mußten keinen Militärdienst leisten. Besonders geschätzt waren vor allem die Gold- und Silberschmiede. In der Regel gaben die Handwerker ihr Wissen an die Söhne weiter, so daß diese Gesellschaftsschicht eine in sich geschlossene Gruppe bildete. Dies drückte sich auch darin aus, daß die jeweiligen Berufsgruppen in einem bestimmten Stadtviertel von Tenochtitlán zu Hause waren.

Eine Stufe unter den Handwerkern standen die freien Bauern, die sowohl eigenes Land bewirtschafteten als auch die Felder des Herrschers zu bestellen hatten. Manch einer dieser Bauern verschuldete sich jedoch so sehr, daß er sich zeitweise als Sklave an einen Adligen verkaufen mußte. Hatte er seine Schuld abgearbeitet, war er wieder frei.

Diese Möglichkeit hatten die normalen Sklaven nicht. Sie waren zumeist Gefangene aus den Kriegs- und Beutezügen der Azteken. Dabei handelte es sich allerdings in der Regel um Frauen und Kinder, da mit den Männern kurzer Prozeß gemacht wurde. Man opferte sie den aztekischen Göttern.

Die Welt der Götter

Das gesamte Leben der Azteken bestimmte sich aus ihrem Glauben an eine komplizierte Welt von Gottheiten und Vorsehungen. Nach ihrer Überlieferung wurde die Welt nicht bloß einmal erschaffen, sondern mehrere Götter hatten sich daran versucht. Nach vier vorangegangenen Experimenten, die alle nach einer bestimmten Zeit ihr Ende fanden, hatte sich der Gott Quetzalcóatl an die Aufgabe gemacht, eine neue, fünfte Welt zu erschaffen.

Nachdem er die Knochen der früheren Lebewesen gesammelt und zermahlen hatte, verlangte er von anderen Gottheiten deren Blut, um es mit dem Knochenstaub zu mischen. So entstand die gegenwärtige Menscheit. Die Götter hatten ihr Blut dafür hergegeben. All dies soll nach Auffassung der aztekischen Mythologie geschehen sein in Teotihuacán, wo die Azteken die gewaltigen Pyramiden einer längst versunkenen Kultur vorgefunden hatten. Die monumentalen Pyramiden dieser Stadt waren größer als alle sonstigen Bauwerke der prähispanischen Völker und sind auch heute noch erhalten.

Doch die Götter gaben nicht nur ihr Blut für den Menschen. Zwei von ihnen warfen sich ins Feuer und schufen auf diese Weise die Sonne und den Mond. Wieder andere opferten ihr Blut, damit die beiden Gestirne in Bewegung kamen und täglich aufs Neue ihren Weg zurücklegen konnten.

Die Azteken zeigten sich diesen Göttern gegenüber, die ein kollektives Opfer für die Menschheit erbracht hatten, keineswegs undankbar. Einerseits wollten sie ihnen das Blut zurückgeben, das für sie geflossen war, andererseits brauchten auch Sonne und Mond ständig neues Blut, um ihre

AZTEKEN-KRIEGER in Jaguarfell, Codex Ixtililxochitl, - heute in der Bibl. Nacional/Paris.

LISTE von Steuerabgaben unterworfener Stämme an die Aztekenherrscher.

BLUTOPFER: Zelebriert von der Priesterkaste, damit die Sonne ihren Lauf fortsetzt. Die Opfer waren in der Regel Sklaven, die man zu diesem Zweck bei Kriegszügen einfing.

Bewegung fortsetzen zu können.

In immer neuen Kriegszügen verschafften sich die Azteken daher nicht nur die <u>Tributzahlungen</u> unterworfener Völker, sondern mit den gefangenen Kriegern hatten sie auch die Menschen, mit denen sie den Göttern und der Sonne das notwendige Opfer zukommen lassen konnten. Auch in Zeiten, in denen keine Eroberungen anstanden, zettelten sie daher Kriege mit ihren Nachbarn an, und zwar nur zu dem Zweck, Gefangene für die Opferzeremonien zu bekommen.

Um das Jahr 1500 führten sie einen zweijährigen Krieg, bei dem sie rund 20.000 Gefangene machten. Diese wurden an einem einzigen Tag zur Einweihung eines neuen Tempels geopfert. Man schnitt den feindlichen Kriegern bei lebendigem Leibe das Herz heraus und hielt es der Sonne entgegen.

In der neueren Forschung gibt es inzwischen allerdings einige Stimmen, die Zweifel an den Opferriten der Azteken anmelden und deren Beschreibung als Propagandakampagne von Cortés ansehen, mit der er seine eigenen Verbrechen rechtfertigen wollte. Sie deuten auf Ungereimtheiten und Widersprüche in den Berichten der spanischen Chronisten hin, die selbst gar nicht Zeugen von Menschenopfern gewesen sein konnten.

Übertreibungen und Lügen der Konquistadoren seien später zur selbstverständlichen Grundlage der historischen Forschung geworden, die mit diesen Vorurteilen an die Deutung von Bilderschriften und Reliefs herangegangen sei. Bei den blutigen Szenen, die sich in den Überlieferungen präkolumbianischer Kulturen tatsächlich finden, handele es sich nicht um realistische Darstellungen von Opferszenen, sondern um Symbole und religiöse Mythen. Ob Menschenopfer oder nicht, die Azteken lebten jedenfalls in einer ständigen Angst vor dem Untergang der Welt.

Schließlich waren nach ihrer Vorstellung bereits vier vorangegangene Welten versunken, der jetzigen mußte vermutlich das gleiche Schicksal widerfahren, wenn es nicht gelang, die Sonne in Bewegung zu halten.

Da die Azteken von den <u>Maya</u> das <u>doppelte Kalendersystem</u> übernommen hatten, nach dem das magische Jahr und das Sonnenjahr sich alle 52 Jahre einmal überschneiden, fixierten sie ihre Ängste auf diesen Zeitpunkt, für den die Priester den Untergang des Universums prophezeiten. Je näher der magische Tag kam, desto mehr Opfer waren nötig, um vielleicht doch noch einmal über die Runden zu kommen.

In dieser panischen Angst vor dem Ende lebte vor allem der Aztekenherrscher <u>Moctezuma</u>. 1519 erreichte ihn die Nachricht, daß weiße, bärtige Männer (die Spanier unter Hernan Cortés) in riesigen Schiffen die Küste Yucatáns erreicht hatten. Er war sich nicht sicher, ob es sich bei diesen Männern um die "Götter" handelte, die das Aztekenreich gegen den Untergang beschützten, - oder ob diese Männer der Grund des vorhergesagten Unterganges seien.

Zunächst beschenkte er die Ankömmlinge reichlich - zum Abtransport des Goldes, Silbers, der Stoffe und Edelsteine benötigten die Spanier gemäß Chronistenberichten 100 Lastenträger... Weiterer Gang der Dinge und Eroberung der Hauptstadt Tenochtitlán siehe Seite 177.

Geschichte 137

Christoph Columbus

DIE KONQUISTA

Bereits Christoph Kolumbus erhielt auf seinen vier Reisen 1492- 15o4 von den Indianern die Nachricht, daß sich im Landesinneren das "El Dorado" befände: große Gold- und Silberschätze. Dies berichtete er seinem Auftraggeber, dem spanischen König, - wohl auch, um neue Gelder für seine Expeditionen locker zu machen. Gefunden wurden diese "Schätze" während seiner Reisen jedoch nicht.

Die Hoffnungen auf den sagenhaften Reichtum in der Neuen Welt waren auch bis 1518 nicht in Erfüllung gegangen. Zwar hatten sich auf den karibischen Inseln (insbesondere auf Hispaniola, heutiges Haiti) zwischenzeitlich einige spanische Kolonisten ausgiebigen Landbesitz verschafft. Auch die spanische Krone hatte von den bis dahin gemachten Entdeckungen profitiert. Doch der ganz große Wurf oder gar die Entdeckung des ersehnten "El Dorado" war noch nicht gelungen.

In dieser ungeklärten Situation hielt sich das spanische Königshaus zunächst aus der Finanzierung weiterer größerer Unternehmungen heraus und ermutigte privat finanzierte Entdeckungsfahrten. Im Erfolgsfall gab es dann für die Eroberer einen Titel sowie einen von der Krone garantierten Landbesitz. Die dort getätigten Gewinne mußten zu festgesetztem Prozentsatz an die spanische Krone abgeführt werden.

Die Kunde der neu entdeckten Gebiete und die Fama des "El Dorado" verhießen Reichtum, und Privatunternehmer finanzierten Expeditionen. Die Mannschaft fand sich schnell und ließ sich leicht mit den angeblichen Schätzen und neu zu entdeckenden Landstrichen ködern. Viele von ihnen waren auch so verschuldet, daß sie in derartigen Reisen die Chance sahen, ihren Schuldenberg abzubauen.

Von Kuba aus schickte der dortige Gouverneur Diego de Velázquez eine Expedition an die mittelamerikanische Küste, die zunächst jedoch lediglich Kontakt mit feindlich gesinnten Indios und keinerlei überzeugende Hinweise auf das Vorhandensein von größeren Mengen Gold bekam. Trotzdem hielt sich die Mär von einem sagenhaft reichen Land im Innern Mexikos. Nicht ganz verständliche Aussagen einiger Indios wurden in dieser Hinsicht gedeutet. Der unermüdliche Diego de Velázquez rüstete daher 1519 noch einmal eine kleine Flotte aus, deren Kommando er <u>Hernán Cortés</u> anvertraute.

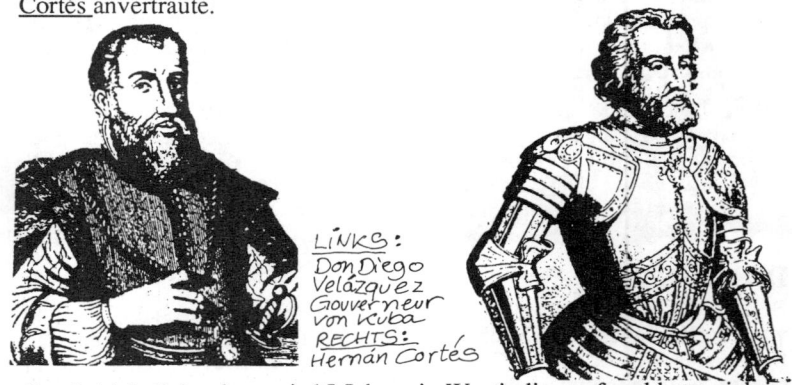

LINKS: Don Diego Velázquez Gouverneur von Kuba
RECHTS: Hernán Cortés

Cortés hielt sich schon seit 15 Jahren in Westindien auf und hatte sich im Gefolge von Velázquez einigen Landbesitz und Reichtum verschafft. Den Auftrag des Gouverneurs sah er als seine persönliche Chance, an die ungeahnten Schätze des neuen Landes heranzukommen. Nach einem kurzen Scharmützel mit feindlich gesinnten Indianern in der Region Tabasco landete Cortés am <u>21. April 1519</u> in der Nähe des heutigen Veracruz.

Er bekam bald Kontakt mit den Abgesandten des Aztekenherrschers <u>Moctezuma</u>, der von der Anwesenheit der Fremdlinge erfahren hatte und sie durch wertvolle Geschenke zum Abzug bewegen wollte. Die Leute von Cortés scheuten die Gefahren eines weiteren Vordringens. Sie waren mit dem bisherigen Ergebnis hochzufrieden und wollten zurück nach Kuba. Doch Cortés ließ sich nicht beirren. Er witterte angesichts der reichen Geschenke noch größere Reichtümer im Landesinneren und verbrannte die Schiffe, um seine Leute zum Bleiben zu zwingen. Eine Rückkehr war fürs erste unmöglich, und der Eroberungszug konnte beginnen.

WAFFEN DER SPANIER

Am <u>23.9.1519</u> wurde Tlaxcala (7o km östlich der Aztekenhauptstadt) erobert. Die wenigen spanischen Soldaten machten durch ihre überlegene Bewaffnung und ihre Pferde großen Eindruck auf die Indiostämme, durch deren Gebiet die Truppe von Cortés zog. Schnell erkannten sie in den weißen Männern die Chance, sich von der Herrschaft der Azteken zu befreien, so daß sie sich dem Zug anschlossen. Wer Widerstand leistete, wie z.B. die Bewohner Tlaxcalas, wurde besiegt und zusätzlich durch Massaker eines besseren belehrt.

Die Eroberung der Hauptstadt Tenochtitlán benötigte ab <u>November 1519</u> mehr als <u>2o Monate</u>, bei dem erheblicher Widerstand geleistet wurde, aber auch Seuchen die Hauptstadt heimsuchten. Am <u>13. August 1521</u> fiel die Stadt in die Hände der Eroberer und wurde dem Erdboden gleichgemacht. Der Bericht von Hernan Cortés an seinen Herrscher in Spanien schildert das Grauen, das die Eroberer hier anrichteten.

Mit der <u>Eroberung Tenochtitláns</u> hatte Cortés zugleich die Grundlage geschaffen, um Mexiko zu erobern, da hier der militärisch stärkste Stamm überwältigt und besiegt worden war. Spanischer Truppennachschub sowie das Ausspielen verfeindeter Indio- Stämme gegeneinander machten es Cortés leicht, sich innerhalb weniger Jahre in den Besitz großer Teile Mexikos zu bringen.

Während <u>1522</u>, also 3 Jahre nach dem Landgang Cortés', nur 18 spanische Schiffe über den Atlantik nach Mexiko gefahren waren, stieg der Schiffsverkehr bis <u>155o</u> bereits auf mehr als 1oo Schiffe/Jahr an. An Bord befanden sich Abenteurer, Soldaten und Beamte.

Drehscheibe war <u>Hispaniola</u>, wo die spanischen Schatzschiffe mit Silber aus der südamerikan. Potosi- Mine (heutiges Bolivien) eintrafen, aber auch Schatzladungen aus Mexiko, und dort zunächst von der Mine in <u>Taxco</u>, deren Silberschätze bereits den Azteken bekannt waren.

In den folgenden drei Jahrhunderten spanischer Kolonialherrschaft in <u>Mexiko</u> wurden mehr als 3.ooo Minen erschlossen. Zusammen mit der Potosi- Mine in Südamerika brachten sie unermeßlichen Reichtum für Spanien, der gemäß zeitgenöss. Berichte so groß war, daß man eine "silberne Brücke" über den Atlantik nach Spanien hätte bauen können. Die Silberförderung deckte damals rund 2/3 des Weltbedarfes und stärkte Spanien finanziell in innereuropäischen Kriegen.

Parallel zur spanischen <u>Ausbeutung der Minen</u> verlief die <u>Ausrottung</u> und <u>Missionierung der Indianer</u>. Sie wurden des "besseren" Glaubens bekehrt, zugleich dezimierten eingeschleppte Seuchen die Bevölkerung. Außerdem Verpflichtung zu Zwangsarbeit. In nur 5o Jahren nach Ankunft der Spanier in Mexiko dezimierte sich die Indiobevölkerung auf gut ein Zehntel.

Auf der anderen Seite eigneten sich einige spanische Adlige riesige Ländereien an und begannen die Ausbeutung des neugewonnenen Landes nach allen Regeln der Kunst. Cortés zum Beispiel erhielt für seine Eroberung vom spanischen König den Titel eines "Marqués del Valle de Oaxaca". Hiermit standen ihm die damit verbundenen Landstriche samt dort vorhandener Indianerbevölkerung zur freien Verfügung.

DAS SPANISCHE KOLONIALSYSTEM

Für die Mexikaner ist die knapp 3oo Jahre dauernde Epoche der Kolonialzeit kein wichtiger Teil ihrer Geschichte. Sie betrachten sie als ein historisches Zwischenspiel der Ungerechtigkeit, Ausbeutung und Unterdrückung. Trotzdem läßt es sich nicht leugnen, daß die Kolonialherrschaft einschneidende Spuren auch im heutigen Mexiko hinterlassen hat.

Die Auswanderung

Nach der Entdeckung der Neuen Welt erließ die spanische Staatsgewalt Gesetze, die die Auswanderung nach Amerika riguros einschränkten. In Sevilla gab es ab 15o3 eine eigene Behörde, die die entsprechenden Genehmigungen erteilte. Man fürchtete einen Abfluß von Arbeitskraft aus dem eigenen Land. Besonderen Widerstand leisteten vor allem die spanischen Feudalherren dagegen, daß ihre Bauern die Genehmigung zur Ausreise erhielten.

Erst sehr viel später, als die Kolonien sich ständig vergrößerten, zwang der Bedarf an Soldaten und Siedlern die Spanische Krone, diese Bestimmungen zu lockern und mehr Interessierten die Ausreise zu genehmigen. Am Ende mußte sogar die Werbetrommel gerührt werden, um genügend Menschen dazu zu bewegen, sich auf den weiten und beschwerlichen Weg zu machen.

Die Lösung anderer europäischer Kolonialmächte, Kriminelle und verurteilte Gefangene in die Kolonien zu schicken, wurde von Spanien allerdings nie praktiziert. Daß trotzdem allerlei zwielichtiges Gesindel in der Neuen Welt auftauchte, lag in der Natur der Eroberungs- und Beutezüge, die schnellen und einfach zu verdienenden Reichtum versprachen.

Im 16. Jahrhundert gingen etwa 3oo.ooo Spanier in die amerikanischen Kolonien. Viele von ihnen blieben jedoch nur zeitweise und kehrten nach einigen Jahren entweder mit gefüllten oder mit leeren Taschen in die Heimat zurück.

Die Kolonialverwaltung

Wer sich entschied, in den Kolonien zu bleiben, wurde schon sehr bald mit der Tatsache konfrontiert, daß der spanische Staat kein großes Interesse an einer eigenständigen Entwicklung der neu entdeckten und kolonisierten Länder hatte: Er wollte sie lediglich für die konsequente Vermehrung des heimischen Reichtums einsetzen.

Dies fing bereits damit an, daß der "verdienstvolle Konquistador" Hernán

Cortés zwar von seinem König ausgiebig mit Ländereien beschenkt, die Regierungsgewalt ihm jedoch nicht anvertraut wurde. Ein ziemlicher Affront für den alten Haudegen. Stattdessen setzte ihm der spanische Herrscher einen Vizekönig vor die Nase, der in seinem Auftrag die absolute Befehlsgewalt in Mexiko erhielt. Auch der Name der neuen Kolonie zeigt die Unterordnung unter Spaniens Krone: "Nueva España", Neu-Spanien.

Das Vizekönigreich dauerte von 1535 bis 1821 und reichte am Ende von Costa Rica im Süden bis nach Kalifornien im Norden. Außerdem gehörten dazu Karibikinseln wie Kuba und Haiti. Hauptstadt war die neugegründete "Ciudad de México", erbaut auf den Trümmern der Aztekenstadt Tenochtitlán.

Für Kaiser Karl V. und die späteren spanischen Herrscher hatten die Kolonien einen einzigen, simplen Zweck: Ausbeutung und Heranschaffung von Reichtümern, die auf direktem Wege in die Staatskassen zu fließen hatten. Denn Spanien als führende Macht des Katholizismus in Europa hatte ungeheure finanzielle Verpflichtungen, die aus den ständigen Glaubenskriegen herrührten, die ja nicht der Papst in Rom bezahlte.

Luxusbedürfnis und Verschwendung am Hofe taten ein übriges, so daß

SPANISCHE KARAVELLEN, wie sie anfangs von den Spaniern im Transatlantik Verkehr eingesetzt wurden. Die Schiffe waren schnell, allerdings in ihrer Tragkraft auf 100t limitiert und wurden später von den Galeonen abgelöst, siehe Seite

DON ANTONIO DE MENDOZA
erster Vizekönig in Neuspanien

der aus Amerika herübergeschaffte Reichtum nicht allzu lange in der spanischen Staatskasse verblieb. Deutsche, niederländische und englische Handelshäuser machten letztlich den Reibach, und deren Nationen finanzierten ihre industrielle Entwicklung mit den Schätzen, die auf Umwegen aus der Neuen Welt hereingekommen waren.

Für Mexiko und die anderen Kolonien hatte diese Haltung der spanischen Staatsmacht gravierende Auswirkungen: Das Mutterland bestimmte über den Vizekönig die gesamte Verwaltung des Landes. Der Vizekönig selbst wurde nur für einige Jahre entsandt und nach Ablauf seiner Amtszeit durch einen neuen Adligen aus Spanien ersetzt. Auf diese Weise sicherte die Spanische Krone ab, daß die Interessen des Mutterlandes gewahrt blieben und sich keine mexikanischen Sonderinteressen Einfluß verschaffen konnten.

Auch andere höhere Beamte der Kolonialverwaltung wurden direkt vom spanischen König eingesetzt und aus Europa nach Übersee geschickt. Neben der Exekutive lag außerdem die Justiz in der Hand von Spaniern. Dies ärgerte vor allem die mexikanischen Grundbesitzer, denen immer wieder, wenn auch geringe Schranken bei der Ausbeutung der Indios auferlegt wurden.

Das System der sogenannten "encomienda" verbot schließlich die Sklaverei und verpflichtete die Indios "lediglich" zur Zahlung von Tributen an den spanischen Staat. Diese Tributzahlungen konnten zeitweise an Privatpersonen abgetreten werden: verdiente Eroberer oder Siedler, die dann kassierten, aber rechtlich nicht dauerhaft die Herren über die Indio-Bevölkerung waren.

Um Kontrolle über das Kolonialreich zu behalten, ordnete die Kolonialverwaltung außerdem Volkszählungen an und verpflichtete die Grundherren zur Erstellung von detailliertem Kartenmaterial.

Wirtschaftliche Beschränkungen

Vor allem im wirtschaftlichen Bereich machten die Verfügungen des

Mutterlandes den in Mexiko heimisch gewordenen Spaniern zu schaffen. Die sogenannten "criollos" mußten sich an Auflagen und Vorgaben halten, die die Kolonialverwaltung streng überprüfte.

Das spanische Interesse regelte u.a. auch die Produktion: Gefragt waren natürlich Erze und Edelmetalle. Dazu noch einige landwirtschaftliche Produkte, die in Spanien nicht gediehen: Zuckerrohr und Kakao durften angebaut und exportiert werden. Die meisten anderen Produkte der Landwirtschaft jedoch blieben auf den mexikanischen Markt beschränkt.

Es gab sogar Verbote für ganze Wirtschaftszweige. So durften nur in geringem Maße Wein und Oliven angebaut werden, um die Absatzchancen der spanischen Feudalherren nicht zu gefährden. Die Errichtung von Manufakturen wurde erschwert, so daß die Kolonie auf den Import spanischer Fertigwaren angewiesen war. Außerdem war es den "criollos" verboten, mit anderen Ländern als mit Spanien Handel zu treiben. Ein klassischer Fall also von Ausbeutung einer Kolonie: Abtransport der Rohstoffe und teurer Rückimport von manufakturell oder industriell hergestellten Produkten.

Nicht die Unterdrückung der Indio-Bevölkerung, sondern dieser Gegensatz wirtschaftlicher Interessen war es, der im 19. Jahrhundert zu wachsender Unzufriedenheit in den Kolonien und zum Aufstand und endgültigen Abfall vom spanischen Mutterland führte.

PFERDE wurden von den Spaniern in Amerika eingeführt. Auf Hispaniola (heutiges Haiti) vermehrten sie sich so rasch, daß 1507 ein Einfuhrverbot für Pferde erlassen wurde.

Silber: Hauptprodukt der Kolonie

Die angeblich "riesigen Goldvorkommen" Mexikos erwiesen sich als ein Märchen, und der Traum von El Dorado war für die Spanier schnell ausgeträumt. Dafür gab es aber Silber in Hülle und Fülle, so daß es mancherorts sogar im Tagebau gewonnen werden konnte.

Bereits die Azteken hatten ihre Silberminen in der weiteren Umgebung des heutigen Mexico City, so z.B. in Taxco (siehe Seite 325). Cortés war überwältigt von der Schönheit der Silberschmiedearbeiten, die er in Tenochtitlán vorfand. Eine Auswahl der schönsten Stücke ging per Schiff an seinen Auftraggeber, Kaiser Karl V., der sie auf einer Reise durch Europa mitnahm und in verschiedenen Städten ausstellte. Albrecht Dürer, der die Schätze in Brüssel sah, bezeichnete sie als das Schönste, was er in seinem Leben erblickt habe.

Doch die Produkte indianischer Kunst hielten dem gierigen Interesse nach purem Reichtum nicht lange stand. Alles wurde eingeschmolzen, um es leichter transportieren und später weiterverkaufen zu können.

Schon 1521 nach der Niederschlagung der Azteken begannen die spanischen Eroberer unter Cortés, einige dieser Silberminen zu übernehmen.

Ab 1548 systematischer Abbau in den Minen von Zacatecas, die sich während der gesamten Kolonialzeit als die ergiebigsten erwiesen. Viel Silber floß in spanische Kassen auch von den Minen in Guanajuato , die ebenfalls ab 1548 in großem Stil ausgebeutet wurden. Andere Silberminen in Nueva España (Mexiko) waren dagegen schnell erschöpft, da ihr Gestein nicht den gleich hohen Anteil an Silber besaß und es an Technologie der Silber- Separation noch fehlte.

Ende des 16. Jh. war die Potosi- Mine in Südamerika (heutiges Bolivien) "Marktführer" in Sachen Silbergewinnung, eine Stadt mit 1oo.ooo Einwohnern inmitten der einsamen Anden. Das Silber wurde via Lima und Havanna/Kuba nach Spanien exportiert.

Zum großen Silberboom in Mexiko kam es, als das Amalgierungsverfahren in Spanien erfunden und in mexikanischen Minen weiterentwickelt wurde. Hierbei wird mit Hilfe von Quecksilber das geförderte Gestein von Silber getrennt, womit auch der frühere und aufwendige Schmelzprozess entfiel. Ein Verfahren, welches aber zugleich die Lebenserwartung der in den Minen beschäftigten Arbeiter drastisch reduzierte, weil das Einatmen von Quecksilber in hoher Dosis tödlich ist.

Früher unwichtige Silberminen in Mexiko gewannen neue Bedeutung, gleichzeitig wurden neue Silberminen entdeckt, und die Silberbarone von z.B. Cuernavaca kamen zu unendlichem Reichtum. Ebenso der spanische Staat, der sich das Monopol auf Quecksilber einräumte und somit auch die geförderten Silbermengen kontrollierte.

Im 18. Jahrhundert stammten gut 2/3 des gesamten Silbers, das weltweit im Umlauf war, aus mexikanischen Minen. Alexander von Humboldt, der auf seiner "Amerikanischen Reise" 18o3 Zacatecas und weitere Minen besuchte (siehe S. 268), nannte Mexiko die "Silberplatte Gottes, die auf die Erde gefallen ist".

5oo Bergwerke waren im Zentralen Hochland in Betrieb und produzierten das begehrte Metall, auf das es die spanischen Herrscher abgesehen hatten. Hauptzentren des Silberbergbaus waren die Städte Zacatecas, Guanajuato, Pachuca und Taxco.

Wie in andere Wirtschaftszweige, so griff die spanische Kolonialverwalwaltung auch in den Bergbau kräftig mit Vorschriften ein. Zunächst verteilte sie die Konzessionen für die einzelnen Minen an finanzkräftige Privatpersonen, dann regelte sie die Verteilung der Erträge: Nur ein Drittel der Gewinne durfte in der Hand des Minenbesitzers verbleiben, den Rest kassierte der Staat.

Nicht einmal den Transport des Silbers über den Atlantik ließ sich der spanische Staat etwas kosten. Per Dekret wurde verfügt, daß jedes Schiff zehn Prozent seiner Transportkapazität der Krone zur Verfügung zu stellen hatte, sonst gab es erst gar nicht die Lizenz für den Amerikahandel.

Wie groß die produzierten und transportierten Silbermengen waren, läßt sich daran ablesen, daß trotz dieser rigorosen staatlichen Vorschriften noch genügend andere an dem gewaltigen Reichtum partizipierten und ein Vermögen anhäuften.

Die Rolle der Kirche

Zu den gewaltigen Nutznießern des Kolonialsystems gehörte die Katholische Kirche. Gottesmänner waren schon bei den ersten Eroberungszügen von Cortés dabei und lieferten die geistliche Rechtfertigung für Indianermetzeleien. Wollten sich die "Barbaren" nicht bekehren lassen, so geschah ihnen ihr Schicksal ganz recht.

Allerdings gab es auch Ordensbrüder, die sich für eine bessere Behandlung der Indianer einsetzten. Sie versuchten, die gröbsten Auswirkungen

BARTOLOME DE LAS CASAS prangert vor Kaiser Karl V. den Völkermord an den Indianern in den neuen Kolonien an. Sein Engagement hatte zumindest Erfolg, als Schutzgesetze erlassen wurden.

des Ausbeutungssystems zu mildern und Einfluß auf die Indianergesetzgebung zu gewinnen. Bekannt wurde vor allem das Engagement des Bischofs von Chiapas, <u>Bartolomé de las Casas</u> (siehe auch Seite 5o8), der 1552 das in viele Sprachen übersetzte Werk "Brevissima Relación de la Destrucción de las Indias" veröffentlichte, eine Abhandlung über den Völkermord an den Indianern in den neuen Kolonien. Auf sein Drängen wurden in Madrid Schutzgesetze für die indianische Bevölkerung beschlossen. Daß diese Gesetze in der Praxis letztendlich wenig bewirkten, war nicht Schuld dieser Mönche und Priester.

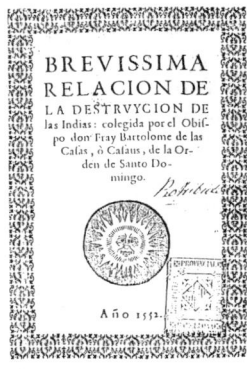

Doch vielen Geistlichen ging es nicht allein um das Seelenheil der Ureinwohner, sondern auch und vor allem um ihr eigenes materielles Wohlbefinden. Schon Cortés bat seinen Kaiser um die Entsendung von Mönchen und nicht von "Domherren" in die Neue Welt, da letztere ein lästerliches Leben führten und sich nur um ihre persönliche Bereicherung kümmerten.

Die Klagen in dieser Hinsicht rissen während der gesamten Kolonialzeit nicht ab. Auch <u>Francisco de Toledo</u>, Vizekönig gegen Ende des 16. Jahrhunderts, beschwerte sich darüber daß die Geistlichen angeblich kämen um zu bekehren, aber schnell verschwänden, nachdem sie sich die Taschen vollgestopft hatten.

Natürlich schwingt in diesen Klagen auch die Angst vor einer zu starken Konkurrenz bei der Ausbeutung des Landes mit. Aber irgend etwas wird schon dran gewesen sein an den Vorwürfen, denn nicht umsonst besaß die Geistlichkeit im 17. Jahrhundert ein Drittel des gesamten mexikanischen Bodens. Und dies, obwohl ein Dekret der Kirche offiziell den Erwerb von Grundeigentum verbot, ihr sogar vorschrieb, Schenkungen nicht entgegenzunehmen. Mit der Zeit fand sich der Staat allerdings mit den Fakten ab, zumal die Rolle der Kirche bei der Beherrschung der widerspenstigen Indio-Bevölkerung durchaus nützlich war.

Piraten und Freibeuter

Daß die immensen Silberschätze, die von Mexiko (Hafen Veracruz) nach Spanien verschifft wurden, auch Piraten und Freibeuter auf See anlockten, lag auf der Hand.

Bereits die erste Sendung von Schätzen aus der Aztekenhauptstadt Tenochtitlán, die <u>Cortés 152o</u> an Kaiser Karl V. schickte, fiel zum Teil an französische Freibeuter, die eines der Schiffe kaperten und die Beute ins eigene Heimatland schafften.

Schon bald schickten die Spanier daher ihre Schatzschiffe ab Veracruz nur

Ein spanisches Schatzschiff wird auf hoher See gekapert

unter dem massiven Begleitschutz einer Armada von Kriegsschiffen auf die Reise über den Atlantik. Zielpunkt war zunächst Havanna/Kuba, wo auch die Schiffe von Südamerika mit dem Silber der Potosí- Mine eintrafen. Anschließend ging es auf die weitere Reise über den Atlantik nach Spanien.

Auch auf dieser 2. Etappe der Reise gab es Begleitschutz durch spanische Kriegsschiffe, wobei im Konvoi von bis zu 4o Schiffen gefahren wurde. Es gab zwei Routen: einmal die gefährliche Reise zwischen den Inseln der Kleinen Antillen hindurch, die sich in der Hand der Franzosen, Niederländer, meist aber Engländer befanden. Alles nicht gerade pro Spanien gesinnte Nationen. Die andere Route war nicht minder gefährlich. Sie führte entlang der Südspitze des heutigen Florida/USA, wo Untiefen und Stürme sowie jede Menge Piraten drohten.

Tätig waren einmal Piraten, die auf eigene Rechnung und Gefahr arbeiteten und ihr "Nest" in Nassau (heutige Bahamas) hatten. - Zum anderen Freibeuter, die in offiziellem Auftrag ihrer Regierung (z.B. England oder Frankreich) handelten, um spanische Schatzschiffe aufzubringen. Der sogenannte "Freibeuterbrief" gab ihnen die Genehmigung hierzu, gleichzeitig mußten sie sich verpflichten, einen gewissen Prozentsatz der Schätze aufgebrachter spanischer Schiffe an die Krone abzuführen.

Ziel und Zweck war, den lukrativen Silbertransport der Spanier zu stören, obwohl es im Lauf der Jahrhunderte immer schwieriger wurde, spanische Schatzschiffe zu erobern. Weitere Details siehe Kapitel "Veracruz".

Häfen in Spanien für den "Westindien-Verkehr", also nach Hispaniola und weiter nach Veracruz bzw. Panama waren CADIZ und SEVILLA. Den gesamten Handel kontrollierte die *"Casa de Concentración"*, die bereits 1503 gegründet wurde und ihren Sitz in Sevilla hatte.

> Die Casa de Concentración kontrollierte nicht nur den Schiffs- und Warenverkehr in die neuen Kolonien, sondern bestimmte auch, wer auf Schiffen anheuern und wer in die Kolonien übersiedeln durfte. Wegen des gewaltigen Warenvolumens insbes. auch der Silberschätze wurde die Casa bald auf Grund ihrer Macht de facto Staat im Staat.
> Ihr unterlag nicht nur die Besteuerung des kompletten Warenverkehrs sowohl in Richtung Kolonien als auch retour der Silberschätze. Zudem war sie zuständig für die Vergabe von Lizenzen für das Auslaufen der Schiffe. Die Schiffe mußten den Nachweis ihrer Seetüchtigkeit für die Überquerung des Atlantiks erbringen. Ebenso wurde kontrolliert, ob ausreichend Proviant für die mindestens 90 Tage dauernde Überfahrt bis Havanna an Bord und das Schiff nicht überladen war: die "Freibord-Markierung" an der Bordwand des Schiffes, wie sie heute noch üblich ist, wurde damals eingeführt.
> Bei der Rückreise aus den "West-Indies" waren die Kontrollen in Spanien noch strenger. Um Schmuggel der an Bord mitgeführten Schätze zu vermeiden, kamen staatliche Kontrolleure an Bord, die die Ladung überprüften. Bevor dieser Vorgang nicht abgeschlossen war, durfte niemand von Bord. Allerdings waren auch damals die königlichen Beamten arg bestechlich, und Bordpapiere wurden gefälscht.

Während anfangs SEVILLA der Hafen für die West-Indies war, hatte er den Nachteil, daß die Schiffe über den Atlantik bei Ankunft an der Mündung des Rio Guadalquivir und seiner Sandbänke äußerst umständlich umgeladen werden mußten. Damals konnten nur kleine Schiffe bis 200 t die Sandbänke umschiffen und weiter flußauf bis Sevilla fahren. Wegen zunehmend größeren spanischen Handelsschiffen wurde dann 1717 CADIZ der Haupthafen für die spanischen Amerikakolonien.

Zwei äußerst erfolgreiche Freibeuter im Karibikraum, LINKS: François Lolonois, RECHTS: Henry Morgan, beide um 1660

Geschichte 149

SEVILLA/Spanien: im Vordergrund spanische Handels-
Schiffe (Galeonen) für den Transatlantik in die Westindies.

Zu den Nutznießern des Reichtums in spanischen Kolonien in Mexiko und Peru gehörten auch viele europäische Staaten, die nicht direkt an der Ausbeutung vor Ort beteiligt waren: beispielsweise Franzosen, Flamen, Niederländer, Deutsche und Engländer.

Sie verkauften den Spaniern für deren Glaubenskriege Waffen, aber auch

Fertigprodukte aus den neu entstandenen Manufakturen. Auf diese Weise landete das mexikanische Silber letztendlich in den Kassen fast aller europäischen Nationen.

Der Kampf um Unabhängigkeit

Im 18. Jh. war das spanische Vizekönigreich Nueva Granada an Fläche gewaltig angewachsen, die Kolonialherren hatten neue Siedlungen im Norden gegründet und betrieben dort Handel mit den Indianern. Das Gebiet umfaßte letztendlich auch die heutigen US- Bundesstaaten Kalifornien, New Mexico und Teile von Texas.

Die Besiedlung verlief in der Regel nach gleichem Schema: zuerst kamen die Padres und gründeten eine Missionsstation, von wo die Indianer "bekehrt" wurden, anschließend folgten die Siedler und Händler. Ein Vorgang, der allerdings nicht immer glatt lief, wie Indianeraufstände in Chihuahua (siehe Seite 4o6) oder auf der Halbinsel Baja California (S. 443) zeigten.

MEXICO CITY

Nueva Granada war zur reichsten spanischen Kolonie geworden. Während es noch im 16. Jh. der spanischen Zentralgewalt gelungen war, die neuen Feudalherren (Land- und Minenbesitzer) in die Kolonie zu integrieren und zu kontrollieren (z.B. durch die "Casa de Concentración", die auswählte, wer in die Kolonie ausreisen durfte), waren diese Feudalherren zwischenzeitlich zu großem Reichtum und daher auch Einfluß und Macht gekommen. Sie weigerten sich zunehmend, politische Befehle und Entscheidungen aus Madrid zu akzeptieren. Denn diese traf das spanische Mutterland oft nur zu seinem eigenen Wohl.

Ein weiteres und viel elementareres Problem in der Kolonie war die äußerst ungleiche Verteilung von Macht und Reichtum, die in den Händen ganz weniger Weißer lag. Der Großteil der Bevölkerung war jedoch total verarmt, arbeitete auf Haziendas oder in Minen zu Hungerlöhnen, die kaum fürs Überleben ausreichten. Und diejenigen Einheimischen ("criollos"), die es zu gewissem Besitz gebracht hatten, wurden mit derart hohen Steuern "ausgesaugt", daß sich auch von dieser Seite zunehmender Unmut breitmachte.

Es waren in der Kolonie Nueva Granada zunächst die zu Besitz gekommen Criollos, die Unabhängigkeit von Spanien wünschten, aber auch Padres, die gegen die soziale Ungerechtigkeit kämpften.

Nachrichten von der Französischen Revolution und der nordamerikanischen Unabhängigkeitserklärung gegenüber

England schürten zusätzlich den Wunsch, sich vom Kolonialherren zu befreien.

Eine günstige Gelegenheit bot sich 1808, als Napoleon Bonaparte in Spanien einmarschierte und den dortigen König Ferndinand VII. absetzte. Napoleon proklamierte in Madrid seinen Bruder Josef zum König, - und auf der anderen Seite des Ozeans sah man eine Chance, die Schwäche in Madrid zu einem Umsturz in Nueva Granada zu nutzen. Vor allem im nördlichen Teil des Zentralen Hochlandes trafen sich regelmäßig Intellektuelle, Beamte, Geistliche und Militärs zu geheimen Sitzungen, in denen der Umsturz langfristig geplant wurde.

Als eine dieser Verschwörergruppen sich verraten sah, schritt sie über Nacht zur Tat: Vor der Pfarrkirche des Ortes Dolores rief der Pater Miguel Hidalgo am 16. September 1810 im Namen der Jungfrau von Guadalupe zum Aufstand gegen die spanische Macht. Hidalgo und sein militärischer

Zócalo mit Kathedrale. Stich Mitte des 19. Jhds., als MexicoCity noch berühmt war für seine reine und gute Luft.

Führer <u>Ignacio Allende</u> stellten in kürzester Zeit eine beachtliche Bauernarmee von 80.000 Mann auf, die zunächst auch im Zentralen Hochland militärisch gegen die Regierungstruppen die Oberhand behielt. Zahlreiche Städte konnten eingenommen werden.

> Wichtige Etappen und Städte waren <u>Querétaro</u> (siehe S. 253) im Zentralen Hochland, wo sich ab 1808 unter Leitung von Josefa Ortíz de Domínguez regelmäßig ein Verschwörerzirkel traf, - <u>Guanajuato</u> (Seite 265), wo 1810 Hidalgo und Allende mit ihrer Bauerntruppe den Kornspeicher belagerten, in dem sich die Spanier verschanzt hatten. - <u>Chihuahua</u> (Seite 406), wohin sich Hidalgo mit seiner Truppe 1811 zurückzog, als er mehrere Niederlagen in Kämpfen gegen die Regierungstruppen einstecken mußte.
> <u>San Miguel de Allende</u> (Seite 259) war sein Geburtsort (1769), - in <u>Chihuahua</u> wurden Allende, Hidalgo und weitere Führer nach "Prozeß" am 30.7.1811 von spanischen Royalisten erschossen und die Köpfe zur Abschreckung weiterer Umsturzversuche am Kornspeicher in Guanajuato aufgehängt.

Der Umsturzversuch scheiterte u.a., da die Oberschicht der "criollos" die Unterstützung versagt hatte. Ihnen erschienen die Forderungen der Bauerntruppe zu extrem und sie fürchteten bei Realisierung der Forderungen um ihre eigenen Privilegien.

Doch der einmal entzündete Funke konnte nicht mehr gelöscht werden: Im Süden des Hochlands kämpfte <u>José Maria Morelos</u>, ein Schäfer und Landarbeiter, später Priester und Schüler Hidalgos. Mit einer Bauernarmee konnte er weite Teile der Region um Morelia (Seite 313) sowie bis zur Pazifikküste und 1813 Acapulco erobern. Nach Truppenverstärkung der Royalisten wurde er 1815 gefangen und hingerichtet.

In relativ kurzem Zeitabstand überschlugen sich dann die Ereignisse in Richtung Unabhängigkeit und Ausrufung der <u>REPUBLICA DE MEXICO</u>: Zwar kehrte in Spanien Ferdinand VII. auf den Thron zurück und verfügte eine Verstärkung der Kolonialtruppen.

> Unter dem Druck einer Revolte mußte er aber eine bereits 1812 ausgearbeitete Verfassung anerkennen, die starke liberale Züge trug. Diese Form des Liberalismus ging aber den "<u>criollos</u>" zu weit. In ihrer Angst vor Aufhebung der Privilegien entschlossen sie sich nun endgültig zur Trennung vom Mutterland im Rahmen einer <u>eigenen Monarchie</u>.
>
> Die mexikanische Unabhängigkeit, die unter dem Banner des Liberalismus begonnen hatte, nahm nun ironischerweise unter entgegengesetzten Vorzeichen Gestalt an: Der militärische Führer der "criollos", <u>Agustín de Iturbide</u>, einigte sich 1821 mit dem Rebellenführer <u>Vicente Guerrero</u> auf ein Minimalprogramm, das in seinen Grundzügen einen unabhängigen monarchistischen Staat vorsah, die Gleichberechtigung der Bürger und die Anerkennung des Katholizismus als Einheitsreligion.
>
> Gegenüber dieser Koalition blieb dem spanischen Vizekönig im Abkommen von Córdoba nur die Anerkennung der mexikanischen Selbständigkeit, die von spanischer Seite offiziell allerdings erst 1836 bestätigt wurde. Und erst 1825 konnten die mexikanischen Truppen den letzten Stützpunkt der Spanier einnehmen, das Fort San Juan Ulúa in Veracruz.

Die von Spanien überschwappende Tendenz einer Liberalisierung (und Verlust der Privilegien) war zunächst von den Machthabern (Oberschicht und Kirche) durch den o.g. Schachzug gebannt und Mexiko ab 1821 ein eigener, unabhängiger Staat.

REPUBLICA DE MEXICO

Kaum war die Unabhängigkeit erreicht, entbrannte innerhalb Mexikos der Streit um den nun einzuschlagenden politischen Kurs. Schon wenige Monate später ließ sich Iturbide von seinen Truppen zum Kaiser krönen; doch das Intermezzo dauerte nicht lang. Republikanische Offiziere setzten ihn zehn Monate später wieder ab und erklärten Mexiko 1823 zur Republik, deren erster Präsident Guadalupe Victoria hieß.

In den ersten Jahrzehnten der Unabhängigkeit kam es zu ununterbrochenen Machtkämpfen, bei denen sich keine der rivalisierenden Gruppen endgültig durchsetzen konnte, so daß die Regierungen in Mexico City und in den Provinzen ständig wechselten. Generäle putschten sich zur Macht und wurden gleich darauf wieder abgesetzt. Beispiel dafür ist der General Santa Ana, der sich insgesamt elfmal zum Präsidenten aufschwang.

In eine der Regierungszeiten von Santa Ana fiel auch der Konflikt mit den USA (1846-47), die die mexikanische Schwäche nutzten, um ihre Expansionspolitik voranzubringen. Nachdem sich Texas von Mexiko abgespalten hatte und später von den USA annektiert worden war, kam es zum Krieg.

OBEN: der erfolglose mexikanische General Santa Ana, der 1833 zum ersten Mal an die Macht kam und mit 10 maliger Unterbrechung während 16 Jahren Präsident war. UNTEN: US-Truppen landen in Mexiko.

US-Präsident Polk (1844-1848). Durch seine expansionistische Politik vergrößerte sich die USA erheblich.

Die mexikanischen Truppen unter Santa Ana verloren eine Schlacht nach der anderen gegen die US- Truppen.

MEXIKANISCHER KRIEG (1846/47): Nach der Kriegserklärung am 13.5.1846 marschierten US- Truppen nach San Diego/Kalifornien, und unterstützt von der US- Navy wurde 1846 Kalifornien eingenommen.

Ab Texas marschierten weitere Truppen unter Führung der US- Generäle Wool und Taylor Richtung Monterrey, welches in einer entscheidenden Schlacht am 24.9.1846 erobert wurde. Damit war die größte Stadt in dieser Region Mexikos gefallen.

Im Golf von Mexiko operierte die US- Navy, die unter Führung von Shields am 23.11.1846 Tampico einnehmen konnte.

Schwere Verluste erlitt Santa Ana zudem in der Schlacht von Buena Vista, rund 85 km westlich von Monterrey, wo der US- General Zachary Taylor am 22./23.2.1847 die mexikanischen Truppen besiegte.

Währenddessen waren US- Truppen unter General Scott nach Veracruz vorgerückt, welches am 29. März 1847 erobert wurde. Scott verlegte 10.000 Mann weiter Richtung Hauptstadt. Am 14.8.1847 wurde Mexico City eingenommen.

SCHLACHT von Monterrey/Nordmexiko: 24.9.1846, der US-General Zachary Taylor erobert mit seinen Truppen Monterrey.

SCHLACHT von Buena Vista: 22./23.2.1847, eine der schwersten Niederlagen der Mexikaner, bevor am 14.8.1847 die Hauptstadt eingenommen wurde

Im "Friedensvertrag von Guadalupe Hidalgo" (2.2.1848) mußte Mexiko die Gebiete Texas bis Kalifornien an die USA abtreten und erhielt dafür die lächerliche Summe von 18 Mio. Dollar.

Keine dreißig Jahre nach der Unabhängigkeitserklärung war das mexikanische Staatsgebiet damit um etwa die Hälfte kleiner geworden, und der große Nachbar im Norden hatte engültig die Machtverhältnisse in diesem Teil der Welt zu seinen Gunsten verschoben.

Zu einer weiteren Gebietsreduzierung Mexikos kam es 1853, als Präsident Santa Ana das Gebiet um Tucson an die USA für 1o Mio. Dollar verkaufte. Santa Ana sah durch das Geschäft eine Möglichkeit, die mexikanischen Schulden zu verringern, fiel beim Volk deswegen aber in Ungnade.

Liberalismus - Kaiserreich - Militärdiktatur

Um 1855 stiegen die Liberalen zur stärksten politischen Kraft auf. Sie arbeiteten eine neue Verfassung aus, die eine Trennung von Staat und Kirche, die Verstaatlichung des Kirchenbesitzes sowie mehr Rechte für Indios und Mestizen vorsah. Führer der liberalen Bewegung war Benito Juárez, ein zapotekischer Anwalt aus Oaxaca.

156   Geschichte

Benito Juárez

Als Juárez 1858 zum Präsidenten der Republik gewählt wurde und die Verfassung in die Praxis umsetzen wollte, stieß er auf den energischen Widerstand der Konservativen und des Klerus. Die Folge war ein drei Jahre dauernder Bürgerkrieg, in dem Mexiko wirtschaftlich vollkommen ausblutete.

Als die Liberalen 1861 schließlich siegreich in Mexico City einzogen, fanden sie einen bankrotten Staat vor. Juárez entschloß sich daher, die Rückzahlung der Auslandsschulden auszusetzen, um den Haushalt zu sanieren. Diese Maßnahme nahmen Franzosen, Engländer und Spanier zum Anlaß für eine militärische Intervention.

Während die mexikanische Regierung Spanier und Engländer in Verhandlungen zum Rückzug bewegen konnte, landeten französische Truppen 1862 in Veracruz. Angesichts des in den USA ausgebrochenen Bürgerkrieges sah der französische Kaiser Napoleon III. durch eine Intervention in Mexiko eine Chance, seine Machtposition auf dem amerikanischen Kontinent auszudehnen.

Zwar gewannen die mexikanischen Truppen am 5. Mai 1862 eine wichtige Schlacht bei Puebla, wohl der einzige militärische Sieg Mexikos in seiner mit Niederlagen gespickten Geschichte. Doch ein Jahr später konnten die Franzosen Mexico City besetzen und die Macht übernehmen. Klerus und Konservative begrüßten diese Entwicklung, da sie auf diese Weise zunächst einmal die liberalen Reformen zu Grabe tragen konnten.

Sie akzeptierten daher 1864 das Angebot Napoleons, den Habsburger Maximilian zum Kaiser von Mexiko auszurufen. Doch der vermeintliche "Marionetten-Kaiser" brachte aus Europa Ideen mit, die den konservativen Kräften im Land suspekt waren. Als er sich weigerte, die Enteignung der Kirchengüter rückgängig zu machen, verlor er nach und nach die anfängliche Unterstützung im Lande. Er war nun vollständig auf den militärischen Rückhalt der Interventionstruppen angewiesen.

Mit dem Ende ihres eigenen Bürgerkriegs mischten sich auch die USA wieder in die mexikanische Frage ein und verlangten den sofortigen Abzug der französischen Truppen gemäß der schon 1823 formulierten Monroe-Doktrin: "Jede Intervention europäischer Mächte auf dem amerikanischen Kontinent wird von den Vereinigten Staaten als unfreundlicher Art bewertet".

Die Abzugsforderungen der USA und der Konflikt Frankreichs mit Preußen ließen es Napoleon ratsam erscheinen, seine Truppen nach Europa zurückzuholen. Maximilian stand damit auf verlorenem Posten. Die Liberalen kehrten an die Macht zurück, und der abgesetzte Kaiser wurde 1867 auf Befehl von Benito Juárez in Querétaro erschossen.

Juárez ging nun daran, die Jahre zuvor eingeleiteten Reformen zu verwirklichen. Vor allem die kollektiven Besitzrechte wurden abgeschafft. Dies führte einerseits zur Enteignung von Kirchengütern, andererseits versetzte es auch den Indios einen schweren Schlag: Ihr Gemeineigentum fiel ebenfalls unter das Dekret zur Herstellung individueller Besitzrechte, so daß der Spekulation mit diesen Titeln Tür und Tor geöffnet wurde. Großgrundbesitzer übernahmen indianisches Gemeindeland, und den landlos gewordenen Indios blieb nichts übrig, als sich als Landarbeiter auf den immer größeren Haciendas zu verdingen.

Nach dem Tod von Benito Juárez im Jahre 1872 entbrannte erneut der Kampf um die Macht, den vier Jahre später schließlich der General

Porfirio Díaz zu seinen Gunsten entschied, und zwar für die nächsten 35 Jahre bis 1910.

"El porfiriato", die Militärdiktatur des General Díaz, brachte Ruhe auf der innenpolitischen Bühne: Pressezensur, Verfolgung politischer Gegner, Verbot von Gewerkschaften und Parteien waren nur einige der Maßnahmen, die das Land in Angst und Schrecken versetzte oder zur Ruhe brachte - je nach Sichtweise des Betrachters. Besonders gefürchtet waren die "rurales", eine Art Landpolizei, die aufkommende Konflikte umgehend im Sinne der Großgrundbesitzer löste. Streiks schlug das Militär gewaltsam nieder.

Mit dieser "Befriedung" ging zugleich ein rascher Aufschwung der Wirtschaft einher, die aufgrund der vergleichsweise stabilen Bedingungen mehr und mehr ausländisches Kapital anzog. Vor allem nordamerikanische und englische Firmen investierten in der Industrie, im Bergbau und in der aufkommenden Erdölförderung.

General Porfirio Díaz

1892 hatte Mexiko zum ersten Mal wieder eine positive Handelsbilanz, und die um 1900 entdeckten reichen Erdölvorkommen ließen weitere finanzielle Stabilität erwarten. Die Díaz- Regierung ließ eine Vielzahl an Eisenbahnstrecken, aber auch Telefon- und Telegraphenverbindungen bauen, was einmal der Infrastruktur und damit dem wirtschaftlichen Aufschwung diente, zum anderen aber auch der Kontrolle des Landes.

Große Teile der mexikanischen Wirtschaft kamen in dieser Zeit in ausländische Hand, während die innenpolitische Unterstützung des "porfiriato" vor allem durch die Großgrundbesitzer erfolgte. Nur einige wenige Familien verfügten über 80 Prozent der landwirtschaftlich nutzbaren Fläche des Landes.

Doch der politische Widerstand, der während der 35 Jahre Militärdiktatur zunehmend aufkeimte, kam nicht von denen, die am meisten unter dieser Situation zu leiden hatten. Vielmehr waren es der Mittelstand und einige Grundbesitzer, die durch die Korruption und Cliquenwirtschaft von den Schalthebeln der Macht ausgeschlossen waren und einen Sturz der Militärregierung wünschten.

Eine Art bürgerliche Opposition formierte sich, die 1910 Veränderungen anstrebte. Kurz darauf kam es zum Ausbruch eines permanenten Bürgerkrieges, der unter dem Begriff "Mexikanische Revolution" in die Geschichte eingegangen ist.

Die Mexikanische Revolution

Schon ab 1908 formierte sich eine Bewegung gegen die Wiederwahl von General Díaz zum Präsidenten. An ihre Spitze stellte sich ein wohlhabender Großgrundbesitzer aus dem Norden, Francisco Madero, der sich schließlich als Gegenkandidat aufstellte. Díaz ließ ihn verhaften und erklärte sich selbst zum Wahlsieger.

Doch die Opposition im Lande hielt sich nicht mehr zurück und folgte dem Aufruf zum Umsturz, den Madero aus seinem nordamerikanischen Exil formulierte. In allen Teilen des Landes formierten sich bewaffnete Rebel-

Francisco Madero 1911   Victoriano Huerta 1913   Alvaro Obregón 1920

lengruppen, die den Diktator Díaz im Mai 1911 zum Abdanken zwangen.

Bei einer Neuwahl erreichte Madero die Mehrheit und wurde Präsident. Die bestehenden politischen Strukturen tastete er jedoch nicht an, so daß die Unzufriedenheit weiter schwelte. Die Opposition, lediglich einig in ihrer Gegnerschaft zu Díaz, zerbrach in verschiedene Interessengruppen, die versuchten, ihre Forderungen im Alleingang durchzusetzen, so daß es zu ständigen sozialen Konflikten und militärischen Auseinandersetzungen kam. Die Regierung Madero verlor ihre Machtposition, und die konservativen Gruppen sahen ihre Interessen gefährdet.

Mit Unterstützung der USA putschte sich 1913 der porfiristische General Victoriano Huerta zur Macht und versuchte, die verschiedenen Oppositionsgruppen zu unterdrücken, die sich daraufhin allerdings wieder gemeinsam formierten. Im Norden bildete sich eine offizielle Armee unter der Führung des Generals Alvaro Obregón, die eine Wiederherstellung der verfassungsmäßigen Ordnung im Sinne Maderos anstrebte.

Von Chihuahua aus sammelte Pancho Villa (siehe Seite 377) einen zusammengewürfelten Haufen aus Landarbeitern, Kleinhändlern und Banditen: die berühmt gewordene "División del Norte".

Sie kämpfte zunächst gemeinsam mit den Truppen Obregóns gegen das Huerta-Regime, enteignete Großgrundbesitzer und verteilte das Land an die Bauern. Ein wirklich tiefgreifendes sozialrevolutionäres Programm gab es allerdings nicht.

Konsequenter dagegen ging die sogenannte "tierra & libertad" Bewegung vor, die sich unter der Führung Emiliano Zapatas im Süden des Zentralen Hochlandes formiert hatte: Schon während der Regierungszeit Maderos nahm Zapata Enteignungen von Großgrundbesitz vor und verteilte das Land an die Bauern.

Die Bewegung der Zapatisten war die konsequenteste und einheitlichste Gruppe. Sie hielt im gesamten Verlauf der Revolution an ihrer Forderung nach Freiheit und Bodenreform fest und setzte diese in den von ihr beherrschten Landstrichen auch radikal durch.

LINKS: Zapatistas auf Pferden und in der typischen Tracht von Morelos.

EMILIANO ZAPATA
geboren 1883 in der Nähe von Morelos, ermordet 10.4.1919 in Cuernavaca

Die Zapatisten trugen zwar ebenfalls zur Destabilisierung des Huerta-Regimes bei, sie hatten jedoch keine politischen Ambitionen hinsichtlich der Staatsführung Mexikos, sondern beschränkten sich auf ihre bäuerlichen Forderungen.

Im Laufe des Jahres 1914 rückten die verschiedenen Oppositionstruppen auf Mexico City zu, wobei die USA den Diktator Huerta unterstützten, der allerdings im selben Jahr abdanken mußte und über Veracruz das Land verließ. Umgehend zerfiel auch wieder die Koalition der Gegner des Diktators und zwar vor allem in die konservativ-konstitutionalistische Gruppe um Venustiano Carranza, der sich zum Präsidenten ausrufen ließ, und in die eher populistischen Gruppen Villas und Zapatas.

Nach dem Scheitern eines Vermittlungsversuchs zog sich Carranza nach Veracruz zurück, während Pancho Villa und Emiliano Zapata mit ihren Truppen in Mexico City einzogen und sich dort für kurze Zeit im Glanz einer dubiosen Macht sonnten. Mit der konnten sie offenbar wenig anfangen: Es kam zu keiner gemeinsamen Regierungslinie, so daß die Bauern Zapatas wieder auf ihr Land zurückkehrten. Villa schlug sich derweil mit der Gegenoffensive der inzwischen in Veracruz neuformierten Konstitutionalisten herum.

Im Bürgerkrieg zwischen 1915 und 1916 gewann die konstitutionalistische Armee die entscheidenden Schlachten gegen Villás "División del Norte" und gegen die Bauernarmeen Zapatas.

Im Jahr 1917 hatte die konservative Gruppe um Carranza und den General Obregón ihre Herrschaft so weit stabilisiert, daß sie in Querétaro eine neue, in ihren Grundzügen bis heute gültige Verfassung ausarbeiten ließ, die verbal einige Zugeständnisse an die Forderungen der Bauern und der Industriearbeiter machte. Sowohl Zapata als auch Villa blieben jedoch von der verfassunggebenden Versammlung ausgeschlossen.

1917 wurde Venustiano Carranza zum Präsidenten gewählt. Mit aller Härte gingen die Regierungstruppen nun vor allem

"División del Norte" von Pancho Villa auf geklauter Dampflok.

gegen die Bauern Zapatas vor und machten Landenteignungen rückgängig. Nach einem Verrat ermordeten sie im April 1919 Emiliano Zapata.

Im Norden hatte sich Villa nach Chihuahua zurückgezogen. Sein kleiner privater Rachefeldzug auf dem Staatsgebiet der USA, die Venustiano Carranza als Präsidenten Mexikos offiziell anerkannt hatten, blieb ohne größere Folgen: Die unter Führung von General Pershing entsandte Strafexpedition konnte Villa nicht ausfindig machen und zog sich bald wieder zurück. 1923 war Villa einer der letzten Führer des revolutionären Jahrzehnts, der als inzwischen reicher Hacienda-Besitzer einem Mordanschlag zum Opfer fiel.

Schon 1920 war die Revolutionsbewegung mit der Wahl des ehemaligen konstitutionalistischen Generals Alvaro Obregón zum Präsidenten zum Abschluß gekommen. Ca. 1,5 Millionen Menschen hatten das zehnjährige Hin und Her mit dem Leben bezahlt, grundlegende gesellschaftliche Veränderungen waren jedoch nicht eingetreten. Hinter der revolutionären Rhetorik, die auch in den folgenden Jahrzehnten beibehalten wurde, verbarg sich die Gründung des modernen mexikanischen Staates. Es entstand ein politisches System, das die Machtverteilung unter den einflußreichen Gruppen des Landes regelt, ohne daß die radikalen Forderungen der Revolutionszeit je eingelöst wurden.

Venustiano Carranza   Elías Calles   Lázaro Cárdenas

Das nachrevolutionäre Mexiko

Zwar brachte die verfassungsmäßige Ordnung eine gewisse Konsolidierung der politischen Verhältnisse, vollkommen zur Ruhe kam das Land jedoch auch in den zwanziger Jahren nicht. Die Kirche mobilisierte in der sogenannten "cristero" Rebellion die Landbevölkerung im Westen zum Aufstand gegen die antiklerikale Politik der Regierung. Dieser Aufstand wurde in einem jahrelangen Bürgerkrieg blutig niedergeschlagen. Alvaro Obregón fand kurz nach seiner Wiederwahl zum Präsidenten 1928 auch das Schicksal der meisten seiner Mitstreiter: Er wurde ermordet.

Zur Stabilisierung der Machtverhältnisse gründete der Ex-Präsident Elías Calles 1929 die bis heute bestehende Regierungspartei PRI, damals noch unter dem Namen "Partido Nacional Revolucionario" (PNR). In ihr sammelten sich die einflußreichen Familien des Landes und entschieden in einem ausgeklügelten System aus Wahlen, Wahlbetrug und Bestechung die jeweilige Machtfrage, ohne daß sich das Militär fortan in die politischen Belange einmischte. Bis heute stellt sie in einem sechsjährigen Rhythmus alle Präsidenten der mexikanischen Republik.

Nachdem die Forderungen der Revolution fünfzehn Jahre lang hauptsächlich auf dem Papier bestanden hatten, kam 1934 Lázaro Cárdenas zur Macht, der sich daranmachte, einige gesellschaftliche Reformen zu verwirklichen, die natürlich auf den erbitterten Widerstand der Konservativen stießen.

Seine bauern- und gewerkschaftsfreundliche Politik verschaffte ihm jedoch die Unterstützung weiter Kreise der Bevölkerung, so daß er sein Programm zumindest teilweise durchführen konnte: Agrarreform, Landverteilung sowie die Verstaatlichung der privaten Eisenbahngesellschaften und der ausländischen Erdölfirmen waren die Stützpfeiler seiner Politik.

Die Maßnahmen gegen die internationalen Konzerne führten zu Spannungen mit Großbritannien und den USA, die wohl nur deshalb nicht intervenierten, weil sie sich auf den in Europa ausbrechenden Konflikt konzentrieren mußten.

Auch in der Asyl- Politik ging Cárdenas eigene Wege. Während seiner Amtszeit bot Mexiko sich als Fluchtort für viele Menschen an, die dem in Europa siegreichen Faschismus entkommen waren. Visa und Aufenthaltsgenehmigungen wurden großzügig ausgestellt. Vor allem spanische Emigranten kamen nach der Niederlage der Republikaner im Bürgerkrieg zu Tausenden in Veracruz an und wurden freundlich aufgenommen. Aber auch deutschen Literaten wie Anna Seghers und Egon Erwin Kisch oder dem sowjetischen Revolutionär Leo Trotski gewährte das Land Asyl.

Schon in den letzten Jahren seiner Regierungszeit konnte Cárdenas wegen des starken innen- und außenpolitischen Drucks seine Reformpolitik nicht mehr weiterführen. Unter seinem Nachfolger Camacho wurden ab 1940 viele seiner wirtschaftspolitischen Maßnahmen wieder zurückgenommen, die herrschende Schicht entschied sich für einen Industrialisierungsprozeß, der auf Kosten der Bevölkerung durchgezogen wurde. Ein später Versuch, die Parolen der Mexikanischen Revolution zumindest ansatzweise in die Tat umzusetzen, war so auf halbem Wege gebremst worden.

In den Jahren nach dem Zweiten Weltkrieg stabilisierte sich das politische System unter der Führung der staatstragenden Partei PRI weiter; Oppositionsbewegungen wurden unterdrückt oder auf verschiedene Art und Weise in das ausbalancierte Machtsystem integriert. In der Wirtschaftspolitik öffnete sich das Land ausländischen Investitionen, was zu einer schrittweisen Industrialisierung führte. Sie blieb allerdings hauptsächlich auf den Distrito Federal in und um Mexico City sowie einige Städte des Nordens beschränkt.

Während die Wirtschaft stark von den USA abhängig war, nahm Mexiko außenpolitisch eine distanzierte Stellung zum großen nördlichen Nachbarn ein und orientierte sich an den Staaten der Dritten Welt. Mexiko war auch eines der wenigen Länder, das dem Druck der USA auf Abbruch der Beziehungen zu Kuba nicht nachgab..

Als Einschnitt in der jüngeren Geschichte Mexikos ist Mitte der siebziger Jahre die Entdeckung riesiger Erdölvorkommen in der Golfregion zu sehen. Das Land geriet regelrecht in Euphorie, da die steigenden Weltmarkt-Erdölpreise Mexiko eine glanzvolle Zukunft zu versprechen schienen. Zwischen 1978 und 1981 wurden ehrgeizige Entwicklungsprojekte in Angriff genommen, und die Wirtschaft erlebte überdurchschnittliche Wachstumsraten.

Finanziert wurden die Projekte durch eine gewaltige Auslandsverschuldung, die in der Hoffnung auf den zukünftigen Reichtum bedenkenlos aufgenommen und von den Banken ebenso bedenkenlos gewährt wurde. Doch mit dem Absinken der Erdölpreise zu Beginn der achtziger Jahre fand der kurze Traum ein plötzliches Ende: Viele der Gelder landeten durch planmäßige Mißwirtschaft und Bestechung in privaten Taschen. Die mexikanische Nation hatte eine Rekordverschuldung um die 1oo Milliarden US- Dollar, und der Katzenjammer war groß.

Seither bestimmen die Auflagen der Weltbank und des Internationalen Währungsfonds mit ihren Umschuldungsprogrammen den Gang der mexikanischen Wirtschaftspolitik. Die Zeche bezahlt die Bevölkerung, deren Lebensstandard kontinuierlich abgesunken ist: Halbwegs verläßliche Zahlen sprechen davon, daß inzwischen etwa 7o Prozent der Bevölkerung unter der offiziellen Armutsgrenze leben.

Neue Impulse für die mexikanische Wirtschaft verspricht sich die Regierung vom North American Free Trade Agreement (NAFTA) mit den USA und Kanada, das am 1. Januar 1994 in Kraft getreten ist. In den kommenden 1o bis 15 Jahren soll durch graduellen Abbau von Zöllen und Handelsbeschränkungen die größte Freihandelszone der Welt entstehen: 37o Millionen Menschen und ein Bruttosozialprodukt von 6.ooo Milliarden Dollar (Vergleich Europäische Union: 32o Millionen Menschen und 4.4oo Millarden Dollar).

Ob die Wirtschaftsgemeinschaft allerdings den erhofften Erfolg einbringt, ist innerhalb Mexikos umstritten. Kritiker sehen darin eine erneute Ausweitung von US- Interessen und amerikanischer Wirtschaftsmacht auf mexikanisches Territorium. Sie fürchten, daß die Konkurrenz durch den nördlichen Nachbarn zum Bankrott der heimischen Industrie und zur weiteren Verarmung der Campesinos führen wird.

Auch der erneute Wahlsieg der nun schon seit über 60 Jahren regierenden Regierungspartei PRI im August 1994 rief zwiespältige Reaktionen hervor. Industrie und etablierte Politiker versprechen sich von der Amtszeit des neuen Präsidenten Ernesto Zedillo positive Impulse für das Wirtschaftswachstum und eine behutsame Demokratisierung der verkrusteten politischen Strukturen. Die Opposition dagegen verweist auf die schon traditionellen Unregelmäßigkeiten bei der Wahl und spricht der Regierung ihre Legitimation ab.

Die Gegensätze zwischen dem modernen, industriell entwickelten Mexiko und den zurückgebliebenen, verarmten Teilen der Gesellschaft wird jedoch bis zum Ende des 2o. Jahrhunderts keine politische Strömung abbauen können.

Literatur:

Über Mexiko gibt es in Hülle und Fülle. Die im folgenden ausgewählten Bücher geben einen guten ersten Einblick und Überblick über das jeweilige Thema oder behandeln spezifische Aspekte von Kultur und Geschichte, die auch für den Mexiko-Neuling interessant sind.

Zum Einstimmen

"Entdeckungen in Mexiko", E. E. Kisch. Vergnügliche und ernste Hintergrundgeschichten zu zahlreichen Phänomenen der mexikanischen Gesellschaft und Geschichte: Themen sind u.a. Kaiser Maximilian, der Erdöl-Boom, die Sisal-Produktion, Kaugummi, Vanille, Hahnenkämpfe und Piratenüberfälle. Obwohl vom "rasenden Reporter" vor Jahrzehnten geschrieben, auch heute vielfach aktuell und interessant zu lesen. Knaur Taschenbuch, 1o,80 DM.

"Geo-Special: Die Welt der Maya". Hervorragende Farbfotos und eindrucksvolle Reportagen über Vergangenheit und Gegenwart der Maya- Kultur in Mexiko, Guatemala, Belize und Honduras. Aktuelle und präzise recherchierte Texte, u.a. über Archäologie, die Schrift der Maya, Grabräuber, politische Probleme, Ballspiel, Astronomie, Kunsthandwerk, Regenwald. Ein attraktiv gestalteter Einblick, zu empfehlen für Reisen nach Yucatán und in die angrenzenden Staaten. Gruner & Jahr, Oktober 1993, 14,8o DM.

"18 mal Mexiko", A. Riding. Notizen eines Amerikaners, der die mexikanischen Verhältnisse gut kennt und das Land mit viel Verständnis aus der Sicht des großen nördlichen Nachbarn beschreibt. Piper Verlag, 27,8o DM.

"Mexiko - Das Land, seine Geschichte und Kultur", Ursula Ewald. Umfassende Einführung in Vergangenheit und Gegenwart des Landes. Detaillierte Informationen zur Geschichte von den präkolumbianischen Kulturen bis zur Neuzeit, zu Landschaften, Wirtschaft, Bildung, Kunst, Medien und Küche. Viele Zahlen, Namen und Daten; konventionell und in sachlich- nüchternem Stil zusammengestellt. Kohlhammer Verlag, 19,8o DM.

"Das Labyrinth der Einsamkeit", O. Paz. Philosophische Essays des Nobelpreisträgers für Literatur über den Nationalcharakter der Mexikaner. Ausführungen u.a. über Machismo, die Folgen der spanischen Konquista, die mexikanische Revolution und die besondere Rolle des Todes in der vergangenen und gegenwärtigen Kultur. Suhrkamp Verlag, 22,8o DM.

"Der menschenfreundliche Menschenfresser", O. Paz. Essays zur Kultur und Gesellschaft, weitere Ausführungen über Mentalität und Geschichte der Mexikaner. Suhrkamp Verlag, 16 DM.

"Mexikanischer Morgen", D.H. Lawrence. Skizzen aus dem mexikanischen Alltag mit Beschreibungen von Dörfern, Märkten und Menschen sowie einigen philosophischen Exkursen. Gedanken zum kulturellen Unterschied zwischen Europäern und Indianern; respektvolle, aber unsentimentale Anmerkungen zur Indio- Mentalität. Die in den zwanziger Jahren geschriebenen Texte sind auch heute noch aktuell und fesselnd. Diogenes Taschenbuch, 8,8o DM.

"Viva Mexiko", E. Fieger. Attraktiv gestaltetes Taschenbuch mit literarischen Zitaten und hervorragenden Fotos. Ein schönes Geschenk für Mexiko- Freunde. Harenberg Verlag, 24,8o DM.

"Land des Frühlings", B. Traven. Einfühlsamer Reisebericht des geheimnisumwobenen Schriftstellers aus den zwanziger Jahren. Im Südosten Mexikos begegnet er Grundbesitzern, einfachen Arbeitern und vor allem Indios, deren Lebensweise und Kultur er zu verstehen sucht. Aussagekräftige Schwarz- Weiß- Fotos ergänzen den Text und zeigen ein Mexiko, das inzwischen der Vergangenheit angehört. Büchergilde Gutenberg, 2 Bände und ein Anhang, 54 DM.

Bildbände

"Mexiko", H. U. Comberg, J. Kiebranz. Attraktiver Bildband, der neben aktuellen Fabfotos von Städten, Landschaften und präkolumbianischen Ruinen auch Porträts der Menschen und historische Fotos und Abbildungen bringt. Eine informative Einführung sowie Textpassagen bekannter Autoren zu Geschichte und Kultur ergänzen die aussagekräftige Illustration. Insgesamt ein ausgezeichneter und vielseitiger Überblick über zahlreiche Aspekte der mexikanischen Wirklichkeit. Verlag C. J. Bucher, 58 DM.

"Die amerikanische Reise", L. McIntyre. Hervorragend in Fotos, Layout und Text. Beschreibt die Reise des deutschen Forschers Alexander von Humboldt, die ihn 1799-18o4 ins nördliche und westliche Südamerika führte. Ab 18o3 hielt sich Humboldt in Mexiko auf, wo er detaillierte Studien zu Vekehrswegen, militärischer Infrastruktur, Wirtschaft und Bergbau durchführte. Geo Verlag, Gruner & Jahr, 118 DM.

"Frida Kahlo", Andrea Kettenmann. Farbiges Paperback im Großformat mit den wichtigsten Gemälden und einigen Zeichnungen von Frida Kahlo. Ergänzt durch Fotos aus ihrem Privatleben und knappen Texten, die eine übersichtliche Einführung in ihr Leben und Werk geben. Benedikt Taschen Verlag, 19,8o DM.

"Frida Kahlo. Die verführte Kamera". Aufwendig gestalteter Band mit Porträtfotos der berühmten Malerin (schwarz- weiß); eine attraktive Dokumentation ihres Lebensweges. Verschiedenen Fotografen hat sie immer wieder Modell gestanden, die Zusammenstellung ihrer Fotos ist originell und einfühlsam. Kurze Texte geben eine Einführung in Leben und Werk von Frida Kahlo. Wiese Verlag, 79 DM.

Präkolumbianische Kulturen

"Die Welt der Maya", E. und A. Eggebrecht (Hrsg.). Katalog der gleichnamigen Ausstellung, mit erstklassigen Farbfotos von Ruinenstätten im Mayaland und den schönsten Exponaten der Ausstellung: Steinfiguren, Reliefs, Schmuck, Gefäße, Malerei.

Literatur

Im ausführlichen Textteil Beiträge verschiedener Autoren über zahlreiche Aspekte der Maya- Kultur. Berücksichtigt ist der neueste Stand der Forschung. Ein informativer und ansprechend gestalteter Überblick. Verlag Philipp von Zabern, 56 DM.

"Die unbekannte Welt der Maya", L. Schele, D. Freidel. Umfassende Darstellung der Maya- Kultur. Aufgelockerte Texte, die auf unterhaltsame Weise Fakten vermitteln: zur Geschichte und vielen Einzelaspekten wie Astronomie, Kalendersystem, Schrift, Religion, Architektur etc. Illustriert mit Karten und vielen Reproduktionen der Maya- Bilderschriften. Albrecht Knaus Verlag, 78 DM.

"Die Maya. Archäologie einer Hochkultur", J. A. Sabloff. Hervorragend gestaltetes Buch zur archäologischen Erforschung der Maya- Kultur. Farbfotos, Skizzen und Karten ergänzen die Ausführungen über den Wandel der Forschungsschwerpunkte und die Fortschritte in der Erkenntnis über eine versunkene Kultur. Schritt für Schritt kommt die Archäologie von einer bloßen Betrachtung urbaner Zentren und Zeremonialgebäude zu einem umfassenderen Bild, das auch Alltagsleben, soziale Strukturen und ökologische Probleme einbezieht. Spektrum Akad. Verlag, 68 DM.

"Schrift und Buch im Alten Mexiko", F. Anders, M. Jansen. Großformatig und reich illustriert. Beschreibt die Erforschung der Maya- Schrift, die einzelnen Codices, Maya- Symbole und das Kalendersystem. Wegen der allgemeinverständlichen Lesbarkeit und aufwendiger Illustration ein Tip für alle, die sich in diese Thematik einlesen möchten. Akademische Druck- und Verlagsanstalt Graz, 98 DM.

"Welt und Umwelt der Maya", H. Wilhelmy. Ein Standardwerk über die Maya. Behandelt eine Fülle von Themen: Siedlungsformen, Straßensystem, Handelsrouten, Landwirtschaft, Kulthandlungen, Architektur. Piper Verlag, 34,8o DM.

"Legenden der Maya", A. Medíz Bolio. Kleines Bändchen, in dem der Autor überlieferte Legenden der Maya mit eigenen Eindrücken verbindet. Resultat sind poetische Texte über Gottheiten, Herrscher und Ereignisse, die die geheimnisvolle Welt der Maya auf unkonventionelle Weise darstellen. dtv, 1o DM.

"Die Azteken", Nigel Davies. Detaillierte Geschichte der Aztekenherrschaft. Beginnt mit dem Auszug aus dem legendären Aztlan und endet mit der Unterwerfung und Versklavung während der Kolonialzeit. Neben den geschichtlichen Ereignissen erfährt man viel über das Alltagsleben der Azteken, ihre soziale Organisation und das Funktionieren von Staat und Wirtschaft. rororo, 12,8o DM.

"Glanz und Untergang des alten Mexiko", A. Eggebrecht (Hrsg.). Zweibändiges Paperback zu den Azteken und ihren Vorläufern mit einer Fülle von Farbfotos. In Band I hervorragende Texte verschiedener Autoren zu Olmeken, Zapoteken und Mixteken; außerdem zum Templo Mayor von Tenochtitlán, dem präkolumbianischen Ballspiel, Kultur, Religion, Literatur und Schrift. Band II zeigt Kunsthandwerk; durchgängig Farbfotos mit Erläuterungen. Verlag Philipp von Zabern, Katalog einer Ausstellung. Falls vergriffen, evtl. noch in Bibliotheken einsehbar.

"Der Adler auf dem Kaktus", W. Westphal. Ausführlich und sachlich geschilderte Geschichte der Azteken - von ihrer Wanderung ins Hochland von Mexiko bis zur Unterwerfung durch die Spanier. Ausgespart wird auch nicht das Schicksal ihrer Nachfahren unter der Kolonialherrschaft und im Mexiko des 2o. Jahrhunderts. Standardwerk mit vielen Zitaten aus historischen Quellen. Westermann Verlag, 42 DM.

"Sonnenkönigreiche", V. v. Hagen. Ausführliche Studien über die Lebensgewohnheiten und kulturellen Leistungen der Maya, Azteken und Inka. Viele Beschreibungen und Erklärungen von Bauwerken und Ruinen im Zentralen Hochland und auf der Halbinsel

Yucatán. Ein Standardwerk, sofern vergriffen, eventuell noch in Bibliotheken ausleihbar. Droemer Knaur Taschenbuch.

"<u>Mexiko</u>", H. Helfritz. Das 1968 erstmals erschienene Buch zu ärchäologischen Ausgrabungsstätten und der Geschichte Mexikos wurde zwischenzeitlich mehrfach ergänzt, erweitert und auf den neueren Stand der Forschung gebracht. DuMont Verlag, 44 DM.

"<u>Mexico auf neuen Wegen</u>", W. Rockstroh. Ausgezeichnetes Paperback, das zu berühmten, aber auch vielen weniger bekannten archäologischen Stätten in Mexiko führt. DuMont Verlag, 44 DM.

Geschichte

"<u>Die Eroberung Mexikos</u>", Hernán Cortés. Eigenhändige Berichte an Kaiser Karl V., verfaßt 152o- 24. Eine Fundgrube für alle, die sich aus erster Hand über die spanische Konquista informieren wollen. Trotz parteilicher Schreibweise erfährt man viel über das Leben der Azteken in ihrer Hauptstadt Tenochtitlán und die Intentionen des Eroberers. Edition Erdmann, 36 DM.

"<u>Sie suchen nach Gold wie die Schweine</u>", K. Braun (Hrsg.). Beschreibt die Eroberung von Tenochtitlán durch indianische Augenzeugenberichte aus der Zeit der Konquista. Das Gegenstück zum Bericht von Cortés. AS-Verlag, sofern vergriffen, eventuell noch in Bibliotheken.

"<u>La Conquista de México</u>", L. Gaertner (Hrsg.). Zweisprachige Texte (spanisch/deutsch) zur Eroberung der Neuen Welt. Neben Berichten von Cortés auch Passagen aus dem Bordtagebuch von Kolumbus und aus der kritischen Schrift des Dominikaners Batolomé de las Casas. Außerdem Berichte weiterer spanischer Chronisten. Anhand der Original-Texte und der direkt gegenüberstehenden Übersetzung ein lebendiger und authentischer Einblick in die Geschichte Mexikos. dtv, 12,8o DM.

"<u>Um Gott und Gold</u>", S. Fischer- Fabian. Spannende und gut lesbare Darstellung der Entdeckung der Neuen Welt durch Christoph Kolumbus. Lübbe Verlag, 38 DM.

"<u>Bericht aus Yucatán</u>", Diego de Landa. Chronik eines Franziskanermönches aus dem 16. Jahrhundert, der maßgeblich an der Verfolgung der Maya und der Zerstörung ihrer kulturellen Hinterlassenschaft beteiligt war. Eine der wenigen ausführlichen Quellen, die vom Leben der Indios während der Konquista berichten. Aufschlußreich, obwohl natürlich parteilich geschrieben. Reclam Verlag, 9 DM.

"<u>Die mexikanische Revolution</u>", H. W. Tobler. Gesellschaftlicher Wandel und politischer Umbruch 1876- 194o. Standardwerk über die mexikanische Revolution und ihre Folgen. Suhrkamp Verlag, 24 DM.

"<u>Als die Welt größer wurde</u>", Berichte von Forschungsreisenden im 19. Jahrhundert, mit interessanten Anmerkungen zu Südamerika und Mexiko. Harenberg Verlag, 16,8o DM.

"<u>Fluchtort Mexiko</u>", M. Hielscher (Hrsg.). Fotos und Texte verschiedener Autoren porträtieren die bekanntesten Persönlichkeiten, die im 2o. Jahrhundert in Mexiko Zuflucht vor der politischen Verfolgung im eigenen Land gefunden oder sich freiwillig ins mexikanische Exil begeben haben: u.a. Anna Seghers, B.Traven, Egon Erwin Kisch, Luis Buñuel, Pablo Neruda, Gabriel García Marquez. Original- Texte und Zitate geben ein lebendiges Bild der Emigranten und des Landes, das sie aufgenommen hat. Luchterhand Verlag, 98 DM.

Heutiges Mexiko, Wirtschaft

"Problemräume der Welt, Mexiko- Stadt", Broschüre, die sich intensiv mit den Problemen der heute größten Stadt der Welt beschäftigt. Bevölkerung, Verkehr, Umwelt, Politik. Aulis Verlag, 16,8o DM.

"Der gekreuzigte Kontinent", H. Goldstein (Hrsg.). Dokumente und Manifeste anläßlich der 5oo- Jahr- Feier der Entdeckung Amerikas. Zur Rolle der Kirche während der Konquista und in der Zeit danach. Entwurf von Handlungsalternativen für die Gegenwart angesichts von jahrhundertelanger Ausbeutung und Unterdrückung der Ureinwohner des Kontinents. Peter Hammer Verlag, 12,8o.

"Mexiko", erschienen in der Reihe Time- Life, Länder der Erde. Gute Farbfotos und informative Texte zum heutigen Mexiko. 47 DM.

Kunst und Kultur

"Frida Kahlo. Malerin wider das Leiden", R. Jamis. Lebendig zusammengestellte Lebens- und Leidensgeschichte der Künstlerin, unterhaltsam und informativ. Kurze Spots und Reportagen, garniert mit vielen Original- Texten, Briefen und Zitaten. Ein Porträt, das sich dem Denken und Fühlen F. Kahlos auf ausgefallene Weise nähert. Goldmann Verlag, 14,8o DM.

"Frida Kahlo", Hayden Herrera. Ausführliche und informative Biographie der Malerin. Detaillierte Fakten ergeben ein aufschlußreiches Bild von ihrem Leben und Werk. Viele Zitate von Frida Kahlo und ihren Zeitgenossen. Illustriert mit Zeichnungen und einigen wichtigen Gemälden sowie Fotos aus dem Familienalbum. Fischer Taschenbuch, 19,8o DM.

"Musik in Mexiko", K. E. Eicke. Das Taschenbuch ist ursprünglich für den Musikunterricht gedacht, bringt Beispiele mit Text und Noten. Enthält aber auch eine Fülle an interessanter Background-Information. Breitkopf & Härtel Verlag, 9,8o DM.

"Märchen aus Mexiko", F. Karlinger (Hrsg.). Umfangreiche Sammlung von Märchen aus verschiedenen kulturellen Bereichen und fast allen Regionen Mexikos: präkolumbianische Mythen, Indianerlegenden, europäisch und christlich beeinflußte Märchen. Eugen Diederichs Verlag, 32 DM.

"Der Tod in Mexiko", P. Westheim. Ein Thema, das sich von den präkolumbianischen Kulturen bis in die Gegenwart durch die Geschichte Mexikos zieht. Müller & Kiepenheuer Verlag, 14,8o DM.

Küche

"Die traditionelle mexikanische Küche", Ursula Fabian. Wichtige Grundrezepte und Spezialitäten. Die aufwendigen mexikanischen Original- Rezepte sind nach Art der "Tex-Mex"- Küche vielfach abgewandelt und vereinfacht. Vorteil: leicht zu kochen mit bei uns erhältlichen Zutaten. Hilfreich eine Adressenliste mit Geschäften, die mexikanische Lebensmittel anbieten. Heyne Bücher, 14,8o DM.

"Mexikanisch Kochen", B. Engelbrecht, U. Keyser. Neben einer Fülle an Rezepten auch breiter Background zu Gemüse, Früchten und typischen Gewürzen des Landes. Edition diá, 32 DM.

"Die Küche der Azteken", I. Steckhan. Zusammen mit einer kurzen Einführung über Mais, Tomaten und Gewürze werden wichtige Rezepte der alt- mexikanischen Küche vorgestellt: Tortillas, Tacos, Tamales und andere Nationalgerichte des Landes. Dreisam Verlag.

Kinder- und Jugendbücher

"Versunkene Städte der Maya", C. Baudez, S. Picasso. Aufwendig gestaltetes Taschenbuch, das die Maya- Kultur in lebendiger und spannender Form darstellt. Knappe und leicht lesbare Texte über Götter, Kalendersystem, Astronomie und die Maya von heute. Der Hauptteil widmet sich der Entdeckung der Maya- Ruinen durch Forscher, Fotografen und Gelehrte. Bunt bebildert durch Fotos, Zeichnungen und Karten. Ravensburger Taschenbuch, 19,80 DM.

"Die Azteken. Herren von Mexiko", U. Thiemer-Sachse. Kinderbuch, das mit etwas konventionellen Texten und bunten Illustrationen die Geschichte der Azteken erzählt. Im Mittelpunkt stehen das Leben in der Hauptstadt Tenochtitlán und auf dem Lande sowie die spanische Konquista. Ein Kapitel widmet sich auch dem Alltag der Kinder. KinderBuch Verlag, 19,80 DM.

"Schloß Rodriganda", Karl May. Erster Band einer Serie von typischen Abenteuer-Romanen, die um die Mitte des 19. Jahrhunderts in Mexiko spielen. Historischer Hintergrund sind die Jahre kurz nach der Unabhängigkeit des Landes, die Regierungszeit von Benito Juárez sowie die Ära von Kaiser Maximilian. Fortsetzung in folgenden Bänden: Die Pyramide des Sonnengottes, Benito Juarez, Trapper Geierschnabel, Der sterbende Kaiser. Karl May Verlag, gebunden, je Band 22,80 DM; Paperbacks von Ueberreuther, 7,80 DM.

Comics

"Der letzte Herrscher der Azteken", J. M. Charlier, Ch. Gaty. Nach üblichem Muster gestrickter Piraten- Comic, in dem es um die Suche nach einer geheimnisvollen Stadt geht, in der die Nachkommen der Azteken leben und einen Schatz hüten sollen. Auf dem Weg dorthin bekommen es die Piraten natürlich pausenlos mit anderen Bösewichtern zu tun, die ihnen das Leben schwer machen. Fortsetzung der Geschichte im Band "Das Gold der Azteken". Carlsen Verlag, je Band 12,80 DM.

"La interminable conquista de México". Köstliche Comics des bekannten mexikanischen Karikaturisten Rius zur militärischen Eroberung Mexikos durch die Spanier und zum wirtschaftlichen und politischen Einfluß der USA. Historische Fakten werden mit Anspielungen aus der gegenwärtigen Politik vermischt. Witzige Satiren für alle, die spanisch verstehen und sich ein wenig in der Geschichte Mexikos auskennen. Editorial Grijalbo, in Mexiko ein preiswertes Paperback.

"Quetzalcoatl no era del PRI", ebenfalls von Rius. Seine Zeichnungen und Texte vermischt er geschickt mit historischen Abbildungen und Maya-Schriftzeichen. Ironische Darstellung der Geschichte präkolumbianischer Völker, mit Anspielungen auf die mexikanische Gegenwart. Editorial Grijalbo, Mexiko.

Belletristik

"Die Kraft und die Herrlichkeit", Graham Greene. Geschichte eines Priesters, der in der Zeit der mexikanischen Kirchenverfolgung versucht, sein Amt trotz Verbots auszuüben. Einfühlsame Milieustudien aus der mexikanischen Provinz. Zolnay Verlag, 16,80 DM.

"Unter dem Vulkan", Malcolm Lowry. Psychologische Studie über einen Alkoholiker, der als britischer Konsul in Cuernavaca lebt und mit den Realitäten der mexikanischen Mentalität konfrontiert wird. Manchmal etwas langatmig, insgesamt aber meisterhaft erzählt. Eindrucksvoll verfilmt von John Huston. Rowohlt Verlag, 16,80 DM.

"Die Einsamkeit der Männer", Wolf Wondratschek. Schmales Bändchen mit Gedichten, das sich an Malcolm Lowrys Roman orientiert und die darin behandelte Thematik auf eigene, poetische Weise verarbeitet. Sonette über Liebe und Leidenschaften, Cantinas und Tequila, Machismo und Einsamkeit, Glück und Tod. Diogenes, 6,80 DM.

"Der Azteke", Gary Jennings. Welterfolg des nordamerikanischen Autors; ein historischer Roman über das Aztekenreich und dessen Untergang. Schildert den gesellschaftlichen Aufstieg eines Handwerkersohnes vor dem Hintergrund des Lebens in der Hauptstadt Tenochtitlán und im gesamten Aztekenstaat. Die spanische Konquista wird aus der Sicht der Unterlegenen dargestellt. Fischer Taschenbuch, 19,90 DM.

"Das wirkliche Blau", Anna Seghers. Kurzroman der sozialistischen Erzählerin, die 1941-47 im mexikanischen Exil lebte. Aus der Perspektive eines armen mexikanischen Töpfers entwickelt sich ein lebendiges, wenn auch etwas idealisiertes Bild von den Nöten und Problemen der einfachen Bevölkerung. Derzeit vergriffen, evtl. in Bibliotheken in alten Ausgaben.

"Unter dem Moskitonetz", Elizabeth Dunkel. Eine erfolgreiche New Yorker Redakteurin plant einen typischen Kurzurlaub in Mexiko, aus dem dann aber ein ungewöhnlich langer Aufenthalt wird. In einem Dorf in Yucatán verbringt sie Monate und wird dort mit den einfachen Verhältnissen der mexikanischen Provinz und der Maya-Kultur konfrontiert. Die Liebesaffäre mit einem Mexikaner und die Rückkehr nach New York machen ihr endgültig bewußt, daß sie in zwei Welten zu Hause ist, die nur schwer zu verknüpfen sind. Droemer Knaur, 36 DM.

"Kalte Jagd in Mexiko", Ursula Curtiss. Mittelmäßiger Kriminalroman mit banalen Spannungselementen. Zwei Amerikanerinnen werden von unterschiedlichen Personen verfolgt, ohne daß sie zunächst von deren Motiven eine Ahnung haben. Spielt im Touristen-Milieu einer mexikanischen Grenzstadt zu den USA. Scherz Verlag, 7,80 DM.

"Der Tod kommt schnell in Mexico", Ray Bradbury. Kriminalgeschichte mit Schauplatz in Guanajuato. Ein US-Amerikaner sucht seinen verschwundenen Freund und wird daraufhin in eine abstruse Mordaffäre verwickelt. Erschienen im gleichnamigen Erzählungsband, Diogenes Taschenbuch, 12,80 DM.

"Das Haus in der Mango Street", Sandra Cisneros. Schlaglichtartig beschreibt der kurze Roman Stationen im Leben eines mexikanischen Mädchens, das mit seinen Eltern in Chicago lebt. Schlichte Schilderungen des Erwachsenwerdens und des Alltags in einem Stadtviertel der "chicanos". Träume, Sehnsüchte und immer wieder gescheiterte Hoffnungen im Zwiespalt der Kulturen. Goldmann Verlag, 9,80 DM.

"Himmel aus Eisen", Rupert Thomson. Liebesgeschichte um eine Französin und einen Amerikaner, die sich in einem kleinen Ort in Baja California treffen und dort mit den Problemen des Lebens in einer fremden Kultur konfrontiert werden. Historischer Hintergrund ist der Bau der Eiffel-Kirche in Santa Rosalía im 19. Jahrhundert. Landschaftliche Impressionen von der sonnendurchglühten Halbinsel geben dem Roman ein authentisches Flair. Kindler Verlag, 39,80 DM.

"Das Schildkrötenfest", Joseph Zoderer. Ohne es zu ahnen, verstrickt sich ein Amerikaner durch eine Liebesaffäre in politische und kriminelle Machenschaften in Mexiko. Etwas undurchsichtige Story um Gringos und Mexikaner, in die erst gegen Ende während eines dörflichen Festes ein wenig Licht fällt. Hanser Verlag, 29,80 DM.

Eine ausführliche Liste empfehlenswerter mexikanischer Literatur, die auch auf deutsch erschienen ist, findet sich im Abschnitt "Kunst und Kultur", ab Seite 85.

172 Mexico City

Italienische Karte (siehe auch italienische Beschriftung) 16. Jhd.
zeigt TENOCHTITLAN mit dem "EL Tempio" (= templo mayor) im Centro,
den Texcoco See, seine Stadtanlage der Azteken, sowie Dämme.

QUIRIGUA

MEXICO CITY
Höhe: 2.240m

(2o Millionen Einw.)

Die größte Stadt der Welt; ungeheure Ansammlung von Häusern, Menschen, Autos und Abgasen. Dazu ein Angebot an Kultur und Geschichte, wie es auf dem amerikanischen Kontinent einmalig ist. Stadt der drei Kulturen: präkolumbianisch, kolonialspanisch und modern.

Das Museo NACIONAL DE ANTROPOLOGÍA ist einer der Höhepunkte jeder Mexiko- Reise. Weitere Museen mit Weltniveau. Im CENTRO HISTÓRICO koloniale Gebäude, Kirchen und Klöster mit ruhigen Innenhöfen im hektischen Getriebe.

Oasen mit dem Flair einer kolonialen Kleinstadt in den Bezirken COYOACAN und SAN ANGEL.

Per Tagesausflug erreichbar die Tempel- und Pyramidenstädte Teotihuacán und Tula sowie die Kolonialstädte Cuernavaca, Taxco und Puebla. Mexico City ist auch Ausgangspunkt für die Besteigung des Vulkans Popocatépetl.

Insgesamt bietet die Stadt unendlich viel mehr, als der erste oberflächliche Eindruck von Häusermeer und Verkehrschaos befürchten läßt.

GESCHICHTE

Der SAGE nach sind die Azteken von ihrer mythischen Heimatinsel "Aztlan" zum Chapultepec ("Heuschreckenhügel") am Texcoco- See gewandert. Ihr Stammesgott Huitzilopochtli habe ihnen geboten, sie sollen sich an der Stelle niederlassen, wo sie einen Adler fänden, der im Schnabel eine Schlange hielte. Der Adler säße auf einem Feigenkaktus, der an einem Stein wachsen würde.
(Siehe auch Darstellung nächste Seite, Codex Mendoza. Das Kreuz zum Adler kennzeichnet den See, als "Borte" um den Bildrand der Aztekenkalender).

Die Azteken, die sich selber "Mexica" nannten - in Abwandlung die spätere Namensgebung Mexico, - waren damals bedrängt nach ihrer Niederlage gegen die Colhua und fanden Zuflucht im flachen und von Schilfufer bewachsenen See. Gesichert ist, daß sie ca. 1345 den See erreichten und dort ihre Siedlung TENOCHTITLAN gründeten.

Mexico City

Adler, Schlange und Kaktus sind heute im Staatswappen vereint, siehe auch Vorseite.

Bis zur Eroberung durch die Spanier 1521 entwickelte sich Tenochtitlán zur Hauptstadt des Aztekenreiches. Im flachen See wurden durch Aufschüttung Inseln geschaffen, die mit Brücken und Dämmen untereinander sowie mit dem Festland verbunden waren.

Die Wahl ihrer Hauptstadt im See war optimal, da das Wasser Schutz vor Angreifern bot und zudem der See mit seinem Fischreichtum für Nahrung sorgte. Auch entwickelten sie die Technologie der sogenannten "Chinampas", im flachen Seeufer verankerter, schwimmender Inseln aus Pflanzen, die mit Wurzelwerk von Sträuchern und Bäumen im Seegrund verankert waren. Auf den Chinampas wurden landwirtschaftliche Produkte angebaut.

OBEN: CODEX MENDOZA: Die "Mexica" (Azteken) besiedeln den Texcoco-See. Das Symbol des Adlers in der Mitte. Sitzt auf Feigenkaktus mit Stein. Im Kreuz: der Siedlungsbereich Texcoco See.

UNTEN: Cortés empfängt MOCTEZUMA, der Geschenke bringt (unter Hinter ihm drei Würdenträger sowie rechts oberhalb von Moctezuma sein Namenszug (in Hieroglyphe). Hint CORTES stehend Doña Marina. (LIENZO DE TLAXCALA).

Nach anderen Berichten seien die schwimmenden Inseln aus Flößen und Flechtwerk errichtet worden, die mit Seilen im Seeboden verankert und mit Erde bedeckt waren.

Die Stadt selber auf festem, aufgeschüttetem Boden verfügte über Steinhäuser und im Centro den Templo Mayor. Sie war von einer Vielzahl an Kanälen ähnlich Venedig durchzogen; Transport der Waren und Lebensmittel per Boot auf den Kanälen. 1519 hat sie eine Fläche von rund 13 qkm bedeckt bei ca. 230.000 Einwohnern (mit den Siedlungen an den Brückenköpfen ca. 400.000). Eine für damalige Zeiten gewaltige Zahl; Rom hatte beispielsweise nur rund 100.000 Einwohner!

<u>SPAN. EROBERUNG TENOCHTITLANS:</u>
Erster Versuch <u>1519</u>

HERNAN CORTES

TENOCH-
TITLAN
Holzschnitt
Nürnberg, 1524

Deutlich zu sehen die Dämme, Stadtanlage im See und der TEMPLO MAJOR im Zentrum. Oben weht die spanische Flagge.

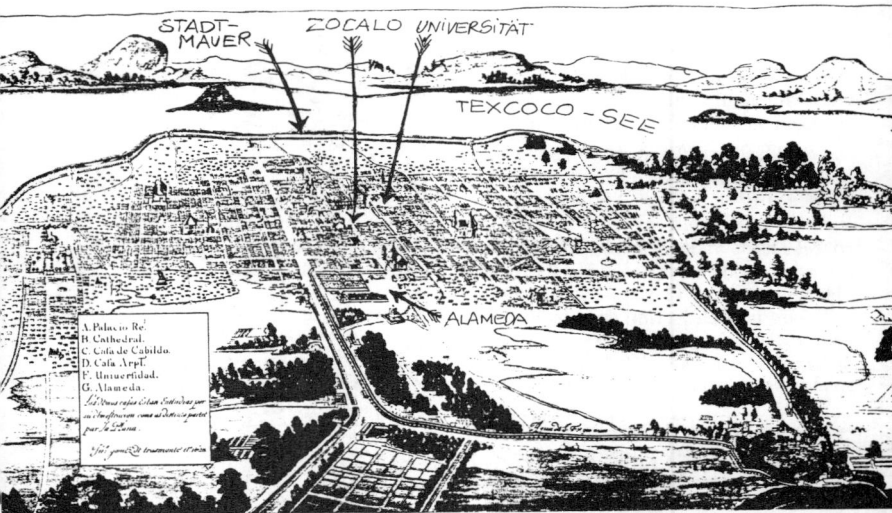

CIUDAD DE MEXICO, 1628, also rund 100 Jahre nach der Eroberung der Aztekenhauptstadt Tenochtitlan. Teile des Sees sind bereits durch Aufschüttung trockengelegt.

- durch den Spanier Hernán Cortés, der mit Soldaten am **25.3.1519** bei Tabasco an der Küste Yucatáns landete. Es kam zu ersten Kämpfen mit dem dortigen Stamm, aus denen Cortés siegreich hervorging. Um Cortés friedlich zu stimmen, schenkte ihm der Führer des Stammes seine Tochter Malinche, die sprachkundig war. Bei den Spaniern hieß sie "Doña Marina" und bewährte sich in Folge als Dolmetscherin (siehe auch Graphik, Vorseite).

- Am **21.April 1519** landete Cortés an der Küste bei Veracruz und wurde vom Aztekenherrscher Moctezuma mit allen Ehren und Geschenken empfangen. Moctezuma ging davon aus, daß es sich bei den weißen "Ankömmlingen" um die "Götter" handelte, die gemäß Sage die Azteken gegen fremde Völker unterstützen würden.

Ein folgenschwerer Irrtum. Für den Abtransport der Geschenke waren gemäß Chronisten- Berichten 1oo Lastenträger nötig, die das Gold und Silber, die Stoffe und Edelsteine auf die spanischen Schiffe schafften. Cortés erteilte Bericht an seinen Auftraggeber, Karl V. von Spanien. Die Schiffe segelten mit den Schätzen Richtung Europa ab (nach heutigem Geldwert von mehreren Millionen DM). Cortés dagegen startete mit rund 4oo Soldaten, mit Schußwaffen sowie einigen Pferden und Kanonen zu einem Erkundungszug ins Landesinnere. Ziel war die Aztekenhauptstadt Tenochtitlán, wobei er sich Unterstützung der mit den Azteken verfeindeten anderen Stämme erhoffte.

Tlaxcala (ca. 7o km östlich der Aztekenhauptstadt nähe Puebla) konnte nach Kämpfen
- am **23.9.1519** erobert werden. Der Stamm der Tlaxcalteken hatte den Spaniern den Durchzug verwehrt. Die durch Schußwaffen überlegenen Spanier richteten ein grausames Gemetzel an, worauf sich die Tlaxcalteken entschlossen, mit Hilfstruppen die Spanier gegen die Azteken zu unterstützen.

Mexico City 177

★ Am **8. Nov. 1519** marschierte Hernán Cortés zum ersten Mal mit seinen Soldaten in Tenochtitlán ein. Der Aztekenherscher Moctezuma empfing ihn freundlich als "Gast", versah ihn wiederum mit Geschenken und hoffte, daß die Geschenke den Spanier und seine Soldaten nunmehr endgültig zur Abreise bewegen würden.

Cortés nahm die Geschenke dankend an; sie wurden per Lastenträger an die Karibikküste geschafft und dort nach Spanien verschifft (nach Chronistenberichten wieder mehrere Mio. DM im heutigen Wert!), - zusammen mit einem Begleitschreiben an den spanischen König Karl V.: Tenochtitlán sei eine extrem reiche und prächtig angelegte Stadt mit Palästen, Straßen und Märkten. Allein der Hauptplatz sei größer als der von Salamanca/Spanien. Hier kämen pro Tag rund 60.000 Menschen zusammen, bei reichhaltigstem Warenangebot. Es reiche von Nahrungsmitteln über Kleidung bis hin zu einer Vielzahl an Mineralien (Gold, Silber, Messing, Kupfer, Blei etc.).

Die Häuser hätten reiche Blumengärten, die Stadt sei durch Wasserleitungen versorgt, und der Tempel der Azteken sei größer als die Kirche von Sevilla/Spanien (im 16. Jh. der Maßstab der Dinge im klerikalen Bereich!).

Rundum ein Superbericht, der zwar in gewissen Bereichen beschönigte, aber doch weitgehend den großen Reichtum der Stadt dokumentiert, der von den Spaniern unter Cortés in der Neuen Welt entdeckt worden war.

Cortés setzt kurzerhand den Aztekenherrscher Moctezuma in seinem Palast unter Hausarrest, steht allerdings vor dem Problem, daß er trotz Schußwaffen- Überlegenheit mit nur 4oo Soldaten nicht eine Stadt von 4oo.ooo Einwohnern kontrollieren kann.

★ Zudem erreicht ihn im **April 152o** die Nachricht, daß von Cuba aus ein Expeditionsheer unter Führung von Panfilo Narvaez unterwegs sei, das ihn wegen seiner "eigenmächtigen Eroberungszüge" absetzen soll. Cortés verläßt daraufhin Tenochtitlán, wobei er ein Dutzend Soldaten in der Stadt zurückläßt. Cortés besiegt Narvaez, dieser wird getötet, und ein Teil seiner Soldaten läuft zu Cortés über.

★ Im **Juni 152o** zieht Cortés zum zweiten Mal in Tenochtitlán ein, wo ihm eine weit feindseligere Stimmung als beim ersten Mal entgegenschlägt. Seine dort verbliebenen Männer hatten bei einer religiösen Zeremonie einige indianische Priester getötet, so daß es zum Aufstand der Azteken unter Führung von Moctezumas Bruder Cuitláhuac kam. Moctezuma wurde nach Angaben der Spanier von seinen eigenen Leuten getötet, als er versuchte, sie zur Mäßigung zu bewegen.

★ Die Spanier konnten sich gegen die Übermacht der Azteken in der Stadt nicht mehr halten, flohen am **3o. Juni** und verloren dabei mehr als die Hälfte ihrer Leute, die über und über mit Gold beladen im See ertranken. Das Ereignis ging als "noche triste" (traurige Nacht) in die spanische Version der Eroberungsgeschichte Mexikos ein. Cortés zog mit seiner verbliebenen Truppe nach Tlaxcala, wo sich einige Indianerstämme mit ihm zum Kampf gegen die Azteken verbündeten.

★ **Anfang 1521** unterwarfen die Spanier und ihre Alliierten verschiedene Städte im Valle de México und erreichten im Mai wiederum den Texcoco- See. Eine mehrmonatige Belagerung Tenochtitláns begann, während in der Stadt eine Pockenepidemie ausbrach, der auch Cuitláhuac zum Opfer fiel. Sein Vetter Cuauhtémoc übernahm das Kommando, organisierte den Abwehrkampf und weigerte sich mehrfach, die Stadt zu übergeben. Auf diese Weise wurde er zum auch heute noch meistverehrten indianischen Helden der mexikanischen Geschichte.

Nach dreimonatiger Belagerung konnten die spanischen Konquistadoren dann am

Weiter Seite 179

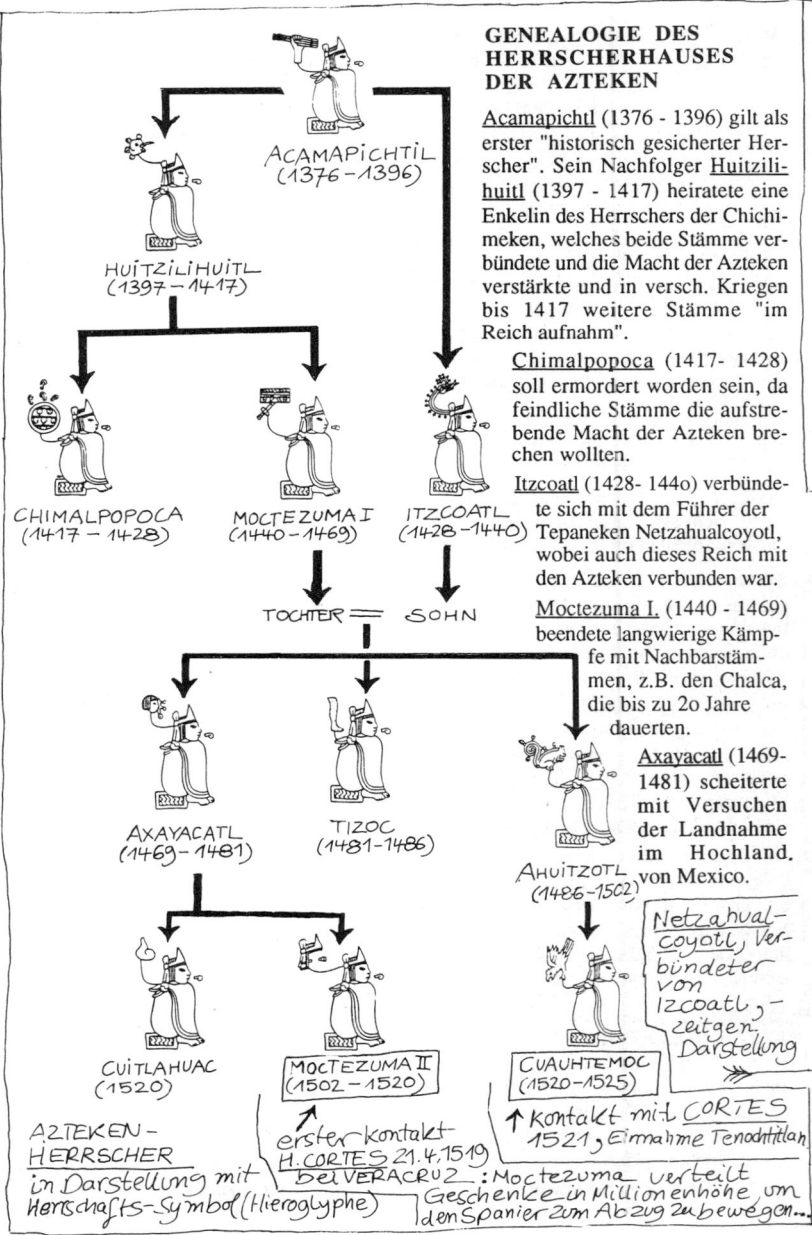

GENEALOGIE DES HERRSCHERHAUSES DER AZTEKEN

Acamapichtl (1376 - 1396) gilt als erster "historisch gesicherter Herrscher". Sein Nachfolger Huitzilihuitl (1397 - 1417) heiratete eine Enkelin des Herrschers der Chichimeken, welches beide Stämme verbündete und die Macht der Azteken verstärkte und in versch. Kriegen bis 1417 weitere Stämme "im Reich aufnahm".

Chimalpopoca (1417- 1428) soll ermordet worden sein, da feindliche Stämme die aufstrebende Macht der Azteken brechen wollten.

Itzcoatl (1428- 1440) verbündete sich mit dem Führer der Tepaneken Netzahualcoyotl, wobei auch dieses Reich mit den Azteken verbunden war.

Moctezuma I. (1440 - 1469) beendete langwierige Kämpfe mit Nachbarstämmen, z.B. den Chalca, die bis zu 20 Jahre dauerten.

Axayacatl (1469-1481) scheiterte mit Versuchen der Landnahme im Hochland von Mexico.

Netzahualcoyotl, Verbündeter von Itzcoatl, - zeitgen. Darstellung

AZTEKEN-HERRSCHER in Darstellung mit Herrschafts-Symbol (Hieroglyphe)

erster kontakt H.CORTES 21.4.1519 bei VERACRUZ : Mocteuma verteilt Geschenke in Millionenhöhe, um den Spanier zum Abzug zu bewegen...

↑ Kontakt mit CORTES 1521, Einnahme Tenochtitlan

FORTSETZUNG von Seite 177

Mexico City 179

21.August 1521 den Widerstand der Azteken brechen. Diese lange Zeit des Widerstands war eine um so beachtenswertere Leistung der Azteken, als diese über keinerlei Schußwaffen oder Kanonen verfügten. Ihr Schutz war die Lage im See, ihre Dämme, Kanäle und ihre größere Zahl an Menschen (rund 4oo.ooo).

Die Armee von Cortés umfaßte lediglich 65o Infanteristen sowie 4o Reiter, 1o Geschütze und mehrere tausend Krieger der mit den Azteken verfeindeten Stämme, die sich Cortés angeschlossen hatten. Gekämpft wurde, abgesehen von Schußwaffen und Rüstungen der Spanier, weitgehend mit Pfeilspitzen aus Obsidian, mit Steinkeulen sowie Pfeil und Bogen.

Während die Spanier und ihre Verbündeten versuchten, tagsüber im Schutz der Schußwaffen die Kanäle zuzuschütten (um ihre Kanonen näher ans Stadtzentrum zu bringen), wurden die Kanäle nachts von den Azteken wieder ausgegraben.

Zunehmende Lebensmittelknappheit, aber auch fehlendes Trinkwasser setzten den Belagerten zu, Krankheiten (siehe Pocken) und ständige militärische Angriffe. Dazu kam die Angst vor Geheimagenten, die Abtrünnige in der Stadt überwachten und der Todesstrafe zuführten.

Während die Besatzer die Zugänge absperrten, wurde die Situation in Tenochtitlán immer prekärer; <u>CUAUHTEMOC</u> flüchtete in der Hoffnung, außerhalb der Hauptstadt den Widerstand organisieren zu können.

Nezahualcoyotl

<u>Tizoc</u> (1481 - 1486), der Bruder von Axayacatl galt als schwach und ist vergiftet worden (vermutlich weil eine Schwächung des aufstrebenden Aztekenreiches befürchtete wurde). -

<u>Ahuitzotl</u> (1486- 15o2), sein Bruder, war dagegen äußerst geschickt; verschiedene Feldzüge erweiterten das Aztekenreich bis hin nach Oaxaca, den Isthmus von Tehuantepec und in Grenzbereiche bis zum heutigen Guatemala, die für die Azteken wegen Rohstoffen sehr wichtig waren. Ahuitzotl wurde abgelöst von seinem Neffen <u>Moctezuma II.</u> (15o2 - 152o): unter seiner Herrschaft erweiterte und festigte sich das Aztekenreich. Er hatte ersten Kontakt mit den Konquistadores unter Cortés. Während seiner Regierungszeit erreichte die Hauptstadt Tenochtitlán die höchste Blüte: der Spanier <u>B. Diaz del Castillo</u>, Teilnehmer der Expedition, lieferte ausführliche Beschreibung der Stadt, so daß wir sie uns heute (trotz anschließender Zerstörung durch die Spanier) vorstellen können. Abgesehen von Brücken und einer Vielzahl an Kanälen hatte die Stadt eine eigene Wasserleitung, die sie ab Chapultepec via (heutiger) Av. Hidalgo/ Tacuba mit dem Plaza Mayor (= Zócalo) verband.

Gemäß spanischer Darstellung ist Moctezuma II. von seinen eigenen Leuten 152o ermordet worden. Es kann jedoch durchaus sein, daß es spanische Kugeln waren, die den Aztekenherrscher aus der Welt schafften.

Seinem Nachfolger <u>Cuauhtémoc</u> (152o - 1525) war nur extrem kurze Regentschaft beschert: schon kurz nach Amtsantritt fiel 1521 die Hauptstadt. Zwar konnte er flüchten, sein Ende war jedoch bereits 1525 besiegelt.

✱ Als Cortés am 21.8.1521 zum dritten Mal in die Stadt einmarschierte, "stank die Stadt von Leichen, die in den Straßen aufgestapelt waren und in den Kanälen schwammen", wie Chronisten berichteten. Cortés ordnete an, die Stadt in Brand zu legen und die Gebäude dem Erdboden gleichzumachen, um jegliche Erinnerung an die Aztekenmetropole zu vernichten. Die noch verbliebenen Einwohner durften zuvor die Stadt verlassen.

Zugleich gab es bei den Spaniern große Enttäuschung: die erwarteten Reichtümer an Mineralien wie Gold und Silber ließen sich in der Stadt nicht finden.

Mit dem Bauschutt wurden die Kanäle im Zentrum zugeschüttet. Bereits 1524 gab es 25.000 Einwohner, vorwiegend spanische Einwanderer. Hernán Cortés, der anfangs in Eigenregie und ohne Auftrag des spanischen Königs den Eroberungszug durchgeführt hatte, wurde zum Gouverneur von NEUSPANIEN ernannt.

Eine spanische Expedition **1525** tötete den letzten Aztekenherrscher Cuauhtémoc im Bereich des heutigen Honduras. Man hoffte, von ihm zu erfahren, wo die sagenhaften Gold- und Silberschätze der Azteken lägen. Cuauhtémoc gab jedoch keine befriedigende Auskunft und starb den Tod der spanischen Folter...

✱ SPANISCHE KOLONIALZEIT
In den folgenden Jahrhunderten entwickelte sich die CIUDAD DE MEXICO zur wichtigsten Hauptstadt in der Neuen Welt. Sie war in Zentralamerika bedeutende Schaltzentrale und Handelspunkt für die entdeckten Minen im Hochland.

Exporthafen war VERACRUZ an der Karibikküste. Verschiffung via HAVANNA/Cuba und dem riskanten Weg der spanischen Schiffe durch die Karibik-Inselkette, wo die Piraten (Engländer, Franzosen und Dänen) lauerten.

Kathedrale von Mexico City, zeitgen. Stich Mitte 18. Jhd.

✱ Bereits **1537** umfaßte die Ciudad de México 100.000 Einwohner, **1551** erhielt sie ihre Universität, **1693** erste Zeitung. Im Rahmen der zunehmenden Stadterweiterung wurde der See immer weiter zugeschüttet, um Platz für neue Siedlungen zu schaffen. Die Stadtstruktur wiederholte die der Azteken: auch zur spanischen Kolonialzeit war die Plaza Mayor der zentrale Platz.

In Stadtarchitektur wurde das Schachbrett- Straßenmuster gewählt. Es ließ sich nicht nur schneller anlegen, sondern die Stadt so auch besser kontrollieren (z.B. Zuführung von Militär an neuralgische Punkte, klarere Aufteilung nach Bevölkerungsschichten und deren Kontrolle). Fast alle Stadtgründungen der Spanier in Lateinamerika waren nach diesem Muster angelegt. In Mexiko gibt es nur wenige Ausnahmen, z.B. Guanajuato oder Taxco, die wegen Lage am Berg das Schachbrettmuster nicht zuließen.

✱Den Spaniern ging es bei der Trockenlegung des Texcoco- Sees zunächst um den Stadtbereich des ehemaligen Tenochtitlán. Die Trockenlegung des relativ flachen Sees erschien als die bequemere Lösung als die Zuschüttung der Vielzahl von Kanälen. Da der Texcoco- See keinen Abfluß besitzt, erhoffte man sich die Lösung durch den Bau eines Entwässerungskanals. Dieser sollte per Tunnel durch die Bergkette am nördlichen Seeufer geführt werden und mehr oder weniger den See "abfließen lassen".

Weiterer Grund waren die ständigen Überschwemmungen: Nach Regenfällen stieg der abflußlose See, wobei das Wasser in viele der Strassen schwappte und die sowieso nicht gerade besten Hygiene- Bedingungen der Hauptstadt zusätzlich verschlechterte.

Zur Realisierung wurden die besten Wasserbau- Architekten Europas geholt, die allerdings zunächst keinen Erfolg beim Bau des Tunnels hatten.

Später realisierte Projekte einer See- Entwässerung führten zur Absenkung des Texcoco-Sees aber auch des Grundwasserspiegels. In Folge kam es zu Landgewinnung im Bereich des ehemaligen Tenochtitlán.

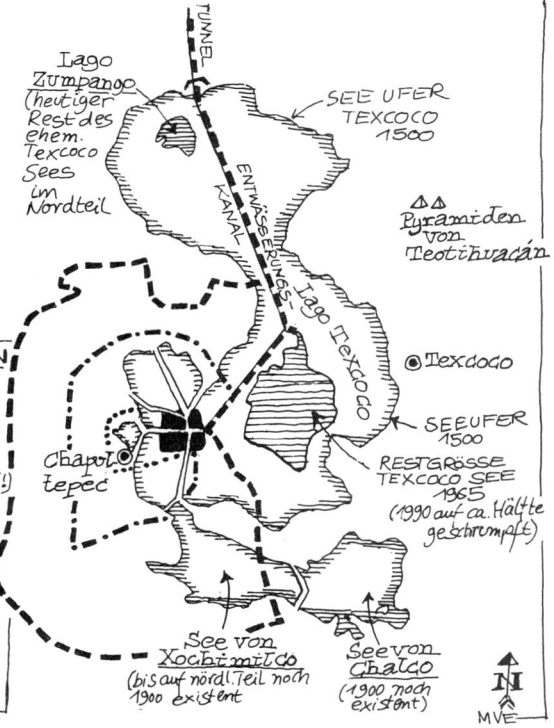

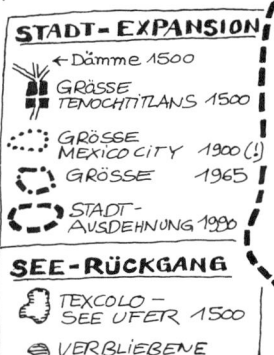

Bereits Alexander von Humboldt, der die Stadt 18o3 besuchte, warnte vor weiterer See-Stillegung: Die Folge seien Erosion und Entwaldung im Bereich des Sees. Eine Entwicklung, die jedoch von der mexikananischen Regierung zunehmend gefördert wurde, da ab 19oo die Stadt wegen Zuzug massiv expandierte und Siedlungsraum benötigte. Der Texcocosee ist heute (siehe Karte) bis auf kleine Restbereiche verschwunden.

Gravierende Folge der Trockenlegung sind beständige Senkung des Grundwasserspiegels und Absinken des Bodens. Deutlich zu erkennen ist dies u.a. beim <u>Palacio de Bellas Artes</u>, oder den Kirchen <u>San Juan de Dios</u> und <u>Santa Veracruz</u> am Parque Alameda, die bereits mehrere Meter in den weichen Untergrund abgesackt sind.

Die <u>kolonialspanische Ciudad de México</u> galt wegen ihrer prächtigen Gebäude als schönste Stadt Lateinamerikas. Von hier aus wurden die rund 5oo Silberminen des Landes ver-

PARQUE ALAMEDA, Stich von Rugendas 1855

waltet, die Ausfuhr via Veracruz -> Havanna/Kuba nach Spanien organisiert und die Geschäfte im Vizekönigreich abgewickelt. Viele spanische Adlige, die in der Ciudad de México als Verwalter eingesetzt waren, kamen zu großem Reichtum, den sie zur Repräsentation in ihre Villen, aber auch Kirchenbauten steckten.

Auch nach **STAATSGRÜNDUNG MEXIKOS** wurde die Stadt bis Anfang des 2o. Jh. gepriesen von Reisenden aus Europa und Nordamerika. Zahlreiche Ausländer ließen sich vor allem wegen des angenehmen Klimas und der reinen Höhenluft in Mexico City nieder. Der Chapultepec- Park und das gleichnamige Schloß wurden ab 1864 unter Kaiser Maximilian (siehe Seite 156) ausgebaut. In diese Zeit fällt auch der Bau der Prachtstraße Paseo de la Reforma, 1877 fertiggestellt.

Die Epoche bis in die 4oer Jahre unseres Jahrhunderts war eine Zeit hoher Lebensqualität in der Landeshauptstadt. Bis zur Jhd.-Wende erreichte sie an Einwohnerzahl den Stand der damaligen Azteken- Hauptstadt Tenochtitlán.

★**Einwohnerzahlen**: 1900 rund 400.000. Während der Mexikanischen Revolution 1910 kam es zu weiterem Zustrom von Mexikanern, die aus Landesteilen flüchteten, die von Kämpfen heimgesucht waren. Erste Hochhäuser Ende der 20er Jahre, bereits 1930 wurde die 1- Mio.- Grenze überschritten, 1932 erster Stadtbebauungsplan. Während des 2. Weltkrieges kam es zu weiterem Bevölkerungszustrom und Industrieansiedelung im Stadtbereich. 1948 wurde die 2- Mio.- Grenze überschritten.

Der Industrialisierungsprozess ab 50er Jahre, speziell dann in den 70ern führte zu massivem Bevölkerungszustrom aus allen Landesteilen. Die Stadt katapultierte sich bis 1990 auf 20 Millionen Einwohner und ist heute größte der Welt.

Der Großstadtmoloch frißt sich derzeit jährlich mehrere qkm ins Umland, wobei der Zustrom der Landbevölkerung nicht abreißt, die sich (für Lateinamerika typisch) bessere Lebensbedingungen in der Hauptstadt erhofft. Hochrechnungen gehen von rund 30 Mio. Einwohnern zur Jahrtausendwende aus, sofern bisheriger Zustrom gleichbleibt...

★Die **Umweltprobleme** des momentan 20- Millionen- Molochs sind gigantisch! Trotz Metro quälen sich mehr als 4 Mio. Pkw täglich durch die Stadt, die im Zentrum langsamer als der Fußgänger vorankommen und zudem kaum Parkraum finden. Der mexikanische Sprit ist nach wie vor stark verbleit, was die Umwelt zusätzlich belastet.

Katalysatoren im Auspuff (wie im Nachbarland USA) gibt es nicht. Darüber hinaus verpesten die fehleingestellten Diesel der Busse und LKW zusätzlich die Luft. Hinzu kommen die Abgase von rund 150.000 Industrieunternehmen sowie die Emissionen von rund 5 Millionen Haushalten.

★Der SMOG von MEXICO CITY hat zwischenzeitlich weltweite "Berühmtheit" erlangt. Er lastet als giftige Glocke über der Stadt und ist verantwortlich für viele Erkrankungen der Atemwege. Die Intensität des Smogs ist abhängig von der Inversionslage, aber auch von Winden. Wenn, so blasen sie von Nord und bringen die Abgase der dort angesiedelten Industriezonen ins Zentrum mit.

Fatale Folgen, denn das Hochtal, in dem Mexico City liegt (2.400 m), ist im Süden von der Sierra del Ajusto, im Westen von der bis knapp 4.000 m hohen Sierra de las Cruces und im

Osten der Sierra Rio Frio und Sierra Nevada mit den über 5.000 m hohen Gipfeln des Ixtaccíhuatl und Popocatépetl eingeschlossen. Je nach Inversion stauen sich dann die Abgase und können nach oben nicht entweichen.

Mexico City benötigt dringend einschneidende Verordnungen, z.B. bei Industrieabgas und Autoverkehr (Katalysatoren und Kontrolle der Dieselfahrzeuge). Radikale Verordnungen werden von der Stadtverwaltung offenbar vermieden. Das Geld regiert, und die jeweilige Lobby hat ihren Einfluß, um die Installation teurer Filter- Anlagen zu vermeiden. Auch haben die Regierenden offenbar Angst, durch Verordnungen wie Katalysatoren in

Pkw oder Kontrolle bei Dieselfahrzeugen Wähler zu verlieren.

Ein weiteres Problem sind die speziell im Frühjahr und in bestimmten Stadtteilen auftretenden <u>STAUBSTÜRME</u>: In den Wintermonaten reduziert sich der Texcocosee durch Verdunstung. Weite Bereiche, die ansonsten mit Wasser bedeckt sind, liegen dann frei und sind ausgetrocknet.

Die <u>Staubstürme</u>, die die Mexikaner "Tolvaneros" nennen, vermischen sich mit den Abgasen und sind massive Plage für die Einwohner. Sie entstehen bei <u>Kaltluftfronten</u> im Norden der Hauptstadt, die zu <u>starken Winden</u> führen, den Staub der ausgetrockneten Seeufer des Texcoco aufnehmen und ins Zentrum der Stadt führen. Je nach Inversion wird der Staub in große Höhen gewirbelt und senkt sich auf die Stadt. Oder er wird von den Nordwinden in Bodennähe übers Land getrieben, - bei stark reduzierter Sicht zusammen mit Smog aus Industrie, Häusern und Verkehr...

Als Abhilfe verordnete die mexikanische Regierung ein Sanierungsprogramm mit Ziel der totalen Trockenlegung des Texcocosees. Nur wenige Wasserflächen sollen übrigbleiben, bei denen ganzjähriger Wassergehalt gesichert ist, und deren Ufer bepflanzt werden.

<u>TRINKWASSER- VERSORGUNG</u> stellt die Stadtverwaltung bei derart rapidem Bevölkerungswachstum (in den letzten 2o Jahren plus ca. 1o Mio. Einwohner!) vor massive Probleme. Wegen der Lage im Hochtal auf 2.4oo m sind die Wasservorräte begrenzt. Sie reichten durch Anzapfung der Grundwasservorräte und der Flüsse bis ca. 5 Millionen Einwohner, kaum jedoch für 2o Millionen. Nach Regengüssen gibt es Wasser (aber auch Abwasserprobleme, siehe unten!), - zu Zeiten der Trockenheit im Hochland kann es sein, daß zeitweise das Wasser abgestellt wird.

Dies bezogen auf das Centro, auf Viertel des Mittelstandes und der Reichen sowie Industriezonen. Die weitreichenden Slums insbesondere im Norden werden per Tankwagen "versorgt"...

<u>ABWASSER- und HYGIENE- PROBLEME</u>: allein die Müllabfuhr von 2o Mio. Menschen stellt die Stadtverwaltung vor gigantische Probleme. Wenn sie nicht funktioniert, sind Epidemien vorgeplant. Das Beispiel Peru hat dies hinreichend dokumentiert, wo Anfang 1991 eine Cholera- Epidemie ausbrach, weil u.a. die Hauptstadt Lima (ca. 8 Mio. Einwohner) sämtliche Abwässer ohne Kläranlagen in den Pazifik leitet.

Tropische Wolkengüsse überlasten die Kapazitäten der Abwasserkanäle von Mexico City und führen zu Überschwemmung von Straßen. Trotz 2o Mio. Einwohner funktioniert die Müllabfuhr in MC. relativ gut, bezogen auf andere Großstädte Lateinamerikas. Es gibt jedoch, u.a. im Norden der Stadt, riesige Müllhalden am Straßenrand. Er wird "hingekippt", da sich die Bewohner die Kosten für Müllabfuhr sparen, und von Slumbewohnern nach Wiederverwertbarem "durchforstet", Plastiktüten, Flaschen etc.

<u>ERDBEBEN</u>: die historischen Gebäude aus der Kolonialzeit haben das schwere Erdbeben vom 19. September 1985 relativ gut überstanden. Schwerer hat es moderne Konstruktionen getroffen, u.a. auch viele Hotels rund um den Alameda- Park, die schlampig und extrem kostensparend gebaut wurden.

Besonders betroffen waren jedoch ärmere Bevölkerungsschichten, die in für Erdbeben unzureichend konstruierten Häusern lebten. Nach offiziellen Ziffern kamen rund 4.000 Menschen ums Leben, die wirkliche Zahl dürfte aber weit darüberliegen.

In der Folge des Bebens kam es zu zahlreichen Skandalen, die Licht auf die korrupten

Machenschaften werfen, wie sie in Mexiko alltäglich sind, aber nur selten in die Schlagzeilen geraten: Hilfsgüter aus internationalen Spendenaktionen wurden anderweitig gewinnbringend verhökert. Spendengelder kamen nicht bei den "damnificados", den Geschädigten an: die Opfer saßen monatelang buchstäblich auf der Straße. Noch heute stehen jede Menge Ruinen im Zentrum der Stadt (insbesondere in Nähe des Parque Alameda).

Stadtbesichtigung

4 Tage für Mexico City sind absolutes Minimum, mit 1 Woche kommt man etwas besser klar. Die Zeit wird gewiß nicht lang bei äußerst reichhaltigem Kulturangebot an Museen, Veranstaltungen, - aber auch Shopping, Besuch gemütlicher Stadtteile wie Coyoacán, schöner Restaurants und Ausflügen in die nähere Umgebung, z.B. zu den Pyramiden von Teotihuacán oder den schwimmenden Gärten von Xochimilco.

Mexico City gilt bei vielen Touristen als "chaotischer Alptraum" wegen Verkehrsbedingungen und wird deswegen oft gemieden. Bei etwas Vorplanung lassen sich die vielen Sehenswürdigkeiten jedoch problemlos aufsuchen:

* Überlegen, welche Besichtigungsschwerpunkte man setzen will. Dementsprechend die Lage des Hotels wählen. An Ort und Stelle die Besichtigungen nach Stadtteilen organisieren, so daß man sich so wenig wie möglich im Verkehrsgewühl rumtreibt.
* Die Metro fährt schnell ins gewünschte Gebiet: Von dort dann zu Fuß zu den jeweiligen Zielen, wenn nötig ab Metrostation Taxi oder Colectivo.

Auf diese Weise lassen sich die attraktiven Seiten der Hauptstadt genießen, ohne daß der Streß übermäßig groß wird. Das heißt andererseits nicht, daß man sich antiseptisch nur auf Touristenpfaden bewegt: Die gibt es nämlich nicht in Mexico City. Vom alltäglichen Funktionieren der Metropole mit allem, was dazugehört (Menschen- und Verkehrsgewühl, Schmutz, Armut etc.), ist bei dem Hin und Her zwischen den Stadtteilen noch genügend zu spüren und zu sehen.

Klima: Auf 2.250 m Höhe ein subtropisches Höhenklima. Gemäßigte Temperaturen, kühle Nächte, vor allem im Januar/Februar. Mit Regenfällen kann von Juni bis August gerechnet werden. Wegen der Höhe die Anstrengungen in den ersten Tagen nach der Ankunft etwas dosieren.

Ankunft in Mexico City

Schon der Landeanflug auf Mexico City ist ein Erlebnis und gibt Vorgeschmack auf die Dimensionen dieser Stadt: Minutenlang zieht der Jet seine Landeschleife über das unendlich erscheinende Häusermeer, bis er endlich irgendwo die Piste findet und aufsetzt.

Besonders schön ist der Anflug bei klarem Wetter, wenn die Maschine von Westen oder Süden herkommt (z.B. von Acapulco). Dann geht der Flug direkt an den beiden Vulkanen Popocatépetl und Ixtaccíhuatl vorbei, bevor der Jet in die Dunstglocke der Hauptstadt abtaucht.

FLUGHAFEN: Wegen des oft riesigen Gedränges in der Ankunftshalle einige Hinweise zur leichteren Orientierung:

* Die neue Ankunftshalle für internationale Flüge befindet sich in Sala E. Die Kofferwagen vom Gepäckband passen leider nicht durch die Sperre nach der Zollkontrolle. Die Gepäckträger wollen auch verdienen. Hinter der Sperre befindet sich alles, was der Besucher für seine ersten Schritte in Mexico City braucht:

* Direkt gegenüber der Zollkontrolle mehrere Casas de Cambio und Banken zum Geldwechseln. Mindestens eine ist 24 Stunden geöffnet.

* Weiter links (Local 147) die Hotelinformation. Am besten sich vorher in diesem Führer einige geeignete Hotels heraussuchen. Die Dame bei der Information ruft an und fragt, ob was frei ist. Sie reserviert auch, wobei sie "Favoriten" hat, - aus welchen Gründen auch immer... Ruft aber kostenlos auch jedes andere an.

* Die komplette Reihe der Autovermieter befindet sich gegenüber der Sperre. Tip allerdings nur, wenn man ab Airport weiter Überland will. Für Mexico City selber lohnt sich das Auto wegen vielfach stehendem Verkehr nicht!

* Links von der Sperre eine Touristeninformation.

* Telefon für Ferngespräche: im Local 117, links die Ankunftshalle hinunter.

* In der Nähe der Sperre ist auch der Ausgang zu den Taxis. Ein Schalter, wo man für ca. 11 US ein Taxiticket ab Airport bis vors gewünschte Hotel ins Centro bekommt. Das Ticket ist draußen dem Taxifahrer vorzulegen, weitere Kosten bestehen nicht. VORTEIL: ab Airport bis Hotel keine weitere Gepäckschlepperei (wie sie z.B. bei Bus- oder Metrobenutzung ab dortiger Station bis zum Hotel entsteht). Abgesehen davon teilt man sich den relativ günstigen Preis, wenn man zu mehreren das Taxi benutzt, - was bei Metro/Bus nicht der Fall ist.

* Metrostation ("Terminal Aerea", Linie 5): Durchgehen bis Sala A, dort aus der Ankunftshalle heraus. Die Mitnahme von Gepäck in der Metro ist verboten. Auch wenn dies nicht immer kontrolliert wird: insbesondere zu Stoßzeiten ist die Metro so gesteckt voll wie eine bis zum Rand gefüllte Sardinendose (ohne ÖL!). Sollte es gelingen, die "Dose" mit Koffer- oder Rucksackgepäck zu betreten, ist nicht garantiert, daß man selbige Dose auch in der richtigen Station inkl. Gepäck rechtzeitig verläßt. Und dann beginnt die Schlepperei zum Hotel... Experimente, die sich bei dem kleinen Aufpreis fürs Taxi (siehe oben) kaum lohnen!

* Die Ankunftshalle für innermexikanische Flüge am anderen Ende des Terminals, in Sala A. Dort ebenfalls eine Touristeninformation, die Gepäckaufbewahrung und ein Ausgang zu den Taxis. Außerdem die Post sowie Telex/Telegramm.

ANKUNFT per BUS: Es gibt für den Überlandverkehr ab/nach Mexico City vier verschiedene Busterminals (siehe Karte nächste Seite). Sie haben alle die Metro vor der "Haustür": Entweder quetscht man sich mit dezentem Gepäck rein, oder man nimmt sich ein Taxi. In den Busterminals

Mexico City 187

gibt's Verkaufsstellen für Taxis zum Festpreis (zum Centro je nach Entfernung zum Terminal 4- 6 US). Weitere Details S. 235.

↪ ANKUNFT per ZUG: Der Hauptbahnhof hat zwar keine Metrostation, liegt zumindest relativ zentral zum Centro und Zona Rosa, so daß die Entfernungen zu Hotels in diesem Bereich per Taxi oder Bus- Linien kurz sind. Beide halten vor dem Bahnhof, weitere Details Seite 235.

TRANSPORT IN MEXICO- CITY

 Die **Metro** ist DAS Verkehrsmittel in Mexico City: schnell, umweltfreundlich und übersichtlich. Außerdem unschlagbar billig: wenige Pfennige pro Fahrt mit unbegrenzter Umsteigemöglichkeit.

Die wichtigen Stadtbezirke sind gut erschlossen, fast alle Sehenswürdigkeiten sind per Metro zu erreichen. In Ausnahmefällen nimmt man von der Station aus ein Taxi oder Colectivo.

Die Metro verkehrt Mo.- Fr. 5 bzw. 6 Uhr früh bis o.3o Uhr nachts, am Sa. 6- 1.3o Uhr nachts, So. und Feiertage 7- o.3o Uhr nachts.

Die einzelnen Metro- Linien sind durch Nummern und farbige Markierung pro Linie klar gekennzeichnet. Außerdem steht der jeweilige Endbahnhof der Linie ausgeschildert. Allerdings Achtung: Wer erstmal in den Wagen eingestiegen ist (insbesondere zu Stoßzeiten), hat in der Sardinendose kaum mehr Blick raus auf die einzelnen Stationen: daher diese mitzählen, damit man nicht unnötig "zurückrangieren" muß!

Stoßverkehr ist werktags 8- 1o und 18- 2o Uhr. Die Metro ist immer voll, zu diesen Zeiten extrem überfüllt. Nach Möglichkeit diese Stunden meiden. Trotzdem kommt man auch zu Zeiten des Stoßverkehrs unten in der "Röhre" schneller vom Fleck, da überirdisch das Gedränge auf den Straßen weit mehr Zeit kostet.

Da die Züge praktisch im Minutentakt verkehren: bei Gedränge lieber auf den folgenden Zug warten und währenddessen bis zum äußersten Ende des Bahnsteiges gehen. Dort ist der Andrang entschieden geringer, und auch die Waggons sind nicht ganz so überfüllt. Ansonsten heißt es, sich an die Massen gewöhnen, möglichst wenig Gepäck bei sich haben und Geld tief in der Hosentasche vergraben.

Gepäck: Offiziell ist das Mitführen von größeren Gepäckstücken verboten. Wer aber nicht gerade zur Rushhour ankommt, wird in der Regel nicht daran gehindert, z.B. seinen Rucksack oder Koffer mit in die Metro zu nehmen. Dann allerdings extreme Vorsicht vor Dieben!

Preise: Die Fahrt kostet Pfennigbeträge. Wer mehrere Tage in der Hauptstadt bleibt, kauft sich ein sogenanntes "abono": gilt 15 Tage für unbegrenztes Fahren auf allen Strecken jeweils für die erste oder zweite Hälfte des Monats. Lohnt sich finanziell ab 35 Fahrten, erspart vor allem aber das lästige Warten beim Kauf der normalen Einzelfahrscheine.

Mexico City 189

 **Busse** ergänzen das Verkehrsnetz der Stadt oberirdisch. Sie sind im satten Stoßverkehr des Centros langsam und ständig überfüllt. Für den Ortskundigen kann es schwierig werden, den überfüllten Bus im richtigen Moment zu verlassen.

Die Busse sind eine nützliche Ergänzung zum Metronetz, vor allem bei den etwas außerhalb liegenden Sehenswürdigkeiten im Süden der Stadt.

Außerdem ideal für die einzige wichtige Verkehrsader, unter der die Metro nicht verläuft: dem Paseo de la Reforma. Wichtig vor allem für die Verbindung zwischen Bosque de Chapultepec/Museo de Antropología und Parque Alameda. Alle Busse mit der Aufschrift "Chapultepec" oder "Auditorio" fahren ab Parque Alameda über den gesamten Paseo. Umgekehrt mit der Aufschrift "Hidalgo" zur Metro Hidalgo am Alameda-Park.

Taxi: Verglichen mit Europa oder USA sind die Preise niedrig. Allerdings hat Taxifahren in Mexico City seine Tücken!

* Ab Airport gibt's die Flughafentaxis, die gegen vorher gelöstes Ticket zum Pauschalpreis von ca. 1o US bis ins Centro transportieren. Das Pauschalticket soll Überforderungen seitens der Taxifahrer vermeiden helfen, selbes gilt für:

* Taxis ab den Busterminals: Festpreis per vorher im Busterminal am Schalter gelöstem Ticket ca. 4- 6 US ins Centro.

* Taxis mit Standplatz vor Luxushotels: teils Luxusschlitten, die ihren Preis kosten. Er ist vor Fahrtantritt zu vereinbaren, um späteren Ärger zu vermeiden, bzw. berechnet sich nach Taxameter, siehe unten!

* "Taxis libres" (gelb oder grün). Sie kurven durch die Stadt auf der Suche nach Passagieren. Sind am preiswertesten; sie müssen gemäß offizieller Bestimmung bei Fahrtbeginn den Taxameter einschalten.

ACHTUNG: Ausreden, das Taxameter sei "defekt" gelten nicht, da der Taxifahrer von der Stadtbehörde verpflichtet ist, mit korrekt funktionierendem Taxameter zu fahren. Auch sollte man Kleingeld parat halten, um dem Streit ums Wechselgeld aus dem Weg zu gehen.

Die Fahrer finden die tollsten Argumente, um mehr zu kassieren. Da sie manchmal extrem stur sind, bleibt oft nur die Alternative, sich auf einen höheren Preis einzulassen oder auszusteigen.

 **Auto**: Das ungeeignetste Verkehrsmittel in Mexico City. Wegen Verkehrsgewühl und Parkplatzmangel unbedingt zu Fuß gehen oder öffentliche Verkehrsmittel nehmen.

Wer mit dem Mietwagen die Stadt verlassen will, kommt auf einer der großen Verkehrsadern relativ unproblematisch auf die entsprechende Autobahn, sollte aber die Rushhour vermeiden. Tagsüber am wenigsten Verkehr ist zwischen 14.3o und 16.3o Uhr.

Seit November 1989 ist ein unbefristeter Pilotplan in Kraft, der mittels Verkehrsbeschränkung während der Wochentage jeweils 2o Prozent der Kfz ein Fahrverbot auferlegt, um Smog und Verkehrsdichte zu verringern. Die ständig steigende Anzahl der Autos verschafft dieser Maßnahme allerdings nur begrenzte Wirkung.

Infobüros im Airport, Busterminal und Bahnhof. Hier werden Hotels vermittelt und generelle Infos zur Stadt verteilt.

Das Hauptbüro "Dirección General de Turismo" in der Amberes 54 (Zona Rosa, Metro- Station "Insurgentes"). Tel. 514-o965. Infos zur Stadt und Ausflügen in die nähere Umgebung.

Infotur, Tel. 525-938o bis ...84. Telefonische Auskunft 9 bis 21 Uhr, 364 Tage im Jahr.

Secretaría de Turismo, Presidente Mazaryk 172 (Metro Polanco), Infos über das gesamte Land, Tel. 211-oo99.

Locatel, Rio Mixcoac 36 (Metro Mixcoac), allgemeine Infos.

NOTRUF: Das Tourismusministerium hat einen Notruf für Touristen eingerichtet, der Tag und Nacht zur Verfügung steht: Tel. 25o-o123 und 25o-o151. Für Anrufe von außerhalb die Vorwahl von Mexico City 91-5.

Pannendienst für Autofahrer von 8 bis 2o Uhr: Tel. 211-9o99.

BOTSCHAFTEN: BRD: Lord Byron 737 (Metro Auditorio), 1158o México, D.F., Tel. 545-6655.

SCHWEIZ: Hamburgo 66, 4. Stock (Metro Insurgentes), o66oo México, D.F., Tel. 533-o735.

ÖSTERREICH: Campos Eliseos 3o5 (Metro Auditorio), 1156o México, D.F., Tel. 54o-3415.

GOETHE INSTITUT: Tonalá 43, Colonia Roma, Metro Auditorio.

GELDWECHSEL: Zahlreiche Banken und Casas de Cambio im Centro Histórico, in der Zona Rosa und am Paseo de la Reforma. Einige günstig gelegene Casas de Cambio:

"Alameda", Londres 118-B (Zona Rosa).
"Amberes", Amberes 4o (Zona Rosa).
"Tiber", Campos Eliseos 215 (Polanco).
"Catorce", Paseo de la Reforma 51.
"Ferrer", 5 de Mayo 43 (Centro Histórico).

POST: Die Hauptpost mit ihren sehenswerten Jugendstil-Schalterhallen liegt zentral in Lázaro Cárdenas/Ecke Tacuba, zwischen Parque Alameda und Zócalo.

TELEFON: Überall im Stadtgebiet Telefone für Orts- und Ferngespräche (Aufschrift "LADATEL"). Funktionieren mit Münzen oder Telefonkarten. Im Flughafen, vielen Hotels sowie der Touristeninformation (Amberes 54) auch Telefone, die mit internationalen Kreditkarten operieren (Master Card, Visa). Per Vorwahl 91 Ferngespräche im Inland, und von fast allen Telefonen per Vorwahl 98 auch internationale Verbindungen möglich. Zwar billiger als über Vermittlung (o2 oder o9) oder im Hotel, aber immer noch saftige Tarife.

Stadtorientierung

Die für Besucher interessantesten Stadtbereiche liegen im ZENTRUM und im SÜDEN von Mexico City. Zur besseren Orientierung und leichteren Planung von Touren teilen wir in folgende Bezirke:

* CENTRO HISTORICO: das alte Zentrum rund um den Zócalo .. S. 195
* PARQUE ALAMEDA: schließt sich westlich an .... S. 2o2
* PASEO DE LA REFORMA/ ZONA ROSA: das Hotel- und Einkaufsviertel von Mexico City .... S. 2o5
* CHAPULTEPEC/ POLANCO: mit dem Parque Chaupultepec und dem angrenzenden nördlichen Stadtviertel .... S. 2o6
* SAN ANGEL (S. 215) und COYOACAN (S. 212) im Süden der Stadt. Zwei Bezirke mit eher beschaulicher Atmosphäre.
* Nur sehr wenige Sehenswürdigkeiten liegen außerhalb dieser 6 Bezirke. Sie sind beschrieben in den Kapiteln "RICHTUNG SÜDEN" (S. 216) und "RICHTUNG NORDEN" (S. 218).

KARTEN: In den Touristenbüros gibt es eine handliche Übersichtskarte. Pläne der Zona Rosa und des Centro Histórico in verschiedenen Gratis-Broschüren, die in vielen Hotels ausliegen. Sehr detailliert und genau sind "Pronto Map" (für 4 US in Buchhandlungen) und "Guia Rojí" (in den Filialen der Sanborn's Läden).

MUSEEN Überblick, Details siehe Hauptteil.

Die mexikanische Hauptstadt besitzt über 6o offiziell registrierte Museen, davon zahlreiche mit Weltruf. Viele sind in hervorragend restaurierten Kolonialgebäuden untergebracht, die allein schon wegen dieses Rahmens einen Besuch lohnen.

Die Öffnungszeiten ändern sich gelegentlich und werden nicht immer sehr genau genommen. Deshalb nach Möglichkeit nicht erst kurz vor der Schließung ankommen. Alle Museen in Mexico City sind - soweit nicht anders vermerkt - montags geschlossen.

Das ANTHROPOLOGISCHE MUSEUM mit seiner grandiosen Sammlung von Fundstücken der prähispanischen Indiokulturen gilt mit Recht als eines der schönsten und bedeutendsten der Welt. Auch wer normalerweise kein Museumsfan ist, sollte es unbedingt besuchen.

Genauere Informationen über die interessantesten Sammlungen siehe Sehenswürdigkeiten der einzelnen Stadtbezirke. Hier lediglich ein Überblick:

Centro Histórico:

MUSEO DE LA CIUDAD DE MEXICO: Pino Suárez/Ecke Salvador. Stadtgeschichte von Mexico City vor und nach der spanischen Konquista.

MUSEO TEMPLO MAYOR: Am Zócalo neben der Kathedrale. Fundstücke vom Zeremonialzentrum Tenochtitláns.

MUSEO NACIONAL DE LAS CULTURAS: Moneda, wenige Schritte vom Zócalo. Völkerkundliche Sammlung aus verschiedenen Kulturen der Welt.

MUSEO NACIONAL DE ARTE: Kunst aus allen Epochen der mexikanischen Geschichte, von der Kolonialzeit bis zur Gegenwart.

Parque Alameda:

MUSEO FRANZ MAYER: Av. Hidalgo 45. Hervorragend ausgestellte Sammlung europäischer und mexikanischer Kunstgegenstände.

MUSEO DE LA ESTAMPA: Av. Hidalgo 39. Sammlung von prähispanischen bis modernen Druckgraphiken.

PINACOTECA VIRREINAL: Dr. Mora 7. Sammlung von Gemälden aus dem 16. und 17. Jahrhundert im Gebäude des ehemaligen Klosters San Diego.

MUSEO MURAL DIEGO RIVERA: Balderas/Ecke Colón. Auch Museo Alameda genannt. Im Untergeschoß das berühmte Wandgemälde (15 m lang und 4,6 m hoch) von Diego Rivera "Sueño de una tarde dominical en la Alameda Central".

MUSEO NACIONAL DE ARTE E INDUSTRIAS POPULARES: Av. Juárez 44. Ausstellung und Verkauf von mexikanischem Kunsthandwerk.

Chapultepec/Polanco:

MUSEO NACIONAL DE HISTORIA: Im Castillo Chapultepec. Exponate und Dokumente zur mexikanischen Geschichte.

GALERIA DE HISTORIA: Unterhalb des Castillo Chapultepec. Auch Museo Caracol genannt. Anschauliche Einführung in die mexikanische Geschichte.

MUSEO DE ARTE MODERNO: Am Fuße des Castillo Chalpultepec neben dem Haupteingang zum Park. Wechselnde Ausstellungen zeitgenössischer Kunst.

MUSEO RUFINO TAMAYO: Paseo de la Reforma/Ecke Gandhi. Große Sammlung zeitgenössischer internationaler Kunst.

MUSEO NACIONAL DE ANTROPOLOGIA: Paseo de la Reforma, gegenüber vom Bosque de Chapultepec. Umfangreichste Sammlung von Originalen aller prähispanischen Kulturen Mexikos.

CENTRO CULTURAL ARTE CONTEMPORANEO: Campos Eliseos/Ecke

Jorge Eliot, Supermodernes Gebäude mit wechselnden Ausstellungen mexikanischer und internationaler Kunst.

MUSEO DE ARTE PUBLICO: Ehemaliges Haus und Atelier des Muralisten Siqueiros mit einer Vielzahl seiner Werke.

Coyoacán:

MUSEO FRIDA KAHLO: Londres 247. Im Geburtshaus von Frida Kahlo Ausstellungsstücke zu Leben und Werk der Malerin.

CASA DE LEON TROTSKY: Viena 45. Festungsähnlich ausgebautes Haus, in dem Trotzki während seines mexikanischen Exils wohnte. Persönliche Gegenstände und Fotos.

MUSEO NACIONAL DE LAS INTERVENCIONES: General Anaya/Ecke 2o de Agosto. Dokumentation zu den spanischen, französischen, englischen und US- amerikanischen Interventionen in Mexiko.

San Angel:

MUSEO DEL CARMEN: Plaza del Carmen. Sakrale Kolonialkunst.

MUSEO DE ARTE ALVAR Y CARMEN T. DE CARILLO GIL: Avenida Revolución 1608. Umfangreiche Gemäldesammlung moderner mexikanischer Kunst.

MUSEO ESTUDIO DIEGO RIVERA: Altavista/Ecke Diego Rivera. Ehemaliges Atelier von Diego Rivera mit persönlichen Gegenständen.

Richtung Süden:

MUSEO ANAHUACALLI: Umfangreiche Ausstellung präkolumbianischer Kunstgegenstände aus der Privatsammlung von Diego Rivera.

Richtung Norden:

MUSEO DE LA BASILICA: Sakrale Kunst in der Basílica de Guadalupe.

✦ CENTRO HISTORICO

Das koloniale Zentrum von Mexico City bietet nicht nur eine Reihe attraktiver Gebäude, Kirchen, Museen und archäologische Stätten, sondern ist mit seinen belebten Plätzen und vollgestopften Straßen auch einer der lebendigsten Stadtteile, wo man sich mitten in den Wirbel des mexikanischen Alltags hineinziehen lassen kann.

Die Sehenswürdigkeiten des Centro Histórico erschließen sich am besten in einem Rundgang, der entgegen dem Uhrzeigersinn um den Zócalo herumführt und seinen Ausgangspunkt beim Gebäude der Hauptpost zwischen Zócalo und Parque Alameda hat (Metro "Bellas Artes").

EDIFICIO CORREO CENTRAL (17): Lázaro Cárdenas/Ecke Tacuba. Gebaut 1902-08 im Neo-Renaissancestil. Riesige Halle, vor den Schaltern Metallgitter im Jugendstil, aus Florenz importiert. Mit Briefmarken-Museum.

COMISION BANCARIA Y SEGUROS (10): Salvador 47. Ehemaliges Kloster, Convento de Fray Felipe Neri. Schöner kolonialer Innenhof. Interessanter Glockenturm mit indianischen Motiven.

BIBLIOTECA MIGUEL LERDO DE TEJADA (9): Salvador 59. Schöne Fassade einer ehemaligen Kirche, heute Bibliothek. Innenraum mit Wandmalereien des russischen Muralisten Vlady. Geöffnet Mo.-Fr. 9-20 Uhr. In der Nähe der Bibliotek ein Denkmal für Alexander von Humboldt (Uruguay/Ecke Isabel la Católica). Die Inschrift unter der Skulptur: "Dem mexikanischen Volke. Der Deutsche Kaiser."

JESUS NAZARENO (8): Salvador/Ecke Pino Suárez. Die Kirche ist metertief in den weichen Boden eingesunken und wird von Betonträgern zusammengehalten.

MUSEO DE LA CIUDAD DE MEXICO (7): Pino Suárez/Ecke Salvador. Bemerkenswert von außen zunächst der Schlangenkopf in der Hausecke des Gebäudes. Er stammt von der Schlangenmauer des Zeremonialzentrums von Tenochtitlán. Schöner Innenhof, von dem die einzelnen Museumssäle abgehen. Ausgestellt sind Karten, antike Stiche, Reliefs und Modelle zur Geschichte der Stadt.
Im Erdgeschoß die präkolumbianische Epoche mit einem attraktiven Modell des Zeremonialzentrums von Tenochtitlán, im Oberstock Exponate zur Kolonialzeit. Geöffnet 9:30-19 Uhr, Eintritt frei.

CONVENTO DE LA MERCED (11): Uruguay 170. Ehemaliges Kloster aus dem 17. Jahrhundert mit Reliefs auf den Säulen des Kreuzgangs. Vom Erdbeben 1985 stark beschädigt und nur ansatzweise restauriert.

CORTE SUPREMA (6): Pino Suárez/Ecke Zócalo. Im Innern des Obersten Gerichtshofes drei Wandmalereien von Orozco zu sozialen Ausein-

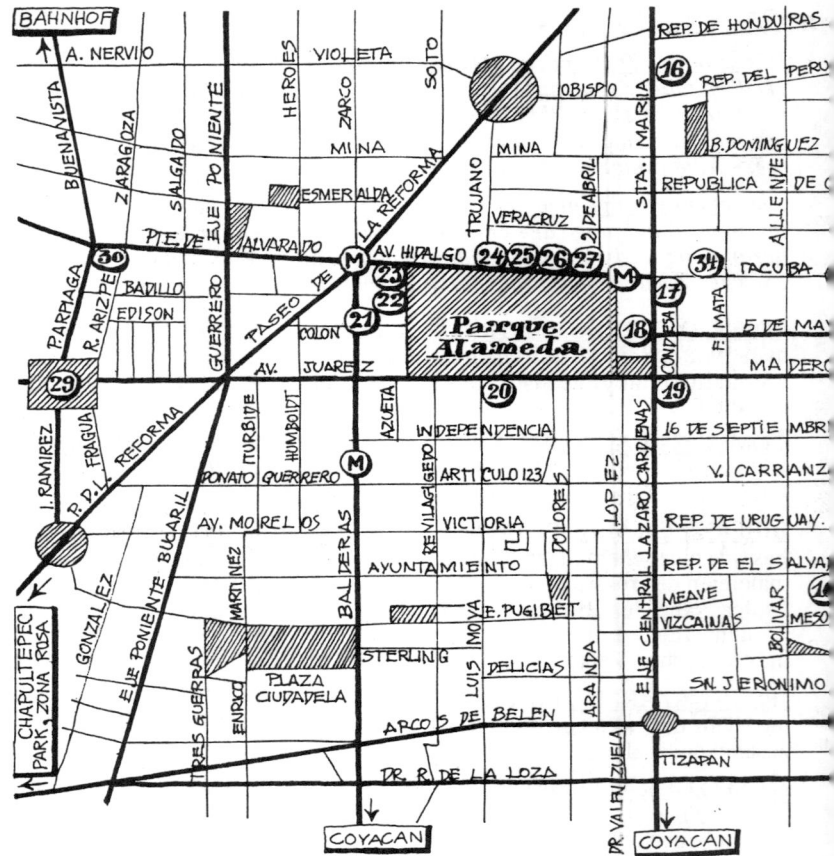

andersetzungen in der mexikanischen Gesellschaft.

PALACIO NACIONAL (4): Er nimmt mit rund 2oo m Länge die komplette Ostseite des Zócalo ein. Auf der Basis von Häusern des Aztekenherrschers errichtete hier der spanische Eroberer Cortés seine erste Residenz. Später (ab 1562) befand sich hier der Regierungssitz der spanischen Vizekönige. Nach einem Brand 1693 wurden die ersten beiden Stockwerke in rötlichem Vulkanstein neu gebaut und 1927 ein weiteres Stockwerk aufgesetzt. Ab Republikgründung Sitz des mexikanischen Staatspräsidenten.

Mehrere Innenhöfe, im mittleren die berühmten Wandgemälde von Diego Rivera zur mexikanischen Geschichte, u.a. das Monumentalgemälde "La Lucha de Clases", der Klassenkampf. Diego Rivera siehe auch Seite 2oo.

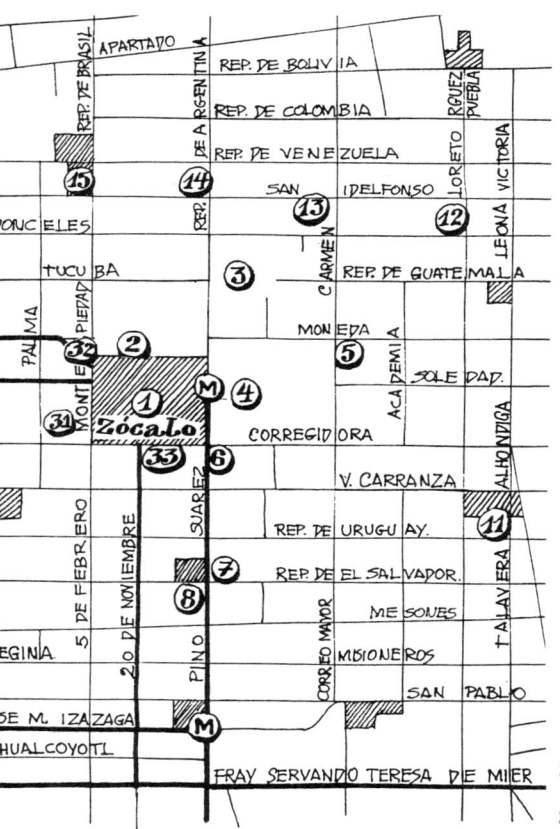

MEXICO CITY
Centro und
Parque Alameda

1 Zócalo (Plaza de la Constitución)
2 Kathedrale
3 Templo Mayor
4 Palacio Nacional
5 Museo Nac. de las Culturas
6 Corte Supremo
7 Museo de la Ciudad de México
8 Kirche Jésus Nazareno
9 Bibliotheca Miguel Lerdo de Tejada
10 Comisión Bancaria y Seguro
11 Convento de la Merced
12 Plaza Loreto
13 Exconvento San Idelfonso
14 Secretaría de Educación Pública
15 Plaza Santo Domingo
16 Plaza Garibaldi
17 **HAUPTPOST**
18 Palacio de Bellas Artes
19 Torre Latinamericana
20 Museo Nac. del Arte Popular
21 Museo Mural Diego Rivera
22 Pinacoteca Virreinal
23 Centro Cultural José Martí
24 San Juan de Dios
25 Museo Franz Mayer
26 Museo de la Estampa
27 Santa Veracruz
28 **PARQUE ALAMEDA**
29 Monumento de la Revolución
31 Arkaden der Kaufleute
32 Pfandleih-Haus
33 Rathaus
34 Museo Nac. de Arte

Die KATHEDRALE (2) liegt an der Nordseite des Zócalo. Größte Kirche Mexikos, errichtet 1525-32 auf den Trümmern der wichtigsten Tempel der Aztekenstadt Tenochtitlán. Der erste Kirchenbau wurde durch eine neue und größere Kathedrale 1573-1615 ersetzt. Über mehrere Jahrhunderte haben zahlreiche Baumeister und Künstler an der Gestaltung dieses monumentalen Bauwerks mitgewirkt. An der Ostseite der Kathedrale die Kapelle SAGRARIO METROPOLITANO, die als Sakramentshaus diente. Churriguera- Fassade aus dem 18. Jahrhundert.

TEMPLO MAYOR (3): am Zócalo, östlich der Kathedrale. Als Ausgrabungsstätte nicht zu vergleichen mit Teotihuacán, da nur noch die Grundmauern des Haupttempels der Aztekenhauptstadt Tenochtitlán zu sehen sind. Sehr deutlich zu erkennen allerdings die schalenförmigen Überbauungen.

> Die Bedeutung der Fundstätte dokumentiert sich beim Besuch des neu angegliederten Museums: u.a. großes Modell des Zeremonialzentrums von Tenochtitlán. Auch wenn in der Grabungsstätte für den Laien derzeit wenig zu sehen ist: für die Archäologen ist sie ein faszinierender Einblick ins Herz der Aztekenhauptstadt. Anstoß zu den Grabungen mitten in der Altstadt von Mexico City gaben erste Funde beim Bau der Metro 1978. Im Museum derzeitiger Stand der wichtigsten Funde, u.a. eine tonnenschwere Steinscheibe, auf deren Reliefs die Mondgöttin verehrt wird. Eintritt für Museum und Ruine 4 US, geöffnet Di.- So. 9- 17 Uhr.

Der ZÒCALO (1) von Mexico City ist größter, zentraler Platz aller Städte des Landes. Seine Dimension 2oo x 35o m und der Größe von mehreren Fußballfeldern ist dem Prestige der Landeshauptstadt angemessen. Andere "Zócalos" der Provinzstädte sind enstprechend kleiner.

An seiner Westseite die ARKADEN DER KAUFLEUTE (31), "Portales de los Mercadores". Hier wurden zur Kolonialzeit die Geschäfte abgewickelt. Nördlich befand sich der Axayacatl- Palast (147o), gebaut vom Vater Moctezumas. Seit 1775 hier das PFANDLEIH- HAUS (32) der Stadt. Es unterliegt staatlicher Kontrolle und ist größtes Lateinamerikas.

> Gemäß Satzung dürfen keine Gewinne gemacht werden. Die "Einlagen" werden in der Regel zurückgelöst, trotzdem monatliche Versteigerungen. Besuch der Versteigerungen interessant, weniger wegen der Gegenstände als wegen Ablauf der Versteigerung à la Lateinamerika.

RATHAUS (33): an der Südseite des Zócalo. Es glänzt nicht gerade als architektonisches Juwel, verwaltet derzeit jedoch 2o Mio. Einwohner mit allen Schwierigkeiten. Bei jährlichem Wachstum von 1- 2 Mio. gilt es, die

* Nr. 1 <u>MEXICO CITY</u> (2o Mill.): größte Stadt der Welt sowie Lateinamerikas. Massive Wohnungsnot, oft bis zu 1o Menschen in einem Zimmer. Hohe Kindersterblichkeit (ca. 3o.ooo pro Jahr) wegen Umweltverschmutzung. Je nach Inversionslage und Luftströmung befinden sich bis zu 13.ooo Tonnen (!) Schadstoffe pro Tag in der Luft.

  Mindestens 3 Mill. Menschen leben in Slums. Rund 5 Mill. sind arbeitslos. Diejenigen, die Arbeit haben, müssen sich mit 1oo bis 3oo DM/Monat begnügen, nur ganz wenige kommen über mehr als 5oo DM/ Monat. - Die Metro befördert pro Tag rund 5 Mill. Fahrgäste. Es gibt 6o.ooo Taxis und 3 Mill. PKWs, die die Luft zusätzlich zu Industrieanlagen verpesten. Der Kolaps der Megacity scheint vorgeplant, ähnlich wie in der

* Nr. 2 <u>TOKIO</u>, knapp 2o Mill. Größte Stadt der Industrienationen. Ähnliche Verkehrsprobleme bei schleppendem Verkehr im Zentrum. Rund 1o Mill. pro Tag benutzen die U-Bahn, zugleich teuerste Stadt der Welt. Eine 65 qm- Wohnung im Zentrum nicht unter 15.ooo DM Miete/Monat, das Glas Bier im Restaurant ca. 15 DM, Verdienst Bauarbeiter ca. 4.ooo DM, Angestellte ca. 7.ooo DM.

* Nr. 3 <u>NEW YORK</u>: 17 Mill. Einwohner. Eine Megacity hoher Verdienste (Müllmann z.B. 6o.ooo DM/Jahr), aber auch hoher Armut (1 Mill. sind Sozialhilfeempfänger) und hoher Kriminalität: 199o gab es 2.ooo Morde und rund 1oo.ooo Raubüberfälle. Hohes Bildungsniveau, u.a. 5o Universitäten bei rund 1 Mill. Studenten.

* Nr. 4 <u>SÃO PAULO</u>/Brasilien: 16 Mill. Einwohner und 2. größte Lateinamerikas. Sie wächst derzeit um jährlich rund 1/2 Mill. durch zuwandernde Brasilianer, die in der Megacity gut bezahlte Jobs suchen (Arbeiterlohn höchster Südamerikas bei ca. 5 DM/Std.) vielfach aber keinen Job finden. Gut 2 Mill. leben in Slums, höchste Kriminalität der Welt, u.a. rund 4.5oo Morde/Jahr.

* Nr. 5 <u>KAIRO</u>/Ägypten: 15 Mill. EW. , jährl. Zuwachs ca. 37o.ooo, hoher Anteil an Slums. Gut 5o % der Bewohner unter 15 Jahren, und somit massive Zeitbombe bei Arbeitslosigkeit.

Trinkwasser-Versorgung "sicherzustellen", Wohnraum und Arbeit für diese alljährlich

zuziehenden Menschenmassen zu beschaffen.

MUSEO NACIONAL DE LAS CULTURAS (5): Calle Moneda, wenige Schritte vom Zócalo. Schattiger, kolonialer Innenhof mit Springbrunnen und Ruhepunkt in der Hektik des Zentrums. Völkerkundliche Sammlung aus verschiedenen Kulturen der Welt. Gute Osteuropa- Abteilung. Geöffnet 9.3o- 18 Uhr, sonntags nur bis 16 Uhr, Eintritt 1 US.

PLAZA LORETO (12): Calle Loreto/Ecke Ildefonso. Kleiner, beschaulicher Platz mit Springbrunnen und Bäumen. Die umstehenden Gebäude sind alle noch im Kolonialstil erhalten. An der Nordseite die Kirche LORETO. In Folge der Grundwassersenkung Mexico Citys ist sie so stark zur Seite geneigt, daß sie jeden Moment umzufallen droht. Im Inneren nichts besonderes; die Malereien in den Kuppeln sind abgebröckelt. An der Westseite des Platzes die Kirche SANTA TERESA mit einem kleinen Seitenaltar in einer künstlichen Grotte.

EX- CONVENTO SAN ILDEFONSO (13): Ildefonso/Ecke Carmen. Im Innern dieses ehemaligen Klosters moderne Wandmalereien von Rivera, Orozco und Vallejo. Geöffnet Di.- So. 11- 18 Uhr, Mi. bis 21 Uhr.

SECRETARIA DE EDUCACION PUBLICA (14): Argentina/Venezuela. In den beiden Innenhöfen des Erziehungsministeriums auf drei Stockwerken Wandmalereien von Diego Rivera. Mit 1.585 qm (!) an Volumen das größte Werk Riveras. Sie sind noch nicht so historisch überladen wie seine späteren Werke und zeigen mit feinfühliger Ironie das Leben des Volkes. Ein sympathischer Einblick in den Alltag der Mexikaner.

DIEGO RIVERA
8.12.1886 - 24.11.1957

DIEGO RIVERA, geboren am 8.12.1886 in Guanajuato zusammen mit seinem Zwillingsbruder José Carlos Maria Rivera (dieser starb mit 1 1/2 Jahren). Seine Mutter Maria Barrientos, eine Mestizin und von Beruf Lehrerin, - sein Vater Diego Rivera hatte Chemiker gelernt, war dann als Soldat in der Armee von Benito Juárez und später Herausgeber der Zeitung "El demócrata".

Parallel zu seinem Schulunterricht nimmt Rivera ab 1896 an Kursen der Akademie San Carlos teil, in die er als 12-jähriger 1898 voll eintritt, um sich dem Kunststudium zu widmen. Studienreisen zwischen 19o6 und 191o führen ihn u.a. nach Spanien, Frankreich, Belgien und England.

191o beteiligt er sich an Ausstellungen in Mexico City, bei der auch Präsidentengattin Díaz ein Bild von ihm kauft. Bereits zu dieser Zeit hatten seine Bilder hohes künstlerisches Niveau. 1911- 21 lebt er weitere zehn Jahre in Paris, dem damaligen Zentrum moderner Kunstrichtungen. Berühmte Maler wie Delauny, Dufy, Matisse und Chagall hatten hier ihre Werkstätten. In Mexiko war die Revolution ausgebrochen, und in Paris trifft sich Rivera mit Lenin, um mit ihm lange politische Diskussionen zu führen, die ihn nachhaltig politisch beeinflussen. Rivera nimmt an kommunistischen Demonstrationen teil. 1921 Rückkehr nach Mexiko und im November gleichen Jahres Reisebegleiter des damaligen Erziehungsmnisters José Vasconcelos zur Yucatán- Halbinsel. Diese Reise motivierte Rivera nachhaltig, sich mit Volksbräuchen, Lebensweise, aber auch mexikanischer Geschichte auseinanderzusetzen; 1922 sein erstes Wandgemälde ("Die Schöpfung") in der Escuela N ac. Preparatoria. Im gleichen Jahr tritt er der KPM (Kommunistischen Partei Mexikos) bei, sowie Heirat mit Guadeloupe Marín.

1923- 28 malt Rivera im Auftrag der mexikanischen Regierung 235 Wandgemälde im Erziehungsministerium (Gesamtfläche: 1.585 qm !). Im Vordergrund steht die politische Aussage; Gemälde, mit denen Rivera der endgültige Durchbruch gelingt. Er begründet die Stilrichtung des volkstüml. Realismus.

1927 Reise nach Moskau auf Einladung der KPDSU zum 1o. Jahrestag der Oktober- Revolution, 1928 Scheidung von Guadeloupe Marín und Heirat mit Frida Kahlo (siehe auch Seite 214), eine Ehe, die für beide Seiten künstlerisch sehr anregend war. 1929- 3o Glasfenster im Gesundheitsministerium und weitere Wandgemälde im Palacio de Cortés (Cuernavaca) sowie im Regierungspalast Mexico City (1935 beendet).

1931 Wandgemälde im Treppenhaus des Luncheon Club der San Francisco Stock Exchange/USA, - 1932 in Detroit Wandbildzyklus "Mensch und Maschine", - 1933 in New York im Rockefeller Center das Wandgemälde "Der Mensch am Scheideweg", welches aber vom Auftraggeber Rockefeller entfernt wird, da es u.a. Lenin zeigt und in inhaltlicher Darstellung nicht der Auffassung des Multimilliardärs und Kapitalisten Rockefeller entspricht. Rivera reist nach Mexiko und darf dort 1934 den "Mensch am Scheideweg" im Palacio de Bellas Artes neu malen. An Rockefeller "rächt" sich Rivera 1936 durch Anfertigung von vier transportablen Großbildern, die für das Hotel Reforma/Mexico City bestimmt waren, dort aber nicht aufgestellt werden. Vermutlich fürchtete man die Streichung finanzieller Kredite aus USA, denn die ironische Darstellung Rockefellers war zu deutlich. Die Bilder sind heute im Palacio de Bellas Artes zu sehen.

1936 wurde Rivera vermittlerisch für Trotzki tätig, dem Asyl in Mexiko gewährt wird, und der zunächst bis 1938 im Hause Riveras und Frida Kahlos in Coyoacán lebte. Mit Gewährung des Asyls erhielt Trotzki gleichzeitig die Auflage, sich politisch nicht in Mexiko zu betätigen (siehe auch Seite 214).

1940 Anfertigung von zehn Wandtafeln (175,4 qm) "Panamerikanische Einheit" im Auftrag des San Francisco Junior College/USA für die Internat. Golden Gate Exhibition. 1942- 52 weitere Wandgemälde im Palacio Nacional, 1943- 44 Wandbilder für das Inst. Nac. de Cardiología in Mexico City, Thema "Geschichte der Herzforschung".

1947- 48 Wandbild "Träumerei am Nachmittag" für das Hotel Prado/Alamedapark. Da es die Inschrift enthält "Es gibt keinen Gott", interveniert die kath. Kirche, und das Bild wird erst 1956 der Öffentlichkeit zugänglich (heute im "Museo Mural Diego Riveras", Balderas/Ecke Colón). - 1953 Glasmosaik für das Teatro de los Insurgentes (550 qm) und Wandbild "Das Volk im Verlangen nach Gesundheit" (142 qm) für das Krankenhaus Hosp. de Zona Numero 1 mit Hinweisen auf indianische und moderne Medizin.

1954 Tod seiner Frau Frida. Ein Jahr später heiratete Rivera seine Kunstmaklerin Emma Hurtado, mit der ihm noch zwei Jahre beschieden waren, bis er am 24.11.1957 starb. Weitere Details siehe auch Seite 216.

PLAZA SANTO DOMINGO (15): Brasil/Ecke Cuba. Architektonisch einheitlicher Platz mit vielen erhaltenen Gebäuden aus der Kolonialzeit und der Kirche Santo Domingo. Prunkvoll ausgestattet mit einer Reihe von riesigen, vergoldeten Altären. Eine Fülle von Figuren und filigranen Holzschnitzereien. Unter den Arkaden noch ein gutes Dutzend antiquierter Druckerpressen.

Daneben tippen öffentliche Schreiber auf alten Schreibmaschinen jegliche Form von Briefen für das zahlreich erscheinende Publikum.

> Derartige "mecanógrafos", wie sich die des Schreibens und der Bedienung der Schreibmaschine Kundigen nennen, gibt es in allen Teilen Lateinamerikas. Trotz Bildungsprogrammen ist der Analphabethismus noch hoch. Was auf den ersten Blick vielleicht "fotogen" erscheinen mag, ist deprimierende lateinamerikanische Realität.
>
> Abgetippt werden Briefe an die Behörden bis hin zu Liebesbriefen an die Freundin und Geliebte. Der "mecanógrafo" muß daher nicht nur Rechtschreibung und Schreibmaschine beherrschen, sondern (sofern er gut ist!) auch ein hohes Maß an Psychologie und Einfühlungsvermögen besitzen, da er teils die Briefe mitformuliert. Ein Job, der ihm allerdings kaum Einkommen bringt, da die Briefdiktierer als Analphabeten über minimalste Einkommen verfügen.

Im Bereich der Plaza das <u>MUSEO DE LA MEDICINA MEXICANA</u> mit pompösem Innenhof. Wenige Schritte weiter auf der Av. Brasil das <u>CENTRO NACIONAL DE PROMOCION DE LA LITERATURA</u> mit mehreren kolonialen Innenhöfen.

<u>PLAZA GARIBALDI</u> (16): Großer Platz, umgeben von einigen Kolonialgebäuden. Zentrum der Mariachi- Musiker, die sich hier jeden Abend zu Hunderten versammeln und bis spät in die Nacht in einem phantastischen musikalischen Durcheinander den Platz mit Leben, Musik und Lärm erfüllen.

<u>MUSEO NACIONAL DE ARTE</u> (34), Tacuba 8. In einem monumentalen Gebäude aus der Zeit des Diktators Díaz. Eindrucksvolles Treppenhaus aus Marmor mit verzierten Geländern. Die Ausstellung zeigt mexikanische Kunst durch die Jahrhunderte: von religiöser Malerei aus der Kolonialzeit bis zur Gegenwartskunst. Geöffnet Di.- So. 1o- 17 Uhr, Eintritt 3 US, sonntags gratis.

✦PARQUE ALAMEDA

(Metro: Bellas Artes oder Hidalgo, Linie 2 und 3) Der Alameda- Park ist ein grüner Fleck im Häusermeer des Zentrums. Vor allem sonntags ein beliebtes Ausflugsziel mexikanischer Familien; dann bestimmen das Ambiente Kinder, Zuckerwattehändler und die Düfte von Mahlzeiten, die unter freiem Himmel gegart werden.

Rund um den Park eine stattliche Anzahl von Museen, Kirchen und historischen Gebäuden sowie Hotels und Restaurants verschiedener Preisklassen. Außerdem stehen hier noch einige der düsteren Hotelruinen, die das Erdbeben von 1985 hinterlassen hat.

PALACIO DE BELLAS ARTES (18): Av. Juárez, Ostende Alameda Park. Neo- klassizistischer Prachtbau mit sehenswertem Art- deco Interieur. Das Foyer aus schwarzem und rosa Marmor. Konzerte, Ballett und Theater sowie vielseitige Kunstausstellungen im Museo del Palacio (verschiedene Nebenräume in den einzelnen Stockwerken). Im Palacio ist auch das berühmte "Ballet Folclórico de México" zu Hause (Details dazu siehe Veranstaltungen). Das Theater faßt 3.5oo Personen, den Bühnenvorhang fertigte nach Vorlage des mexikanischen Künstlers G. Murillo die New Yorker Firma Tiffany aus fast einer Million farbiger Glasplättchen.

> Der Bühnenvorhang zeigt das Hochtal von Mexiko mit den Vulkanen Popocatépetl und Ixtaccíhuatl. Er ist nicht nur der schönste, sondern sicher auch originellster der Welt: Großartig bei Beleuchtung von hinten; wenn die Scheinwerfer aufblenden eine Wirkung im Glas wie Sonnenaufgang!
>
> Die Architekturpläne des Palacios fertigte der Italiener Adam Boari ab 19oo. Als das Gebäude in den weichen Untergrund einsank, wurden die Arbeiten unterbrochen und erst nach den Wirren der Mexikanischen Revolution wieder aufgenommen. Nach Boaris Tod beendeten andere Architekten das Werk und zeichneten für die ursprünglich nicht vorgesehene Art- deco Ausstattung verantwortlich. Einweihung 1934.
>
> Auf den oberen Etagen Wandgemälde mexikanischer Muralisten:
>
> Von Diego Rivera stammt "Der Mensch am Scheideweg". Es ist ideologisch eingefärbt mit "Ziel" u.a. Lenin. In Erstanfertigung für das New Yorker Rockefeller Center 1933 fand es keine Anerkennung, sondern wurde dort entfernt. Auf Grund guter Kontakte zur mexik. Regierung erhielt Rivera 1934 Gelegenheit, die Darstellung ein zweites Mal und hier im Palacio de Bellas Artes zu malen.
>
> Von David Alfaro Siqueiros stammt das Wandgemälde "Die neue Demokratie". Gearbeitet wurde (für damalige Zeit revolutionär) mit der Spritzpistole und speziellen Farben. Interessant die sich verändernde Perspektive je nach Betrachtungspunkt.
>
> Clemente Orozco schuf 1934 ein Mural mit Darstellung der Folterung des Aztekenherrschers Cuauhtémoc durch die Spanier. Am schönsten die abstrakten Farbsymphonien von Rufino Tamayo.

Palacio und Museum sind geöffnet 1o- 18 Uhr, Eintritt frei. Veranstaltungen im Konzertsaal abends und manchmal sonntags vormittags.

MUSEO FRANZ MAYER (25): Av. Hidalgo 45. Hervorragend präsentierte Sammlung europäischer und mexikanischer Kunstgegenstände (Malerei, Keramik, Silber, Möbel) in den restaurierten Gebäuden des ehemaligen Hospitals San Juan de Dios.

Im Innenhof eine Cafeteria mit Talaverakacheln aus Puebla. Mehrere stilechte Wohnräume aus der Kolonialzeit. Ein relativ neues, hervorragendes Museum. Geöffnet 1o- 17 Uhr, Eintritt 2,5 US, So. gratis.

MUSEO DE LA ESTAMPA (26): Av. Hidalgo 39. Sammlung von prähispanischen bis modernen Druckgraphiken. U.a. viele Arbeiten von José Guadalupe Posada, dessen Totenköpfe und bissige Karikaturen um die Jahrhundertwende in ganz Mexiko Verbreitung fanden und den Muralisten um Rivera als Vorbild dienten. Geöffnet 1o- 18 Uhr, Eintritt 2,5 US.

SAN JUAN DE DIOS (24) und STA. VERACRUZ (27): Die beiden gegenüberliegenden Kirchen sind eine Kuriosität durch ihre starke entgegengesetzte Neigung, mit der sie in den weichen Untergrund der Hauptstadt eingesunken sind. Auch andere historische Gebäude (z.B. der Palacio de Bellas Artes) sind in ähnlicher Weise abgesackt.

CENTRO CULTURAL JOSE MARTI (23): Dr. Mora 1. Kleines Kulturzentrum mit wechselnden Ausstellungen, einem Programmkino und einer Bibliothek. Im Saal Wandgemälde über das Leben von José Martí, Dichter und Nationalheld der Kubaner. Das Bild erstreckt sich über drei Wände, prangert die Interventionen der Weltmächte in Zentralamerika an und propagiert die Idee der Unabhängigkeit.

Lockere, ungezwungene Atmosphäre, vor allem neben dem Hauptgebäude, wo sich tagsüber und abends an zahlreichen Tischen Schachspieler jeden Alters zu Partien zusammenfinden. Fast ausschließlich mexikanisches Publikum; gut für Kontakte mit Einheimischen. Geöffnet Mo.- Fr. 9- 21 Uhr, Sa. 9- 18 Uhr.

PINACOTECA VIRREINAL (22): Dr. Mora 7. Sammlung von Gemälden aus dem 16. und 17. Jh. im Gebäude des ehemaligen Klosters San Diego. Geöffnet 9- 17 Uhr. Eintritt 2,5 US, sonntags gratis.

MUSEO MURAL DIEGO RIVERA (21): Balderas/Ecke Colón. Im Mittelpunkt der Ausstellung steht das monumentale Gemälde (15 m lang und 4,6 m hoch) "Sueño de una tarde dominical en la Alameda Central" (Traum eines Sonntagnachmittags in der Alameda). Geöffnet 1o- 18 Uhr, Eintritt 2,5 US.

Es zählt zu Riveras schönsten Murales und zeigt die wichtigsten Ereignisse der mexikanischen Geschichte in Form der Allegorie eines Sonntagsspaziergangs im Alameda-Park. Die Personen und ihre geschichtliche Rolle sind detailliert, z.B. Cortés abgebildet mit blutbefleckten Händen. Anschaulicher Einstieg in die mexikanische Geschichte wie auch in die Kunst der Muralisten.

Das Bild wurde von Rivera 1947- 48 für das Hotel del Prado am Alameda Park gemalt. Da an einer Stelle die Bemerkung angebracht war "Es gibt keinen Gott", durfte es nach Streit mit der katholischen Kirche und Entfernung des Textes erst 1956 gezeigt werden. Es befand sich im Del Prado Hotel bis 1985, als das Hotel vom Erdbeben schwer zerstört wurde, und kam dann ins Museum.

MUSEO NACIONAL DE ARTE E INDUSTRIAS POPULARES (2o): Av. Juárez 44. Ausstellung und Verkauf von mexikanischem Kunsthandwerk. Ein informativer Überblick zur Artesanía aus verschiedenen Landesteilen. Geöffnet 1o- 18 Uhr.

TORRE LATINOAMERICANA (19): mit 171 m ist er höchster des Centros, Baujahr 1958. Lage: am südöstlichen Eck des Alameda Parks. Besuch lohnt sich wegen Superrundblick vom 42. Stock und dortiger Aussichtsplattform. Großartig vor allem bei Sonnenuntergang das

Panorama über das Häuser- und Lichtermeer der Stadt (ca. 3,5 US).

Direkt drunter ein Restaurant mit entsprechenden Preisen. Am Eingang wird ausgefiltert zwischen echten Restaurantgästen und solchen, die sich den Eintritt für die Aussichtsplattform sparen wollen, ohne im Restaurant zu essen...

✦PASEO DE LA REFORMA / ZONA ROSA

Entlang des Prachtboulevards PASEO DE LA REFORMA, der vom Parque Alameda bis zum Bosque de Chapultepec verläuft, befinden sich nur wenige Sehenswürdigkeiten. Dafür liegen in diesem Stadtviertel viele Geschäfte, Restaurants und Hotels.

ZONA ROSA: Mittelpunkt dieses Stadtteils zwischen den Straßen Florencia und Niza. Am besten zu erreichen ab Metrostation Insurgentes. Zwar sind die teuren Etablissements in der Überzahl, es gibt aber auch Hotels der Billig- und Mittelklasse sowie preiswerte Lokale. Da die Zona Rosa teilweise verkehrsberuhigt ist, gestaltet sich das Bummeln hier angenehmer als in anderen Vierteln der mexikanischen Hauptstadt.

Ausgehend von der Metro- Station "Insurgentes" die Fußgängerzone der Calle Génova: viel Trubel zwischen Bäumen, Grünanlagen und Geschäften. Manch eine sterile Fußgängerzone in deutschen Großstädten könnte

Marktszene Mexico City, Stich von Rugendas, 1855

sich an der Gestaltung ein Beispiel nehmen.

Von hier aus entweder Bummel durch die anderen Geschäftsstraßen der Zona Rosa (tragen vorwiegend Namen europäischer Städte) oder direkt zum Paseo de la Reforma und weiter zur Plaza de la República.

<u>PASEO DE LA REFORMA</u>: Ein Spaziergang auf dem Paseo de la Reforma ist dagegen höchstens am Sonntagvormittag zu empfehlen, wenn der Verkehr auf den beiderseitig verlaufenden Schnellstraßen nicht allzu dicht ist. Entlang des Paseo zahlreiche Denkmäler, u.a. für Kolumbus und den letzten Aztekenherrscher Cuauhtémoc.

<u>PLAZA DE LA REPUBLICA</u> (29): nördlich des Paseo am Ende der Av. Juárez. In der Mitte das kolossale und scheußliche Revolutionsdenkmal mit vier riesigen Torbögen. In den Eckpfeilern die Grabstätten von 4 mexikanischen Präsidenten.

Unter dem Denkmal das <u>MUSEO DE LA REVOLUTION</u>: Fotos, Zeitungsartikel, Karikaturen, Waffen, Sombreros und Uniformen. Ein Video mit Fotos und Stummfilmen aus dem frühen 2o. Jahrhundert. Lebendige Darstellung der Revolutionszeit ohne überwältigende Einzelstücke. Geöffnet 1o- 17 Uhr, Eintritt frei.

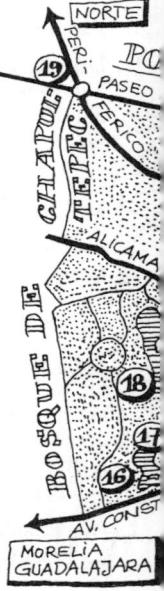

✤ CHAPULTEPEC / POLANCO

Der <u>BOSQUE DE CHAPULTEPEC</u> ist der mit Abstand größte Park im Zentrum von Mexico City. Nördlich davon das gehobene Wohnviertel <u>POLANCO</u> mit zahlreichen Botschaften, exklusiven Geschäften und den vornehmsten Hotels der Hauptstadt. Besondere Attraktionen: mehrere hervorragende Museen, vor allem das Museo Nacional de Antropología.

<u>BOSQUE DE CHAPULTEPEC</u>: Ein mexikanischer Sonntag in diesem Park ist ein Erlebnis für sich: Ab zehn Uhr morgens kommen die Klein- und Großfamilien, um den freien Tag bei Picknick und vielerlei Vergnügungen zu genießen. Am Nachmittag herrscht dann ein Menschengetümmel wie sonst in der Metro zur Rushhour. Eiskrem, Säfte, exotische Früchte und knusprige Tacos werden an jeder Ecke angeboten und verbreiten unwiderstehliche Düfte.

Mit 5 qkm größter Park der Stadt. Zur Aztekenzeit wurde der rund 7o m hohe Hügel (am Rand des damals riesigen Texcoco- Sees) als Jagdgebiet genutzt. Auf der Hügelkuppe errichteten die Azteken eine Festung, die später unter Moctezuma zu einer Sommerresidenz umgebaut wurde. Das Wasser von Quellen am Rande des Hügels wurde per Aquädukt nach Tenochtitlán geführt und versorgte die Aztekenhauptstadt in der Lagune mit Trinkwasser.

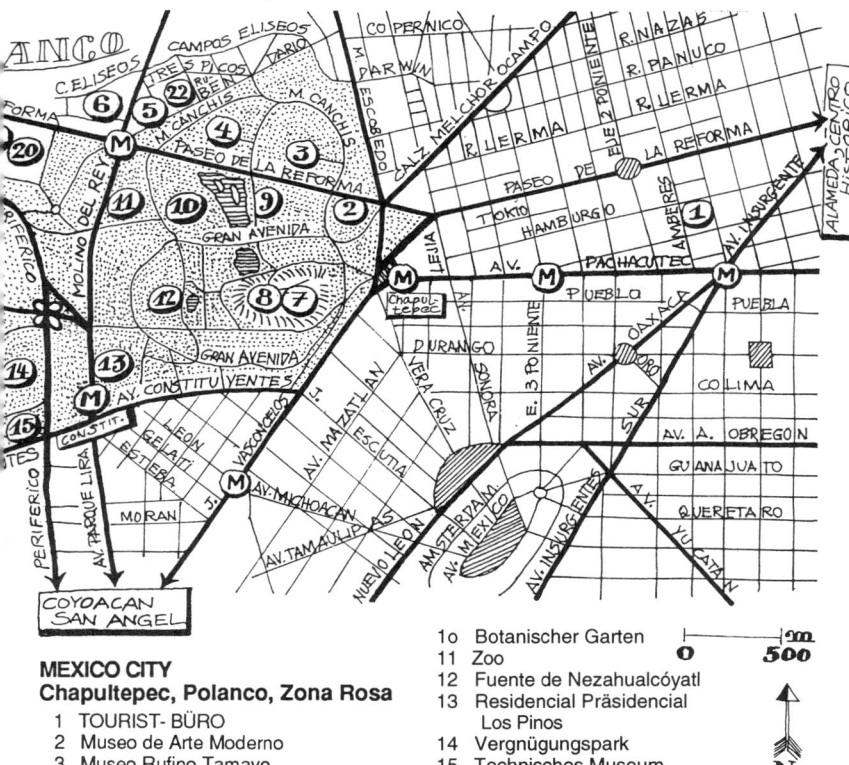

MEXICO CITY
Chapultepec, Polanco, Zona Rosa

1 TOURIST- BÜRO
2 Museo de Arte Moderno
3 Museo Rufino Tamayo
4 Museo Nacional de Antropología
5 DEUTSCHE BOTSCHAFT
6 Centro Cultural Arte Contemporáneo
7 Castillo de Chapultepec und
 Museo Nacional de Historia
8 Galería de Historia
9 Lago Antiguo
10 Botanischer Garten
11 Zoo
12 Fuente de Nezahualcóyatl
13 Residencial Präsidencial
 Los Pinos
14 Vergnügungspark
15 Technisches Museum
16 Museo Nac. de Historia Natural
17 Kleiner See, Boote
18 Lago del Nuevo Bosque
19 Verkehrskreisel Polanco
20 Auditorio Nacional, Theater
21 Campo de Marte
22 Sala de Arte Público

Auch zur spanischen Kolonialzeit war der "Hügel der Heuschrecken" (wie Chapultepec in Übersetzung heißt) wichtig zur Trinkwasserversorgung der spanischen Verwaltungsmetropole. Der Bereich um den Hügel war zunächst ein für die Allgemeinheit offener "Bosque" (Wald).

Ab 1785 wurde der Bau des CASTILLO DE CHAPULTEPEC auf dem Gipfel des Hügels begonnen. Es diente den spanischen Vizekönigen als Sommersitz mit Blick über die weite Ebene. 1840 Umwandlung in Militärakademie. Auch Kaiser Maximilian logierte hier und baute es ab 1864 zu seiner Residenz aus.

Zur Jahrhundertwende wurden die Parkanlagen gestaltet: zunächst der Teil östlich der Molino del Rey mit dem Lago Antiguo (Karte: Nr. 9). Nördlich entstand das Renommierviertel POLANCO.

Im 2o. Jh. wurde der Park in seinem westlichen Bereich mit weiteren Seen (Lago Nuevo Bosque), aber auch einem Vergnügungspark (Karte: Nr. 14) erweitert. Trennungs- Achse ist der extrem befahrene PERIFERICO (Nord- Süd- Achse von Mexico City), der Lärm und Gestank quer durch den Park bringt.

ZUGANG METRO: Station * CHAPULTEPEC der Linie 1 (rosa). Erschließt zentral den Park insbes. Nähe Castillo de Chapultepec.

Station * CONSTITUYENTES der Linie 7 (gelb) für den südl. Bereich bei der Sommerresidenz des Präsidenten (Karte: Nr. 13), zum Freizeitpark (14) und zum Technischen Museum (15). Da westl. Metrostationen fehlen: auch zu den Seen (17/18) und zum Museo Nac. de Historia Natural.

Station * AUDITORIO der Linie 7 (gelb) für den nördlichen Bereich des Parks, insbes. Zoo, Bot. Garten.

Da die Stadt kaum weitere "Grüne Lungen" besitzt, sind die Parkanlagen des Chapultepec heute wichtigste Weekend- Zone der 2o Millionen Megacity. Dies hat zur Folge, daß in besonders frequentierten Teilen des Parks das Gras "gelb durchgesessen" ist bzw. blanke Erde rauskommt. Die Stadtverwaltung plante daher komplette Schließung des Parks für 1- 2 Jahre, um dem "Gras" wieder eine Chance zu geben. Ein Projekt, das wegen der Vielzahl an Zugängen zum Park kaum realisierbar war und zudem auf den massiven Widerstand der Bevölkerung stieß...

CASTILLO DE CHAPULTEPEC (7): Ein schöner Spazierweg führt ab Metrostation Chapultepec rauf zur Anhöhe mit dem Schloß. Schöner Blick auf die Stadt.

Unten, an der steilen Ostseite des Hügels hatten sich die letzten Aztekenherrscher in der Felswand verewigen lassen: Die in Stein gemeißelten Reliefs wurden jedoch 1539 auf Anordnung des ersten Bischofs der Stadt, Juan de Zumárraga, weitgehend zerstört.

Im nördlichen Teil, an der Calzada de Cerro, die von der Gran Avenida zum Castillo raufführt, sind noch Reste von Arkaden des ehemaligen Aquäduktes zu sehen.

Das Schloß erhielt seine heutige Gestalt durch Umbauten unter Maximilian von Habsburg 1864. Der Österreicher war Kaiser von Mexiko zwischen 1864 und 1867, wo er eines gewaltsamen Todes starb (siehe auch Kapitel "Geschichte Mexikos"). Zu den Leistungen während seiner nur 3-jährigen Amtsperiode zählt u.a. der Bau der Prachtstraße Paseo de la Reforma, die seinen Amtssitz mit dem Zentrum der Stadt verband.

Präsident M. Gonzales führte 1881 weitere Restaurierungen durch, 1884 Sommerresidenz für Präsidenten P. Díaz, später als Dienststelle verschiedener Behörden genutzt und seit 1944 Historisches Museum.

MUSEO NACIONAL DE HISTORIA: Im Castillo Chapultepec. Exponate und Dokumente zur mexikanischen Geschichte. Die Kanone im Eingang stammt von Veracruz aus der Zeit der französischen Besetzung Mexikos 1862. Im Saal 2 Waffen u.a. aus der Zeit der Konquista und Bilder von der Einnahme Tenochtitláns durch die Spanier, Saal 3 Dokumente und Pläne, Saal 4 behandelt die Zeit des Vizekönigreiches. Weitere Säle zeigen Möbel, Kunsthandwerk, Münzen, Kleidung und Schmuck.

Sehr schön die kleine Ausstellung "Carruajes Históricos" mit prunkvollen Kutschen aus dem vorigen Jahrhundert. Zu sehen u.a. die Staatskarossen von B. Juárez und Kaiser Maximilian. - Im "Alcazar" die ehemaligen Gemächer Kaiser Maximilians, genutzt auch von späteren Präsidenten. Von der Dachterrasse ausgesprochen schöner Blick über die Stadt. Ein insgesamt lohnendes Museum. Geöffnet 9- 17 Uhr. Eintritt 4 US, So. gratis.

GALERIA DE HISTORIA (8): auch "Museo Caracol" genannt, etwas unterhalb des Castillo. Als Einführung in die mexikanische Geschichte ist es noch interessanter und anschaulicher als das Museum im Schloß: Abwechslungsreiche Sammlung von Gemälden, Karten und Fotos zur mexikanischen Geschichte von der Unabhängigkeit bis 1917. Geöffnet 9- 17 Uhr, Eintritt 2 US.

MUSEO DE ARTE MODERNO (2): Am Fuße des Castillo neben dem Haupteingang zum Park. In zwei modernen Rundgebäuden und im Garten ständig wechselnde Ausstellungen zeitgenössischer Kunst. Einen guten Einblick in die mexikanische Malerei ab 1920 gibt die ständige Ausstellung im Saal 3. Geöffnet 1o- 18 Uhr, Eintritt 3 US.

MUSEO RUFINO TAMAYO (3): Paseo de la Reforma/Ecke Gandhi. Große Sammlung zeitgenössischer internationaler Kunst in hellen Räumen. Originell ein Rolls- Royce- Gerippe aus Reisig in Originalgröße. Der Maler Rufino Tamayo war Initiator dieses Museums, seine Privatsammlung bildet den Grundstock der Ausstellung. Geöffnet 1o- 18 Uhr, Eintritt 3 US, sonntags gratis.

Rufino Tamayo gehörte neben den drei Muralisten Rivera, Orozco und Siqueiros zu den bedeutendsten mexikanischen Malern des 2o. Jahrhunderts. Offiziell wurde er lange Zeit angefeindet, da er sich nicht zur realistischen Darstellungsweise des Muralismo bekannte, sondern einen eigenen, abstrakten Stil entwickelte.

Zudem verhielt er sich äußerst kritisch gegenüber der in Mexiko üblichen Wandmalerei, die er als reine Demagogie bezeichnete. Erst nach der internationalen Anerkennung seiner Werke in den vierziger Jahren wurde er zunehmend auch in Mexiko akzeptiert.

Ausdruck dieser veränderten Haltung war der Auftrag für die Wandgemälde im Palacio de Bellas Artes von Mexico City, wo bis dahin nur die Vertreter der von den Muralisten gegründeten "Escuela Mexicana de Pintura" arbeiten durften.

MUSEO NACIONAL DE ANTROPOLOGIA (4): Einer der großen Höhepunkte einer Mexiko-Reise! Äußerst großzügige und anschauliche Ausstellung der schönsten und bedeutendsten Fundstücke aus prähispanischer Zeit.

Nirgendwo sonst findet man eine derart umfangreiche Sammlung von großartigen Originalen aller bedeutenden präkolumbianischen Kulturen Mexikos. Eindrucksvoll auch der Kontrast der supermodernen Architektur des gewaltigen Gebäudes zu den Kunstwerken der Olmeken, Maya und Azteken.

Orientierung: Die Säle für die einzelnen Kulturen sind rund um einen Innenhof gruppiert, so daß man bei einem Rundgang je nach Reise- oder Interessensgebiet entsprechende Schwerpunkte setzen kann. Die interessantesten Säle sind den Azteken, Olmeken, Maya und den Kulturen von Teotihuacán und Oaxaca gewidmet. Für einen einigermaßen fundierten Einblick ist mindestens ein Tag nötig.

Der Rundgang beginnt in der Regel rechts vom Eingang. Die ersten drei Säle bieten eine allgemeine Einführung in die Anthropologie und die präkolumbianischen Kulturen. Saal 4 behandelt die vorklassischen Kulturen. Die weiteren Säle zeigen dann Fundstücke von jeweils einer der großen Kulturen: * Teotihuacán, - * Tolteken, - * Mexica/Azteken, - * Oaxaca, - * Kulturen der Golfküste, - * Maya, - * Nordmexiko und * Kulturen des Westens.

Das Museum ist oft überfüllt, daher ratsam, bereits bei Öffnung am Morgen dort zu sein. Wer nicht unbedingt auf die beschriebene historische Abfolge Wert legt, kann die Säle in der umgekehrten Reihenfolge besichtigen und entgeht auf diese Weise dem größten Massenandrang (der in Reihenfolge der Nummern die Säle besichtigt). Bedingung allerdings: früh am Morgen da sein, und irgendwann trifft man sich dann mit den Menschenmassen...

Andere Alternative: erste drei Säle überspringen und Beginn mit Saal 4 oder 5 und von dort weiter bis zum Ende.

Im Obergeschoß eine ethnologische Sammlung (Wohngebäude, Trachten, Werkzeuge sowie Artesanía vieler mexikanischer Indianerstämme).

In der CAFETERIA Erholung von der geballten Ladung Kultur und die nötige Stärkung für die zweite Tageshälfte. Im Museum/Eingang auch recht gut sortierte BUCHHANDLUNG zu anthropologischen und archäologischen Themen.

ÖFFNUNGSZEITEN: Di.- Sa. 9- 19 Uhr, So. 1o- 18 Uhr. Eintritt 4 US, sonntags gratis. Videos und Fotografieren ohne Blitzlicht sind gestattet.

Zu erreichen ist das Museum per Metro über Station "Auditorio", von dort zu Fuß über den Paseo de la Reforma; oder Station "Chapultepec" und einen etwas längeren, aber schöneren Fußweg durch den Park. Dritte Alternative: Mit einem der vielen Busse, die vom Centro Histórico und Parque Alameda über den Paseo de la Reforma verkehren. Das Museum liegt an der Ecke Gandhi mit Paseo de la Reforma.

Mexico City

CENTRO CULTURAL ARTE CONTEMPORANEO (6): Campos Eliseos/Ecke Jorge Eliot, nahe der Metrostation Auditorio. Supermodernes, großes Gebäude mit wechselnden Ausstellungen mexikanischer und internationaler Kunst. Wer wissen will, was gerade geboten wird, ruft am besten vorher an: Tel. 282-o355. Eintritt 2 US, Mi. und So. gratis.

Das Museum mit jeglichem Luxus modernster Museumsbauweise existiert erst seit 1986, die Sonderausstellungen sind hervorragend und haben nicht selten Weltniveau.

Geöffnet 1o- 18 Uhr, Mi. 1o- 21 Uhr. Angegliedert ist ein Laden mit Büchern, Reproduktionen, Kunsthandwerk und außergewöhnlich schönem Schmuck.

SALA DE ARTE PUBLICO (22): Tres Picos 29. Einstiges Wohnhaus und Atelier des mexikanischen Muralisten David Alfaro Siqueiros. Heute Museum mit einer ungeheuren Sammlung von Zeichnungen und Gemälden des Malers sowie Fotos seiner wichtigsten Wandmalereien. Außerdem Dokumente zu seinem Leben. Geöffn. Mo.- Fr. 1o- 17 Uhr, Sa. 1o- 14 Uhr.

Neben Rivera und Orozco war David Alfaro Siqueiros einer der bedeutendsten Vertreter der mexikanischen Wandmalerei (zu deren Geschichte vergl. Kapitel "Kunst und Kultur"). Er war führender Theoretiker der Bewegung und plädierte immer wieder für eine "öffentliche Kunst", deren ideale Manifestation er in der Wandmalerei sah, die sich von den engen Grenzen der Museen und des privaten Kunstgenusses befreit hatte. Daneben widmete sich Siqueiros auch intensiv der Einführung neuer Techniken im Rahmen des Muralismo: Er nutzte als erster die Fotografie, Projektoren und Spritzpistolen.

Immer wieder jedoch gab er die Malerei auf, um sich für seine politischen Ideen einzusetzen. Sein revolutionäres Engagement für den Kommunismus brachte ihm allerdings ständigen Ärger ein, mehrfach landete er im Gefängnis oder in der Verbannung. 1937 nahm er auf der Seite der Republikaner am spanischen Bürgerkrieg teil, 194o war er verwickelt in einen Attentatsversuch der Stalinisten auf Leo Trotzki. Nach dieser Affäre hielt er sich zwei Jahre im chilenischen Exil auf, später unternahm er eine Propaganda- Tour durch Lateinamerika.

Nach seiner Rückkehr nach Mexiko widmete er sich wieder intensiv der Wandmalerei und schuf bedeutende Werke in Mexico City. Vor allem während der fünfziger Jahre erhielt er zahlreiche Auszeichnungen auf internationalen Ausstellungen. Im Anschluß an die kubanische Revolution engagierte er sich wieder stärker in der Politik und wurde 1962 prompt wegen Unruhestiftung zu acht Jahren Gefängnis verurteilt. Auch nach seiner Begnadigung 1964 und bis zu seinem Tod 1974 blieb er eine umstrittene Persönlichkeit: einerseits gefeierter und international anerkannter Künstler, andererseits mißliebiger und verfolgter Politiker.

AUDITORIO NACIONAL (2o) im nördlichen Teil des Parks Nähe Metrostation "Auditorio". Genutzt für Großveranstaltungen von Konzert bis Sport. Die Haupthalle hat ein Fassungsvermögen von rund 19.ooo Pers. und ist damit eine der größten der Welt. Angegliedert sind weitere, kleinere Säle für Theater- und sonstige kulturelle Veranstaltungen. Das Hauptgebäude ist gigantisch. (Zum Vergleich: die größten Hallen Deutschlands fassen: Olympiahalle München ca. 8.ooo Sitzplätze, Grugahalle/

Essen ca. 7.8oo.) Veranstaltungshinweise siehe Tourist- Büro und Tageszeitungen.

BOTANISCHER GARTEN (1o): interessant für Besuch, da er eine Vielzahl tropischer Pflanzen bietet. Besonders schön auch die "Calzada de los Filósofos" (Philosophenweg) mit bemoosten großen Bäumen. Führt vom Paseo de la Reforma südwärts zur "FUENTE DE NEZAHUALCÓYOTL" (12): Der Brunnen und Gedenkstätte für den Aztekenherrscher zeigt Darstellungen aus seinem Leben und Tenochtitlán.

PRÄSIDENTENPALAST LOS PINOS (13): im südlichen Teil des Parks bei der Metrostation Constituyentes. Besichtigung nicht möglich, umliegend mehrere Kasernen. Westlich des Periférico ein VERGNÜGUNGSPARK (14) sowie weiterer See mit Bootsverleih und Restaurants.

Hier liegt auch das TECHNISCHE MUSEUM (15) (Av. Constituyentes/ Periferico), zu erreichen mit Metro Linea 7, Station Constituyentes.

MUSEO NAC. DE HISTORIA NATURAL (16): im westlichsten Zipfel des Parks an der Av. Constituyentes. Zu sehen Fauna, Flora und Geologie des Landes.

COYOACÁN

Wer nach ein paar Tagen müde ist vom Trubel und den Menschenmassen der Innenstadt, kann sich von dem Getümmel erholen in einem der schönsten Stadtteile von Mexico City:

Eine romantische Insel mit stillen Plätzen, Kolonialhäusern, gemütlichen Kneipen und Restaurants. Dazu einige sehenswerte Kirchen und Museen. Den Stadtteil nicht als Besichtigungstour abhaken, sondern in Ruhe das Flair genießen: Der wochentags beschauliche Lebensrhythmus läßt unwillkürlich an eine spanische Kleinstadt denken. Bei einem ausgiebigen Bummel durch die Seitenstraßen mal einen Blick werfen in die häufig schön gekachelten Innen- und Hinterhöfe.

Zu erreichen am besten mit der Metrolinie 3 bis Viveros. Von dort zur Avenida Francisco Sosa, die direkt zur Plaza Hidalgo ins Zentrum von Coyoacán führt.

Im Mittelpunkt des Stadtteils die PLAZA HIDALGO (4): Weitläufiger Platz mit Bäumen und Grünanlagen. An der Nordseite die rot gestrichene CASA DE CORTES (heute Palacio Municipal), ein typisches Kolonialgebäude mit schönen Innenhöfen.

Gegenüber die Kirche SAN JUAN BAUTISTA (5) aus dem 16. Jh. An den Seitenwänden führt ein Dutzend vergoldeter Holzaltäre hin zum überschwenglich dekorierten Hauptaltar unter der Kuppel. Links davon der Durchgang zu einer kleinen Kapelle, deren völlig vergoldeter Altar einen unwiderstehlichen Glanz verbreitet. Wenige Schritte entfernt die PLAZA DE LA CONCHITA: verträumter Platz mit der CAPILLA DE LA CONCEPCIÓN (7), einer winzigen, aber reich verzierten Barockkapelle.

An der Ecke zur Calle Higuera steht die CASA DE LA MALINCHE (6), ein Kolonialhaus, in dem zeitweise Malinche, die indianische Geliebte von Cortés lebte.

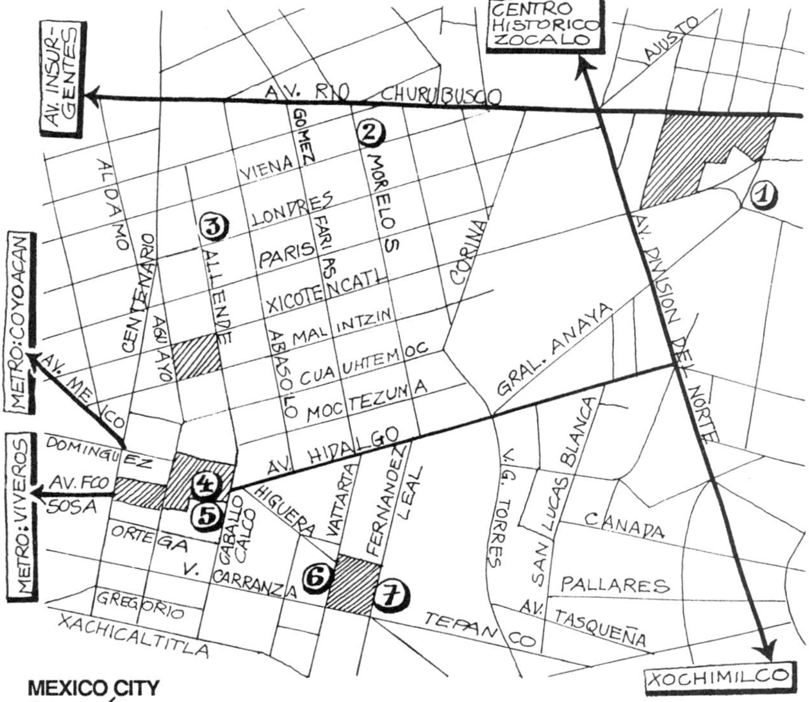

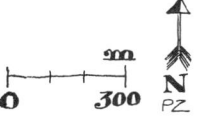

MEXICO CITY
Coyoacán

1 Museo Nacional de Intervenciones im ehemaligen Convento de Churubusco
2 Haus Leo Trotzki
3 Frida Kahlo Museum
4 Plaza Hidalgo
5 Kirche Juan Bautista
6 La Malinche Haus
7 Plaza La Conchita und Capilla de la Concepción

Bei einer seiner Expeditionen an die Küste Tabascos wurde Cortés eine indianische Häuptlingstochter zum Geschenk gemacht, der die Spanier den Namen Doña Marina gaben, den die Indianer in Malinche abwandelten. Malinche sprach verschiedene Indianersprachen und lernte Spanisch, so daß sie den Konquistadoren auf ihren Eroberungszügen als Dolmetscherin und Ratgeberin diente. Später wurde sie zur Geliebten von Cortés, und noch heute gilt ihr Name in Mexiko als ein Symbol für Verrat und Auslieferung mexikanischer Interessen an auswärtige Mächte. (Siehe auch Seite 176.)

Etwas abseits vom Zentrum liegen drei Museen, deren Besuch aber einen Umweg lohnt:

MUSEO FRIDA KAHLO (3): Londres 247. Im Geburtshaus von Frida Kahlo, das sie auch zwischen 1929 und 1954 gemeinsam mit Diego Rivera bewohnte, Ausstellungsstücke zu Leben und Werk der Malerin. Die Atmosphäre im Haus gibt einen guten Eindruck von ihren Ideen, ihrem Gemütszustand und ihrem Wirken. Das knallblau gestrichene Haus umgibt einen schattigen Innenhof. In den zahlreichen Räumen u.a. einige kleinere Werke von Frida Kahlo und Diego Rivera, außerdem eine Sammlung präkolumbianischer Tonfiguren. Einige Zimmer sind im Originalzustand belassen; auf der Staffelei steht noch das unvollendete Porträt Stalins, an dem Frida kurz vor ihrem Tod arbeitete. Ihre Gemälde befinden sich leider hauptsächlich in ausländischen Museen und Privatsammlungen. Geöffnet 1o- 18 Uhr, Eintritt 3,5 US. Ausführliches zu Leben und Werke von Frida Kahlo im Kapitel "Kunst und Kultur".

CASA DE LEO TROTSKI (2): Viena 45. Das festungsähnlich ausgebaute Haus, in dem Trotzki während seines mexikanischen Exils wohnte und sich vergeblich vor den Mordanschlägen der Stalinisten zu schützen versuchte, macht einen düsteren Eindruck. Neben persönlichen Gegenständen und der Bibliothek einige historisch interessante Fotos aus der Zeit der russischen Revolution sowie eine Zeitungssammlung aus den 3oer und 4oer Jahren. Das Arbeitszimmer und die Gegenstände auf dem Schreibtisch sind so belassen, wie sie am Tag von Trotzkis Ermordung aussahen. Geöffnet 1o- 17 Uhr, Eintritt 3,5 US. Eingang von der Rückseite, Av. Rio Churubusco.

> Nach seiner Verbannung aus der Sowjetunion setzte der einstige Oberbefehlshaber der Roten Armee vom Exil aus seinen ideologischen Kampf gegen den Stalinismus fort, weshalb ihm moskautreue mexikanische Kommunisten immer wieder nach dem Leben trachteten.
>
> Obwohl sich Trotzki mehr und mehr in seinem Haus verschanzte, entkam er schon Anfang 194o nur knapp einem Überfall und Attentatsversuch unter der Führung des Malers David Siqueros. Noch heute sieht man die Einschußlöcher in den Wänden.
>
> Am 2o. August 194o gelang dann Jaime Mercador del Rio das Attentat auf den russischen Revolutionär mit einem Eispickel. Einen Tag später starb Trotzki im Krankenhaus. Der Mörder hatte sich über längere Zeit das Vertrauen der Familie erschlichen und gehörte zu den wenigen Personen, die das Haus noch betreten durften.

MUSEO NACIONAL DE LAS INTERVENCIONES (1): General Anaya/ Ecke 2o de Agosto, wenige Schritte von der Metrostation General Anaya (Linie 2). Dokumentation zu den spanischen, französischen, englischen und US- amerikanischen Interventionen in Mexiko.

Ein sehr lehrreicher Überblick über einige Kapitel der mexikanischen Geschichte, die noch heute den Nationalstolz vieler Mexikaner verletzen. Wer sich gelegentlich über die Behandlung als Gringo wundert oder empört, findet in diesem Museum sicherlich die eine oder andere Erklärung.

Lohnt außerdem wegen der herrlichen, weitläufigen Klosteranlage aus dem 16. Jh., dem einstigen Convento de Churubusco, den General Anaya 1847 vergeblich gegen die Übermacht der US- Amerikaner verteidigte. Romantischer Kreuzgang und Klostergarten, der abends gelegentlich einen stimmungsvollen Hintergrund für kulturelle Veranstaltungen bietet. Geöffnet 9- 18 Uhr, Eintritt 3,5 US.

Der Konflikt Mexikos mit den USA ist ein klassisches Beispiel der US- amerikanischen Expansionspolitik im 19. Jahrhundert: Mit Duldung der mexikanischen Regierung hatten sich amerikanische Siedler in Texas niedergelassen und weigerten sich ab 1836, Steuern an den mexikanischen Staat zu entrichten, da dieser die Sklaverei nicht duldete.

Ein Feldzug des Präsidenten und Generals Santa Ana scheiterte, und die Truppen des US- Generals Sam Houston nahmen ihn gefangen. Santa Ana erklärte sich daraufhin mit der Unabhängigkeit von Texas als eigenständigem Staat einverstanden. Als 1845 die USA Texas einseitig zum Bundesstaat erklärten, kam es zum Krieg zwischen Mexiko und den USA.

Die Truppen von General Santa Ana verloren erneut alle Schlachten, und die Nordamerikaner besetzten weite Teile des mexikanischen Territoriums nördlich vom Rio Grande. Ein Expeditionskorps landete in Veracruz und eroberte 1847 Mexico City.

Im Waffenstillstandsabkommen mußte Mexiko gegen eine lächerliche Entschädigungssumme Texas, Nevada, Colorado, Utah und Kalifornien an die Vereinigten Staaten abtreten. Kurz darauf kauften die USA sozusagen als "Nachtisch" noch Teile von Arizona und New Mexico. Als Resultat der Auseinandersetzungen hatte die mexikanische Nation am Ende 2,5 Millionen Quadratkilometer, d.h. etwa die Hälfte ihres Territoriums an den nördlichen Nachbarn verloren.

SAN ANGEL

Schöner kolonialer Stadtteil; hübsch die leicht zum Hügel hin ansteigenden Kopfsteinpflasterstraßen. Nicht ganz so authentisch wie Coyoacán, dafür etwas edler mit gepflegten Villen und Kolonialhäusern in den Seitenstraßen. Schattige, schön angelegte und gepflegte Plazas. Vor allem am Samstag viel gehobenes mexikanisches Publikum, das zum Flanieren und Einkaufen kommt.

Zu erreichen mit der Metrolinie 7 bis zur Endstation Barranca del Muerto. Direkt am Ausgang den Bus Ruta 2 nehmen, der in drei Minuten ins Zentrum von San Angel zur Plaza del Carmen fährt.

Ausgangspunkt für einen Bummel durch das Stadtviertel ist die PLAZA DEL CARMEN: Gegenüber, an der Hauptstraße Iglesia und Museo del Carmen mit einem schattigen und verträumten Innenhof. Die Kirche mit einem riesigen, vergoldeten Holzaltar. Ob im Museum die sakralen Kunstwerke oder die makabre Mumiensammlung interessanter sind, bleibt dem persönlichen Geschmack überlassen. Geöffnet 1o- 17 Uhr, Eintritt 2,5 US. Angrenzend ein bunter Blumenmarkt entlang der Hauptstraße.

Wer's einrichten kann, sollte am Samstag nach San Angel kommen, dann stellen auf den Plätzen zahlreiche Künstler ihre Werke aus. Außerdem ist dann auf der PLAZA SAN JACINTO der BAZAR SABADO geöffnet: große Auswahl von gutem Schmuck und gehobenem Kunstgewerbe. Allerdings auch gehobene Preise und eine Menge Kitsch.

Neben der Plaza San Jacinto ein kleiner Straßenmarkt mit preiswerterer Artesanía. Rund um die Plätze Kunstgalerien und Antiquitätenläden.

CASA DEL RISCO, direkt an der Plaza. Hervorragend erhaltenes und restauriertes Kolonialgebäude. Im Innenhof ein origineller Brunnen aus Hunderten von Kacheln. Im 1. Stock eine kleine Sammlung europäischer und lateinamerikanischer Malerei sowie Möbel aus der Kolonialzeit. Geöffnet 1o- 17 Uhr, gratis. Im angrenzenden Gebäude ebenfalls schöner Patio, der in einen kleinen Garten übergeht.

Zwei Museen zur modernen mexikanischen Malerei liegen ein wenig abseits von den beiden Hauptplätzen:

MUSEO DE ARTE ALVAR Y CARMEN T. DE CARILLO GIL: Avenida Revolución 1608. Umfangreiche Gemäldesammlung moderner mexikanischer Kunst. Rivera, Orozco und Siqueros einmal nicht als Muralisten, sondern mit etwas kleiner dimensionierten Werken. Geöffnet 1o- 18 Uhr, Eintritt 1,5 US.

MUSEO ESTUDIO DIEGO RIVERA: Altavista/Ecke Diego Rivera, oberhalb am Hügel. Atelier von Diego Rivera. Buntbemaltes Haus, umstanden von Kakteen. Im Innern inmitten von einfachen Gebrauchsgegenständen und skurrilen Sammelobjekten eine Atmosphäre, als hätte der Maler seinen Pinsel nur mal vorübergehend zur Seite gelegt. Geöffnet 1o- 18 Uhr, Eintritt 2,5 US.

Diego Rivera (1886- 1957) gehörte neben Orozco und Siqueiros zu den drei bedeutendsten Vertretern des Muralismo, der mexikanischen Wandmalerei in der ersten Hälfte 2o. Jahrhunderts. Sein realistischer Stil zeigt Einflüsse des Kubismus und der naiven Malerei. Die Wandbilder demonstrieren besonders deutlich die erzieherische Funktion, die die Künstler des Muralismo ihren Werken zuschrieben: Rivera behandelt vorzugsweise historische Ereignisse in aufeinanderfolgenden Szenen: das Leben der Indios, die Brutalitäten der spanischen Eroberung, die Unabhängigkeitsbewegung, die Mexikanische Revolution.

Helden der Bilder sind oft die einfachen Leute, die ja gleichzeitig die Adressaten dieser Kunst waren. Auch seine politische Überzeugung findet Ausdruck in Werken, die sich mit der Arbeit und dem Elend der mexikanischen Arbeiter und Bauern befassen: Rivera war ab 1922 Mitglied der Kommunistischen Partei Mexikos, mit der er sich allerdings 1936 überwarf, nachdem er Trotzki bei seinem Asylgesuch in Mexiko unterstützt und über zwei Jahre in seinem Haus aufgenommen hatte. - Werke und Lebensweg Riveras siehe auch Seite 2oo.

RICHTUNG SÜDEN

Einige Sehenswürdigkeiten liegen verstreut am südlichen Rand der Metropole. Ihr Besuch mit öffentlichen Verkehrsmitteln ist in den meisten Fällen ziemlich zeitaufwendig, denn die Wege sind weit und die Verkehrsverbindungen manchmal nicht gerade günstig.

POLYFORUM SIQUEIROS, Insurgentes Sur/Ecke Filadelfia. Kulturzentrum, entworfen und gestaltet vom Muralisten Siqueiros (Details zu Leben und Werk, siehe Seite 211). Dient für Ausstellungen und Aufführungen. Bemerkenswert ist das Gebäude selbst: Auf den schräg nach außen stehenden Wänden des Rundbaus abstrakte Murales. Die gesamte Kuppel im Inneren ist bedeckt von dem gigantischen Gemälde "Marcha de la Humanidad", aus dem wichtige Figuren reliefartig herausragen. Mit Hilfe von 5o Leuten hat Siqueiros 6 Jahre lang daran gearbeitet.
Verbindungen: Ab Metro Insurgentes ca. 5 km Richtung Süden mit Bus Ruta 2 ("San Angel"). Entweder zurück mit Bus "Indios Verdes" oder weiter nach San Angel.

CIUDAD UNIVERSITARIA: Das Universitätsviertel lohnt den Besuch wegen der überdimensionalen Mosaiken von Juan O'Gorman am Bibliotheksgebäude und der Wandreliefs von Siqueiros an der Torre de la Rectoría. Während die Mosaiken Szenen aus der mexikanischen Geschichte darstellen, illustriert das Wandrelief an einer Seite des Rektoratsgebäudes den Beitrag der Kunst zur Entwicklung der Menschheit. (Zu erreichen mit der Metrolinie 3 bis Copilco. Von dort ca. 1o Min. zu Fuß zur Bibliothek.)

CUICUILCO: Die Besichtigung der Universitätsstadt läßt sich gut verbinden mit einem Besuch der Pyramide von Cuicuilco. Die Rundpyramide ist die einzige ihrer Art im Raum Mexico City und das älteste Monument im Valle de México.

Sie liegt mitten in einem meterdicken Lavafeld, um 6oo v. Chr. verschüttet beim Ausbruch des Vulkans Xitle. Obwohl sie 18 m hoch ist, erscheint sie wegen der umgebenden Lava auf den ersten Blick recht klein. Rekonstruierte Gänge und Steinaltäre. Einige Fundgegenstände und anschauliche Pläne im kleinen Museum.

Zu erreichen ab Universität auf der Av. Insurgentes Richtung Süden mit dem Bus Ruta 1 bis zur Kreuzung der Insurgentes mit dem Anillo Periférico. Die Straße überqueren; von dort sieht man bereits die Pyramide.
Rückweg: Bus mit der Aufschrift "Metro Universidad".

MUSEO ANAHUACALLI: ein düsterer, festungsähnlicher Bau aus Lavagestein, angeblich von Maya- und Aztekenarchitektur inspiriert, über dessen Schönheit man jedoch geteilter Meinung sein darf.

Im Innern eine sehr umfangreiche Ausstellung meist kleiner präkolumbianischer Kunstgegenstände aus der Privatsammlung von Diego Rivera, der das Museum auch konzipierte.

Der etwas umständliche Abstecher lohnt sich nur bedingt, am ehesten für jemand, der Freude an einem sehr ausgefallenen Museum mit ungewöhnlicher Ausstellungsweise hat. Geöffnet 1o- 14 und 15- 18 Uhr, Eintritt frei.

Besuch am besten ab Coyoacán. Von dort einen der Busse Richtung Süden auf der Av. División del Norte bis zur Calle del Museo (gut 4 km). Den Rest zu Fuß.

XOCHIMILCO

Beliebtes Ausflugsziel der Mexikaner wegen der Chinampas, der sogenannten "schwimmenden Gärten", die ursprünglich mit Schilf befestigte Erdinseln waren. Durch Absinken des Wasserstandes sind sie inzwischen festgewachsen.

Besondere Attraktion sind die grell- bunten Kähne ("trajínes"), mit denen man sich durch das weitverzweigte Kanalsystem staken läßt. Ziel ist ein Blumenmarkt, doch der Hauptspaß besteht in der Fahrt selbst.

Die Rundfahrt dauert gut eine Stunde. Unterwegs werden auf vorbeifahrenden Booten Essen und Getränke angeboten, Mariachigruppen bringen gegen einen entsprechenden Obulus ein Ständchen. Am Wochenende Riesenrummel und Volksfeststimmung. Bei klarem Wetter schöner Blick auf den Vulkan Popocatépetl.

Die Preise (auch für Musik und Getränke) stehen auf zwei großen Anschlagtafeln an der Hauptanlegestelle. Unbedingt darauf bestehen, da sonst Phantasiesummen verlangt werden. Während der Woche lassen sich diese nicht gerade geringen Preise etwas herunterhandeln. Nicht die teurere Tour aufschwatzen lassen: Man sieht nicht mehr, es geht nur langsamer voran.

Zu erreichen mit der Metrolinie 2 bis zur Endstation Tasqueña. Dort mit Bus 26 bis zur Plaza in Xochimilco (ca. 3o Min.). Hinter der Kirche San Bernardo zwei Blocks bis zur Hauptanlegestelle "Embarcadero", - ausgeschildert.

Die Chinampas von Xochimilco sind die letzten Reste einer einzigartigen Form von Landwirtschaft, welche die prähispanischen Völker im Hochtal von Mexiko jahrtausendelang praktiziert haben: Nicht die Felder wurden mit einem Bewässerungssystem versehen, sondern der Boden wurde zur Bebauung im Wasser der flachen Seen verankert.

Auf diese Weise erreichte man eine effizientere Nutzung der Wasserressourcen und, wie noch heute, mehrere Ernten im Jahr. Die Lebensmittelproduktion des Valle de México und der großen Bevölkerungszentren beruhte darauf: Sowohl die Aztekenhauptstadt Tenochtitlán als auch das koloniale México versorgten sich aus den Chinampas. Erst Ende des 19. Jahrhunderts setzte die übermäßige Wasserentnahme aus den Seen dieser ungewöhnlichen Art der Landwirtschaft ein Ende. Xochimilco ist ein letztes Überbleibsel dieser Kultur und versorgt heute die Hauptstadt mit Blumen.

RICHTUNG NORDEN

Nördlich des Zentrums von Mexico City liegen zwei Sehenswürdigkeiten, die vor allem den Mexikanern besonders wichtig sind:

PLAZA DE LAS TRES CULTURAS: Von der Straßenecke Flores Magón und Cárdenas aus gesehen, scheinen die Kolonialkirche Santiago Tlatelolco und die modernen Hochhäuser aus den Ruinen eines Aztekentempels herauszuwachsen. Auf diese Weise vereint der Platz architektonische Symbole dreier Epochen und repräsentiert das kulturelle Selbstverständnis der mexikanischen Nation.

Die im Innern ansonsten kahle Kirche verfügt über ein Retablo- Fragment, das den heiligen Jakobus darstellt.

Zu erreichen ab Metro Hidalgo mit Bus Ruta 2 (Aufschrift "La Villa") auf dem Paseo de la Reforma Richtung Norden bis Haltestelle Cuauhtémoc. Von dort fünf Minuten zu Fuß durch den Jardín de Santiago.

> Der Name des Platzes ging durch die Schlagzeilen der Weltpresse, als hier Polizeikräfte kurz vor den Olympischen Spielen 1968 in Mexico City eine Studentendemonstration auflösten. Hunderte von Studenten wurden getötet, die erstrebte Ruhe für die Tage der Olympiade war auf blutige Weise hergestellt und die mexikanische Studentenbewegung zum Schweigen gebracht. Noch heute will die offizielle Version dieses Ereignisses das wahre Ausmaß dieses Massakers nicht zugeben.

BASILICA NUESTRA SEÑORA DE GUADALUPE: Nationalheiligtum der Mexikaner und Wallfahrtsort unzähliger Pilger. Eines der gigantischen Bauwerke der mexikanischen Hauptstadt, entworfen von Pedro Ramírez Vásquez, dem Architekten des Museo Nacional de Antropología. Nachdem die koloniale Kirche aus dem 17. und 18. Jahrhundert. für den Massenandrang der Pilger zu klein geworden war, errichtete. man 1976 den modernen Rundbau.

Am Altar das Bildnis der dunkelhäutigen Jungfrau. Die Gläubigen werden von der Seite her unter das Heiligtum geschleust. Ein Rollband sorgt dafür, daß niemand zu lange vor dem Bildnis verharrt.

In der alten Basilika nebenan heute das MUSEO DE LA BASILICA mit religiöser Kunst. Geöffnet 1o- 18 Uhr, Eintritt o,5 US. Lohnend ist der kurze Anstieg auf den dahinter liegenden Hügel: harmonisch in eine Gartenanlage eingepaßter Treppenaufgang. Oben die Capilla de Tepeyac, eine kleine Kirche im Kolonialstil, ebenfalls der Jungfrau gewidmet. Vom Portal aus Blick auf die Hochhäuser des Zentrums, sofern der Smog es zuläßt.

Zu erreichen ist die Basilika über die Metro- Station "La Villa" (Linie 6) oder "Basílica" (Linie 3).

> Die dunkelhäutige Jungfrau von Guadalupe besitzt eine besondere Bedeutung vor allem im Glauben der einfachen Mexikaner. Sie soll im Jahre 1531 mehrfach einem christianisierten Indianerjungen erschienen sein und ihr Abbild auf seinem Umhang hinterlassen haben. Jedes Jahr am 12. Dezember, dem Tag ihrer zweiten Erscheinung, ist die Basilika Schauplatz einer Wallfahrt von Hunderttausenden von Gläubigen.
> Das Bild der schwarzen Madonna begleitet den Mexikaner aber auch das ganze Jahr über -

im Auto, als Aufkleber im Bus oder Hausaltar in einfachen Restaurants. Und es gibt kaum eine Kirche, in der nicht eine Ecke für ihre Verehrung reserviert wäre.

Weitere interessante Punkte (z.B. Teotihuacán) in der näheren Umgebung von Mexico City siehe "Ausflüge ab Mexico City".

CENTRO HISTORICO

Rund um den Zócalo finden sich vor allem viele Billighotels, preiswerte Mittelklasse und vereinzelte Traditionshotels im Stil vergangener Tage. Vorteile sind in erster Linie die zentrale Lage und der gute Zugang zu den wichtigsten Metrolinien.

Teuer:

"**Gran Hotel**", 16 de Septiembre 82. Nobelhotel im alten Stil am Zócalo. Sehenswerte Eingangshalle im Jugendstil mit phantastischer Tiffany- Glasdecke, Vogelkäfigen und klassischen Drahtkorb- Aufzügen. Zimmer relativ eng und nicht mehr auf dem modernsten Stand. DZ ca. 9o US.

"**Hotel Majestic**", Madero 73. Traditionelles Hotel, sehr stilvolle Eingangshalle und Flure. Viele Zimmer mit schönem Blick auf den Zócalo. Einrichtung etwas veraltet. Auch die sanitären Einrichtungen entsprechen nicht dem ansonsten gehobenen Stil. Das Haus hat die Atmosphäre vergangener Jahrzehnte bewahrt, ca. 95 US.

Mittel:

"**Hotel Canada**", 5 de Mayo 47. Gutes, modernes Mittelklassehotel. Kleine Lobby mit Fernsehraum. Bäder in gutem Zustand. Saubere, neu eingerichtete Zimmer. Nähe Zócalo, DZ ca. 33 US.

"**Catedral**", Donceles 95. Nähe Zócalo. Vollständig modernisiertes Touristenhotel; internationales Publikum. Freundlich- helle Lobby und Flure. Zimmer und Bäder neu ausgestattet, alles im Bestzustand. DZ je nach Größe 35- 45 US.

"**Hotel Antillas**", Belisario Dominguez 34. Nähe Plaza Garibaldi. Älteres Kolonialgebäude mit rustikaler, gemütlicher Lobby. Zimmer klein, aber gepflegt und sauber. Freundliches Hotel mit angenehmer Atmosphäre, das zwar bessere Tage gesehen hat, aber in der Preisklasse viel mehr bietet als andere, die einige Dollar mehr verlangen. Farb- TV. Für rund 23 US eine gute Wahl.

"**Hotel Habana**", Cuba 77. Kühle Atmosphäre. Zimmer etwas düster zum Innenhof, aber sehr sauber. Geräumig mit TV. Sanitäre Anlagen modernisiert. DZ ca. 21 US.

"**Hotel Monte Carlo**", Uruguay 69. Südlich des Zócalo. Typisches Gebäude des Centro Histórico mit kolonialer Fassade. Lobby restauriert, nobler Treppenaufgang. Die meisten Zimmer zum Innenhof. Ruhig, düster, gepflegt. Modernisierte Bäder. Für 2o US gute Wahl.

"**Hotel Isabel**", Isabel la Católica 63. Älteres Gebäude am südlichen Rand des Centro Histórico. Gemütliche Lobby mit Sitzgruppen, auch im hellen Innenhof Tische und Stühle. Die meisten Zimmer groß und hell. Sanitäre Anlagen alt und abgenutzt, aber sauber. DZ ca. 25 US.

"**Hotel Roble**", Uruguay 1o9. Südlich vom Zócalo, Nähe Museo de la Ciudad. Einfaches Haus mit verschachtelten Fluren. Zimmer eng, aber sauber. Ordentliche Bäder. DZ ca. 25 US.

"**Hotel Gillow**", Isabel la Católica 17. Günstig gelegen zwischen Zócalo und Alameda- Park. Zimmer gehen ab von freundlich- hellem Innenhof mit Pflanzen. Modern eingerichtet, Bäder völlig neu. Relativ ruhig, wenn nicht direkt zur Straßenseite. DZ ca. 35 US.

Billig:

"**Hotel Atlanta**", Belisario Dominguez 31. An belebter Kreuzung. Zimmer zur Straße hell und freundlich, aber laut. Einfach möbliert, sauber. DZ ca. 17 US.

"**Hotel Azores**", Brasil 25. Nähe Zócalo. Zimmer klein mit Fenstern zum Innenhof. Etwas muffig, da nicht gut zu belüften. Sanitäre Anlagen sauber. Ruhige Lobby mit Sitzgruppen. DZ ca. 18 US.

"**Hotel Washington**", 5 de Mayo 54. In altem Gebäude, Zimmer renoviert und groß. Freundliches Hotel, gute Wahl in der Billigklasse. Zimmer nach vorn raus sind schöner, aber etwas lauter. DZ ca. 2o US.

"**Hotel Buenos Aires**", Motolina 21. Sehr basic. Einige Zimmer mit Bad. Die Zimmer gehen ab von einem lauten Innenhof. DZ ca. 12 US.

"**Hotel República**", Cuba 57. Sehr basic, düstere Zimmer nach innen. Als Fenster nur kleine Luken zum Treppenhaus. Primitive sanitäre Einrichtungen. Nicht besonders sauber. DZ ca. 1o US.

"**Hotel La Rioja**", 5 de Mayo 45. Günstig gelegen, Nähe Zócalo. Von der Ausstattung her allerdings extrem basic, Glühbirnen hängen von der Decke. Zimmer einfach möbliert; zu einem Innenhof, in dem die Geräusche kräftig hallen. DZ ca. 13 US.

"**Hotel San Antonio**", Segundo Callejón de 5 de Mayo 29. Versteckt in einer winzigen, ruhigen Gasse. Nähe Zócalo. Vom Platz aus über die 5 de Mayo, dann links ab. Zimmer zur Gasse oder zum Innenhof. Sehr eng; sanitäre Anlagen alt, aber sauber. Für ca. 17 US gute Wahl, vor allem wegen ruhiger, zentraler Lage.

"**Hotel Lafayette**", Motolinia 4o. In ruhiger Seitenstraße, sehr einfach, mit Schwarzweiß- TV im Zimmer, das DZ ca. 18 US.

PARQUE ALAMEDA

Am Alameda- Park und in den angrenzenden Seitenstraßen vorwiegend Billighotels und preiswerte Mittelklasse. Gute Metro-Anschlüsse.

Teuer:

"**Hotel De Cortés**", Hidalgo 85. Sehr verkehrsgünstig direkt an der Metrostation Hidalgo. Trotzdem ruhig, da Zimmer zum Innenhof des ehemaligen Augustinerhospizes. Eine Oase der Ruhe im Trubel der Stadt. Freundliches Personal. Nur 3o Zimmer, modernisiert und dem Gebäude angemessen stilvoll möbliert. DZ ca. 9o US.

Mittel:

"**Hotel Monte Real**", Revillagigedo 23. Modernes Gebäude, zehnstöckig Nähe Metro Juárez mit bequemen Sitzgruppen. Große Zimmer mit Farb- TV. DZ ca. 35 US.

"**Hotel Fleming**", Revillagigedo 35. Von außen wie ein Bunker, aber nicht abschrecken lassen: Zimmer sind freundlich- hell möbliert, neue Bäder, Farb- TV. Bei 4o US fürs DZ ein gutes Preis- Leistungsverhältnis.

"**Hotel San Fernando**", San Fernando 36. Nähe Metrostation Hidalgo. In ruhiger Nebenstraße. Ordentliche Einrichtung, Zimmer klein, aber sauber. Einrichtung und sanitäre Anlagen kräftig abgenutzt. DZ ca. 23 US.

"**Hotel Marlowe**", Independencia 17. Modernes, schmuckloses Gebäude, die meisten Zimmer ohne Blick zum dunklen Innenhof, dafür sehr ruhig, TV. Restaurant im 9. Stock mit Blick über die Dächer von Mexico City. Das Hotel befindet sich in der Renovierung. Fertige Stockwerke mit hellen, modernen Möbeln und gut ausgestatteten Bädern. DZ ab 33 US, helle Suiten zur Straße 6o US.

"**Hotel Conde**", Pescaditos 15. Fünf Blocks südlich vom Alameda- Park. Schmuckloser Kasten, auch im Inneren ziemlich steril. Einfache Einrichtung, Bäder renoviert und gekachelt. DZ ca. 33 US.

Billig:

"**Hotel Managua**", Plaza San Fernando 11. Nähe Metrostation Hidalgo. Einfach, aber sauber. Einige Zimmer mit schönem Blick auf die kleine, schattige Plaza. Neben TV nur Bett und Stuhl, dafür geräumig und hell. DZ ca. 2o US .

"**Hotel Toledo**", López 22. Alt, einfach, relativ sauber. Alle Zimmer zur lauten Straße, Möblierung und Bäder tragen die Spuren langjähriger Nutzung. Vorteil: wenige Schritte zum Parque Alamada und Palacio Bellas Artes. DZ ca. 17 US.

"**Hotel Cosmos**", Lázaro Cárdenas 12, sehr zentral zwischen Zócalo und Alameda-Park. In einem ehemals noblen, heute aber sehr heruntergekommen Gebäude. An lauter Hauptstraße. Große Zimmer mit dem Luxus von TV und Telefon für bloße 15 US.

"**Hotel Pugibet**", Ernesto Pugibet 48, Nähe Metro Balderas. Abschreckender Kasten, die düsteren Flure auch nicht einladender. Bäder primitiv, aber passabel sauber. Wenn anderes belegt ist und Geldbeutel nicht mehr als 12 US fürs DZ hergibt.

"**Hotel Marconi**", Héroes 1o. Direkt neben der Metrostation Hidalgo. In ruhiger Seitenstraße. Sehr düstere Zimmer zum Innenhof. Winzig, muffig, trostlose Bäder. DZ mit und ohne Privatbad für ca. 8- 1o US.

"**Hotel Sevillano**", Ayuntamiento 78. Kleines Hotel, vier Blocks südlich vom Alameda-Park, in etwas trister Umgebung. Zimmer gehen vom Innenhof ab, haben keine Fenster. Sehr sauber und ordentlich. Für ca. 12 US eine gute Wahl.

BAHNHOFSNÄHE

Mittel:

"**Hotel Norte**", Mosqueta/Ecke Zaragoza. Ein Block vom Bahnhof entfernt. Völlig neues Hotel. Zimmer unterschiedlich groß, alle bestens möbliert. Auch die sanitären Anlagen vom Feinsten. Zimmer zur mehrspurigen Hauptstraße meiden, da trotz guter Fenster relativ laut. DZ je nach Größe 25- 4o US, dafür bekommt man eine Zimmerqualität wie kaum anderswo. Nachteil: weit entfernt von Metro und allen anderen Sehenswürdigkeiten.

"**Hotel Ponte Vedra**", Insurgentes Norte 226. Direkt neben dem Bahnhof über die Fußgängerbrücke. Moderne Einrichtung, Farb- TV, sehr ruhige Zimmer zu verschiedenen Innenhöfen. Leider weit von der nächsten Metrostation. DZ je nach Größe ca. 3o-35 US.

> Billig:

"**Hotel Yale**", Mosqueta 2oo. Saubere, passabel eingerichtetete Zimmer, viele zum ruhigen Innenhof. TV. Bäder teilweise renoviert. Obwohl das Innere nicht einlöst, was die modernisierte Fassade verspricht, für ca. 17 US pro DZ eine gute Wahl.

"**Hotel Central**", Mosqueta 248. Schräg gegenüber vom Bahnhof. Etwas heruntergekommen, aber sauber. Die rückwärtigen Zimmer relativ leise. TV. Ansonsten eher spartanisch- kahle Ausstattung, Bäder äußerst einfach. DZ ca. 13 US.

PLAZA DE LA REPUBLICA / ZONA ROSA

Vor allem in der Zona Rosa Hotels der Luxus- und Teuerklasse. In den Seitenstraßen des Paseo de la Reforma und um die Plaza de la República aber auch Mittelklasse und Billighotels.

> Luxus:

"**Hotel Plaza Florencia**", Florencia 61. Moderner 5- Sterne- Bau im US- Einheitsstil. Der große Kasten ist schon etwas in die Jahre gekommen, die Fassade nicht mehr taufrisch. Trotzdem: Zimmer sehr groß und komfortabel. DZ ca. 14o US.

"**Hotel Imperial**", Paseo de la Reforma 64. Exklusives Hotel mit sehr angenehmer Atmosphäre und stilvollem Restaurant. Auch die Architektur im Stil der Jahrhundertwende hebt sich positiv ab vom sonstigen architektonischen Einheitsbrei in diesem modernen Stadtviertel. DZ ca. 16o US.

"**Hotel Calinda Geneve**", Londres 13o, im Zentrum der Zona Rosa. Traditionelles Hotel, das sich ebenfalls abhebt von den modernen Beton- und Glaskästen der Zona Rosa. Freundliche, persönliche Atmosphäre, aufmerksamer Service. Zimmer stilvoll eingerichtet mit messingbeschlagenen Türen und verzierten Holzmöbeln. Ca. 12o US.

"**Hotel Century**", Liverpool 152. Moderne Lobby, großzügig ausgestattete Zimmer. Eleganter Luxus mit allem Komfort eines 5- Sterne- Hotels. Schöner Blick über die Stadt von den oberen Stockwerken. DZ ca. 145 US.

"**Hotel Royal**", Amberes 78. Großer Hotel- Palast der Luxusklasse. Sehr zentral mitten in der Zona Rosa. Modern mit allem Komfort. Schwimmbad auf der Dachterrasse. DZ ca. 19o US.

> Teuer:

"**Hotel Casa Blanca**", Lafragua 7. Wenige Schritte vom Paseo de la Reforma und der Plaza de la República. Modern und komfortabel. Zimmer zum Innenhof etwas düster, aber äußerst leise. Zimmer zur Straße mit besserem Blick, aber lauter. Großes Plus: die Dachterrasse im 12. Stock mit SW- Pool und weitem Blick über das Häusermeer der Stadt. DZ ca. 1oo US.

> Mittel:

"**Hotel Can- Cun**", Donato Guerra 24. Wenige Schritte vom Paseo de la Reforma und Nähe Metro Hidalgo, daher verkehrsgünstig. Die nach hinten gelegenen Zimmer relativ leise. Farb- TV und AC. Etwas hektische Atmosphäre in der Eingangshalle. Für ca. 48 US trotzdem eine gute Wahl.

"**Hotel Mayaland**", Antonio Caso 23. Nähe Plaza de la República. Von außen schäbig. Lobby schon etwas ansehnlicher, obwohl hektisch mit Bürobetrieb. Zimmer und Bäder aber ordentlich und sauber. TV. Ca. 4o US.

"**Hotel Edison**", Edison/Ecke José M. Iglesias. Modernes Eckhaus, viele Zimmer zum ruhigen Innenhof. Ordentlich eingerichtet, neue Bäder, sehr sauber. Nähe Plaza de la República. Für ca. 27 US empfehlenswert.

Billig:

"**Hotel Pennsylvania**", Ignacio Mariscal/Ecke Ponciano Arriago. Nähe Plaza de la República. Älteres Haus, das schon bessere Tage gesehen hat. Halle und Flure etwas abschreckend, Zimmer aber ordentlich und sauber. Renovierte, gekachelte Bäder. Zur Straße hin hell und laut; zum Innenhof leiser, aber düster und stickig. DZ ca. 17 US.

CHAPULTEPEC / POLANCO

Im Nobelstadtteil Polanco stehen weithin sichtbar die modernen Hochhauskolosse der beiden Super- Hotels von Mexico City. In der Nähe kleine, teure Restaurants und Boutiquen.

"**Hotel Nikko**", Campos Eliseos 2o4. Riesiges Nobelhotel mit jeglichem 5- Sterne-Luxus am Bosque de Chapultepec. Vom Hallenbad über Tennisplätze und Boutiquen alles vorhanden, was der betuchte Reisende benötigt. Zimmerqualität läßt keine Wünsche offen. Phantastischer Blick über die Stadt von den oberen Stockwerken. DZ ab 21o US aufwärts.

"**Hotel Stouffer Presidente**", Campos Eliseos 218. Wer Luxus sucht, ist auch hier gut aufgehoben. Komfort vegleichbar mit dem Nikko, Preise ähnlich.

CENTRO HISTORICO

CAFE LA BLANCA, 5 de Mayo 4o. Preiswerte mexikanische Küche. Einrichtung etwas steril, aber wenn sich der Laden bis oben hin füllt - vom Punk bis zur Oma ist alles vertreten - wird es gemütlich, und man kann den Leuten stundenlang zusehen. Auch Frühstück. Mittlere Preise.

CAFE DE LA OPERA, 5 de Mayo/Ecke Filomena Mata. Historisches Lokal, in dem schon Pancho Villa seinen Tequila kippte. Sehr schöner holzgetäfelter Raum, teilweise mit Plüsch bespannt. Messingbeschlagene Theke. Preise mittel.

CAFE TACUBA, Tacuba 28, direkt an der Metrostation Allende. Attraktiver Innenraum eines ehemaligen Klosters mit schönen Fliesen an den Wänden und großen Gemälden. Süßspeisen und mexikanische Imbisse. Wie das Café de la Opera vom Ambiente her ein Erlebnis. Preise mittel bis teuer.

PASTELERIA IDEAL, 16 de Septiembre/Ecke Gante. Empfehlenswert ein Rundgang durch die verschiedenen Räume dieser Konditorei. Im Erdgeschoß riesige Mengen Brot und Brötchen. Die Attraktion im 1. Stock in historischen Gewölben: unglaubliche Auswahl an überdimensionalen Hochzeits- und Geburtstagstorten mit oft groteskem Design.

LA RINCONADA, Rinconada de Jesus 13. Gegenüber vom Museo de la Ciudad. Im 1. Stock eines alten Hauses mit schönem Blick auf die kleine Plaza. Fisch- und Fleischgerichte. Preise mittel bis teuer.

CANTINA SALON MADRID, Belisario Dominguez/Ecke Plaza Santo Domingo. Halbwegs "zahme" Cantina für männliches Publikum. Große Auswahl an Spirituosen aller Art.

HOSTERIA DE SANTO DOMINGO, Belisario Domínguez 72. Nähe Plaza Santo Domingo. Gemütliches Speiselokal in Kolonialhaus. Hier treffen sich mexikanische Familien und Geschäftsleute bei live Piano- und Geigenmusik. Sehr gute mexikanische Spezialitäten mit ausgefallenen Soßen. Besonders gut ist "Chile en Nogada". Preise mittel.

MAJESTIC, Madero 73. Im gleichnamigen Hotel. Dachterrasse mit dem besten Blick auf Kathedrale und Zócalo. Zum Essen unbedingt Tisch reservieren. Wer dort nicht essen möchte (teuer), bestellt einen Drink in der Bar und wirft zwischendurch mal einen Blick hinunter oder macht ein Foto von der Terrasse aus.

COMEDOR VEGETARIANO, Motolinia 31, im 1. Stock. Einfache und preiswerte vegetarische Gerichte. Geöffnet nur 13- 18 Uhr.

SANBORN'S, Madero 4. In der bunt gekachelten "Casa de Azulejos". Wandgemälde von Orozco im Treppenhaus. Obwohl Filiale einer Restaurantkette, originelles Ambiente im überdachten Patio des Hauses. Gemütlich. Mexikanische Küche, mittlere Preise.

Zwei namenlose TAQUERIAS, preiswert und blitzsauber in der Av. Tacuba/EckeFilomena Mata. Fleisch und Gemüse wird sehr appetitlich zubereitet. Essen im Stehen.

Namenloser SAFTLADEN, 5 de Mayo 49. Bunt, mit köstlichen Früchten, Milkshakes, Säften und Licuados. Frische Obst- und Gemüsesalate. Erst bezahlen, dann an der einfachen Theke genießen. Preiswert.

CIRCULO VASCO ESPAÑOL, 16 de Septiembre 51. Gemütliches Nobelrestaurant im 1. Stock. Mehrere kleine Räume; Korbmöbel zwischen Palmen und anderen Pflanzen. Gute Fisch- und Fleischgerichte nach baskischen Gerichten. Bis 2o Uhr geöffnet. Teuer.

CASINO ESPAÑOL, Isabel la Católica 31. Stilvolles Restaurant im 1. Stock. Feine Holztäfelungen und -möblierung, weißgedeckte Tische. Fleisch- und Fischspezialitäten aus mehreren spanischen Regionen, dazu spanische Weine. Teuer, aber Preise der Umgebung und der Qualität des Essens angemessen. Nur mittags geöffnet.

L'HERITAGE, 5 de Mayo 1o A. Vornehmes Lokal mit ausgefallenen Fleisch- und Fischgerichten. Mexikanische Rezepte, ergänzt durch Einflüsse der europäischen und asiatischen Küche. Originelle Kreationen, sehr teuer.

PARQUE ALAMEDA

LA HOSTERIA DEL BOHEMIO, Hidalgo 1o7. Direkt neben der Kirche San Hipolito, Eingang ohne Hinweisschild. Romantisches Ambiente bei Kerzenlicht und Live- Musik in einem alten Klosterhof. Cafeteria, kein Essen. Möglichst nach Einbruch der Dunkelheit vorbeischauen.

COSTA ASTURIANA, López 5. Nähe Palacio de Bellas Artes. Saubere Taquería mit gekachelten Tresen. Gut für kleinen Imbiß. Außerdem reichhaltiges, gutes und preiswertes Frühstück.

NUEVO ACAPULCO, López 9. Stilvolles Restaurant. Sehr gute Fisch- und Mariscospezialitäten. Preise mittel bis teuer.

GAONA, Bucareli 84. Bar und Restaurant mit viel Stimmung und Live-Musik. Mittags Treffpunkt vieler Angestellter. Gemütliche, verschachtelte Räumlichkeiten im Keller eines alten Gebäudes. Preise mittel.

TREVI, direkt am Westende des Alameda- Parks, Metro Hidalgo. Sehr preiswertes und reichhaltiges Frühstück. Außerdem einfache Nudelgerichte, Pizza und mexikanisches Essen.

Eine Reihe sehr peiswerter TAQUERIAS befindet sich in der Av. Independencia zwischen López und Lázaro Cárdenas. Einfach, aber appetitlich zubereitet. Auch Frühstück. Am besten FONDA STA. RITA.

MURALTO, im 41. Stock des unübersehbaren Torre Latinoamericana, Metro Bellas Artes. Ein Getränk in der Bar ist nicht viel teurer als der Eintritt zur Aussichtsplattform. Also eventuell von hier den phantastischen Blick über das Häusermeer der Hauptstadt genießen. Am schönsten bei Sonnenuntergang. Voraussetzung: ein halbwegs klarer Tag.

EL HORREO, Dr. Mora 13. Direkt am Westrand des Parks. Gediegenes Lokal mit spanischer Küche. Spezialität Paella Valenciana. Preise mittel bis teuer.

Eine Art kleine CHINATOWN befindet sich in der Calle Dolores, zwischen den Straßen Independencia und Artículo 123 (südlich des Parks): ein halbes Dutzend chinesischer Restaurants unterschiedlicher Qualität und Preislage.

PLAZA DE LA REPUBLICA / ZONA ROSA

HELEN'S, Paseo de la Reforma 77, am Kolumbusdenkmal. Fast- Food im US- Stil. Sehr gutes und reichhaltiges Frühstück. Preise billig bis mittel.

LA MORALEJA, Amberes 78. Inmitten der Zona Rosa, viel betuchtes Touristen- Publikum. Spanische Küche in gepflegter Umgebung. Gemütliche Piano- Bar für den Aperitiv. Teuer.

POTZOLLCALLI, Ponciano Arriaga 5. Zwischen Plaza de República und Metro Revolución. Etwas künstlich hergestelltes mexikanisches Ambiente, aber nicht ungemütlich. Neben Grillgerichten und Eintöpfen empfehlenswert die Spezialitäten aus verschiedenen Regionen Mexikos: u.a. Mole Poblano, Birria, Pozole und Fajitas. Authentische Zubereitung, mittlere Preise.

SEP'S, Insurgentes/Ecke Paris. Etwas westlich der Plaza de República. An hektischer Straßenkreuzung mit direktem Blick auf das Getümmel von Fußgängern und Autos. Dagegen hebt sich die gemütliche Ausstattung des Lokals ab: weiße Tischdecken, Pflanzen, dezente Beleuchtung. Das Essen eher bieder. Fleisch und Fisch ohne besonderen Pfiff, wenn auch nicht schlecht. Preise mittel bis teuer.

FONDA EL REFUGIO, Liverpool 166. Kleines, sehr gemütliches Restaurant im mexikanischen Stil. Gute Gerichte aus verschiedenen Regionen des Landes. Es lohnt sich auch ein Blick in die originell gekachelte Küche. Viel ausländisches Publikum.

DA RAFFAELA, Londres 165. Gemütlich in mehreren kleinen Räumen. Solide italienische Küche ohne modernen Firlefanz. Verglichen mit der Umgebung in der Zona Rosa halten sich auch die Preise in einem vernünftigen Rahmen.

DENNY'S, Londres/Ecke Amberes. Café- Restaurant, Treffpunkt in der Zona Rosa. 24 Stunden geöffnet.

EL FAISAN, Londres 136. Preiswerte Spezialitäten aus Yucatán. Besonders typisch Sopa de Lima, Tamales und die Zubereitungsart "al pibil". Ambiete etwas kühl, einfache Holztische und -stühle.

KONDITORI, Génova 61. Café und Bar in der Fußgängerzone. Hier sitzt man draußen und beobachtet die vorüberflanierende High Society. Teuer.

CHALET SUIZO, Niza 37. Im Almhüttenlook. Mitteleuropäische Spezialitäten, Fondue, Raclette. Preise mittel.

FOCOLARE, Hamburgo 86. Restaurant mit exzellenten Spezialitäten aus Veracruz, Oaxaca und Yuacatán. Sehenswerter Speisesaal in kolonialem Innenhof mit gefliestem Brunnen, unter einem Himmel von Körben. Sehr teuer.

Wer gut und teuer essen will, braucht bloß in die Calle Copenhague zu gehen. In dieser Fußgängerzone gibt es ein gutes Dutzend Restaurants (mexikanisch, japanisch, italienisch etc.). Tische auf der Straße, dazwischen Musikanten. Einige Häuser mit sehr schönen Fassaden.

BELLINGHAUSEN, Londres 95. Traditionelles Restaurant seit 1915. Holzgetäfelte Wände, einfache Einrichtung. Hier speisten einst die reicheren Geschäftsleute. Noch immer verirrt sich kaum ein Tourist hierher. Fisch- und Fleischgerichte ordentlich, aber nicht überwältigend. Ein angenehmer Anachronismus in der sonst so herausgeputzten Zona Rosa. Mittags sitzt man am besten im schönen, ruhigen Innenhof. Teuer.

TOKYO, Hamburgo 134. Im Zentrum der Zona Rosa. Gute japanische Fleisch-, Fisch- und Gemüsespezialitäten. Preise mittel bis teuer.

LOREDO, Hamburgo 31. Am Rand der Zona Rosa. Authentisch zubereitete Spezialitäten aus verschiedenen Regionen Mexikos sowie eigene Kreationen auf der Basis heimischer Produkte und Rezepte. Rustikal- vornehmes Ambiente, mittlere Preise.

HARLIGAN'S, Hamburgo 17. Fällt etwas aus dem Rahmen der noblen Etablissements der Zona Rosa. Klein, gemütlich und preiswert. Frühstück und mexikanische Gerichte in einem wenig touristischen Ambiente.

DUCA D'ESTE, Hamburgo 164b. Café im europäischen Stil. Große Auswahl an Kuchen und Torten, aber auch preiswertes Frühstück und kleine Gerichte. Sympatisch altmodisch zwischen den sich ausbreitenden Fast-Food- Lokalen der Zona Rosa.

COYOACAN

EL MORRAL, Allende 2. Gemütliches Restaurant mit gekacheltem Innenraum. Schöner Kachelherd, auf dem am Eingang die Tortillas zubereitet werden. Mexikanische Spezialitäten. Preise mittel.

LOS BALCONES, Plaza Hidalgo/Ecke Allende. Kleines, sehr gemütliches Café- Restaurant im 1. Stock. Schöner Blick auf die Plaza. Pizzas und einfache Nudelgerichte. Gute Salate. Preise mittel.

LA PUERTA DEL SOL, Caballocalco/Ecke Hidalgo. Kleine Bierkneipe im gehobenen Cantina- Stil.

Eine kleine marktähnliche Halle mit sauberen, gekachelten Theken befindet sich in der Calle Higuera/Ecke Caballocalco. Mehrere Stände mit sehr preiswerten und appetitlich zubereiteten Imbissen.

LA GUADALUPANA, Higuera 14. Gepflegte Cantina mit Live- Musik. Die Lautstärke ist nicht jedermanns Sache.

FONDA RELI, Higuera 22 E. Enges Lokal, die Tische dicht gedrängt. Einfaches mexikanisches Essen zu günstigen Preisen.

SAN ANGEL

CHUCHO DEL ROTO, Madero 8. Preiswertes, einfaches Essen. Nudeln, Sandwiches und mexikanische Gerichte.

FONDA SAN ANGEL, Plaza San Jacinto 3. Gediegenes Restaurant in einem schönen, kleinen Kolonialgebäude. Terrasse zur Plaza. Kleine Gerichte sowie Fleisch- und Fischspeisen. Preise mittel bis teuer.

LA CASONA DEL ELEFANTE, Plaza San Jacinto 9. Indische Küche. Man sitzt sehr angenehm im Vorgarten, praktisch direkt auf dem Platz. Wer sich nur ein bißchen ausruhen möchte, bestellt einfach bloß ein Getränk. Innen schöner Patio, Preise mittel bis teuer.

NINFA'S, Madero 14. Kleines, preiswertes Restaurant mit billigem Frühstück, Suppen und anderen Imbissen. Man sitzt angenehm an kleinen Holztischen.

SAN ANGEL INN, Santa Catalina/Ecke Altavista. Neben dem Museo Estudio Diego Rivera. Stilvolles Restaurant der gehobenen Kategorie in einer ehemaligen Hacienda. Sehr gut, sehr teuer. Kein Zutritt mit Jeans und Turnschuhen.

VERANSTALTUNGEN

Veranstaltungskalender:

"tiempo libre", wöchentlich für 1 US an Zeitungskiosken. Ausstellungen, Theater, Kino und sonstige kulturelle Veranstaltungen. Sehr ausführlich und informativ.

"Daily Bulletin", gratis in vielen Hotels und manchmal im Touristenbüro. In englischer Sprache, nur bedingt informativ, dafür mit ausgezeichnetem Stadtplan der Innenstadt, vom Centro Histórico bis zum Parque Chapultepec.

Tägliche Veranstaltungshinweise in allen großen Tageszeitungen.

Theater:

PALACIO DE BELLAS ARTES: Eine Aufführung im Palast der Schönen Künste am Alameda- Park ist schon wegen des Ambiente ein Erlebnis. Opern, klassisches Theater und Ballett.

TEATRO HIDALGO: Av. Hidalgo 23/Ecke Lázaro Cárdenas. Vorwiegend Aufführungen klassischer Theaterstücke.

TEATRO DE LA CIUDAD: Donceles 36, Centro Histórico. Meist Konzerte klassischer Musik.

SALA NEZAHUALCOYOTL: Centro Cultural Universitario, Insurgentes Sur 3000. Experimentaltheater im Kulturzentrum der Universität.

FOLKLOREBALLETT: Das Ballet Folklórico bietet Musik und Tänze aus allen Teilen Mexikos, inszeniert mit moderner Choreographie. Regelmäßige Aufführungen im Palacio de Bellas Artes. Termine sind bei den Ticket- Schaltern angeschlagen. Rechtzeitige Kartenvorbestellung über die Hotelrezeption oder direkt im Palacio de Bellas Artes: Die Vorstellungen sind sehr beliebt und häufig ausverkauft.

Mariachi:

Die Mariachi- Musiker versammeln sich allabendlich auf der Plaza Garibaldi im nördlichen Teil des Centro Histórico. Viel Stimmung bei einem unbeschreiblichen Durcheinander an Melodien, Musik und Lärm.

Auch in den Kneipen und Restaurants an der Plaza treten gute Gruppen auf:

"El Rincón del Mariachi", gemütliches Ambiente, viele Touristen.

"Tlaquepaque", schönes Gebäude mit gemütlichem Interieur. Touristisch.

"Salón Tenampa", der authentischste Mariachi und eine lockere, fröhliche Stimmung.

Kino:
CINETECA NACIONAL: Av. México- Coyoacán 389 (Metro Coyoacán). Programmkino mit vier Sälen. Täglich mindestens 13 verschiedene Filme mexikanischer und internationaler Herkunft.

CENTRO CULTURAL UNIVERSITARIO: Insurgentes Sur 3ooo, Metro Universidad. Programmkino im Kulturzentrum der Universität.

Dutzende von Kinos mit den aktuellen, vor allem nordamerikanischen Produktionen in allen Stadtteilen. Programme in den Tageszeitungen und Veranstaltungskalendern.

Diskotheken:
Die meisten Diskotheken befinden sich in der Zona Rosa, vor allem in der Calle Florencia, wo man die Wahl zwischen mehr als einem halben Dutzend Etablissements hat. Das Ambiente ist exklusiv, die Preise sind hoch.

Pferderennen:
Im "Hipódromo de las Américas", Av. Industria Militar im Westen der Stadt. Zu erreichen mit Bussen auf dem Paseo de la Reforma, vorbei am Bosque de Chapultepec. Rennen Mi., Do. und Fr. ab 17 Uhr, Sa./ So. ab 14.3o Uhr.

Stierkampf:
Die Stierkampfsaison geht von Oktober bis Januar, Kämpfe jeweils am Wochenende. Die "Plaza de Toros", die Arena, befindet sich im Süden der Stadt, Eje 6 Sur/Augusto Rodin. Mit einem Fassungsvermögen von 64.ooo Zuschauern ist sie die größte Stierkampf- Arena der Welt. Zu erreichen mit den Bussen auf der Av. Insurgentes, die nach San Angel fahren. An der Kreuzung mit der Eje 6 aussteigen. Info über genaue Termine im Touristenbüro, Amberes 54, oder über Tel. 563-3959.

Charreadas:
Die mexikanische Variante des Rodeos findet in Mexico City nur sehr unregelmäßig statt. Ankündigungen in den Veranstaltungskalendern beachten oder direkt anfragen beim Rodeoverband: Asociación de Charros, Av. Constituyentes 5oo, Tel. 277-87o6.

Fiestas:
Neben den allgemein in Mexiko üblichen Fest- und Feiertagen hier noch ein paar spezielle Fiestas, die nur in Mexico City stattfinden oder dort besonders intensiv gefeiert werden:

17. Januar: BENDICION DE LOS ANIMALES. In den Kirchen werden die Haustiere gesegnet, die vorher mit viel Aufwand von den Besitzern herausgeputzt wurden. Besonders viel los in der Kathedrale.

SAN GREGORIO ATLAPULCO. Am ersten Sonntag nach dem 9. März eine Fiesta mit volkstümlichen Tänzen zu Ehren des Heiligen Gregor in Xochimilco.

1. Mai: DIA DEL TRABAJO. Große Aufmärsche im Zentrum von Mexico City, vor allem auf dem Zócalo.

16. Juli: VIRGEN DEL CARMEN. Volksfest und Prozessionen zum Tag der Jungfrau von Carmen in San Angel. Höhepunkt vor dem Convento del Carmen.

13. August: Jahrestag des Untergangs von Tenochtitlán. Feierlichkeiten auf der Plaza de las Tres Culturas zu Ehren Cuauhtémocs und der aztekischen Verteidiger der Stadt.

15. September: FIESTAS PATRIAS. Um 23 Uhr wiederholt der Präsident vom Balkon des Palacio Nacional den traditionellen "Grito de Dolores", den Ruf nach Unabhängigkeit, der 1810 die Freiheitskämpfe der Mexikaner gegen die spanischen Kolonialherren einleitete. Danach Feuerwerk.

16. September: FIESTAS PATRIAS. Fortsetzung der Feierlichkeiten zum Unabhängigkeitstag mit Aufmärschen und Paraden.

2. November: DIA DE LOS MUERTOS. Wie überall im Land einer der wichtigsten Festtage zu Ehren der Toten. Totenköpfe und Skelette aus jeder Art von Material (von Pappmaché bis Marzipan) bevölkern die Straßen und Schaufenster.

12. Dezember: NUESTRA SEÑORA DE GUADALUPE. Prozession von Hunderttausenden zur Basílica de Nuestra Señora de Guadalupe im Norden der Hauptstadt.

Märkte gehören zum Schönsten und Lebendigsten, was Mexiko zu bieten hat. Das Warenangebot, ob Lebensmittel oder Kunsthandwerk ist vielfältig und farbenprächtig. Selbst wenn man nichts kaufen will, macht ein Bummel zwischen den Ständen Spaß und vermittelt auch dem Außenstehenden einen Eindruck von mexikanischer Lebensart. Die Artesanía- Märkte von Mexico City sind allerdings schon sehr stark auf Touristen oder ein gehobenes mexikanisches Publikum eingestellt.

LA MERCED: Av. Uruguay, vorbei am Convento de la Merced, 3 Blocks nach Osten. Riesiger Obst- und Gemüsemarkt - Berge von Tomaten, Zuckerrohr, Erdnüssen und exotischen Früchten in einer Markthalle und auf den umliegenden Straßen. Zentner von Apfelsinen und Zitronen lastwagenweise auf die Straße gekippt. Der lebendigste und bunteste Stadtteil von Mexico City und ein Dorado für Freunde der Farbfotografie.

SAN JUAN: Mercado de Curiosidades. Dolores/Ecke Ayuntamiento, südlich des Alameda- Parks. Große Auswahl an Artesanía aus ganz Mexiko. Preiswerter als in den einschlägigen Geschäften. Silber-, Leder- und Holzarbeiten sowie Teppiche. Viele Stände öffnen erst ab Mittag. Handeln ist möglich und angebracht.

MERCADO CIUDADELA: Av. Balderas zwischen Plaza de la Ciudadela und Calle Ayuntamiento (Metro Balderas). Sehr ursprünglich anmutender Artesanía- Markt. Indiofrauen aus Oaxaca weben an Ort und Stelle Tücher und Bänder. Preiswert; allerdings wird auch sehr viel Minderwertiges angeboten, daher besonders genau auf die Qualität achten.

BAZAR DEL CENTRO: Isabel la Católica 3o, Centro Histórico. Kunsthandwerk, Silber- und Holzarbeiten, Leder. Ziemlich touristisch.

LA LAGUNILLA: Calle Rayón, Nähe Plaza Garibaldi. Sonntags großer Flohmarkt. Bücher, Antiquitäten und unendlich viel Kleinkram. Besondere Vorsicht vor Taschendieben.

BAZAR SABADO: Artesanía, Schmuck, Gemälde, Antiquitäten. Mittlere bis gehobene Qualität. Jeden Samstag auf der Plaza San Jacinto im Stadtteil San Angel. Details siehe dort.

SHOPPING

Artesanía:

Staatlich gefördert sind die sogenannten FONART- Läden, die eine große Auswahl von Kunstgewerbe aus ganz Mexiko anbieten. Die Preise sind jedoch relativ hoch. Ein Besuch der Läden lohnt sich, um einen Überblick zu gewinnen über die Angebote der einzelnen Regionen sowie über die Preise.

So hat man auf den Märkten von Mexico City oder während der Reise durchs Land bereits einen groben Anhaltspunkt und wird weniger leicht hereingelegt. Auf den Märkten in der Regel mit etwas Handeln die gleichen Produkte weitaus günstiger, dafür nicht so kompakt ausgestellt. Die Adressen von FONART in Mexico City:

Juárez 89, am Alameda- Park.
Londres 136, Zona Rosa.
Av. de la Paz 37, San Angel.

Vielseitiges Kunsthandwerk (Leder, Silber, Teppiche, Keramik, etc.) an den über 2oo Verkaufsständen des "Mercado Insurgentes", Londres 158 (Zona Rosa).

Breitgestreutes Angebot im Verkaufsladen des Museo Nacional de Artes e Industrias Populares, Av. Juárez 44, am Alameda- Park gegenüber dem Juárez- Denkmal.

Silber:

"Platería Alameda", Av. Juárez 58, Parque Alameda.

"Arte en Plata", Londres 16o, Zona Rosa. Gut und teuer. Weitere exklusive Läden in der Nähe.

Breites Angebot an Silberarbeiten auch auf den Märkten San Juan (relativ preisgünstig), Bazar del Centro und Bazar Sabado (gut und teuer).

Antiquitäten:

"Plaza del Angel", Londres 161 (Zona Rosa). Zahlreiche Antiquitätengeschäfte um den Innenhof. Gehobene Qualität und teuer.

Auf dem sonntäglichen Flohmarkt LA LAGUNILLA findet sich viel Altes, Antikes und Gerümpel.

Leder:

"Aligator", Av. Juárez 3o, Parque Alameda. - "Antil", Florencia 22, Zona Rosa.

Weitere exklusive und teure Ledergeschäfte in den Straßen Londres und Amberes.

Keramik:

Traditonelle Keramik in allen Artesanía- Läden und auf den Märkten.

Bücher:

LIBRERIA MISRACHI. Av. Juárez 4, am Parque Alameda. Schöne Fotobände über Mexiko.

LIBRERIA PORRUA. Amargura/ Ecke Plaza del Carmen, San Angel. Große Auswahl an Literatur zur mexikanischen Kunst. Außerdem viele Fotobände.

PALACIO BELLAS ARTES. Am Parque Alameda. Die Buchhandlung im Erdgeschoß des Palacio hat ein breites Angebot an Reiseführern zu den einzelnen mexikanischen Regionen. Gute Bildbände zur mexikanischen Kunst.

MUSEO NACIONAL DE ANTROPOLOGIA. In der Eingangshalle des Museums eine gute Auswahl an Literatur, Reiseführern und Bildbänden zu Mexiko, vorwiegend in spanischer und englischer Sprache. Einige Ausgaben auch auf deutsch. Schwerpunkt Archäologie und Anthropologie.

Verbindungen ab Mexico City

Flüge: Der internationale Flughafen von Mexico City liegt im Osten der Stadt (MetroTerminal Aéreo). Er ist die zentrale Drehscheibe für die meisten nationalen und viele internationale Flüge. Tägliche Verbindungen fast aller wichtigen europäischen und nordamerikanischen Fluglinien in die Hauptstädte Europas und die Metropolen der USA.

Die beiden wichtigsten mexikanischen Linien MEXICANA und AEROMEXICO bedienen alle größeren Städte des Landes mindestens einmal täglich. Außerdem direkte Flugverbindungen in die Hauptstädte der mittelamerikanischen Staaten und in einige Karibikländer.

PREISBEISPIELE (einfach) zu einigen wichtigen Zielen: Angegeben sind die regulären Tarife. Kommt man nicht gerade zur Hauptsaison, kann es stark ermäßigte Sondertarife geben, bis zu 5o Prozent. Nachfragen und vergleichen bei der Konkurrenz lohnt in jedem Fall.

Inlandsflüge

Guadalajara	(13o US)	1.1o Std.	Tijuana	(33o US)	3 Std.
Acapulco	(115 US)	45 Min.	Oaxaca	(1o5 US)	45 Min.
Monterrey	(17o US)	1.2o Std.	Villahermosa	(17o US)	1.1o Std.

La Paz	(29o US)	2 Std.	Mérida	(225 US)	1.35 Std.
Chihuahua	(29o US)	2 Std.	Cancún	(29o US)	1.5o Std.

Flüge in die USA: Miami (ca. 4o5 US retour) - New York (ca. 535 US retour), - Los Angeles (ca. 725 US retour). MEXICANA bietet je nach Saison günstige Nachtflüge nach Los Angeles und Chicago.

Flüge nach Mittelamerika: MEXICACA fliegt nach San José (515 US) und Guatemala City (35o US). Es werden nur Rückflugtickets verkauft.

Die mittelamerikanischen Linien AVIATECA, TAN SAHSA, LACSA und TACA haben attraktive Excursion- Tarife von Mexico City in ihre jeweiligen Hauptstädte: Je nach Fluglinie und Saison unterschiedlich. Nachfragen bei den einzelnen Büros (Adressen und Telefonnummern s. unten).

Flüge von und nach Europa: siehe Kapitel Anreise.

ALLGEMEINE TIPS

Achtung: Vor und an wichtigen Feiertagen sowie während der Ferienzeit im Juli sind besonders Flüge aus Mexico City heraus oft langfristig ausgebucht. Rechtzeitig reservieren und Ticket kaufen.

Nicht vergessen: Internationale Flüge ab Mexico City müssen in der Regel spätestens 72 Std. vor Abflug rückbestätigt werden, selbst wenn bereits das O.K. im Ticket steht. Dies gilt auch für den Rückflug nach Europa.

Auskunft: Allgemeine Auskünfte über Flugbewegungen, Verspätungen etc. gibt Aeropuertos y Servicios Auxiliares (ASA), Tel. 571-36oo oder 571-44oo.

Regionaler Flughafen: Für den Distrito Federal (D.F.) existiert seit einiger Zeit der Flughafen "Morelos y Pavón", im Westen von Mexico City gelegen, kurz vor Toluca. Von hier aus vor allem Kurzstreckenflüge mit regionalen Linien in den Westen und Norden des Landes. Zu erreichen mit Bussen ab Terminal Camionera del Poniente. AEROMAR z.B. fliegt von dort täglich nach Morelia, Uruapan, León, Saltillo und San Luis Potosí.

ADRESSEN DER WICHTIGSTEN FLUGLINIEN (alphabetisch):

AEROCALIFORIA, Paseo de la Reforma 332. Tel. 2o7-1392.

AEROMEXICO, Paseo de la Reforma 445, Tel. 2o7-8233.

AIR FRANCE, Paseo de la Reforma 4o4, Tel. 511-3693 und 511-399o.

AIR PANAMA, Paseo de la Reforma 116, Tel. 566-686o.

ALITALIA, Paseo de la Reforma 39o, Tel. 533-124o.

AMERICAN AIRLINES, Paseo de la Reforma 3oo, Tel. 399-9222.

AVIATECA (Guatemala), Flughafen, Sala D, Tel. 784-3628.

BRITISH AIRWAYS, Paseo de la Reforma 1o, Tel. 628-o5oo.

MEXICANA, Lafragua/Ecke Paseo de la Reforma, Tel. 592-1771.

CONTINENTAL AIRLINES, Paseo de la Reforma 325, Tel. 2o3-1148.

DELTA AIRLINES, Paseo de la Reforma 381, Tel. 2o2-16o8.

IBERIA, Paseo de la Reforma 24, Tel. 7o5-o716.

KLM, Paseo de las Palmas 735 (Chapultepec), Tel. 2o2-4444.

LACSA (Costa Rica), Flughafen, Tel. 784-2557.

LUFTHANSA, Paseo de las Palmas 239, Tel. 2o2-8866.

SAS, Hamburgo 61 (Zona Rosa), Tel. 2o8-8533.

SWISSAIR, Hamburgo 66 (Zona Rosa), Tel. 533-6363.

TACA (El Salvador), Paseo de la Reforma 87, Tel. 546-878o.

TAN SAHSA (Honduras), Paseo de la Reforma 87, Tel. 566-4549.

UNITED AIRLINES, Hamburgo 213, Tel. 627-o222.

AVIACSA: Insurgentes Sur 1228.

TAESA: Paseo de la Reforma 3o.

Eisenbahn: Der Bahnhof liegt relativ zentral, etwas nördlich vom Zentrum: Mosqueta/Ecke Insurgentes Norte. Die nächste Metrostation "Revolución" ist allerdings gut 1o Min. zu Fuß entfernt.

Von Mexico City aus täglich ein Zug in folgende Städte:

Aguascalientes (13 US)	11 Std.	
Guadalajara (27 US)	12 Std.	
Mérida	5o Std.	
Monterrey (38 US)	14 Std.	
Morelia (15 US)	8 1/2 Std.	
Mexicali	48 Std.	
Nuevo Laredo (45 US)	24 Std.	
Oaxaca (25 US)	14 Std.	
Pátzcuaro (18 US)	1o Std.	
Querétaro (1o US)	3 Std.	
San Luis de Potosi (18 US)	6 Std.	
San Miguel de Allende (11 US)	4 1/2 Std.	
Uruapan (2o US)	12 Std.	
Veracruz (4 US)	1o Std.	
Zacatecas (16 US)	13 Std.	
Chihuahua	29 Std.	
Cd. Juárez	35 Std.	

Preisangaben jeweils für die empfehlenswerte Klasse "<u>primera especial</u>", sofern im Angebot.

Die 2. Klasse ("<u>primera regular</u>") ist unbequem, oft überfüllt und um ein Drittel billiger. Auf Langstrecken führen die Züge auch <u>Schlafwagen</u> mit, die im Doppelabteil doppelt so viel und im Einzelabteil viermal so viel kosten wie "primera especial".

Die Züge nach Ciudad Juárez, Mazatlán, Nogales, Mexicali, Mérida und Chihuahua sind drittklassig, langsam und haben so ungeheure Verspätungen, daß auf diesen Strecken der Bus die absolut bessere Alternative ist.

Bus: Häufige und günstige Busverbindungen in alle Teile des Landes. Die Busse sind auf Kurzstrecken und auf den meisten Langstrecken das günstigste Verkehrsmittel, wenn man von der Hauptstadt aus seine Tour durch Mexiko startet.

ACHTUNG: Vor wichtigen Feiertagen sind die Busbahnhöfe total überfüllt. Möglichst frühzeitig die Tickets besorgen und mit langen Warteschlangen an den Schaltern rechnen. Auch an normalen Wochenenden kommt es (vor allem zu Zielen in die nähere Umgebung der Hauptstadt) oft zu gewaltigem Gedränge.

Preise: Auch in der 1. Klasse sind die Fahrpreise inzwischen recht unterschiedlich. Hängt ab von der Firma und dem eingesetzten Bus- Material, von der Fahrtroute und vom Service. Je besser der Komfort und je direkter die Route, desto teurer. Wer schnell und bequem fahren will, achtet auf Hinweise wie "express" und "directo" oder auch "via corta" und "lujo".

Vier große Busterminals für die jeweilige Himmelsrichtung machen die Orientierung und Planung relativ leicht:

Central Camionera del Norte

Direkt neben der Metrostation "Autobuses del Norte". Abfahrten in den nördlichen Teil des Zentralen Hochlands sowie Langstreckenbusse in alle größeren Orte des Nordens und zur US- Grenze. Dutzende von Busunternehmen bedienen die verschiedenen Routen. Bei längeren Fahrten unbedingt einen der 1.- Klasse- Busse nehmen, sonst kann es Tage dauern, bis man ankommt. Die Entfernungen auf keinen Fall unterschätzen; bis Tijuana sind es mit dem Direktbus etwa 5o Stunden.

Preisbeispiele für einige ausgewählte Ziele ab Mexico City. Preise für Teilstrecken lassen sich daraus leicht errechnen:

San Luis Potosí (16- 2o US) 6 Std.	Tijuana (85- 1oo US) 5o Std.
Monterrey (3o- 55 US) 1o Std.	Ciudad Juárez (7o- 9o US) 25 Std.
Chihuahua (55- 7o US) 2o Std.	Mazatlán (4o- 65 US) 17 Std.
Nuevo Laredo (45- 65 US) 17 Std.	

Terminal de Autobuses de Pasajeros Oriente (TAPO)

Neben der Metrostation San Lázaro. Abfahrten Richtung Osten, vor allem zur Golfküste, in die Südliche Sierra und nach Yucatán. Sehr übersichtlicher Rundbau, in dem die einzelnen Buslinien ihre Wartesäle und Schalter haben. 1. Klasse fahren "ADO" und "Cristóbal Colón".

Auf längeren Strecken unbedingt eine dieser beiden Linien nehmen, nur im Notfall 2. Klasse. Lieber eine halbe Stunde länger anstehen als auf Hunderten von Kilometern an jeder Kurve anhalten. In der Regel sind die Schlangen an den Schaltern der 2. Klasse sowieso länger.

"Cristóbal Colón" fährt hauptsächlich Richtung Südliche Sierra und weiter zur Pazifikküste an der Grenze zu Guatemala (zu allen Zielen mehrmals pro Tag):

Puebla (5- 7 US) 2 Std.	San Cristóbal (4o- 55 US) 18 Std.
Oaxaca (2o- 25 US) 1o Std.	Huatulco (37 US) 17 Std.

Comitán (44- 56 US) 2o Std.   Tapachula (54 US) 21 Std.
Tuxtla Gutiérrez (4o- 55 US) 16 Std.

"ADO" fährt alle 1o Min. nach Puebla.

Außerdem mehrmals am Tag nach:
Campeche (48 US) 18 Std.   Mérida (54- 66 US) 28 Std.
Cancún (60- 7o US) 3o Std. Oaxaca (2o- 25 US) 1o Std.
Chetumal (6o- 75 US) 21 Std. Xalapa (4o US) 5 Std.
Palenque (4o US) 17 Std.

Stündlich und häufigere Abfahrten mit ADO nach: Veracruz (8 US) 7 Std. und Villahermosa (16 US) 12 Std. und in weitere Orte an der Golfküste.

Central de Autobuses del Sur
Metrostation Taxqueña. Ständige Abfahrten verschiedener Linien der 1. und 2.Klasse Richtung Süden nach:
Cuernavaca (3- 4 US) 1 1/2 Std. Zihuatanejo (25- 33 US) 12 Std.
Taxco (7- 1o US) 3 1/2 Std.   Acapulco (23- 4o US) 7 Std.
Außerdem in weitere kleinere Orte an der Strecke Richtung Pazifikküste.

Central Camionera del Poniente
Metrostation Observatorio. Verschiedene Linien der 1. und 2. Klasse fahren ständig Richtung Westen nach:
Guadalajara (2o- 35 US) 9 Std. Colima (25 US) 13 Std.
Morelia (12- 15 US) 5 Std.   Toluca (2- 4US) 2 Std.
Außerdem in weitere Orte westlich der Hauptstadt. Einige Unternehmen haben auch einen Service Richtung Norden (Querétaro, San Luis Potosí, Hermosillo, Tijuana). Lohnt sich aber nur, wenn man hier ankommt und gleich weiter nach Norden will. Sonst günstiger (mehr Buslinien und häufigere Abfahrten) ab Terminal Norte.

Autovermietung: Ein Leihwagen ab Mexico City lohnt sich am ehesten für eine Tour durch das Zentrale Hochland. Bei entfernteren Gebieten die langen Strecken am besten erst per Flugzeug, Bus oder Bahn zurücklegen und dann vor Ort ein Auto mieten. Ist weit weniger anstrengend und zeitaufwendig. Zudem ist der Flug für zwei Personen oft noch billiger als eine längere Wagenmiete. Gibt man das Auto nicht wieder in Mexico City zurück, ist außerdem eine saftige Rückführungsgebühr fällig.

Zur Auswahl steht eine ganze Palette einheimischer und internationaler Verleihfirmen, wobei die lokalen Unternehmen in der Regel etwas billiger sind. Insgesamt aber sehr hohes Preisniveau.

Ein Vergleich lohnt in jedem Fall, da die Unternehmen häufig zeitlich befristete Sondertarife anbieten. Je nach Saison kann man mit etwas Verhandlungsgeschick auch den zunächst genannten Preis noch etwas drücken (hängt von der Buchungslage der jeweiligen Firma ab).

Bei den internationalen Firmen ist eine Vorausbuchung in Europa normalerweise günstiger als vor Ort.

ADRESSEN:

AVIS, Avila Camacho 183o, Tel. 572-1611

BUDGET, Atenas 4o (Paseo de la Reforma), Tel. 566-8815

CASANOVA RENT VOLKS, Av. Chapultepec 442, Tel. 514-o449

DOLLAR, Av. Chapultepec 322, Tel. 514-1212

HERTZ, Campos Eliseos 2o4, Tel. 592-6o82

Weitere Adressen und Telefonnummern dieser Firmen sowie einer großen Anzahl sonstiger Unternehmen in den gelben Seiten des Telefonbuchs unter "Automóviles renta".

STRASSEN:

Die wichtigsten Ausfallstraßen aus Mexico City heraus sind:

MEX 19o   nach Südosten Richtung Puebla (mautpflichtig).
MEX 15   nach Westen Richtung Toluca und Morelia.
MEX 95   nach Südwesten Richtung Cuernavaca und Acapulco (maut pflichtig). Landschaftlich schöner allerdings die gebührenfreie, fast parallele Nebenstrecke bis Cuernavaca.
MEX 85   nach Nordosten Richtung Pachuca.
MEX 55   nach Norden Richtung Querétaro und San Luis Potosí (mautpflichtig).

AUSFLÜGE AB MEXICO CITY

Vulkan Popocatépetl

Die Besteigung des Popocatépetl ist eines der großen Landschaftserlebnisse in Mexiko. Man muß dafür kein geübter Bergsteiger sein. Ein gesundes Maß an Kondition und ausreichende Höhenanpassung sind allerdings Voraussetzung für den Aufstieg zum 5.452 m hohen Gipfel. Bei klarem Wetter von oben ein unvergleichliches Panorama hinüber zum ebenfalls schneebedeckten Ixtaccíhuatl und weit hinein ins Valle de México.

Wer sich nicht auf die etwa 8- stündige Kraxeltour einlassen will, hat auch vom "Basislager" in Tlamacas aus einen grandiosen Blick auf die beiden verschneiten Gipfel. Besonders schön bei Sonnenaufgang, wenn sich die Wolken- und Nebelbänke um die Berge herum zusammenballen, wieder auflösen und gemeinsam mit der dunklen Vulkanasche ständig neue Formen und Muster aus Blau, Weiß und Schwarz erzeugen. Außerdem auch von hier aus schon ein weiter Blick über die dichten Wälder des Nationalparks hinunter ins Tal. Der Aufstieg zum Ixtaccíhuatl ist nur für erfahrene Bergsteiger mit entsprechender Ausrüstung möglich.

Verbindungen
Günstigster Ausgangspunkt ist Mexico City, Busterminal Oriente. Von dort aus stündlich Busse "Cristóbal Colón" nach Amecameca am Fuße des Popocatépetl (2,5 US).

In der Nähe vom Busbahnhof warten Taxis, die die 3o km bis Tlamacas in etwa einer Stunde zurücklegen. Je nach Verhandlungsgeschick ca. 15 US pro Auto für die einfache Strecke. Da zur Bergsteigesaison immer Leute unterwegs sind, lohnt es sich, eine Weile zu warten, um sich mit anderen zusammenzutun.

Kein sonstiger Transport. Wer nur bis Tlamacas hinauf will, muß hin und zurück inkl. einer Stunde Aufenthalt mit 2o US rechnen. Unterwegs kommt man vorbei an einem kleinen Denkmal, das den PASO DE CORTES markiert, jene Stelle, an der Hernán Cortés auf seinem Marsch nach Tenochtitlán zum ersten Mal das Hochtal von México erblickte.

Unterkunft
In Tlamacas, von wo aus die Besteigung des Popocatépetl beginnt, eine sehr ordentliche Übernachtungsmöglichkeit: die "Albergue Vicente Guerrero". Einfache Zimmer mit jeweils 15 bis 2o Betten. Pro Person nur eine Decke, daher Schlafsack mitbringen, denn nachts wird es lausig kalt. Gemeinschaftsbäder. Alles ausgesprochen sauber und gepflegt. 5 US pro Person und Nacht.

Die Albergue verfügt auch über ein Restaurant, das allerdings nur sehr unregelmäßig geöffnet ist (normalerweise 12- 16 Uhr). Da es manchmal auch ganz geschlossen ist, unbedingt ausreichend Verpflegung mitbringen.

Ausrüstung
Warme Kleidung und gute Trekkingschuhe gehören zur Grundausstattung. Alles Weitere (evtl. Skistöcke etc. für die Schnee- und Eisfelder) gibt es je nach Bedarf und Jahreszeit für wenig Geld in der Albergue zu leihen.

Aufstieg
Wer das Risiko der Höhenkrankheit ausschließen will, sollte sich unbedingt ein paar Tage akklimatisieren. Um Tlamacas herum lassen sich in den Tagen vorher einige schöne Wanderungen unternehmen, so daß es nicht langweilig wird. Die Bergsteigesaison ist zwischen Oktober und März, danach viel Regen und schwierige Bodenverhältnisse. Führer stehen normalerweise nicht zur Verfügung. Die einfachste und sicherste

Route, die "Ruta de los Novatos", ist allerdings fast überall gut sichtbar und bei gutem Wetter kaum zu verfehlen.

Wer unsicher ist oder wenig Übung hat, besteigt den Popocatépetl am besten am Wochenende und schließt sich an eine der Gruppen an, die Sa./So. zahlreicher sind als während der Werktage.

Den Aufstieg am besten gegen 4 Uhr morgens beginnen, um der Tageshitze zu entkommen. Gegen Nachmittag außerdem häufigere Wolkenbildung. Je nach Kondition zwischen 6 und 9 Stunden bergauf. Bergab geht es wesentlich schneller, so daß man spätestens am Nachmittag zurück sein kann.

Teotihuacán

Ca. 4o km nordöstlich von Mexico City. Mit Abstand das bedeutendste präkolumbianische Zeremonialzentrum in Zentralmexiko mit riesigen Ausmaßen sowie den größten Pyramidenbauten des amerikanischen Kontinents. In ihrer Blütezeit hatte die Stadt über 1oo.ooo Einwohner.

Entlang einer rund 2 km langen Achse sind zahlreiche stufenförmige Gebäude aufgereiht, überragt von der 65 m hohen Sonnenpyramide und der etwas niedrigeren Mondpyramide, die den Komplex nach Norden abschließt. Von der Spitze dieser Pyramiden herrlicher Überblick über das gesamte Zeremonialzentrum. Mit etwas Phantasie läßt sich ausmalen, wie bunt und lebendig die Stadt einmal gewesen sein muß.

Teotihuacán ist eine der imposantesten, aber auch am stärksten geheimnisumwitterten Ruinenstätten des alten Mexiko. Das beginnt schon beim Namen: Niemand weiß, wie die Stadt zu ihrer Blütezeit zwischen 2oo und 6oo n. Chr. wirklich hieß. Der Name Teotihuacán stammt von den Azteken, die die Stadt bereits in Ruinen vorfanden. Stark beeindruckt von den Dimensionen erblickten sie in ihr den "Wohnort der Götter" und erklärten sie zum Heiligtum. Daher entstammen auch die meisten Gebäudenamen in Teotihuacán der Vorstellungswelt der Azteken.

> Die Stadt war die erste große Metropole Amerikas, nach Schätzungen mit 1oo.ooo bis 2oo.ooo Einwohnern. Im Gegensatz zu anderen Ruinenstätten Mexikos bestand Teotihuacán nicht bloß aus einem Zeremonialzentrum, sondern umfaßte eine komplette Stadt mit Wohnbezirken. Schachbrettartig dehnte sich das Straßensystem über rund 2o Quadratkilometer aus, der größte Teil ist auch heute noch nicht ausgegraben und untersucht. Warum sich dermaßen viele Menschen an dieser Stelle des mexikanischen Hochlandes konzentrierten, bleibt weiterhin ein Rätsel. Erklärungen wie "Landflucht" oder "Attraktion der Großstadt" orientieren sich häufig zu stark an heutigen Vorstellungen.
>
> Sicher ist aber, daß die Bewohner nicht in den üblichen Stroh- oder Lehmhütten lebten, sondern in soliden Häusern aus Stein oder Ziegeln. In der Regel waren geräumige Gebäudekomplexe um einen Innenhof gruppiert. Aus Funden innerhalb der Häuser läßt sich rekonstruieren, daß in Teotihuacán bereits Viertel für die einzelnen sozialen Schichten und Berufsgruppen existierten: Offenbar waren Handwerker unter sich, Bauern und

Teotihuacán

Sklaven in anderen Stadtbezirken angesiedelt. Im Stadtzentrum im die Pyramiden gab es Paläste und vornehme Wohnhäuser, zum Stadtrand hin die Viertel der ärmeren Schichten.

Die Pyramiden und Tempel intergrierte man in das Stadtschema durch Auslassen mehrerer Wohnblocks. Die Größe dieser Kultbauten ist umso erstaunlicher, als sie offenbar in der Frühphase der kulturellen Entwicklung in einem Zug errichtet wurden. Andere Pyramiden in Mexiko dagegen entstanden in ihrer endgültigen Höhe erst durch Überbauungen und Ummantelungen ihrer jeweiligen kleineren Vorgänger. Um sich den wirklichen Glanz dieser Gebäude vorzustellen, bedarf es einiger Phantasie: Die Außenwände waren mit Steinplatten bedeckt oder mit Mörtel verputzt. Darauf dann vielfältige Bemalungen. Auch die heute noch sichtbaren Reliefs und Figuren waren alle bunt bemalt.

Das Fehlen einer Stadtmauer deuten viele Historiker damit, daß Teotihuacán eine friedfertige, auf Handelsbeziehungen ausgerichtete Kultur war. Bestätigt wird diese Theorie durch die vorgefundenen Reliefs und Abbildungen, in denen kriegerische Motive nur sehr selten auftauchen. Sicher ist, daß die Stadt einen großen Enfluß auf weite Teile Mesoamerikas ausübte und mit anderen Kulturen in Kontakt stand: Gegenstände und Kultobjekte aus Teotihuacán finden sich in Ruinenstätten der Maya und anderer präkolumbianischer Völker.

Die Gebäude, Tempel und Pyramiden von Teotihuacán entstanden zwischen etwa 3oo v. Chr. und 7oo n. Chr. Ihren Höhepunkt hatte die Kultur von Teotihuacán zwischen 2oo und 6oo n. Chr.

Über die Gründe des plötzlichen Untergangs der Stadt zu Beginn des 8. Jahrhunderts gibt es verschiedene Theorien: Überfälle der Tolteken, eine ökologische Katastrophe oder

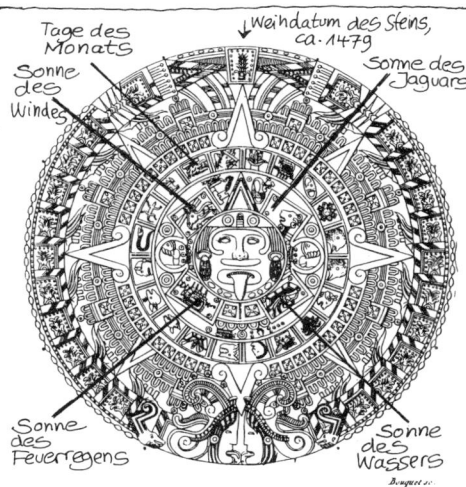

Sonnenstein, Stich in einer Publikation A.v. Humboldt 1816

Der Basaltstein von 3,5 m Durchmesser und 2o Tonnen Gewicht wurde 1760 bei Pflasterarbeiten in Mexico City auf dem Zócalo gefunden und soll von Tenochtitlán stammen. Heute im Aztekensaal des Antropologischen Museums in Mexico City.

Er zeigt den Kosmos der Azteken, in der Mitte "Tonatiuh", die Sonne des Herrn des Himmels, mit Zunge: Symbol, daß ihm Opfer zu bringen sind. Andere Symbole zeigen die Sonne des Feuerregens oder die des Jaguars. Für die Wissenschaftler brachte der Stein eine Fülle wichtiger Informationen zum Leben der Azteken und ihrer Zeitrechnung.

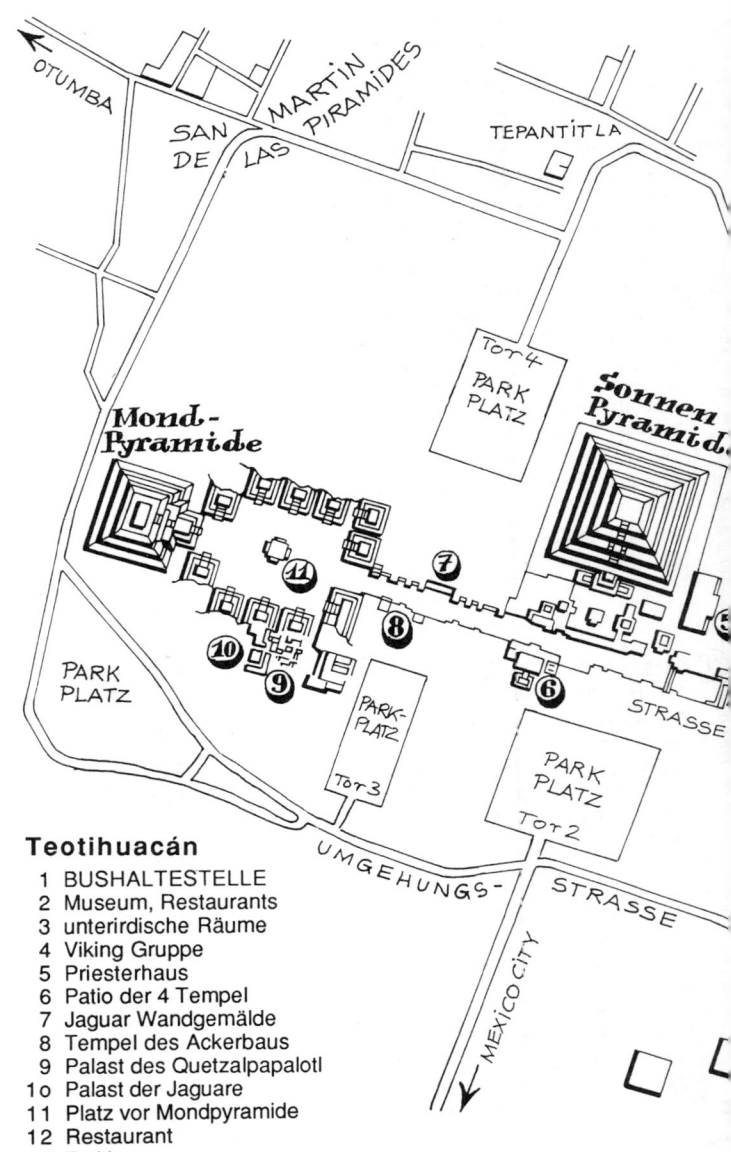

Teotihuacán

1. BUSHALTESTELLE
2. Museum, Restaurants
3. unterirdische Räume
4. Viking Gruppe
5. Priesterhaus
6. Patio der 4 Tempel
7. Jaguar Wandgemälde
8. Tempel des Ackerbaus
9. Palast des Quetzalpapalotl
10. Palast der Jaguare
11. Platz vor Mondpyramide
12. Restaurant
13. Tetitla
14. Atetelco

> interne Revolten. Auf jeden Fall wurde sie ziemlich abrupt verlassen, eine Ascheschicht deutet auf eine große Feuersbrunst hin. Weitere Details siehe auch Seite 1o5.

Am Haupteingang ein <u>MUSEUM</u> (2) mit informativen Karten, dazu Fundstücke aus den Ruinen und ein übersichtliches Modell der Anlage.

Direkt gegenüber des Museums die <u>ZITADELLE</u>, ein gewaltiger Platz von 4oo m Seitenlänge und fast 7 ha Fläche. Ausgrabungen und Rekonstruktion 1917- 2o. Der Name "Zitadelle" stammt von den Spaniern, da das Areal von vier Plattformen wie eine Zitadelle umgeben ist. Im östlichen

Bereich der <u>TEMPEL DES QUETZALCOATL</u>. An seiner Fassade eine Fülle von stark hervortretenden Reliefs und Masken mit dem Bildnis der gefiederten Schlange sowie des Regengottes Tlaloc. Farbreste zeugen davon, daß die Figuren bemalt waren.

<u>STRASSE DER TOTEN</u>: erstreckt sich von der Zitadelle gut 4 km lang

und 4o m breit bis zur Mondpyramide, zu beiden Seiten niedrige Plattformen. Der Name der Straße stammt ebenfalls von den Azteken und hat mit der wirklichen Funktion dieser Verbindungsachse nichts zu tun. Sie diente vermutlich als Zeremonialstraße.

Auf halbem Weg zur Sonnenpyramide die <u>EDIFICIOS SUPERPUESTOS</u> (3), die übereinanderliegenden Gebäude. An ihnen läßt sich eine weit verbreitete Bauweise der präkolumbianischen Kulturen studieren: Neuere Gebäude wurden von außen über die bereits bestehenden gesetzt, so daß sie im Laufe der Zeit an Höhe gewannen.

<u>SONNENPYRAMIDE</u>: mit 65 m Höhe und 225 x 225 m Grundfläche das gewaltigste Monument in Teotihuacán. Sie wurde vermutlich schon im 1. Jahrhundert n. Chr. errichtet. Bei ihrem Bau müssen Tausende von Arbeitern mehrere Jahrzehnte lang beschäftigt gewesen sein. Im Gegensatz zu den meisten anderen präkolumbianischen Monumentalbauten ist sie nicht in mehreren Etappen durch jeweilige Überbauung der vorhergehenden Pyramide entstanden, sondern wurde in einem Zug errichtet.

Beim Klettern über die steilen Stufen geht einem leicht die Puste aus. Doch die Anstrengung lohnt sich: Oben echtes "Pyramiden- Feeling" und ein weiter Blick über die Ebene und auf die Gebirgsketten rundum.

Die Sonnenpyramide ist sicher eines der großartigsten Beispiele dafür, daß die präkolumbianischen Völker sich nicht nur intensiv mit Astronomie beschäftigten, sondern daß astronomische Kenntnisse auch starken Einfluß auf die Gestaltung ihres Alltagslebens und die Ausprägung ihrer religiösen Handlungen hatten. Astronomie war für sie nicht reine Wissenschaft, sie diente vielmehr auch der Erforschung des Götterwillens und hatte entsprechende Konsequenzen, in diesem Fall für die Architektur.

Die Vorderseite und Treppe der Sonnenpyramide ist exakt gerichtet auf den Punkt, an dem am Tag des höchsten Sonnenstands das Gestirn der Plejaden untergeht, das an diesem Tag zum ersten Mal im Jahr am Firmament erscheint. Aufgrund von jahrhundertelang gesammelten Aufzeichnungen wurden Lage und Ausrichtung dieser und anderer Kultstätten unter astronomischen Gesichtspunkten präzise geplant und ausgeführt. Auf diese Weise versuchten die sternkundigen Baumeister von Teotihuacán, die Konstruktion des Universums in der Architektur ihrer Kultstätte nachzuvollziehen und damit die als Gottheit verehrten Gestirne gnädig zu stimmen.

Auf dem Weg Richtung Mondpyramide an der rechten Seite der Straße der Toten ein leicht verblaßtes Wandgemälde mit einem Jaguar (7). Am nördlichen Ende der Straße der Toten ein Platz mit mehreren Gebäuden: der <u>TEMPEL DES ACKERBAUS</u> (8) mit einigen kaum noch zu erkennenden Wandmalereien, die bei der Freilegung Motive aus der Landwirtschaft zeigten.

Weiter der <u>PALAST des QUETZALPAPALOTL</u> (9). Die Reliefs von Schmetterlingen auf den Säulen haben diesem ehemaligen Wohngebäude der Priesterkaste den Namen gegeben. Daneben der <u>PALAST DER JAGUARE</u> (1o) mit den Bildnissen großer Raubkatzen.

Die MONDPYRAMIDE am Ende der Straße der Toten ist zwar nur 45 m hoch, durch die Neigung des Geländes befindet sich ihre obere Plattform aber etwa auf gleichem Niveau wie die Plattform der Sonnenpyramide. Von hier aus der beste Überblick auf die gesamte Anlage.

Etwas abseits, hinter der Sonnenpyramide liegt der PALAST von TEPANTITLA mit farbigen Wandmalereien und einer außergewöhnlichen Vielfalt an Motiven, vor allem zur Fruchtbarkeit und zum Ackerbau.

TETITLA und ATETELCO: Die Überreste dieser beiden ehemaligen Paläste liegen außerhalb der eigentlichen archäologischen Zone, westlich der Umgehungsstraße. An den Wänden eine große Anzahl von gut erhaltenen oder restaurierten Wandmalereien mit typischen Motiven: Schlangen, Adler, Jaguare und vieles, das nur mit Phantasie zu identifizieren ist.

Öffnungszeit von Ausgrabungsstätte und Museum: 8- 17 Uhr. Eintritt 4,5o US. Von Oktober bis März abends eine Licht- und Tonschau, bei der die Pyramiden farbig angestrahlt werden und per Lautsprecher ziemlich schwülstige Texte zur Geschichte Teotihuacáns verbreitet werden. Ab 19 Uhr in englischer, ab 2o Uhr in spanischer Sprache.

Verbindungen Teotihuacán

Busse nach Teotihuacán alle 2o Min. ab Mexico City, Central Camionera Norte (2 US). Schalter und Wartehalle befinden sich in Sala 8. Aufpassen, daß man einen Bus bis "Pirámides" erwischt, die anderen fahren nur bis zum Ort.

Wer mit dem PKW im Zentralen Hochland unterwegs ist, baut Teotihuacán (evtl. gemeinsam mit Tula und Tepotzotlán) am besten in seine Rundtour ein. Von dort aus weiter nach Querétaro.

★ Tula

Die ehemalige Hauptstadt der Tolteken ist nur zu einem kleinen Teil ausgegraben und gehört nicht zu den ganz großen Ruinenstätten Mexikos. Besondere Attraktion sind jedoch die sogenannten Atlanten auf dem Tempel des Morgensterns, tonnenschwere Steinskulpturen, die indianische Krieger darstellen und einst das Dach des Tempels getragen haben.

Auf den Rückseiten der Figuren zahlreiche Reliefs von Kriegern und Waffen. An den Wänden der Pyramide Darstellungen von Jaguaren und Adlern, die Menschenherzen verzehren. Sie erinnern an ähnliche Motive in Chichén Itzá, der von den Tolteken eroberten Maya- Stadt in Yucatán. In der Nähe des Tempels weitere Gebäude und ein Ballspielplatz.

Ab Mitte des 9. Jh. bauten die Tolteken Tula zu ihrer Hauptstadt aus. Um das Zeremonialzentrum herum entstanden Straßen, Plätze und Wohnviertel. Im Mittelpunkt des religiösen Kults stand die Verehrung von Quetzalcoatl, der gefiederten Schlange. Interne Gegensätze veranlaßten offenbar drei Jahrhunderte später die Bewohner, Tula aufzugeben

> und nach Yucatán zu ziehen, wo sie eine neue Herrschaft errichteten und ihre Spuren vor allem in Chichén Itzá hinterließen. Tula selbst wurde erst 1938 wiederentdeckt.

Öffnungszeit von Ausgrabungsstätte und angegliedertem Museum: 9.3o-16.3o Uhr, Eintritt 4,5o.

Verbindungen: Busse nach Tula fahren alle 2o Min. ab Mexico City, Central Camionera Norte (2,5o US). Schalter und Wartehalle befinden sich in Sala 8. Wer mit dem Leihwagen im Zentralen Hochland unterwegs ist, baut Tula am besten gemeinsam mit Teotihuacán in seine Tour ein, da der Tagestrip von Mexico City aus relativ zeitaufwendig ist.

★ Tepotzotlán

Ehemals ruhiges Kolonialstädtchen an der nördlichen Peripherie der Hauptstadt, das jedoch zunehmend vom Häusermeer, den Industrieanlagen und dem Verkehr umringt wird.

Auf einer Anhöhe im Zentrum Kirche und Kloster SAN FRANCISCO JAVIER, im 16. Jahrhundert von den Jesuiten gegründet. Die Fassade der Kirche gehört zu den schönsten Beispielen des barocken Churriguera-Stils in Mexiko: ein verspieltes Ensemble aus Dutzenden von Engeln und Heiligenfiguren, die in filigran gearbeitete Reliefs eingebettet sind.

Nebenan, in den Räumen des ehemaligen Klosters das MUSEO NACIONAL DEL VIRREINATO: religiöse Kunst und andere Exponate aus der Kolonialzeit. Geöffnet 11- 17.3o Uhr, Eintritt 4 US.

Davor und dahinter schattige Parkanlagen, in denen man sich von der Hektik der Anfahrt ausruhen kann. Der Smog erinnert allerdings daran, daß sich die Metropole bereits bis zu diesem verschwiegenen Winkel ausgebreitet hat.

Verbindungen: Die Anfahrt ist etwas zeitraubend und führt durch die wenig anheimelnden Industriebezirke des Nordens von Mexico City. Ab Terminal del Norte mit Bussen von "Valle del Mezquital" (Sala 8) bis zur Mautstelle der Autobahn nach Querétaro. Ca. 2oo m vorher die Abzweigung ins Zentrum von Tepotzotlán. Knapp 2 km, entweder zu Fuß auf dem engen Bürgersteig oder einen der lokalen Busse stoppen.

Der Trip läßt sich verbinden mit dem Ausflug nach Tula, da die Busse von "Valle del Mezquital" nach dort weiterfahren.

Weitere lohnende TAGES- AUSFLÜGE ab Mexico City, z.B. Puebla, Cuernavaca oder Taxco, siehe folgendes Kapitel "Zentrales Hochland".

248 Zentrales Hochland

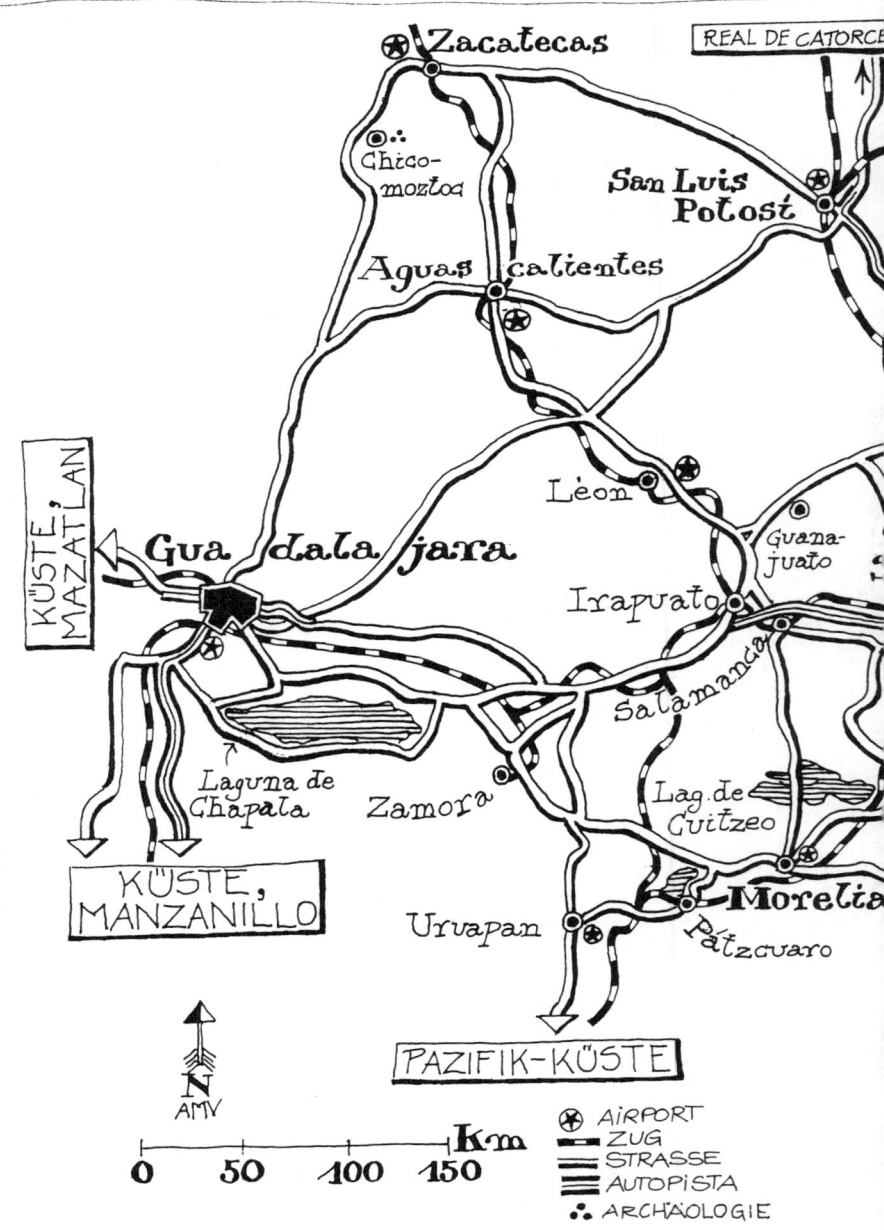

ZENTRALES HOCHLAND

Zusammen mit Mexico City das wirtschaftliche Zentrum des Landes und folglich die am weitesten entwickelte Region.

In allen Teilen des Hochlandes Städte, die noch über ein intaktes Zentrum mit Architektur aus der Kolonialzeit verfügen: das dörfliche Pátzcuaro, die Universitätsstadt Guanajuato, die Millionenstadt Guadalajara, das Minenzentrum Zacatecas oder das von Touristen beherrschte malerische Taxco. In Puebla und Querétaro die schönsten Barockkirchen Mexikos, verschwenderisch mit Gold und Stuck ausgestattet.

Außerdem ist das Zentrale Hochland historischer Boden: Hier nahm die mexikanische Unabhängigkeitsbewegung ihren Anfang, und jede Stadt verweist mit Museen, öffentlichen Gebäuden und Denkmälern stolz auf die Rolle, die sie im Kampf gegen die spanischen Kolonialherren gespielt hat. Abgesehen von der eindrucksvollen Toltekenstadt Xochicalco bei Cuernavaca und den Wandmalereien von Cacaxtla sind die prähispanischen Spuren weniger bedeutend als in anderen Teilen Mexikos.

Reiserouten

A: <u>Ausgiebige Rundtour</u> ab Mexico City (ca. 2- 3 Wochen). Reihenfolge wie im Kapitel beschrieben: Pachuca-> Querétaro-> San Miguel-> Guanajuato-> San Luis Potosí-> Zacatecas-> Aguascalientes-> Guadalajara-> Pátzcuaro-> Morelia-> Cuernavaca-> Taxco-> Puebla.

Am ehesten auslassen kann man dabei die Umwege über Pachuca und Aguascalientes. Wer mit dem PKW unterwegs ist, kann vorher noch Teotihuacán und Tula besuchen. In diesem Fall einfacher und sinnvoller als zwei separate Ausflüge von Mexico City aus. Die Busverbindungen sind sehr gut und direkt, ausgenommen die Strecke Morelia-> Cuernavaca (umsteigen in Toluca).

B: Einen sehr guten Eindruck vom Charakter der Hochlandstädte bekommt man auf der folgenden <u>verkürzten Route</u> (ca. 6- 8 Tage): Querétaro-> San Miguel-> Guanajuato-> Morelia-> Pátzcuaro mit Ausgangs- und Endpunkt Mexico City. Busverbindungen überall direkt und häufig.

C: Puebla, Cuernavaca und Taxco sind jeweils auch per 1- oder 2-<u>Tagesausflug</u> ab Mexico City gut zu besichtigen.

<u>Kombination mit anderen Routen:</u>
Ab Puebla: via Xalapa "Golfküste A", via Oaxaca "Südliche Sierra A", via Villahermosa "Yucatán A". Ab San Luis Potosí: via Monterrey "Norden A". Ab Zacatecas: via Durango "Norden B". Ab Guadalajara: via Colima und Manzanillo "Pazifikküste A".

★Pachuca (2.500 m, ca. 400.000 Einw.)

Hauptstadt des Bundesstaates Hidalgo. Zur Kolonialzeit bedeutende Silberfunde. Noch heute ziehen sich einige Stadtviertel die kahlen Berge hinauf, aus denen das glänzende Metall geschürft wird. Außer einigen schönen Plätzen und dem lohnenden Kulturzentrum Hidalgo nicht viel zu sehen. Trotzdem angenehmer Zwischenstop vom hektischen Mexico City auf dem Weg nach El Tajín und zur tropisch heißen Golfküste.

Pachuca gehörte vom 16. bis 18. Jh. zu den <u>reichsten Silberfundstätten</u> in Mexiko. Fast zur gleichen Zeit wie in den Silberstädten Guanajuato und Zacatecas begannen die Spanier hier ab 1555 den Abbau des Metalles in großem Stil. Nach rund hundert Jahren war der Rausch beendet, die meisten Minen so tiefgegraben, daß sie mit der Zeit überfluteten. Erst Mitte des 18. Jh. ermöglichte eine neue Technik der Entwässerung den nächsten Silberboom: Ein unterhalb der Minen gegrabener Tunnel legte die Schächte trocken und erlaubte den erneuten Zugriff. Zur Zeit der mexikanischen Unabhängigkeitsbewegung waren die reichsten Adern erschöpft. Der Bergbau in Pachuca seither zwar weiterhin ein wichtiger Wirtschaftszweig, die Zeit der sagenhaften Gewinne ist aber vorbei.

Klima: Warmes Hochlandklima. Im Winter kühle Nächte, im Sommer nachmittags gelegentlich Regen.

 Plaza Independencia, unten im Uhrturm.
Post: Av. Juárez/Ecke José Maria Iglesias. - **Telefon**: Victoria 2o5. - **Geldwechsel**: Casa de Cambio, Av. Juárez 4o6.

Die wenigen Sehenswürdigkeiten von Pachuca konzentrieren sich im Zentrum: CENTRO CULTURAL HIDALGO: um die Plaza Medina gruppiert sich das ehemalige Kloster San Francisco mit dem MUSEO DE LAS CULTURAS INDIGENAS: kleiner Einblick in die Lebensweise der fünf Indiostämme des Staates Hidalgo. Geöffnet 1o- 18 Uhr, Eintritt frei.

Daneben die Kirche San Francisco und das MUSEO NACIONAL DE LA FOTOGRAFIA: das Beste, was man in Pachuca zu sehen bekommt. Nur ein Bruchteil der 1,5 Mio. Fotos im Archiv können ausgestellt werden. Trotzdem ein phantastischer Einblick in die mexikanische Gesellschaft und Geschichte seit Ende des 19. Jahrhunderts. Besonders aufregend die Bilder aus der Mexikanischen Revolution: Neben Porträts der Helden und Führer wie Zapata und Pancho Villa auch eine Dokumentation über Leben und Leiden des einfachen Volkes. Öffnungszeiten wie das gesamte Centro Cultural. Schräg gegenüber MUSEO REGIONAL: Fundstücke aus Tula und kleine Sammlung zur Kolonialzeit.

Die Calle Hidalgo führt vom Centro Cultural aus leicht bergauf zur schönen Plaza Constitución. Zwei Blocks weiter die Plaza Independencia, das eigentliche Zentrum der Stadt, mit einem massiven Uhrturm. Das kuriose Bauwerk ist ausgestattet mit Säulen und an jeder Seite einer Skulptur.

 Im Hotelsektor bekommt man für sein Geld erheblich Besseres geboten als anderswo. Da wenig Touristen nach Pachuca kommen, ist die Auswahl allerdings nicht sehr groß.

"**Hotel Calinda**", 5 km vom Zentrum an der Straße nach Mexico City. Moderner Flachbau im Country- Club- Stil mit überdachtem Schwimmbad, Tennis, Golfplatz. Große, ruhige Zimmer, DZ 8o US.

"**Hotel San Miguel Regla**", eines der außergewöhnlichsten Hotels in Mexiko. Gut 3o km nordöstlich von Pachuca beim Dorf Huasco. In einer ehemaligen Hacienda aus dem 18. Jahrhundert, sehr stilvoll inmitten von Gärten und Parks. Warmwasserschwimmbad und präkolumbianische Aquädukte auf dem Gelände. DZ ca. 11o US.

"**Hotel Emily's**", Plaza Independencia. Zentral und modern. Solide Mittelklasse. Große helle Zimmer mit TV, teilweise mit Balkon zur Plaza. Sehr sauber. Für ca. 3o US pro DZ eine gute Wahl.

"**Hotel de los Baños**", Matamoros 2o5. Älteres Haus, pompöse Lobby mit Sitzmöbeln im kühlen Patio. Große Zimmer ab vom Innenhof, zur Straße hin sehr laut. Zimmer ordentlich eingerichtet, saubere Bäder. Für ca. 21 US empfehlenswert.

"**Hotel Plaza el Dorado**", Guerrero 721. Großer Betonkasten. Eingang versteckt in der Einkaufspassage. Treppe hoch in den 1. Stock. Lobby mit dicken Ledersesseln verspricht viel, die Zimmer fallen dagegen etwas ab. Zwar groß, aber einfach möbliert; sanitäre Anlagen nicht mehr neu. DZ ca. 18 US.

"<u>Hotel Ciro's</u>", Plaza Independencia. Glas- Beton- Konstruktion an der Hauptplaza. Zimmer nach vorn mit großen Fenstern und Balkon. Nach hinten nicht so hell, aber ruhig. Moderne Möblierung mit TV. DZ ca. 33 US.

<u>MERCADO DE BARRETEROS</u>, Guerrero/Ecke Nicolas Flores. In der Markthalle preiswerte Imbißstände, umgeben von Obst- und Gemüsebergen.

<u>MIRAGE</u>, Guerrero 1o4. Gehobenes Fast- Food- Ambiente. Salate, Suppen und preiswerte Fleischgerichte.

<u>LA BLANCA</u>, Plaza Independencia. Einfach und preiswert. Volkstümliches mexikanisches Ambiente, mexikanische Gerichte. - <u>REFORMA</u>, Plaza Independencia. Einfache und billige mexikanische Gerichte. Cafeteria-Stil, kahle Einrichtung.

<u>NORIEGA</u>, Matamoros 3o5-C. Gemütlich- gepflegte Atmosphäre, mexikanische und internationale Küche. Preise mittel, günstige Menüs.

Die harten und unmenschlichen Lebensbedingungen in den mexikanischen Silberminen Ende des 19. Jhs. waren letztlich einer der Auslöser, die dann zur Revolution 1910 führten.

MESON DE LOS ANGELES, Guerrero 725. Klein und gemütlich. Gekachelte Wände, rustikales Mobiliar. Sehr billige Menüs, gutes mexikanisches Essen. Empfehlenswerte Ausnahme im etwas langweiligen Einerlei der hiesigen Restaurants.

CAFETERIA, Plaza Juárez, direkt hinterm Denkmal. Kaffee und Kuchen in gemütlich- rustikaler Umgebung. Auch kleine, preiswerte Imbisse.

VERANSTALTUNGEN
4. Oktober: FERIA DE SAN FRANCISCO. Lokales Fest mit Märkten, Ausstellungen, Stierkämpfen und Charreadas.

SHOPPING
Artesanía: CASA DE LAS ARTESANIAS, am Kreisel Ecke Juárez/Revolución. Auswahl an Artesanía aus dem Staat Hidalgo.

Verbindungen ab Pachuca

Bus: Busterminal am Stadtrand Richtung Mexico City. Direkt vor dem Terminal fahren Kleinbusse ins Zentrum (0,5 US). Taxi maximal 1,5 US.
Abfahrten mehrmals tägl. nach: Querétaro (7 US) 4 Std., - Poza Rica (5 US) 4 Std., - Tampico (16 US) 6 Std.
Alle 15 Min. nach: Mexico City (3- 4 US) 2 Std., - Tula (3 US) 1 1/2 Std.

Transport in Pachuca: Im Stadtzentrum problemlos zu Fuß. TAXIS sind innerhalb des Stadtbereichs sehr billig, selbst bei weitester Entfernung max. 1,5 US.

Pachuca -> Querétaro (230 km)

Karges, steiniges Bergland. Unzählige Agaven, Kakteen und gelegentlich Maisfelder. Rund 50 km vor Querétaro dann auf die Autobahn (viel Betrieb!) oder die ruhige Nebenstrecke über Tequisquiapan.

★ Querétaro (1.850 m, ca. 750.000 Einw.)

In den Außenbezirken häßliche Industriestadt; besitzt allerdings ein koloniales Zentrum, das an Weitläufigkeit und Vielseitigkeit seinesgleichen sucht: ausgedehnte Wohnviertel mit Kolonialhäusern, reich ausgestattete Kirchen und ehemalige Klöster.

Die vielen verkehrsberuhigten Plätze, Parks und Fußgängerzonen machen den Aufenthalt und das Bummeln sehr angenhm. Man kann stundenlang durch Querétaro schlendern und entdeckt neben den "offiziellen" Sehenswürdigkeiten immer noch etwas Neues: nichts Aufregendes, aber gut für ein bis zwei abwechslungsreiche Tage.

In der Stadt viele historische Gebäude, in denen sich entscheidende Ereignisse der mexikanischen Geschichte abgespielt haben. Erstmals 1810 mit dem Ausbruch des Unabhängigkeitskrieges gegen die Spanier: Die schillerndste und am meisten verehrte Figur der Stadtgeschichte ist die "Corregidora", Josefa Ortíz de Domínguez. Sie war in den Jahren vor der mexikanischen Unabhängigkeit die Frau des Amtsrichters und aktiv an den Vorbereitungen zur Befreiung von der spanischen Kolonialherrschaft beteiligt. Seit 1808 traf sie sich in Querétaro regelmäßig mit dem Führungskreis der Verschwörer, der unter dem Deckmantel eines literarischen Zirkels zusammenkam. Der "Palacio de la Corregidora" noch heute zu sehen an der Plaza de la Independencia.

Anfang September 1810 wurde die Gruppe verraten und Haftbefehl gegen ihre Mitglieder erlassen. Der Amtsrichter sperrte daraufhin seine Frau in ihrem Zimmer ein. Es gelang ihr jedoch, über einen Mittelsmann die Mitverschwörer zu warnen. Diese handelten daraufhin prompt: Am 15. September begann mit dem "Grito de Dolores" (dem Ruf nach Freiheit durch den Pater Hidalgo in seiner Heimatstadt Dolores) der Aufstand gegen die spanische Kolonialmacht.

1848: Nach dem Krieg gegen die USA unterzeichnete der mexikanische Außenminister in Querétaro den Friedensvertrag und besiegelte damit den Verzicht Mexikos auf die nördlichen Landesteile im heutigen Kalifornien, Arizona und New Mexico.

Erneut trat die Stadt ins Rampenlicht der Geschichte, als Kaiser Maximilian sich am Ende seiner dreijährigen Regierungszeit nach Querétaro flüchtete und dort versuchte, mit knapp 10.000 Mann sich gegen das anrückende Heer der Republikaner zu verteidigen. Nach drei Monaten Belagerung gaben die Kaisertreuen auf. Ein Standgericht gegen Maximilian tagte im Teatro de la República und verurteilte ihn zum Tode durch den Strang. Vollstreckt am 17. Juni 1867 auf dem Cerro de las Campanas vor den Toren der Stadt.

Die Exekution des Kaisers ist Thema eines berühmten dreiteiligen Gemäldezyklus von Edouard Manet, das Hauptwerk befindet sich im Besitz der Kunsthalle Mannheim. Es zeigt Maximilian und seine beiden Generäle Miramón und Mejía, gegenüber die Soldaten mit den gerade abgefeuerten Gewehren. Das für den Impressionisten Manet ungewöhnliche Historiengemälde gilt als Übertragung des Kreuzigungsthemas auf eine moderne Realität.

Einige Jahrzehnte später hinterließ auch die mexikanische Revolution ihre Spuren in Querétaro, und zwar wieder im örtlichen Theater: 1917 versammelten sich dort 218 Abgeordnete der Republik und unterzeichneten die noch heute gültige mexikanische Verfassung. Ihre Namen sind in goldenen Lettern an den Bühnenwänden verewigt.

Klima: Gemäßigtes Höhenklima.

Pasteur Sur 17.

Post: Arteaga Oriente 5. - **Telefon**: Ladatel- Apparate für Orts- und Ferngespräche auf allen Plätzen im Zentrum. - **Geldwechsel**: Jardín Obregón, innerhalb der Ladenpassage gegenüber vom Museo Regional: Casa de Cambio "Querétaro".

Das koloniale Zentrum Querétaros ertsreckt sich rund um den JARDIN OBREGON (1). Am schönsten das Gewirr von Gassen, Plätzen und Fußgängerpassagen in Richtung Osten zur Plaza Independencia: In den Straßen 5 de Mayo, Luis Pasteur oder 16 de Septiembre praktisch keine

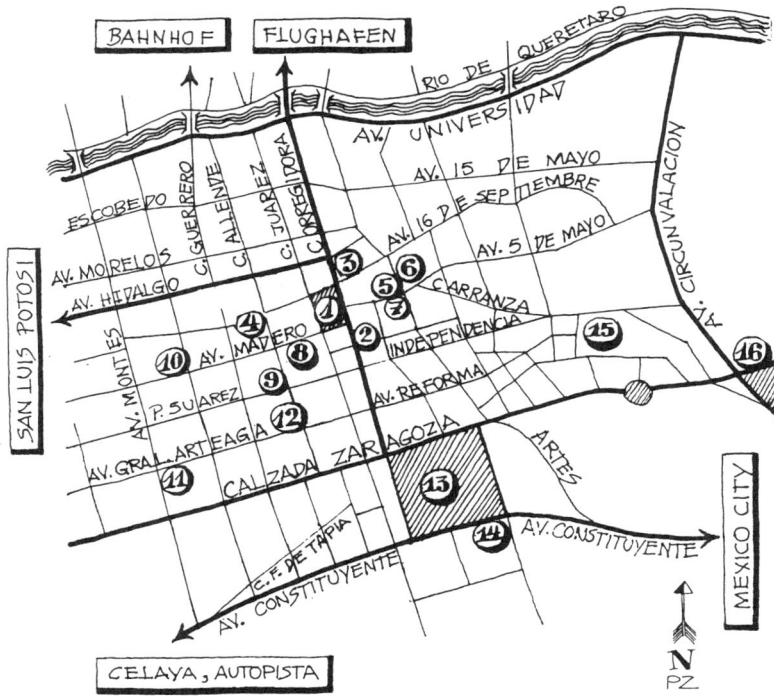

QUERETARO

1. Zócalo (Jardín Obregón)
2. Museo Regional
3. Teatro de la República
4. Kirche Santa Clara
5. Palacio de la Corregidora
6. TOURIST- BÜRO
7. Plaza Independencia
8. Casa de la Marquesa
9. Ex- Convento de San Agustín
10. Kathedrale
11. Kirche Santa Rosa Viterbo
12. POST
13. Parque Alameda
14. BUSTERMINAL
15. Convento de la Cruz
16. Äquädukt

Fassade, die nicht im Kolonialstil ist. Aber auch in vielen anderen Straßen findet man ganze Häuserblocks mit einheitlicher Architektur.

Aus den zahlreichen Plätzen der Innenstadt ragt vor allem die PLAZA INDEPENDENCIA (7) heraus: ein koloniales Kleinod; gehört zu den schönsten Plätzen in Mexiko. Kein Fremdkörper stört die Harmonie der Kolonialgebäude ringsum. Eine Oase mit Bäumen und Bänken in der Mitte. Besonders auffällig die CASA DE ECALA: ein Palast mit großem Arkadengang und schmiedeeisernen Gittern an den Balkons.

PALACIO DE LA CORREGIDORA (5), auf der Plaza Independencia.

Fertiggestellt 1770, später Sitz des Amtsrichters, des "Corregidor" (siehe Geschichte von Querétaro). Heute Regierungspalast.

MUSEO REGIONAL (2), Jardín Obregón. Sehenswerter Innenhof. Exponate zur Konquista, Unabhängigkeitsbewegung, sowie weiteres zur mexikanischen Geschichte. Gemälde aus der Kolonialzeit. Geöffnet 10.30- 15.30 Uhr. Direkt angrenzend die Kirche SAN FRANCISCO mit einem wuchtigen Glockenturm, dessen Kuppel von außen gekachelt ist.

TEATRO DE LA REPUBLICA (3): kleines Theater im neoklassizistischen Stil, in dem heute kaum noch Aufführungen stattfinden. Innen Logen, Gold und Plüsch mit Flair des 19. Jahrhunderts. Geöffnet Di.- So. 10- 14 und 17- 20 Uhr.

CASA DE LA MARQUESA (8), Madero 41. Sehenswertes Kolonialhaus mit einem Innenhof, der von Verzierungen und Ornamenten überquillt. Derzeit leider für die Öffentichkeit geschlossen.

EX- CONVENTO DE SAN AGUSTIN (9), Pino Suárez/Ecke Allende. Ehemaliges Kloster mit vielen kunstvollen Details an den Mauern. Heute MUSEO DE ARTE mit umfangreicher Gemäldesammlung. Geöffnet 11- 19 Uhr.

ARCHIVO HISTORICO, neben der Kathedrale (10). Ausgedehnter Gebäudekomplex mit großem Innenhof. Der ehemalige Privatpalast aus dem 19. Jahrhundert beherbergt heute das Stadtarchiv.

Im Zentrum zahlreiche Kirchen aus der Kolonialzeit, die IGLESIA SANTA ROSA VITERBO (11) mit Abstand schönste: im Innern eine überschwengliche barocke Fülle, u.a. vergoldete Altäre.

Ähnlich auch SANTA CLARA (4), Madero/Ecke Allende: Rundherum bis unter die Decke angefüllt mit vergoldeten Altären, die von Figuren und Ornamenten schier überquellen.

PARQUE ALAMEDA (13): größter Park des Zentrums, direkt zwischen Busterminal und dem Beginn der kolonialen Innenstadt.

CONVENTO DE LA CRUZ (15), zu erreichen über die Av. Independencia. Mit dem Bau dieser weitläufigen Klosteranlage wurde während der 2. Hälfte des 17. Jahrhunderts begonnen. In den zahlreichen Innenhöfen und Gewölben kann man leicht die Orientierung verlieren. Das Kloster diente mehrfach als Festung, u.a. war es einer der letzten Zufluchtsorte der Spanier im Unabhängigkeitskampf.

AQUEDUCTO (16): Den besten Blick auf den Aquädukt hat man von der kleinen Plaza hinter dem Convento de la Cruz. Von dort aus sieht man ihn in seiner ganzen Länge, d.h. alle 74 Bögen (Höhe ca. 30 m). Die Wasserleitung wurde 1726- 35 erbaut, um die Stadt mit Wasser aus den bis zu 10 km entfernten Bergen zu versorgen. Auf dem Platz auch das Mausoleum der Corregidora.

Zentrales Hochland 257

"**Mesón de Santa Rosa**", direkt an der Plaza Independencia im Zentrum. Nobelhotel in restauriertem Kolonialgebäude um drei schöne Innenhöfe. Mehrere Springbrunnen und kleines Schwimmbecken. Zimmer stilvoll modernisiert. Sehr ruhig, DZ ca. 16o US.

"**Holiday Inn**", 5 de Febrero 11o, an der Autobahn nach Norden Richtung San Luis Potosí. Modernes Komforthotel in großem Garten mit Swimming- Pool. Nur sinnvoll für Autofahrer. DZ ca. 115 US.

"**Hotel Mirabel**", Constituyentes Oriente 2, am Alameda- Park, Nähe Busterminal in wenig einladender Umgebung. Häßliche Betonburg mit komfortablem Innenleben. Modern und zweckmäßig. AC und Farb- TV. DZ je nach Zimmergröße ca. 8o US.

"**Hotel Amberes**", Corregidora Sur 188. Modernes Haus am Parque Alameda. Rundherum hektische Straßen. Zimmer nach vorn raus laut. Modern eingerichet mit Farb- TV. Gute Mittelklasse. Zimmer je nach Größe ab 42 US.

"**Hotel Señorial**", Guerrero/Ecke Hidalgo. Vollständig renoviertes Kolonialhaus. Innenhof leider gesichtslos modernisiert. Räume zur Straße dagegen mit dem typisch kolonialen Gitterwerk. Zimmer klein, aber modern mit Farb- TV, neue Bäder. Zentral und für ca. 33 US empfehlenswert.

"**Hotel Impala**", Zaragoza/Ecke Corregidora. Moderner Betonkasten direkt am Parque Alameda und nah am Busterminal. Einfach und ordentlich. Viele Zimmer sehr laut. DZ ca. 32 US.

"**Hotel Plaza**", Juárez Norte 23, am Hauptplatz im Zentrum des Geschehens. Älteres Haus mit einfachen, ordentlichen Zimmern und sauberen, renovierten Bädern. Die Zimmer nach innen sehr ruhig. Allerdings fehlt bei vielen etwas die Ventilation. Neue Betten und kleines Extra- Mobiliar. Für 23 US empfehlenswert.

"**Hotel del Marqués**", Juárez Norte 1o4. Ca. 1 km nördlich des unmittelbaren Zentrums. Altes Kolonialhaus mit bunten Kacheln in der Lobby. Leider heruntergekommen. Die Zimmer aber sind passabel erneuert, Privatbäder, sauber. DZ ca. 2o US.

"**Hotel San Francisco**", Corregidora Sur 14o. Ziemlich schäbiger Innenhof, von dem auf 3 Stockwerken viele Flure abgehen. Zimmer mit klapprigem Bett, Stuhl und Tischlein. Ruhig, passabel sauber. Sanitäre Anlagen basic. DZ ca. 13 US.

"**Hotel San Agustín**", Pino Suárez 1o. Trister Betonkasten. Zimmer groß, luftig, einfach. Nach hinten raus leiser und kühler. Bäder passabel. Hauptvorteil: zentrale Lage Nähe Jardín Obregón. DZ ca. 22 US. Nur zu empfehlen, wenn die angenehmeren Hotels in der Preisklasse belegt sind.

"**Hotel Hidalgo**", Madero Poniente 11. Großes Kolonialhaus, zentral Nähe Jardín Obregón. Schöner Innenhof mit Arkaden, der leider auch als Parkplatz genutzt wird, was das Ambiente gewaltig stört. Zimmer luftig und groß, einfach möbliert. Bäder heruntergekommen. DZ ca. 18 US.

Jugendherberge: Ejército Republicano s/n, etwas östlich vom Zentrum hinter dem Convento de la Cruz in der "Villa Deportiva Juvenil".

MR. YOGHURT, Allende/Ecke Pino Suárez. Hausgemachte Joghurts und frische Säfte.

EL ARCANGEL, Guerrero/Ecke Madero. Café- Restaurant an der kleinen Plaza hinter der Kirche Santa Clara. Eng und gemütlich. Kleine Mahlzeiten, Pizza etc. Preise mittel. - <u>KARNES</u>, Montes 15. Gemütliches Lokal mit Holztischen und -stühlen. Die moderne Front ist etwas irreführend. Einfache Fleischgerichte. Preise mittel.

<u>LA DUQUESA</u>, Montes 2o. Rustikale Taquería mit Möbeln im Bauern-Look. Eng, aber gemütlich. Gute mexikanische Gerichte, Frühstück, preiswert.

<u>EL MARQUES</u>, Hidalgo Poniente 19. Einfaches Lokal in einem Patio unter Bäumen. Koloniales Flair. Mexikanische Gerichte und sehr billiges Mittagsmenü.

<u>EL CORTIJO DE DON JUAN</u>, Jardín de la Corregidora 14. Mit Tischen auf der ruhigen Plaza. Gut zum Sitzen und für einen Drink, aber auch recht ordentliche und nicht teure kleine Mahlzeiten. Abends oft Live- Musik.

<u>FONDA DEL REFUGIO</u>, Jardín de la Corregidora 26, auf der Plaza. Tische im eher kahlen Innenraum oder unter der Marquise auf dem Vorplatz. Angenehm zum Sitzen und Essen. Vielseitige Speisekarte, Preise mittel bis teuer.

<u>CHIAN CHUN</u>, Pasteur/Ecke Reforma. In etwas kahlem und schmucklosem Innenhof. Chinesische Küche zu mittleren Preisen.

<u>LOS VITRALES</u>, 5 de Mayo Oriente 46. In schönem Kolonialhaus. Vornehmes Lokal mit mexikanischer und internationaler Küche. Teuer.

<u>BISQUETS</u>, Jardín Obregón, in der Ladenpassage gegenüber Museo Regional. Einfache Cafeteria, in der üppiges Frühstück serviert wird. Tagsüber die üblichen kleinen Imbisse der mexikanischen Küche.

<u>181o</u>, Pasteur Sur/Ecke Libertad. In einem hervorragend restaurierten Patio. Gemütliche, ruhige Atmosphäre im Freien; etwas nobler in den Innenräumen. Originelle Fleisch- und Fischgerichte nach mexikanischen Rezepten. Teuer.

VERANSTALTUNGEN

13.- 15. September: <u>FIESTA DE LA SANTA CRUZ DE LOS MILAGROS</u>. Eines der farbigsten Feste im gesamten Land. Aus ganz Mexiko kommen Folkloregruppen zusammen und führen drei Tage lang Musik und Tänze aus ihrer Heimat vor. Die ganze Vielfalt der mexikanischen Folklore spielt sich in diesen Tagen auf den Straßen Querétaros ab.

SHOPPING

<u>Markt</u>: <u>MERCADO JOSEFA ORTIZ DOMINGUEZ</u>, 15 de Mayo/Ecke Gutiérrez Najera. Zentraler Lebensmittelmarkt.

<u>Artesanía</u>: <u>CASA DE LAS ARTESANIAS</u>, Pasteur Sur/Ecke Libertad. Verschiedene kleine Kunsthandwerksläden in restauriertem, altem Gebäude.

Verbindungen ab Querétaro

Eisenbahn:
Bahnhof im Norden des Zentrums. Bus auf der Av. Universidad Richtung Norden, fährt 2 Blocks vom Bahnhof entfernt vorbei. Fahrer Bescheid geben, daß er einen rechtzeitig rausläßt. Verbindungen täglich 2 x nach Mexico City (1o US) 3 Std. und San Miguel de Allende (5 US) 1 1/2 Std.

Bus: Busterminal in Zentrumsnähe. Problemlos zu Fuß durch den Parque Alameda in die koloniale Innenstadt. Auch Busse mit der Aufschrift "Centro".

Ständige Abfahrten nach: Mexico City (8- 13 US) 3 Std., - Toluca (7 US) 3 Std.

Stündliche Verbindungen nach: San Miguel de Allende (2 US) 1 Std., - San Luis Potosí (7- 11 US) 3 Std., - Guadalajara (16- 21 US) 6 Std., - Monterrey (26 US) 8 Std.

Mehrmals täglich nach: Tampico (25 US) 7 Std., - Matamoros (3o US) 15 Std., - Nuevo Laredo (42 US)14 Std., - Aguascalientes (11 US) 5 Std., - Morelia (6- 8 US) 1 Std., - Chihuahua (47 US) 17 Std., - Guanajuato (7 US) 3 Std., - Mazatlán (35 US)14 Std., - Pachuca (7 US) 4 Std. und Zacatecas (15 US) 6 Std.

1 x pro Tag nach Cuernavaca (11 US) 5 Std. und Acapulco (25 US)12 Std. sowie viele weitere Ziele im Norden und Westen Mexikos.

Transport in Querétaro: Wegen der vielen Fußgängerzonen geht man am besten zu Fuß, auch wenn das Zentrum recht groß ist und manche Sehenswürdigkeiten ein Stück voneinander entfernt sind. Der Busterminal ist von der Innenstadt aus direkt zu erreichen durch den Parque Alameda, den größten Park der Stadt.

Taxi: Im Zentrumsbereich 2 US.

✱ San Miguel de Allende (1.945 m, 7o.ooo Einw.)

Provinzstädtchen mit kleinem kolonialem Zentrum und vielen Wohnhäusern aus dieser Zeit. Keine großartigen Sehenswürdigkeiten, aber viele schattige Patios in Hotels, Restaurants und Privathäusern, in denen man herrlich die Zeit totschlagen kann.

Besser als San Miguel selbst ist offenbar der Ruf, den es bei Nordamerikanern genießt, weshalb sich diese auch in Scharen hier aufhalten: Rentner, Sprachenschüler, Künstler und Möchtegern- Künstler, alle im Gefolge des hier ansässigen amerikanischen Kulturinstituts. Ihm verdankt der Ort seinen eigentlichen Aufschwung, das gehobene Preisniveau und die vielen kulturellen Veranstaltungen.

ORIENTIERUNG

Der Ort zieht sich über ein leicht hügeliges Gelände, die Straßen im Zentrum trotzdem schachbrettartig angelegt. Den Stadtteil zwischen Zócalo und Parque Juárez haben im wesentlichen die US- Amerikaner übernommen und teilweise sehr ansprechend restauriert. Allerdings halten sie sich meist hinter verschlossenen Fensterläden und Toren auf, so daß die Straßen ziemlich ausgestorben sind. In der anderen Hälfte der Stadt, dort wo sich der Markt befindet, geht es lebendiger und mexikanischer zu.

Klima: Angenehm warmes Klima. Manchmal kühle Winternächte.

Touristinfo: Plaza Principal, direkt neben der Kirche La Parroquia.

Post: Correo/Ecke Corregidora. - **Telefon**: Correo/Ecke Recreo.

Geldwechsel: Casa de Cambio "Deal", Correo 15.

ZOCALO (1) mit LA PARROQUIA DE SAN MIGUEL (3): Die Kirche in einem eigentümlichen gotischen Stil. Zeferino Gutiérrez, der indianische Baumeister, hat Ende des 19. Jahrhunderts die einst schlichte Fassade verkleidet und mit den gotisch anmutenden Türmen versehen. Angeblich hat er den Baustil von französischen Postkarten kopiert.

Direkt neben der Parroquia die CASA DE ALLENDE (4), Geburtshaus des Freiheitskämpfers Ignacio Allende. Heute ein Regionalmuseum mit präkolumbianischen Fundstücken sowie Dokumenten zur mexikanischen Geschichte. Außerdem Exponate zum Leben Allendes und seiner Rolle im Unabhängigkeitskampf. Geöffnet 1o- 15.3o Uhr.

Ignacio Allende, 1769 in San Miguel geboren, war Hauptmann eines Dragonerregiments und schloß sich 181o der Aufstandsbewegung von Pater Hidalgo an. Er organisierte die zunächst nur 8oo Mann starke Bauernarmee und eroberte mit ihr zahlreiche Städte des nördlichen Hochlands, u.a. Guanajuato, Celaya und Irapuato.

Zu diesem Zeitpunkt bestand die Truppe bereits aus 8o.ooo Mann, die siegreich bis Toluca weitermarschierten. Auf Dauer hielt jedoch die schlecht ausgerüstete und undisziplinierte Truppe den Angriffen der Royalisten nicht stand. Nach mehreren Niederlagen entschlossen sich Allende und Hidalgo zum Rückzug nach Norden an die US- Grenze, um dort ihre Armee zu reorganisieren und sich Nachschub zu verschaffen. Durch Verrat wurden sie jedoch auf ihrem Weg gefangengenommen und Ignacio Allende am 6. Mai 1811 erschossen (siehe auch Guanajuato).

PARQUE JUAREZ (14) vom Zócalo aus zu erreichen über die Straßen Cuna de Allende und Aldama. Großzügige, schattige Parkanlage.

In der Nähe des Marktes zwei Kirchen: Während die Fassade von SAN FRANCISCO (7) einen ausgeprägten Churriguera- Stil aufweist, erkennt man an den Figuren von SAN FELIPE NERI (1o) deutlich indianische Einflüsse.

CONVENTO DE LA CONCEPCION (11) Canal/Ecke Dr. Hernández. Se-

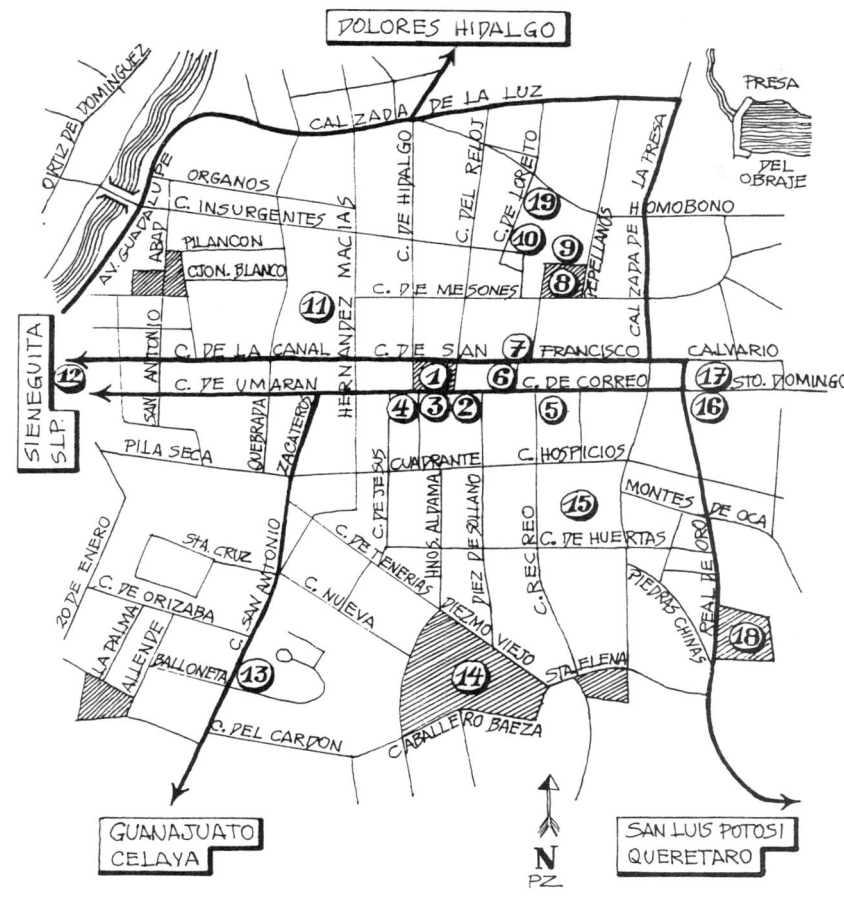

SAN MIGUEL DE ALLENDE

1. Zócalo
2. TOURIST- BÜRO
3. Parroquia de S. Miguel
4. Casa de Allende
5. TELEFON
6. POST (Correo)
7. San Francisco
8. Plaza Allende
9. Mercado
10. Kirche San Felipe Negri
11. Convento de la Concepción
12. BUSTERMINAL
13. Instituto Allende
14. Parque Juárez
15. Stierkampfarena
16. Kirche Santo Domingo
17. El Calvario
18. Mirador (Aussichtspunkt)
19. Mercado Artesanal

henswerter Klosterhof mit Arkaden und Brunnen. Heute funktioniert hier ein Kulturzentrum mit vielseitigen Aktivitäten von Ausstellungen bis zu Tanz- und Gitarrenkursen. Die danebenliegende <u>IGLESIA DE LA CONCEPCION</u> besitzt eine gewaltige Kuppel und einen mehrstöckigen, vergoldeten Altar.

Etwas außerhalb, zu erreichen über die Calle Zacateros, befindet sich das <u>INSTITUTO ALLENDE</u> (13), untergebracht in einem Kolonialgebäude. Das Institut bietet Sprachunterricht, Mal- und Zeichenkurse sowie Ausbildung in Weberei, Keramik- und Silberschmiedearbeit an. Ihm verdankt San Miguel einen großen Teil des Zustroms der Nordamerikaner.

"**Villa Jacaranda**", Aldama 53. Nobelherberge in verschiedenen, verschachtelten Gebäuden, mit allem Luxus, den man in Mexiko für 11o US erwarten kann. Garten, Balkons, Terrassen und große, stilvoll eingerichtete Zimmer machen einen geruhsamen Aufenthalt perfekt. In sehr ruhiger Wohnstraße zwischen Zócalo und Parque Juárez.

"**Villa del Sol**", Cuadrante 3. Zentral gelegen, direkt hinter der Parroquia. Hervorragend renoviertes Haus mit angenehmen Aufenthaltsräumen, Garten, Schwimmbecken. Zimmer luxuriös mit Farb- TV und allem Komfort. DZ je nach Größe und Lage im Haus 8o- 115 US.

"**La Mansión del Bosque**", Aldama 65. Verwinkelte Häuschen im Garten. Direkt am Parque Juárez, sehr ruhig. Alles total renoviert. Zimmer je nach Lage, Größe und Qualität 55- 8o US.

"**Posada de San Francisco**", Plaza Principal 1. Sehr zentral am Zócalo. Weiträumiges Kolonialgebäude, man wandelt wie hinter Klostermauern. Sehr ruhig. Zimmer rustikal eingerichtet, sanitäre Anlagen etwas altertümlich. Kein Luxus, aber vom Ambiente her ein Erlebnis. DZ ca. 6o US.

"**Posada de las Monjas**", Canal 37. Großes, verwinkeltes Kolonialhaus mit Patios, Terrassen und Balkons, etwas unterhalb vom Zentrum. Stilvoll- rustikaler Aufenthaltsraum. Einfache, aber auch besser ausgestattete Zimmer. Die schöneren haben zusätzlich einen Ausblick über die Stadt. DZ entweder 3o oder 5o US.

"**Posada Carmina**", Cuna de Allende 7. Zentral, direkt neben der Parroquia. Trotzdem ruhig, da in einem großen, abgeschlossenen Innenhof. Zimmer ordentlich belüftet und solide eingerichtet. Im Patio kleines Restaurant. DZ ca. 42 US.

"**Hotel Quinta de Loreto**", Callejón de Loreto 13. Etwas versteckt in kleiner Gasse unterhalb des Marktes. Zu Fuß zu erreichen durch den Mercado de Artesanía; mit Auto über Calle Loreto. Weitläufige Anlage um einen großen Garten. Flachbauten im Motel-Stil. Zimmer hell, einfach, ruhig. DZ je nach Lage ca. 28- 33 US.

"**Hotel Mansión Virreyes**", Canal 19. Am Convento de la Concepción. Der Patio mit rohen Steinen macht einen klosterhaften Eindruck. Nur wenige Zimmer gehen davon ab. Zimmer etwas düster, aber ordentlich eingerichtet und sauber. DZ ca. 3o US.

"**Hotel Hermosa Taboada**", Cuna de Allende 11. Zentral gelegen, nur wenige Schritte von der Plaza. Die meisten Zimmer sehr groß zum ruhigen, hellen Innenhof. Bäder renoviert. DZ ca. 13 US.

"**Hotel Parador de San Sebastián**", Mesones 7. Altes, ehrwürdiges Gebäude. Patio mit mächtigen Arkaden, an denen sich Pflanzen emporranken. Koloniales Flair, etwas oberhalb des Marktes. Große Zimmer hinter kühlen Mauern. Einfach, aber sehr ordentlich eingerichtet. Sauber. DZ ca. 25 US.

"**Casa de Huéspedes**", Mesones 27. Am Markt. Von außen etwas schäbig, entpuppt sich das Innere als schöne Anlage mit einem heimeligen Innenhof. Bunte Kacheln, viele Pflanzen. Ein romantischer Winkel. Kleine, gepflegte und saubere Zimmer mit Privatbad. Ruhige und angenehme Atmosphäre. DZ ca. 2o US.

"**Casa Sautto**", Hernández Macías 59. Kolonialhaus mit großem, etwas verwildertem Innenhof. Geht über in einen subtropischen Garten. Atmosphäre eines Klosterhofes. Zimmer einfach und sehr ruhig. DZ ca. 25 US.

EL PATIO, Correo 12. Schöner Innenhof, stilvoll hergerichtet. Gepflegte Atmosphäre. Mexikanische Küche. Fleischgerichte mittel und Mariscos teuer.

RINCON ESPAÑOL, Correo 29. Gemütlich- rustikales Lokal. Ausgezeichnete spanische Küche. Tapas, Paella. Teuer.

CAFE COLON, San Francisco 21. Kleines, gemütliches Lokal mit Hamburger- und Schnellgerichten, aber auch Salate, Suppen und Fleisch. Preise mittel.

CARIBE, Juárez 23. Winziges Fischrestaurant im 1. Stock. Wer Glück hat, ergattert einen Tisch am offenen Fenster. Guter Bratfisch und Mariscos zu mittleren Preisen.

GENESIS, del Reloj 34. Naturkostladen mit Theke für Säfte und kleine Imbisse. Preise billig bis mittel.

BUGAMBILIA, Hidalgo 42. Sehr gemütlich im bepflanzten Innenhof. Mexikanische Spezialitäten, gut und originell zubereitet. Küche und Service verraten persönliches Engagement - ein nicht gerade häufiges Phänomen in Mexiko. Preise mittel bis teuer.

ITALIA, Hernández Macías 59. Kleine, erlesene Speisekarte mit italienischen Gerichten. In kühlen, kolonialen Räumen oder im ruhigen Hof unter Bäumen. Teuer.

PANCHO'S, Mesones 99. Zwei gemütliche Innenhöfe hintereinander. Der erste überdacht mit Bar und Livemusik. Im zweiten Restaurant mit mexikanisch- amerikanischer Küche unter freiem Himmel. Eine idyllischer Ort. Preise mittel.

EL CAMPANARIO, Canal 35. Vornehm- gepflegtes Lokal im überdachten Innenhof und den angrenzenden Räumen. Feine internationale Küche. Teuer.

EL PULLMANN, Canal 154. Eines der originellsten Restaurants in Mexiko. In einem Eisenbahnwaggon der Jahrhundertwende mit Original- Einrichtung und Nobelabteilen. Steht im Hof auf Original- Schienen. Drumherum eine gemütliche "Bahnhofsatmosphäre". Steht zum Verkauf. Ob wieder als Restaurant eröffnet, ist fraglich.

CARIBE, Canal 85, etwas größerer und luftigerer Ableger des gleichnamigen Restaurants am Markt. Knallbunte Kitschgemälde von tropischen Gestaden an den Wänden. Essen und Preise gleich.

MESON DE SAN JOSE, Mesones 36. An der Plaza Allende. In einem Innenhof zwischen altem Gemäuer, unter freiem Himmel. Schatten durch Bäume und Sonnenschirme. Ruhiger, verträumter Ort. Auf der Speisekarte eine eigentümliche Mischung aus mexikanischer Küche und internationalen Gerichten von Gulasch bis Curry-Huhn. Qualität gut, Preise mittel.

AQUI ES MEXICO, Hidalgo 28. Im 1. St. eines Kolonialhauses. Rustikale Gemütlichkeit wie in einer Bauernküche, hergestellt durch Bauernmöbel, Keramik, Pflanzen und Vogelkäfige. Mehrere preiswerte Menüs mit mex.Gerichten zur Auswahl. Ein pittoreskes Lokal mit Flair.

VERANSTALTUNGEN

Kulturell ist in San Miguel ständig was los: Ausstellungen, Konzerte oder Theater. Auf die Anschläge in Restaurants achten, im Touristenbüro fragen oder ins Centro Cultural im ehemaligen Convento de la Concepción gehen.

FIESTA DE SAN MIGUEL, gegen Ende September, am Samstag nach dem Michaelstag (29.9.). Größtes Fest der Stadt mit Prozessionen, Konzerten, Folklore, Stierkämpfen und Feuerwerk. Außerdem werden in San Miguel einige religiöse Feste besonders feierlich und mit viel Aufwand begangen, vor allem der Palmsonntag, Karfreitag und Fronleichnam.

SPRACHKURSE: San Miguel ist zweifellos ein angenehmer Aufenthaltsort für einen längeren Sprachkurs in einem Institut. Am besten vorher schriftlich oder per Telefon Auskünfte über Dauer, Intensität und Kosten der Kurse einholen. Die renommiertesten Sprachenschulen:

ACADEMIA HISPANO AMERICANA, Mesones 4, San Miguel de Allende, Gto. 377oo, Tel. (91-465) 2o349.
INSTITUO ALLENDE, Ancho de San Antonio 2o, San Miguel de Allende, Gto. 377oo, Tel. (91-465) 2o19o.
INTER-IDIOMAS, Mesones 15, San Miguel de Allende, Gto. 377oo, Tel. (91-465) 22177.

SHOPPING

Kleine Markthalle an der Kirche San Felipe Negri. Das Hauptgeschehen spielt sich aber auf den umliegenden Straßen ab. Hinter dem Marktgebäude liegt der Mercado de Artesanías mit großem Angebot an Kunsthandwerk und Kitsch.

Verbindungen ab San Miguel de Allende

Eisenbahn: Bahnhof unterhalb der Stadt am Ende der Carretera a la Estación. Busse ab Zócalo durch die Calle San Francisco mit der Aufschrift "Estación". Fahren am Busterminal vorbei und zurück ins Zentrum. 1 x pro Tag ein Zug nach Mexico City (15 US) 4 1/2 Std. über Querétaro (5 US) 1 1/2 Std.

 **Bus**: Busterminal (12) unterhalb der Stadt, Nähe der Umgehungsstraße nach Querétaro. Verbindung zum Zentrum mit dem "Estación"- Bus. Taxi 1,5 US.

Abfahrten mehrmals tägl. nach: Mexico City (9- 13 US) 4 Std. Stündl. nach Querétaro (2 US) 1 Std., - Guanajuato (3 US) 2 Std.

1x pro Tag Direktverbindungen nach Guadalajara (15 US) 6 Std., - San Luis Potosí (6 US) 3 Std. und Tijuana (1oo US) 46 Std.

Transport in San Miguel: Das Zentrum ist sehr kompakt, alles Sehenswerte sowie Hotels und Restaurants sind problemlos zu Fuß zu erreichen.

San Miguel -> Guanajuato (9o km)

Fahrt durch steiniges Bergland, gelegentlich Maisfelder. An der Strecke das Städtchen <u>DOLORES HIDALGO</u>: keine Attraktion, für die Mexikaner jedoch historischer Boden. Hier begann am 16.9.181o der Aufstand gegen die spanischen Kolonialherren, der ein Jahrzehnt später zur Unabhängigkeit führte.

An jenem Tag läutete der Priester Miguel Hidalgo um 5 Uhr morgens die Kirchenglocken, wesentlich früher als üblich. Er hatte erfahren, daß sein Verschwörer- Zirkel verraten worden war und sich daraufhin entschlossen, sofort loszuschlagen. Die verwunderte Gemeinde hörte eine flammende Predigt, die zum Umsturz aufrief. Der "Grito de Dolores", der Ruf nach Freiheit, ging in die mexikanische Geschichte ein. Unter Führung von Hidalgo machten sich die Gläubigen dann auch gleich ans Werk. Ausführliches über den Fortgang der aufrührerischen Aktivitäten siehe "Guanajuato".

✦ Guanajuato (2.o8o m, ca. 8o.ooo Einw.)

War zur spanischen Kolonialzeit eine der wichtigsten und reichsten Minenstädte des Landes. Die Valenciana- Mine und weitere brachten rund 3o % des Silberaufkommens für den spanischen Export zu Kolonialzeiten und führten zu großem Reichtum der Minenbesitzer, die in Guanajuato feudale Casas hatten. 1732 wurde die Universität gegründet, die heute eine der wichtigsten des Landes für Geologie und Bergbau ist.

Die Stadt liegt in einem Talkessel zwischen kahlen Bergen und hat viel Flair; im Zentrum ein Gewirr an Plätzen, Gassen, Casas und Barockkirchen aus der Kolonialzeit, Treppen bergauf und bergab. Guanajuato steht unter UNESCO- Schutz der wichtigsten Stadtensembles der Welt.

Harmonischer Kleinstadtcharakter mit einer Vielzahl an Restaurants und gemütlichen Kneipen. Während der Vorlesungszeit viele studentische Aktivitäten und ein ausgezeichnetes Kulturprogramm.

Ein <u>höhlenartiges Tunnelsystem</u> unter der gesamten Stadt. Es hatte ursprünglich den Zweck, der ständigen Überschwemmungen Herr zu werden. Heute bewältigt der Tunnel die ständig wachsende Fahrzeugschwemme. Wer mit dem Auto ins Geflecht der düsteren Gewölbe gerät, hat schnell Orientierungsprobleme: An einer vorbestimmten Stelle der Stadt wieder aus der Unterwelt aufzutauchen, scheint schier unmöglich. Die einzigen, die dies bewerkstelligen, sind die Taxi- und Busfahrer.

Klima: Gemäßigtes Höhenklima. Im Winter sehr kühle Nächte. Regen im Sommer.

Tourist INFO: Plaza de la Paz 14.
Post: Plaza de la Compañía/Ecke Ayuntamiento. Kleine Post auch im neuen Busterminal. - **Telefon**: Hidalgo 18, hinter dem Jardín Unión. Außerdem im Busterminal. - **Geldwechsel**: Keine Casa de Cambio. Die Banken wechseln nur zwischen 9 und 12 Uhr.

ORIENTIERUNG: Guanajuato mit Hilfe eines Stadtplanes erkunden zu wollen, ist wegen seines Gassengewirrs und der Untertunnelung einigermaßen schwierig.

Darüber hinaus gibt es für ein und dieselbe Straße verschiedenste Namen aus mehreren Jahrhunderten. Einfach im Hauptstrom der Leute schwimmen, wenn man im Zentrum bleiben will. Abschweifungen nach links und rechts (meist bergauf) machen allerdings Spaß, denn man verliert sich im Wirrwarr der winzigen Gassen und Treppen. Wer irgendwann nicht mehr weiter weiß, geht einfach bergab und trifft unweigerlich wieder auf eine der beiden Hauptadern, die die Stadt durchziehen.

Guanajuato ist nur zu Fuß zu erkunden. Mit dem Auto oder Bus verschwindet man ständig in einem der Tunnels und weiß nicht, wo man wieder rauskommt. Auf jeder der zahlreichen Plazas gibt es Bänke zum Ausruhen und Leute- Beobachten. Taxi im Zentrum maximal 2 US.

Stadtgeschichte: 1529 von den Spaniern erobert, wurden die ersten Silberminen 1548 entdeckt, waren jedoch zunächst schwierig zu erschließen. Zu großem Boom und Reichtum kam es seit Erschließung der "La Valenciana"- Silbermine (31), die ab 1760 ausgebeutet wurde und Guanajuato zum wichtigsten Silberlieferanten der spanischen Kolonie Mexiko machte.

Einer der blutigsten Schauplätze des mexikanischen Unabhängigkeitskrieges war die Alhóndiga, der Kornspeicher im Zentrum: Schon kurz nach Beginn des Aufstandes im September 1810 tauchten die Rebellentruppen des Pater Hidalgo in Guanajuato auf, und die Spanier verschanzten sich in dem massiven, festungsartigen Gebäude. Die Belagerung blieb zunächst erfolglos, bis einer der Minenarbeiter von Guanajuato, die sich dem Aufstand angeschlossen hatten, es wagte, im Kugelhagel der Spanier Feuer an das Haupttor zu legen. "El Pípila", so lautete sein Spitzname, öffnete damit den Belagerern den Weg in die Festung, kam aber selbst bei der Aktion ums Leben.

Die Aufständischen konnten sich jedoch nicht lange in Guanajuato halten und mußten sich weiter nach Norden zurückziehen, wo viele ihrer Führer gefangengenommen und von den Royalisten hingerichtet wurden. Zur Abschreckung hängten sie die Köpfe von Miguel Hidalgo und dreien seiner Mitstreiter in Käfigen an den vier Ecken der Alhóndiga auf. Dort sind noch heute die dafür benutzten Haken zu sehen. Rückeroberung von Guanajuato durch die Republikaner erst 1821.

"El Pípila" wird seither in Guanajuato als Held verehrt, und die Stadt hat ihm oberhalb der Stadt an der Carretera Panorámica ein überdimensionales Denkmal gesetzt, von dem aus man einen weiten Blick über die Stadt und das Tal hat (25).

SILBER: Auch heute noch ist Mexiko mit 15 % der weltgrößte Silberproduzent (gefolgt knapp von Peru und Rußland).

In den 4oo Jahren spanischer Kolonialzeit wurde in Mexiko Reinsilber im Wert von heutigen rund 1,2 Billionen (!) US- Dollar gefördert und via Havanna/Kuba nach Spanien verschifft.

Mexiko produziert heute jährlich Silber von rund 2 Mio. kg, wobei die Minen von Guanajuato einen Anteil von 1o % haben und wichtigste des Landes sind.

Besichtigung der Stadt zum größten Teil auf einem Rundgang mit Ausgangspunkt Mercado Hidalgo in der nachfolgend beschriebenen Reihenfolge. Museo de Momias, Pipila- Statue, La Valenciana und Olla-Stausee am besten per Bus oder Taxi.

MERCADO HIDALGO (1o) von 191o, gewölbte Halle mit Eisenstützträgern und farbenprächtig mit Verkaufsständen von Gemüse, Obst, anderen Lebensmitteln sowie Kunstgewerbe. Ob sie allerdings "schönste Markthalle Mexikos" ist, sei dahingestellt.

MUSEO DE LA ALHONDIGA DE GRANADITA (9), 28 de Septiembre/Ecke Mendizabal. Kurz "Alhóndiga" genannt. Ein ehemaliger Kornspeicher von 1798, war später Gefängnis und am 28. September 181o Schauplatz blutiger Kämpfe zwischen den Spaniern, die sich hier verschanzt hatten, und den Truppen der Aufständischen unter Pater Hidalgo (siehe "Stadtgeschichte"). Heute Museum: im Innern monumentale Wandmalereien und "Galerie der Helden" des Freiheitskampfes. Sowie kleine Sammlung außerordentlich schöner Fundstücke (hauptsächlich Keramik) präkolumbianischer Kulturen. Außerdem Dokumente und Exponate zur mexikanischen Geschichte. Geöffnet Di.- Sa. 1o- 14 und 16- 18 Uhr, So. 1o- 14.3o Uhr, Eintritt 4,5o US.

JARDIN REFORMA (13): Schattiger Platz mit Bänken, gesäumt von einigen Kolonialhäusern. Oberhalb davon die im Verfall befindliche Kirche SAN ROQUE (14): Die gleichnamige Plaza davor ist allerdings ein Schmuckstück mit harmonischer Kolonialarchitektur.

Einige Schritte weiter durch eine kleine Gasse die PLAZUELA SAN FERNANDO (5): Offener, weiträumiger Platz mit Bänken und einigen Restaurants, die ihre Tische im Freien aufstellen. Rundum begrenzt von bunten Häusern im einheitlichen Kolonialstil.

Im Bereich zwischen Jardin Reforma (13), Plaza San Roque (14), Plaza Los Angeles (12) viele kolonialspanische Gassen. Der "Calléjon del Beso"

268 Zentrales Hochland

Plaza San Roque (14), Plaza Los Angeles (12) viele kolonialspanische Gassen. Der "Calléjon del Beso" (11) ist engste mit nur ca. 70 cm! ("Beso"=Kuß, da man sich praktisch von Fenster zu Fenster über die Gasse küssen konnte.) Zu erreichen ab Plaza de Los Angeles über Callejón del Patrocinio.

Alexander von Humboldt, der berühmte deutsche Naturforscher, besuchte

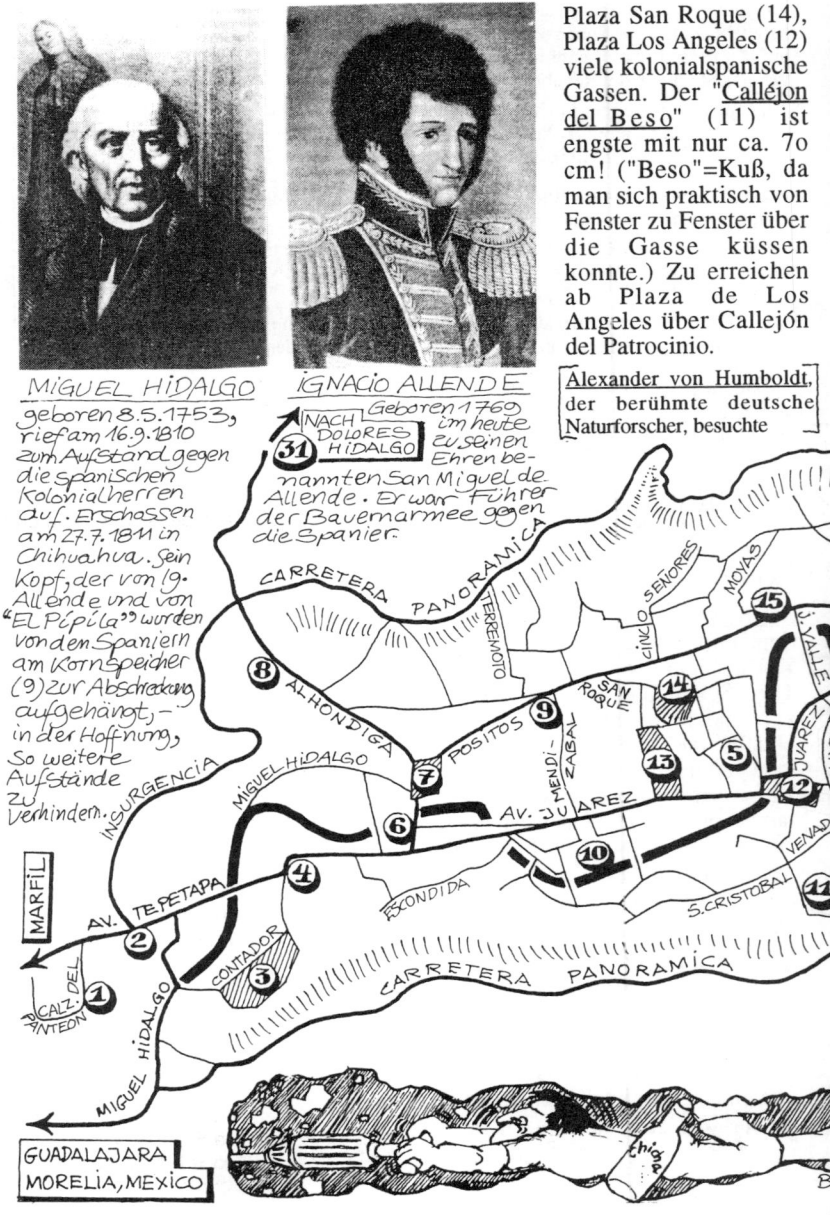

MIGUEL HIDALGO
geboren 8.5.1753, rief am 16.9.1810 zum Aufstand gegen die spanischen Kolonialherren auf. Erschossen am 27.7.1811 in Chihuahua. Sein Kopf, der von Ig. Allende und von "El Pípila" wurden von den Spaniern am Kornspeicher (9) zur Abschreckung aufgehängt, - in der Hoffnung, so weitere Aufstände zu verhindern.

IGNACIO ALLENDE
Geboren 1769, im heute zu seinen Ehren benannten San Miguel de Allende. Er war Führer der Bauernarmee gegen die Spanier.

1803 Guanajuato. Er war mit dem Schiff von Ecuador kommend am 23. März 1803 in Acapulco gelandet, einem damals noch kleinen Hafen mit nur rund 4.000 Einwohnern. Er avisierte sich dem spanischen Vizekönig von Mexiko, der von der Bedeutung des Forschers wußte und ihm jeglichen Zugang zu Archiven, aber auch Plantagen und Bergwerken öffnete.

Während seines Aufenthaltes in Mexiko fertigte er eine Karte der spanischen Kolonie, die u.a. die damaligen 500 Bergwerke verzeichneten die Namen der Eingeborenentämme und die Verkehrswege des Landes.

Weiterhin erstellte er das 50 Blatt umfassende Kartenwerk "Tablas Geográficas Políticas del Reyno de Nueva España", das eine Vielzahl von Angaben enthält, auch zu Staatseinnahmen und militärischen Details der Kolonie. Das Kartenmaterial versandte er an den spanischen Vizekönig, in Kopien gelangte es

GUANAJUATO

1. Museo de las Momias
2. BAHNHOF
3. Parque del Cantador
4. Pardo Kirche
5. Plazuela San Fernando
6. TOURIST INFO
7. Plaza d e Granaditas
8. alte Mine
9. Museum Alhóndiga de Granadita
10. Mercado Hidalgo
11. Callejón del Beso
12. Plaza Los Angeles
13. Jardín Reforma
14. Kirche San Roque
15. Museo Diego Rivera
16. Palacio Legislativo
17. Hauptgebäude Universität und Museo del Pueblo de Guanajuato
18. Kirche Compañia
19. Plaza de la Compañia und POST
20. Plaza de la Paz
21. Kirche Nuestra Sra. de Guanajuato
22. Jardín de la Unión
23. Kirche San Diego
24. Teatro Juárez
25. Pípila -Statue
26. Teatro Principal
27. Kirche San Francisco und Museo Quijote
28. Plaza del Ropero
29. Parque Las Embajadores
30. Olla Stausee und Acacias Park
31. Kirche Valenciana

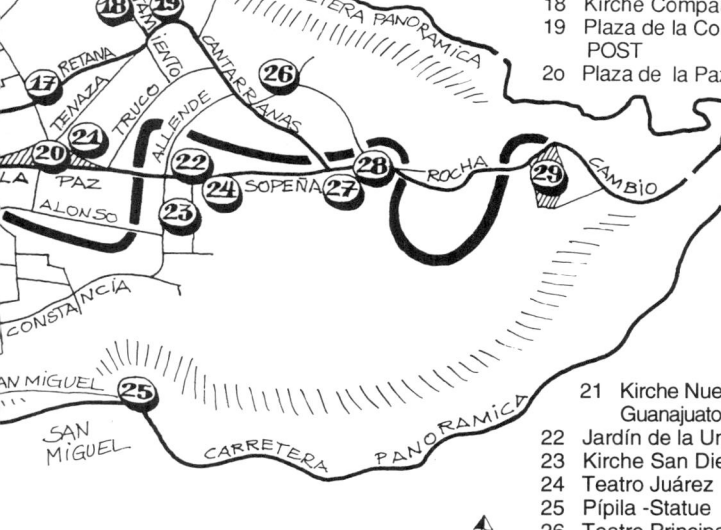

OBEN: Alexander von Humboldt
UNTEN: Lastenträger in mexikanischen Minen beim Treppenanstieg.

später aber auch an fremde, nicht unbedingt Spanien positiv gesinnte Staaten. Es war offenbar so präzise und detailliert, daß es hohen Wert auch für andere Regierungen hatte.

Von Humboldt traf am 8. August 1803 in Guanajuato ein. Die Stadt mit damals 70.000 Einwohnern und drittgrößte im kolonialspanischen Lateinamerika interessierte den Forscher, da sich dort die wichtigsten Minen befanden. Wegen Postkutschenbetrieb und Zwischenstop in Tula und Querétaro benötigte von Humboldt ab Hauptstadt gut eine Woche, um Guanajuato zu erreichen.

Von Humboldt hielt sich gut einen Monat in der Stadt auf und besuchte die Minen. Wie er in seinen Aufzeichnungen bemerkt, sei es "unmenschlich", daß hier Indios wie Lasttiere die Erze aus den Minen tragen bei Hitze unter Tage von 25 bis zu 45 Grad und mehr als 1.000 Treppenstufen.

Am Ausgang gab es Kontrollen. Zwar arbeiteten die menschlichen Lastenträger nackt und nur mit Ledenschurz, - so versteckten sie doch die Mineralien unter den Achseln und in Röhrchen im After. Bei Kontrollen, wie von Humboldt vermerkt, seien allein zwischen 1774 und 1787 in der Valenciana- Mine "rund 900.000 Franken an Wert für die Minenbesitzer zurückgeholt worden".

Seine Studien zum Silberbergbau Mexikos veröffentlichte von Humboldt im Geographie- Werk "Essai politique sur le royaume de la Nouvelle- Espagne". Da es kurz nach seinem Besuch zur Revolution in Mexiko kam und europäische Bergbaufirmen in Mexiko investierten, benutzten diese auch die Aufzeichnungen v. Humboldts. Bei der Gewinnung von Kapitalgebern auf z.B. Londoner Kapitalmärkten wurde jedoch verschwiegen, daß eine Vielzahl an Minen in Mexiko erschöpft oder durch Revolutionäre geflutet waren. Die Aktionäre warfen dann Alexander von Humboldt vor, er habe sie durch falsche Angaben getäuscht. Von Humboldt konterte, er habe mit seinem Werk keine "Expertise für Spekulanten" geschrieben.

An der Plaza de la Paz (20) die Kirche NUESTRA SEÑORA DE GUANAJUATO (21), ein Barockbauwerk Ende 17. Jh. Im Innern eine Marienstatue, Schutzpatronin der Stadt, im Jahre 1557 aus Spanien als Geschenk von Philipp II. nach Guanajuato gebracht. Prunkvolle Ausstattung mit Säulenaltären, Wand- und Deckenmalerei sowie gewaltigen Kronleuchtern. An der Plaza ebenfalls die Casa Rul y Valencia, die Ende des 18. Jh. von Eduardo Tresguerras (damals berühmter Bildhauer und Architekt) für den Conde de Rul gebaut wurde, einen reichen

Minenbesitzer. Als Alexander von Humboldt 1803 einen Monat in der Stadt lebte, war er Gast des Conde (Haus- Nummer 75, heute Sitz des Tribunals).

Wenige Schritte entfernt der schattige Jardín Unión (22) mit seinen geometrisch beschnittenen Bäumen. An einer Seite die Kirche SAN DIEGO (23): Fassade mit Churriguera- Stil mit einer Fülle an Figuren und Symbolen.

Völlig unpassend daneben die gewaltigen Säulen des TEATRO JUAREZ, vom Diktator Díaz in Auftrag gegeben und 1903 persönlich eingeweiht. Prunkvoll ausgestattete Lobby und Theatersaal, derzeit wegen längerer Restaurierungsarbeiten vorübergehend nicht zu besichtigen.

Oberhalb, am Ende der Calle Sopeña, die KIRCHE SAN FRANCISCO (27) und die PLAZA DEL ROPERO (28).

Neben der Kirche das MUSEO ICONOGRAFICO DEL QUIJOTE. Die Räume eines Kolonialhauses sind ganz dem "Ritter von der traurigen Gestalt" gewidmet. Skulpturen und Gemälde aus aller Welt zeigen Don Quijote und seinen Begleiter Sancho Panza. Eine kuriose Sammlung, aus der ein Original von Dalí wohl das bemerkenswerteste Einzelstück ist. Geöffnet Di.- Sa. 10- 17 Uhr, So. 10- 14.30 Uhr.

TEATRO PRINCIPAL (26), kleineres Theater für Kinovorstellungen und studentische Aufführungen.

LA COMPAÑIA (18): von Jesuiten 1747- 65 erbaute Kirche. Das wuchtige Gebäude steht etwas oberhalb. Churriguera- Fassade; im Innern führen zwei massive Säulenreihen zum Hauptaltar und der darüber errichteten Kuppel. Wenig goldener Punk, dafür in Stein gearbeitete Figuren und Ornamente.

Das Hauptgebäude der UNIVERSITÄT (17) wirkt etwas überdimensional zwischen die kleinen Häuser gesetzt, mit Rundbögenfenstern und pseudobarocken Zinnen (gebaut 1955). Es lohnt sich aber, die breite Eingangstreppe raufzuklettern: oben schöner Blick über die Dächer der Stadt. Direkt daneben das MUSEO DEL PUEBLO DE GUANAJUATO (17) mit mexikanischer Malerei aus dem 18.- 20. Jahrhundert. Geöffnet 9- 14 und 16- 18.30 Uhr. Eintritt 1,5 US.

MUSEO DIEGO RIVERA (15): Pocitos 47. Geburtshaus des mexikanischen Malers mit persönlichen Gegenständen sowie Entwürfen für einige seiner Wandgemälde (siehe auch Seite QW). Die Räume sind teilweise so wiederhergestellt, wie sie aussahen, als die Familie Rivera hier wohnte. Geöffnet Di.- Sa. 10- 13.30 und 16- 18.30 Uhr, So. 10- 14.30 Uhr. Eintritt 1,5 US.

MUSEO DE MOMIAS (1), auch "Panteón de Momias" genannt. Eine Ausstellung von Dutzenden von Leichen und sicher eines der makabersten Museen Mexikos! Geöffnet täglich 9- 18 Uhr. Eintritt 2 US.

Es ist bis heute noch nicht geklärt, weshalb sie sich über viele Jahre in derart "gutem"

Zustand erhalten haben. Man schreibt das eigentümliche Phänomen den vorhandenen Mineralien zu, die einerseits zu Lebzeiten von den Menschen über das Trinkwasser aufgenommen wurden, und die andererseits in der Erde des Friedhofs auf die toten Körper einwirkten. Jahre nach der Beerdigung hat man die Leichen wieder ausgegraben und stellt sie jetzt in dieser makabren Form zur Schau.

Zu erreichen ab Mercado Hidalgo mit dem Stadtbus "Presa- Momias".

PIPILA- DENKMAL (25): überdimensionale Steinfigur des Minenarbeiters Pípila ("Truthahn", so sein Spitzname) mit erhobenem Arm, der 1810 Feuer an der Eingangstür zur Alhóndiga de Granadita legte. Darunter eine Aussichtsplattform und lohnender Rundblick über die Stadt. Liegt an der 25 km langen "Carretera Panoramica", die das Tal komplett auf halber Hanghöhe umrundet.

Zu erreichen ab Mercado Hidalgo mit dem Stadtbus "Embajadoras- Pípila- ISTE". Fährt über die Panoramastraße am Pípila- Denkmal vorbei bis zum Krankenhaus ISTE und retour. Am besten beim Denkmal aussteigen, auf der Rückfahrt den Bus wieder anhalten, oder zu Fuß bergab ins Zentrum.

Wer mit dem Auto unterwegs ist, fährt am sinnvollsten die gesamte Panoramastraße entlang - weiter hinten sind die Ausblicke noch besser - und macht am Ende gleich den kurzen Abstecher zur Kirche La Valenciana.

LA VALENCIANA (31): Innen und außen verschwenderisch ausgestattet. Sie dokumentiert den immensen Reichtum, der aus der direkt nebenan liegenden Silbermine erwirtschaftet wurde. Die Kirche wurde vom Besitzer der La Valenciana Mine gestiftet und 1765- 88 gebaut und gilt als "Kleinod des mexikanischen Kolonialbarocks". Fertiggestellt allerdings nur ein Turm, die Fassade im Churriguera- Stil mit sorgfältig gearbeiteten Reliefs und Figuren. Im Innern wertvolle vergoldete Altäre.

Ohne eigenes Auto zu erreichen mit stündlichen Bussen ab Archivo Histórico in der Calle Alhóndiga.

OLLA STAUSEE und ACACIAS PARK (3o): wurde bereits 1742- 49 gebaut, um nach Regenfällen den Wasserfluß durch die Stadt einzudämmen, der sich sintflutartig durch die Gassen ergoß. Zusammen mit dem 1838 gebauten Stausee San Renovato (ebenfalls hier oben) konnte die Stadt von der gelegentlichen "Sintflut" befreit werden. Heute ein Freizeit-Park, per Bus "La Olla" ab Zentrum zu erreichen.

"Hotel Parador de San Javier", Plaza San Javier. Oberhalb der Stadt Richtung Dolores Hidalgo. Mischung zwischen Kloster- und Haciendagebäuden. Sehr weitläufige Anlage, großer Garten und Swimming- Pool. Große Zimmer mit TV, rustikal eingerichtet. DZ 115 US.

"Paseo de la Presa", Carretera Panorámica. Oberhalb der Stadt an der Panoramastraße mit schönem Blick auf den Ort. Über eine steile Treppe ist man schnell in der Stadt, zurück allerdings beschwerlich. SW- Pool. Modern und komfortabel. Farb- TV. DZ ca. 9o US.

"Posada Santa Fé", Jardín Unión 12. Traditionshotel mit viel Atmosphäre im Zentrum. Man tritt direkt hinein ins Geschehen auf dem Jardín Unión. Gemälde in der Eingangshalle und den Fluren. Gemütliche und ruhige Zimmer. DZ ca. 7o US.

"**Hotel San Diego**", Jardín Unión 1. Beste Lage direkt an der zentralen Plaza, in schönem Gebäude. Innen modernisiert. Viele Zimmer recht klein. Zentral und ruhig. DZ nach innen ca. 55 US, nach außen mit Blick zum Jardín ca. 75 US.

"**Hotel del Fraile**", Calle de Sopeña 3. Altes Gebäude mit schönen Holzbalken und -türen. Geschmackvoll restauriert. Kleiner Aufenthaltsraum. Zimmer rustikal möbliert, neue Bäder. Für 65 US pro DZ wohnt man stilvoll und zentral Nähe Jardín Unión.

"**Hotel Insurgente**", Juárez 226. Modernes Hotel hinter alter Fassade. Solide Mittelklasse. Der Auto- und Busverkehr von vier Straßen kreuzt hier. Nach vorn laut. Helle Zimmer, modernisiert. DZ ca. 4o US.

"**Hotel Mineral de Rayas**", Alhóndiga 7. Älteres Haus, Nähe Alhóndiga, an hektischer Straße. Allerdings auch ruhige Zimmer nach hinten und zur Seite. SW- Pool. Innen renoviert und rustikal ausgestattet. Ordentliche, helle Zimmer, neue Bäder. DZ ca. 23 US.

"**Posada San Francisco**", Gavira/Ecke Juárez. Neben dem Mercado an lauter Kreuzung. Kleiner Aufenthaltsraum mit Fernseher. Zimmer hell und ordentlich eingerichtet. Bäder sehr sauber. Allerdings abgenutzt und abgewohnt. DZ ca. 22 US.

"**Hotel Reforma**", Juárez 113. Eines der lieblosen Billighotels in der Nähe des Mercado. Triste und hektische Lobby in der Eingangspassage. Flure wie im Gefängnis. Zimmer düster, aber passabel eingerichtet. Bäder sehr heruntergekommen. DZ ca. 2o US.

"**Hotel Central**", Juárez 111. Heller, freundlicher Innenhof. Zimmer ebenfalls hell und angenehm, wenn auch sehr einfach ausgestattet. Nach vorn laut, zum Innenhof düster und muffig. Bäder sauber. DZ ca. 2o US.

"**Hotel Granaditas**", Juárez 1o9. Helle, luftige Zimmer, aber Einrichtung minimal und stark abgewohnt. Einfach. Bäder heruntergekommen. DZ ca. 15 US.

"**Posada de la Condesa**", Plaza de la Paz 6o. Dunkle Höhle, man hat das Gefühl, sich in den Tunneln unter der Stadt zu befinden. Zimmer basic, Bäder passabel. Verkommt zusehends zur Absteige. Notlösung in zentraler Lage. DZ ca. 13 US.

"**Casa Kloster**", Alonso 32. Gepflegte, ordentliche Zimmer in älterem Haus mit ruhigem, hellem Innenhof. Pflanzen und Vogelkäfige geben dem Patio einen romantischen Touch. Zimmer einfach ausgestattet, aber sauber. Zwar nur Gemeinschaftsbäder, trotzdem fühlt man sich hier wohler als in den düsteren Billig- Hotels am Markt. Zusätzlicher Vorteil ist die zentrale Lage Nähe des Jardín Unión. Pro Person ca. 1o US.

EL AGORA DE BARATILLO, Plaza del Baratillo. Im kühlen Innenhof unter dekorativen Arkaden mit Blick auf den kleinen Platz. Gut zum Frühstück oder den kleinen Imbiß zwischendurch. Preise mittel.

LA RONDA, Jardín Unión. Fleischgerichte vom Grill in gemütlich rustikaler Atmosphäre. Abends nur Bar- Service.

PIZZA PIAZZA, Hidalgo 16. Sehr einfache Pizzeria. An kleinen Bänken und Tischen meist studentisches Publikum. Billig. - EL INCENDIO, Cantarranas 15. Originelle Cantina. Mal nicht mit den üblichen Schwingtüren, dafür mit Holzbalken an der Decke und Wandmalereien.

POSADA SANTA FE, Jardín Unión. Tische auf der schattigen Plaza. Innen massive Holzbalken, Kronleuchter und koloniales Nobel- Ambiente. Kleine Speisekarte. Hauptsächlich Fleischgerichte, Nudeln, Salate. Einige Gerichte köcheln auf einem großen Tresen vor der Tür vor sich hin. Preise mittel bis teuer.

VALADEZ, Jardín Unión. Beliebtes Lokal mit mexikanischer und internationaler Küche. Nichts Besonderes, aber immer viel los. Von den Fensterplätzen direkter Blick auf das Teatro Juárez oder das Gewimmel auf dem Jardín Unión.

EL RETIRO, Calle de Sopeña 12. Mexikanische Spezialitäten, sehr preiswert. Viel studentisches Publikum. In etwas dunklem Innenhof, möbliert im mexikanischen Country- Stil.

TASCA DE LOS SANTOS, Plaza de la Paz 28. Sehr gemütliches Lokal mit spanischen Spezialitäten, u.a. Tapas und Paella. Küche hervorragend. Preise mittel bis teuer. Hier verkehrt das gehobene universitäre Publikum. Bei gutem Wetter auch Tische auf der Plaza.

GUANAJUATO, Alonso 4. Grillrestaurant in schön hergerichtetem Innenhof. Massive Holzbar in der Mitte. Vornehm- rustikale Atmosphäre. Gutes Fleisch und Fisch vom Grill. Preise mittel bis teuer.

EL CLAUSTRO, Jardín de la Reforma 13. Gemütliches Kellerlokal an romantischer Plaza. Mexikanische Spezialitäten, gut zubereitet, zu mittleren Preisen.

VENTA VIEJA, Plaza San Javier. Nobelrestaurant oberhalb des Zentrums. Steaks und exklusive mexikanische Küche. Teuer.

DILIGENCIAS, Jardín Unión 1. Im 1. Stock des Hotel San Diego. Ausgezeichneter Blick auf die Plaza. Vornehm- gemütliche Atmosphäre. Mexikanische und internationale Gerichte. Preise mittel bis teuer.

Neben dem Mercado Hidalgo (Seitenausgang) trifft man auf ein mehrstöckiges Gebäude mit vielen sauberen FONDAS, in denen preiswertes Essen zubereitet wird. Die Fondas im Markt selbst sind weniger gut.

CUATRO RANAS, Plazuela San Fernando 29. Kleines Lokal mit rustikaler Dekoration und Möblierung. Bei schönem Wetter auch Tische auf der Plaza. Einfache mexikanische Küche zu erschwinglichen Preisen.

VEGETARIANO, Callejón Calixto 2o. Etwas versteckt oberhalb der Plaza de Los Angeles. Winziger Speiseraum, freundlich möbliert. Familiäre Atmosphäre. Einfaches vegetarisches Essen zu günstigen Preisen.

VERANSTALTUNGEN
Kulturell ist in Guanajuato eigentlich immer etwas los. Auf Plakate in der Stadt achten, Anschläge im Hauptgebäude der Universität studieren, beim Touristenbüro nachfragen oder einfach auf dem Jardín Unión warten, bis

sich gegen Abend eine Kapelle auf der kleinen Bühne versammelt und das vielköpfige Publikum gratis unterhält.

TEATRO JUAREZ: Klassische Theaterstücke und Konzerte, wenn derzeitige Renovierung abgeschlossen ist.- TEATRO PRINCIPAL: Theater und Kino, studentische Aufführungen.

KARFREITAG: Aus dem einst traurigen Anlaß haben die Bewohner von Guanajuato heute ein fröhliches Fest gemacht. Blumenmärkte erfüllen die ganze Stadt mit Farbe und Düften.

FESTIVAL CERVANTINO: In der 2. Oktoberhälfte. Eines der großen Kulturfestivals von Mexiko. Veranstaltet gemeinsam mit der Universität. Musik und Straßentheater, sehr viel Improvisation und spontane Darbietungen. Einige der kleinen Plätze werden mit Tribünen in Freilichttheater verwandelt (z.B. die Plaza San Roque). Ein Riesenproblem sind zu dieser Zeit allerdings die Hotelzimmer; sehr langfristig vorreservieren!

Diskotheken: Beliebte Diskotheken mit studentischem Publikum sind GALERIA im Hotel Parador de San Javier und SANCHO'S in der Calle Mineral de Cata s/n. Beide liegen etwas außerhalb des Zentrums. Etwas zentraler (Av. Juárez, westlich des Mercado) liegt ESTUDIO 51.

SHOPPING
MERCADO HIDALGO, Av. Juárez. Metall- und Steinkonstruktion im Stil einer europäischen Bahnhofshalle. Lebensmittel. Artesanía (viel Kitsch) im 1. Stock.

Verbindungen ab Guanajuato

Flüge: Anfang 1990 fertiggestellt der neue Flughafen "Aeropuerto Internacional del Bajío", ca. 30 km Richtung León. Allerdings wenig brauchbar: Nur zu erreichen per Bus bis Silao, dann weiter mit Taxi. Mexicana und Aeroméxico haben Direktflüge nach Guadalajara, Mexico City, Monterrey, Zacatecas und Tijuana, besitzen jedoch kein Büro in Guanajuato. Der Airport dient eher lokalen und geschäftlichen Bedürfnissen der Industriestadt Leon.

Eisenbahn: Bahnhof am westlichen Stadtrand in der Calle Tepetapa. Täglich 1 x nach Mexico City (17 US/6,5 Std.) über Querétaro (7 US/3 Std.).

Bus: Neuer zentraler Busterminal weit außerhalb, westlich der Stadt. Von dort aus regelmäßig Busse ins Zentrum, bzw. Taxi ca. 3,5 US.

Verbindungen mehrmals täglich nach: Mexico City (15- 18 US) 6 Std. und Guadalajara (9- 13 US) 6 Std.

> Morelia (6 US) 4 Std., - San Miguel de Allende (3 US) 2 Std., - Querétaro (5 US) 2 Std., - San Luis Potosí (8 US) 3,5 Std.

Guanajuato -> Morelia (170 km)
Relativ eintönige Strecke durchs Hochland. Schön wird es lediglich bei der Durchquerung des Lago Cuitzeo, ein Deich führt mittendurch. In der Trockenzeit ist der See jedoch manchmal ohne Wasser, so daß der Trip seinen Reiz verliert.

Guanajuato -> San Luis Potosí (210 km)
Zunächst knapp 100 km wenig befahrene Nebenstraße über Dolores Hidalgo zur MEX 57. Gleich hinter Guanajuato führt eine kurvenreiche Strecke über einen Höhenzug. Einige weite Ausblicke in die Täler. Die Hauptstraße nach San Luis dann gut ausgebaut und schnell zu befahren.

★San Luis Potosí (1.880 m, ca. 1,3 Mio. Einw.)
Koloniale Altstadt im spanischen Schachbrettmuster, aufgelockert durch mehrere Plazas. Angenehme, ruhige Atmosphäre, da der Autoverkehr von einigen Straßen und Plätzen teils oder ganz verbannt ist. Nur wenige Schritte von Platz zu Platz. Dazu Kirchen, Klöster und enge Straßen mit vielen Kolonialgebäuden. Außerhalb des Zentrums langweilige Middle-West- Atmosphäre.

> Geschichte: Gegründet 1590 als Franziskanermission San Luis. Ihren Beinamen "Potosí" erhielt die Siedlung, als die Spanier zu Beginn des 17. Jahrhunderts in der Umgebung Gold- und Silberminen entdeckten und sich ebenso großen Reichtum wie in der bolivianischen Silberstadt Potosí erhofften. Zwar wurden in Folge Minen ausgebeutet, die sich jedoch bei weitem nicht so reich wie die bolivianische Mine erwiesen. Trotzdem war San Luis Potosí zu Kolonialzeiten eine wohlhabende Stadt, siehe auch Vielzahl an Plätzen und Barockkirchen.
>
> 1863 war San Luis Potosí kurzfristig Hauptstadt Mexikos. Benito Juárez schlug während seines Widerstandskampfes gegen ausländische Intervention und Kaiserreich Maximilians vorübergehend sein Lager in der Stadt auf. 1863 von den Royalisten vertrieben, kehrte er 1867 zurück, erlebte von hier aus die Niederlage Maximilians in Querétaro und unterschrieb im Palacio de Gobierno das Todesurteil gegen den entmachteten Kaiser.
>
> Heute ist neben Bergbau (Zink, Blei) und Landwirtschaft vor allem die Industrie der beherrschende Wirtschaftszweig.

Klima: Mildes Klima auf 1.880 m Höhe. Im Winter kann es nachts und morgens empfindlich kalt werden.

ORIENTIERUNG
Nicht verwirren lassen: Die meisten Altstadtstraßen haben zwei Schilder. Unter dem gültigen neuen hängt das hübsche alte, heute jedoch nicht mehr gebräuchliche.

 Carranza 325.

Post: Morelos y Pavón 235. - **Geldwechsel**: Casa de Cambio, Morelos y Pavón 4oo, schräg gegenüber der Post.

PLAZA JARDIN HIDALGO (1): Zentrum der Altstadt mit dem neoklassizistischen Palacio de Gobierno (2) von 177o an seiner Westseite und der Kathedrale (3), die an der Stelle einer ersten Kirche in den Jahren 167o bis 173o in mehreren Bauphasen errichtet, ausgebaut und bis 1896 erweitert wurde. Fassade und Türme mit barockem Schmuck. Das Kirchenschiff macht mit seinen massiven Pfeilern eher einen gotischen Gesamteindruck, auch wenn verschiedene Stilelemente vermischt sind. Nördlich anschließend der Palacio Municipal von 1838 mit Arkadengang.

REAL CAJA (8): die ehemalige Münzanstalt der Spanier, mit ungewöhnlicher, barocker Eckfassade und den typischen Potosí-Balkons.

PLAZA DE LOS FUNDADORES (5), auch Plaza Juárez genannt. Wird beherrscht durch das Gebäude der Universität. Daneben die Kirche La Compañía und die CAPILLA LORETO (6) mit barocker Fassade und sehenswertem, geschnitztem Altar.

OBEN: 8 Real, geprägt 1805 und vor Ende der span. Kolonialzeit. Sie war eine der gängigsten Silbermünzen zur Kolonialzeit. Links die Prägung "ME" = MEXICO. Heutiger Sammlerwert ca. 15 US.

PLAZA SAN FRANCISCO (9): schönster Platz von San Luis mit der wuchtigen Kirche SAN FRANCISCO (11). Auf dem schattigen Platz (Fußgängerzone) mit seinen kolonialen Gebäuden und Kirchen fühlt man sich um Jahrhunderte zurückversetzt. Neben der Kirche das MUSEO REGIONAL DE ARTE POPULAR mit Ausstellung und Verkauf von Artesanía aus der Gegend.

Hinter der Kirche versteckt die kleine PLAZA DE ARANZAZU (13) mit Resten des ehemaligen Klosters San Francisco. Bemerkenswert die harmonischen Rundbögen der einstigen Stallungen. - Im MUSEO REGIONAL (12) präkolumbianische Ausstellungsstücke sowie Kunsthandwerk aus San Luis. Schönster Teil des Klosters die barocke Capilla de Aranzazu: besonders auffällig der Kontrast zwischen den schmucklosen Wänden und den reich verzierten Pfeilern. Zwei kleinere Kirchen an der Plaza San Francisco: Templo de Tercer Orden sowie Iglesia del Sagrado Corazón.

Von der Plaza San Francisco führen die Straßen Nava und Universidad zur Kirche SAN AGUSTIN (14). Ein großer, reich verzierter Glockenturm steht in ulkigem Kontrast zu dem winzigen zweiten Turm.

Von San Agustin aus nur wenige Schritte zur PLAZA DEL CARMEN (18). An einer Seite des Platzes die Kirche DEL CARMEN (19) mit reicher Churriguera- Fassade, die nach oben hin in skurrilen, groben Darstellungen endet. Im Kirchenschiff mehrere prunkvolle Altäre, teilweise vergoldet, deren Überschwang an Figuren und Ornamenten bis zur Decke reicht. Man könnte Stunden damit verbringen, die Details dieser dekorativen Fülle zu betrachten. Nicht verpassen die kleine Seitenkapelle neben dem Hauptaltar: Ein Bildnis der Jungfrau, eingebettet in den goldenen Glanz eines riesigen Altars. Gemälde und Ornamente bis in die Kuppel.

Neben der Kirche das TEATRO DE LA PAZ (17) in neoklassizistischem Stil 19. Jh., gegenüber das MUSEO NACIONAL DE LA MASCARA (16) mit Masken und Tanzkostümen aus vielen Regionen Mexikos. Erklärungen zu Sinn und Zweck von rituellen Tänzen und den dabei verwendeten Masken. Geöffnet Di.- Fr. 1o- 14 und 16- 18 Uhr, Sa./Sa. 1o- 14 Uhr. Eintritt frei.

"Hotel Real Plaza", Carranza 89o. Modernes Hochhaus, 1o Min. zu Fuß vom Zentrum. Die großzügigen Zimmer nach vorn haben in den oberen Stockwerken einen schönen Blick auf die Türme und Kuppeln der Altstadt sowie auf die umliegenden Berge. Einrichtung modern und zweckmäßig mit Farb- TV. DZ ca. 65 US.

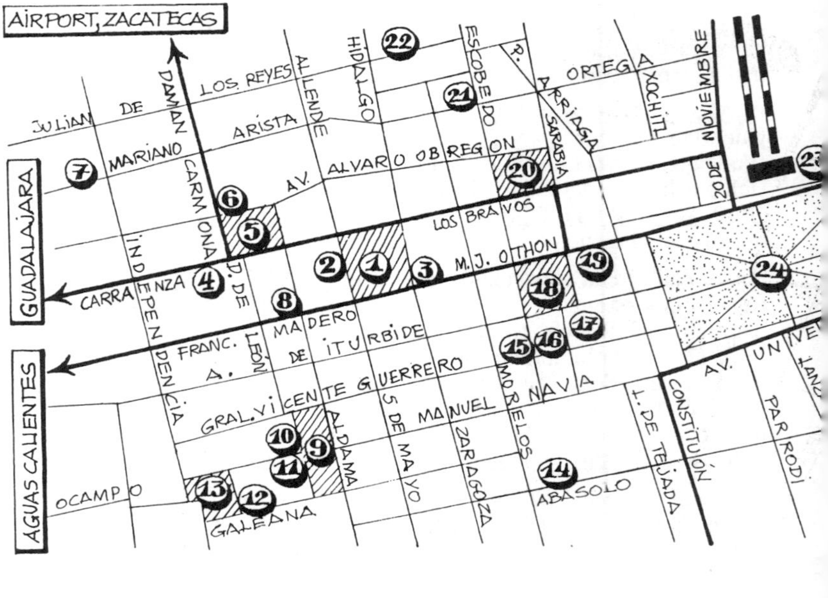

"**Hotel Panorama**", Carranza 315. Modernes Hochhaus. Nähe Plaza de los Fundadores. Schwimmbad. Zimmer hell, modern möbliert. Große Fensterfronten bringen von den oberen Stockwerken schöne Aussichten über die Stadt. DZ ca. 60 US.

"**Hotel Arizona**", Guadalupe Torres 158. Direkt gegenüber vom Busterminal. Praktisch, wenn man spät abends ankommt. Moderner Neubau mit ordentlicher Möblierung. Je nach Lage der Zimmer mehr oder weniger Lärmbelästigung durch den starken Bus- und Autoverkehr. DZ ca. 36 US.

"**Hotel Concordia**", Morelos/Ecke Othon. Zentral Nähe Plaza Hidalgo. Zimmer düster und klein, aber modernisiert mit Farb- TV und Teppichboden. DZ ca. 36 US.

"**Hotel Filher**", Universidad 375. Altes Gebäude mit schöner Fassade. Nähe Plaza San Francisco. Pompöser Treppenaufgang. Bäder ordentlich und sauber. Große, helle Zimmer. Sehr einfache Ausstattung, s/w TV. DZ ca. 27 US.

"**Hotel Plaza**", direkt an der Plaza Hidalgo (nicht mit "Hotel <u>Real</u> Plaza" verwechseln). Die Zimmer zum Innenhof düster. Einige Zimmer zur Straße hin hell und groß, Einrichtung dort kaum besser, aber für ca. 18 US bekommt man immerhin die hervorragende Lage geboten.

Präsident BENITO JUAREZ hatte im Kampf gegen das Kaiserreich Maximilians 1863 in San Luis Potosí Standquartier. 1867 unterschrieb er das Todesurteil Maximilians durch Erschießung.

SAN LUIS POTOSI

1 Jardín Hidalgo
 (Plaza de Armas)
2 Palacio de Gobierno
3 Kathedrale
4 TOURIST BÜRO
5 Plaza de los Fundadores
6 Uni und Capilla Loreto
7 Archivo Histórico
8 Real Caja
9 Plaza San Francisco
10 Museo de Artesanía
11 Kirche San Francisco
12 Regional-Museum
13 Plaza de Aranzazu
14 Kirche San Agustín
15 Telegrafo Nacional
16 Museo de la Máscara
17 Teatro de la Paz
18 Plaza del Carmen
19 Kirche del Carmen
20 Jardín San Juan de Dios
21 POST
22 Mercado Hidalgo
23 BAHNHOF
24 Alameda Juan Sarabia
25 Plaza de Toros
26 Museo Taurino
27 BUSTERMINAL

"**Hotel Guadalajara**", Los Bravos 253. Direkt neben dem Bahnhof. Helle Flure mit bequemen Sitzgruppen, wo man sich gut aufhalten kann. Zimmer klein, mit einfachen, aber soliden Möbeln und TV. Bäder sehr sauber. Für ca. 21 US pro DZ gute Wahl.

"**Hotel Progreso**", Aldama 415. Wenige Schritte von der Plaza San Francisco. Altes Kolonialhaus mit ehrwürdigen Mauern, das schon bessere Tage gesehen hat. Große, helle Zimmer, einfach ausgestattet. DZ ca. 18 US.

"**Hotel Anahuac**", Xochitl 14o. Bahnhofsnähe. Triste Umgebung mit Parkhaus und viel Beton. Steriler Bau und ebensolches Interieur, Zimmer zumindest hell und luftig. DZ ca. 18 US.

Jugendherberge: Glorieta Juárez, Lado Sur. Außerhalb des Zentrums, direkt am Busterminal.

LA CORRIENTE, Carranza 7oo. Ein Schmuckstück von Restaurant: Tische im überdachten Patio und mehreren kleinen Räumen, die davon abgehen. Rustikale Einrichtung, Bilder an den Wänden, von der Decke hängen Pflanzen. Angenehmes, koloniales Flair. Ländliche Regional- Küche, Preise mittel bis teuer.

LA GRAN VIA, Carranza 56o. Vornehm in Kolonialgebäude. Stilvolle Einrichtung; Dekoration und Möbel der Architektur angepaßt. Internationale Küche mit Schwerpunkt auf französischen Rezepten. Teuer.

LA POSADA DEL VIRREY, Plaza Hidalgo 3. Großes Speiserestaurant im Zentrum. Hauptsächlich Fleisch und Geflügel. Preise mittel.

TIBERIUS, Carranza 1o47. Etwa 1o Min. zu Fuß vom Zentrum. Verschiedene Räume in typischem Kolonialhaus. Teilweise in Naturstein belassen, teilweise dekoriert. Gemütliche Pizzeria, mittlere Preise. - DEL PACIFICO, Constitución 22o. Cafeteria. 24 Stunden geöffnet. Zwischen Bahnhof und Zentrum. Fast- Food- Ambiemte. Preiswertes Mittagsmenü.

LA PARROQUIA, Constitución/Ecke Othón. Mexikanisches Ambiente par excellence: schon am Eingang die attraktive Küche mit blau- weiß gekacheltem Tresen. Im Speisesaal rustikal- gemütliche Möblierung. Dazu passend die mexikanischen Gerichte; ohne besonderen Anspruch, aber schmackhaft zubereitet. Günstige Preise für ordentliche Portionen.

RENDEV VOUS, Carranza 315. Cafeteria mit einer Vielzahl von Gerichten: Sandwiches, Nudeln, Fleisch, Salate, Suppen. Den ganzen Tag über ein beliebter Treffpunkt Nähe Plaza de los Fundadores. Durch die großen Scheiben hat man den Überblick nach draußen.

Regionale Spezialitäten: Acanelado: in Zimtmasse gebadete Nüsse. Verkauf dieser Leckerei, die den Reiseproviant ein wenig versüßt, in den Konditoreien des Zentrums.

VERANSTALTUNGEN
Stadtfest und Messe mit Artesanía Ende August (Höhepunkt am 25. des Monats).

SHOPPING

MERCADO HIDALGO, Hidalgo/Ecke Mier y Terán. Markthalle mit Lebensmitteln und Billigrestaurants im 1. Stock.

Artesanía: Verkauf von Kunsthandwerk aus San Luis Potosí und anderen Teilen Mexikos im Museo de Arte Popular an der Plaza San Francisco. Auf dem Mercado Hidalgo ebenfalls ein kleines Angebot.

Verbindungen ab San Luis Potosí

 **Flüge**: Flughafen 25 km außerhalb in nordöstlicher Richtung an der Straße nach Matehuala. Ins Zentrum mit "transporte terrestre" für saftige 15 US pro Person. Ab zwei Personen ist man mit einem Taxi schon besser bedient.

MEXICANA (Büro: Carranza 2325) fliegt mehrmals täglich nach Mexiko City (12o US) 1Std. und 1x pro Woche nach Zacatecas (5o US) 3o Min.

AEROMEXICO (Büro: Carranza 116o) fliegt mehrmals täglich nach Mexico City zu ähnlichen Tarifen, außerdem mehrmals nach Guadalajara (12o US) 1 Std. und Monterrey (175 US) 1 Std.

Eisenbahn: Bahnhof nur wenige Minuten vom Zentrum zu Fuß, Othon/Ecke 2o de Noviembre.

Vor dem Bahnhofsgebäude eine schmucke Dampflok mit Tender aus dem Jahre 1921 und der sinnigen Aufschrift: "Von der Zeit verweht." Die ausrangierten Eisenbahnen sind für die Mexikaner nicht nur Monumente der technischen Entwicklung, sondern auch historische Denkmäler, die an die Zeit der Revolution erinnern sollen:

Die Dampflokomotiven und Züge waren die "treuen Begleiter der Revolution". Nur mit ihrer Hilfe konnte Pancho Villa seine Truppen halbwegs schnell über die riesigen Entfernungen des mexikanischen Nordens an die Brennpunkte des aktuellen Kriegsgeschehens schaffen.

Täglich 2 x nach Mexico City (18 US) 6 Std., - Monterrey (2o US) 8 Std., - Nuevo Laredo (28 US) 14 Std.

Bus: Der Busterminal liegt außerhalb, westlich des Zentrums. Wenn man den Terminal verläßt, stehen links um die Ecke die Busse ins Zentrum, Aufschrift "Directo Saucito". Taxi 2,5 US.

Mindestens stündliche Abfahrten nach: Mexico City (14- 25 US) 6 Std., - Aguascalientes (5 US) 2 1/2 Std., - Zacatecas (6 US) 3 Std., - Matamoros (28 US) 11 Std., - Nuevo Laredo (35 US) 1o Std., - Monterrey (16- 3o US) 7 Std., - Querétaro (7- 11 US) 3 Std. Außerdem mehrfach in allen größeren Städten des Nordens und des Zentralen Hochlandes.

Transport in San Luis: Die Altstadt ist so kompakt, daß alles (inkl. Bahnhof) zu Fuß zu erreichen ist, selbst wenn man in einem der Hotels am Rande des Zentrums wohnt.

✱ Ojo Caliente

Rund 4o km südlich von San Luis Potosí. Heiße Quellen mit Schwimmbecken und einem Motel. Ideal, wenn man sich nach den langen Busfahrten durch den Norden ein oder zwei Tage entspannen und den Staub abwaschen möchte. Zu erreichen: knapp 4o km auf der Mex 57 südlich Ri. Querétaro. Dort Abzweigung und noch 1 km bis Ojo Caliente. Jeder 2.-Klasse-Bus Richtung Süden läßt einen an der Abzweigung raus.

San Luis Potosí -> Monterrey (54o km)

Hier findet der Übergang statt vom Zentralen Hochland in die endlosen Weiten des mexikanischen Nordens. Die charakteristische Landschaft, wie sie aus Wildwest-Filmen bekannt ist: steinige Hochebenen mit Kakteen, Agaven und niedrigem Gestrüpp. Verkarstete Berge und Höhenzüge, nur selten eine menschliche Siedlung oder ein Maisfeld. Zwischendurch ganze Wälder von Yucca-Palmen, die ihre wenigen Äste bizarr gen Himmel strecken. In der Dämmerung und bei Nacht ein gespenstischer Anblick.

✱ Real de Catorce (ca. 2.8oo m, 5oo Einw.)

Mexikos attraktivste Ghost-Town. Alte, fast verlassene Minenstadt in den Bergen, rund 14o km nördlich von San Luis Potosí. Ende des 19. Jh. lebten hier rund 5o.ooo Menschen, heute nur noch ca. 5oo. Eine Geisterstadt wie aus einem Wildwestfilm, in 2.8oo m Höhe bei kühler und dünner Höhenluft. Schon die Zufahrt einigermaßen gespenstisch durch den etwa 2 km langen Ogarrio-Tunnel, der so eng ist, daß Fahrzeuge nur in jeweils einer Richtung passieren können.

> Die ersten Silberadern wurden hier oben in der Sierra 1772 gefunden. Abbau zunächst mit einfachen Methoden, wobei auch in geringerem Umfang Gold und Kupfer gefördert wurde. Die Stadt wuchs und hatte bald 1oo Minen. 18o5 zählte Real de Catorce zusammen mit Guanajuato und Zacatecas zu den wichtigsten Minenstädten des Landes, aus denen rund 5o % der Silber-Gesamtförderung Mexikos kamen.
>
> Höhepunkt zur Wende ins 2o. Jh., als in Real de Catorce rund 5o.ooo Menschen lebten. Die Silberbarone hatten in der Stadt ihre Häuser mit reich gestalteten Portalen. Präsident Díaz besuchte die Stadt 1896 und entschied den weiteren Ausbau der Minen. 1897 wurde ein fast 2 km langer Tunnel von der Stadt durch die Sierra angelegt und 19o1 eröffnet. Auf dem Gleis durch den Tunnel fuhren zunächst Waggons, die von Pferden gezogen wurden, später Elektrifizierung. Der Tunnel diente dem Transport der Minenarbeiter, aber auch zum Abtransport der geförderten Mineralien.
>
> Während der Revolution von 191o wurde viel an Architektur der Stadt zerstört, außerdem wurden die Minen, die den Royalisten gehörten, geflutet. Man hat nach den Wirren der Revolution erneut versucht, den Minenbetrieb wiederaufzunehmen. Neu angelegte Tunnel unterhalb der gefluteten Schächte dienten der Entwässerung, ein schwieriges Unterfangen. Letztendlich wurde der Bergbau in den 3oer Jahren aufgegeben, die Eisenbahngleise zur Verschrottung abgebaut und die Stadt verlassen.

Bemerkenswerte Gebäude, die noch Reste vom einstigen Glanz bewahrt haben, sind selten in Real de Catorce.

CASA DE MONEDA, die ehemalige Münzpräge, ein dreistöckiges Gebäude, gebaut 1863. Sie war nur sechs Jahre in Betrieb, als sie bereits 1869 von Kaiser Maximilian wieder geschlossen wurde. In Verfall begriffen, wie fast alles in der Stadt.

KIRCHE SAN FRANCISCO: Barock mit Holzfußboden(!), an den Wänden Unzahl an Votivgaben. In den Minen gab es eine Menge Unfälle, daher die Kirche und ihr Heiliger San Francisco sehr wichtig; durch Votivgaben dankte man, wenn Gebete zur Heilung "erfüllt worden waren". Wer etwas spanisch kann: interessant die Kommentare neben den Votivgaben. Auch heute ist die Kirche noch Ziel von Pilgerfahrten, die den Rest von Leben in Real de Catorce aufrechterhalten.

UNTERKUNFT: Im Ort einige einfache Hotels und Casas de Huéspedes (1o- 25 US), die hauptsächlich für die Pilger funktionieren. Also keine großen Ansprüche stellen; wäre auch unpassend für diesen Ort. - VERBINDUNGEN: Real de Catorce ist per Bus etwas schwierig zu erreichen. Ab San Luis Potosí zunächst nach Matehuala. Von dort gibt es Busse über Cedral, Vanegas nach Real de Catorce. Wesentlich bequemer und schneller läßt sich der Ausflug mit dem Leihwagen realisieren. Verleih in San Luis Potosí: BUDGET, Av. Carranza 1415- A.

San Luis Potosí -> Zacatecas (19o km)

Meist schnurgerade Strecke durchs Hochland. Gut ausgebaute Straße, gelegentlich über einige Höhenzüge. Kakteen, Agaven und niedrige Büsche bestimmen die Vegetation. Ein Vorgeschmack auf den mex. Norden.

★Zacatecas (2.5oo m, ca. 15o.ooo Einw.)

Ehemals reiche Minenstadt in eindrucksvoller Lage am Berg. Kleine Plätze, stille Winkel, steile Straßen und enge Gassen, die in Treppen übergehen. Prächtige Kathedrale und zahlreiche sehenswerte Kolonialgebäude in hellrosa Stein. Das alles in ein klares Höhenlicht getaucht.

Zu besichtigen der Stollen der Silbermine. Eine Seilbahn führt über die Altstadt hinweg zum Cerro de la Bufa, der das Panorama mit seinem bizarren Felskamm abrundet. Wegen Szenerie u.a. auch Schauplatz diverser Spielfilme.

1548 von spanischen Konquistadores gegründet, entwickelte sich Zacatecas zu einer der führenden Silberstädte Mexikos. Der Boom dauerte während der gesamten Kolonialzeit, zeitweise war Zacatecas zweitgrößte Stadt im Lande, und die Minen lieferten 2o % der gesamten mexikanischen Silberproduktion. Noch heute fördern in der Umgebung einige Minen Silber und andere Metalle.

Das wichtigste Ereignis der Stadtgeschichte während der Mexikanischen Revolution: Am 23. Juni 1914 verbuchte Pancho Villas División del Norte hier einen ihrer spektakulärsten Siege über die Truppen des Putschgenerals Victoriano Huerta. Dieser war ein Jahr zuvor mit Unterstützung der US- Amerikaner zur Macht gelangt. In kurzem, aber bluti-

284 Zentrales Hochland

gem und zerstörerischem Gefecht eroberte die Armee Pancho Villas die Stadt Zacatecas und vernichtete die hier stationierten Regierungstruppen. Zum Fortgang der revolutionären Ereignisse vergleiche Kapitel "Geschichte".

Klima: Mildes Frühlingsklima das ganze Jahr über. Wegen der Höhe kann es zwischen November und Februar nachts empfindlich kalt werden, manchmal wird sogar die Frostgrenze erreicht. Wenig Regenfälle, in der Regel zwischen Juli und September.

 INFOTUR, Hidalgo 601, schräg gegenüber der Kathedrale.

PANCHO VILLA (Links auf dem Präsidentenstuhl, Führer der Rebellen im Norden) - neben EMILIANO ZAPATA (rechts, Führer der Guerrillas im Süden). Foto Dez. 1914 im Präsidenten-Palast Mexico City; die Kämpfe dauerten jedoch noch einige Jahre, Details siehe Seite 143.

Zentrales Hochland 285

> **Post**: Allende 111. - **Telefon**: Plaza Independencia, in winziger Einkaufspassage. -
> **Geldwechsel**: Casa de Cambio "San Luis", Arroyo de la Plata 199.

KATHEDRALE, dominiert im Stadtzentrum, ein imposantes Bauwerk mit herrlicher Barockfassade in hellrosa Stein. Auch die Türme überschwenglich mit Stuckreliefs verziert. Erbaut 1730- 1760. Die wertvolle Innenausstattung aus Gold und Silber wurde in den Wirren der Reform- Epoche unter Juárez und während der Revolution zum großen Teil geplündert. Trotzdem noch einer der schönsten Sakralbauten Mexikos. Daneben wirkt der angrenzende PALACIO DE GOBIERNO bescheiden, im Innenhof

Feuergefecht zwischen Zapatistas (im Busch) und den Royalisten (im Vordergrund) 1914.

"Verhau" nach Sprengstoff Attentat: insbesondere die Zapatistas benutzten im Revolutionskrieg Sprengstoff, um gegnerischen Truppen Nachschubwege abzuschneiden. Dabei wurden Brücken gesprengt, - vielfach aber auch Sprengladung an Lokomotiven angebracht, die später in die Luft flogen.

Wandgemälde zur Stadtgeschichte.

In der Parallelstraße Genaro Codina die IGLESIA SANTO DOMINGO. Auch sie besitzt eine harmonische Barockfassade. Im ehemaligen Kloster daneben das MUSEO PEDRO CORONEL: Erstaunlich vielseitige Kunstsammlung, die in ihrer modernen Abteilung zu den besten in Mexiko gehört. Neben asiatischer, afrikanischer und antiker europäischer Kunst ist vor allem die zeitgenössische Sammlung hervorzuheben: u.a. Werke von Chagall, Dalí und Picasso. Geöffnet 1o- 14 und 16- 19 Uhr, donnerstags geschlossen. Eintritt 3 US. Etwas unterhalb in der gleichen Straße die IGLESIA SAN AGUSTIN mit einer eigentümlichen Mischung aus klobigen Stützpfeilern und filigraner Fassade im barocken Stil.

MUSEO RAFAEL CORONEL, etwas versteckt im ehemaligen Kloster San Francisco. Vielseitiges Museum, u.a. mit Skizzen von Diego Rivera, prähispanische Fundstücken und Exponaten aus der Kolonialzeit. Highlight ist zweifellos die Sammlung mexikanischer Masken, die in Gegenwart und Vergangenheit bei religiösen Anlässen und rituellen Tänzen benutzt werden. Geöffnet 1o- 14 und 16- 19 Uhr, mittwochs geschlossen. Eintritt 3 US.

PARQUE FRANCISCO GOYTIA, unterhalb des Zentrums an der Av. González Ortega. Dicht bewachsener und schattiger Park, in dem man sich vom anstrengenden Klettern auf den steilen Straßen der Stadt erholen kann. Daneben das gleichnamige Museum mit Werken des mexikanischen Malers und Bildhauers Francisco Goytia sowie anderer Künstler aus Zacatecas. Geöffnet Di.- Sa. 1o- 14 und 17- 2o Uhr, Eintritt 3 US.

Am Rande des Parks verlaufen die Reste eines Aquädukts aus dem 18. Jahrhundert. Unter seinen Bögen die ehemalige Stierkampfarena, in der heute das originelle Hotel Quinta Real untergebracht ist.

In der Verlängerung der Av. Juárez beginnt eine schattige Promenade mit Blumenbeeten und Brunnen, die sogenannte ALAMEDA. Ein angenehmer Spazierweg, über den man die MINA EL EDEN erreicht. Die Silbermine stammt aus der Glanzzeit von Zacatecas. Eine kleine Bahn fährt die Besucher in den Stollen. Dann zu Fuß weiter in den durchlöcherten Berg. Gute Führung, allerdings nur in spanischer Sprache.

Der ca. 3o-minütige Besuch der Mine lohnt sich, um eine Vorstellung davon zu bekommen, unter welch brutalen Bedingungen der überirdisch zu besichtigende Reichtum der Kolonialstadt produziert wurde. Auf klapprigen Leitern mußten die Bergleute in die engen Stollen hinabsteigen und das erzhaltige Gestein unter unsäglichen Mühen ans Tageslicht befördern. Tödliche Unfälle waren an der Tagesordnung, Katastrophen bei Wassereinbruch im Schacht nicht selten.

Geöffnet 12- 19.3o Uhr, Eintritt 3,5 US. Am Ende des Schachts ein Fahrstuhl, der direkt zur Talstation der Seilbahn führt.

Der "TELEFERICO" (die Seilbahn) führt vom Ausgang der Mine quer über die Stadt rauf zum CERRO DE LA BUFA. Von dort weiter Blick über Stadt und Berge. Seilbahnbetrieb bis 19 Uhr, Hin- und Rückfahrt ca. 1,5 US. - Auf dem Cerro lohnt der Besuch des MUSEO DE LA TOMA DE ZACATECAS: Exponate zur Mexikanischen Revolution, insbesondere zur Eroberung ("toma") von Zacatecas durch die Truppen Pancho Villas. Kanonen, Gewehre, Zeitungen und besonders informativ die Sammlung von Fotos. Geöffnet Di.- So. 1o- 17 Uhr, Eintritt 3 US.

Rückweg vom Gipfel: zu Fuß durch die Gassen ins Zentrum, immer wieder neue Ausblicke über die Dächer der Stadt.

Hotels in Zacatecas sind relativ teuer, da die Stadt beliebtes mexikanisches Ausflugsziel ist. Vor allem um Feiertage sowie während der Fiestas auf keinen Fall spät am Tag in Zacatecas ankommen, da es sonst Probleme mit den Hotelzimmern gibt.

"**Hotel Quinta Real**", González Ortega s/n, unter dem Aquädukt am Parque Francisco Goytia. Wer außergewöhnlich wohnen will: eines der originellsten Hotels in Mexiko. Erbaut innerhalb einer ehemaligen Stierkampfarena, die Tribünen sind zum Teil noch erhalten. Zimmer mit jeglichem Komfort. DZ ca. 19o US.

"**Hotel Paraíso Radisson**", Hidalgo, gegenüber der Kathedrale. Nobelhotel im alten Stil. Phantastische Fassade im Kolonialstil mit Ornamenten und Eisengittern. Lobby modern und etwas unterkühlt. Zimmer entweder mit Blick auf die Kathedrale oder zum ruhigen Innenhof. Gediegener Luxus für rund 1o5 US.

"**Hotel Gallery**", López Mateos/Ecke del Barro. Unterhalb des Zentrums, groß und modern. Die Zimmer nach vorn sehr laut, aber auch ruhige Zimmer zum Hof. Geräumig mit dunklem Mobiliar. Mit Glas überdachter Swimming- Pool auf der Dachterrasse. DZ ca. 8o US.

"**Hotel Posada De La Moneda**", Hidalgo 413. Zentral in schönem Gebäude. Strenge Kolonialfassade, nur wenige Schritte von der Kathedrale. Große Zimmer mit TV, DZ ca. 4o US.

"**Hotel Posada De Los Condes**", Juárez 18. Günstig gelegen zwischen Kathedrale und Alameda. Schönes Gebäude, innen aber sehr kahl, eng und düster. Kleine Zimmer mit s/w TV. DZ ca. 36 US.

"**Hotel Condesa**", Juárez 5. Gute Lage, ruhig. Zimmer gehen ab vom kahlen Innenhof und sind ziemlich schäbig. Einfache Möbel, in den Bädern bröckelt der Putz. DZ ca. 25 US.

Billigunterkünfte sind rar und meist in erbärmlichem Zustand. Evtl. auf die Jugendherberge ausweichen.

"**Hotel Del Parque**", González Ortega 3o2. Etwas abseits vom Zentrum, Nähe Parque Francisco Goytia. Ruhige Zimmer mit klapprigem Bett, Stuhl und Minischrank. Bäder sauber. Beste Wahl in der Billig- Kategorie. DZ ca. 17 US.

"**Hotel Insurgentes**", Insurgentes 114. In kleiner Straße, die trotzdem von dichtem

Verkehr heimgesucht ist. Sehr basic in jeder Hinsicht. Gemeinschafts- WC und öffentliche Duschen. DZ ca. 15 US.

"**Hotel Rio Grande**", Calzada de la Paz 217. Nicht besser als das Insurgentes bei gleichem Preis.

"**Hotel Zamora**", Plazuela Zamora 3o3. Für ca. 15 US einen Hauch passabler als die beiden vorigen. Hauptvorteil ist die relativ zentrale Lage. Ansonsten düster, muffig und primitiv möbliert.

Jugendherberge: Parque la Encantada. Hinter dem Bahnhof, zu erreichen über die Av. Cinco Señores.

 **Camping**: Beim Motel del Bosque (Paseo Diaz Ordaz) gibt es einen Trailer Park, auf dem auch Zelte stehen dürfen.

 Zacatecas zählt zu den wenigen mexikanischen Weinbaugebieten. Nach Jahren der Vernachlässigung gewinnen die Weine langsam wieder etwas an Prestige. Vor allem der Rote ist von der Qualität eines akzeptablen Landweins.

EL PARAISO, im Centro Comercial, Hidalgo/Ecke Elías. Gemütliches Lokal mit Terrasse. Im Inneren Holztheke mit Messing, Plüschvorhängen und kleinen Nischen. Auf der Speisekarte "botanas", vergleichbar mit den spanischen Tapas. Bar- Betrieb, teuer.

NUEVA ESPAÑA, Elías 1o2. Kleine Bierkneipe mit rustikalem Mobiliar. Für einen Drink oder Imbiß zwischendurch.

LA BOHEMIA, González Ortega 111. Mexikanische und internationale Küche. Kellerrestaurant mit etwas geschmackloser Einrichtung. Preise billig bis mittel.

LA CUIJA, Tacuba 5. Vornehm in schönem Speisesaal, unter dem Mercado Ortega. Mächtiges Mauergewölbe wie in einem deutschen Ratskeller. Mexikanische Küche und Fleischgerichte. Teuer.

MR. LABERINTO, Hidalgo 342. Nähe Kathedrale. Schöner Speisesaal in Kolonialhaus. Möblierung unpassend modern. Mexikanische Gerichte und Fleischspeisen zu mittleren Preisen.

CAFE ANIS, Hidalgo 3o6. Kleine Cafeteria auf zwei Ebenen. Gemütlicher Fleck in etwas kahler Einkaufspassage. Gutes Frühstück, tagsüber kleine Imbisse und billiges Mittagsmenü.

LA CANTERA, Tacuba, im Untergeschoß der Mercado Ortega. Kühles Gemäuer, gemütlich eingerichtet mit Bauernmöbeln und mexikanischer Dekoration. Herzhafte regionale Küche zu mittleren Preisen.

HOSTERIA DE LA MONEDA, Dr. Hierro 5o4. Gutes Frühstück und Mittagessen. Nur bis 19 Uhr geöffnet.

Weitere Cafeterias für Frühstück und kleinen Imbiß im MERCADO GON-

ZÁLEZ ORTEGA. Viele billige Taquerías in der Calle Aldama und ihren Nebenstraßen.

VERANSTALTUNGEN

SEMANA CULTURAL, Kulturtage während der Osterwoche mit Theater, Konzerten, Ballett und Folklore.

MORISMA DE BRACHO, am letzten Wochenende im August. Hier wird sehr farbenprächtig und mit viel Aufwand der Befreiungskampf der spanischen Christen gegen die Mauren nachgestellt. Eine alte span. Tradition.

FERIA NACIONAL DE ZACATECAS, in den ersten beiden Septemberwochen. Eine Messe mit landwirtschaftlichen und anderen Produkten, begleitet von Stier- und Hahnenkämpfen sowie Folkloreveranstaltungen.

SHOPPING

MERCADO: Der Obst- und Gemüsemarkt befindet sich zwischen den Straßen Aldama und Tráfico.

CENTRO COMERCIAL GONZALEZ ORTEGA, neben der Kathedrale zwischen Hidalgo und Tacuba. Zahlreiche kleine Geschäfte mit Kunsthandwerk, Silberschmuck, Lederwaren und Mineralien. Hier bekommt man auch einige der besten Weine aus dem Anbaugebiet Zacatecas.

CENTRO PLATERO, in der Ex- Hacienda Bernárdez im Vorort Guadalupe Bernárdez. Guter Silberschmuck zu gehobenen, aber angemessenen Preisen.

Verbindungen Zacatecas

Flüge: Flughafen 2o km entfernt an der Straße Richtung Durango. Kleinbusse ins Zentrum für 7 US pro Person. Fahren bis zum gewünschten Hotel. Taxi sehr teuer.

MEXICANA (Büro Av. Hidalgo, schräg gegenüber Tourist Büro) fliegt 1x pro Tag nach Mexico City (13o US) 1 Std., Tiguana (26o US) 2 1/2 Std., Los Angels/USA (215 US) 3 Std., León (65 US) 45 US. Außerdem 3 x pro Woche nach San Luis Potosí (5o US) 3o Min.

AEROSIERRA (Tel. 23815) fliegt 3 x pro Woche nach Durango (75 US) 3o Min., - Guadalajara (8o US) 1 Std.

Eisenbahn: Bahnhof in der Esplanada de Ferrocarriles, vom Zentrum 1o Min. zu Fuß über die Av. Hidalgo und González Ortega. Stadtbus Nr. 5 und 8.

Täglich 1 x nach Aguascalientes (5 US) 2 1/2 Std., - Mexico City (27 US) 13 Std.

Bus: Busterminal abseits oberhalb der Stadt. Mit Stadtbus Linie 8 ins Zentrum zur Kathedrale, mit Linie 7 zur Talstation der Seilbahn. Taxi 2,5 US.

Ständige Abfahrten nach: Aguascalientes (4US) 2 Std., - Durango (9 US) 5 Std. Mehrmals tägl. nach: Mexico City (21- 35 US) 8 Std., - Mazatlán (19 US) 12 Std., - Ciudad Juárez (45 US) 17 Std., - Monterrey (14- 23 US) 7 Std., - Guadalajara (13- 15 US) 5 Std., San Luis Potosí (6 US) 3 Std. Mindestens einmal täglich in weitere Städte des Nordens.

Transport in Zacatecas: Die steilen Straßen und engen Gassen sind eigentlich nur zu Fuß zu erkunden. Die Sehenswürdigkeiten liegen relativ dicht zusammen.

Chicomoztoc

Ruinen einer eigentümlichen prähispanischen Siedlung, auf einem Hügel inmitten karger Kakteenlandschaften. Beeindruckend ist vor allem die Lage der festungsartigen Ruinenstätte, die mit einer Mauer umgeben ist. Sie wurde um 1300 von einer Feuersbrunst zerstört. Die Theorien über Entstehung und Verfall dieser Anlage gehen weit auseinander. Auf jeden Fall einer der nördlichsten Ausläufer der zentralmexikanischen Indiokulturen.

Verbindungen: Etwa 50 km südlich von Zacatecas in der Nähe der MEX 54. Mit öffentlichen Verkehrsmitteln ist Chicomoztoc praktisch nicht zu erreichen. Daher entweder organisierte Tour über eines der vielen Reisebüros in Zacatecas oder Auto mieten.

Verleih: BUDGET, Av. López Mateos 104. Mit etwas Verhandlungsgeschick dürfte ein Taxi (gemietet für 4- 6 Stunden) allerdings die preiswerteste Lösung sein. Aber unbedingt mit dem Fahrer ganz klare und eindeutige Absprachen über Dauer und Preis des Ausflugs treffen.

Zacatecas -> Durango (290 km)

Zacatecas ist idealer Zwischenstop auf dem Weg in den Nordwesten Mexikos (Kupferschlucht) und nach Baja California: hervorragende Busverbindungen sowie landschaftlich abwechslungsreiche Strecken. Die Straße von Zacatecas nach Durango führt über eine Hochebene mit tiefroter Erde. Beim Dorf Sombrerete, etwa auf halber Strecke, einige bizarre Felsformationen. Ca. 15 km weiter die SIERRA DE LOS ORGANOS, eine Bergkette, auf der die Erosion die Felsen wie Orgelpfeifen herausgearbeitet hat. Noch eindrucksvoller wird die Strecke hinter Durango. Details s. dort.

Zacatecas -> Aguascalientes (135 km)

Die Straße von Zacatecas nach Aguascalientes führt gelegentlich durch Weinfelder, ein für Mexiko ungewöhnliches Bild. Hier werden die Trauben für die passablen Weine der Anbauzonen Aguascalientes und Zacatecas geerntet.

★ Aguascalientes (2.050 m, ca. 520.000 Einw.)

Industriestadt mit wehigen bemerkenswerten Kolonialgebäuden im Zentrum. Lohnt als Zwischenstop, wenn man nach tagelangen Busfahrten im heißen Norden mal die Glieder in den warmen Quellen entspannen möchte, denen die Stadt ihren Namen verdankt.

Klima: Trotz der Höhe von 2.050 m das ganze Jahr über heiß. Lediglich von November bis Januar etwas niedrigere Temperaturen. Wenig Regenfälle im Juli/August.

 Plaza de la Patria, im Erdgeschoß des Palacio de Gobierno. **Post**: Hospidalidad 108. - **Telefon**: Colón/Ecke Juan de Montoro. - **Geldwechsel**: "Operador Internacional", Plaza de la Patria 112.

Alle Sehenswürdigkeiten kompakt im Stadtzentrum rund um die PLAZA DE LA PATRIA: Kathedrale mit barocker Fassade und der Palacio Municipal aus der spanischen Kolonialzeit. Am schönsten der PALACIO DE GOBIERNO, 17. Jahrhundert. Erbaut aus rotem Vulkanstein mit reich verzierten Balkons und mehreren, durch Freitreppen gegliederten Patios. Wandemälde des chilenischen Rivera- Schülers Osvaldo Barra zur landwirtschaftlichen und industriellen Produktion des Staates Aguascalientes.

Eine unsichtbare und unzugängliche "Attraktion" liegt im Untergrund von Aguascalientes: ein rätselhaftes System unterirdischer Gänge und Tunnel aus prähispanischer Zeit, dessen Ursprung und Zweck völlig im Dunkeln liegt.

Zwischen der Plaza und dem kleinen Park JARDIN SAN MARCOS befinden sich in der Av. Carranza mehrere schöne Kolonialgebäude, die öffentliche Institutionen beherbergen, u.a. Casa de la Cultura, Centro de Artes Visuales sowie das bescheidene Museo Regional.

MUSEO DE AGUASCALIENTES, Zaragoza/Ecke Vazquez de Mercado. Kleines Regionalmuseum mit mexikanischer Kunst des 20. Jahrhunderts. Geöffnet Di.- So. 10- 14 und 16- 19 Uhr. Gratis.

Besonders lohnend die Ausstellung von Druckgraphiken im MUSEO JOSE GUADALUPE POSADA. Die skurrilen Skelett- und Totenkopfdarstellungen Posadas sind ein gutes Beispiel für das eigentümlich vertraute Verhältnis, welches die Mexikaner zum Tod besitzen. Diaz de León/Ecke Abasolo, etwa fünf Blocks von der Plaza. Geöffnet Di.- So. 10- 14 und 16- 20 Uhr. Eintritt frei.

José Guadalupe Posada (1852- 1913) stammte aus Aguascalientes und war einer der originellsten und humorvollsten mexikanischer Künstler. Seine Lithographien zum Thema "Tod", die sogenannten "calaveras", zeigen Totenköpfe und Skelette in immer neuen Varianten: Die Skelette repräsentieren alle Schichten der mexikanischen Gesellschaft, zeigen den Revolutionär, ebenso wie die feine Dame oder den Säufer als Karikatur im Todesgewand. Noch heute erscheinen Posadas Drucke vor allem am Allerheiligen- und

Allerseelentag in neuer Auflage, wenn die Mexikaner ihren "Día de los Muertos" festlich und fröhlich begehen.

Posada war zudem ein ausgezeichneter <u>politischer Karikaturist</u>, seine Opposition gegen das Díaz- Regime drückte er in zahllosen Graphiken aus, die in Zeitungen erschienen oder als Flugblatt Verbreitung fanden. Während der Mexikanischen Revolution sympathisierte er mit den Ideen Emiliano Zapatas, dessen positives Bild in der mexikanischen Öffentlichkeit auch heute noch durch die von Posada geschaffenen Porträts geprägt ist. Er selbst sah sich eigentlich nur als Buchdrucker und war erstaunt über seinen Ruhm als Künstler.

Für die großen Muralisten des 2o. Jahrhunderts war er eine anerkannte Autorität, seine Werke dienten ihnen als Vorbild und zur Inspiration. Auf Riveras berühmtem Monumentalgemälde "<u>Una tarde dominical en la Alameda Central</u>", auf dem praktisch alle bedeutenden Persönlichkeiten der mexikanischen Geschichte dargestellt sind, nimmt Posada die zentrale Position ein.

"<u>Hotel Las Trojes</u>", außerhalb an der Straße nach Zacatecas. Hotel in weitläufigem Garten mit großem Warmwasserschwimmbad. Spitzenklasse in Aguascalientes und gut zum Entspannen, aber 15 Min. mit dem Taxi ins Zentrum. Zimmer komfortabel, viele direkt zur Gartenanlage. DZ ca. 115 US.

"<u>Hotel Francia</u>", Madero/Ecke Plaza de la Patria. Altehrwürdiges Hotel, hier und da bröckelt aber schon der Putz. Trotzdem bestes im Zentrum mit großen, hellen Zimmern, AC und Farb- TV. DZ ca. 73 US.

"<u>Hotel Rio Grande</u>", José M. Chávez 1o1, neben dem Palacio de Gobierno. Moderner Einheitsstil. In mehrstöckigem Gebäude helle Zimmer, solide eingerichtet. Zur Straße hin laut. DZ ca. 55 US.

"<u>Hotel Imperial</u>", 5 de Mayo/Ecke Moctezuma, an der Plaza. Altes Haus mit düsteren Zimmern zum ruhigen Innenhof. Wenige Zimmer mit Blick auf den Platz, aber sehr laut. Einfach eingerichtet. Zimmer nach innen ca. 22 US, die äußeren mit Balkon ca. 3o US.

"<u>Hotel Señorial</u>", Colón 1o4, direkt an der Plaza. Zentral, einfach und sauber. Zimmer recht geräumig; einige nach innen, andere zur Plaza. DZ ca. 2o US.

"<u>Hotel Maser</u>", Juan de Montoro 3o3. Östlich des eigentlichen Zentrums. Langweilige Fassade, aber zwei helle, freundliche Innenhöfe mit bunten Kacheln und Pflanzen. Einrichtung basic, Bäder sauber. DZ ca. 21 US.

"<u>Hotel Rosales</u>", Guadalupe Victoria 1o4. Der Vorteil zuerst: wenige Schritte von der Plaza. Ansonsten winzige Zimmer und muffige Bäder, die man über ein Gewirr von Fluren und Patios erreicht. DZ ca. 17 US.

"<u>Hotel Gómez</u>", direkt neben dem Busterminal. Einfach, aber passabel. Nur zu empfehlen, wenn man spät abends ankommt und am nächsten Tag gleich weiter oder zu den Quellen von Ojo Caliente will. DZ ca. 18 US.

Die Billig- Unterkünfte in der Straße 5 de Mayo (Nähe Kreuzung mit Juárez) verkommen immer mehr zu düsteren Absteigen mit zwielichtigem Publikum. Trotz Zentrumsnähe daher nur im Notfall darauf zurückgreifen. Unter Umständen besser in der Jugendherberge übernachten.

<u>**Jugendherberge**</u>: etwas außerhalb jenseits des Bahnhofs. Calzada de la Juventud s/n.

 **Camping**: Trailer- Park, der auch Zelte akzeptiert, am Balneario Ojo Caliente. Straße Richtung San Luis Potosí, km 1.

WEIN: Aguascalientes war früher das größte Weinbauzentrum Mexikos. Durch das Wachstum der Stadt wurden aber viele der besten Böden unter Beton begraben. Auch die geringe Rentabilität führte zur Aufgabe vieler Weinbaubetriebe.

Trotzdem ist die Weinherstellung heute noch einer der wichtigsten Zweige der Landwirtschaft im Staate Aguascalientes. Der Rotwein zwar nicht überragend, aber von der Qualität eines soliden Landweins (z.B. "Real de Cava"). Auch die hier produzierten Brandys sind nicht schlecht (einer der besten ist "San Marcos").

TIP: Einige der besseren Tropfen kann man kennenlernen bei einer Weinprobe im SALON DEL VINO, Arturo Pani/Ecke Nieto.

EL CAMPEADOR, 5 de Mayo 517. Rustikales, gemütliches Restaurant. Fleisch- und Grillspezialitäten, große Portionen. Preise mittel.

VILLA ANDREA, im Hotel Francia an der Hauptplaza. Beste Küche in Aguascalientes. Stilvoller Speisesaal. Unbedingt auf der spanischen Karte bestehen, da die englische keine Preise aufweist. Teuer.

SAN FERNANDO, Victoria 2o4, einfaches Restaurant mit sehr billiger comida corrida. Mexikanische Gerichte und frische Obstsalate.

WOOLWORTH MEXICANA, 5 de Mayo 124. Im Fast- Food- Stil eingerichtet, aber große und gute Auswahl an Tacos und mexikanischen Gerichten. Preiswert. Sehr günstiges Mittagsmenü unter 2 US.

MITLA, Madero 22o. Großes Lokal mit vielseitigem Essen. Frühstück und preiswertes Mittagsmenü. Beliebt, gemischtes Publikum.

EL GRECO, Madero 434. Typisch mexikanische Taquería ohne besondere Ansprüche, aber mit preiswertem, herzhaftem Essen. Ordentliche Portionen und günstiges Mittagsmenü.

VERANSTALTUNGEN

Das Touristenbüro gibt monatlich einen "Calendario de Actividades" heraus, in dem die wichtigsten Termine aufgelistet und kommentiert sind.

Fiestas: FERIA SAN MARCOS, Ende April mit Höhepunkt am 25. Eine der größten Messen Mexikos. Landwirtschaftliche und industrielle Produkte der Region. Weiterhin Ausstellungen und kulturelle Veranstaltungen, Stier- und Hahnenkämpfe.

FESTIVAL DE LA UVA: Das regionale Weinfest, wechselnde Termine im Oktober.

SHOPPING

MERCADO TERAN, 5 de Mayo/Ecke A. Obregón. Der örtliche Obst- und Gemüsemarkt.

Artesanía:
JURADO ARTESANOS, Manuel Kant 1o8. Holzarbeiten.

CASA LAMAS, Plaza de la Patria, Südseite. Stickereien.

ONIX PAN- ESCA, im Dorf Escaleras bei Rincón de Romos an der MEX 45 Richtung Zacatecas. Schmuck und andere Gegenstände aus Onyx.

CENTRO DE ARTES Y OFICIOS, in der Casa de la Cultura. Teppiche und Keramik.

Lederstiefel:
LA VICTORIA, 5 de Mayo 556. Riesenauswahl an Leder- und Cowboystiefeln. Lohnt einen Blick, auch wenn man nichts kaufen will.

Verbindungen ab Aguascalientes

Flüge: Flughafen 25 km außerhalb an der Straße nach Mexico City. Kein öffentlicher Bus, nur die Colectivos von "transporte terrestre", ca. 7 US pro Person.

AEROMEXICO und AEROCALIFORNIA fliegen jeweils täglich direkt nach: Mexico City (115 US) 1 Std. und Tijuana (275 US) 2 1/2 Std. Aeroméxico zusätzlich nach Guadalajara (8o US) 3o Min.

Büro AEROCALIFORNIA: Juan de Montoro 2o3. Büro AEROMEXICO: Madero 474.

Eisenbahn: Bahnhof vom Zentrum aus zu erreichen über Av. Juan de Montoro und Calzada Revolución. Mit Bus Nr. 34 ab Av. López Mateos. Täglich ein Zug nach Mexico City (22 US) 1o 1/2 Std. und Zacatecas (5 US) 2 Std.

Bus: Busterminal am westlichen Stadtrand Richtung Calvillo. Ab Plaza de la Patria verkehren verschiedene Linien, Aufschrift "Central Camionera". Schnellster Stadtbus vom Terminal ins Zentrum direkt vor dem Busterminal mit der Aufschrift "Centro Parián".

Halbstündlich Verbindungen nach: Zacatecas (4 US) 2 Std., - Guadalajara (9- 2o US) 4 Std. Mehrmals tägl. Busse nach: San Luis Potosí (5 US) 2 1/2 Std., - Mexico City (14- 25 US) 7 Std. sowie weitere Städte im Zentralen Hochland und im Norden.

> **Transport in Aguascalientes**: Im dichten Verkehrsgewühl des Zentrums kommen selbst die Taxis kaum voran. Die wenigen Sehenswürdigkeiten erreicht man am besten zu Fuß.

OJO CALIENTE: Sportzentrum mit Thermalbädern bis zu 38 Grad Celsius. Verschiedene Schwimmbecken und Wannenbäder. Daneben Trailer-Park und Camping. Carretera a San Luis Potosí, km 1. Zu erreichen in 1o Min. ab Av. López Mateos mit dem Stadtbus "Tecnológico".

Aguascalientes -> Guadalajara (25o km)
Fahrt durch Gebirgslandschaften und Hochebenen. Keine spektakulären Höhepunkte. Gut ausgebaut, relativ viel Verkehr.

✦ Guadalajara (1.55o m, ca. 3 Mio. Einw.)

Zweitgrößte Stadt Mexikos, aber nicht so wüst und chaotisch entwickelt wie Mexico City. Im Zentrum noch eine Reihe von Kolonialbauten und moderne Gebäude, die im Kolonialstil errichtet wurden. Für Lateinamerika ungewöhnlich viele Fußgängerzonen und verkehrsberuhigte Plätze, so daß man im Zentrum weitgehend unbehelligt von Lärm und stinkenden Bussen umherschlendern kann. Ausgezeichnetes kulturelles Angebot.

Sehr empfehlenswerter Ausflug in den Vorort Tlaquepaque, einem zauberhaften Kolonialstädtchen mit viel Atmosphäre. (Details siehe "Ausflüge".)

In Guadalajara und Umgebung läßt es sich gut einige Tage aushalten, ohne daß es langweilig wird oder daß einen der Stadt- Streß einholt. Eine Großstadt nicht nur für Autos, sondern mit freien Flächen und kleinen Winkeln auch für den Menschen zu Fuß.

> Stadtgeschichte: Guadalajara erhielt Stadtrechte und Wappen 1539, ein halbes Jahr später wurde es Hauptstadt von Neugalizien und unterstand dem span. Vizekönig. Schon zu Beginn der Konquista wurden die in der Region ansässigen Indios mit außerordentlicher Grausamkeit unterworfen. Dies fiel den Spaniern besonders leicht, da die hier lebenden Ureinwohner im Gegensatz zu den Azteken kein stabiles Staatswesen entwickelt hatten.
>
> Der spanische Konquistador Nuño Beltrán de Guzmán ging mit den Indios derart rücksichtslos um, daß ihn der ebenfalls nicht zimperliche Vizekönig aus Mexiko nach Madrid zurückschickte. Die Ausrottung der Indianer aber war geschehen, und Guadalajara entwickelte sich als typisch spanische Stadt in der Neuen Welt.
>
> Historische "Zwischenfälle" bedeutender Art gab es mehrere Jahrhunderte lang nicht. Selbst während Unabhängigkeitskrieg und Revolution blieb Guadalajara am Rande des Geschehens. Erst in den zwanziger Jahren unseres Jahrhunderts erhofften sich die Bewohner einen wirtschaftlichen Aufschwung durch den Anschluß der Stadt an das Schienennetz der Southern Pacific Railroad. Die neue Eisenbahnlinie erstreckte sich entlang der Pazifikküste und sollte den Westen Mexikos mit dem aufstrebenden US-Bundesstaat Kalifornien verbinden. Die Weltwirtschaftskrise ab 1929 machte jedoch die Hoffnung auf eine rasche Entwicklung zunichte.

Erst in den vergangenen Jahrzehnten hat sich Guadalajara in eine moderne Millionenstadt verwandelt. Im Zentrum der Agrarregion von Westmexiko war und ist sie Anziehungspunkt für eine zunehmende Zahl von Campesinos, die ihren Lebensunterhalt auf dem Land nicht mehr fristen können und in der städtischen Industrie eine Beschäftigung suchen. Innerhalb von nur 5o Jahren ist Guadalajara damit von einer Stadt mit 25o.ooo Einwohnern zur 3- Millionen- Metropole aufgestiegen.

Klima: Ganzjährig ein gemäßigtes, frühlingshaftes Höhenklima, das viele Rentner aus den USA veranlaßt hat, in Guadalajara und Umgebung ihren Lebensabend zu verbringen.

 Hauptbüro: Morelos 1o2. Zweigstellen im Palacio de Gobierno, im Paseo Degollado 5o sowie in den Ankunftshallen der Central Camionera (Busterminal).

Post: Carranza/Ecke Calle Independencia. - **Telefon**: TELMEX, Juárez/Ecke Donato Guerra. - **Geldwechsel**: Dutzende von Casas de Cambio in der Av. López Cotilla zwischen Corona undCalzada Independencia.

Die meisten Sehenswürdigkeiten liegen im Bereich des <u>CENTRO HISTÓRICO</u> zwischen Plaza de los Laureles (2) und dem Paseo de Hospicio (17), somit bequem zu Fuß. <u>Achtung</u>: Es gibt in der Innenstadt die "Independencia" zweimal: "Calle Independencia" und "Calzada Independencia", siehe Karte!

<u>PLAZA DE LOS LAURELES</u> (2) mit dem gewaltigen Portal der Kathedrale (1). Eine unförmige Konstruktion in verschiedenen Stilrichtungen: Baubeginn 1558- 61, mehrere Umbauten und Erweiterungen im jeweiligen Stil von Gotik, Barock, Neoklassizismus etc. Praktisch alles ist reingemischt, und nach Zerstörung durch Erdbeben wurde weitergebaut mit neuen Stilelementen ohne Rücksicht auf architektonische Harmonie.

<u>PRESIDENCIA MUNICIPAL</u> (3): modernes Gebäude im Kolonialstil. Neben der Kathedrale die <u>PLAZA DE ARMAS</u> (8) mit schmiedeeiserner Rundbühne in der Mitte und dem <u>PALACIO DE GOBIERNO</u> (7), der einen ganzen Straßenblock einnimmt, 1774 fertiggestellt. Im Treppenaufgang des Palasts monumentales Wandgemälde von José Orozco, eines seiner Hauptwerke in Guadalajara: Pater Hidalgo mit flammendem Schwert über den Schreckensszenen des Freiheitskrieges.

José Clemente Orozco (1883- 1949) stammte aus dem Ort Ciudad Guzmán im Staate Jalisco und gehörte neben Rivera und Siqueiros zu den drei einflußreichsten Vertretern der "Escuela Mexicana de Pintura", die Mexiko in der ersten Hälfte des 2o. Jahrhunderts mit historischen Wandgemälden in und an öffentlichen Gebäuden überzogen. Orozcos künstlerischer Stil war dabei eher plakativ, häufig expressionistisch. Er arbeitete lange Zeit in Guadalajara und hat dort bedeutende Werke vor allem im Hospicio Cabañas, im Regierungspalast, im Parlament und in der Universität hinterlassen.

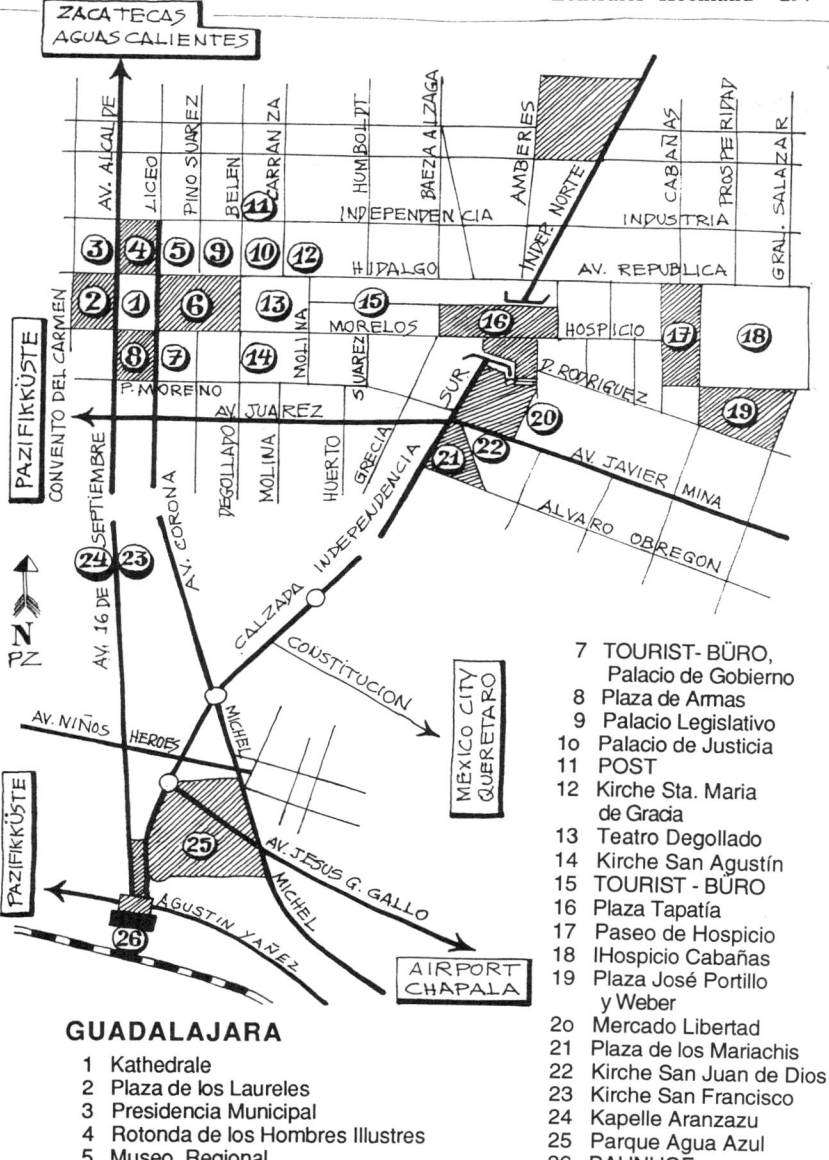

GUADALAJARA

1 Kathedrale
2 Plaza de los Laureles
3 Presidencia Municipal
4 Rotonda de los Hombres Illustres
5 Museo Regional
6 Plaza de los Tres Poderes
7 TOURIST- BÜRO, Palacio de Gobierno
8 Plaza de Armas
9 Palacio Legislativo
10 Palacio de Justicia
11 POST
12 Kirche Sta. Maria de Gracia
13 Teatro Degollado
14 Kirche San Agustín
15 TOURIST - BÜRO
16 Plaza Tapatía
17 Paseo de Hospicio
18 IHospicio Cabañas
19 Plaza José Portillo y Weber
20 Mercado Libertad
21 Plaza de los Mariachis
22 Kirche San Juan de Dios
23 Kirche San Francisco
24 Kapelle Aranzazu
25 Parque Agua Azul
26 BAHNHOF

GUADALAJARA, aus einem Stadtplan von 1800
Eine reiche und florierende Stadt mit 70.000 Einw.

ROTONDA DE LOS HOMBRES ILUSTRES (4): kleiner, schattiger Platz auf der gegenüberliegenden Seite der Kathedrale. In der Mitte 17 Säulen zur Erinnerung an Nationalhelden aus dem Staate Jalisco.

MUSEO REGIONAL DE GUADALAJARA (5): großes Kolonialgebäude und ehemaliges Priesterseminar aus dem 18. Jahrhundert. Im bepflanzten Innenhof einige "Oldtimer- Kutschen". Prähistorische und präkolumbianische Ausstellungsstücke, gefunden im heutigen Staat Jalisco. Darunter ausgezeichnete archäologische Fundstücke der Indiokulturen Westmexikos. Im Obergeschoß religiöse Malerei sowie Dokumentationen und Gemälde zur mexikanischen Geschichte. Ein informatives Museum. Geöffnet Di.- So. 9- 15.45 Uhr, Eintritt 4,5o US, sonntags gratis.

PLAZA DE LOS TRES PODERES (6), auch "Plaza de la Liberación" genannt. Die Rückseite des Platzes wird eingenommen vom TEATRO DE GOLLADO (13), einem neoklassizistischen Gebäude aus dem 19. Jh. Im Inneren feudaler Theatersaal mit großen Bühnen, repräsentativen Logen und Balkon sowie Deckenmalerei. Noch heute genutzt für Theater, Konzerte und Auftritte des Folklore- Balletts. Wenn keine Vorstellungen oder Proben stattfinden, tagsüber gratis zugänglich.

Seitlich des Teatros die Kirche SAN AGUSTIN (14) und die STA MARIA de GRACIA (12), 17. Jh., sowie der JUSTIZPALAST (1o). Erbaut 1952

LINKS:
Kathedrale von Guadalajara, - Stich in einem engl. Geografie- Kompendium von 1855. Zeigt den Ausbaustand dieser Zeit und den gewaltigen Mischmasch an Baustilen.

RECHTS:
Ausschnitt aus dem Guadalajara-Stadtplan von 1800. Zeigt das für Lateinamerika

Zentrales Hochland 299

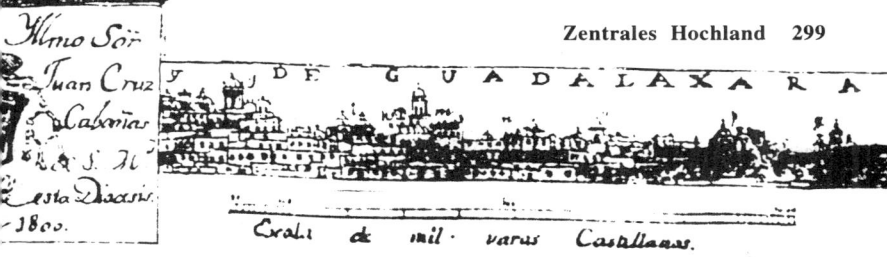

im Kolonialstil. Ein ehrwürdiges Gebäude mit mächtigen Arkaden im Patio, schmiedeeisernen Geländern und einem Wandgemälde, das Benito Juárez und andere Gründerväter der mexikanischen Republik dargestellt.

Hinter dem Theater führen zwei Fußgängerzonen zur monumentale PLA-ZA TAPATÍA (16), die erst vor wenigen Jahren durch Abriß eines kleinen Stadtviertels geschaffen wurde. Ob sich die Investition gelohnt hat, ist fraglich: Zwar schafft der Platz Raum und gibt den Blick frei auf einige der historischen Gebäude. Er ist jedoch mit reichlich tristen und einfallslosen Betonkonstruktionen bebaut (Büros, Läden), sterile Atmosphäre. Allenfalls aufgelockert durch die Spingbrunnen und Marimba- Spieler: modernes Mexiko mit Straßenmusikanten wie in deutschen Fußgängerzonen...

Am schönsten der Abschnitt kurz vor dem Hospicio mit großem Brunnen und Bäumen, die inzwischen so hoch sind, daß sie die langweiligen Fassaden verdecken. An der Seite unter den Arkaden naive Wandgemälde mit moralischen Ermahnungen für den anständigen Mexikaner.

Der Platz endet T- örmig vor den kolossalen Gebäuden des HOSPICIO CABAÑAS (18), einem ehemaligen Waisenhaus aus dem 18. Jh. Die paar Pesos Eintritt lohnen sich: ein verzweigtes System von Innenhöfen, Plätzen, Arkadengängen, Fluren und Sälen. Im zentralen Gebäude bis hinauf in die Kuppel monumentale Wandgemälde von Orozco. Im Museo Orozco

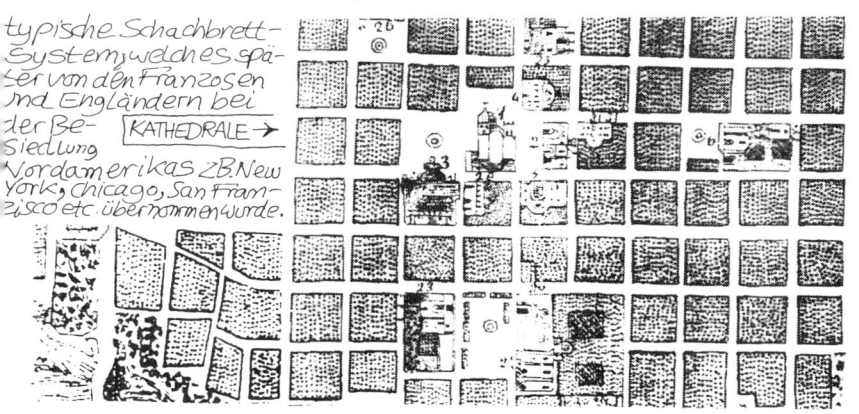

Ausstellung von etwas bescheideneren Werken des Muralisten. Das Hospicio dient heute außerdem als Kulturzentrum: Ausstellungen, gute Filme und mittwochs Auftritt des Ballet Folclórico Nacional. Geöffnet Di.- So. 1o- 18 Uhr, Eintritt 2 US, sonntags gratis.

MERCADO LIBERTAD (2o): Calzada Independencia/Ecke Javier Mina. Nennt sich auch "Mercado de San Juan de Dios". Eine riesige Markthalle auf mehreren Stockwerken mit unglaublichem Angebot an allem, was man braucht und nicht braucht: Lebensmittel, Artesanía, Kitsch, Blecheimer, lebendige Vögel, Billighemden aus Hongkong, Berge von Erdnüssen, Pistazien, Apfelsinen und Stände mit leckeren Imbissen. Die bunte Vielfalt unter einem Dach ist einzigartig, hier ist Mexiko noch Mexiko. Touristen gibt's zwar auch, aber sie verlieren sich im Labyrinth der engen Gänge oder hinter den Tomatenbergen.

PLAZA DE LOS MARIACHIS (21), Calzada Independencia/Ecke Obregón, eine winzige Gasse mit Straßencafés. Hier spielen jeden Abend Dutzende von Mariachigruppen live und mit viel Engagement. Kein Touristenspektakel, sondern noch ein kleiner Winkel mexikanischer Lebensfreude. - Westlich an der Plaza die Barockkirche SAN JUAN DE DIOS (22).

SAN FRANCISCO (23): Av. 16 de Septiembre, am Jardín de San Francisco. An Stelle eines früheren Franziskaner- Klosters mit Kirche (1684), reich verzierte Barockfassade. Direkt gegenüber ARANZAZU (24), eine kleine Kapelle mit drei sehenswerten, vergoldeten Barockaltären. Von außen schmucklos, aber schön proportioniert.

PARQUE AGUA AZUL (25): Nähe Bahnhof auf früherem Gelände der mexikanischen Eisenbahn. Wurde in großzügige Parkanlagen umgewandelt mit Zoo, Kinderspielplätzen und Freilichtbühne. In der CASA DE LAS ARTESANIAS Verkaufsausstellung der Artesanía des Estado Jalisco.

Etwas abseits vom Centro Histórico, doch noch bequem zu Fuß über die Av. Juarez in 6 Straßenblocks zu erreichen: CONVENTO DEL CARMEN, Juárez/Ecke Callejón del Carmen. Ehemaliges Kloster mit ruhigem Innenhof, heute Kulturzentrum mit Gemäldegalerie. Gegenüber an der kleinen Plaza die Kirche Del Carmen.

SANTA MONICA: San Felipe/Ecke González Ortega. Kirche mit reich verzierter Barockfassade aus dem 18. Jahrhundert.

MUSEO OROZCO, Av. Aurelio Aceves 27. Das ehemalige Wohnhaus und Atelier von José Clemente Orozco mit persönlichen Gegenständen und Werken des Malers. Geöffnet Di.- So. 1o- 14 Uhr.

PLAZA DEL SOL: López Mateos/Mariano Otero. Riesiges Shopping-Center. Mehr als 2oo Geschäfte, Verwaltungsbüros und Restaurants in moderner Architektur.

"**Hotel Exelaris**", López Mateos/Ecke Moctezuma. Nähe Shopping-Center Plaza del Sol und der Restaurant- Zone an der Avenida Chapultepec. Großer Glaskasten mit Swimming- Pool und allen sonstigen Annehmlichkeiten der Top- Klasse, DZ ca. 16o US. "**Hotel Fiesta Americana**", Aurelio Aceves 225. Luxusbau abseits vom Zentrum, das per Bus oder Taxi schnell zu erreichen ist. Alle Annehmlichkeiten der Luxusklasse bei ca. 2oo US. "**Hotel Fénix**", Corona 16o. Günstig

zum Centro Histórico. Es ist insbesondere bei US- Touristen beliebt, - außen wie innen ziemlich gesichtslos. Hektische Lobby mit einigen Läden. Zimmer modern ausgestattet. DZ ca. 6o US. "**Hotel Calinda**", Juárez 17o. Sehr günstig in naher Lage zum Centro Histórico. Vorwiegend von Geschäftsleuten frequentiert, wegen Lage aber auch Tip für Touristen. Von außen trister Neubau, aber große, moderne Zimmer mit Farb- TV und AC. Das DZ ca. 65 US.
"**Hotel de Mendoza**", Carranza 16. In idealer und ruhiger Lage, praktisch in der Fußgängerzone des Centro Histórico. Modernes Hotel, in Architektur und Innenausstattung jedoch den historischen Gebäuden der Umgebung angepaßt. Wer pro DZ 8o US ausgeben will, ist in dieser Preiskategorie hier bestens aufgehoben."**Hotel Aranzazu**", Revolución 11o. 1o Min. zu Fuß zum Centro Histórico. Zwei gegenüberliegende Riesenkästen. Zimmer modern mit Farb- TV und AC, ca. 8o US fürs DZ im modernen Einheitsstil. In den oberen Stockwerken bekommt man dafür allerdings noch einen guten Ausblick. "**Hotel Frances**", Maestranza 35. Zentral. Wenige Schritte von der Kathedrale, zentraler geht's kaum. Altehrwürdiges Hotel mit gemütlicher Lobby im Innenhof. Große, traditionell eingerichtete Zimmer mit Farb- TV. Hotel mit dem behaglichen Hauch von gestern. DZ ca. 55 US.
"**Hotel Don Quijote Plaza**", Héroes/Ecke Degollado, 1o Min. zu Fuß zum Zentrum. Modern, aber im Kolonialstil. Angenehmer Aufenthaltsraum im Patio, sehr gemütliche Zimmer mit TV und AC. Kleines Hotel mit Atmosphäre und für runde 45 US sehr zu empfehlen. "**Hotel San Francisco Plaza**", Degollado 267. Großzügige, stilvolle Räume in noblem Kolonialhaus. Ruhig, mit schönem Patio. Nette Atmosphäre. Für runde 4o US gute Wahl. "**Hotel Universo**", López Cotilla 161. Großer Hotelkasten, wenige Schritte vom Centro Histórico. An lauter Straßenecke. Zimmer hell und geräumig, mit AC und Farb-TV. DZ ca. 15 US. "**Hotel Colón**", Revolución 12. Die Lage nicht gerade erhebend an hektischer Kreuzung und im Schatten eines Parkhauses. Innenleben modern, schlichte Mittelklasse mit AC und TV. Eine Ausweich- Adresse, wenn in der Nähe sonst alles belegt ist. DZ je nach Ausstattung ca. 33- 38 US. "**Hotel Las Americas**", Hidalgo 76. Sehr zentral zwischen Kathedrale und Hospicio Cabañas. Die meisten Zimmer zum trostlosen, aber sehr ruhigen Hinterhof, andere zur Straßenfront, aber extrem laut. Zimmer ordentlich eingerichtet mit Teppichboden und TV. Sehr sauber, für runde 18 US gute Wahl.
"**Hotel Hamilton**", Madero 381. Hinter schrottiger Fassade ein ebensolches Innenleben. Spartanische Möblierung, angeknackste sanitäre Anlagen. Zimmer reichlich düster, Bäder könnten sauberer sein. Vorteil: gute Lage Nähe Centro Histórico. DZ ca. 15 US. "**Posada San Pablo**", Madero 218. Über noblem Treppenaufgang in einen lebendigen Innenhof mit bunten Kacheln, Pflanzen, Vogelkäfigen und Sitzgruppen. Der Glanz von einst noch überall zu spüren. Ausstattung der Zimmer einfach, aber sauber. Ein Billig-Hotel, das für ca. 15 US eine wohnliche Atmosphäre vermittelt. Zu empfehlen. "**Posada Regis**", Corona 171. Nähe Centro Histórico in einem ehemals vornehmen Bürgerhaus. Im Patio noch viele Relikte des früheren Luxus. Geräumige Zimmer mit ordentlichen Möbeln. Bäder sind neu eingebaut; winzig, aber mit modernen Armaturen. DZ ca. 33 US. "**Posada de la Plata**", López Cotilla 619. In einfachem Kolonialhaus mit Innenhof. Zimmer ruhig, düster, passabel sauber. Von den Wänden blättert der Putz, Uralt- Einrichtung. 5 Blocks vom Centro Histórico. DZ ca. 17 US. Das Viertel um den Mercado Libertad mit seiner größeren Anzahl von Billig- Hotels ist seit den Bauarbeiten an der neuen U- Bahn- Linie kräftig heruntergekommen. Vor allem abends zwielichtig und unsicher. Deshalb besser die erwähnten Posadas oder Billig- Hotels Nähe Centro Histórico wählen, die bei ähnlichen Preisen günstiger gelegen und nicht ganz so trist

und abgewrackt sind.
Jugendherberge: nicht allzu weit vom Zentrum in der Av. Prolongación Alcalde 136o. Tel. 53o o76. Ca. 4 US pro Person und Nacht.

BIRRIA: regionale Spezialität, Ziegenfleisch in einer kräftig gewürzten Soße, die überall im Staate Jalisco in anderen Varianten zubereitet wird. Chilischoten, Knoblauch und Pulque sind in der Regel die Grundlage dieses Gerichtes. - CHAMORRO: eine Art Schweinshaxe.

TEQUILA: Die Umgebung von Guadalajara ist die Heimat des Tequila. Er ist der einzige der drei mexikanischen Agavenschnäpse (Mezcal und Pulque sind die beiden anderen), der über die Grenzen Mexikos hinaus bekannt wurde.

Dabei ist TEQUILA eine regionale Unterart des Mezcal, der in vielen Teilen Mexikos hergestellt wird. Daher auch sein ursprünglicher Name: "Mezcal de Tequila". Benannt ist er nach dem Standort der meisten Destillerien, die im kleinen Ort TEQUILA 5o km nordwestlich von Guadalajara liegen. Dort und weiter östlich im Gebiet um Tepatitlán wächst die 'agave tequilana', aus deren Herzen die Flüssigkeit für den Destillationsprozeß gewonnen wird. Der Eingeweihte kopiert das Trinkritual der Mexikaner: Entweder man schlürft ihn abwechselnd mit einem Schluck des scharfen Tomatensaftes Sangrita, oder man bevorzugt die zweite Variante: Etwas Salz auf den Handrücken zwischen Daumen und Zeigefinger und ein Zitronenviertel zwischen die beiden Finger; dann einen Schluck Tequila kippen, sofort das Salz lecken und in die Zitrone beißen. Die entsprechende Grimasse kann sich dann jeder selbst aussuchen.

Wer sich für die Herstellung des hochprozentigen Getränks sowie den einen oder anderen kostenlosen Probeschluck interessiert, kann die Fabriken in Tequila besichtigen. Vom alten Bus- Terminal (Nähe Parque Azul) in Guadalajara fahren ständig Busse, die nach etwa einer Stunde Fahrt den Ort erreichen.

Neben den Lokalen im und um das Centro Histórico gibt es eine große Auswahl guter Restaurants weiter westlich an der Av. Chapultepec und deren Seitenstraßen. Viele Nobel-restaurants liegen sehr weit verstreut außerhalb des Zentrums in den vornehmen Wohn- und Geschäftsvierteln. Wen es nach guten und teuren französischen, italienischen oder japanischen Spezialitäten gelüstet, der fragt am besten im Hotel und nimmt ein Taxi. Problemlos erreichbar sind folgende:

CENTRO HISTÓRICO

CAFE MADRID, Juárez 262. Preiswerte Frühstücks- Bar. Tagsüber Hamburger, Sandwiches und kleine mexikanische Imbisse. Einfach, aber beliebt. LA RINCONADA, Morelos 86. Zentral in der Fußgängerzone. Sehr stilvolles Lokal in Kolonialhaus mit schönem Patio. Geschmackvoll dekoriert, dezente Livemusik. Internationale Küche. Preise mittel bis teuer. Die angemessene Umgebung für ein gepflegtes Dinner. PACKO, Cabañas 312. Nähe Hospicio Cabañas. Fisch und Mariscos. Einfaches Haus, aber recht gemütlich, da man in verschiedenen kleinen Zimmern speist. Nur bis 18 Uhr geöffnet, Preise billig bis mittel. SANDY'S, Alcalde/Ecke Calle Independencia. Im 1. Stock über den Arkaden mit schönem Blick auf Plaza und Kathedrale. Kleine Balkons und schmiedeeiserne Geländer lockern das Fast- Food- Ambiente angenehm auf.

Günstiges Frühstücksbuffet, ansonsten mexikanische Küche und Sandwiches zu mittleren Preisen. DENNY'S, Juárez/Ecke 16 de Septiembre. Frühstück und preiswerter Imbiß zwischendurch. Fast-Food-Ambiente. Oft überfüllt mit Warteschlangen am Eingang. LA COPA DE LECHE, Juárez 42o. Unten gemütliche Bar, im 1. Stock Restaurant auf großer Terrasse. Mittlere Preise. Frühstück, Sandwiches und Fleischgerichte. ROSIE'S, Juárez 444. Terrasse im 1. Stock mit Straßenlärm, preiswertes Mittagsmenü.

Im MERCADO LIBERTAD ein ganzes Stockwerk mit Dutzenden von appetitlichen und sauberen Theken und Essensständen: Tacos, Suppen, Mariscos, Süßspeisen, herrliche Säfte. Die Zutaten alle frisch vom Markt. Preiswert und empfehlenswert auch für Leute mit dickeren Brieftaschen. Man wählt in Ruhe aus, und jeder findet etwas für seinen Geschmack. Was nicht da ist, wird am Nachbarstand oder auf dem Markt besorgt. Ein Essens- Erlebnis vom Frühstück bis 21 Uhr! Vereinzelte Essensstände auch im Untergeschoß, die größere und bessere Auswahl aber in den FONDAS im Oberstock.

PORTAL DE SAN ANGEL, Plaza Tapatía, gegenüber Hospicio Cabañas. Einfache Cafeteria mit mexikanischer Küche. Idealer Platz zum Ausruhen beim Bummel durchs Centro Histórico, da bei schönem Wetter auch Tische unter den Arkaden und auf der Plaza stehen. Von dieser Sorte Lokal gibt es nur wenige in den Fußgängerzonen des Zentrums. CENTENARIO, Cruz Verde 272. Kneipe mit vielseitigem Kulturangebot: Folklore, lateinamerikanische Rhythmen, Rock, Dichterlesungen.

AVENIDA CHAPULTEPEC

Hier wie überall in Mexiko gilt immer häufiger: Je vornehmer die Gegend, desto mehr erweist sich US- Food als das Nonplusultra. So verdrängen Big Mac und seine Gefolgschaft ein Lokal nach dem anderen. Ein abendlicher Bummel über die Avenida Chapultepec macht jedenfalls keinen Spaß mehr; die frühere Qual der Restaurant- Wahl ist nicht mehr groß. Einige Relikte existieren trotzdem noch:

RECCO, Libertad 1981. Vornehm in ehemaliger Villa mit internationaler Speisekarte und Nudelspezialitäten. Teuer. CAFE DON LUIS, Chapultepec Sur 2o9. Kleine Café-Bar. Man kann auch draußen sitzen. - ARTHUR'S, Chapultepec Sur 51o. Stilvolle Kellerbar mit angegliedertem Restaurant. Eingerichtet im englischen Stil. Teuer.

BANANA'S, Chapultepec Sur 34o. Modernes Rock-Café mit lauter RockMusik. Viel junges Publikum und Schickeria. HACIENDA DE JAZO, Justo Sierra 2o2o. Bar und Restaurant im Country- Stil. Informeller Treff in gemütlicher Umgebung. Vor allem am Nachmittag viel Betrieb. Geöffnet bis 19:3o Uhr, Preise mittel.

LOS ITACATES, Chapultepec Norte 11o. Gemütliche Möblierung im Country- Stil, verglaste Terrasse. Mexikanische Gerichte wie Tacos und Chiles Rellenos für relativ wenig Geld.

Veranstaltungskalender: Das monatliche Kulturprogramm ist informativ aufgearbeitet in der Zeitschrift "Ver y oir", gratis im Touristenbüro.

Folklore: Jeden Mittwoch eine Vorstellung des Ballet Folclórico Nacional im Hospicio Cabañas. Mexikanische Tänze in moderner Choreographie mit geradezu artistischen Einlagen. Sehr farbenprächtiges Spektakel, das einen guten Einblick in die mexikanische Folklore gibt.

Das Folklore-Ballett der Universität zeigt jeden Sonntag Vormittag mexikanische Tänze im Teatro Degollado.

Theater: Teatro Degollado: In der Regel klassische Theaterstücke, Opern und Konzerte. - Foro de Arte y Cultura, Prolongación Av. Alcalde: Experimentelles Theater. - Teatro Experimental de Jalisco, Parque de Agua Azul: Experimentelles Theater und Intellektuellentreff.

Sprachkurse: Da es in Guadalajara wegen des umfangreichen kulturellen Angebots nicht so schnell langweilig wird, bietet sich die Stadt als Standort für einen Spanischkurs an. Kontakte und Programme über:

INSTITUTO CULTURAL MEXICANO-NORTEAMERICANO DE JALISCO, Enrique Díaz de Léon 3oo, Guadalajara, Jalisco. Tel. (91-3) 625-5838.

FIESTAS

FIESTAS DE OCTUBRE: Während des gesamten Monats Oktober. Konzerte, Theater, Folklore sowie Artesanía-Ausstellungen.

ROMERIA: am 12. Oktober. Eine Prozession, an der sich Millionen von Menschen beteiligen. Sie ziehen von der Kathedrale aus bis zur Basílica Zapopan (Calzada Avila/Ecke Av. las Américas, 1o km nordöstlich des Zentrums) und begleiten die Statue der Jungfrau von Zapopan, die in den Tagen zuvor in verschiedenen Kirchen der Stadt "zu Besuch" war, zurück zu ihrem angestammten Domizil.

VIRGEN DE GUADALUPE: am 12. Dezember. Kinder in typischen Trachten werden zur Segnung zum Santuario de la Virgen de Guadalupe gebracht.

STIERKAMPF: Die Saison geht von Oktober bis Dezember. 'Corridas' jeden Sonntagnachmittag in der Arena gegenüber dem Estadio Jalisco in der Calzada Independencia.

Fast alle guten Diskotheken liegen in der Nähe des Einkaufszentrums "Plaza del Sol" in den Straßen López Mateos (teuer) und Mariano Otero (etwas preiswerter).

SHOPPING

Breites Angebot in **MÄRKTEN**:

MERCADO CORONA, Hidalgo/Ecke Santa Mónica. Obst- und Gemüsemarkt.

MERCADO BARATILLO, Calle 3o, im Osten der Stadt. Großer Flohmarkt, jeden Sonntag von 6-15 Uhr.

MERCADO LIBERTAD (2o), Calzada Independencia/Ecke Javier Mina. Eine der größten Markthallen Mexikos, allein von daher lohnt der Besuch! Details siehe Stadtbeschreibung.

ARTESANIA: Gute Qualität und größte Auswahl im Mercado Libertad (2o). - Weiterhin in der Casa de las Artesanías/Parque Agua Azul mit

Artesanía der Region und Festpreisen. Reichhaltiges und gutes Angebot lokalen Kunsthandwerks auch im Instituto de la Artesanía Jalisciense, Av. Alcalde 1221.

EINKAUFSZENTREN: Plaza México an gleichnamiger Avenida/Ecke Yaquis. Hier sind die Geschäfte wesentlich exklusiver und teurer als im Plaza del Sol. Alle weltbekannten Nobelmarken sind vertreten.

Plaza del Sol: López Mateos/Ecke Mariano Otero. Größtes Einkaufszentrum Mexikos.

Verbindungen ab Guadalajara

Flüge: Flughafen im Süden der Stadt, 8 km Richtung Chapala. Taxi ab Zentrum 1o US. Vom Flughafen Kleinbusse in die Innenstadt. Fahren für 3 US zu jedem gewünschten Hotel. Auch in der anderen Richtung: zum Flughafen ab Pila Moderna (España/Ecke Enrique Díaz de Léon). Mit öffentlichen Bussen ist die Verbindung ebenfalls möglich:

Vom alten Busbahnhof (Nähe Parque Azul) einen Bus nach Chapala nehmen, der am Flughafen vorbeikommt (o,5 US). Abfahrten alle halbe Stunde.

AEROMEXICO hat mit Abstand die besten und häufigsten Verbindungen, fliegt u.a. nonstop nach:

Ciudad Obregón	(2o5 US) 1 1/2 Std.	Culiacán	(15o US) 1 Std.
Manzanillo	(7o US) 3o Min.	Monterrey	(165 US) 1 Std.
Puerto Vallarta	(85 US) 3o Min.	Mexico City	(13o US) 1.1o Std
Tijuana	(275 US) 2 1/2 Std.	Los Angeles	(29o US) 3 Std.
Acapulco	(135 US) 1 Std.	Aguascalientes	(75 US) 3o Min.
Durango	(1oo US) 1 Std.	Mazatlán	(1o5 US) 4o Min.

Nach Mexico City, Tijuana und Los Angeles mehrfach pro Tag. Über die genannten Städte weitere Verbindungen in alle Teile des Landes und in viele Städte der USA.

MEXICANA fliegt zu ähnlichen Tarifen ebenfalls nonstop nach Manzanillo, Mexico City, Puerto Vallarta, Tijuana, Los Cabos, Ixtapa und Los Angeles. AEROCALIFORNIA fliegt nach Durango, Mexico City, Tijuana und Los Mochis.

AEROMEXICO: Corona 196, - MEXICANA: Mariano Otero 2353, - AEROCALIFORNIA: López Cotilla 1423.2.

Eisenbahn: Bahnhof in der Agustín Yañez, im Süden der Stadt. Zum Zentrum (Av. 16 de Septiembre) der Stadtbus 54.

Täglich ein Zug nach Mexico City (27 US) 12 Std. sowie der "El Pacífico" über Mazatlán (23 US/9 Std.) nach Nogales (8o US/27 Std.) oder nach Mexicali (85 US/33 Std.).

Bus: CENTRAL CAMIONERA, außerhalb vom Zentrum, supermodern, aber ein kleines Verwirrspiel, da riesig und nicht nach Richtungen, sondern nach Busgesellschaften gegliedert.

Es gibt sieben durchnumerierte Abfahrts- und Ankunftshallen. Auf jeder in großen Buchstaben die darin vertretenen Buslinien. Davor ebenfalls eine große Leuchttafel mit Nummer der Halle und Buslinien.

ANKUNFT: Man kommt an in der jeweiligen Halle der Buslinie, mit der man gefahren ist. In jeder Halle ein Stand der Touristeninformation mit Hotelvermittlung sowie ein Schalter zum Verkauf von Taxitickets (7,5 US ins Zentrum).

Vor jeder Halle warten die Taxis. Außerdem vor jeder Halle eine Bushaltestelle, an der alle Stadtbusse vorbeikommen (ins Zentrum Ruta 275 oder 1o2). Alles sehr einfach, schwieriger wird es bei der ABFAHRT:

Wer sein Busticket schon hat, fährt mit den Stadtbussen 275 (ab Revolución/Ecke Calzada Independencia) oder 1o2 (ab Priscillano Sánchez/Ecke Calzada Independencia) direkt vor die Abfahrtshalle seines Busunternehmens. Dort zum Schalter und einchecken.

Wer kein Ticket hat, fährt am besten bis Halle 4 (liegt am zentralsten) und fragt dort bei der sehr hilfsbereiten Touristeninformation, welche Linie in welcher Halle zur gewünschten Stadt fährt.

Da oft mehrere Linien die gleiche Stadt anfahren, lohnt auch ein Vergleich der Abfahrtszeiten. Aufgepaßt auch, daß man möglichst einen Direktbus (1. Klasse) erwischt.

Verbindungen: Praktisch stündliche oder sogar häufigere Abfahrten in alle wichtigen Städte des Zentralen Hochlandes, des Nordostens, Nordwestens und an die Pazifikküste. U.a. nach

Mazatlán (18 US) 8 Std., - Monterrey (3o- 35 US) 9 Std., - Puerto Vallarta (14- 21 US) 5 Std., - Acapulco (45 US) 1o Std., - Mexico City (2o- 35 US) 9 Std., - Querétaro (13- 21 US) 6 Std., - Ciudad Juárez (7o US) 17 Std., - Zacatecas (12- 23 US) 5 Std., - Tampico (25- 33 US) 8 Std., - Matamoros (3o- 33 US) 12 Std., - Tijuana (65- 8o US) 38 Std., - Los Mochis (31 US) 14 Std., - Manzanillo (13 US) 5 Std., - Morelia (11- 15 US) 4 Std.

Autovermietung: Viele lokale und internationale Unternehmen: HERTZ, Niños Héroes 9. - QUICK RENT, Niños Héroes 954. - ARRENDADORA VASA, Av. Vallarta 2835 (sehr preisgünstig).

★ Tlaquepaque

Absolut lohnender Ausflug ins ehemals selbständige Städtchen Tlaquepaque, heute ein Vorort von Guadalajara. Bezaubernde koloniale Plaza mit Arkadengängen ("El Parián"), Cantinas, Läden und Restaurants - alles sehr traditionell, und wenn man nicht gerade am Wochenende kommt, auch nicht übermäßig touristisch.

In der Calle Independencia (Fußgängerzone) einheitliche Kolonialhäuser mit Patios. Viele Artesanía-, Kunst- und Kitschläden, dazu Mariachimusiker. Außerdem das MUSEO REGIONAL DE LA CERAMICA (Independencia 237) mit den typischen traditionellen Keramiken des Ortes. Geöffnet Di.- Sa. 1o- 16 Uhr, So. 1o- 13 Uhr. Der ganze Stadtteil eine harmonische Einheit, wo es Spaß macht, zu bummeln, zu schauen und in einer der Cantinas einen Tequila zu trinken.

EL PATIO, Independencia 186. In schönem Innenhof. Mexikanische Küche. Teuer.

LOS AMIGOS DEL MARIACHI, Independencia 27o, ebenfalls in attraktivem Innenhof. Rustikal, mex. Speisen, mittlere Preise.

Will man nur einen Schluck trinken, dann am besten in einer der urigen Cantinas direkt auf der Plaza, in denen vor allem Einheimische verkehren.

Verbindungen: Gut 2o Min. per Bus ab Zentrum Guadalajara: Bus 275 oder 275 A oder 275 B ab Alcalde/Ecke Calle Independencia.

Tonalá

Kleiner Ort mit vielen guten Keramikbetrieben. Donnerstag und Sonntag großer Artesanía-, Keramik- und Flohmarkt.

Verbindungen: 8 km von Tlaquepaque, einfach weiterfahren, aber nur mit Bus 275.

Barranca De Oblatos

1o km nördlich von Guadalajara. Tiefe Schlucht; Naherholungsgebiet mit Zoo, Parks und eindrucksvollem Wasserfall, der vor allem im Oktober/November besonders viel Wasser führt.

Verbindungen: Bus Nr. 6o ab Calzada Independencia Richtung Norden bis zum "Mirador". Der Bus direkt zum Wasserfall hat die Aufschrift "San Sebastián" und geht ab Alcalde/Ecke Glorieta de la Normal. Aussteigen am Wasserfall, Haltestelle "Mirador Dr. Atl". Fahrzeit ca. 3o Min.

Lago Chapala

Größter See Mexikos und Naherholungsgebiet von Guadalajara, ca. 6o km südlich der Stadt. Am Lago Chapala haben sich viele pensionierte US-Amerikaner niedergelassen, so daß das Ambiente in den Hauptorten CHAPALA und AJIJIC alles andere als aufregend ist. Baden ist auch kein großer Spaß, da der See mittlerweile sehr flach und nicht besonders sauber ist. Landschaftlich allerdings schön gelegen.

Verbindungen: Wer mit dem Auto von Guadalajara nach Morelia und Mexico City unterwegs ist, kann bequem den Abstecher über das Süd- oder Nordufer des Sees einbauen. Mit dem Bus ab altem Bus- Terminal, Nähe Parque Azul.

Guadalajara -> Puerto Vallarta (325 km)

Vom Hochland über die Ausläufer der Sierra Madre hinunter zur Pazifikküste. Sehr kurvenreich und langsam. Etwas länger, dafür aber wesentlich interessanter ist der Umweg über Colima und Manzanillo: angenehmer Zwischenstop im Kolonialstädtchen Colima und lohnende Fahrt um die beiden Gipfel des gleichnamigen Vulkans. Details dazu im Kapitel "Colima", Seite 46o.

Guadalajara -> Pátzcuaro -> Morelia (32o km)

Vielbefahrene Verbindung durch den Westen des Zentralen Hochlandes. Hauptstrecke zwischen Guadalajara und Mexico City. Keine besonderen landschaftlichen Höhepunkte. Evtl. Umweg über das Südufer das Lago Chapala (Details zum See siehe Seite 3o7).

★ Pátzcuaro (2.1oo m, ca. 8o.ooo Einw.)

Oberhalb des gleichnamigen, malerischen Sees. Ein mexikanisches Bilderbuchstädtchen: nicht großartig herausgeputzt, aber auch nicht verfallen. Architektur und Farbgebung der Häuser im Zentrum sind so einheitlich wie sonst kaum irgendwo in Mexiko: ochsenblutrot und weiß gestrichene Kolonialgebäude mit den charakteristischen überstehenden Dächern.

Trotz Tourismus ist der dörfliche Charakter weitgehend erhalten geblieben. Pátzcuaro ist ideal für ein paar Tage zum Ausruhen, entweder unten am See oder im gemütlichen Zentrum: nicht so überfüllt wie andere Orte, dazu preiswerte und stilvoll- rustikale Hotels und Restaurants.

Die Stadt erlebte ab 1539 einen frühen Glanzpunkt mit der Ernennung von Don Vasco de Quiroga zum Bischof von Michoacán. Gegen den Widerstand des etablierten Klerus verlegte er den Bischofssitz nach Pátzcuaro und kümmerte sich dort vor allem um die indianische Bevölkerung. Er ließ Kirchen, Krankenhäuser und Schulen errichten, so daß das Städtchen im 16. Jahrhundert einen gewaltigen Aufschwung nahm. Nach dem Tode von Vasco de Quiroga kehrte der neue Bischof nach Morelia zurück, der Bau der Basilika blieb unvollendet, und Pátzcuaro versank wieder in provinzieller Bedeutungslosigkeit. Da im Verlaufe der Jahrhunderte auch kein neues Interesse an dem Ort erwachte, konnte er sein koloniales Gesicht relativ unverfälscht erhalten.

Klima: Auf 2.1oo m ein angenehm warmes Höhenklima.

Ibarra/Ecke Mendoza.
Post: Obregón 13. - **Telefon**: im Busterminal sowie im Hotel San Agustín, Plaza Bocanegra. - **Geldwechsel**: "Janitzio", Plaza Quiroga 12.

Das Zentrum von Pátzcuaro gruppiert sich mit seiner einheitlichen Architektur und allen Sehenswürdigkeiten um vier Plätze:

Die PLAZA SAN FRANCISCO (7) mit der gleichnamigen Kirche ist der erste Platz auf dem Weg vom Busterminal ins Zentrum. Gleich dahinter die

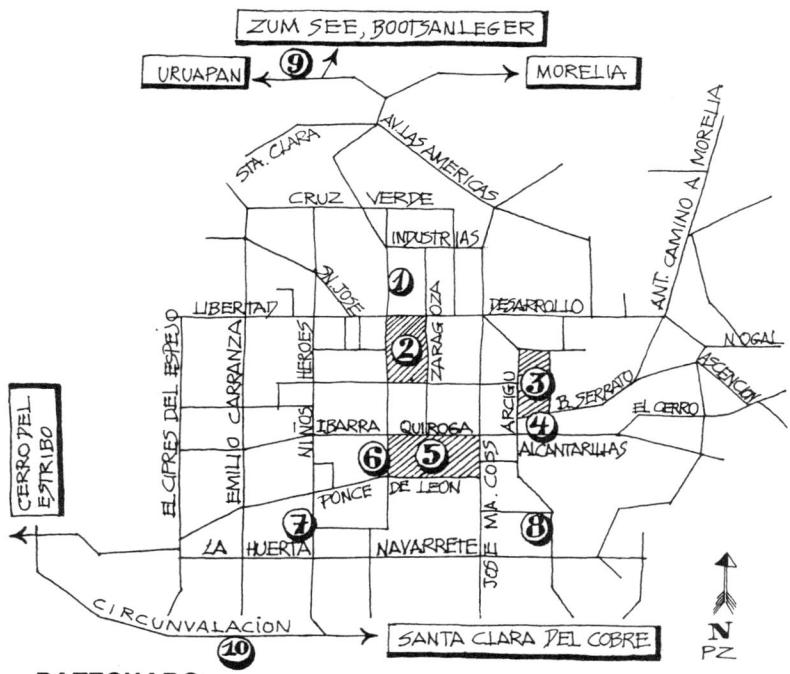

PATZCUARO

1 POST
2 Plaza Gertrudis Bocanegra
3 Plaza de la Basílica
4 Museo de Artes Populares
5 Plaza Quiroga
6 TOURIST- BÜRO
7 Plaza San Francisco
8 Casa de los Once Patios
9 BAHNHOF
1o BUSTERMINAL

PLAZA VASCO DE QUIROGA (5), der schönste Platz des Ortes, umgeben von Arkaden, in der Mitte Denkmal für die bekannteste historische Persönlichkeit der Stadt.

Etwas oberhalb des Platzes das MUSEO DE ARTES POPULARES (4) Arciga/Ecke Alcantarillas, mit freundlichem, dicht bepflanztem Innenhof. Ausstellung von Kunsthandwerk der Region, u.a. Keramik, Masken, Tonskulpturen und die aus einer speziellen Maispaste hergestellten Figuren, die wegen ihres geringen Gewichts bei Prozessionen benutzt werden. Geöffnet Di.- Sa. 9- 19 Uhr, So. 9- 15 Uhr. Eintritt 4,5o US, So. gratis.

Gegenüber die KIRCHE LA COMPAÑÍA, deren Bau zu Bischof Quirogas Zeiten begonnen wurde. An der nächsten Ecke die CASA DE LOS ONCE PATIOS (8): Die elf Innenhöfe, denen das verwinkelte Haus seinen Namen verdankt, wurden im Laufe der Zeit teilweise zugebaut. Unten Artesanía- Geschäfte, oben kleines Museum mit moderner Kunst. Ein schattiger Ort zum Bummeln und Ausruhen.

<u>PLAZA GERTRUDIS BOCANEGRA</u> (2), einen Block von der Plaza Quiroga entfernt. Lebendiger Platz mit Straßencafés und fliegenden Händlern. An der Ecke zur Calle Degollado die ehemalige Kirche San Agustín, in der heute die <u>BIBLIOTECA GERTRUDIS BOCANEGRA</u> untergebracht ist. Benannt nach einer lokalen Unabhängigkeitskämpferin. Bemerkenswert die Wandmalereien Juan O'Gormans zur Geschichte des Staates Michoacán und der hier ansässigen Indianer. In bunten Farben erkennt man Konquistadoren, Priester, Versklavung und Folter von Indios, Jagdszenen, Tänze.

<u>PLAZA DE LA BASILICA</u> (3), einige Straßen oberhalb der Plaza Bocanegra. Der Bau der Basilika wurde im 16. Jahrhunderts noch unter Bischof Quiroga begonnen, die Konstruktion aber wegen der späteren Verlegung des Bischofssitzes nach Morelia nie ganz abgeschlossen. Von außen nicht besonders ansehnlich; innen jedoch eine Reihe von goldgeschmückten Altären, feine Holzarbeiten sowie ein prunkvoller Hauptaltar mit eigener Kuppel.

In Pátzcuaro ruhig mal hinter die Kulissen schauen, überall gibt es sehr <u>schöne Patios,</u> oft versteckt hinter schweren Holztoren. Besonders sehenswert der harmonisch konstruierte Innenhof in der Calle Ibarra 14.

Schönster Blick über die Stadt und auf den See vom <u>CERRO DEL ESTRIBO</u>, ca. 3 km westlich, zu erreichen ab Plaza San Francisco über die Calle Ponce de León.

"<u>**Hotel Posada Don Vasco**</u>", Lázaro Cárdenas. Etwa auf halbem Wege zwischen See und Zentrum. Weitläufige Anlage im Hacienda- Stil mit großem Garten und Schwimmbad. Moderne, komfortable Zimmer. DZ ca. 75 US.

"<u>**Hotel Mansión Iturbide**</u>", Portal de Morelos 55, an der Plaza Quiroga. In altem Haus aus dem 17. Jahrhundert mit vielen Holzbalken und geschnitzten Türen. Zimmer rustikal eingerichtet mit TV. Allerdings nicht übermäßig komfortabel. DZ ca. 4o US, Frühstück inkl. Die vierte Nacht ist gratis.

"<u>**Hotel Posada La Basílica**</u>" Arciga 6. Kolonialhaus mit sonnigem Innenhof. Blick über die Stadt vom Patio und von einigen Räumen. Zimmer groß und rustikal. DZ ca. 3o US.

"<u>**Hotel Los Escudos**</u>", Portal Hidalgo 73, Plaza Quiroga. Zentrale Lage. Kolonialhaus mit zwei Innenhöfen. Schöne Holzverkleidungen, rustikal- gemütliche Zimmer. Angenehme Atmosphäre. DZ ca. 33 US.

"<u>**Hotel Las Redes**</u>", unten am See, Nähe Bootsanleger. Sonnige Terrassen und Balkons. Zimmer modern- rustikal eingerichtet. Die Alternative am See zu den Mittelklasse- Hotels im Zentrum. DZ ca. 27 US.

"Hotel Misión San Manuel", Plaza Quiroga 1o. Schönes Kolonialhaus, dicke Holzbalken, viel Atmosphäre. Gemütliche Lobby mit Sitzmöbeln im Patio. Auch die Zimmer stilvoll- rustikal eingerichtet. 34 US.

"Gran Hotel", Portal Regules, Plaza Bocanegra. Hinter alter Fassade ein vollkommen modernisiertes Haus. Zimmer rustikal- modern eingerichtet. Sehr hell und sauber, DZ ca. 22 US.

"Hotel El Artillero", Ibarra 22. In altem Kolonialhaus. Von außen schöne Fassade, innen kahl und abweisend. Kühler Innenhof. Zimmer einfach und ordentlich mit Privatbad, DZ ca. 17 US.

"Hotel Concordia", Portal Juárez 31, Plaza Bocanegra. Einfaches Hotel in altem Kolonialhaus. Zimmer modernisiert. Ordentliche Betten und Bauernstühle. Leider wird der Hof auch als Parkplatz genutzt. DZ mit kleinem Privatbad ca. 13 US, mit Gemeinschaftsbad ca. 1o US.

"Hotel Posada Imperial", Obregón 21. Ruhige Straße hinter der Plaza Bocanegra. Schöne Kolonialfassade. Innen klein und verwinkelt mit viel Holzverkleidung. Zimmer sehr einfach, manche düster. Ausgestattet mit Bett und Tischlein. Bäder primitiv, aber sauber. DZ ca. 22 US.

"Hotel San Augustín", Portal Juárez 27, Plaza Bocanegra. Einfache Zimmer im Hinterhof, sauber. Flur etwas wie im Gefängnis. Einrichtung klapprig, Bäder heruntergekommen. Nicht so gut wie die anderen Hotels zum gleichen Preis an der Plaza. DZ ca. 13 US.

"Hotel Pátzcuaro", Ramos 9. Basic. Abweisende Lobby und Flure. Sehr kleine Zimmer. Sauber. Mit Privatbad ca. 1o US, ohne Bad DZ ca. 8 US.

"Hotel Fiesta Plaza", Plaza Bocanegra. Phantastischer Innenhof mit Balkonen, massiven Holzbalken und Brunnen. Völlig modernisierte Zimmer mit hellen, rustikalen Möbeln. Moderne, große Bäder in gutem Zustand. Für ca. 35 US eine gute Alternative.

"Hotel Posada de la Rosa", Plaza Bocanegra, Portal Juárez. Sonniger Innenhof im 1. Stock, von dem aus luftige Zimmer abgehen. Außer Bett nicht viel Einrichtung. Bäder aber groß und passabel sauber. Ruhig. Für ca. 13 US in dieser Kategorie zu empfehlen.

"Hotel Valmen", Padre Lloreda/Ecke Ahumada. Nähe Plaza Bocanegra und Plaza Basílica. Bunt gekachelter Innenhof mit Pflanzen. Einfache, geräumige Zimmer, ordentliche Bäder. Sauber. Vordere Zimmer zur Straßenecke, zum Patio hin ruhig. DZ ca. 13 US.

Regionale Spezialitäten: "Pescado Blanco": kleiner Fisch aus dem See von Pátzcuaro mit zartem, hellem Fleisch. In einfacheren Restaurants und auf der Straße zumeist gegrillt oder frittiert, in besseren Lokalen mit leichten Soßen serviert.

EL PATIO, Portal de Guerrero, Plaza Quiroga. In altem Gebäude, neue und geschmackvolle Einrichtung. Fisch aus dem See sowie Fleischgerichte. Gemütlich, freundliche Atmosphäre. Preise mittel.

LA BASILICA, Arciga 6. Modern- rustikal eingerichtet. Schöner Blick über den Ort hinunter zum See. Fleisch- und Fischspeisen. Preise mittel.

FIESTA PLAZA, Obregón 5. Kolonialhaus, innen modern- gepflegtes Ambiente. Internationale Küche. Preise mittel.

Fast alle Mittelklassehotels haben gemütliche, nicht allzu teure Restaurants, in denen man behaglich sitzt und auch ganz passabel ißt. Besonders schön rund um die Plaza Quiroga. Einfache Taquerías an der Plaza Bocanegra.

Unten am See, direkt am Bootsanleger, einige preiswerte und volkstümliche Lokale, die appetitlich zubereiteten Fisch anbieten. Von dort aus Richtung Bahnhof dann die "besseren" Restaurants, in denen es etwas ruhiger und gepflegter zugeht, deren Fisch aber weder besser schmeckt noch raffinierter zubereitet ist.

VERANSTALTUNGEN
DIA DE LOS MUERTOS: Der 2. November wird in Pátzcuaro besonders aufwendig begangen. Großer Artesanía- Markt.

SHOPPING
Der MARKT findet hauptsächlich auf der Straße statt. Er beginnt an der Plaza Bocanegra/Ecke Libertad. Artesanía und Lebensmittel. Indianerfrauen mit ihren typischen blau- schwarzen Umschlagtüchern, viel Lokalkolorit.

Große Auswahl an ARTESANIA in der "Casa de los 11 Patios". Außerdem in einigen kleineren Geschäften im Zentrum. - "La Montura Regional", Portal de Allende, Plaza Quiroga: uriger Sombrero- Laden.

Verbindungen ab Pátzcuaro

Eisenbahn: Bahnhof unterhalb des Ortes in der Nähe des Bootsanlegers.

Täglich ein Zug nach Uruapan (3 US) 2 Std., - Morelia (3 US) 1 1/2 Std., - Mexico City (18 US) 1o Std.

Bei den häufigen und schnellen Busverbindungen lohnt es sich aber kaum, auf den nur 1 x pro Tag vekehrenden, langsamen und teureren Zug zu warten.

Bus: Moderner Busterminal oberhalb der Stadt an der Umgehungsstraße. 1o Min. zu Fuß ins Zentrum. Stadtbusse zwischen Terminal, Zentrum, Bahnhof und See.

Mehrmals tägl. Abfahrten nach: Morelia (2 US) 1 Std., - Uruapan (2 US) 1 Std., Mexico City (16US) 6 Std., - Guadalajara (9 US) 5 Std.

Transport in Pátzcuaro: Im Zentrum hat man alles in kürzester Zeit zu Fuß erreicht. Vom Bootsanleger am Seeufer fährt ein Bus ("Col. Popular") durchs Zentrum zur Central Camionera, dem Busterminal. Ab hier fahren Stadtbusse in die Innenstadt ("Centro") oder zum See ("Lago").

LAGO DE PATZCUARO UND ISLA JANITZIO

Vom Bootsanleger unterhalb der Stadt fahren Schiffe rüber zur Isla Janitzio, die wie eine Halbkugel mitten im See liegt. Schöner Tages- oder Halbtagesausflug mit Spaziergang zum überdimensionalen Morelos-Denkmal oben auf der Insel, von wo aus man einen weiten Rundblick über den See hat.

> **Busse** "Estación" oder "Lago" fahren ab Plaza Bocanegra runter zum See. Zurück "Col. Popular, Centro" ab Bootsanleger. **Taxi** knapp 2 US. Die Schiffe verkehren zwischen 7 und 18 Uhr, Hin- und Rückfahrt pro Person 3 US. Man bleibt so lange auf der Insel, wie man will, und nimmt spätestens das letzte Boot um 18 Uhr. Wenn wenig Betrieb ist, sich besser über den Zeitpunkt der letzten Rückfahrt noch einmal vergewissern.

★ Morelia (1.950 m, ca. 700.000 Einw.)

Hauptstadt des Bundesstaates Michoacán. Das Zentrum in einheitlicher Architektur aus hellem Vulkanstein, welcher der Stadt einen freundlichen und einladenden Charakter verleiht. Viele eindrucksvolle Gebäude aus der Kolonialzeit, deren Größe und Ausstattung vom einstigen Reichtum zeugen.

Das Schönste an Morelia sind die zahllosen Innenhöfe: Ob Bürogebäude, Museum, Hotel, Restaurant oder Privathaus, hinter beinahe jedem Eingang verbirgt sich ein sehenswerter Patio, der den gepflegten Eindruck einer auch heute noch wohlhabenden Stadt verstärkt.

> Stadtgeschichte: 1541 gründete der erste Vizekönig Neu-Spaniens, Antonio de Mendoza, die Stadt höchstpersönlich und benannte sie Valladolid, nach seinem Geburtsort in Spanien. Schon wenige Jahre später entstanden Rivalitäten zum nahegelegenen Pátzcuaro. Dort hatte der Bischof von Michoacán, Vasco de Quiroga, seinen Sitz. Er förderte die Entwicklung von Pátzcuaro (Details siehe Pátzcuaro). Nach dessen Tod jedoch konnte sich Valladolid durchsetzen, erhielt Bischofs- und Universitätssitz. Während der Kolonialzeit kontinuierliche Fortentwicklung als kulturelles Zentrum der Region. 1828 Umbenennung in Morelia zu Ehren des Freiheitshelden José María Morelos, der hier geboren wurde.

Klima: Auf 1.950 m ein gemäßigtes Höhenklima. Kühle Nächte im Winter, Regenfälle zwischen Mai und September.

> **Tourist Info**: Nicromante/Ecke Madero.
> **Post**: Im Palacio Federal, Madero Oriente/Ecke Serapio Rendón.
> **Telefon**: im Busterminal sowie Portal Galeana unter den Arkaden an der Plaza de Armas. - **Geldwechsel**: Casa de Cambio, Ocampo 178.

Das Zentrum bildet die PLAZA DE ARMAS, überragt von den wuchtigen Türmen der KATHEDRALE (8) aus dem 17. Jahrhundert. Die anderen Seiten des Platzes begrenzt von schattigen Arkaden. Wenige Schritte entfernt in der Calle Madero/Ecke Juárez der riesige PALACIO DE GOBIER-

NO (7) mit mehreren Innenhöfen hintereinander. Unter den Arkaden zahlreiche Wandgemälde zur mexikanischen Geschichte.

In der Umgebung der Hauptplaza einige kleinere Museen, die sich hauptsächlich der Regionalgeschichte und dem Wirken des Unabhängigkeitskämpfers José María Morelos widmen:

MUSEO DEL ESTADO (5), Prieto/Ecke Tapia. Exponate zur Geschichte des Staates Michoacán: prähispanische Fundstücke, Ethnologie, Kolonialzeit. Geöffnet tägl. 9- 14 und 16- 2o Uhr. Eintritt 4,5o US.

MUSEO MICHOACANO (9), Allende/Ecke Abasolo. Kolonialgebäude mit Regionalmuseum. Präkolumbianische Fundstücke aus Michoacán; Gemälde, Bücher und Möbel aus der Kolonialzeit; Exponate aus der Zeit der Republik und des Kaiserreichs. Geöffnet Di.- So. 9- 14 und 16- 2o Uhr. Eintritt frei.

MUSEO CASA DE MORELOS (11), Morelos/Ecke Aldama. Das Haus erwarb José María Morelos 18o1. Ausgestellt sind persönliche Gegenstände des Unabhängigkeitskämpfers, Dokumente und zwei alte Kutschen aus der Zeit Mitte 19. Jh. Geöffnet Di.- So. 9- 14 und 16- 2o Uhr. Eintritt 3,5o US.

CASA NATAL DE MORELOS (1o), Corregidora/Ecke García Obeso. Im Geburtshaus von Morelos ein kleines Museum mit Dokumenten und Original- Handschriften. Geöffnet täglich 9- 14 und 16- 2o Uhr. Eintritt frei.

> José Maria Morelos (1765- 1815) war Schäfer und Landarbeiter, später Schüler von Pater Miguel Hidalgo. Er wurde 1797 zum Priester ordiniert und schloß sich nach Ausbruch der Feindseligkeiten 18lo der Unabhängigkeitsbewegung an. Zum militärischen Führer ernannt, war es seine Aufgabe, den Aufstand bis hinunter zur Pazifikküste zu verbreiten.
>
> Als er loszog, war er praktisch allein, nach kurzer Zeit jedoch hatten sich ihm bereits 3.ooo unzufriedene Landbewohner angeschlossen. Mit seiner Truppe schloß er die spanische Garnison in Acapulco ein und eroberte das gesamte Territorium des heutigen Staates Guerrero. Nach weiteren militärischen Siegen im Hochland nahmen seine Truppen im August 1813 Acapulco ein.
>
>
> *José María Morelos*
>
> Durch Truppenverstärkungen aus Spanien bekamen die Royalisten kurz darauf wieder die Oberhand, besiegten die Aufständischen in zahlreichen Schlachten und nahmen Morelos im November 1815 gefangen. Er wurde im Inquisitionsgefängnis von Mexico City festgehalten und zum Tode verurteilt. Am 22. Dezember 1815 vollstreckten spanische Soldaten das Urteil. Den endgültigen Sieg der mexikanischen Freiheitsbewegung konnten sie damit allerdings nicht verhindern.
>
> Nach Beendigung der Freiheitskämpfe erhielt Morelos' Geburtsort Valladolid den Namen Morelia.

Zu den sehenswertesten Gebäuden der Stadt mit großräumigen und schönen Innenhöfen gehören außerdem (überall lohnt ein Blick ins Innere):

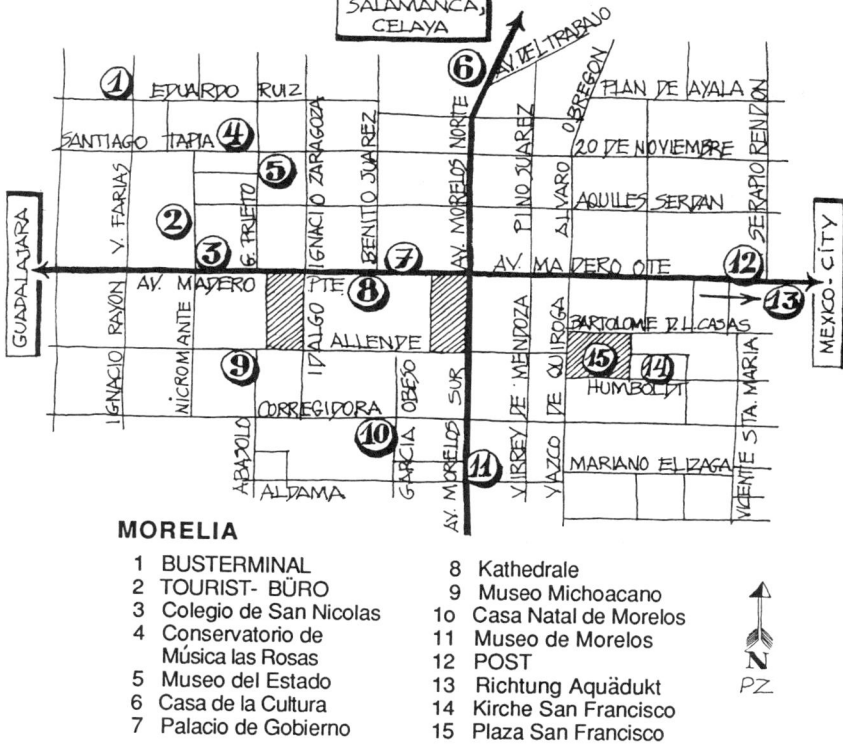

MORELIA

1. BUSTERMINAL
2. TOURIST- BÜRO
3. Colegio de San Nicolas
4. Conservatorio de Música las Rosas
5. Museo del Estado
6. Casa de la Cultura
7. Palacio de Gobierno
8. Kathedrale
9. Museo Michoacano
10. Casa Natal de Morelos
11. Museo de Morelos
12. POST
13. Richtung Aquädukt
14. Kirche San Francisco
15. Plaza San Francisco

CASA DE LA CULTURA (6), Morelos Norte/Ecke Ruiz. Im ehemaligen Convento del Carmen heute Ausstellungen und andere kulturelle Veranstaltungen. Großer Innenhof, kühle Wandelgänge und Säle.

Im kleinen MUSEO DE LAS MASCARAS Ausstellung von Masken aus allen Teilen Mexikos, die bei rituellen Tänzen getragen werden. Geöffnet täglich 9- 14 und 16- 2o Uhr. Eintritt frei.

CONSERVATORIO DE MUSICA DE LAS ROSAS (4), Tapia 334. Schöner Innenhof im einstigen Kloster.

COLEGIO DE SAN NICOLAS (3), Madero/Ecke Nicromante. Ehemalige Schule aus dem 16. Jh., heute Universitätsgebäude, in dem sich ein großer Teil der studentischen "Szene" trifft. Unter den Arkaden im 1. Stock ein Wandgemälde zu Landwirtschaft und Fischfang im Staat Michoacán.

Etwas außerhalb des Zentrums (über die Av. Madero nach Osten) steht ein etwa 2 km langer AQUÄDUKT (13) aus dem 18. Jahrhundert, der die

Stadt lange Zeit mit Trinkwasser versorgte. Die rund 25o Bögen spannen sich quer über Straßen und kleinere Häuser.

"<u>Gran Hotel</u>", Calzada Puente/Ecke Av. de las Camelinas. Außerhalb am östlichen Stadtausgang. Modernes Gebäude in großem Garten. Schwimmbad und sonstiger, dem Preis entsprechender Komfort. DZ ca. 13o US.

"<u>Hotel Calinda</u>", Av. de las Camelinas s/n. Beim Morelia Misión, ähnliche Qualität, DZ ca. 1oo US.

"<u>Hotel Alameda</u>", Madero/Ecke Prieto. Modernes Haus direkt an der Plaza de Armas. Business- Hotel, wegen zentraler Lage auch brauchbar für Touristen. Langweilige Fassade, schöner Patio. Zimmer zur Straße sehr laut, aber auch (kleinere) Zimmer nach innen. Modern eingerichtet mit Farb- TV, DZ ab 7o US.

"<u>Hotel Virrey De Mendoza</u>", Plaza de Armas/Ecke Madero. Traditionshotel, von Grund auf neu renoviert. Hier residierten schon die Vizekönige Neu- Spaniens; viel von der Atmosphäre wurde erhalten. Noble Lobby mit Arkaden, Sitzmöbeln und Gemälden. Zimmer mit modernem Komfort, je nach Ausstattung ca. 65- 9o US.

"<u>Hotel de la Soledad</u>", Zaragoza 88. Zentral Nähe Zócalo. Stilvolles Übernachten in außergewöhnlich schönem Kolonialhaus mit freundlichem, bepflanztem Patio. Verwinkelte Gänge zu kleinen Zimmern. Ruhig und zentral, DZ ca. 67 US.

"<u>Hotel Catedral</u>", Zaragoza/Ecke Madero, Traditionshotel mit viel Atmosphäre an der Planza de Armas. Phantastischer Innenhof mit schmiedeeisernen Geländern. Zimmer stilvoll- rustikal eingerichtet. Mit gemütlichem Aufenthaltsraum im Patio. DZ ca. 55 US.

"<u>Hotel Casino</u>", Plaza de Armas, unter den Arkaden. Stilvolle, gekachelte Eingangshalle. Zimmer rustikal, zur Straße hin laut. DZ ca. 48 US.

"<u>Hotel Plaza</u>", Gómez Farías/Ecke Ed. Ruiz. Gegenüber Busterminal. Ordentliche Lobby und Flure. Frontzimmer hell, aber sehr laut. Einrichtung mit Bett, Stuhl und Uralt- TV. DZ ca. 23 US.

"<u>Hotel Atilanos</u>", Corregidora 465. Kolonialhaus mit hübschem Innenhof: bunt bemalt, viele Pflanzen, einige Sitzmöbel. Zimmer eng und dunkel, ordentliche Minimalausstattung. Bäder modernisiert und sauber. 5 Blocks von der Plaza de Armas. DZ ca. 3o US.

"<u>Hotel del Matador</u>", Eduardo Ruiz/Ecke Gómez Farías. Gegenüber Busterminal. Schlichter Betonbau, etwas heruntergekommen. Zimmer einfach, mit Minimalmöblierung. Bäder neu gekachelt und sanitäre Anlagen modernisiert. Zimmer zur Straße laut; nach innen teilweise ohne Fenster, trotzdem passabel ventiliert. DZ ca. 23 US.

"<u>Hotel Valladolid</u>", Plaza de Armas, unter den Arkaden. Zimmer einfach, aber sehr sauber. Nach vorn raus sehr laut. Möbel und sanitäre Anlagen mit starken Spuren von Gebrauch. Vorteil: zentraler geht's nicht. DZ ca. 22 US.

"<u>Hotel El Carmen</u>", Eduardo Ruiz/Ecke Juárez. Kolonialgebäude. Eingangshalle mit Kacheln und Säulen. Zimmer einfach, aber sehr sauber. Winzig, neben das Bett paßt gerade noch ein schmaler Tisch. Die meisten Zimmer düster zum Gang. Bäder alt, aber sauber. Für ca. 17 US kann man sich nicht beklagen.

"<u>Hotel Colonial</u>", 2o de Noviembre/Ecke Morelos Norte. Kühler Innenhof. Einfache Zimmer mit Bad hinter dicken, alten Mauern. Bäder winzig. DZ ca. 13 US.

"**Hotel Señorial**", Tapia 543. Sehr basic. Zimmer zu verschiedenen Innenhöfen, ausgestattet mit Bett und Glühbirne. Primitive Gemeinschaftsbäder. Einige mit winzigem Privatbad für ca. 8 US. Notlösung für extrem leere Brieftaschen.

Jugendherberge: Oaxaca/Ecke Chiapas. Etwa 1o Blocks von der Plaza de Armas.

Regionale Spezialitäten: Morelia ist in ganz Mexiko berühmt für seine "Dulces". Wer besonders süße Süßigkeiten liebt (kandierte Früchte, Nüsse, Mandeln in Honigmasse etc.), kann sich eindecken am MERCADO DE DULCES unter den Arkaden in der Calle Gómez Farías.

MONTERREY, Portal Galeana, unter den Arkaden an der Plaza de Armas. Kühler Innenhof. Fleisch- und Grillgerichte. Teuer.

Etwas gemütlicher direkt nebenan LAS COSTILLAS DE DON LUIS, mit Stierkampfplakaten an der Wand.

LAS PALMAS, Ocampo 215. Hervorragendes Frühstück: reichhaltig und billig. Einfache Cafeteria zwischen kühlen Steinmauern.

LOS COMENSALES, Zaragoza 148. In kühlem, altem Gemäuer. Tische im schönen Patio und den angrenzenden Räumen. Ruhiger Ort mit Kolonial- Flair. Mexikanische und internationale Küche zu mittleren Preisen.

FONDA LAS MERCEDES, Léon Guzmán 47. Nobel- Restaurant mit kolonialem Charme. Im Patio und mehreren Räumen eines Kolonialhauses. Stilvolle Dekoration. Nudeln, Fleisch- und Fischgerichte zu gehobenen Preisen.

CAFE DEL PRADO, Ocampo 238. Einfaches Café im Patio mit unpassender Plastikmöblierung. Studentischer Treffpunkt.

Am beliebtesten bei Einheimischen sind die Bars und Restaurants unter den Arkaden an der Plaza de Armas. Nicht sehr teuer, am besten geeignet für einen Kaffee oder Drink, denn das Essen ist nicht besonders gut.

Einige Hotels im Zentrum (z.B. Catedral, Alameda, Casino) besitzen gute und gemütliche Restaurants, zumeist in stillen Patios. Besonders reizvoll im "Hotel de la Soledad".

SPRACHKURSE

Morelia ist eine der Städte im Zentralen Hochland, die sich als Standort für einen Spanischkurs anbieten. Kontakte und Informationen über:

CENTRO INTERNACIONAL DE IDIOMAS, Calzada Fray Antonio de San Miguel, Morelia 58ooo, Tel. 91-43-132796.

SHOPPING

CASA DE LAS ARTESANIAS, Plaza San Francisco. Umfangreiche Ausstellung von Kunsthandwerk aus dem Staate Michoacán. Auch Verkauf.

Verbindungen ab Morelia

Flüge: Flughafen ca. 2o km nordöstlich beim Ort Obregón. AEROMEXICO fliegt täglich mehrmals nach Mexico City (11o US/5o Min.) und Guadalajara (11o US/5o Min.). 1 x pro Tag nach Uruapan (3o US/15 Min.) und Léon (7o US/3o Min.). Büro: 2o de Noviembre 11o. Lokale Gesellschaften fliegen unbedeutendere Orte im Westen Mexikos an.

Eisenbahn: Bahnhof in der Av. del Periodismo s/n. Täglich ein Zug nach Uruapan (6 US) 3 1/2 Std., Pátzcuaro (3 US) 1 1/2 Std. und Mexico City (17 US) 8 1/2 Std.
Lohnt aber kaum bei den guten und schnellen Busverbindungen und der superzentralen Lage des Busterminals.

Bus: Central Camionera in der Nähe der Plaza de Armas: Eduardo Ruiz/Ecke Gómez Farías.

Mehrmals pro Tag Abfahrten nach: Colima (18 US) 5 Std., - Monterrey (32- 4o US) 12 Std., - Mazatlán (28 US) 12 Std., - Tijuana (9o US) 43 Std.
Ständig Busse nach: Mexico City (12- 15 US) 5 Std., - Uruapan (4- 6 US) 2 Std., - Pátzcuaro (2 US) 1 Std., - Guadalajara (11- 15 US) 4 Std., - Toluca (7 US) 4 Std., - Guanajuato (6 US) 4 Std. und Querétaro (7 US) 4 Std.

Autovermietung: DOLLAR, Av. del Campestre 676. - MORELIA-RENT, Av. de las Camelias 1454.

Transport in Morelia: In der Innenstadt ist alles leicht zu Fuß zu erreichen. Auch der Busterminal liegt nur wenige Blocks von der Plaza de Armas entfernt. - **Taxi**: im Zentrumsbereich ca. 2 US.

Morelia -> Guanajuato (17o km)

Verbindung über den Deich im Lago Cuitzeo, Details siehe Seite 276.

Morelia -> Toluca -> Cuernavaca (39o km)

Wer mit dem PKW unterwegs ist, sollte von Morelia aus die südliche Route durchs Gebirge nehmen, die zwischendurch immer wieder weite Ausblicke über die schöne Landschaft bietet.

An der Paßhöhe "Mil Cumbres" hat man tatsächlich einen Blick über die Gebirgskette wie auf "tausend Gipfel". Die Busse nach Toluca nehmen in der Regel die besser ausgebaute und schnellere Nordroute. Keine Direktverbindung von Morelia nach Cuernavaca, daher umsteigen in Toluca.

★Cuernavaca (1.54o m, ca. 1 Mio. Einw.)

Stadt des "ewigen Frühlings" und Hauptstadt des Bundesstaates Morelos. Wegen des guten Klimas beliebt bei Mexikanern aber auch US- Amerikanern, die hier ihre Ferienvillen haben. Insbesondere am Wochenende extremer Ausflugsverkehr von Mexico City.

Von den üppigen Gärten und Traumvillen bekommt man wenig mit, da sie hinter Mauern versteckt sind. Hauptsehenswürdigkeiten sind der Cortés-Palast, schöne Parkanlagen (z.B. Jardín Borda), der San Antonio Wasserfall und insbesondere die 4o km südlich gelegene, großartige prähispanische Ausgrabungsstätte Xochicalco.

Leider besitzt Cuernavaca einige Schattenseiten: überlaufen, überteuert und viel Nepp. Wer (vor allem wegen der Ruinen von Xochicalco) trotzdem hinfährt, sollte dies auf keinen Fall zwischen Freitag und Montag tun, denn am Wochenende kommen nicht selten bis zu 4oo.ooo(!) Besucher aus der nahen Hauptstadt herüber. An Hotelzimmer ist dann nicht zu denken.

Die Geschichte Cuernavacas ist seit jeher mit dem "Tourismus" verbunden. Bereits die Aztekenherrscher fühlten sich wohl im angenehmen Klima, ließen Gärten und Paläste errichten. Der Eroberer Cortés tat es ihnen gleich und wählte den Ort als Ruhesitz, Palast natürlich inklusive. Später richtete Kaiser Maximilian hier seine Sommerresidenz ein.

Im 2o. Jahrhundert Ausweitung Richtung Massentourismus: zunächst begüterte Mexikaner, Diplomaten und Schriftsteller. Dann kam Cuernavaca bei Nordamerikanern in Mode. Heute Wochenend- Fluchtpunkt der smog- geschädigten Bewohner von Mexico City, die jeden Freitag in Scharen einfallen oder gleich den Wohnsitz der Familie hierher ausgelagert haben.

Klima: Angenehmes, trockenes Höhenklima. Regenfälle in den Sommermonaten.

Tourist INFO) Av. Morelos Sur 8o2. Auf der Plaza de Armas kleiner Info-Kiosk.

Post: Direkt an der Plaza de Armas. - **Telefon**: Hidalgo 22. Außerdem Ladatel- Apparate überall in der Innenstadt. - **Geldwechsel**: "GESTA", Morrow 4-D.

Die große PLAZA DE ARMAS (7) ist das lebendige Zentrum von Cuernavaca. Direkt angrenzend der Jardín Juárez: vom Garten ist nicht mehr viel übrig; ein paar Bäume, viel Beton und ein von Gustave Eiffel entworfener Pavillon.

PALACIO DE CORTES (9): 1527-29 erbaut, danach von Hernán Cortés selbst bewohnt. Der Palast hat eher Festungscharakter und sollte den Konquistador vor unliebsamen Überfällen aufständischer Indios schützen. Von den oberen Arkadengängen schöner Blick auf den schneebedeckten Gipfel des Popocatépetl.

Zu den schönsten Werken Diego Riveras gehören die Wandgemälde unter den rückwärtigen Arkaden, die Szenen der spanischen Konquista und der Mexikanischen Revolution zeigen. - Im Innern das <u>MUSEO REGIONAL DE CUANAHUAC</u>: archäologische und historische Exponate. Ausführlich dargestellt die "Tierra y Libertad"- Bewegung von Emiliano Zapata. Interessant vor allem wegen Fotos aus der Zeit der Mexikanischen Revolution. Geöffnet 1o- 17 Uhr. Vor dem Gebäude Ruinen einer präkolumbianischen Pyramide, auf deren Grundmauern der Palast errichtet wurde. Eintritt 4,5o US.

<u>KATHEDRALE</u> (5): Baubeginn ca. 153o, ebenfalls festungsähnlich ausgebaut. Im Innern farbige Fresken, die den Märtyrertod von 14 mexikanischen Franziskaner- Missionaren in Japan darstellen. Am Eingang ein Taufstein aus indianischer Steinmetzarbeit. Vom Turm schöner Rundblick über die Stadt.

<u>JARDIN BORDA</u> (1), gegenüber der Kathedrale und Ruhepunkt im hektischen Getriebe der Innenstadt. Der Park wurde im 18. Jh. durch den Silberkönig von Taxco, José de la Borda, angelegt im Stil andalusischer Gartenanlagen. Das Eingangsgebäude am Ende der Calle Hidalgo war die Sommerresidenz von Borda, später auch von Kaiser Maximilian. Heute wechselnde Kunstausstellungen. Geöffnet 1o- 17.3o Uhr. Eintritt 1 US.

<u>CASA DE MAXIMILIANO</u> und <u>MUSEO DE LA HERBOLARIA</u> (18): im Süden der Stadt, weitere Casa des Kaisers.

<u>SAN ANTONIO WASSERFALL</u> (12): am westlichen Talrand der Stadt, ein ca. 35 m hoher Wasserfall und Attraktion für Regionaltourismus.

<u>TEOPANZOLCO</u> (17): prähispanische Ausgrabungsstätte im Stadtbereich. Gut rekonstruierte Pyramide, an der man die Überbauungstechnik der mexikanischen Indio- Kulturen studieren kann: Die neue Pyramide wurde jeweils schalenförmig über der alten errichtet. Zu erreichen mit Bus "Vista Hermosa" ab Zentrum.

Auf keinen Fall am Wochenende nach Cuernavaca kommen, dann sind die Hotels mit Sicherheit überfüllt. Während der Woche gibt es Engpässe nur gelegentlich bei den Hotels der Billigkategorie.

"<u>Hotel Posada Jacarandas</u>", Cuauhtémoc 8o5. Etwas außerhalb mit subtropischem Garten und Swimming- Pool. Moderne Zimmer, AC, Parkplatz, günstig für Autofahrer. DZ ca. 95 US.

"<u>Hotel Las Mañanitas</u>", Ricardo Linares 1o7, liegt runde 8 Blocks vom Zentrum entfernt. Schönes älteres Haus mit sehenswertem, subtropischem Garten und SW- Pool. Die komfortabel ausgestatteten Zimmer (TV und AC selbstverständlich) sind ruhig, viele mit Super- Lage zum Garten hin. DZ ab 11o US, für bessere Qualität kann man auch einige Hunderter mehr ausgeben.

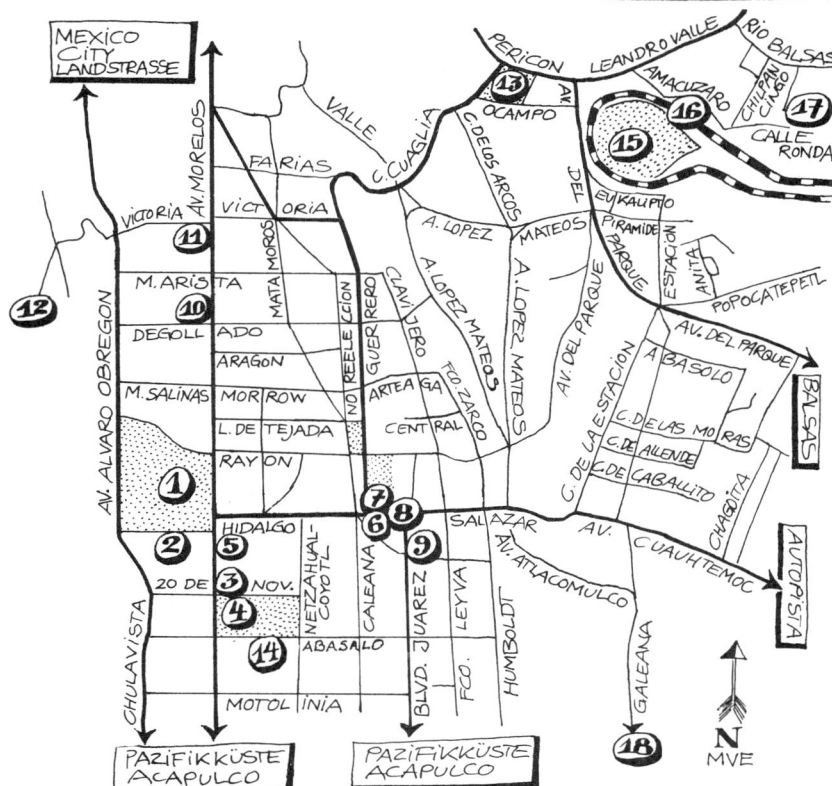

CUERNAVACA

1. Parque Borda
2. Palacio Municipal
3. Centro Cultural Univ.
4. Parque Revolución
5. Kathedrale
6. POST
7. Plaza de Armas
8. Artesanía
9. Palacio de Cortés
10. Palacio Bellas Artes
11. BUSTERM. Flecha Roja
12. San Antonio Wasserfall
13. Parque Ocampo
14. BUSTERM. Pullman de Morelos
15. Parque de la Estación
16. BAHNHOF
17. Teopanzolco Pyramide
18. Museo y Casa de Maximiliano

"**Hotel Papagayo**", Motolinia/Ecke Morelos. Flachbau im Motel- Stil. Parkplatz und Schwimmbad im großen Hof. Einfache Zimmer mit Ventilator, DZ ca. 7o US inkl. zwei Mahlzeiten. Am Wochenende teurer.

"**Hotel Bajo El Volcán**", Humboldt/Ecke Bartolomé de las Casas. Zentral, unterhalb des Palacio Cortés. Zimmer nach vorn raus sehr laut, aber hinten im Garten (mit kleinem Swimming- Pool) ruhige Zimmer in kleinen Häuschen. Einfach, aber alles neu und sehr sauber. Ventilator. DZ ca. 53 US.

"Hotel Las Hortensias", Hidalgo 22. Mitten im Zentrum zwischen Plaza de Armas und Jardín Borda. Eine günstigere Lage gibt's nicht. Trotzdem abgeschottet vom Verkehrslärm. Ruhiger, schattiger Innenhof. Zimmer klein, einfach, sauber, ca. 27 US.

"Hotel España", Morelos Norte 2oo. Kolonialhaus an der Hauptverkehrsader, etwas altmodisch- gediegene Atmosphäre. Die Spuren besserer Tage sind noch deutlich zu sehen. Schön gekachelte Eingangshalle. Zimmer einfach, aber sehr sauber. Nach vorn raus laut. DZ ca. 3o US.

"Hotel Colonial", Aragón y León 17. Die wenigen Zimmer gruppiert in kleinen Gebäuden rund um einen hellen und bepflanzten Patio. Angenehme Atmosphäre. Luftige, freundliche Zimmer mit großen Bädern und modernisierten sanitären Anlagen. Für ca. 23 US pro DZ ausgesprochen empfehlenswert.

"Hotel Royal", Matamoros 3o5. Einfache Zimmer zum Innenhof, der auch als Parkplatz dient. Günstig für Autofahrer. Einrichtung ohne Extras, Zimmer und Bäder jedoch sauber. DZ für ca. 16 US ist angemessen.

"Hotel Roma", Matamoros 4o5. Von einem hellen, luftigen Gang gehen die Zimmer zu beiden Seiten ab. Die Räume eher muffig; ein wackliges Bett als Möbelstück. Bäder primitiv mit Dusche überm Klo. Die billige Alternative für ca. 15 US pro DZ.

In der Calle Aragón y Léon (Nähe Hotel Colonial) eine Reihe von Basic- Hotels, die höchstens im Notfall in Frage kommen: düstere, wüste Buden, die immer mehr herunterkommen. Am besten noch "Hotel San José" für ca. 1o US (Gemeinschaftsbad).

LA TARTERIE, Bartolomé de las Casas 1o3. Einfach und preiswert. Gemütliche kleine Terrasse an der Plaza mit Springbrunnen. Mexikanische Gerichte, Frühstück.

TAXCO, Galeana 1o8. Einfach, preiswert und volkstümlich. Mexikanische Gerichte. Nebenan ein vegetarisches Restaurant: solide und preisgünstig.

ESPAÑA, Morelos Norte 2oo. Gepflegt und ruhig. Fleisch- und Fischgerichte zu mittleren Preisen. Außerdem Spezialitäten aus Spanien, z.B. Paella.

MARCO POLO, Hidalgo 26. Gemütliche Pizzeria im 1. Stock. Terrasse mit Blick auf die Kathedrale. Gute, hausgemachte Nudeln. Preise nicht so teuer, wie Lage und Ambiente vermuten lassen.

LA INDIA BONITA, Morrow 6. In schönem Kolonialhaus. Einladend, freundliches Ambiente. Gute mexikanische Küche, Preise mittel.

VIENES, Lerdo de Tejada 1o. Nähe Jardín Juárez. Gediegenes Ambiente in etwas verwahrloster Straße. Lokal mit deutscher und österreichischer Küche. Nebenan ein Wiener Café. Ebenso gepflegt und einladend, aber teuer.

LA BUFA, Comonfort 6 B. Nähe Kathedrale. Kleines Lokal mit einfachem, aber gemütlichem Ambiente. Preiswerte mexikanische Gerichte, u.a. auch die empfehlenswerte Mole poblano.

Rund um die Plaza de Armas (7) und den angrenzenden Jardín Juárez gibt es viele Restaurants und Straßencafés, in denen man angenehm sitzt - sofern man sich nicht stört an den extrem überhöhten Preisen, dem höchstens mittelmäßigen Essen und den aufdringlichen Souvenirverkäufern.

VERANSTALTUNGEN
Fiestas: FERIA DE LA PRIMAVERA, ab 21. März bis Anfang April. Vielseitiges Kultur- und Folkloreprogramm. In dieser Zeit auf keinen Fall ohne vorher reserviertes Hotelzimmer anreisen.

SPRACHKURSE
Center for Bilingual Multicultural Studies. Eine der anerkanntesten Sprachenschulen im Land. Neben Sprachunterricht auch Konversation und Muße- Kurse wie Kochen, Tanzen, Musik. Unterbringung in mexikanischen Gastfamilien. Kontakt über Apartado Post 152o, Cuernavaca, Morelos, 62ooo México.

SHOPPING
PLAZA DE LAS ARTESANIAS, auf der Plaza de Armas. Viel Souvenirkitsch.

CASA DE LAS CAMPANAS, Comonfort 2. Bessere Qualitäten, aber ziemlich teuer. Gleiches gilt für die touristischen Läden um den kleinen Innenhof, Calle Hidalgo 26.

Verbindungen ab Cuernavaca

Bus: Neben dem Verkehrschaos in der Innenstadt besitzt Cuernavaca auch ein Transport- Chaos bei Überlandbussen. Es gibt zahlreiche Buslinien mit eigenen Terminals. Die wichtigsten befinden sich zum Glück in Zentrumsnähe und sind zur Not zu Fuß zu erreichen.

AUTOBUSES PULLMAN DE MORELOS, Abasolo 1o6. Direkt im Zentrum. Alle 1o Min. bequeme 1.-Klasse- Busse nach Mexico City (3- 4 US) 1 1/2 Std.

FLECHA ROJA, Morelos Norte 5o3. Mehrmals täglich nach Acapulco (11- 22 US) 5 Std., Taxco (3 US) 2 Std. und Mexiko City (3- 4 US).

ESTRELLA DE ORO, Morelos Sur 9oo. Mehrmals täglich 1. Klasse nach Taxco (3 US) 2 Std. und Acapulco (11- 22 US).

ESTRELLA ROJA, Cuauhtemotzin/Ecke Galeana. Stündlich nach Puebla (7 US) 3 1/2 Std.

> **Transport in Cuernavaca**: Verkehrschaos in der Innenstadt; zu Fuß ist man oft schneller als mit dem Taxi. Die vier wichtigsten Überland- Buslinien haben ihre Terminals maximal 1o Min. zu Fuß von der Plaza de Armas (7).

✶ Xochicalco

Rund 4o km südlich von Cuernavaca, etwas schwierig zu erreichen, aber der Aufwand lohnt sich. Weniger bekanntes Zeremonialzentrum der Tolteken, nichtsdestotrotz eine der eindrucksvollsten Ausgrabungsstätten Mexikos. Terrassenförmige Anlage auf drei verschieden hohen Hügeln, von dort phantastischer Rundblick über die riesigen Täler und Gebirgsketten der Umgebung: an klaren Tagen sogar bis zum Popocatépetl und in der anderen Richtung zum Nevado de Toluca.

In dieser Hinsicht ist ein Vergleich mit der Zapoteken- Stätte Monte Albán bei Oaxaca durchaus gerechtfertigt.

Auf dem obersten Hügel befindet sich die Stelen- Pyramide (die Stelen sind im Tolteken-Saal des Anthropologischen Museums in Mexico City ausgestellt). Daneben die Pyramide der gefiederten Schlange mit hervorragend erhaltenen, mannshohen Reliefs mit dem zentralen Motiv des Quetzalcoatl. An der Nordseite ein Observatorium: Durch einen Lichtschacht fallen die Sonnenstrahlen in ein unterirdisches Gewölbe. Am 21. Juni steht die Sonne direkt senkrecht über der Öffnung.

Im Zentrum der zweiten Terrasse die Plaza Principal mit einer Stele in der Mitte sowie umgeben von drei Pyramiden. Die unterste Ebene beherbergt einen vollständig rekonstruierten Ballspielplatz mit beiden Ringen sowie die Fundamente weiterer Gebäude. In der Umgebung zahlreiche Ruinen, die noch nicht freigelegt sind.

Die Blütezeit der hiesigen Toltekenkultur, bei der auch Einflüsse der Maya und von Teotihuacán zu erkennen sind, lag zwischen 3oo und 9oo n. Chr. Aber auch zur Zeit der Konquista war das Zeremonialzentrum noch intakt. Man nimmt an, daß die Bewohner von den Eroberungszügen der Spanier erfahren haben, denn die gesamte Anlage wurde absichtlich mit Erde zugeschüttet und so vor der Zerstörungswut der Spanier bewahrt.

Verbindungen: Alle halbe Stunde geht ein BUS vom Terminal PULLMANN DE MORELOS (Cuernavaca- Karte, Nr. 14) Richtung "Coatlán del Rio". Dem Fahrer Bescheid sagen, damit er an der Abzweigung nach Xochicalco hält. Von dort 4 km zu Fuß zu den Ruinen. Gelegentlich verkehren auch Taxis auf der Strecke.

Trampen klappt gelegentlich, aber recht spärlicher Verkehr hinauf zur Ausgrabungsstätte. Taxi ab Cuernavaca (hin und zurück) ca. 3o US.

Wer mit eigenem PKW unterwegs ist, fährt von Xochicalco am besten weiter ins malerische Taxco und übernachtet dort. Wesentlich angenehmer als in Cuernavaca, wenn auch etwas weiter.

Cuernavaca -> Cuautla -> Puebla (175 km)

Bei klarem Wetter eine der imposantesten Fahrten im Zentralen Hochland, da die Straße praktisch einen Halbkreis um die Vulkane Popocatépetl und

Ixtaccíhuatl beschreibt, so daß die beiden Gipfel immer wieder aus einem neuen Blickwinkel zu sehen sind. Im Bus unbedingt links sitzen.

Cuernavaca -> Mexico City (9o km)

Busse nehmen die schnelle Autopista, die sich in weiten Schleifen über das Gebirge windet. Unterwegs schöne Ausblicke ins Tal von Cuernavaca und später ins Valle de México. Wer mit dem Pkw unterwegs ist, kann auch die alte Landstraße nehmen: Zunächst durch die noblen Außenbezirke der Stadt, dann eine beschauliche Route über die Berge, bevor man ins Verkehrsgewühl der Hauptstadt eintaucht.

Cuernavaca -> Taxco (8o km)

Zunächst wenig aufregend durch die Hochebene. Anschließend klettert die Straße hinauf in die Berge. Zeitweise weiter Blick über Täler und Gebirge. Kurz vor Taxco noch eine wilde Kurverei über einige Bergrücken. Für Autofahrer: Die Strecke ist mautpflichtig.

★ Taxco (1.67o m, ca. 80.000 Einw.)

In einem Land, in dem die meisten Städte schachbrettartig in der Ebene errichtet wurden, ist die "Silberstadt" Taxco eine bezaubernde Ausnahme. Die weiß gestrichenen Häuser kleben malerisch am steilen Berg. Enge Gassen und ein Gewirr von Treppen verlieren sich zwischen den Gebäuden. Über allem thront die Kirche Santa Prisca, eines der berühmtesten Beispiele des verschwenderischen mexikanischen Barocks.

In den Straßen Schmuck- und Kunsthandwerksläden mit einer unglaublichen Auswahl an Silberwaren. Taxco eignet sich weniger zum Besichtigen, sondern eher zum Bummeln, Entdecken und Einkaufen.

Daß im Laufe des Tages Scharen von Touristen und Tagesausflüglern hier einfallen, tut dem Charme des Städtchens wenig Abbruch. Leider herrscht in den wenigen befahrbaren Straßen oft ein unerträgliches Verkehrschaos, so daß sich selbst Fußgänger nur mit Mühe zwischen den Fahrzeugen durchzwängen können. Versuche, die Stadt vom Fahrzeugaufkommen zu befreien, sind in letzter Zeit mehrfach an einflußreichen Interessengruppen gescheitert. Wer's ruhiger erleben will, bleibt über Nacht; dann sind die meisten Besucher wieder weg.

Schon den Azteken war der Reichtum an Edelmetallen in der Gegend des heutigen Taxco bekannt, weshalb sie die dort ansässigen, von ihnen unterworfenen Indiostämme zu hohen Tributzahlungen in Gold und Silber verpflichteten.

Als Cortés beim Fall Tenochtitláns diese Tributlisten in die Hände fielen, hatte er natürlich nichts Eiligeres zu tun, als die Umgebung von Taxco bevorzugt in die Reihe der zu erobernden und auszuplündernden Landstriche aufzunehmen. Einige Zeit lang lieferten die Minen den Spaniern das ersehnte Edelmetall, schienen aber Ende des 17. Jahrhunderts endgültig erschöpft zu sein.

326 Zentrales Hochland

Erst als der aus den Pyrenäen eingewanderte José de la Borda 1744 die Silbermine "San Ignacio" entdeckte, erlebte Taxco einen ungeheuren Aufschwung. Als Besitzer der Mine scheffelte er ungeheure Reichtümer und galt als einflußreichster Mann der Region, der in Taxco und Cuernavaca bis zu seinem Tode 1778 ein fürstliches Leben führte. Zwischen 1748 und 1758 ließ er auf seine Kosten und nach seinem Geschmack die Kirche Santa Prisca errichten. Im früheren 2oo- Einwohner- Nest Taxco entstanden reiche Stadtvillen, Straßenzüge und Gebäude. Kurz nach dem Tod Bordas war die Mine jedoch erschöpft und die glanzvolle Epoche Taxcos unvermittelt zu Ende.

Dem Nordamerikaner William Spratling verdankt Taxco seine Wiederbelebung als Silberstadt im 2o. Jahrhundert. Um 193o "entdeckte" er den malerischen Ort mit der großen Vergangenheit und eröffnete eine Silberwerkstatt, in der er Schmuck und Silbergegenstände nach traditionellen mexikanischen Designs anfertigen ließ. Spratlings eigene Silberarbeiten zeichnen sich aus durch schlichte Formen im Stil der art nouveaux. Sein Erfolg zog weitere Silberschmiede an, und Taxco entwickelte sich im Laufe der letzten Jahrzehnte zu dem, was es heute ist: d a s mexikanische Zentrum für Silberverarbeitung und Attraktion vor allem für Besucher, die per Tagesausflug aus Mexico City und Acapulco zum Einkaufen herkommen.

Klima: Warmes Höhenklima; im Winter kühle Nächte. Regenfälle zwischen Juni und August.

Av. Kennedy, direkt am Ortsausgang Richtung Cuernavaca. **Post**: Av. Kennedy, Nähe Busbahnhof Estrella de Oro. - **Telefon**: "Plaza Colonial", Hidalgo 6. - **Geldwechsel**: Casa de Cambio, Plaza Borda 14.

KIRCHE SANTA PRISCA (4): errichtet 1748- 58 mit den Silbermillionen des José de la Borda. Die riesige Kirche überragt den gesamten Ort, innen und außen eines der markantesten Beispiele des ungeheuer verschwenderischen Barockstils, bei dem Fassaden und Altäre geradezu überquellen von vergoldeten Ornamenten und Figuren. Bereits einige der Seitenaltäre reichen hinauf bis zur Decke und führen hin zum Hauptaltar, dessen Reichtum an vergoldeten Schnitzerein kaum noch übertreffbar erscheint. Geld spielte keine Rolle, und die zur Arbeit verpflichteten Indios wurden rücksichtslos eingesetzt.

An der Plaza (1) die CASA DE BORDA (3), die der Minenbesitzer sich 1759 durch Indios errichten ließ. Dokumentiert seinen Reichtum, er hatte hier seine Wohnung und Verwaltungsbüros.

CASA FIGUEROA (2): Prachtresidenz oberhalb des Zócalo, errichtet 1767 als Privathaus des Spaniers de la Cadena, eines engen Freundes von José de la Borda. Reich verzierte Fassade, derzeit nicht zugänglich.

MUSEO DE LA PLATERIA (8), Juan Ruiz de Alarcón 1. Privatsammlung des Silberschmieds Antonio Pineda mit hübschen Einzelstücken aus seiner eigenen Werkstatt sowie Arbeiten anderer Meister. Wer sich für Silber-

Zentrales Hochland 327

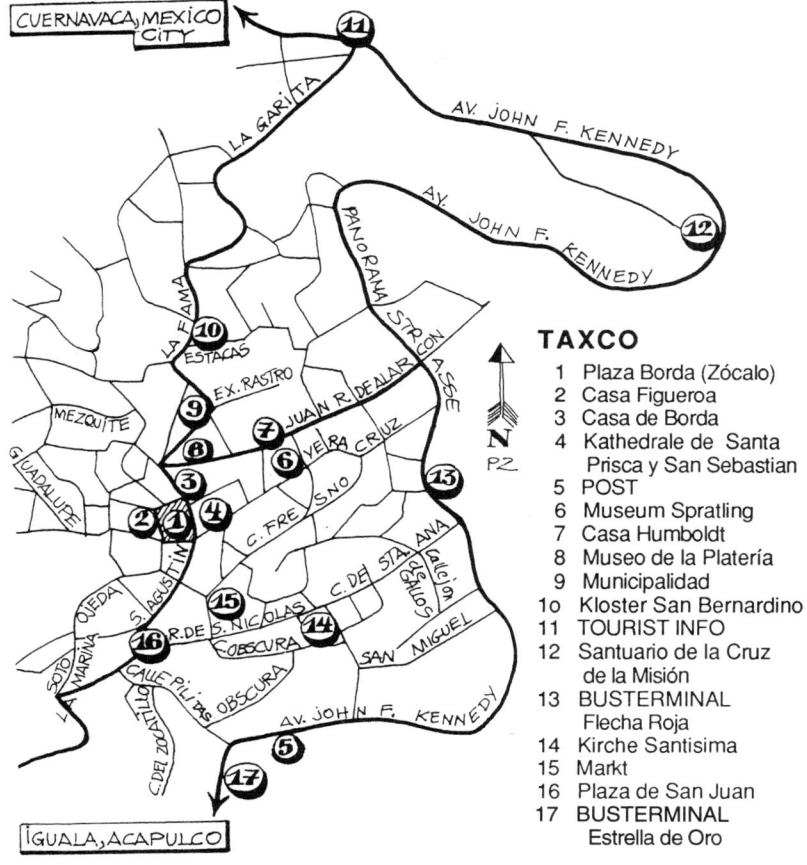

TAXCO

1. Plaza Borda (Zócalo)
2. Casa Figueroa
3. Casa de Borda
4. Kathedrale de Santa Prisca y San Sebastian
5. POST
6. Museum Spratling
7. Casa Humboldt
8. Museo de la Platería
9. Municipalidad
10. Kloster San Bernardino
11. TOURIST INFO
12. Santuario de la Cruz de la Misión
13. BUSTERMINAL Flecha Roja
14. Kirche Santisima
15. Markt
16. Plaza de San Juan
17. BUSTERMINAL Estrella de Oro

arbeiten interessiert, unbedingt sehenswert! Geöffnet 1o- 15 Uhr, Di. geschlossen. Eintritt 1 US.

MUSEO GUILLERMO SPRATLING (6): Sammlung besonders schöner archäologischer Fundstücke (Skulpturen, Tonfiguren, Keramik) aus der Privatsammlung von William Spratling. Im Kellergeschoß wechselnde Ausstellungen zu Themen der mexikanischen Geschichte. Geöffnet 1o- 17 Uhr, Eintritt o,5 US.

CASA HUMBOLDT (7): schönes Kolonialhaus, in dem der deutsche Naturforscher Alexander von Humboldt im April 18o3 übernachtete. Beherbergt das Museo de Arte Virreinal mit einer Silberausstellung und vielen Exponaten aus der Kolonialzeit: Möbel, Gemälde, Heiligenfiguren, Musikinstrumente. Aufwendig gestaltet und großzügig präsentiert. Geöffnet Di.- So. 9- 17 Uhr. Eintritt 3,5 US.

> Von Humboldt war, von Südamerika mit dem Schiff kommend, am 23.3.1803 in Acapulco gelandet und wollte so schnell wie möglich dem heißen Küstenklima mit seinen damaligen Tropenkrankheiten entfliehen, rauf in die Berge Richtung Hauptstadt. Erster Zwischenstop war Taxco, die Minenstadt, die damals aber nur sekundäre Bedeutung hatte, da die Silberadern erschöpft waren. Alexander von Humboldt blieb in Taxco nur eine Nacht in besagter Herberge, um am nächsten Tag weiter zur nördich gelegenen Silbermine Tehuilotepec zu reiten. Die mexikanische Hauptstadt erreichte er am 11. April 1803 und war beeindruckt von der prächtigen Ausstattung "voll von Palästen", wie er in seinem Tagebuch notierte. Weitere Reisen führten ihn ins Hochland von Mexiko, so u.a. am 8. August 1803 nach Guanajuato, wo er einen Monat blieb und Studien zum Bergbau betrieb. Weitere Details siehe dort.

KLOSTER SAN BERNARDINO (1o): von Franziskanermönchen 1595 gebaut, nach Feuer 1805 zerstört und 1824 wiederaufgebaut. Seit 1867 Schule.

CASA VERDUGO bei der Plaza San Juan (16), gebaut von gleichnamiger Familie 1781 mit schönen Balkons, - sowie die **CASA GRANDE** (18. Jh., damals Sitz des Bürgermeisters von Taxco und der kolonial- spanischen Minengesellschaft von Taxco). - **KIRCHE SANTISSIMA** (14) 1713 im Barockstil erbaut. Weitere Kolonialkirchen im gesamten Stadtgebiet, deren Architektur und Ausstattung jedoch hinter Santa Prisca verblassen.

Transport in Taxco: Die schönsten Ecken und Winkel von Taxco sind nur auf einer Entdeckungstour zu Fuß zu erkunden. Im Zentrum daher unbedingt ohne Fahrzeug, auch wenn es von den Busterminals Taxis (1 US) und Colectivos (0,3 US) z.B. zur Kirche Santa Prisca gibt. Die Entfernungen sind gering, beim Klettern durch die Gassen und über die Treppen kommt man allerdings schon mal ins Schwitzen.

TIP: An der Plaza San Juan ein Colectivo mit der Aufschrift "Panorámica" nehmen. Fährt oberhalb der Stadt die Panoramastraße entlang. An der Endstation ein ausgezeichneter Überblick über die Stadt. Von dort mit dem gleichen Colectivo wieder zurück ins Zentrum. Retour ca. 0,5 US.

"**Hotel Posada de La Misión**", Cerro de la Misión 32. Traditionshotel an der unteren Ringstraße. Stilvoll eingerichtet, Garten mit Swimming- Pool. Alle Zimmer mit eigener Terrasse und schönem Blick. DZ ca. 115 US inkl. Frühstück.

"**Hotel de la Borda**", Cerro del Pedregal 2. Auf dem gegenüberliegenden Hügel nähe der Av. J.F. Kennedy, mit schönem Blick auf das Zentrum und die Kirche Santa Prisca. Großer Hotelkomplex, schon etwas in die Jahre gekommen. Zahlreiche Balkons und Terrassen, Schwimmbad im großen Garten. Mit Parkplatz, günstig für Autofahrer. Die Zimmer recht einfach, bei Preisen fürs DZ ca. 70 US.

"**Hotel Santa Prisca**", Hidalgo 1. Zentral an der Plaza San Juan. Bepflanzter Patio, schattig mit Liegestühlen. Viele Zimmer mit schönem Blick auf die Stadt, allerdings etwas kahl und ohne besondere Extras. Balkone und Sonnenterrassen. DZ ca. 38 US.

"**Hotel Agua Escondida**", am Zócalo, mit kleinem Swimming- Pool. Verschachteltes Gebäude, schöne Terrasse mit Blick auf die Kirche. Zimmer freundlich, hell und einfach. Kleine Bäder. DZ ca. 45 US.

"**Hotel Los Arcos**", Juan Ruiz de Alarcón 2. Eines der schönsten Hotels im Zentralen Hochland. Kühler Innenhof mit Arkaden, sehr gemütlich zum Ausruhen und Plaudern. Zimmer rustikal und stilvoll eingerichtet. Ein kleines Juwel und für ca. 28 US sehr günstig.

"**Hotel Meléndez**", Cuauhtémoc 6. Schönes verwinkeltes Gebäude mit kleinen Terrassen und Ruheplätzen. Nähe Kirche Santa Prisca. Zimmer mit Kacheln, hell und rustikal eingerichtet. Mini- Bäder. DZ ca. 28 US.

"**Hotel Los Castillos**", Juan Ruiz de Alarcón 3. Rustikales Hotel mit schöner Eingangshalle und gemütlichem Aufenthaltsraum. Zimmer einfach, aber geschmackvoll eingerichtet. Kleine Bäder. DZ ca. 3o US.

"**Hotel Casa Grande**", Plaza San Juan. In altem Kolonialgebäude. Zimmer im 2. Stock, erinnern etwas an Klosterzellen. Einige mit Blick über die Stadt. Ruhig, einfach und sauber. DZ ca. 18 US.

"**Hotel Arellano**", Calle Pajaritos 23. Am Markt. Versteckt unterhalb des Zócalo. Familiäre Atmosphäre. Zimmer spartanisch eingerichtet und abgewohnt. Für ca. 12 US pro DZ die billige, aber angenehme Alternative im Zentrum.

Im ganzen Stadtbereich gibt es gemütliche Restaurants und Pizzerias mit mexikanischer und internationaler Küche, deren Preise allerdings durchweg auf gehobenem Niveau liegen. Viele mit Terrassen, Balkon und Ausblick auf Kirche oder Stadt. Je weiter weg von der Kirche, desto preisgünstiger. Einige empfehlenswerte, nicht allzu teure Beispiele:

PACO'S BAR, Plaza Borda 12. Von der Terrasse herrlicher Blick direkt auf die Fassade von Santa Prisca. Internationale Küche.

EL ADOBE, Plaza San Juan 13. Kleines, rustikales Lokal im 1. Stock über der Plaza. Mexikanische Gerichte und gute Salate.

SANTA FE, Hidalgo 2. Direkt unterhalb der Plaza San Juan. Gemütliche Dekoration und Möblierung. Essen gut, preiswert und reichlich; quer durch die Palette der mexikanischen Küche.

Die FONDAS im Oberstock des Mercado bieten mit Abstand das preiswerteste Essen. Einfache mex. Gerichte, volkstümliche Atmosphäre.

VERANSTALTUNGEN

DIA DE SAN MIGUEL, 29. September. Am Tag des heiligen Michael kommen Tausende von Pilgern nach Taxco. Vor der Kapelle San Miguel führen Folkloregruppen typische Tänze der Region vor.

FERIA NACIONAL DE LA PLATA, Ende November bis Anfang Dezember. Silbermesse, bei der über 5oo Silberschmiede aus dem ganzen Land ihre Arbeiten ausstellen und verkaufen.

SHOPPING

MARKT (15): Ein vierstöckiges Marktgebäude, Verkauf von Lebensmitteln und Artesanía. Auch in den Gassen drumherum wird jede Stufe und jeder Meter von den Händlern genutzt.

Überall in der Stadt, vor allem im und um den Mercado, kleine Geschäfte und fliegende Händler. Qualität und Preise sehr unterschiedlich. Handeln ist auf jeden Fall angebracht, da der Ausgangspreis dem vermeintlich sehr dicken Geldbeutel des Touristen angepaßt wird.

SILBER: Über die gesamte Stadt verteilt Dutzende von Läden mit Silberwaren und Silberschmuck. Riesenauswahl. Die Ausgangspreise sind relativ hoch, deshalb sind Vergleiche und zähes Verhandeln unbedingt ratsam. Je nach Gang der Geschäfte lassen sich manche Läden nicht darauf ein, andere geben bis zu einem Drittel nach. Die Qualität des Silbers (sofern Stempel vorhanden) ist überall gleich.

Sich Zeit nehmen, vergleichen, ausprobieren. Als Faustregel gilt, daß die Geschäfte unten an der Ringstraße (Av. Kennedy) am teuersten sind. Dort steigen die Tagestouristen aus ihren Bussen. Danach kommen die Läden rund um den Zócalo und die Kirche Santa Prisca. Am günstigsten und beste Möglichkeit zum Handeln in den Seitengassen und in der Nähe des Marktes.

Verbindungen *ab Taxco*

Bus: FLECHA ROJA (1. und 2. Klasse) nach Cuernavaca (3 US) 2 Std., Mexico City (5- 1o US) 3 Std. und Acapulco (1o- 12 US) 4 Std. Terminal auf der Ringstraße Av. Kennedy direkt unterhalb des Zentrums.

ESTRELLA DE ORO (1. Klasse), Terminal ebenfalls auf der Av. Kennedy, aber etwas weiter außerhalb. Gleiche Ziele zu ähnlichen Preisen wie Flecha Roja.

✦ Puebla (2.16o m, ca. 2,5 Mio. Einw.)

Industriestadt (u.a. VW- Werk) in schöner Lage am Fuße der drei Vulkane Popocatépetl, Ixtaccíhuatl und La Malinche. Puebla ist die Stadt der Kacheln: Viele Häuser, Kirchen und Patios sind mit den typischen Talavera-Kacheln geschmückt oder verkleidet. Die Altstadt ist voll mit Kolonialhäusern, deren Fassaden vielfach schön restauriert sind.

Puebla ist ein angenehmer Aufenthaltsort, an dem es viel zu sehen gibt: ehemalige Klöster, kleine Museen, Kunst- und Artesanía- Märkte sowie schöne Kolonialgebäude. Insgesamt besitzt Puebla ein wenig die Atmosphäre einer Universitätsstadt, mit gemütlichen und preiswerten Cafés und Restaurants sowie einer im ganzen Land berühmten Küche.

Außerdem stehen in der Stadt und ihrer näheren Umgebung die am reichsten ausgestatteten Kirchen Mexikos - verschont geblieben von den Plünderungen des 19. und 2o Jahrhunderts.

Puebla ist wegen seiner häufigen und direkten Busverbindungen ein idealer Ausgangspunkt für Touren zur Golfküste, in die Südliche Sierra und nach Yucatán. Hat man das hektische Getriebe von Mexico City hinter sich gelassen, besteht hier erst einmal Gelegenheit zum Durchatmen und Verschnaufen. Und vor allem die Reise nach Oaxaca und Yucatán ist nicht mehr ganz so lang und anstrengend, als wenn man sich direkt von der Hauptstadt aus auf den weiten Weg macht.

Puebla hat für die geschichtsbewußten Mexikaner eine besondere Bedeutung: Am 5. Mai 1862 schlugen hier mexikanische Truppen das Invasionsheer der Franzosen. Der einzige militärische Sieg gegen ausländische Soldaten in der Geschichte der Nation. Etwa 2.ooo Mexikaner unter der Führung von Ignacio Zaragoza besiegten die zahlenmäßig überlegenen Franzosen, die sie allerdings nur vorübergehend vertreiben konnten. Ein Jahr später kehrten diese mit mehr Erfolg zurück und ließen Maximilian zum Kaiser von Mexiko krönen.

Neben dem führenden General Zaragoza machte sich im Laufe der Schlacht auch ein bis dahin unbekannter Offizier einen Namen: Porfirio Díaz. Sein erster historischer Schritt auf dem Weg zum General, Präsidenten und langjährigen Diktator.

Mexikanische Revolution: Die Geschwister Carmen und Aquiles Serdán engagierten sich in Puebla aktiv gegen die Wiederwahl des Diktators Porfirio Díaz im Jahre 191o. Als Díaz per Wahlbetrug an der Macht blieb, emigrierten beide in die USA. Endes des Jahres kehrten sie heimlich nach Puebla zurück, um dort den bewaffneten Aufstand gegen Díaz zu organisieren.

Zwei Tage vor dem festgesetzten Datum erhielt die Polizei jedoch einen Tip und umstellte das Haus. Es kam zu einem stundenlangen Schußwechsel, an dessen Ende Aquiles erschossen wurde. Die erste blutige Auseinandersetzung und die ersten Opfer der Mexikanischen Revolution, die im folgenden Jahrzehnt das Leben in Mexiko beherrschte. Carmen Serdán überlebte die bei der Schießerei erlittene Verletzung und kehrte nach dem Sturz des Diktators in ihre Heimatstadt zurück.

2o. Jahrhundert: Die vekehrsgünstige Lage zwischen dem Distrito Federal und der Hafenstadt Veracruz hat in den sechziger Jahren viele mexikanische und ausländische Unternehmen dazu veranlaßt, in Puebla zu investieren und Zweigwerke aufzubauen.

"Volkswagen de México" ist der größte Fahrzeughersteller des Landes. Noch immer läuft in Puebla der Käfer vom Band, doch auch neuere Modelle tragen dazu bei, daß in Mexiko fast ein Zehntel sämtlicher Volkswagen produziert wird. Motorenblöcke werden nach Deutschland exportiert und in Wolfsburg in die deutschen Autos eingebaut. Für die Zukunft plant der Konzern eine weitere Expansion, um im Rahmen der bevorstehenden

amerikanischen Freihandelszone NAFTA von Mexiko aus wieder verstärkt auf den US-Markt vorzudringen.
Rund um das VW- Werk hat sich ein Industriepark entwickelt, in dem sich u.a. Zulieferfirmen angesiedelt haben. Sie tragen mit dazu bei, daß sich die gleichförmigen Außenbezirke der Stadt immer rascher ausbreiten und Puebla mehr und mehr von seinem einstigen Charakter nehmen.

Klima: Trockenes Höhenklima, im Sommer nachmittags oft Schauer.

Tourist INFO 5 Oriente 3, hinter der Kathedrale.
Post: 16 de Septiembre/Ecke 5 Oriente. - **Telefon**: 16 de Septiembre, gegenüber der Kathedrale. - **Geldwechsel**: Casa de Cambio "Puebla", Av. Juárez/Ecke 29 Sur.

Weiträumig gestalteter ZÓCALO (1) mit Parkanlage. An einer Seite die KATHEDRALE (2), Bauzeit im 16. und 17. Jh., insgesamt rund 80 Jahre. Sie ist eine der wenigen großen mexikanischen Kirchen, die ihre wertvolle Innenausstattung über die geschichtlichen Wirren hinweg behalten hat. Bemerkenswert vor allem der Hauptaltar und das holzgeschnitzte Chorgestühl.

CASA DE LA CULTURA (5): 5 Oriente 5. Hinter der Kathedrale, im ehemaligen Bischofspalast ist ein Kulturzentrum untergebracht. Ausstellungen, Konzerte, Treffpunkt. Im 1. Stock die BIBLIOTECA PALAFOXIANA, eine der ältesten Bibliotheken Lateinamerikas (1646 gestiftet von Bischof Juan de Palafox). Unbedingt sehenswert die holzgeschnitzte Innenausstattung, in der wertvolle Buchausgaben aus mehreren Jahrhunderten dekorativ aufgehoben sind. (Geöffnet 1o- 17 Uhr, nur mit Führung zu betreten.)

In der IGLESIA SANTO DOMINGO (1o), 5 de Mayo/Ecke 4 Poniente ist vor allem sehenswert die CAPILLA DEL ROSARIO: ein perfekt restauriertes Kleinod, das überreich verziert ist mit vergoldeten Stuckornamenten. Bis in die Kuppel der Kapelle hinauf eine selten zu sehende Verschwendung an Kacheln, Mosaiken und goldüberzogenen Ornamenten.

Auch die IGLESIA SAN FRANCISCO (17), 5 de Mayo/Ecke 8 Oriente ist eine Ausnahmeerscheinung: außergewöhnlich gekachelte Fassade mit riesigen Blumenornamenten. In der Nähe das Teatro Principal (16) aus dem 18. Jahrhundert, eines der ältesten des amerikanischen Kontinents.

IGLESIA LA COMPAÑIA (23), Avila Camacho/Ecke 4 Norte. Bemerkenswert an der einstigen Jesuitenkirche sind die weiß gestrichene Churriguera- Fassade und die beiden dreistöckigen Glockentürme. Davor kleine Plaza.

Ein weiteres Gebäude mit originellen Kacheln: CASA DE LOS MUÑECOS (6), 2 Norte/Ecke Avila Camacho. Die skurrilen Kachelbilder auf der

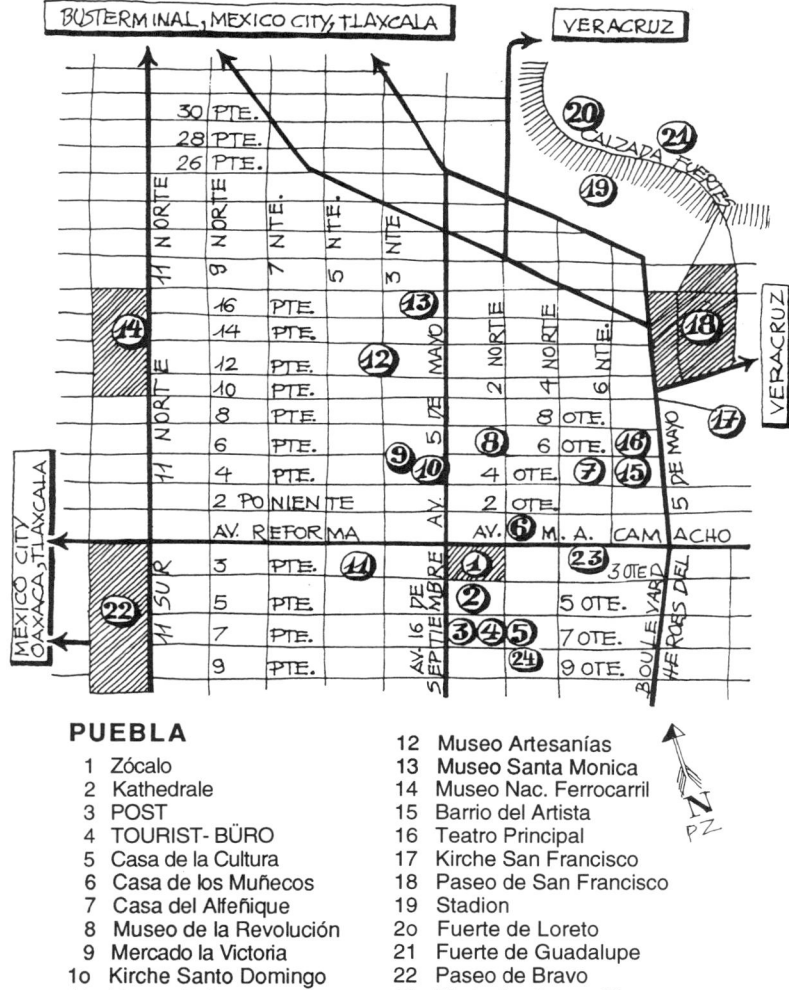

PUEBLA

1. Zócalo
2. Kathedrale
3. POST
4. TOURIST-BÜRO
5. Casa de la Cultura
6. Casa de los Muñecos
7. Casa del Alfeñique
8. Museo de la Revolución
9. Mercado la Victoria
10. Kirche Santo Domingo
11. Museo Bello
12. Museo Artesanías
13. Museo Santa Monica
14. Museo Nac. Ferrocarril
15. Barrio del Artista
16. Teatro Principal
17. Kirche San Francisco
18. Paseo de San Francisco
19. Stadion
20. Fuerte de Loreto
21. Fuerte de Guadalupe
22. Paseo de Bravo
23. Kirche La Compañía
24. Museo Amparo

Fassade stellen angeblich Karikaturen ehemaliger Mitglieder des Stadtrates dar, die dem Besitzer des Hauses besonders unsympathisch waren.

Puebla hat eine große Anzahl von Museen mit Sammlungen zu den verschiedenartigsten Themen:

Alle Museen sind montags geschlossen und kosten ca. 1 US Eintritt (Ausnahme: Museo Amparo, siehe unten).

MUSEO SANTA MONICA (13), 18 Poniente 1o3. Von den Zellen bis zur Küche ist alles zu sehen, was den Klosteralltag dieses ehemaligen Konvents bestimmte. Außerdem ausgestellt religiöse Malereien. Santa Mónica war eines der Klöster, das nach dem Verbot der strengen Orden von 1857 insgeheim weiterbestand, offenbar mit Duldung der konservativ gesinnten Stadtväter. Erst 1934 offiziell "entdeckt" und aufgelöst. Geöffnet 1o- 17 Uhr.

CONVENTO SANTA ROSA (12), 3 Norte/Ecke 14 Poniente. Kloster mit sehenswerter Küche, in der die Nonnen angeblich die in ganz Mexiko berühmte Soße "mole poblano" kreierten. Ruhiger Innenhof mit einem schön gestalteten Brunnen: eines der attraktivsten Beispiele für die dekorative Verwendung der Puebla- Kacheln. Im Convento auch das MUSEO DE ARTESANIAS: Sehenswert sowohl die umfangreiche Sammlung mexikanischer Volkskunst als auch die Räumlichkeiten selbst. Geöffnet 1o- 17 Uhr.

MUSEO DE LA REVOLUCION (8), 6 Oriente 2o6, in der CASA DE LOS SERDAN. Ehemaliges Wohnhaus der mexikanischen Revolutionäre Carmen und Aquiles Serdán. In seinen Räumen wurden Aquiles und einige Mitverschwörer 191o bei der Verteidigung des geheimen Waffenarsenals der Aufständischen erschossen. Fotos und Dokumente aus der Zeit der Mexikanischen Revolution. Ein eigener Raum ist Carmen Serdán und den Frauen der Revolutionsbewegung gewidmet. Geöffnet 1o- 16:3o Uhr.

CASA DEL ALFEÑIQUE (7), 4 Oriente 16. Historisches Museum mit einem Sammelsurium von Bildern, Kacheln und Möbeln zumeist aus dem 19. Jahrhundert. Das Gebäude ist innen und außen mit überschwenglichen Stuckverzierungen versehen. Daher auch der Name "Zuckerbäckerhaus". Geöffnet 1o- 17 Uhr.

MUSEO AMPARO (24), 2 Sur/Ecke 9 Oriente. Neues Museum (eröffnet 1991) in einem traditionellen Kolonialhaus. Hervorragender Überblick über die prähispanischen Kulturen Mexikos. Dargestellt ist die Entwicklung der mesoamerikanischen Kunst von der Frühzeit bis zur Konquista. Zeittafeln veranschaulichen Auf- und Abstieg der einzelnen Kulturen. Techniken und Werkzeuge werden beschrieben, ausgestellt ist eine Vielzahl an Einzelstücken aus allen Kulturen. Eine Abteilung widmet sich dem Ballspiel. Geöffnet Mi.- Mo. 1o- 18 Uhr, Eintritt 4 US, montags gratis.

MUSEO BELLO (11), 3 Poniente 3o2. Gemälde, Kacheln, Keramik aus einer Privatsammlung in einem schönen Kolonialhaus mit Patio und typischen Gitterbalkonen. Geöffnet 1o- 17 Uhr.

MUSEO NACIONAL DEL FERROCARRIL (14), 12 Poniente/Ecke 11 Norte. Für Eisenbahn- Fans interessant: der ehemalige Bahnhof mit alten

Lokomotiven, Waggons und vielem Zubehör aus der Glanzzeit der mexikanischen Eisenbahnen.

Etwas außerhalb auf einem Hügel die beiden Befestigungsanlagen <u>FUERTE DE LORETO</u> (2o) und <u>FUERTE DE GUADALUPE</u> (21). Schauplatz der Schlacht gegen die Franzosen 1862. Schöner Blick auf die Stadt. Zwischen beiden Forts das <u>Museo del Estado</u>: völkerkundliche und archäologische Sammlung.

"<u>Hotel del Alba</u>" Av. Serdán 141. Am Stadtrand Richtung Cholula. Modernes Gebäude, Schwimmbad im Innenhof. Großzügig ausgestattete Zimmer mit AC und Farb- TV, ca. 12o US.

"<u>Hotel Posada San Pedro</u>", 2 Oriente 2o2. Traditionshotel mit Atmosphäre. Kleiner Swimmingpool im Innenhof. Zimmer modernisiert mit TV. Bäder etwas eng. DZ ca. 95 US.

"<u>Hotel Aristos</u>" Reforma/Ecke 7 Sur. Nobelhotel im Zentrum. Gediegene Atmosphäre, überall dicker Teppichboden. Schwimmbad im Gebäude gegenüber. Zimmer modern mit Farb- TV und AC, hell und komfortabel eingerichtet. DZ ca. 7o US.

"<u>Hotel Palacio San Leonardo</u>", 2 Oriente 211. Sehenswerte Eingangshalle im traditionellen Hotelstil. Treppenaufgänge wie in einem Palast. Zimmer im hinteren Teil des Gebäudes, total modernisiert, sehr komfortabel. Farb- TV. 7o US.

"<u>Hotel del Portal</u>", Avila Camacho 2o5. Nähe Zócalo. Stilvolles Haus, Lobby und Innenhof im Kolonialstil. Zimmer modern, aber etwas phantasielos eingerichtet. Farb- TV. DZ ca. 8o US.

"<u>Hotel Señorial</u>", 4 Norte 6o2. Moderner Glasbau, schmucklose Zimmer, hell mit großen Fenstern, zur lauten Straßenkreuzung. Einfache Mittelklasse ohne Extras, DZ ca. 38 US.

"<u>Hotel Colonial</u>", 4 Sur 1o5. In ehemaligem Kloster. Restaurant im Innenhof. Trotz Modernisierung haben die Zimmer ihren Stil bewahrt, viele mit den typischen Puebla-Kacheln. Geräumig und hell. DZ ca. 4o US.

"<u>Hotel Halconeros</u>", Reforma 141. Sehr originelles Hotel in schönem Haus. Viele Kacheln und bemaltes Glas machen die Flure bunt und gemütlich. Zimmertüren ebenfalls aus buntem Glas. Befindet sich im Umbau. Dürfte nach Renovierung noch schöner und preislich Mittelklassse werden.

"<u>Hotel Imperial</u>", 4 Oriente 212. Düstere Zimmer zum Hof, der als Garage genutzt wird. Abgase. Zimmer einfach, aber sauber, für ca. 19 US vergleichsweise teuer. Höchstens ratsam, wenn in der Preisklasse besseres belegt ist.

"<u>Hotel Ritz</u>", 2 Norte 2o7. Name und Fassade täuschen; tristes Billig- Hotel, dessen einziger Vorteil die Nähe zum Zócalo ist. Ansonsten düster, abgewohnt. Für ca. 16 US pro DZ zu teuer.

"<u>Hotel Teresita</u>", 3 Poniente 3o9. Nähe Zócalo Vielversprechende Lobby mit rustikalen Holzsesseln. Alles weitere dann eher enttäuschend: die meisten Zimmer etwas düster zu engen Innenhöfen. Einrichtung einfach. Sauber, mit Privatbad, ca. 17 US.

"<u>Hotel San Agustín</u>", 3 Poniente 531. In schönem, altem Haus. Restauriert. Zimmer einfach, aber gepflegt. Bäder modernisiert. Manche etwas laut, da die Restauranttische praktisch vor den Zimmertüren stehen. DZ ca. 33 US.

"**Hotel Victoria**", 3 Poniente 306. Abschreckender Eingang und ähnliche Flure, die eher an ein Gefängnis erinnern. 1 Block vom Zócalo. Zimmer mit Minimalausstattung, Bäder primitiv, aber passabel sauber. DZ ca. 17 US.

"**Hotel Royalty**", direkt am Zócalo, Eingang unter den Arkaden. Spitzenlage; zahlreiche Zimmer mit Blick auf Plaza und Kathedrale. Allerdings auch laut. Nicht übermäßig geräumig. Ein Teil der Zimmer noch mit altem Mobiliar (ca. 52 US), andere bereits modernisiert (ca. 60 US).

ESSEN UND TRINKEN

Regionale Spezialitäten:

Die Küche Pueblas gehört zu den besten und einfallsreichsten Mexikos. Sie ist vor allem berühmt wegen ihrer zahlreichen Soßen, deren Herstellung in der Regel ungeheuer aufwendig ist, da Dutzende verschiedener Zutaten erst den charakteristischen Geschmack ergeben. Bei dieser Vielfalt bleibt es natürlich nicht aus, daß jeder auf ein anderes Rezept schwört, so daß man unter dem gleichen Namen zwar ähnlich aussehende, aber durchaus verschieden schmeckende Gerichte serviert bekommt.

MOLE POBLANO: das berühmteste Produkt der Küche Pueblas und vielleicht das außergewöhnlichste Gericht Mexikos. Die Soße, die in der Regel zu Huhn oder anderem Geflügel serviert wird, bereitet wohl jeder Koch und jede Hausfrau nach einem eigenen Rezept zu.

Die Original- Rezepte stammen allerdings aus den Klöstern der Stadt, wo die Mole Poblano Ende des 17. Jahrhunderts entwickelt und verfeinert wurde. Grundlage sind in jedem Fall verschiedene Sorten von Chili-Schoten, Mandeln, Knoblauch, Tomaten, zahlreiche Gewürze wie Zimt, Nelken und Anis sowie die unverzichtbare Schokolade, die der Soße ihre charakteristische schwarze Farbe verleiht.

Auch wenn das wie mit schwarzem Brei überzogene Huhn auf den ersten Blick vielleicht nicht jedermanns Sache scheint - einen Versuch ist es auf jeden Fall wert.

MANCHAMANTELES (übersetzt etwa "Tischdeckenbeschmutzer"): eine Soße, ebenfalls serviert zu Geflügel. Auf der Basis von Chili-Schoten, Tomaten, Knoblauch, Mandeln und exotischen Gewürzen. Besonderheit ist in diesem Fall die Beigabe von gekochten Äpfeln, Birnen und Ananas.

PIPIAN: Soße aus Gurken, Chili- Schoten, Tomaten und Knoblauch, die manchmal mit etwas geriebener Schokolade angereichert wird.

CHILE EN NOGADA: Neben der Mole Poblano hat dieses Gericht die Küche Pueblas in Mexiko berühmt gemacht. Gefüllte Chili- Schoten werden überzogen mit einer besonders kräftigen und würzigen Soße aus Nüssen, Mandeln, Frischkäse, Milch und Gewürzen.

CASA VIEJA, 2 Oriente 2o2. Vornehmes Lokal, sehr gemütlich. Mexikanische Gerichte und Schweizer Spezialitäten. Preise mittel bis teuer.

FONDA SANTA CLARA, 3 Poniente 3o7. Gemütliches Ambiente. Typisches Essen aus Puebla. Gute Adresse für die Spezialitäten Mole poblano und Chile en Nogada. Preise mittel.

MUNICH, 3 Poniente/Ecke 5 Sur. Preiswerte Cafeteria. Beliebt und volkstümlich. Frühstück und einfaches mexikanisches Essen.

EL VEGETARIANO, 3 Poniente 525. Hervorragende vegetarische Küche. Preiswertes Tagesmenü, außerdem billige Salate, Säfte und Joghurts. Gemütlich auf zwei Ebenen. Empfehlenswert auch für Nicht- Vegetarier, die mal einen Tag auf ihre Fleischportion verzichten können.

MESON DEL FRAILE, 3 Poniente 531. Klein, eng und sehr gemütlich. Preiswerte mexikanische Gerichte. Viel Betrieb. Man sitzt besser im Raum an der Straße als im Innenhof, wo etwas Fast- Food Ambiente herrscht.

TEOREMA, Reforma 54o. Stilvolles und gemütliches Café mitten in einem kleinen Buchladen. Freundliches Ambiente. Kleine Imbisse, Frühstück, preiswert.

FONDA SAN JOSE, Reforma 523. Gemütlich im Backstein- Innenhof. Sehr gute regionale und mexikanische Küche. Klassische Zubereitung von Mole poblano und Chile en Nogada in passender Umgebung. Preise mittel.

HALCONEROS, Reforma/Ecke 3 Norte. Im 1. Stock, sehr originell und gemütlich. Die Küche ist im Lokal. Preiswerte regionale und mexikanische Gerichte. Wird derzeit umgebaut.

COLONIAL, 4 Sur 1o5. Im gleichnamigen Hotel. Patio mit viel Atmosphäre. Mexikanische und internationale Küche. Preise mittel.

ARANJUEZ, 2 Oriente 211. Gepflegtes Lokal mit mexikanischer und internationaler Küche. Preise mittel bis teuer.

LA CONCORDIA, 2 Oriente 2o7. Klein und gemütlich. Stilleben mit Nahrungsmitteln an den Wänden machen Appetit. Einfache mexikanische Küche. Preise mittel.

VITTORIO'S, Portal Morelos, unter den Arkaden am Zócalo. Auf Pub getrimmte Bar- Café- Pizzeria. Preise mittel.

VERANSTALTUNGEN

BATALLA DE PUEBLA: Zur Erinnerung an die Schlacht bei Puebla finden alljährlich am 5. Mai und an den Tagen davor kulturelle Veranstaltungen, Folklore- Aufführungen sowie Stier- und Hahnenkämpfe statt. Nationaler Feiertag in ganz Mexiko.

SPRACHKURSE

Die Nähe zu Mexico City und das universitäre Ambiente in der Stadt machen Puebla zu einem attraktiven Ort für einen Spanischkurs. Kontakte über:

UNIVERSIDAD DE LAS ÀMERICAS, Apdo. 1oo, Santa Catarina Martir, 7282o Puebla, Tel. (91-22) 47oooo.

SHOPPING

MERCADO LA VICTORIA, zwischen 5 de Mayo und 3 Norte neben der Kirche Santo Domingo. Das ehemalige Marktgebäude mit sehenswerter Jugendstil- Eisenkonstruktion wurde restauriert und in ein Kulturzentrum verwandelt. Leider wegen Geldmangels geschlossen.

MERCADO EL PARIAN, 6 Norte/Ecke 2 Oriente. Kleine, aneinandergereihte Läden, in denen Kunsthandwerk, Andenken und viel Kitsch verkauft werden. Angrenzend das BARRIO DEL ARTISTA (15), wo zahlreiche Künstler in ähnlichen Läden ihre Bilder anbieten.

MUSEO DE ARTESANIAS, 3 Norte 12o3. Ausstellung und Verkauf von gutem Kunsthandwerk.

CREART, 2 Oriente 2o2. Kleiner Laden mit guter Qualität und ausgefallenen Artesanía- Artikeln. Nicht übermäßig teuer. - ARTE POPULAR, 5 Oriente 3. Hauptsächlich Keramik aus Puebla und anderen Regionen Mexikos.

KACHELN

Die "AZULEJOS" von Puebla sind schon seit dem 16. Jh. berühmt, als sich hier Handwerker aus dem spanischen Talavera niederließen und ihre Kunst mit in die Neue Welt brachten. Ihre Blütezeit hatte die Produktion im 18. Jh., als die Baumeister des Barock in der Verwendung von Kacheln ein weiteres Mittel für die überschwengliche Ausschmückung von Fassaden an Kirchen und öffentlichen Gebäuden sahen. Im 2o. Jh. hat die industrielle Produktion von Kacheln nur wenige Betriebe überleben lassen, die ihre "Azulejos" noch auf traditionelle Weise herstellen:

CASA RUGERIO, 18 Poniente 111. Kachelfabrik mit kleinem Verkaufsladen. Hier kann man zusehen, wie die berühmten Puebla-Kacheln entstehen. Günstigere Preise als in den Artesanía- Läden. Wer etwas Zeit hat, kann sich Kacheln nach seinen Wünschen anfertigen lassen (u.a. Namensschilder oder Hausnummern).

CASA URIARTE, 4 Poniente 911. Das Haus

HOCHEBENE VON

schon von außen ein gekacheltes Schmuckstück. Auch der Patio schön gestaltet. Verkauf von Kacheln und Keramik aus Puebla. Gute Qualität, nicht billig.

Verbindungen ab Puebla

Flüge: Puebla besitzt einen eigenen Airport, die wichtigen Verbindungen laufen jedoch nach wie vor über den naheliegenden Mexico City Airport.

Eisenbahn: Der Bahnhof liegt im Norden der Stadt, 9o Poniente/Ecke 7 Norte. Ein Zug pro Tag nach Oaxaca (17 US) 1o Std. Der tägliche Zug nach Mexico City ist unter keinen Umständen zu empfehlen, da er einen stundenlangen Umweg über Cuautla macht. Colectivos vom Zentrum zum Bahnhof ab Calle 9 Norte und 11 Norte mit der Aufschrift "Estación Nueva". Vom Bahnhof ins Zentrum Colectivos "Popular".

Bus: Riesiger zentraler und übersichtlicher Busterminal für alle Linien an der Ausfallstraße nach Tlaxcala/Ecke Blvd. Norte. Zu erreichen vom Zentrum aus mit Colectivo 42 (ab Blvd. Héroes de Mayo) oder Colectivo 37 (ab 12 Poniente). Taxi vom Terminal ins Zentrum 3 US (Ticket vorher in der Schalterhalle kaufen). Praktisch alle Busse und Colectivos ab Central Camionera fahren Richtung Innenstadt, dürfen aber nicht ins direkte Zentrum um den Zócalo herum. In der großen Eingangshalle befinden sich die Schalter aller Busunternehmen übersichtlich aufgereiht:

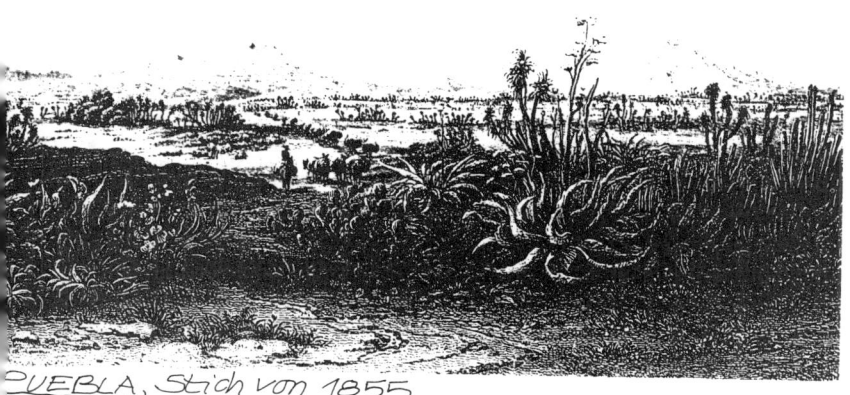

PUEBLA, Stich von 1855

Nach <u>CHOLULA</u> mit "Estrella Roja" oder "Estrella de Oro" alle 2o Min. (o,5 US) 3o Min.

Nach <u>MEXIKO-CITY</u> 24 Stunden lang alle 1o Min. mit "Estrella Roja" oder "ADO" (5- 7 US) 2 Std.

Nach <u>CUERNAVACA</u> stündlich mit "Estrella Roja" (7 US) 3 1/2 Std.

Auf allen <u>Langstrecken</u> zur Golfküste sowie in die Südliche Sierra und nach Yucatán hat "ADO" die besten und häufigsten Verbindungen. Wichtige Ziele wie Xalapa, Oaxaca, Veracruz und Villahermosa werden mehrmals täglich angefahren, die meisten anderen Orte zumindest 1 x pro Tag:

Xalapa (7 US) 3 Std., - Veracruz (11 US) 5 Std., - Oaxaca (13 US) 8 Std., - Villahermosa (28 US) 1o Std., - Tuxtla Gutiérrez (34 US) 14 Std., - Papantla (15 US) 6 Std., - Cancún (6o US) 28 Std., - Mérida (5o US) 25 Std., - Campeche (42 US) 21 Std.

Autoverleih: Für Ausflüge in die Umgebung von Puebla ist unter Umständen ein eigener PKW nützlich. Innerhalb von 1 Tag könnte man damit bequem die relativ kurzen, mit dem Bus aber umständlichen Ausflüge nach Cholula, Tlaxcala und Cacaxtla durchführen.

<u>BUDGET</u>: Juárez 2927, Tel. 3o5oo8. <u>NATIONAL</u>: Juárez 2318, Tel. 485o48.

Transport in Puebla: Mehrere Blocks um den Zócalo herum dürfen weder Busse noch Colectivos fahren. Sie umfahren das Zentrum auf den Straßen 1o Poniente - Héroes 5 de Mayo - 13 Poniente - 11 Norte.

Die Straßen sind trotzdem ziemlich verstopft mit Autos und Taxis. Deshalb am besten zu Fuß zu den verschiedenen Sehenswürdigkeiten, die sich fast alle in den Straßen um den Zócalo herum befinden.

✱ Cholula

Kleines Städtchen, inzwischen fast eine Vorstadt von Puebla. Mitten im Ort die <u>PYRAMIDE VON TEPANAPA</u>: mit 65 m die höchste in Mexiko. Sie ist allerdings fast vollständig unter einem Erdhügel begraben, auf dem sich die Kirche <u>NUESTRA SEÑORA DE LOS REMEDIOS</u> befindet. Nur ein kleines Seitenstück ist rekonstruiert. Ansonsten führt ein Tunnelsystem durch den Hügel, das die verschiedenen Überbauungsschichten der Pyramide erkennen läßt.

Bei klarem Wetter ist das Reizvollste an der Pyramide der herrliche Blick von oben über die Kirchenkuppeln von Cholula auf die Gipfel von Popocatépetl und Ixtaccíhuatl.

Dutzende von Kirchen, die bedeutendsten liegen allerdings etwas außerhalb (ohne eigenen PKW am besten ein Taxi nehmen):

SANTA MARIA TONANTZINTLA: 3 km südlich. Von außen schlicht, innen jedoch eine verschwenderische barocke Ausstattung.

SAN FRANCISCO ACATEPEC: 1 km weiter. Von außen verkachelt und innen ebenfalls überreich mit Ornamenten und Figuren bestückt.

Verbindungen nach Cholula: 15 km von Puebla entfernt. Ab Puebla/Central Camionera alle 2o Min. Busse "Estrella Roja" oder "Estrella de Oro" (o,5 US). Außerdem Stadtbusse mit der Aufschrift "Cholula" ab Calle 4 Poniente/Ecke 11 Norte.

✦ Tlaxcala

Pittoresk gelegene Stadt am Fuße des Vulkans La Malinche. Ruhige, provinzielle Atmosphäre. Restauriertes Stadtzentrum mit vielen Kolonialgebäuden.

Direkt am ZOCALO der PALACIO DE GOBIERNO. Die Eingangsarkaden des Palastes stammen noch vom ursprünglichen Gebäude aus dem 16. Jahrhundert, das Cortés bewohnte. Heute bemalt mit naiv- bunten Murales des einheimischen Künstlers Desiderio Hernández Xochitiotzin: Szenen zur Geschichte Tlaxcalas und zur Ankunft der Spanier.

Neben dem Zócalo die PLAZA XICOHTENCATL, von der aus eine Allee (Fußgängerzone) hinaufführt zum ehemaligen Franziskanerkloster; heute MUSEO REGIONAL mit Exponaten zur Geschichte Tlaxcalas von der prähispanischen Zeit bis ins 2o. Jahrhundert.

Hauptattraktion des Ortes ist das SANTUARIO DE OCOTLAN, eine der schönsten Kirchen im Zentralen Hochland: Barockfassade und im Innern verschwenderisch ausgestattet mit goldüberzogenen Figuren und Ornamenten sowie einem Silberaltar. Vom Vorplatz aus hat man einen phantastischen Ausblick hinüber zu den in der Ferne liegenden Gipfeln von Popocatépetl und Ixtaccíhuatl. (Ca. 1 km oberhalb des Zentrums von Tlaxcala, leicht zu Fuß zu erreichen über die Calle Zitlalpopocatl. Wer sich den Aufstieg ersparen will, nimmt für 1 US ein Taxi.)

Verbindungen ab Puebla: Ab Central Camionera alle 7 Min. ein Bus von "Flecha Azul", 3o km bis Tlaxcala, 1 US. Vor dem Terminal in Tlaxcala fahren die orangefarbenen Busse direkt zum Zócalo.

✦ Cacaxtla

Eine der ungewöhnlichsten und schönsten Ausgrabungsstätten im gesamten Hochland: besonders eindrucksvoll die erstklassig erhaltenen und äußerst farbigen Wandmalereien. Ein seltenes Beispiel dafür, wie präkolumbianische Zeremonialzentren zu ihrer Blütezeit dekoriert gewesen sein mögen.

Die Wandgemälde zeigen eine überwältigende Vielfalt an Motiven und Symbolen, die zwar sowohl aus dem Hochland als auch aus Yucatán bekannt sind, die aber sonst in keiner Ruinenstätte gemeinsam vorkommen. Die Malereien erinnern an den Stil der Maya, die Hieroglyphen dagegen ähneln den Schriftzeichen der Völker des Hochlandes. Zu sehen sind u.a. Krieger, Händler, Tänzer, Masken, Tiere und symbolische Darstellungen. Die bunte Welt der präkolumbianischen Kulturen entfaltet sich wie kaum irgendwo sonst vor dem Auge des Betrachters.

Die Entdeckung von Cacaxtla im Jahre 1975 war eine kleine archäologische Sensation. Trotz der ungewöhnlichen Form der verschütteten Hauptplattform hatte sich bis dahin niemand für den Ort interessiert. Grabräuber kamen als erste auf die Idee, daß sich darunter Wertvolles verbergen könnte und gruben einen Tunnel in den Hügel. Sie stießen auf eine Wand mit außerordentlich gut erhaltenen Malereien, die für sie jedoch keinen Wert besaßen, da sie nicht abtransportierbar waren. Sie meldeten ihren Fund den örtlichen Behörden.

Die Archäologen fanden daraufhin ein ausgefallenes Betätigungsfeld und legten in mühevoller Kleinarbeit eine Mauer nach der anderen frei. Ans Tageslicht kamen Gemälde, die in rot, blau, gelb, schwarz und weiß aufgetragen waren. Die Künstler hatten dafür farbiges Pulver benutzt, das gemischt mit Kaktussaft Farben ergab, die mehr als ein Jahrtausend überdauerten. Die Malereien waren besonders gut erhalten, weil man sie absichtlich und mit großer Sorgfalt bedeckt und zugeschüttet hatte; eine dünne Schicht feinen Sandes umhüllte ihre Oberfläche, um sie vor dem gröberen Füllmaterial zu schützen.

Wer die Bewohner von Cacaxtla waren und warum sie den Ort verließen, ist nicht eindeutig geklärt. Vermutlich hatte sich um 65o n. Chr. ein Stamm der Olmeken hier niedergelassen, der nach dem Niedergang von Teotihuacán den Handel zwischen dem Hochland und der Golfküste kontrollierte. Das späteste datierbare Gemälde stammt aus dem Jahr 79o n.Chr.; was danach passierte, liegt im Dunkeln. Als Cortés und die Spanier das mexikanische Hochland erreichten, war der Ort jedenfalls längst vergessen und unter Erde und Vegetation begraben.

Verbindungen: 17 km von Tlaxcala. Bus ab Central Camionera Richtung San Miguel del Milagro. Fahrer Bescheid sagen, daß er an der Abzweigung nach Cacaxtla hält. Von dort 2o Min. zu Fuß. Oder direkt ab Puebla mit Bus von "Flecha Azul", dessen Fahrer man ebenfalls übers Aussteigen an der Abzweigung zu den Ruinen informieren muß.

344 Zentrale Golfküste

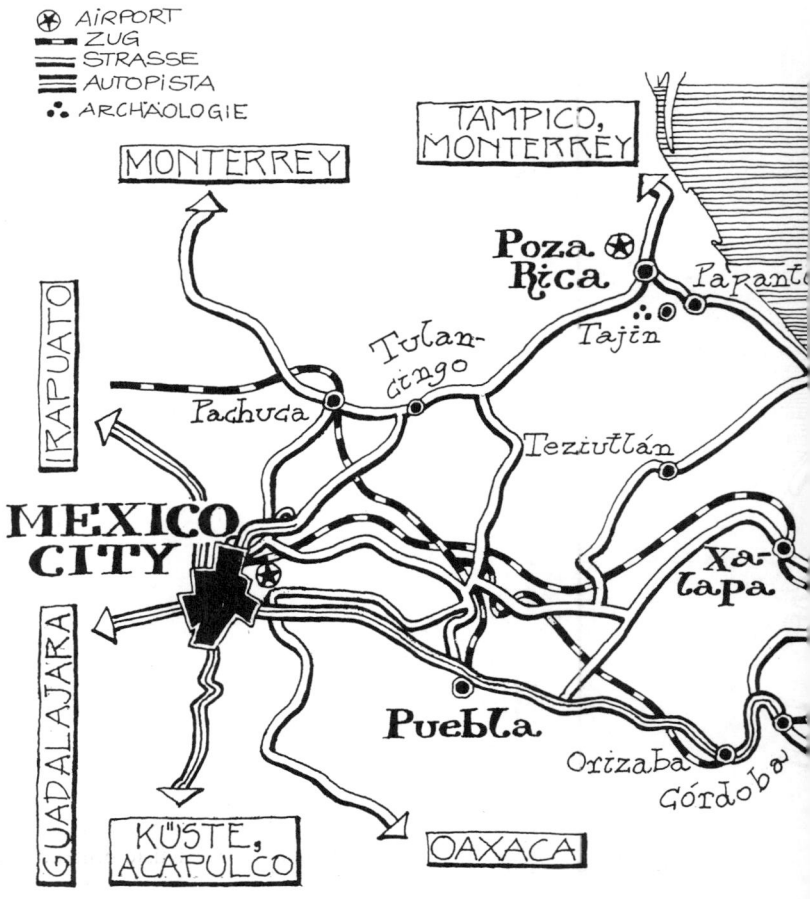

ZENTRALE GOLFKÜSTE

Zwischen Tampico und Coatzacoalcos Weide- und Plantagenland (Bananen, Apfelsinen, Papayas). Außerdem befindet sich hier das Zentrum der mexikanischen Erdölproduktion, was aber nicht heißt, daß man allerorten nur auf Bohrtürme oder Raffinerien stößt.

Die Golfregion war die Wiege der präkolumbianischen Hochkulturen Mittelamerikas. Ausgesprochen sehenswerte Relikte dieser Zeit u.a. in der Ausgrabungsstätte <u>EL TAJIN</u> mit der einzigartigen Nischenpyramide sowie im phantastischen Anthropologischen Museum von Xalapa. Besonders erlebenswert auch die Hafenstadt <u>VERACRUZ</u> mit ihrem für Mexiko einzigartigen Flair, das an die Karibik erinnert.

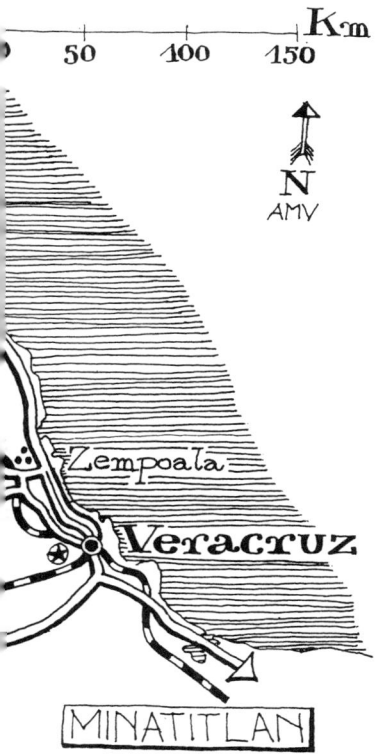

Entlang der Küste zahlreiche Strände, für einen Badeurlaub jedoch bei weitem nicht so schön wie die Strände an der Karibik- oder Pazifikküste.

Mexico City -> Golfküste

Zunächst über die Autobahn bis Puebla. Attraktive Fahrt zu Füßen von drei Vulkanen. Hinter Puebla dann weiter auf der Schnellstraße über Orizaba und Córdoba nach Veracruz. In atemberaubenden Serpentinen geht's hinunter ins Tiefland. Über der Szenerie thront der schneebedeckte Pico de Orzaba. Wer den Abstecher nach Xalapa einbaut, fährt ab Puebla über eine kurvenreiche Strecke, immer bergab durch subtropische Landschaften; nach und nach wird es heißer und schwüler.

<u>Verbindungen</u>: Sowohl ab Mexico City als auch ab Puebla ständige Busverbindung nach Xalapa und Veracruz. Von beiden Städten praktikable und häufige Verbindungen entlang der Golfküste: nach Osten Richtung Minatitlán und Villahermosa, nach Norden bis Papantla und El Tajín. Von Veracruz aus ebenfalls häufiger Busverkehr nach Oaxaca und in die Südliche Sierra. Im Sommer auf den Strecken entlang der Küste brütend heiß und schwül.

★ Xalapa (Jalapa) (1.5oo m, ca. 35o.ooo Einw.)

Hauptstadt des Bundesstaates Veracruz in subtropischer Wald- und Plantagenlandschaft. Im Zentrum schöner Zócalo und zahlreiche Straßen und Gassen mit gut erhaltenen Kolonialhäusern.

Hauptattraktion ist das hochmoderne Anthropologische Museum mit exzellenten Ausstellungsstücken der prähispanischen Kulturen der Golfregion (Olmeken, Totonaken, Huasteken). Das Museum lohnt den Abstecher nach Xalapa, auf jeden Fall jedoch einen Zwischenstop auf dem Weg vom Zentralen Hochland nach Veracruz.

In ausländischen Publikationen sowie auf mexikanischen Karten findet man häufig die hispanisierte Schreibweise "Jalapa". Im Staat Veracruz sowie im Ort selbst besteht man jedoch auf der ursprünglichen Form "Xalapa".

Klima: Feucht, aber auf ca. 1.5oo m Höhe nicht so heiß wie unten an der Küste. In Xalapa kann es das ganze Jahr über regnen, besonders viel im Sommer und Frühherbst. Im Winter der unangenehme "Chipi- Chipi", ein kühler Sprühregen, der unwillkürlich an Norddeutschland erinnert.

 Av. Avila Camacho 191, weit entfernt vom Zentrum auf dem Weg zum Anthropologischen Museum. Kleiner Info- Stand im Bus- Terminal.

Post: Zamora 7o. - **Telefon**: Xalapeños Ilustres 99. - **Geldwechsel**: Casa de Cambio de Xalapa, Zamora 36.

MUSEO DE ANTROPOLOGIA, Av. Xalapa/Ecke Acueducto. 1986 in einem neuen, großzügigen Gebäude wiedereröffnet. Neben dem Anthropologischen Museum in der Hauptstadt die eindeutig bedeutendste und interessanteste Sammlung präkolumbianischer Fundstücke in Mexiko. Exponate der wichtigsten prähispanischen Kulturen der Golfregion: Olmeken, Totonaken und Huasteken.

Beeindruckende Stelen, Reliefs und Monumentalskulpturen. Die überdimensionalen Olmekenköpfe gehören zu den ältesten Fundstücken überhaupt: Sie stammen aus der Zeit zwischen 2ooo- 15oo v. Chr. Von den insgesamt 16 gefundenen Köpfen stehen allein 7 in diesem Museum. Dazu kommen unglaubliche Schätze an Keramiken, Tonfiguren und Malereien.

Alles hervorragend ausgestellt in einem langgestreckten, terrassenförmig angelegten Saal mit mehreren Seitenflügeln, in denen das tropische Ambiente der Golfregion eingefangen ist. Am Ende eine kleine völkerkundliche Abteilung. Geöffnet täglich 9- 17 Uhr. Eintritt 3 US.

MUSEO DE SCIENCIAS Y TECNOLOGIA, Av. Murillo Vidal. Technologie- Museum in futurister Glas- Pyramiden- Konstruktion. Vor dem Gebäude einige Original- Propellerflugzeuge und Lokomotiven. Verschiedene Säle zu Themen wie Energie, Transport, Weltraum, Planet Erde. Vieles zum Anfassen und Experimentieren, einige Spanischkenntnisse vorausgesetzt. Interessant vor allem die Sammlung von Oldtimer- Limousinen und die Schiffsmodelle aus der Geschichte der Seefahrt. Geöffnet Di.- So. 1o- 16 Uhr, Eintritt 5 US. Da außerhalb Richtung Veracruz, am besten Taxi für 2 US ab Centro.

Im kompakten Zentrum die KATHEDRALE aus dem 17. Jahrhundert, der Palacio de Gobierno mit den obligatorischen Wandgemälden sowie der Parque Juárez, 1866 anstelle des einstigen Franziskanerklosters angelegt.

Zwei pittoreske, winzige Gassen mit Kunsthandwerksläden und Restaurants gehen links und rechts ab von der Calle Enríquez zwischen Kathedrale und Calle Primo Verdad. Schön auch die Calle Xalapeños Illustres mit Kolonialhäusern und zwei Museen:

CENTRO DEL ARTE, Xalapeños Ilustres/Ecke Insurgentes. Klassisches Kolonialgebäude mit Arkaden um einen schönen Patio. Wechselnde Kunstausstellungen.

GALERIA DEL ESTADO, Xalapeños Ilustres/Ecke Arteaga. Kolonialhaus mit den typischen, vergitterten Fenstern. Aufwendig restauriert. Wechselnde Ausstellungen zur mexikanischen Kunst und Geschichte, manchmal hochkarätig.

"Hotel Xalapa", Victoria/Ecke Bustamante. Großes Hotel am Hang, 1o Min. zu Fuß ins Zentrum. Weitläufige Anlage mit SW- Pool, großzügige Zimmer mit Farb- TV und AC. Modern eingerichtet. Kühles, geschäftsmäßiges Ambiente, Service mittelmäßig. DZ ca. 9o US.

"Hotel María Victoria", Zaragoza 6. Großer Kasten im Zentrum. Vornehm- moderne Lobby mit weichen Sesseln. Zimmer nach vorn laut, nach hinten leiser und mit schönem Blick über die Stadt. Modern mit Farb- TV und AC. DZ ca. 48 US.

"Hotel Salmones", Zaragoza 24. In der Innenstadt, einige Blocks von der Kathedrale entfernt. Gut restaurierte Kolonialfassade im oberen Bereich. Große, repräsentative Halle mit Restaurant. Zimmer und Bäder haben bessere Tage gesehen. DZ ca. 33 US.

"Hotel Continental", Zamora 4. Zentral, Nähe Kathedrale. Vielversprechende Lobby im schönen Patio mit Säulen. Zimmer fallen dagegen stark ab. Zwar groß, aber einfach möbliert, Bäder basic. Zur Straße hin extrem laut. Probleme mit warmem Wasser. DZ ca. 17 US. Billiges Restaurant im Innenhof.

"Hotel del Tejar", 2o de Noviembre 522. Direkt gegenüber vom neuen Busbahnhof. Praktisch bei später Ankunft in Xalapa. Zimmer zur Straße extrem laut, aber es gibt auch viele im hinteren Teil des Gebäudes, die teilweise schönen Blick haben. Einfache Einrichtung mit Korbmöbeln, neue Bäder. DZ ca. 4o US.

"Mesón del Alferez", Zaragoza/Ecke Sebastián Camacho. Architektonisches Schmuckstück und Oase der Ruhe im Getriebe des Zentrums. Vollkommen restauriertes Kolonialhaus mit verschachtelten Gebäuden um einen Innenhof. Zimmer stilvoll dekoriert und ausgestattet mit rustikalen Bauernmöbeln. Bäder modern. Unterschiedliche Zimmergrößen. DZ ab 33 US, beste Wahl in der Mittelklasse.

"**Hotel Limón**", Revolución 8. Kolonialhaus mit schöner Fassade und gekacheltem Innenhof. Zimmer ruhig, aber einfach und düster. Kleines Privatbad. Mit ca. 11 US fürs DZ die Basic- und Billigalternative im unmittelbaren Zentrum Xalapa.

ESSEN UND TRINKEN

Xalapa ist bekannt für seinen hervorragenden KAFFEE, dessen Duft ganze Straßen durchzieht. Er stammt hauptsächlich aus dem etwa 8 km entfernten Ort COATEPEC. In der ganzen Stadt (vor allem um den Zócalo) zahlreiche preiswerte Cafés, die neben dem ausgezeichneten Kaffee auch passables Essen servieren.

Besonders schön einige Kaffeegeschäfte im traditionellen Stil mit Kaffeesäcken im Laden sowie antiken Kaffeemühlen und Waagen. An kleinen Tischen kann man seinen Kaffee schlürfen. Besonders pittoresk: CAFE COLON, Primo Verdad 11, CAFE ANDRADE, Carillo Puerto 36.

ARSE'S, Bustamante/Ecke Altamirano. Am Hang mit Blick über die Stadt. Gemütlich. Preiswerte und sehr gute mexikanische Gerichte

LA CASONA DEL BEATERIO, Zaragoza 2o. In Kolonialhaus mit Innenhof, sehr stilvoll gestaltet. Angenehmes Ambiente. Viele Fotos aus Xalapas Vergangenheit an den Wänden. Mexikanische Küche. Preise mittel.

LA PARROQUIA, Zaragoza 18. Kaffeehaus mit kleinen Imbissen und gutem Frühstück. An der Wand zahlreiche Gemälde, die Xalapas koloniale Vergangenheit darstellen.

PICRECHA, Xalapeños Ilustres/Ecke Arteaga. Neben der Galería del Estado. Rustikales Kellerlokal mit italienischer Küche. Klein und gemütlich. Nur bis 18 Uhr geöffnet.

LA FONDA, Enriquez 29, Eingang um die Ecke. Unten enge, rustikale Gaststube, wo das Essen direkt neben den Tischen brutzelt. Im 1. Stock hervorragend hergerichtete koloniale Räume. Hoch, mit massiven Holzbalken an der Decke und Balkons zur Hauptstraße. An den Wänden Murales, Keramikteller und historische Fotos. Gutes Essen a la veracruzana. Preise mittel bis teuer.

CALLEJON DEL DIAMANTE, Enríquez (zwischen Kathedrale und Felipe Carrillo, links). Enge, malerische Gasse mit einer Reihe von Lokalen, die preiswertes mexikanisches Essen servieren. Ruhiges Ambiente mit Lokalkolorit.

DAUZON, Xalapeños Ilustres 52. Café mit dekorativen Hochzeitstorten im Schaufenster. Die Kuchen am Tresen etwas kleiner, aber riesiges Angebot inkl. Plätzchen und anderen Süßwaren.

SHOPPING

CASA DE LAS ARTESANIAS, Atletas/Ecke Belisario Domínguez. Am Park Paseo de Los Lagos. Kunsthandwerk aus dem Staat Veracruz.

Verbindungen ab Xalapa

Bus: Supermoderner Bus- Terminal am Stadtrand Richtung Veracruz. Ab Stadtmitte zu erreichen mit Bussen "CAXA". Vom Terminal alle Busse mit Aufschrift "Centro" in die Innenstadt. Taxi 2 US, Ticket vorher am Schalter kaufen. Abfahrten halbstündlich nach Veracruz (4,5 US/2 Std.) sowie mehrmals am Tag nach:

Campeche	34 US	18 Std.	Mérida	4o US 21 Std.
Papantla	9 US	5 Std.	Puebla	7 US 4 Std.
Villahermosa	2o US	1o Std.	Mexico City	13- 18 US 6 Std.
Zempoala	3 US	2 Std.		

Transport in Xalapa: Im Zentrum am besten zu Fuß. Das Museo de Antropología liegt jedoch sehr weit außerhalb: Taxi 1,5 US oder Bus mit der Aufschrift "Avila Camacho".
Zurück mit dem gleichen Bus.

✦ Veracruz (3 m, ca. 45o.ooo Einw.)

Mexikos wichtigster Hafen und kommerzielles Zentrum der Golfregion. Zwar gibt es zwei spanische Forts aus dem 16. Jh. sowie einige informative Museen für historisch Interessierte. Die Stadt sollte man jedoch nicht nur besichtigen, man muß sie erleben:

Veracruz ist eine gelungene Mischung aus mexikanischer Provinz und tropischer Hafenstadt, gewürzt mit einer Prise Karibikatmosphäre. Und Veracruz macht Spaß: der Fischmarkt, die Hafenkneipen und Fischlokale, das Strandleben und vor allem der Zócalo, das Herz der Stadt, wo das pulsierende Leben gegen Abend seinen Höhepunkt erreicht.

1519 landete nicht weit vom heutigen Veracruz Hernán Cortés und begann von dort aus seinen Eroberungszug gegen das Aztekenreich. Seither ist die Stadt der wichtigste Hafen an Mexikos Ostküste. Über Veracruz wurden zur Kolonialzeit die gewaltigen Silbermengen nach Spanien transportiert, die die mehr als 5oo Minen des Hochlandes produzierten. Die Schiffe verließen, schwer mit Silber- Schätzen beladen, den Hafen von Veracruz Richtung Havanna/heutiges Kuba, wichtigster Stützpunkt der Spanier in der Karibik. Hier trafen auch die spanischen Schatzschiffe mit Silber aus den südamerikanischen Minen, u.a. in Spanien war Cádiz. Das "Libro de Registros" in Sevilla/Spanien führte Buch über ein- und ausgehende Schiffe und deren Ladung und Ziel. Diese Aufzeichnungen sind heute wichtiger "Fundus" für Schatztaucher nach versunkenen spanischen Galeonen in den Karibikgewässern, insbesondere vor der Küste Floridas.
Der weitere Weg von Havanna nach Cádiz verlief südöstlich entlang der Südspitze Flo-

ridas und der Bahamas. Diese Gewässer waren voll von <u>Piratenschiffen</u>. Zwar erhielten die spanischen Schatzgaleonen (die im Konvoi fuhren), Geleitschutz durch <u>Kriegsschiffe</u>. Die Vielzahl an Bahama- Inseln mit ihren flachen Gewässern war jedoch optimal für die Piratenschiffe, die in ihrer Bauweise auf geringen Tiefgang ausgelegt waren und sich hier sowohl verstecken als auch Reparatur an Schiffen ungestört durchführen konnten. Für spanische Kriegsschiffe mit ihrem größeren Tiefgang (wegen des Gewichts der Kanonen und Kugeln) waren derartige Gewässer zur "Säuberung des Piratenunwesens" nur schwer erreichbar.

Die Menge gekaperter spanischer Schatzschiffe durch Piraten häufte sich. 17oo wurde das heutige <u>Nassau/Bahamas</u> wichtigstes Piratennest der Region, 171o entstand hier sogar eine eigenständige "Piratenrepublik" mit rund 2.ooo auf eigene Faust operierenden Schiffen, die zum Ziel die spanischen Silbertransporte hatten.

Der <u>Pirat Woodes Rogers</u> hatte die spanische "Manila- Flotte" aufgebracht, einen der größten Schatztransporte der Spanier. Die <u>Piraten Jennis und Vane</u> brachten ein spanisches Schiff auf, das zuvor die Schätze eines gesunkenen spanischen Schatzschiffes geborgen hatte. <u>Mary Reed</u> war berühmteste weibliche Piratin der Epoche und führte in Männerkleidung hartes Regime auf ihrem Schiff. (Leben auf Piratenschiffen siehe VELBINGER Band 2, "Südliche Karibik".)

<u>Hinwärts, also ab Cádiz nach Havanna</u> (mit Aufspaltung nach Veracruz/Mexiko bzw. Panama für die Südamerikakolonien), benutzten die <u>spanischen Schiffe</u> wegen der Passatwinde über den Atlantik meist die Passage durch die Karibik- Inselkette zwischen heutigem Guadeloupe und Dominica. Viel Alternativen gab es nicht, da die gesamte Inselkette sich in nichtspanischem Besitz befand (Holländer, Franzosen und Engländer) und die einzelnen Inseln Abstände von 3o- 6o km hatten, also durchfahrende Spanier leicht gesichtet und gekapert werden konnten. An Bord dieser spanischen Schiffe befanden sich Stoffe, insbesondere aber auch Manufakturprodukte und Waffen für die spanischen Lateinamerika- Kolonien. Auch hier für Piraten und Freibeuter eine äußerst gewinnträchtige Region.

Die Piraten hatten derart Überhand und Macht gewonnen, daß sie bereits <u>1683 den Hafen Veracruz</u> überfielen und drei Tage lang die Stadt plünderten. Deshalb bauten die Spanier ihr Fort aus, um sich zumindest im Bereich ihres Hafens wirksam zu schützen. Trotzdem wurde Veracruz auch in den folgenden Jahrhunderten mehrfach angegriffen.

Die gewaltigen Silberexporte aus Mexiko und südamerikanischen Kolonien führten nicht nur zu <u>großem Reichtum Spaniens</u>, sondern lieferten auch die <u>Finanzen für Kriegsführung</u> der Spanier gegen andere Mächte in Europa. Es lag daher im Interesse beispielsweise Englands, eigene Piraten zu beschäftigen, die im Auftrag ihrer Majestät spanische Schatzschiffe kaperten. Henry Morgan war einer der berühmtesten dieser Piraten, ebenso Francis Drake, der wegen seiner Erfolge sogar in den Adelsstand erhoben wurde.

<u>Veracruz</u> war zugleich Durchgangsstation für den <u>Ostasienhandel</u>. Seide und Gewürze, die von den Philippinen und China im mexikanischen Pazifikhafen Acapulco ankamen, wurden Überland nach Veracruz gebracht und von dort nach Europa verschifft. Auch dieser Umstand zog jede Menge Piraten an.

Das <u>Piratenwesen</u> hatte seinen Höhepunkt Ende 17. Jh./Anfang 18. Jh. Auch der englische Handelsverkehr zu den Kolonien auf den Karibikinseln war massiv gestört. England verkündete daher eine <u>General- Amnestie</u> für alle Karibik- Piraten, sofern sie sich zukünftig in den Dienst Englands stellten.

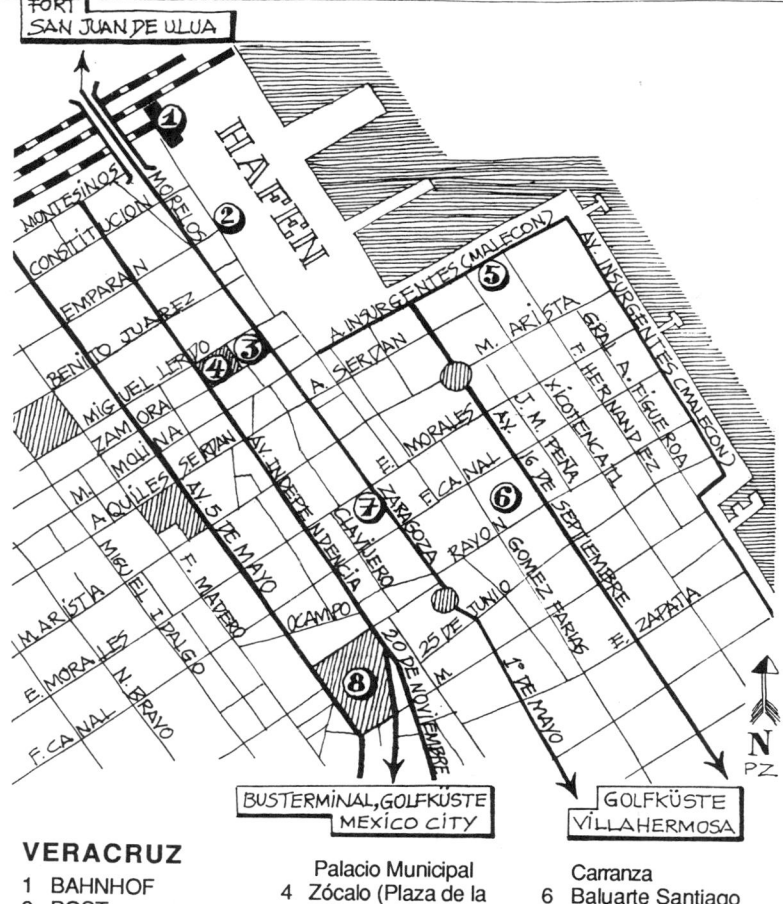

VERACRUZ
1 BAHNHOF
2 POST
3 TOURIST- BÜRO,

Palacio Municipal
4 Zócalo (Plaza de la Constitución)
5 Museo Venustiano

Carranza
6 Baluarte Santiago
7 Museo de la Ciudad
8 Parque Zamora

Ihnen wurden sogenannte "Freibeuter- Briefe" ausgestellt. Sie waren fortan keine Piraten mehr, die der Strafverfolgung aller Nationen unterstanden, sondern "Freibeuter". Als solche konnten sie nun alle englischen Karibikhäfen zwischen Jamaika, Antigua und Grenada anlaufen, dort ihre Schiffe reparieren, Lebensmittel und Waffen aufnehmen, was ihre Kampfkraft steigerte. Der Gewinn bei gekaperten spanischen Schiffen wurde zwischen Freibeutern und Majestät geteilt. Ähnliche Freibeuterbriefe stellten Franzosen und Holländer aus.

Für Spanien eine sehr prekäre Situation, da es sich bei seinen Frachtfahrten in Ka-

OBEN: Veracruz 1855. In der Mitte das Fort San Juan Ulúa. Rechts oben der Vulkan Orizaba, mit 5.747 m höchster Mexikos.

UNTEN: Schiffsgeschütz, seitlich die Taue zum Festzurren, um den Rückstoß beim Abfeuern der Kanonenkugeln abzufangen.

DANEBEN: Henry Morgan (1637-1688), einer der erfolgreichsten Piraten im mexikanischen Golf. Wurde englischer Gouverneur von Jamaika.

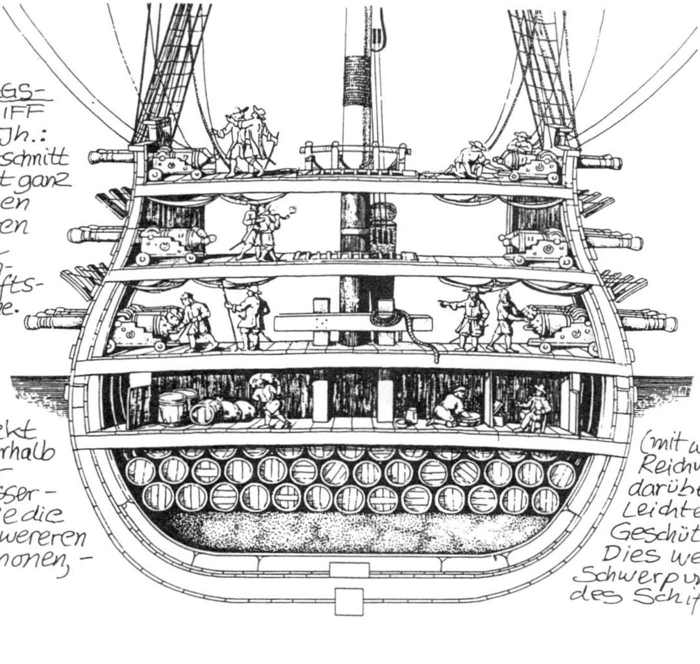

KRIEGS-
SCHIFF
18. Jh.:
Querschnitt
zeigt ganz
unten
Waren
und
Mann-
schafts-
räume.

Direkt
oberhalb
der
Wasser-
linie die
schweren
Kanonen, —

(mit weiterer
Reichweite),
darüber die
leichteren
Geschütze.
Dies wegen
Schwerpunkt
des Schiffes.

ribikgewässern nunmehr sowohl Piraten als auch gut ausgerüsteten Freibeuterschiffen gegenübersah.

Trotz der intensiven Piraten- und Freibeutertätigkeit sowie Hurricans im karibischen Raum erreichten jedoch die meisten in Veracruz losfahrenden spanischen Schiffe Cádiz/ Spanien, ebenso viceversa. Alexander von Humboldt, der 18o3, also kurz vor Ende der spanischen Kolonialzeit, Veracruz besuchte, berichtet von einer florierenden Stadt mit rund 4.ooo Einwohnern. Der Hafen sei jährlich von rund 4oo Schiffen besucht, ein beachtliches Aufkommen bei im Schnitt mehr als einem Schiff pro Tag.

1821 erklärte Mexiko seine Unabhängigkeit von den spanischen Kolonialherren. Zwar waren diese in weiten Teilen des Landes vertrieben, hielten jedoch noch bis 1825 das Fort Ulúa und bombardierten von hier die Stadt Veracruz sowie den Hafen (somit auch die Nachschubwege).

Auch in den folgenden Jahren diente Veracruz wegen seiner strategischen Position und Bedeutung als Hafen fremden Mächten als Brückenkopf zu militärischem Eingreifen:

1847 besetzen US- Truppen Veracruz im Rahmen des Krieges 1846- 48, bei dem Mexiko große Teile seines Nordterritoriums verliert (u.a. die heutigen US- Staaten Kalifornien, New Mexico und Texas).

1861: Veracruz wird von englischen, französischen und spanischen Truppen besetzt, um insbesondere die mexikanischen Auslandsschulden einzutreiben. Während Spanier und Engländer abziehen, dringen die Franzosen ab Veracruz weiter vor und setzen den österreichischen Erzherzog Ferdinand Maximilian als Kaiser von Mexiko ein.

GALEONEN Schatztransporte — von den Spaniern hauptsächlich für Schatztransporte eingesetzte Schiffe. Sie waren gegenüber den früher verwendeten Schiffen (zB. Karracken)

Zentrale Golfküste 355

1884: Eröffnung der Eisenbahnstrecke Veracruz -> Mexico City. Sie galt damals als Leistung der Eisenbahningenieure, da hier auf 423 km Gleis rund 2.2oo Höhenmeter überwunden und als "landschaftlich besonders schöne Strecke" bezeichnet wurden, wie damalige Geographie- Werke berichteten. Fahrzeit mit Dampfloks runde 12 Std., an Infrastruktur eine der wichtigsten Eisenbahnstrecken, weil sie noch im "Postkutschenzeitalter" den Hafen mit der Hauptstadt verband. Gebaut von englischer Eisenbahngesellschaft, die auch die Konzession hatte, für den Transport von Waren und Personen zu kassieren...

1895: Mexiko hat 15 Dampfschiffe und 15 Segler über 1oo t Nutzlast, - Veracruz ist nach wie vor Haupthafen Mexikos. Zum Vergleich: Die Engländer hatten zu dieser Zeit, ohne Kolonien, 6.227 Dampfschiffe und 3.069 Segler. Sie waren nicht nur Besitzer der mexikanischen Eisenbahnstrecken, sondern (neben deutschen und französischen Reedereien) auch führend im Warentransport via Veracruz. Die Überfahrt von Hamburg nach Veracruz dauerte damals auf Postdampfern rund 2o Tage.

1914 besetzen nordamerikanische Truppen den Hafen Veracruz, um US- Interessen während der Mexikanischen Revolution sicherzustellen. Unterstützt wurde die Fraktion des mexikanischen Generals Venustiano Carranza gegen radikale Revolutionäre. Carranza war einer der führenden Generäle der Revolution und kämpfte zunächst gemeinsam mit Pancho Villa im Norden Mexikos.

Nach dem Bruch mit Villa und Zapata im Jahre 1915 kam es zu erbitterten Fraktionskämpfen innerhalb der Revolutionsbewegung. Ein provisorischer Kongreß in Mexico City ernannte Carranza zum Präsidenten, dem allerdings die Anerkennung der anderen Gruppen versagt blieb.

Während Villa und Zapata in Mexico City einzogen, verlegte Carranza sein Hauptquartier nach Veracruz, das unter-dessen von US- Marines eingenommen war. Carranza erklärte Veracruz zur Hauptstadt und regierte von hier aus elf Monate lang die Landesteile, die unter seiner Kontrolle blieben. Erst Anfang 1916 kehrte er nach Mexico City zurück, nachdem seine Truppen mehrere Siege über Pancho Villa und Zapata errungen hatten.

Veracruz ist heute wichtigster Hafen Mexikos, der neben der Metropole Mexico City und den Städten des Zentralen Hochlandes auch die Industrien von Puebla als Im- und Exporthafen bedient.

Klima: Das ganze Jahr über tropisch heiß. Im Sommer, vor allem im Juli, der meiste Regen. Im

FRANCIS DRAKE (1540-1594) - Pirat, als "Sir" in Adelsstand erhoben.

schneller und wendiger. Länge ca. 50m. Bau ab 2. Hälfte 16. Jh. Allerdings den SCHALUPPEN (2,40m Tiefgang, Platz für 75 Piraten und 10 Kanonen) oder den BRIGANTINEN (100 Piraten, 10 Kanonen) deutlich an Geschwindigkeit unterlegen.

Winter weht manchmal der berühmte "Norte", ein starker Wind, der von den USA aus die Golfküste herunterbläst. Er verschwindet so schnell, wie er gekommen ist, in den wenigen Stunden aber atmet die Stadt sichtlich auf und erholt sich von der ewig drückenden Hitze.

 Zócalo, im Palacio Municipal.
Post: Av. Marina Mercante (hieß früher Av. de la República), neben dem Bahnhof. - **Telefon**: Auf dem Zócalo sowie in der Innenstadt Ladatel-Apparate für Orts- und Ferngespräche. - **Geldwechsel**: Casa de Cambio "Puebla", Juárez/Ecke Independencia.

ZOCALO (4): Verkehrsberuhigter Platz mit angrenzenden Fußgängerzonen. Lohnt sich weniger wegen Kathedrale und Palacio Municipal, sondern wegen des lebendigen Treibens, das hier unter den Arkaden stattfindet.

Die Atmosphäre einer Hafenstadt von einst mit ihrem Lokalkolorit, dem Tropenflair und der lebendigen Weltoffenheit ist auf dem Zócalo besonders hautnah und intensiv zu erleben: Marimba- und Mariachigruppen spielen unter Beteiligung des Publikums um die Wette. Ambulante Händler verkaufen alles, von Zigarren über Krabben bis zur Vanilleschote. Besonders abends viel Flair.

MUSEO VENUSTIANO CARRANZA (5), Av. Insurgentes Veracruzanos, am Hafen im Leuchtturm. Kleines Museum mit Fotos der Revolution und Erinnerungsstücken (bis hin zum Nachttopf) aus der Zeit, in der Präsident Venustiano Carranza die Hauptstadt Mexikos für elf Monate nach Veracruz verlegte. Im Leuchtturm installierte er seinen Regierungssitz. Geöffnet 9- 14 und 16- 18 Uhr, Eintritt frei.

MALECON, Hafenpromenade beim Leuchtturm. Schöner Spaziergang entlang der Av. Insurgentes Veracruzanos. Vor allem am Wochenende viel Betrieb und ausgelassene Stimmung.

MUSEO DE LA CIUDAD (7), Zaragoza/Ecke Morales. Altes Gebäude mit großem Patio. Ausstellungsstücke zur Archäologie und Stadtgeschichte sowie zur Entdeckung Amerikas. Kritische Darstellung der Folgeerscheinungen wie Sklaverei, Piraterie etc. Geöffnet Mo.- Sa. 9- 13 Uhr.

BALUARTE SANTIAGO (6), Canal/Ecke 16 de Septiembre. Spanisches Fort aus dem 17. Jahrhundert. Gut erhalten mit Zugbrücke und Kanonen. Im Innern ein kleines Museum, in dem die Reste eines Goldtransportes ausgestellt sind, der für die spanische Krone bestimmt war. Das Schiff ging mitsamt seiner wertvollen Ladung unter, bevor es das offene Meer erreichte; der Schatz wurde in den siebziger Jahren zufällig von einem Fischer entdeckt. Geöffnet 9- 19 Uhr, Eintritt 4,5o US.

Nähe Kreuzung Manuel Doblado/Gómez Farías stehen noch viele bunte, einstöckige Holzhäuser, die einen Eindruck davon geben, wie Veracruz früher ausgesehen hat. Leider befindet sich das Stadtviertel am Rande des Verfalls.

CASTILLO SAN JUAN ULUA: gewaltige Befestigungsanlage auf vorgelagerter Insel. Begonnen im 16. Jahrhundert, wurde das Fort im Laufe der Zeit ständig erweitert. Unter Benito Juárez einige Zeit Regierungssitz. Schöner Blick über den Hafen. Geöffnet Di.- So. 9- 17 Uhr, Eintritt 4,5o US, sonntags gratis.

Zu erreichen mit dem Stadtbus "San Juan Ulúa" ab Calle Landero y Coss, direkt vor den Artesanía- Läden. Taxi 2 US.

AQUARIUM, etwas außerhalb, Richtung Süden zu den Stränden. Eines der größten in Lateinamerika, gerade erst eingeweiht. Über 2oo Fischarten. Besonders attraktiv das Ozeanaquarium, bei dem sich die Besucher im Zentrum befinden und die Fische außen herum schwimmen.

STRÄNDE

Der "Hausstrand" von Veracruz ist VILLA DEL MAR, ca. 2 km vom Zócalo entfernt. Ob man den Einheimischen das Baden in der Brühe nachmachen soll, sei dahingestellt. Etwas besser sind schon COSTA DE ORO und MOCAMBO. Auch hier geht das Stadtleben nahtlos über ins Strandvergnügen, obwohl die Wasserqualität nicht ideal ist. Erst rund 2o km südlich des Zentrums wird es in dieser Hinsicht besser, aber auch einsamer:

PLAYAS VIRGENES DE ANTON LIZARDO, südlich von Boca del Rio. Einsame, wenig besuchte Strandabschnitte. Ohne eigenen Pkw oder Taxi aber nur sehr schwierig zu erreichen.

"<u>Hotel Mocambo</u>", Ruiz Cortínez s/n. Ferienhotel außerhalb am Strand von Mocambo. Jeglicher Komfort, schöner Garten, Swimming- Pool, Restaurants. DZ ca. 8o US.

"<u>Hotel Veracruz</u>", Independencia/Ecke Lerdo. Nähe Zócalo. Großes Nobelhotel, kühle Eingangshalle mit Spiegeln ausgestattet. Modern und sehr gepflegt. Zimmer mit neuer Einrichtung, Farb- TV und AC. DZ ca. 93 US.

"<u>Hotel Emporio</u>", Paseo del Malecón/Ecke Xicoténcatl. Komforthotel mit schönem Blick über den Hafen. Große, moderne Zimmer mit Farb- TV und AC, viele mit kleinem Balkon. Hauptsächlich Geschäftsleute, aber auch angenehm und zentral für Touristen. DZ zum Hof rund 1o5 US, mit Blick rund 12o US.

"<u>Hotel Hawaii</u>", Insurgentes Veracruzanos 46o. Absurd geformter Hotelkasten am Hafen, der allerdings einigen Zimmern einen fabelhaften Panoramablick übers Meer verschafft. Komfortabel, modern möblierte Zimmer mit AC und TV. DZ ca. 65 US.

"<u>Hotel Villa del Mar</u>", am gleichnamigen Strand, ca. 2 km vom Zócalo, jenseits der Uferstraße. Auch wenn das Meer hier nicht sauber ist, bekommt man ein wenig Beach- Life in City- Nähe serviert. Zum Baden besser ausweichen auf den Hotel- Pool. Gebäude mit großen, luftigen Zimmern gruppiert um einen Garten mit Palmen.

Typisches Ferienhotel der Mexikaner. DZ ca. 5o US.

"**Hotel Prendes**", Independencia/Ecke Lerdo. Älteres Haus mit kühlen Innenhöfen direkt am Zócalo. Zimmer und Bäder vollständig renoviert und modern eingerichtet. Zentral, ca. 3o- 35 US je nach Ausstattung.

"**Hotel Colonial**", Lerdo/Ecke Zócalo. Traditionshotel mitten im Getümmel des Zócalo. Modernisiert mit kühler, gekachelter Lobby. Auch die Zimmer sind renoviert und komfortabel ausgestattet, alle mit AC. Einige mit Balkon und Blick auf das Treiben an der Plaza. Ob man dort allerdings Schlaf findet, sei dahingestellt. DZ je nach Qualität ab 27 US aufwärts.

"**Hotel Mar y Tierra**", General Figueroa/Ecke Paseo Malecón. Großer Kasten direkt am Jachthafen, nicht mehr ganz neu. Von vielen Zimmern schöner Blick. AC. 1o Min. zu Fuß zum Zócalo. Zimmer hell und geräumig, aber einfach eingerichtet. Lärm auf der Uferstraße. DZ ab 36 US.

"**Hotel Royalty**", Abasolo 34. Zwischen Zócalo und Strandgegend. In den Ferien beliebt bei mexikanischen Jugendlichen. Große Gruppen können das Haus für längere Zeit belegen. Ansonsten empfehlenswert. Gepflegt, Zimmer mit AC, ca. 25 US.

"**Hotel Baluarte**", Canal/Ecke 16 de Septiembre. Modernes Haus gegenüber vom Baluarte Santiago. Zimmer mit TV und AC, ca. 25 US.

"**Hotel Santo Domingo**", Aquiles Serdán 481. Hält nicht, was die moderne Außenfront verspricht. Zimmer klein, einfach, mit Ventilator. DZ ca. 17 US.

"**Hotel Ruiz Milan**", Insurgentes Veracruzanos 46o. Einfache Mittelklasse am Hafen. Moderner, einfallsloser Kasten mit kahlem Inneren. Die oberen Zimmer mit schönem Blick. Ventilator, sauber. DZ ca. 25 US.

"**Hotel Sevilla**", Morelos 359. Zwischen Zócalo und Hafen an lauter Hauptstraße. Zimmer und Bäder einfach und anständig. Kürzlich teilweise renoviert. Ventilator, DZ ca. 17 US.

"**Hotel Imperial**", direkt am Zócalo in kühlem, altem Gemäuer. Phänomenaler Uralt-Drahtkorbfahrstuhl. Ob dieser nach den derzeit laufenden Restaurierungsarbeiten noch da sein wird, ist fraglich. Dafür dürfte hier ein gutes Mittelklassehotel entstehen.

"**Hotel Amparo**", Aquiles Serdán 482. Kleines Hotel Nähe Fischmarkt. Zimmer mit Minimal- Ausstattung. Einfach, ordentlich und sauber. Ventilator. DZ ca. 13- 17 US.

"**Hotel Villa Rica**", Blvd. Camacho 165-A. Gegenüber vom Jachthafen. Nach vorn raus schöner Blick aufs Meer. Helle, saubere Zimmer mit Ventilator, DZ ca. 16 US.

"**Hotel Concha Dorada**", Lerdo/Ecke Zaragoza. In der kleinen Fußgängerzone am Zócalo. Eingang unter den Arkaden. Einfache Zimmer, manche mit kleinem Balkon zur Gasse. Mit Ventilator ca. 22 US, bessere Ausstattung inkl. AC für ca. 27 US.

"**Hotel Santillana**", Landero y Coss 2o9. Einfaches Stadthotel am Fischmarkt. Trister Plattenbau, rundum viel Betrieb und Lärm. Zimmer hell, mit Ventilator, einfach möbliert. DZ ca. 17 US.

ESSEN UND TRINKEN

Die Küche von Veracruz ist exquisit und eigenwillig. Sie gehört neben Puebla und Oaxaca zum Besten, was Mexiko auf kulinarischem Gebiet zu offerieren hat. Die bekanntesten Rezepte sind in einer Hafenstadt natürlich Varianten von Fisch- und Marisco- Gerichten:

PESCADO A LA VERACRUZANA: die in ganz Mexiko nachgeahmte, aber nirgends erreichte Zubereitung von Fischen oder Fischfilets auf einem pikanten Gemüsebett aus Chili- Schoten, Paprika, Tomaten, Knoblauch, Oliven, Kapern und exotischen Gewürzen. Die besten Fische dafür sind der "Huachinango" und der sehr teure, aber ausgezeichnete "Pámpano".

CAMARONES: Die Garnelen aus dem Golf von Mexiko sind hervorragend, preiswert und werden in Veracruz an jeder Ecke angeboten; in guten Restaurants als raffinierter Cocktail oder auf dem Fischmarkt in einfachen Soßen. Die fliegenden Händler auf dem Zócalo verkaufen sie aus großen Körben, und kein Kellner der vielen Straßenkneipen hat etwas dagegen, wenn man sie direkt aus der mitgelieferten Papiertüte am Tisch verspeist. Ein Getränk sollte man allerdings schon dazu bestellen.

Am Zócalo unter den Arkaden gibt es ein gutes Dutzend Cafés, Restaurants und Kneipen, wo man neben Essen und Getränken ein Gratis- Schauspiel geboten bekommt, das in Mexiko seinesgleichen sucht: Musik, Tanz, fliegende Händler und jede Menge Menschen innerhalb und außerhalb der Lokale. Hier erlebt man "Veracruz live". Am meisten los ist natürlich abends und am Wochenende, aber auch mittags. Speisen und Getränke natürlich zu etwas gehobeneren Preisen, aber nicht unerschwinglich.

LA PAELLA, am Zócalo, gegenüber von den Arkaden. Trotz bester Lage geht's hier volkstümlich zu, das Essen ist gut und preiswert. Selbstverständlich auch die im Namen des Lokals erwähnte spanische Spezialität.

LA PARROQUIA, Independencia 1o5. Eine Filiale gibt es in der Aquiles Serdán/Ecke 16 de Septiembre. Zwei Kaffeehäuser in riesigen Sälen. Erscheinen auf den ersten Blick ungemütlich, aber wenn sie voll sind, entsteht eine tolle Atmosphäre. Hier zelebrieren Kellner und Gäste ihren Kaffee. Ein Erlebnis nicht nur für Kaffee- Fans. Wie man es anstellt, um an sein schwarzes Getränk zu kommen, schaut man sich am besten bei den Nachbartischen ab. Das Ritual ist genau vorgeschrieben und wird von Gästen und Kellnern peinlich genau befolgt. Auch kleine Imbisse, Kuchen und Frühstück.

PIZZA PALACE, Zamora 29o. Pizzas und Nudelgerichte. Mittags für 4 US ein Buffet zum Sattessen mit Nudeln, Salaten und Nachspeisen. Ambiente im Fast- Food- Stil.

LA TROVA, Callejón Lagunilla 63. Versteckt in kleiner Fußgängergasse ab von der Aquiles Serdán. Volkstümliche Kneipe mit viel Stimmung und Live- Musik, die bis auf die kleine Gase hinausschwappt. Einfaches und preiswertes Essen.

PINK PANTHER'S FOOD, direkt daneben das gleiche auf modern getrimmt. Mit Video, rustikalen Tischen und höheren Preisen. Einige Tische im Freien.

LA SIRENA, Zaragoza/Ecke Aquiles Serdán. Volkstümliches Restaurant mit einfachem, preiswertem Essen. Mexikanische Gerichte, Live- Musik, viel Stimmung.

EL PARADOR DEL MALECON, Insurgentes Veracruzanos 43o. Fisch- und Mariscorestaurant am Hafen. Preise mittel bis teuer.

TANO EL VERACRUZANO, Molina/Ecke Landero y Coss. Fischlokal mit kuriosem Ambiente: Die Wände sind gepflastert mit Fotos vom Karneval in Veracruz. Von der Decke hängen Fische, Schildkröten und anderes Getier. Aufs Essen kommt es dabei nicht mehr so sehr an.

PARDIÑOS, Insurgentes Veracruzanos/Ecke Landero y Coss. Angenehm luftig bei offenen Fenstern und Meeresbrise. Ansonsten hilft der Ventilator. Ungewöhnliche Zubereitung von Fisch und Meeresfrüchten. Es gibt aber auch anderes zu mittleren Preisen.

EL PESCADOR, Zaragoza 339. Gemütlich, etwas auf Hafenkneipe getrimmt. Große Auswahl an Fisch und Schalentieren. Preise mittel.

MERCADO DE PESCADERIA, Landero y Coss/Ecke A. Serdán. Rund um den Fischmarkt eine ganze Reihe einfacher und preiswerter OSTIONERIAS im Kiosk- Stil, wo man frische Krabbencocktails bekommt. Noch besser und preiswerter ist das Angebot in den FONDAS im 2. Stock des Marktes selbst. Alles extrem frisch und appetitlich.

VERANSTALTUNGEN

"DANZON": eine lokale Variante des Jazz mit Elementen aus afrikanischer und kubanischer Musik sowie spanischer Folklore. Resultat der in Veracruz jahrhundertelang erfolgten Vermischung der Kulturen von Indios, Schwarzen und Spaniern. Drückt auf musikalische Weise die Lebensfreude aus, die der Besucher in Veracruz auf Schritt und Tritt zu spüren bekommt. Das ganze Jahr über spielen Danzón- Gruppen beim sogenannten "Festival del Danzón" auf dem Zócalo: jeden Dienstag, Donnerstag und Samstag ab 2o Uhr. Eintritt frei. Das Publikum tanzt hingebungsvoll zu den Rhythmen.

CARNAVAL: Der Karneval von Veracruz ist der berühmteste, lebendigste und aufregendste in ganz Mexiko. Etwa eine Woche vor Aschermittwoch geht es los mit Umzügen, Verkleidungen und Tänzen auf den Straßen; ein unwahrscheinlicher Trubel.

Von Freitag bis Faschingsdienstag erlebt die Stadt dann eine wahre Invasion: Rund eine Million Besucher aus ganz Mexiko wollen dabeisein und lassen Veracruz aus allen Nähten platzen. Wer nicht Wochen vorher ein Hotel gebucht hat, kann jegliche Unterkunft vergessen und muß sich während der tollen Tage ununterbrochen in den Straßen oder Kneipen rumtreiben. Kalt oder langweilig wird es zumindest nicht.

MERCADO DE PESCADERIA, Landero y Coss/Ecke A. Serdán. Auf dem Fischmarkt alles, was der Golf von Mexiko an Fischen, Muscheln und Schalentieren bietet. Bis 13 Uhr ist einigermaßen Betrieb, am interessantesten allerdings gegen 6 Uhr früh. Es bestehen Pläne, den Markt in einen Neubau am Stadtrand zu verlegen. Das wäre schade.

MERCADO HIDALGO, Av. Hidalgo zwischen Cortés und Juan Soto. Blumen und Artesanía.

MERCADO UNIDAD VERACRUZANA, neben dem Mercado Hidalgo. Lebensmittel und lebendige Tiere. Ein buntes Sammelsurium aus Farben, Geräuschen und Gerüchen.

ARTESANIA: Am Hafen in der Calle Landero y Coss viele kioskartige Läden mit Kunsthandwerk und sehr viel Kram und Kitsch. - Neuer **MERCADO DE ARTESANIA**: Insurgentes Veracruzanos/Ecke Landero y Coss.

Verbindungen ab Veracruz

Flüge: Flughafen außerhalb, 1o km Richtung Xalapa. Colectivos von "transporte terrestre" für 5 US pro Person ins Zentrum und zu jedem gewünschten Hotel. Zum Flughafen hin Taxis für 1o US pro Fahrt, unabhängig von der Anzahl der Personen.

MEXICANA (Büro: Aquiles Serdán/Ecke 5 de Mayo) fliegt 5 x täglich nach Mexico City (11o US/45 Min.) sowie 1x täglich nach Villahermosa (13o US/2 Std.) mit Zwischenstop in Minatitlán.

AEROMEXICO (Büro: García Avly 231) fliegt zu ähnlichen Preisen 2 x täglich nach Mexico City, 2 x täglich nach Villahermosa (16o US/1 Std.), 4 x täglich über Tampico nach Monterrey (245 US/2,5 Std.).

Eisenbahn: Bahnhof im Zentrum Montesinos/Ecke Av. Marina Mercante (ehemals Av. de la República). Zu Fuß 5 Min. vom Zócalo. Täglich ein Zug nach Mexico City, relaxing bei 1o Std., ca. 18 US.

Bus: Busbahnhof der 1. Klasse in der Av. Díaz Miron/ Ecke Xalapa. Vom Zentrum ab Av. 5 de Mayo mit dem Stadtbus "Díaz Mirón".

Alle 3o Min. nach nach Xalapa (4,5o US/2 Std.) und Mexico City (16- 18 US/6 Std.).

Mehrmals täglich nach: Villahermosa (16 US/8 Std.), - Campeche (26 US/14 Std.), - Ciudad del Carmen (25- 28 US/13 Std.), - Chetumal (34- 38 US/16 Std.), - Mérida (35- 4o US/18 Std.), - Oaxaca (18 US/8 Std.), - Tuxtla Gutiérrez

> (26 US/12 Std.), - Puebla (11 US/5 Std.), - Papantla (14 US/4 Std.), - Tampico (24- 27 US/9 Std.), - Matamoros (48 US/17 Std.).
>
> Hinter dem 1.- Klasse- Terminal der Busbahnhof der 2. Klasse, AUTOBUSES UNIDOS (AU), einige passable Verbindungen nach Puebla und Mexico City, ansonsten lokaler Verkehr.
>
> **Autovermietung**: BUDGET, Diaz Mirón 1123, Tel. 312139. HERTZ, Aquiles Serdán 14, Tel. 324o21.
>
> **Transport in Veracruz**: Im Zentrum, in der Hafengegend sowie zum Bahnhof besser zu Fuß. - Stadtbusse zum Castillo San Juan Ulúa und zum Busterminal. Taxi im Zentrums- und Hafenbereich 1,5 US, zum Bus-Terminal 2 US.

★ Zempoala

Wenige Überreste der ehemaligen Totonakenhauptstadt, rund 4o km nördlich von Veracruz. Kompakte Ausgrabungsstätte mit schmucklosen Pyramidenstümpfen und Tempelfundamenten. Die wichtigsten Gebäude befinden sich im Zeremonialzentrum, dessen Umfassungsmauer noch weitgehend erhalten ist. Die Gebäude aus dunkelgrauen Flußkieseln, was ihnen ein düsteres Aussehen verleiht.

Auffallend ist die Wiederholung der L- förmigen Bekrönung von Umfassungsmauer und Gebäuden: Angeblich symbolisiert dies die Wolken. Die Hauptgebäude des Zeremonialzentrums sind (direkt gegenüber dem Eingang) der Templo Mayor, - im Westen die Gran Piramide (der Sonne geweiht) und im Osten der Templo de las Chimeneas, benannt wegen seiner hohlen Säulenstümpfe, die die Spanier an Schornsteine erinnert haben.

Vor diesem Tempel ein kleiner Rundbau, El Fogon Sagrado. Hier befand sich ein ständiges Feuer, in dem die Totonaken am Ende des heiligen 52- Jahre- Zyklus' ihre Kleidung und Gegenstände verbrannten, um anschließend "gereinigt" ein neues "Jahrhundert" zu beginnen.

> Auch wenn Zempoala heute nicht zu den wichtigsten archäologischen Ausgrabungsstätten gehört, besitzt es doch Bedeutung durch seine Rolle während der Konquista des Aztekenreiches:
>
> Als Cortés 1519 an der Golfküste bei Veracruz landete, fand er in der Totonakenhauptstadt Zempoala schnell Verbündete im Kampf gegen das Aztekenreich. Die Totonaken waren erst kurz zuvor von den Azteken unterworfen worden und versprachen sich durch die Hilfe der Spanier eine Befreiung von den Tributzahlungen. Das Bündnis bewahrte sie allerdings weder vor der Zerstörung ihrer Götterbilder und deren Ersatz durch christliche Symbole noch vor dem Niedergang ihrer sozialen und kulturellen Gemeinschaft.
>
> Ein Jahr später wurde Zempoala Schauplatz einer kriegerischen Auseinandersetzung zwischen den Truppen von Cortés und einem aus Kuba entsandten spanischen Expeditionsheer unter Führung von Panfilio Narvaez. (Details dazu Seite 177.) Bei den Auseinandersetzungen zwischen den fremden Invasionstruppen wurde Zempoala teilweise zerstört, und der unaufhaltsame Niedergang der Totonakenkultur nahm seinen Anfang.

Verbindungen ab Veracruz: Häufige Abfahrten nach Cardel. Von dort nur noch wenige Kilometer bis Zempoala, entweder mit Bus "Zempoala" oder Colectivos ab Zócalo.

Einmal pro Tag ADO- Direktverbindung zwischen Zempoala und Xalapa, so daß man die Ausgrabungsstätte auch als Zwischenstop auf dem Weg von Xalapa nach Veracruz oder umgekehrt einlegen kann.

Nicht ratsam dagegen die Weiterfahrt von Zempoala nach Norden, Richtung Papantla. Dann besser zurück nach Cardel oder Veracruz - und von dort einen der Direktbusse nach Papantla nehmen.

Veracruz -> Papantla (23o km)

Fahrt durch die Küstenebene: Landwirtschaft, Plantagen, Viehweiden. Unterwegs taucht immer häufiger das Meer auf. Nördlich von NAUTLA beginnt die COSTA ESMERALDA: Palmenwälder am Strand, vereinzelt kleine Hotels, Ferienhäuser. Wer im Bus sitzt, schaut sehnsüchtig hinaus auf die Wellen. Autofahrer haben es besser, sie können irgendwo anhalten und sich in der Brandung erfrischen.

★ Papantla

Unattraktives Provinznest, lohnt jedoch wegen zwei außergewöhnlichen Sehenswürdigkeiten: Papantla ist die Heimat der "voladores", der sogenannten Vogelmenschen, die sich in einer symbolträchtigen, jahrhundertealten Zeremonie von der Spitze eines ca. 2o m hohen Stammes in die Tiefe stürzen, wobei sich die um ihre Hüften geschwungenen Taue langsam vom Stamm abspulen.

In 1o km Entfernung liegt die präkolumbianische Ausgrabungsstätte El Tajín mit der berühmten Nischenpyramide. El Tajín ist die mit Abstand bedeutendste Ruinenanlage in der Golfregion.

Klima: Feucht- heiß.

Transport in Papantla: Der Ort ist so klein, daß alles problemlos zu Fuß zu erreichen ist. Verbindungen nach El Tajín mit Bus oder Taxi. Details siehe dort.

In Ort selbst bemerkenswert die mit Gartenanlagen und Pavillon gestaltete PLAZA. An der Mauer unterhalb der Kathedrale ein gut 5o m langes Wandrelief: In den Körper einer Schlange, der sich quer über die Mauer erstreckt, sind Szenen aus der Mythologie der Totonaken sowie aus der Geschichte Papantlas eingearbeitet. In der Mitte ein Modell der Nischenpyramide von El Tajín. Das weiter oberhalb gelegene Monumental-Denkmal für die Voladores ist Geschmackssache.

"VOLADORES": Die Tradition der Voladores geht zurück auf eine alte Zeremonie der Totonaken, die später auch von anderen Indiostämmen praktiziert wurde. Sie steht im Zusammenhang mit den Kalenderberechnungen (siehe Seite 110) und dem Götterkult der präkolumbianischen Völker:

> Nach rituellen Gebeten und Gesängen am Boden erklettern fünf festlich gekleidete Indios einen Stamm, der in der Regel auf dem zentralen Platz des Ortes steht und um die 2o m hoch ist. Oben setzen sich die Zeremonien auf einer kleinen Plattform fort, bevor sich vier der Männer ein Seil um die Hüften schlingen und von der Plattform aus in die Tiefe springen. Jeder von ihnen vollführt 13 Umdrehungen um den Stamm (4 x 13 = 52, die wichtigste Zahl des präkolumbianischen Kalenders), während sich die Taue langsam abspulen. In der Zwischenzeit begleitet der fünfte Indio oben auf der Plattform die Zeremonie mit Melodien auf seiner Flöte.

Die festlichsten und beeindruckendsten Vorstellungen der Voladores finden in der Osterwoche und in den Tagen um das Fronleichnamsfest auf dem Hauptplatz von Papantla statt. In dieser Zeit allerdings nicht ohne Hotelreservierung anreisen, da die wenigen Hotels hoffnungslos ausgebucht sind.

Ansonsten jeden Samstag und Sonntag morgens eine Vorstellung auf dem Marktplatz. Inzwischen findet das ganze auch als Touristenspektakel in der Ausgrabungsstätte El Tajín statt, sobald genug zahlende Zuschauer zusammenkommen.

Hotels in Papantla sind knapp und nicht besonders gut.

"Hotel Tajín", Nuñez y Domínguez 1o4. Großer Betonbau. Innen gemütlicher, als es von außen erscheint. Helle, luftige Flure mit Sitzgruppen. AC in einigen Räumen vorhanden, macht aber mehr Lärm als Wirkung. Große, ordentlich eingerichtete Zimmer, nach vorn mit Blick über den Ort. DZ ca. 33 US.

"Hotel Premier", Enríquez 1o3. Direkt an der Plaza. Eingang hinauf zum 1. Stock. Zimmer vollständig modernisiert mit TV und AC. Einige mit Balkonen zur Plaza. DZ ca. 4o US.

"Hotel Totonocapan", Olivo/Ecke 2o de Noviembre. Großer Bau Nähe Durchgangsstraße und Busbahnhof von Transportes Papantla, unterhalb der Plaza. Hat schon bessere Tage gesehen. Große Zimmer mit AC oder Ventilator. Sauber, laut. DZ ca. 27 US mit Ventilator und ca. 3o US mit klappriger AC.

"Hotel Pulido", Enríquez 2o5. Einige Schritte von der Plaza. Zimmer gehen ab von einem tristen Innenhof, der auch als Parkplatz genutzt wird. Die Abgase mischen sich unangenehm mit der feuchten Luft. Zimmer selbst einfach eingerichtet und passabel sauber, mit Ventilator. DZ ca. 17 US.

ESSEN UND TRINKEN

VANILLE: Die Golfregion bei Papantla ist die Urheimat der Vanille, einer mexikanischen Orchideenart, die als Kletterpflanze in feucht- heißem Klima gedeiht. Der Name kommt vom spanischen "vainilla" und bedeutet so viel wie "kleine Schote". Schon die präkolumbianischen Indiovölker verfeinerten ihren Kakao mit Vanille, und die Spanier sicherten sich jahrhundertelang das Monopol auf den Handel, ehe sie auch in anderen tropischen Gebieten angebaut wurde.

Die Früchte der Pflanze werden frühreif geerntet und getrocknet. Ihr milchiger Saft verwandelt sich danach durch einen Gärungsprozeß in die dunkle Vanillemasse mit dem intensiven Geruch und Geschmack. In Papantla und anderen Städten der Golfregion werden die schwarzen Vanilleschoten auf den Märkten oder von fliegenden Händlern angeboten.

Der wunderbar intensive Duft ist eine Wohltat für den Geruchssinn: Eine der Schoten im Reisegepäck übertönt lässig manch unangenehme Ausdünstung in einem mit Mensch und Tier vollgestopften 2.- Klasse- Bus und erinnert auch zu Hause noch angenehm an einen mexikanischen Markt mit seiner Vielfalt an Farben und kräftigen Düften.

Die Restaurantszene von Papantla ist basic. Es gibt einige sehr einfache Lokale um die Hauptplaza herum sowie in den Hotels TAJIN und TOTONOCAPAN. Außerdem erwähnenswert:

ENRIQUE, an der Plaza. Klein und gepflegt mit Tischdecken. Spezialität sind Fische und Mariscos von der Golfküste. Qualität gut, Preise mittel. Die Ausnahme unter den Restaurants von Papantla.

PLAZA PARDO, Enríquez, an der Plaza. Sauberes Lokal, zur Straße hin offen. Modern gestyltes Mobiliar. Preiswertes Frühstück und kleine Gerichte.

TERRAZA, direkt an der Plaza. Aufgang zum 1. Stock durch den Hinterhof und abschreckend. Terrasse mit schönem Ausblick über den Platz. Essen einfach und preiswert.

JUGOS CHAPALA, Enríquez 1o9. Die tropischen Früchte der Umgebung werden zu hervorragenden Säften und Obstsalaten verarbeitet.

Verbindungen Bus: Ab ADO- Busbahnhof (an der Durchgangsstraße am Ortsrand) täglich mehrmals nach: Mexico City (1o US/5 Std.), - Xalapa (9 US/5 Std.), - Veracruz (14 US/4 Std.) Poza Rica (1 US/3o Min.).

Außerdem einmal pro Tag direkt nach Villahermosa (28 US/12 Std.).

Ab Busterminal von TRANSPORTES PAPANTLA (im Zentrum, Calle 2o de Noviembre) alle 1o Min. nach Poza Rica. Von dort Anschlüsse nach Pachuca und Querétaro im Zentralen Hochland sowie in viele Städte Nordmexikos.

★ El Tajín

Stadt und Zeremonialzentrum der Totonaken. Wichtigste archäologische Ausgrabungsstätte der Golfregion mit einem der schönsten präkolumbianischen Bauwerke Mexikos: eine Pyramide mit 364 Nischen, die rundherum in die Seitenwände eingelassen sind. Sie befindet sich in der Mitte eines riesigen Areals mit Konstruktionen, die teilweise freigelegt, teilweise noch verschüttet und überwuchert sind: Tempel, Pyramiden, Ballspielplätze.

Seit 1984 ist man dabei, weitere Teilbereiche der Ruinenstätte auszugraben und zu restaurieren. Sensationelles haben die jüngsten Grabungen jedoch bisher weder fürs Auge noch für die Erhellung der Totonakenkultur ergeben.

Einer der Gründe, warum ein Besuch von El Tajín lohnt, sind ausgesprochen schöne und gut erhaltene Reliefs am Ballspielplatz in Tajín Viejo.

> Über die Geschichte von El Tajín gibt es lediglich Vermutungen, da die Spanier den Ort während ihrer Eroberungszüge nicht entdeckten. Erst 1785 fand der spanische Ingenieur Diego Ruiz bei seiner Suche nach illegalen Tabakfeldern per Zufall die Ruinen. Gemäß neueren Forschungen stammen die Gebäude aus der Zeit zwischen 85o und 11oo n. Chr. Der Name deutet darauf hin, daß das Zeremonialzentrum den Gottheiten des Regens, Windes und des Blitzes gewidmet war. Bei Ankunft der Spanier auf dem Kontinent war der Ort (wie viele andere präkolumbianische Zeremonialzentren Mexikos) bereits von seinen Bewohnern verlassen.

Gleich am Eingang die quadratische PLAZA DEL ARROYO (1), umgeben von vier Konstruktionen, die freigelegt und restauriert werden. Hinter diesen Gebäuden mehrere Ballspielplätze (2).

Dahinter das sogenannte TAJIN VIEJO mit gut erhaltenen Gebäuden, wichtigstes dieser Gruppe ist die PIRAMIDE DE LOS NICHOS (4), die Nischenpyramide, die vor allem durch ihre harmonische Architektur besticht. Zu welchen kultischen Zwecken die Nischen benutzt wurden, darüber gibt es nur Vermutungen. Sicher ist, daß sie mit den Kalenderberechnungen der Totonaken zusammenhängen, denn auf sieben Ebenen befinden sich jeweils 52 Nischen (52 Jahre umfaßte der präkolumbianische Kalenderzyklus).

Neben der Pyramide weitere spitzwinklig zulaufende, pyramidenartige Gebäude, die von den Archäologen durchnumeriert und als MONUMENTOS bezeichnet wurden. Auf einem thront die eigentümlich dreieckige Skulptur einer Gottesfigur (gedeutet als Gott des Regens und des Windes).

Am angrenzenden BALLSPIELPLATZ (3) an den Gebäuden sechs kunstvolle Reliefs auf bis zu 11 m langen Steinblöcken. Die dargestellten Figuren und Szenen sind unglaublich gut erhalten. Man erkennt in völliger Klarheit zeremonielle Akte während und nach dem Ballspiel (rituelle Opferhandlungen, Pulque- Bereitung).

Die Treppen eines Pyramidensockels hinter der Nischenpyramide führen zur Gebäudegruppe TAJIN CHICO, die auf einem Hügel die gesamte Anlage überblickt. Hier stand das EDIFICIO DE LAS COLUMNAS (6), der Säulenpalast, einst der Sitz des Herrschers. Im kleinen Museum am Eingang einige Fundstücke und Reliefs aus El Tajín.

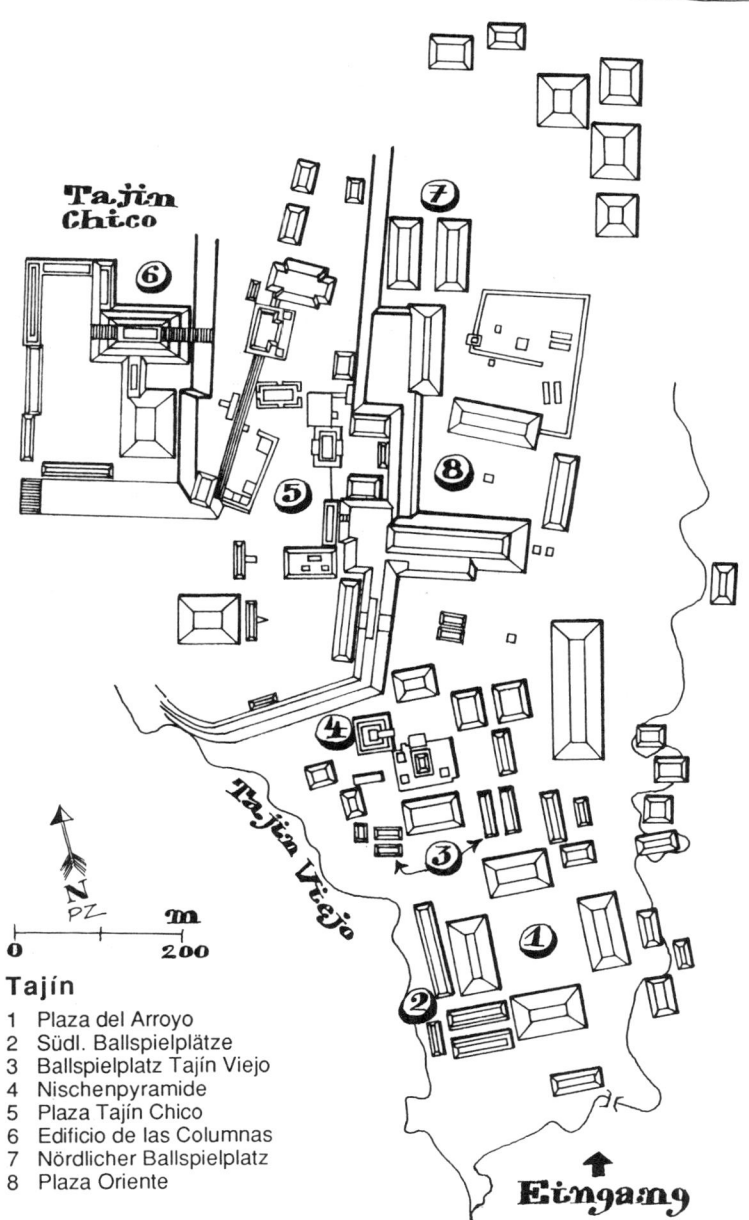

Tajín

1 Plaza del Arroyo
2 Südl. Ballspielplätze
3 Ballspielplatz Tajín Viejo
4 Nischenpyramide
5 Plaza Tajín Chico
6 Edificio de las Columnas
7 Nördlicher Ballspielplatz
8 Plaza Oriente

Rund um die freigelegten Konstruktionen mehrere Hügel, bewachsen mit Mais und Bananen, unter denen sich noch zahlreiche weitere Gebäude verbergen.

Die Anlage ist täglich geöffnet 9- 17 Uhr, Eintritt 4,5o US.

Verbindungen ab Papantla: regelmäßiger Busverkehr ab Zentrum (Nähe Plaza), Fahrzeit ca. 2o Min., 1 US. Taxi hin und zurück inkl. Wartezeit bei etwas Verhandlungsgeschick ca. 25 US.

EL TAJIN: Wandrelief, Zeremonie zwischen Ballspielern

Poza Rica (25o.ooo Einw.)

Unattraktive Großstadt, deren Name (poza rica = reiche Quelle) schon darauf hindeutet, daß sie vorwiegend vom Ölgeschäft lebt. Für Touristen allenfalls interessant als Umsteigestation bei Busfahrten zwischen Papantla/El Tajín und dem Zentralen Hochland. Während von und nach Papantla direkt nur wenige Busse fahren, existieren in Poza Rica die üblichen Verbindungen in alle Teile des Zentralen Hochlands und Nord- Mexikos. Ständig Busse zwischen Poza Rica und Papantla (o,5 US, 3o Min.).

Tampico (6oo.ooo Einw.)

Neben Veracruz der wichtigste Hafen an der mexikanischen Golfküste. Laut, schmutzig und schwül- heiß; keine Sehenswürdigkeiten. Seit der

Entdeckung von Erdöl um die Jahrhundertwende eine Boom- Town mit den entsprechenden Begleiterscheinungen: trostlose Wohnviertel, protzige Hochhäuser und jede Menge zwielichtige Cantinas. Daß die Rafinnerien während des Öl- Booms Unmengen überschüssigen Gases abfackelten, liest sich bei Egon Erwin Kisch wie folgt: "In Tampico brannte das Gas nicht nur nachts, sondern den ganzen Tag. Sogar das Meer hatte Gasbeleuchtung, damit die Fische sich nicht verirren."

Am besten macht man einen großen Bogen um Tampico und schaut sich die Stadt in John Hustons Filmklassiker "Der Schatz der Sierra Madre" an. Zwar sind seither fast fünfzig Jahre vergangen, vieles wurde modernisiert, doch die Atmosphäre ist immer noch ähnlich.

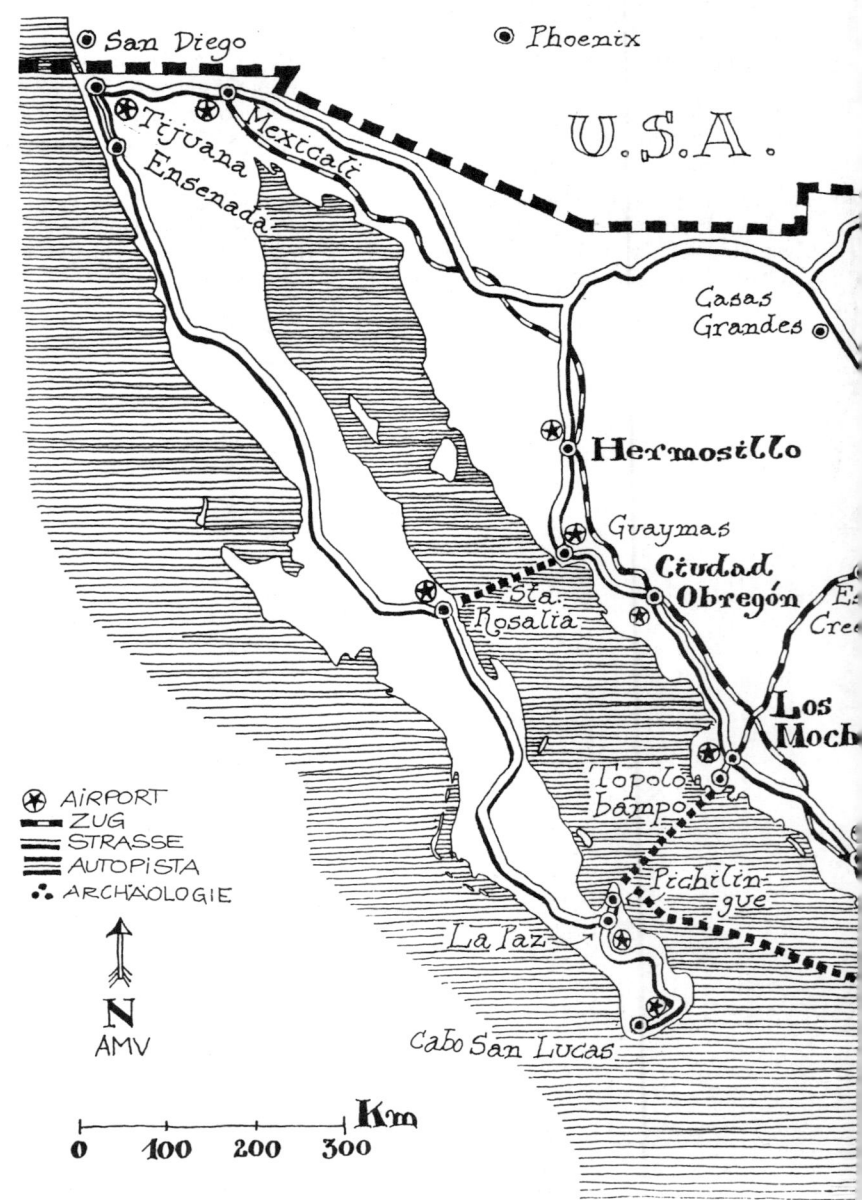

DER NORDEN

Wer mexikanische Entfernungen und die Weite kennenlernen möchte, sollte sich ruhig einmal auf eine Bus- oder Bahnfahrt durch den Norden einlassen: endlose Wüsten, Prairie, steinige Gebirgslandschaften und immer wieder die unvermeidlichen Kakteen - alles genauso, wie man es aus zahllosen Wildwestfilmen kennt.

Die landschaftlichen Höhepunkte liegen im westlichen Teil: eine atemberaubende Straße von Durango nach Mazatlán, die abwechslungsreiche Küstenstrecke am Fuße der Sierra Madre von Mazatlán nach Los Mochis sowie die spektakuläre Zugfahrt von Los Mochis zur Kupferschlucht ("Barranca del Cobre") und weiter nach Chihuahua. Ab Creel lohnende Ausflüge und Wanderun-

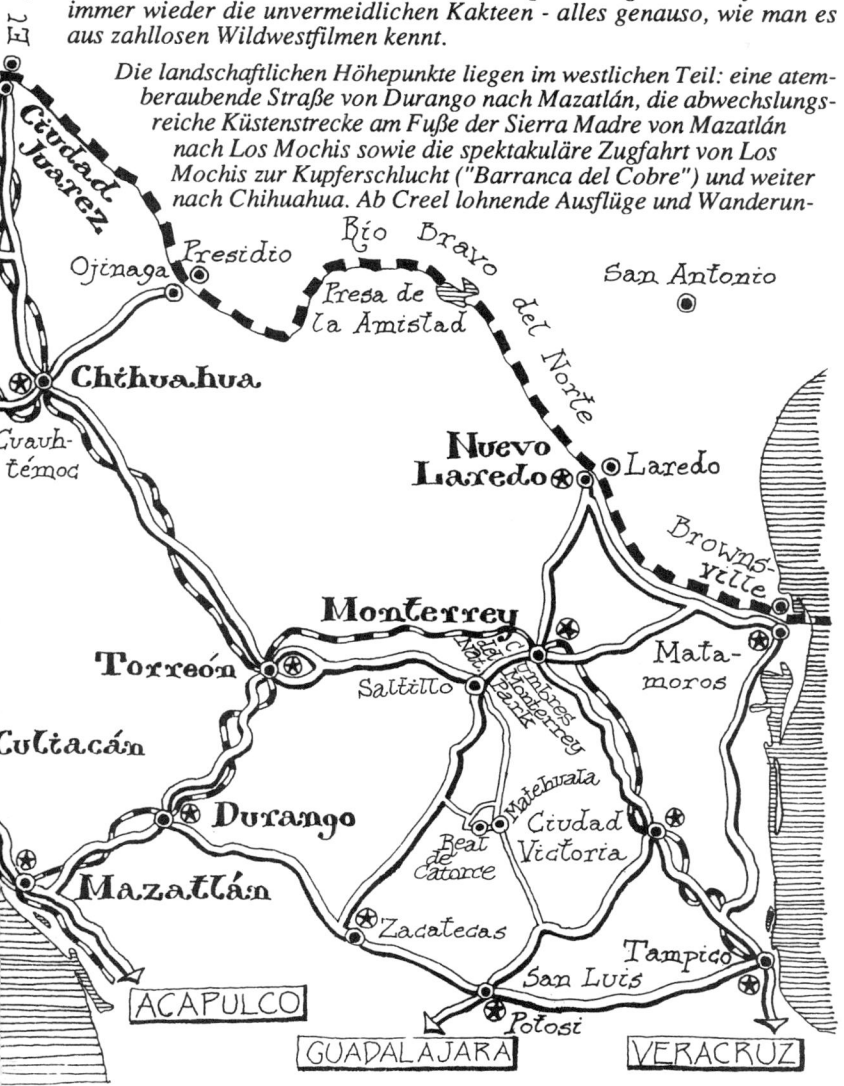

gen zur rund 2.ooo m tiefen Kupferschlucht und weiteren Canyons. Ansonsten ist der riesige Norden (praktisch die Hälfte des mexikanischen Territoriums) Durchgangsstation für alle, die aus den USA nach Mexiko reisen.

Entscheidend geprägt ist der mexikanische Norden durch seine <u>Nähe zu den USA</u> und die fast 3.2oo km lange gemeinsame Grenze.

Das Land jenseits der Grenze in den heutigen Staaten Texas, New Mexico, Arizona und Kalifornien gehörte bis zum mexikanisch- amerikanischen Krieg von 1847 zu Mexiko und mußte nach der militärischen Niederlage an die USA abgetreten werden. Ein Viertel des heutigen US- Territoriums war ehemals mexikanisch (siehe auch "Museo de las Intervenciones"/ Mexico City im Stadtteil Coyoacán).

Auf beiden Seiten der Grenzlinie, die in ihrem längsten Abschnitt dem Rio Bravo folgt, haben sich seither zahlreiche Großstädte entwickelt: <u>Zwillingsstädte</u> wie Tijuana/San Diego, - Mexicali/Calexico, - Nogales/ Nogales, - Ciudad Juárez/El Paso, - Nuevo Laredo/Laredo, - Reynosa/ McAllen und Matamoros/Brownsville.

Die <u>Städte auf der mexikanischen Seite</u> wachsen mit unglaublichen Zuwachsraten, stärker sogar als Mexico City. Die Menschen kommen aus allen Teilen des Landes, weil sie sich hier oder jenseits von "la línea" ein besseres Leben versprechen. Die Aussicht auf einen Job läßt jedes Jahr mehrere Millionen Mexikaner legal oder illegal die Grenze überqueren.

Die US- Grenzpolizei führt zwar intensive Kontrollen (auch durch Hubschrauberpatrouillen) durch, aber für jeden der sogenannten "<u>*wetbacks*</u>" ("Naßbuckel", die den Rio Bravo durchschwimmen), der ihnen in die Hände fällt, passieren zehn weitere unbemerkt die Grenze. Und wer gechnappt und abgeschoben wird, versucht es am nächsten Tag wieder. Die Chancen stehen gar nicht schlecht, und die Angst vor "la migra", der amerikanischen Einwanderungsbehörde, hält sich in Grenzen angesichts des Elends, aus dem der Mexikaner zu entkommen versucht.

Für den illegalen Grenzgang sind häufig Schmiergelder an gewisse mexikanische Stellen zu entrichten, damit diese ein Auge zudrücken. Hinzu kommt noch die Entlohnung für den "<u>*coyote*</u>", einen professionellen Führer, der die Schwachstellen der Grenzkontrollen kennt. Er lotst die armen Teufel auf Schleichwegen über die Grenze oder läßt sie auch mal bewußt in die Hände der US- Border- Patrol fallen. Das bringt am nächsten Tag den gleichen "Kundenkreis" für einen erneuten Versuch wieder zu ihm oder einem seiner Kollegen.

Manch einer hat den Weg schon ungezählte Male hinter sich: Er weiß, wohin er auf der anderen Seite zu gehen hat, um an den ersehnten Job und die paar Dollars zu kommen, für die er sich in den USA so wenig kaufen kann, mit denen er aber in der mexikanischen Grenzstadt eine ganze Großfamilie halbwegs über die Runden bringt.

Wenn in den Südstaaten der USA und in Kalifornien die <u>Erntezeit</u> herannaht, werden die Kontrollen regelmäßig lascher gehandhabt, denn dann sind die Mexikaner bei den amerikanischen Farmern als billige Arbeitskräfte willkommen: Legal angeworbene Landarbeiter sind ebenso gefragt wie die illegalen Grenzgänger, die "<u>*indocumentados*</u>". Letztere erhalten geringeren Lohn, und der Farmer spart sich außerdem die Sozialabgaben.

Inzwischen leben im Westen und Südwesten der USA schon dauerhaft mehrere Millionen Mexikaner, die sogenannten "*chicanos*", die dort je nach Saison und Interessenlage als hilfreiche Mitbürger auf schlecht bezahlten Arbeitsplätzen oder als nationales Problem der Überfremdung und Unterwanderung behandelt werden. In mancher grenznahen US-Stadt in Texas, New- Mexico oder Kalifornien beträgt der Anteil der Latino- Bevölkerung bereits bis zu 75 Prozent.

In Mexiko sprechen einige Presseorgane von einer "reconquista", einer schleichenden Rückeroberung des im letzten Jahrhundert an die Vereinigten Staaten verlorenen Territoriums. Ob dies allerdings die entwurzelten Massen tröstet, die zwischen zwei Staaten und zwei Kulturen hin- und herpendeln, ist zweifelhaft. Allerdings sind die mexikanischen Grenzstädte nicht ausschließlich wegen dieser Grenzgänger entstanden.

Fördermaßnahmen: Die Regierung Mexikos holte US- Firmen in die Grenzstädte, im Rahmen von Beschäftigungs- Förderprogrammen. Für US- Firmen lukrativ, da die Löhne in Mexiko niedriger sind (also Waren billiger produziert werden können), zudem erhalten sie in Mexiko in gewissem Rahmen Steuervergünstigungen. - Landwirtschaftliche Fördermaßnahmen wurden durchgeführt, z.B. Bewässerungssysteme der Felder; so wurden allein im mexikanischen Bundesstaat Sonara 199o insgesamt 1,4 Mio. Tonnen Getreide geerntet. Alle nördlichen Grenzstaaten zusammen produzierten im selben Jahr rund 5,7 Mio. Tonnen Luzerne, eine 1 m hoch wachsende Futterpflanze. Weitere Produkte sind Zuckerrohr (1,7 Mio. t im Staat Tamaulipas), Zitrusfrüchte, Mais, Äpfel und Baumwolle.

Ein nicht unerheblicher Wirtschaftszweig sind die "*daytripper*" (Tagesausflügler), die von den USA für einen Tag in die mexikanischen Grenzstädte kommen, um dort billig Waren einzukaufen und sich einer Vielzahl anderer Vergnügen hinzugeben. Führend ist hier Tijuana mit jährlich 3o Mio. US- Besuchern, die nicht unerhebliche Mengen an harten US- Devisen ins Land bringen. Ein Grenzverkehr, an dem viele verdienen: Restaurants, Shops, Händler etc. Darüber hinaus besteht zwischen den nordmexikanischen Grenzstädten und den USA intensiver Handel.

Ein Problem ist allerdings der gewaltige Schmuggel zwischen Nordmexiko und den USA, - sowohl von Konsumgütern als auch von Drogen. Die Grenze ist lang und trotz moderner Technologie nur schwer kontrollierbar.

EINREISE AUS DEN USA

Für die gesamten nordmexikanischen Städte an der Grenze gilt: Bei der Einreise von den USA nach Mexiko ist die Grenzüberquerung zunächst ohne Formalitäten möglich, da ein kleiner Grenzverkehr für US- Bürger eingerichtet ist. Deshalb stellen die mexikanischen Behörden die für MEXIKO nötige Touristenkarte oft nicht aus, da man beim Grenzübertritt für den üblichen Gringo gehalten wird, der zum Einkaufen rüberkommt.

Kontrolliert wird dann später landein, z.B. auf Überlandstrecken, wenn man mit dem Bus tiefer nach Mexiko reinfährt. Wer hier ohne gültige und von der Grenze abgestempelte Touristenkarte erwischt wird, muß gnadenlos zurück an die Grenze. Da hilft dann kein Charme und kein Geldschein. Daher unbedingt bereits an der Grenze die mexikanische Touristenkarte ausstellen und abstempeln lassen!

Bei <u>Einreise in Gegenrichtung</u> Mexiko -> USA: Grenzbestimmungen beachten. Deutsche, Schweizer, Österreicher benötigen für die USA derzeit kein Visum mehr. Strikt verboten ist die Mitnahme von Lebensmitteln und Pflanzen, selbstverständlich auch von Drogen (strenge Kontrollen, drastische Strafen).

ZEITZONEN

In den an den Pazifik grenzenden Bundesstaaten Sinaloa, Sonora gehen die Uhren im Vergleich zur mexikanischen Zentralzeit um eine Stunde nach. Diesen Zeitunterschied vor allem bei der Bahnfahrt zwischen Los Mochis und Chihuahua sowie der Busfahrt durch die Sierra Madre zwischen Durango und Mazatlán einkalkulieren.

REISEROUTEN

A) <u>GRENZVERBINDUNGEN</u>: Ab Mexico City über Monterrey -> Nuevo Laredo/Matamoros in die USA. Die schnellste und direkteste Route nach Texas und weiter in den Osten der USA. Reine Fahrzeit ca. 18 Stunden per Bus bis zur Grenze. Extrazeit für Stops und Abstecher einkalkulieren (z.B. Durango mit Wildwest- Nestern oder Monterrey mit u.a. Automuseum. Details siehe dort).

Die Strecke via Nuevo Laredo ist wegen größerer Höhe nicht ganz so heiß wie die Küstenroute über Matamoros. Sehr gute und direkte Bus- wie Bahnverbindungen sowie häufige Flugverbindungen.

<u>Alternativrouten</u> in die USA via Grenzübergang <u>Cd. Juarez/El Paso</u>, wer in die US- Staaten New Mexico und Colorado und Kerngebiet der Rocky Mountains will. - Bzw. <u>Tijuana/San Diego</u> für Kalifornien und Nogales für Arizona.

B) <u>NORDWESTROUTE</u>: sehr lohnender Rundtrip von 4- 6 Tagen ab Durango, der interessante Bereiche des Nordens wie Durango und Umgebung berührt, ebenso Teile der Pazifikküste und die spektakuläre Eisenbahnfahrt durch die Kupferschlucht.

Strecke: Mexico City -> Zacatecas/Zentrales Hochland (wie ab Seite 283 beschrieben) -> Durango -> Mazatlán -> Los Mochis -> Creel -> Barranca del Cobre -> Chihuahua.

Kann man ab Chihuahua per Bus oder Flug nach <u>Tijuana</u> ausbauen und von hier südwärts über die <u>Halbinsel Baja California</u> (siehe ab S. 419). Braucht aber wegen gewaltiger Entfernungen entsprechend Zeit.

> QUERVERBINDUNGEN: per Schiff von Los Mochis bzw. Mazatlán nach La Paz/Süden von Baja California und vice versa.
>
> Anschluß ab Mazatlán entlang der mexikanischen Pazifikküste südwärts siehe ab Seite 453.

Die nordmexikanischen Grenzstädte wie <u>MATAMOROS</u> und <u>NUEVO LAREDO</u> bringen außer bequemem Grenzübertritt in die USA nichts, was den Besuch lohnen würde. Gleiches gilt für <u>MEXICALI</u> (siehe S. 421), - <u>TIJUANA</u> (S. 424) dürfte wegen der Vielzahl an Vergnügungsangeboten vorwiegend für US- Touristen interessant sein und für Mexikobesucher, die ab hier nach Baja California "einsteigen".

*Matamoros (1o m, ca. 31o.ooo Einw.)

Ziemlich trostlose Stadtkulisse. <u>Klima</u>: schwülheiß. <u>Geldwechsel</u>: Ecke 6a Calle/Abasolo mehrere Casas de Cambio. US- Kurztourismus vom texanischen Brownsville. <u>GRENZÜBERGANG</u> in die USA: die beiden Brücken über den Rio Bravo:

<u>PUENTE NUEVO</u>: liegt relativ dicht am Zentrum und ist daher günstig vor allem für Fußgänger. Die nahegelegene Plaza Principal mit dem modernen Palacio de Gobierno ist keine große Attraktion. Zwischen Puente Nuevo und dem Busbahnhof von Matamoros pendeln die gelben Kleinbusse mit der Aufschrift "Popular- Puente".

<u>PUENTE VIEJO</u>: Die alte Brücke nördlich der Innenstadt wird von Autofahrern bevorzugt, die nicht ins Zentrum von Matamoros wollen.

Wer Unterkunft braucht: auf der mexikanischen Seite billiger als drüben auf der texanischen.

"<u>Hotel Plaza</u>", 9a Calle/Ecke Bravo. Angenehmes Hotel im Zentrum, freundlich- einladende Lobby. Komfortable Zimmer mit AC und TV. DZ ca. 52 US.

"<u>Hotel Roma</u>", 9a Calle 142o. Am Rand des Zentrums. Zimmer etwas düster, aber mit Teppichboden. Einfach und ordentlich eingerichtet mit AC und TV. Nichts Besonderes, aber für ca. 32 US akzeptabel.

"<u>Hotel Colonial</u>", Matamoros/Ecke 6a Calle. Nähe Plaza Principal. Einfach, ordentlich und sauber. Zimmer nach innen allerdings mit dem Muff von einigen Jahren, zur Straße hin frischer, aber laut. DZ ca. 17 US.

"<u>Hotel Ritz</u>", Matamoros/Ecke 7a Calle. Verführerisch der Name und die große Lobby. Zimmer nicht gerade nobel, aber solide Mittelklasse mit modernem Mobiliar. AC und Farb- TV. DZ ca. 44 US.

"<u>Hotel Madrid</u>", González/Ecke 9a Calle. Nur zwei Blocks von der Plaza Hidalgo. Einrichtung und Bäder basic, aber einigermaßen sauber und gepflegt. Zimmer klein und leicht muffig. Für ca. 14 US aber passabel.

Die Restaurant- Szene in Matamoros gleicht derjenigen aller Grenzstädte zu den USA: extrem billige und schäbige Taquerías neben sauberen Fast- Food- Läden. Weiterhin einige "typisch mexikanische" Lokale (was sich der eilige Grenzgänger so unter mexikanisch vorstellt) in gehobener Preisklasse.

Verbindungen ab Matamoros

Flüge: Flughafen 1o km südlich des Zentrums an der Straße nach Ciudad Victoria. Ab Flughafen Colectivos von "transporte terrestre" ins Zentrum oder zur Grenze für 1o US pro Person. Zum Flughafen raus nur Taxiservice (2o US).

AEROMEXICO (Büro: 6a Calle/Ecke Bilbao) fliegt einmal täglich nach Mexico City (21o US, 1 1/4 Std.) und Monterrey (135 US, 5o Min.).

Eisenbahn: Der Bahnhof liegt im Zentrum. 1 x pro Tag Zug nach Monterrey (15 US, 5 Std.) über Reynosa (4 US, 2 Std.). Aber keine überzeugende Alternative zu den schnelleren und häufiger verkehrenden Bussen.

Bus: Der Busterminal liegt außerhalb, die gelben Kleinbusse "Popular- Puente" fahren zur Grenze und zurück.

Ständige Abfahrten nach: Monterrey (11- 19 US) 4 1/2 Std., - Querétaro (3o US) 15 Std., - Tampico (13- 17 US) 8 Std., - Poza Rica (2o- 25 US) 13 Std., - San Luis Potosí (28 US) 11 Std., - Nuevo Laredo (11- 15 US) 6 Std.

Mindestens 1 x pro Tag direkt nach: Morelia (38 US) 17 Std., - Tijuana (1o5 US) 4o Std., - Veracruz (48 US) 17 Std., - Villahermosa (65 US) 25 Std., - Guadalajara (3o- 33 US) 12 Std., - Zacatecas (32 US) 12 Std.

Nach Zentralmexiko wegen der riesigen Entfernungen unbedingt einen 1.- Klasse- Direktbus in die gewünschte Stadt nehmen. Außerdem sich auf jeden Fall versichern, daß der Bus die Route über Ciudad Victoria und San Luis Potosí nimmt und nicht entlang der unattraktiven und schwül- heißen Golfküste fährt.

Wer in den Nordwesten (Mazatlán) oder nach Baja California (Tijuana) will und den nur einmal am Tag verkehrenden Direktbus gerade verpaßt hat, fährt am besten gleich weiter nach Monterrey. Von dort gibt es häufigere Verbindungen in die Nordwestregion und zur Pazifikküste. Außerdem ist Monterrey als Stadt angenehmer als Matamoros.

✦ Nuevo Laredo (ca. 25o.ooo Einw.)

Grenzstadt ohne besondere Sehenswürdigkeiten. Als Grenzübergang nach Texas angenehmer als Matamoros, da nicht ganz so schwülheiß. Außerdem schnelle und häufige Verbindungen nach Monterrey: Von dort sind praktisch alle Städte Nord- und Zentralmexikos direkt zu erreichen.

Das ZENTRUM mit den beiden Plätzen Juárez und Hidalgo direkt am Grenzübergang. Im Umkreis von wenigen Straßenblocks Hotels, Restaurants und tausend Läden für US- Tagesgäste.

In Grenzstädten wie Nuevo Laredo hat sich in den letzten Jahrzehnten ein neuer Industriezweig etabliert, der von den reichlich vorhandenen und billigen mexikanischen Arbeitskräften profitiert:

Die sogenannten "*maquiladoras*", Filialen von US- Konzernen, die sich im Rahmen eines Abkommens mit der mexikanischen Regierung in den nordmexikanischen Grenzstädten niederlassen und hier besonders arbeitsintensive Prozesse durchführen. Vorwiegend Firmen der Textil- und insbesondere der Elektronik- Industrie. Bauteile werden nach Mexiko eingeführt und hier von vorwiegend weiblichen Arbeitskräften preiswert zusammengesetzt und im Anschluß wieder in die USA ausgeführt.

Inzwischen profitieren nicht nur Konzerne der USA von diesem vorteilhaften Wirtschaftsstandort; insbesondere die Japaner nutzen die mexikanische Grenzregion zur Umgehung der vereinbarten Selbstbeschränkungsquoten beim Export in die USA. Und der mexikanische Präsident Salinas de Gortari hat bei seinem Staatsbesuch 1990 in Bonn den Europäern die Vorteile des Grenzgebiets schmackhaft gemacht: ein guter Standort für europäische Firmen bei der Eroberung von vergrößerten Anteilen auf dem US- Markt.

Als <u>GRENZÜBERGÄNGE</u> dienen zwei Brücken über den Grenzfluß: <u>Puente I</u> (auch Puente Internacional) ist für Autos und Fußgänger und führt direkt ins Zentrum von Nuevo Laredo. Über <u>Puente II</u> (auch Puente Lincoln- Juárez) pendeln nur Kfz vom texanischen Laredo nach Mexiko.

<u>Geldwechsel</u>: Mehrere Casas de Cambio an der Straße Guerrero, direkt hinter der Puente I. - <u>Telefon</u>: Ladatel- Apparate an der Plaza Hidalgo für Orts- und Ferngespräche. Anrufe in die USA oder nach Europa jedoch wesentlich billiger im amerikanischen Laredo. Öffentliche Telefone gleich jenseits der Grenze.

In Nuevo Laredo günstigere Übernachtungspreise als drüben auf der US- Seite.

"<u>Hotel El Rio</u>", Reforma/Ecke Toluca. An der Straße nach Monterrey, Nähe Busbahnhof. Motel abseits vom direkten Grenztrubel. Sehr große, komfortable Zimmer mit AC und Farb- TV. Schwimmbecken im Garten. Günstig für Autofahrer. DZ ca. 68 US.

"<u>Hotel Palacio del Rio</u>", direkt links hinterm Grenzübergang. Beton und Spiegelglas; eine Festung im schmutzigen Einerlei der Umgebung. Schwimmbad, moderne Zimmer. Ein komfortabler Übernachtungsplatz, DZ ca. 55 US.

"<u>Hotel Reforma</u>", Guerrero 822. Schon rund 10 Blocks entfernt vom Grenzübergang, aber Nähe zentraler Plaza. Älterer Backsteinkasten. Innen halbwegs moderne Einrichtung, wenn auch nicht gerade überwältigend. DZ ca. 34 US.

"<u>Hotel Rendón</u>", González/Ecke Juárez. Wenige Schritte entfernt von der Plaza. Zimmer um einen freundlichen Innenhof. Allerdings einfach eingerichtet und schon etwas heruntergekommen, DZ ca. 31 US.

"<u>Hotel Regis</u>", Pino Suárez/Ecke Matamoros, fünf Blocks vom Grenzübergang Puente I. Ein angenehmes Hotel, moderne Zimmer mit TV, einige auch AC. Sauber, empfehlenswerte und solide Mittelklasse. DZ ca. 36 US.

"<u>Hotel Alameda</u>", Plaza Hidalgo. Zentral am Hauptplatz. Helle, luftige Zimmer. Einrichtung sehr einfach. Bäder zeigen die Spuren jahrelanger Nutzung. DZ ca 23 US.

"**Hotel Reno**", Ocampo/Ecke Belden. Zentral, nur Schritte von der Plaza Juárez und der Puente I. Sehr einfache Einrichtung, allerdings mit AC. Ordentlich und sauber, DZ ca. 17 US.

"**Hotel Sam's**", Hidalgo/Ecke Guerrero. Trister Betonkasten. Nähe Fußgängerbrücke Puente I. Zimmer sehr einfach, Möblierung minimal und zudem klapprig. Bäder heruntergekommen. Für ca. 15 US eine billige Notlösung in guter Lage zwischen Puente I und Plaza Hidalgo.

"**Hotel La Llave**", Juárez/Ecke Pino Suárez. Günstig gelegen zwischen Grenzübergang und Plaza Hidalgo. Zimmer und Bäder spartanisch ausgestattet, aber sauber. Im Billigbereich für ca. 15 US ein gutes Preis- Leistungsverhältnis.

NUEVO LEON, Guerrero 5o8. Nähe Grenzübergang eine Art Steakhouse für verwöhnte Texaner: Grillfleisch zu mittleren Preisen.

WINERY, Matamoros/Ecke Belden. Etwas affiges Restaurant mit Grillgerichten. Modern gestylt mit Schickeria- Publikum. Internationale Küche. Teuer.

VICTORIA, Victoria/Ecke Matamoros. Modern, lila angemalt und gemütlicher, als es von außen aussieht. Fleisch- und Fischgerichte. Teuer.

MEXICO TIPICO, Guerrero/Ecke Mina. Was man in dieser Grenzenklave so für typisch mexikanisch hält. Trotzdem im Hof halbwegs gemütlich. Passable mexikanische Gerichte. Preise mittel bis teuer.

CAFE ALMANZA, Ocampo/Ecke González. An der Plaza Hidalgo. Typische mexikanische Taquería mit gutem Frühstück und preiswertem Mittagsmenü. Ansonsten mexikanische Küche, Suppen, Salate, Fleisch- und Fischgerichte.

MERCADO, Guerrero, 2 Blocks vom Grenzübergang. Große Auswahl für US- Grenzgänger. Im Innern des marktartigen Gebäudes eine saubere Cafeteria unter freiem Himmel mit viel Hallo der fröhlichen Käufer.

Verbindungen ab Nuevo Laredo

Flug: Flughafen an der Umgehungsstraße im Südwesten der Stadt. Mit Colectivos von "transporte terrestre" ins Zentrum für 1o US pro Person. Zum Flughafen raus nur Taxi- Service für 2o US.

MEXICANA (Büro: Nacataz 2335) fliegt 1 x täglich nach Mexico City (22o US, 1 1/2 Std.).

Eisenbahn: Bahnhof im Zentrum, rund 1 km von der Puente I. Täglich ein Zug nach Mexico City (43 US) über Monterrey, Saltillo und San Luis Potosí. Wer direkt nach

Mexico City will, hat mit der ca. 24- stündigen Bahnfahrt eine komfortable Alternative zum zwar schnelleren, aber weitaus unbequemeren Bus.

 **Bus**: Busterminal außerhalb Richtung Süden. <u>Stadtbusse</u> ins Zentrum und retour mit der Aufschrift "Aduana- Central Camionera- Centro". <u>Taxi</u> 8 US. Wer den Bus nimmt, bekommt gratis eine aufschlußreiche "City- Tour" durch die typischen Hinterhöfe einer nordmexikanischen Grenzstadt.

<u>Ständige Abfahrten</u> nach Monterrey (1o- 15 US) 3 1/2 Std. <u>sowie tägl.</u>: Guadalajara (28- 33 US) 13 Std., - Mexico City (45- 7o US) 17 Std., - Matamoros (11- 15 US) 6 Std., - Morelia (3o- 38 US) 16 Std., - Zacatecas (18- 25 US) 11 Std., - Querétaro (4o- 45 US) 12 Std., - Chihuahua (38- 5o US) 12 Std., - Mazatlán (28- 43 US) 18 Std.

Außerdem in viele weitere Städte des Nordens. - Mehrmals täglich auch Direktverbindungen in die <u>USA</u>: San Antonio (2o US/3 Std.), - Austin (3o US/5 Std.), - Dallas (55 US/8 Std.).

✦ Monterrey (54o m, ca. 2,6 Mio. Einw.)

"Bienvenidos a la ciudad de los negocios", heißt es am Flughafen - willkommen in der Stadt der Geschäfte. Analog geht's weiter: rauchende Fabrikschlote, Silos, Stadtautobahnen und Bürohochhäuser.

Monterrey besitzt Schwerindustrie sowie Stahlerzeugung, Chemiewerke, Kunststoffproduktion und ist Zulieferer für die Automobilindustrie. Als drittgrößte Stadt Mexikos florierend, wegen Lage zwischen Bergen und der Industrie allerdings auch massiv durch Smog belastet.

Wer über Mexikos nördliche Grenze ein- oder ausreist, für den ist die Stadt Monterrey ein <u>Verkehrsknotenpunkt</u>, von dem aus praktisch alle Ziele in Nord- und Zentral- Mexiko direkt zu erreichen sind.

<u>Klima</u>: Auf 54o m Höhe ein extremes Klima: sehr heiß von März bis August, kühl in den Wintermonaten Dezember bis Februar.

 An der Gran Plaza: Calle Matamoros zwischen Zaragoza und Escobedo. Den blauen Schildern "Infotur" folgen.

<u>Post</u>: Washington, zwischen Zaragoza und Zuazua; hinter dem Palacio de Gobierno.
<u>Geldwechsel</u>: Casa de Cambio "TREBOL", Padre Mier Oriente 445.

<u>Stadtgeschichte</u>: 1596 (nach anderen Quellen 1584) gegründet durch spanischen Expeditionstrupp. Für die Kolonialherren hatte die Siedlung allerdings wenig Bedeutung, da es hier weder Minen noch sonstige Reichtümer gab.

Aufschwung Mitte unseres Jahrhunderts, als durch Förderprojekte der mexikanischen Regierung Schwerindustrie angesiedelt wurde. Monterrey ist heute eine der wohlhabendsten, aber auch teuersten Städte Mexikos.

Die Stadt angelegt im typischen Schachbrett- Muster. Für die moderne und monumentale GRAN PLAZA (1) wurden mehrere Häuserblocks auf der riesigen Fläche von 4o Hektar dem Erdboden gleichgemacht, um danach ein supermodernes Prestigeobjekt aus Glas, Beton und Grünanlagen zu errichten. In der Mitte Parkanlagen mit Springbrunnen und Denkmälern. Außerdem eine überdimensionale, orangefarbene Betonscheibe, eine Art Wahrzeichen des urbanen Gigantismus. Dieser drückt sich ebenfalls aus in den kantigen Neubauten von Parlament, Bibliothek und Theater.

Die wenigen verbliebenen historischen Gebäude wie der PALACIO GOBIERNO (7) mit historischen Glasgemälden mexikanischer Nationalhelden und die KATHEDRALE (4) von 16o3, vollendet 1851, - wirken in dieser Umgebung recht verloren. Im PALACIO MUNICIPAL (3), gebaut 1853 im Kolonialstil, schöner Patio.

Am nördlichen Ende der Plaza der moderne PALACIO FEDERAL (8), vom Turm schöner Blick über die Stadt und die eigentümlich geformten Karstberge, die im Halbkreis die Stadt umgeben.

MONTERREY

1 Gran Plaza
2 Mercado de Artesanías
3 Plaza Hidalgo, Palacio Municipal
4 Kathedrale
5 TOURIST OFFICE
6 Theater, dahinter: Casa de las Artesanías
7 Palacio Gobierno
8 Palacio Federal, POST
9 TELEFON
1o Mercado Juárez
11 Casa de la Cultura
12 Stierkampf-Arena
13 BUSTERMINAL
14 BAHNHOF
15 Cuauhtémoc Brauerei
16 Arco de la Independencia
17 Alameda
18 Plaza Ciudad Puebla
19 Plaza und Kirche Purisima
2o Palacio Obispado, Lomo de Vera
21 Rodeo Huajuco
22 Automobil-Museum
23 Golf Club
24 Centro Cultural, Planetarium

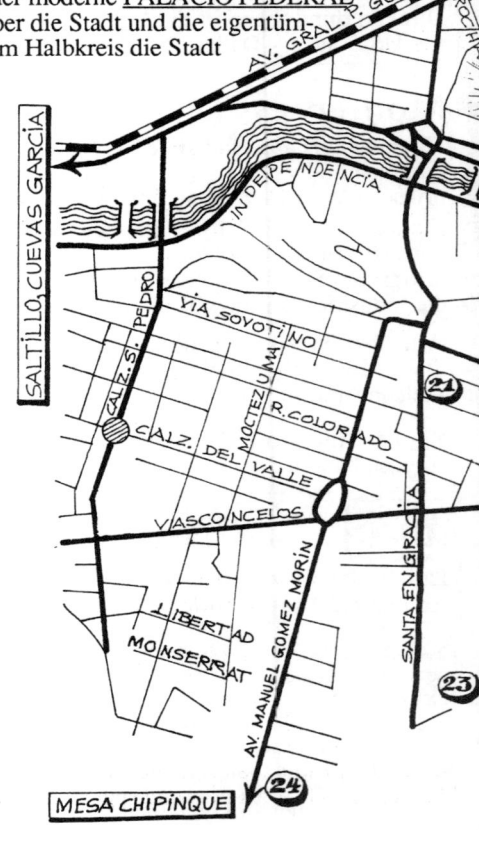

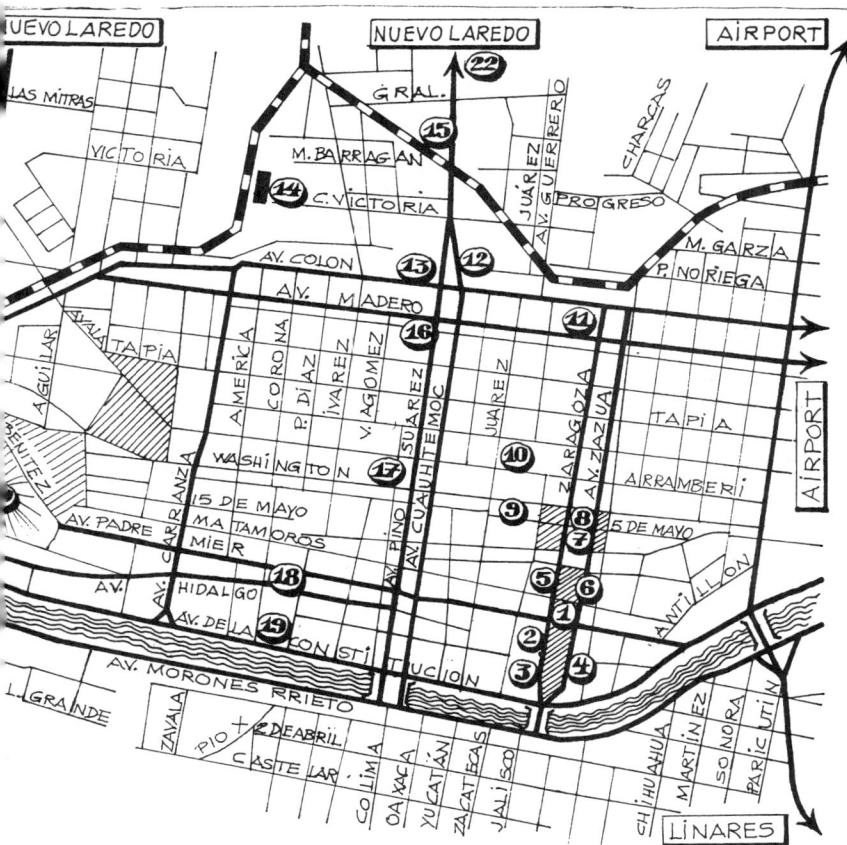

CERVECERIA CUAUHTEMOC (15): Hier werden die besten Biere Mexikos gebraut, u.a. das im ganzen Land erhältliche "Bohemia". Brauerei- Führung von Di.- Fr., 3 x täglich. Freibier gibt's auch.

Der Brauerei angegliedert ist ein Komlex mit wenig aufregenden Museen: Kunstausstellung, Sportmuseum mit Schwerpunkt auf Boxen, Stierkampf und Charreada, eine Ehrengalerie mexikanischer Baseball- Helden und einiges zum Brauereiwesen. Geöffnet Di.- Fr. 9.3o- 17.3o Uhr, Sa./So. 1o.3o- 18.3o Uhr.

PALACIO OBISPADO (2o), westlich des Stadtzentrums auf dem Hügel Loma de Vera: ehemaliger Bischofspalast, wichtigstes Kolonialgebäude der Stadt. 1786 gebaut, diente im 19. Jh. zur Zeit des Krieges zwischen Mexiko und USA als Fort und später während einer Gelbfieber- Epidemie

(1898/19o3) als Quarantänehospital. 1913 verschanzte sich hier oben der Revolutionsführer Pancho Villa.

Schöner Blick über die Stadt. Heute im Inneren des Palacio das <u>MUSEO REGIONAL DE HISTORIA</u>. Ausgestellt sind Waffen, Münzen und eine Druckmaschine des Padre Mier, auf der er Revolutionsmanifeste gegen die spanischen Kolonialherren druckte. Weiterhin Kleidung und Dokumente zur Geschichte Nordost- Mexikos. <u>Geöffnet</u> Di.- So. 1o- 18 Uhr. Zu erreichen von der Innenstadt aus per Bus über die zentrale Calle Padre Mier.

<u>AUTOMOBIL- MUSEUM</u> (22), im Parque Niños Héros, Edificio C. Nördlich der Brauerei über Av. Universidad. Sammlung von Oldtimern und etwas neueren Modellen hauptsächlich amerikanischer Produktion ab den dreißiger Jahren. Geöffnet Di.- So. 1o- 17 Uhr.

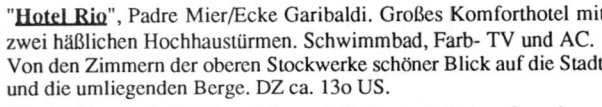

"<u>Hotel Rio</u>", Padre Mier/Ecke Garibaldi. Großes Komforthotel mit zwei häßlichen Hochhaustürmen. Schwimmbad, Farb- TV und AC. Von den Zimmern der oberen Stockwerke schöner Blick auf die Stadt und die umliegenden Berge. DZ ca. 13o US.

"<u>Hotel Royalty</u>", Hidalgo Oriente 5o2. Zentral. Von außen eher schäbiger Backsteinbau. Die blitzende Lobby weist jedoch schon auf Besseres hin. Zimmer komfortabel mit Farb- TV und AC. DZ inkl. Frühstück ca. 9o US; günstige Weekend- Tarife um 7o US.

"<u>Hotel Patricia</u>", Madero Oriente 123. Zwischen Zentrum und Busbahnhof. Kleines Hotel der Mittelklasse mit TV und AC. DZ ca. 37 US.

"<u>Hotel Colonial</u>", Hidalgo Oriente 475. Zentral, nur wenige Schritte von der Gran Plaza, relativ ruhig. Außen trist, Zimmer aber solide Mittelklasse mit TV und AC. DZ ca. 41 US.

In Zentrumsnähe geht unterhalb dieser Preislage nichts. Eine Anzahl von Billigunterkünften befindet sich in der Nähe des Bus- Terminals (Calle Amado Nervo). Die unmittelbare Nachbarschaft ist jedoch eher öde und laut, abends nicht besonders sicher. Daher hier lieber mal ein paar Pesos mehr ausgeben, wenn man in der Dunkelheit noch unterwegs sein will. Übernachtung bietet sich hier höchstens an, wenn man auf der Durchreise zwischen zwei Busverbindungen ein Dach überm Kopf braucht.

Passable Qualität fürs Geld bieten "<u>Hotel Nuevo León</u>", Amado Nervo Norte 1oo7 (DZ ca. 2o US) und "<u>Hotel Conde</u>", Reforma Poniente 419 (DZ ca. 27 US).

Die Innenstadt ist gespickt mit Fast- Food- Läden à la USA, in denen "Burger Boy" sein "Kentucky Fried Chicken" ißt. Über die Stadt verteilt teure Lokale mit internationaler Küche. Gut zu erreichen im Zentrum:

<u>JOSEFINO'S</u>, Zaragoza Sur/Ecke Padre Mier. Täglich für 7 US ein Buffet zum Sattessen mit Pizza, Nudeln und Salaten. Dieses Lokal an der Gran Plaza hat noch eine Filiale mit identischem Angebot in Padre Mier/Ecke Cuauthémoc.

<u>VIP'S</u>, Hidalgo Oriente 4o2. Riesiges Lokal im Fast- Food- Stil. Beliebter Treffpunkt mit viel Betrieb. Frühstück. Preise mittel.

EL REY DE LOS CAZADORES, Hidalgo 215 Oriente. Große Fleischportionen vom Holzkohlegrill, der dekorativ im Lokal vor sich hinglüht. Gepflegt- gemütliche Atmosphäre. Teuer.

LA PARROQUIA, Morelos/Ecke Galeana. Preiswerte, saubere Taquería mit mexikanischen Gerichten. Bunte Kacheln und Gemälde von Kirchen und Klöstern an der Wand.

LAS MONJITAS, Galeana, zwischen Morelos und Hidalgo. Das Pendant zu La Parroquia. Ebenfalls rustikal möbliert; hier neben den Kacheln Gemälde von Nonnen, und die Bedienung ebenfalls in Nonnenkluft. Herzhafte ländliche Küche.

EL CABRITO, Padre Mier/Ecke Cuauchtémoc. Rustikales Ambiente. Serviert wird die regionale Spezialität "cabrito": Zicklein, die dekorativ überm Holzkohlegrill gebrutzelt werden.

SUPERBOM, Padre Mier/Ecke Galeana. Mittags 12- 16 Uhr preiswertes vegetarisches Buffet zum Festpreis. Im 1. Stock. Abends geschlossen.

LOS COLORINES, Padre Mier 18o. Freundliches Lokal im Cafeteria-Stil. Recht gemütlich. Ausgefallene und gut zubereitete mexikanische Spezialitäten. Mittags und abends ein ordentliches Buffet zum Festpreis. Preise mittel bis teuer.

SHOPPING

BUCHHANDLUNG SANBORN'S, Morelos/Ecke Escobedo. Erstaunlich breites Angebot an aktuellen nordamerikanischen Zeitschriften. Ansonsten mexikanische Literatur, Statpläne und Landkarten.

MERCADO DE ARTESANIAS, Morelos/Ecke Zaragoza. Kunsthandwerk aus dem Norden Mexikos, durchschnittliche Qualitäten. Typisch sind Lederartikel, Stiefel, Hüte.

Verbindungen ab Monterrey

Flüge: Der Flughafen liegt 3o km außerhalb der Stadt. Die Begrüßungsgebühr sind 12 US pro Person für die Fahrt im Colectivo von "transporte terrestre" ins Zentrum. Absoluter mexikanischer Rekord. Taxi 18 US.

AEROMEXICO (Büro: Cuauhtémoc Sur 818/Ecke Padre Mier) hat in Monterrey ein Drehkreuz für Flüge im Norden des Landes. Die wichtigsten Städte werden mehrmals pro Tag angeflogen, u.a. mindestens fünf Flüge täglich nach Leon (21o US) 1,5 Std., San Luis Potosí (17o US) 1 Std., Tampico (175 US) 1 Std., Mexico City (17o US) 1,5 Std.

Mindestens 1 x täglich u.a. nach Chihuahua (195 US) 1,15 Std., Guadalajara (165 US) 1,15 Std. und Matamoros (135 US) 50 Min. Über Mexico City und Guadalajara viele direkte Anschlüsse in den Süden, Westen und

Osten des Landes.

MEXICANA (Büro: Hidalgo Poniente 922) fliegt mehrmals pro Tag nach Mexico City zu ähnlichen Tarifen. American Airlines fliegt täglich mehrmals nach Dallas/USA.

Eisenbahn: Bahnhof in der Calle Bernardo Reyes. Zu erreichen ab Calle Juárez mit den Stadtbussen 39 oder 45.

Ein Zug pro Tag nach Matamoros (15 US) 5 Std., Nuevo Laredo (11 US) 4 1/2 Std. sowie 2 x nach Mexico City (38 US) 14 Std. über San Luis Potosí. Dabei ist der Zug "Regiomontano" vorzuziehen, der weitaus schneller und kaum teurer ist.

Bus: Central Camionera nordwestlich des Zentrums in der Calle Colón/Ecke Bernardo Reyes, zu erreichen mit dem Stadtbus 39 ab Calle Juárez.

Abfahrten stündlich und häufiger nach: Matamoros (11- 19 US) 4 1/2 Std., - Nuevo Laredo (1o- 15 US) 3 1/2 Std., - Mexico City (3o- 55 US) 1o Std., - Querétaro (21- 39 US) 8 Std., - San Luis Potosí (16- 2o US) 7 Std.

Mehrmals täglich nach: Chihuahua (26- 38 US) 12 Std., - Guadalajara (27- 5o US) 9 Std., - Durango (23- 3o US) 7 Std., - Tampico (2o US) 8 Std., - Morelia (29- 5o US) 12 Std., - Mazatlán (37- 5o US) 14 Std., - Zacatecas (14- 2o US) 7 Std.

Dazu direkt oder mit Zwischenstop in praktisch alle Städte des mexikanischen Nordens.

In die USA mit "Transportes del Norte" mehrmals tägl. nach: San Antonio (31 US/6 Std.), - Houston (53 US/1o Std.), - Dallas (66 US/11 Std.)

Transport in Monterrey: Hotels und Restaurants konzentrieren sich in der Innenstadt um die Gran Plaza, so daß alles bequem zu Fuß zu erreichen ist. - Zum Bahnhof und Busterminal fahren Stadtbusse. - Taxis müssen Taxameter einschalten, was sie bei Kurzstrecken ungern tun. Nicht darauf einlassen. Von Zentrum zum Busbahnhof ca. 2,5o US.

✦Nationalpark Cumbres de Monterrey

Direkt westlich der Stadt Monterrey schließt sich der Nationalpark an. Rund 25 km ab Stadtzentrum Richtung Saltillo an der Mex 4o rechts Abzweigung nach Villa de Garcia. Von hier führt eine Straße zum Parkplatz und dort eine Standseilbahn rauf zur GARCIA- TROPFSTEINHÖHLE. Ein 2,5 km langer Weg führt durch die 16 Kammern des verzweigten Höhlensystems, das vor 5o Millionen Jahren entstand. Neben Stalagmiten und Stalaktiten auch Versteinerungen zu sehen. Höhle zugänglich Di.- So. 9- 16.3o Uhr.

Ebenfalls von der Mex 4o, runde 2o km ab Stadtzentrum links Abzweigung zum CAÑON HUASTECA. Eine rund 3oo m tief eingeschnittene Schlucht mit Erosionsformen an den steilen Wänden.

MESA CHIPINQUE: ein Hochplateau (1.267 m) südlich von Monterrey und über gebührenpflichtige Serpentinenstraße zu erreichen. Am Planetarium (24, siehe Monterrey- Karte) vorbei, südlich die Berge rauf. Oben schöner Picknickplatz und Blick über die Stadt.

COLA DE CABALLO (Pferdeschwanz), liegt rund 36 km südlich von Monterrey an der Mex 85, kurz hinter dem Dorf Santiago, Abzweigung rechts. Ein rund 7o m hoher Wasserfall, der allerdings vorher Regen in den Bergen benötigt, um sich optisch attraktiv zu präsentieren. Nähe Wasserfall schönes Landhotel ("Hacienda Cola de Caballo") sowie Vermietung von Pferden.

Verbindungen: keine öffentlichen Verkehrsmittel in den Nationalpark. Ausnahme: sonntags Busse ab Terminal Monterrey zur García- Höhle. Dort dann allerdings extrem viel Betrieb und lange Warteschlangen an der Seilbahn.

★ Saltillo (1.59o m, ca. 25o.000 Einw.)

An der Mex 4o, 85 km von Monterrey Richtung Durango. Von Bergen umrahmt und wegen Höhenlage angenehmeres Klima als im heißen Monterrey. Universitätsstadt, Hotels, Restaurants. Beliebt als Sommerwohnsitz reicher Mexikaner sowie nordamerikanischer Pensionäre. Angenehmes provinzielles Flair in der kolonialen Altstadt rund um die beiden zentralen Plazas.

> Die 1575 (nach anderen Quellen 1568) gegründete Stadt ist älteste spanische Siedlung im Norden Mexikos. Kurz nach der mexikanischen Staatsgründung war sie 1824- 1846 Verwaltungshauptstadt eines Gebietes, das bis rauf in die heutigen US- Bundesstaaten Texas und Colorado reichte. Die Stadt ist Geburtsort berühmter Mexikaner, so Leona Vicario, Held in den Kämpfen gegen die Spanier, sowie General Ignacio Zaragoza, der 1862 in der Schlacht von Puebla die Franzosen besiegte, und der mexikanische Dichter Manuel de Acuña, nach dem heute auch die Hauptplaza benannt ist.
>
> Nähe der Stadt das Schlachtfeld von Buenavista, wo die Mexikaner 1847 von den nordamerikanischen Truppen besiegt wurden und nach Beendigung des Krieges weite Teile ihres Nordterritoriums an die USA verloren (u.a. die heutigen US- Bundesstaaten Kalifornien, Arizona, New Mexico und Texas). Siehe auch Seite 154.

Das Leben im Zentrum der Stadt dreht sich hauptsächlich um die PLAZA ACUÑA. Etwas ruhiger geht es zu am zweiten Orientierungspunkt, der PLAZA DE ARMAS. Dort auch die von Mitte bis Ende des 18. Jh. erbaute Kathedrale. Die Fassade im Churriguera- Stil hervorragend erhalten. In der Umgebung der beiden Plätze weitere schöne Gebäude aus der Kolonialzeit. Nichts Aufregendes, aber allemal gut für einen kleinen Bummel.

✦ Real de Catorce

Zur Jahrhundertwende florierende Minenstadt (5o.ooo Einwohner), heute eine weitgehend verlassene Geisterstadt in knapp 3.ooo m Höhe. Flair wie im Wildwestfilm mit den Straßen, Minenanlagen etc. Abstecher lohnt, allerdings in der Regel Mietwagen nötig. Details siehe Seite 282.

✦ Durango (1.92o m, ca. 42o.ooo Einw.)

Großstadt in einem Hochtal am Rande der Sierra Madre. Im Stadtzentrum provinzielles Flair und einige schöne Kolonialgebäude. In der Umgebung spektakuläre "Wildwest"- Landschaften der Sierra Madre sowie mehrere Kulissenstädte für Westernfilme aus der Produktion Hollywoods, die hier einen idealen Drehort gefunden hat. Praktischer und angenehmer Zwischenstop auf der langen Busfahrt vom Nordwesten oder der Pazifikküste ins Zentrale Hochland.

Klima: Trockenes Hochlandklima.

 Hidalgo 4o8.
Post: 2o, de Noviembre 5oo- B Oriente. - **Telefon**: Negrete/Ecke Bruno Martínez. - **Geldwechsel**: Casa de Cambio, 2o de Noviembre 7o1.

An der Plaza de Armas (1) die KATHEDRALE (2) mit wuchtigen Türmen, jeder für 24 Glocken ausgelegt. Begonnen 1695, hat ihr Bau fast 1oo Jahre gedauert. An der Front zu beiden Seiten schön verzierte Barockportale. Das Innere relativ schlicht mit massiven Steinpfeilern und Deckenmalerei. In der Calle Constitución ein ehemaliges Jesuitenkloster mit schöner Barockfassade, in dem heute die Universität (6) untergebracht ist.

PALACIO DE GOBIERNO (4), an der Plaza Cuarto Centenario (5): großes Kolonialgebäude mit einer Reihe schöner Arkaden, früher Haus eines reichen Minenbesitzers. Einer der beiden Innenhöfe schön restauriert, mit Wandgemälden zur Mexikanischen Revolution.

CASA DEL CONDE DE SUCHIL (7), Calle 5 de Febrero: Wohnhaus aus dem 18. Jahrhundert mit ungewöhnlicher Fassade im Churriguera- Stil und einem Innenhof mit verzierten Arkaden. Nimmt einen halben Straßenblock ein. Wurde restauriert und ist heute Sitz einer Bankfiliale. - In der AV. HIDALGO SUR eine Reihe schöner Stadtvillen mit kolonialen Fassaden. Eine der schönsten ist Nr. 311: Geburtshaus von Dolores del Rio, einer der größten Schauspielerinnen des mexikanischen Films und Heldin zahlreicher Melodramen (siehe Kapitel "Mexiko im Film").

Stadtgeschichte: 1563 von Francisco de Ibarra aus Durango im spanischen Baskenland gegründet, der dieser neuen Siedlung den Namen seiner Geburtsstadt gab. Die Spanier waren angelockt durch Berichte von Indianern, der nahegelegene Cerro de Mercado enthielte Gold und Silber, was sich als unrichtig herausstellte (er enthält reiche Eisenerzschätze, die heute noch ausgebeutet werden).

Dafür wurde Gold und Silber in der Sierra Madre gefunden, welches zur Kolonialzeiten in Minen ausgebeutet und mit Mauleseln in die Stadt geschafft wurde. Zwar brachten die Minen nicht die Fördermengen wie z.B. Guanajuato oder Taxco im zentralen Hochland, bescherten der Stadt jedoch Reichtum, der sich in Stadtvillen der Minenbesitzer und reich ausgestatteten Kirchen dokumentiert.

Nach Staatsgründung Mexikos waren es vorwiegend Abenteurer, die auf eigene Faust in der einsamen Sierra Madre nach Gold und Silber schürften. Zugleich Region der Banditen, die diese Einzelgänger überfielen. Dies fand zu Beginn unseres Jahrhunderts Niederschlag in diversen Abenteuer- Romanen, z.B. "Der Schatz der Sierra Madre" von B. Traven, später verfilmt von Hollywood- Regisseur John Huston. Details zu Buch und Film in den Kapiteln "Mexikanische Literatur" sowie "Mexiko im Film".

HOLLYWOOD- FILMKULISSEN in der Sierra Madre: Eine Vielzahl an Western, u.a. mit John Wayne und Gary Cooper wurde hier gedreht. Es entstanden Filmkulissen- Städte mit Saloons, überdachten Holzterrassen und Wildwest- Hotels und Shops. Die wichtigste liegt in VILLA DEL OESTE, 1o km nördlich von Durango an der Mex 45.

Besuch interessant. Allerdings ist meist gewisse Eigenphantasie nötig, - wie z.B. der Sheriff beim Kontrollgang lässig übers "Parkett streicht", die Banditen vom ersten Stock runter aufs Pferd springen und andere Action in Wildwestfilmen.

Gelegentlich wird auch noch gefilmt, da die Produktionskosten in Mexiko niedriger sind als in den USA. Wo gerade was los ist, weiß das Touristbüro in Durango. Weitere Kilometer nördlich von Villa del Oeste die Westernstadt CHUPADEROS. Für Film- Freaks interessant eventuell auch LOS ALAMOS, wo zuletzt 1988 Paul Newmann seinen Film "Fat Man and little Baby" drehte. Busse ab Durango/Busterminal Richtung Chupaderos, Morcillo oder Tepehuanes. Die Kulissen liegen unweit der Hauptstraße MEX 45.

DURANGO hat gutes Hotelangebot:

"<u>Hotel Gobernador</u>", 2o de Noviembre 257. Liegt außerhalb des Zentrums Richtung Busbahnhof. Aufwendig gestaltetes Hotel der Komfortklasse. Schöne Zimmer zum großen Garten mit Swimming- Pool. DZ ca. 1oo US.

"<u>Hotel Roma</u>", 2o de Noviembre 7o5. Zentral. Fast gegenüber der Kathedrale. Riesige Flure mit Sitzgruppen. Möblierung von vorgestern, aber immerhin ein kleiner Schreibtisch über die Grundausstattung hinaus. Ruhige Zimmer nach innen oder helle Zimmer nach außen (teilweise laut). S/w TV. DZ ca. 24 US.

"<u>Hotel Plaza Catedral</u>", Constitución 216. Schönes Kolonialhaus, angenehmes Ambiente. Farb- TV. Kühler Patio, geräumige Zimmer. Zentral neben der Kathedrale. DZ ca. 33 US, beste Wahl in dieser Preisklasse.

"<u>Hotel Casa Blanca</u>", 2o de Noviembre 811. Nicht weit von der Plaza de Armas. Größeres Hotel, von außen unansehnlich. Geräumige Zimmer mit TV und AC. Möblierung hat schon ihre Jahre hinter sich. Sauber gekachelte Bäder mit antiquierten Armaturen. Etwas anonymer als die Hotels in den Kolonialhäusern. DZ ca. 33 US.

"<u>Hotel Posada San Jorge</u>", Constitución 1o2. In altem Kolonialgebäude. Wunderbarer Patio, wie ein Kreuzgang im Kloster. Zimmer groß, die meisten ruhig. Ordentliche Bäder, sauber. Für ca. 14 US pro DZ bekommt man hier viel geboten. Eine anständige Billig- Unterkunft, wie man sie sich häufiger wünscht.

"<u>Hotel Posada Durán</u>", 2o de Noviembre 5o6. Direkt neben der Kathedrale. Schöner Patio mit altem Brunnen. Unten kleines Restaurant, im 1. Stock die Zimmer und davor Sitzgruppen, wo man sich angenehm aufhalten kann. Die helleren Zimmer zur lauten Straße, es gibt aber auch einige zum Hof. Für ca. 18 US pro DZ preiswertes und trotzdem stilvolles Wohnen mit kolonialem Flair.

Wegen Lage, Zimmerqualität und teilweise angenehmem kolonialem Ambiente gibt es zu den erwähnten Hotels keine erwähnenswerte Alternative. Sollten diese voll sein, ausweichen auf die größeren, unpersönlichen Hotels in Zentrumsnähe, die jedoch nur einfache Einheitskost bieten: "<u>Hotel Gran Matar</u>", 2o de Noviembre/Ecke Progreso (DZ ca. 18 US) oder "<u>Hotel Reyes</u>", 2o de Noviembre 22o Oriente.

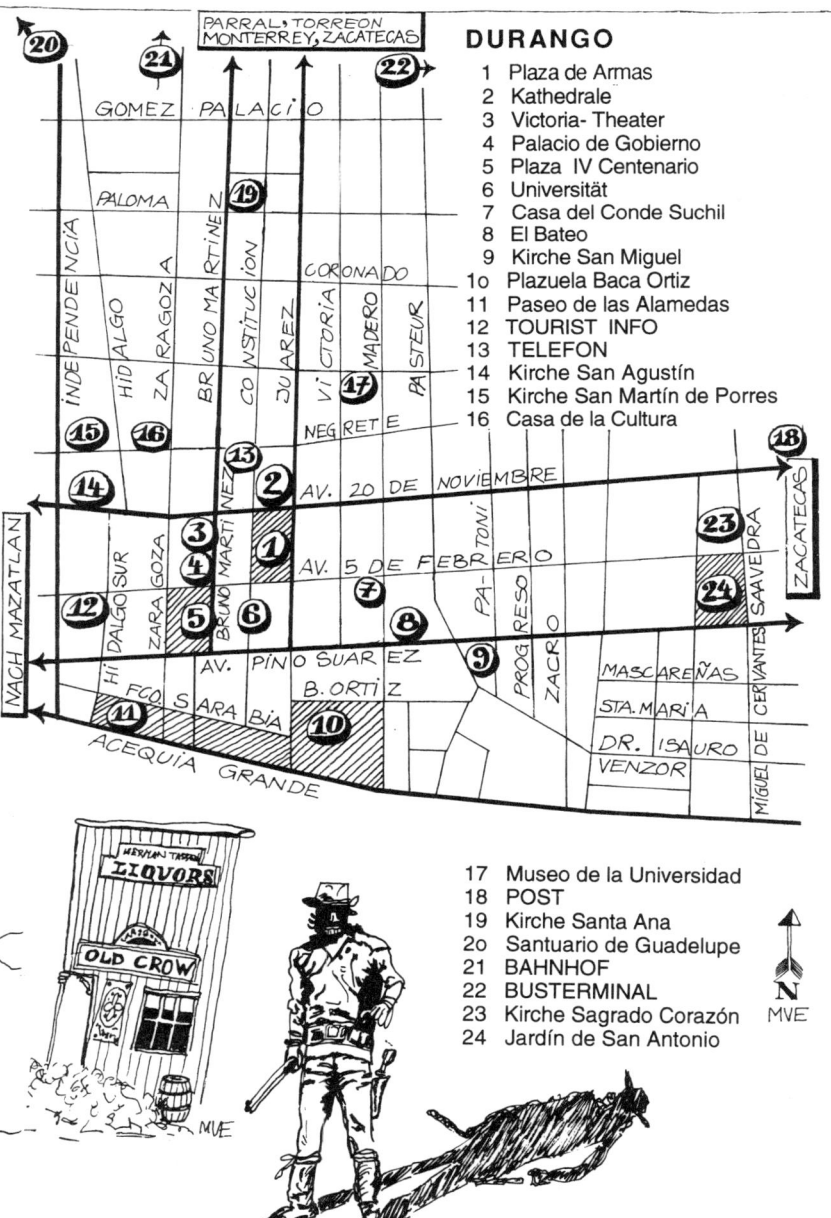

DURANGO

1 Plaza de Armas
2 Kathedrale
3 Victoria-Theater
4 Palacio de Gobierno
5 Plaza IV Centenario
6 Universität
7 Casa del Conde Suchil
8 El Bateo
9 Kirche San Miguel
10 Plazuela Baca Ortiz
11 Paseo de las Alamedas
12 TOURIST INFO
13 TELEFON
14 Kirche San Agustín
15 Kirche San Martín de Porres
16 Casa de la Cultura
17 Museo de la Universidad
18 POST
19 Kirche Santa Ana
20 Santuario de Guadelupe
21 BAHNHOF
22 BUSTERMINAL
23 Kirche Sagrado Corazón
24 Jardín de San Antonio

 LA TERRAZA, 5 de Febrero, direkt an der Plaza de Armas. Im 1. Stock mit Blick auf Platz und Kathedrale. Die Pizza ist in Ordnung, auf die angebotenen Steaks besser verzichten. Außerdem Nudeln und Sandwiches. Preise mittel.

EL ZOCABON, 5 de Febrero/Ecke Juárez. Gemütliches Café- Restaurant. Kleine Imbisse, Suppen, Salate und Fleischgerichte. Mittlere Preise. -
CASA DE LA MONJA, Negrete 3o8. Im überdachten Patio eines alten Hauses. Einrichtung steril, wenig passend zur noblen Umgebung. Internationale Küche, ordentliche Fleisch- und Fischgerichte ohne besonderen Pfiff. Preise mittel.

SAMADHI, Negrete 4o3. Vegetarisches Restaurant, sehr einfach, billig, winzig. Preiswertes Essen sozusagen aus der Familienküche.

MADRID, Constitución 149. Einfache Taquería, aber nicht ungemütlich, mit rustikalen Holzstischen. Frühstück und preiswerte comida corrida.

Billige FONDAS im Innern der Markthalle: 2o de Noviembre/Ecke Patoni. Appetitliche und einfache mexikanische Gerichte. Dort auch günstig und in großer Auswahl Obst, Gemüse, Lebensmittel und Artesanía.

VERANSTALTUNGEN: Nach Einbruch der Dunkelheit ist nicht mehr viel los in Durango. Wenn es ein Konzert oder eine kleine Aufführung im TEATRO VICTORIA (Bruno Martínez/Ecke 2o de Noviembre) gibt, sollte man hingehen. Weniger wegen der sicher nicht weltbewegenden Veranstaltung, sondern wegen des Rahmens: Das 191o erbaute Provinztheater kopiert in bescheidenem Maße die an anderen Orten entstandenen neoklassizistischen Paläste. Drei Stockwerke mit Balkonen und Logen sind ein rührender Versuch, die winzige Bühne und den kleinen Saal aufzuwerten.

Verbindungen ab Durango

 Flug: Flughafen außerhalb der Stadt. Kleinbusse ins Zentrum und zu jedem gewünschten Hotel ca. 8 US pro Person.

AEROMEXICO (Büro: Juárez Sur 2o1-B) fliegt täglich nach: Mexico City (180 US) 1 1/2 Std., - Mazatlán (70 US) 3o Min., - Tijuana (32o US) 3 1/2 Std., - Monterrey (19o US) 2 Std. über Torreón; - Guadalajara (1o5 US) 1 1/4 Std.

AEROCALIFORNIA fliegt nach Guadalajara und Tijuana zu ähnlichen Tarifen.

 Zug: Bahnhof in der Felipe Pescador/Ecke Constitución, etwa 8 Blocks von der Plaza de Armas. Schöne Architektur des Bahnhofsgebäudes, hat allerdings schon bessere Tage gesehen. Davor eine alte Dampflok mit Tender. Sie ist zwar ausrangiert, dürfte zu ihrer Zeit allerdings mindestens so schnell gewesen

sein wie der heutige Zug 2. Klasse nach Zacatecas. Viele Verspätungen, daher kaum zu empfehlen.

 **Bus**: Busterminal außerhalb. Stadtbus "Ruta 2" pendelt zum Zentrum. - Taxi ca. 3 US.

Täglich mehrfache Abfahrten nach: Mexico City (33- 36 US) 13 Std., - Mazatlán (13 US) 7 Std., - Matamoros (35- 5o US) 12 Std., - Monterrey (23- 3o US) 7 Std., - Ciudad Juárez (28- 43 US) 15 Std., - Zacatecas (9 US) 5 Std.

<u>Transport in Durango</u>: Im Zentrum problemlos zu Fuß, allerdings weite Entfernung zum Busterminal und Bahnhof. Hier fahren Stadtbusse.

Durango -> Mazatlán (295 km)

Die mit Abstand interessanteste Strecke vom Hochland zur mexikanischen Pazifikküste und nach Baja California. Atemberaubende Kurverei durch die Sierra Madre Occidental und ausgedehnte Nadelwälder. Kurz hinter dem Dorf <u>La Ciudad</u> die "Puente Buenos Aires" mit einem sagenhaftem Blick in eine tiefe Felsschlucht, die häufig von Nebelschwaden durchzogen ist.

Danach der schönste Teil der Strecke: Die Straße windet sich in engen Serpentinen entlang an senkrecht aufragenden Felswänden. Zwischendurch immer wieder Ausblicke in tiefe Schluchten, auf grandiose Gebirgslandschaften, von der Erosion zerfressene Felswände, dicht bewaldete Tafelberge. Das Spektakel hört erst auf, wenn die Straße sich die mehr als 2.ooo m Höhenmeter zwischen Sierra und Pazifik heruntergewunden hat. Kurz vorher der Wendekreis des Krebses, markiert durch eine weiße Steinkugel.

Warme Kleidung griffbereit haben, denn unterwegs kann es kalt und regnerisch werden. Wer Pech hat, dem macht dichter Nebel zudem einen Strich durch die Rechnung und versperrt die herrlichen Ausblicke. Möglichst morgens los, denn der Bus braucht für die knapp 3oo km fast 7 Stunden.

✦ Mazatlán (ca. 32o.ooo Einw.)

Schön gelegen auf einer Halbinsel im Pazifik. Lebendiges Zentrum ohne besondere Attraktionen. Nach Norden kilometerlange Sandstrände mit vielen Hotels, Discos und Restaurants. Breites Angebot an Wassersport, zugleich Zentrum für Hochseeangeln.

Mazatlán ist billiger als z.B. Acapulco oder Pto. Vallarta, aber auch nicht so mondän. Viele Pauschaltouristen aus Mexiko und den USA, insbesondere auch viele Camper und Wohnmobilfahrer aus Kalifornien.

<u>Klima</u>: Ganzjährig feucht- heiß.

Tourist INFO Im Zentrum: Av. Olas Altas/Ecke Constitución.
Post: Angel Flores/Ecke Juárez. - **Telefon**: Aquiles Serdán 151o. -
Geldwechsel: Jede Menge Casas de Cambio auf der Av. del Mar.

Neben Tourismus sind die Haupteinkünfte der Fischfang (u.a. Krabben, Langusten) und der Handelshafen. Die Stadt wurde 1565 gegründet, da sich die geschützten Buchten als Hafen anboten. Schöner Blick vom PASEO DEL CENTENARIO (6) und vom CERRO DE LA NEVERIA (5), zu Deutsch "Eisschrank- Hügel".

Zu Zeiten, als das Kühlschiff noch nicht erfunden war (erst ca. 186o), kamen von Kalifornien aus dortigen Eisfabriken Eisblöcke per Schiff nach Mazatlán und wurden in Tunneln im Berginneren des Cerro eingelagert. Das Eis wurde dann auf der Rückfahrt zum Kühlen der transportierten Krabben und Langusten verwendet.

Auf der Spitze der Halbinsel Crestón ein LEUCHTTURM (8). Mit 16o m ist er einer der am höchsten gelegenen der Welt. Besteigung möglich, guter Rundblick. Wegen Höhenlage des Turms kann sein Leuchtfeuer trotz Erdkrümmung noch aus 6o km Entfernung gesehen werden. Direkt unterhalb des Leuchtturmes ein JACHTHAFEN (9). Er wurde in den 8oer Jahren angelegt und ist heute größter an der mexikanischen Pazifikküste für Hochseeangeln (siehe auch "Sport").

MONUMENTO AL PESCADOR (13), Punta Tiburon, errichtet zum Andenken an die lange Tradition des Fischfangs der Stadt. - Richtung Zona Dorada das AQUARIUM mit 25o Fischarten, u.a. Haie, Schwertfische, Piranhas (Av. Reforma/Av. de los Deportes).

BADEN Die Strände beginnen bereits im Stadtzentrum: "OLAS ALTAS" (hohe Wellen), schmales Sandband direkt neben der Straße Paseo Claussen. Zum Baden weniger geeignet, so doch eine Reihe Strandcafés und Restaurants.

Die besseren Strände beginnen direkt am Rande des Zentrums und ziehen sich entlang der ZONA DORADA kilometerweit nach Norden. Die meisten sehr sauber mit feinem Sand, allerdings nicht besonders breit. Die Leute verteilen sich bzw. liegen an den Pools der Hotels. Alle Strände sind öffentlich und problemlos zugänglich. Man muß also nicht unbedingt ein Hotel direkt am Meer nehmen.

Richtung Norden entlang der Av. del Mar jede Menge Hotels der Mittel- und Teuerklasse. Auf den ersten Kilometern verläuft die laute Küstenstraße zwischen Hotel und Strand.

Die besseren Hotels (auch der ruhigeren Strände wegen) liegen weiter außerhalb in der Zona Dorada, - zumeist auf der Strandseite der Avenida Sábalo mit schönem Blick aufs Meer. Im Zentrum von Mazatlán einfache Hotels der Mittel- und Billigklasse.- Übers Tourist Büro auch Vermittlung von Appartements.

* ZONA DORADA:

Die Hotels hier ausgerichtet auf Pauschaltouristen. Wer individuell anreist, zahlt vergleichsweise hohe Preise. In der Hauptsaison zum Jahreswechsel bis Ostern kann es schwierig sein, überhaupt ein Zimmer zu bekommen. Dann auch höhere Preise.

MAZATLAN

1 Zócalo
2 Kathedrale und Palacio Municipal
3 TELEFON
4 POST
5 Cerro de la Nevería
6 Paseo del Centenario
7 Mexikanisches Meeresinstitut auf der Crestón Halbinsel
8 Leuchtturm
9 Fischer- und Jachthafen
10 FÄHRE nach La Paz/ Baja California
11 Handelshafen und Kais
12 Punta Chile
13 Monumento al Pescador
14 BUSTERMINAL und Strände Zona Dorada
15 BAHNHOF

"**Camino Real**", Punta del Sábalo. Eines der bestens Hotels von Mazatlán, weit draußen am Stadtrand mit eigenem, ruhigem Strand sowie mit SW- Pool, Tennisanlagen und allem Komfort. Tropischer Garten. Viele Zimmer mit Balkon zum Meer. DZ je nach Saison ca. 13o- 15o US.

"**El Cid**", Calz. Camaron Sábalo. Hotel- und Ferienkomplex, direkt am Meer mit Vielzahl an SW- Pools, Restaurants, Squash, Fitness- Center, Tennis etc. DZ ca. 95- 11o US.

"**Hotel Holiday Inn**", Sábalo 696. Nicht mehr das neueste Hotel, aber innen modernisiert und direkt am Strand mit schönem, palmenbestandenem Garten. Swimming- Pool, AC. Viele Pauschaltouristen. DZ ca. 65- 1oo US.

"**Océano Palace**", Calz. Camaron Sábalo, Nähe Camino Real. Vorwiegend junges Publikum, Jet- Setter von Kalifornien. Mit Disco, die Bars 24 Std. offen, DZ ca. 6o- 8o US.

"**Hotel Las Flores**", Loaiza 212. Direkt am Strand. Öder Hochhauskasten, aber gute Lage: am Meer und gleichzeitig im Zentrum der Zona Dorada. Von den Zimmern teilweise Super- Ausblicke. Swimming- Pool, AC. DZ je nach Saison ca. 4o- 6o US, mit Küche 1o US mehr.

"**Hotel Los Girasoles**", Gaviotas 7o9. In ruhiger Seitenstraße, aber 2o Min. zu Fuß zum Strand. Swimming- Pool. Apartments mit kleiner Küche. Recht günstig in der sonst teuren Zona Dorada, DZ ca. 4o US.

* ZENTRUM:

"**Hotel Villa Del Mar**", Aquiles Serdán 15o4. Nähe Mercado. Einfache Einrichtung. Nach vorn raus laut. Zimmer teilweise mit Balkon oder Uralt- AC. DZ ca. 22 US.

"**Hotel Milán**", Canizales 717. Mitten im Getümmel und Lärm des Zentrums. Zimmer und Bäder extrem einfach und heruntergekommen. Ein muffiges Dach überm Kopf. DZ ca. 15 US.

"**Hotel La Siesta**", Olas Altas 11. Im alten Mazatlán und trotzdem am Meer. Die meisten Zimmer zum Innenhof mit vielen Pflanzen und Restaurant (ca. 18 US). Andere mit Meerblick für ca. 22 US. Gepflegt und sauber.

"**Hotel Fiesta**", direkt gegenüber vom Busbahnhof. Große und saubere Zimmer, allerdings spartanisch eingerichtet. Für ein Bahnhofshotel gut gelegen, da außerdem nur drei Blocks vom Strand. DZ ca. 17 US.

"**Hotel Lerma**", Bolívar 622. Schon etwas entfernt von der großen Hektik im Zentrum. Richtung Meer, in ruhiger Seitenstraße, die meisten Zimmer zum Innenhof, der auch als Parkplatz genutzt wird. Zimmer groß und relativ kühl mit Ventilator. Einfach eingerichtet, sauber. Trotz des leichten Gefängnischarakters des Gebäudes eine angenehme Unterkunft im Billigbereich. Vor allem der Preis von ca 1o US ist in Ordnung fürs Gebotene.

"**Hotel Zaragoza**", Zaragoza 18. An lauter Straße, aber viele Zimmer zum Innenhof. Schwül und heiß trotz Ventilator. Düstere Buden mit Minimalausstattung für ca. 1o US.

"**Hotel Santa Barbara**", Juárez/Ecke 16 de Septiembre. Von außen hübsches Haus mit Balkonen, nur ein Block vom Meer. Zimmer spartanisch eingerichtet, aber gepflegt. Kleine Bäder mit intakten sanitären Anlagen, sauber. Für ca. 13 US akzeptabel.

Camping: Viele Trailer- Parks an der Av. del Mar. Einige akzeptieren auch Zelte. Relativ klein, familiär und direkt am Strand: Av. Sábalo, beim Holiday Inn.

Mazatlán ist Tip für Fisch und Mariscos. Auch in den vielen Touristenrestaurants der Zona Dorada gute Qualität und oft große Mengen fürs Geld. Besonders lecker sind "ostras" (Austern), "ostiones" (Jakobsmuscheln), "calamares" (Tintenfisch) und "camarones" (Garnelen).

Mazatlán bietet zugleich gute Gelegenheit, relativ preisgünstig an eine Languste zu kommen. Außerdem empfehlenswert und typisch: "mariscada" - ein riesiger Teller mit allem, was der Pazifik hier so hergibt.

* ZENTRUM

PANAMA, Canizalez/Ecke Juárez. Nähe Kathedrale. Cafeteria für Imbiß und preiswertes Frühstück. Etwas hektisch und ungemütlich.

EL MARINERO, Paseo Claussen/Ecke Juárez. Gemütlich mit Meeresblick. Fisch und Mariscos. Preise mittel.

EL CAMICHIN, Paseo Claussen Nr. 97. Im Freien, gute Stimmung bei dezenter Live- Musik, Meeresblick. Mexikanische Küche, Fisch, Mariscos. Preise billig bis mittel.

SANTA FE, 5 de Mayo/Ecke 21 de Marzo. Nähe Kathedrale. Gepflegtes Lokal mit gediegener Einrichtung, u.a. schöne Antiquitäten. Fleisch, Fisch und mexikanische Spezialitäten zu mittleren Preisen.

PUERTO AZUL, Paseo Claussen, Nähe Juárez. Der Eingang etwas affig à la Schiffskajüte, aber unten sitzt man wunderbar im Schatten, in der Meeresbrise und direkt an den Wellen. Auf der Speisekarte Fisch und Mariscos in allen Variationen. Ordentliche Portionen zu mittleren Preisen.

MERCADO MUNICIPAL, zwischen Juárez und Aquiles Serdán. Rund um das Marktgebäude (Lebensmittel) billige Imbißstände.

* ZONA DORADA

Am meisten los ist in dem Oval, das ein Teil der Av. Sábalo mit der Av. Loaiza bildet.

PARAISO TRES ISLAS, Loaiza 4o4. Teures und vornehmes Mariscound Fischrestaurant. Blick auf den Strand, abends Mariachi- Musik.

ANIFANTI, Sábalo 55o. Italienische Spezialitäten, angenehme Atmosphäre. Große Salatbar. Teuer.

EL PARADOR ESPAÑOL, Sábalo 714. Beim Hotel El Cid. Spanischmexikanische Küche. Gepflegter, halboffener Speisesaal. Spezialität Paella und Meerestiere. Preise mittel.

PEPE TORO, Calle de las Garzas/Ecke Loaiza. Rustikal. Rundherum offen, so daß die Meeresbrise durchweht. Steaks und Fisch vom Grill. Außerdem mexikanische Gerichte wie Quesadillas und Meerestiere. Preise mittel.

LOS ARCOS, Sábalo, Nähe Hotel Holiday Inn. Unter Strohdach große und gute Fisch- und Marisco-Portionen. Freundliches Ambiente. Preise mittel.

SHRIMP FACTORY, Calle de las Garzas/Ecke Loaiza. Garnelen und Langusten pur. Preise mittel. Langusten hier günstiger als anderswo.

DISKOTHEKEN: "Valentinos", Av. del Mar, Playa las Gaviotas am Beginn der Zona Dorada. Nicht zu verfehlen auf einem Felsvorsprung im Meer. Skurrile Architektur. Man tanzt über den Wellen. Die sicher ausgefallenste Disco von Mazatlán, es gibt eine Vielzahl weiterer.

SPORT: Breites Angebot von Tennis über Golf und Reiten. An den Stränden jede Art von Wassersport: Tauchen, Windsurfing, Wasserski, Paragliding (am Fallschirm, von Motorboot gezogen). Mazatlán ist eines der mexikanischen Zentren für Hochseeangeln: Big Game Fishing auf Schwertfisch u.a. Die eindrucksvolle Flotte der Jachten (9) liegt unterhalb des Leuchtturms. Da es viele Anbieter gibt, lassen sich die je nach Saison zunächst geforderten Preise gut herunterhandeln. Buchung über Agenturen und Hotels. Vorsicht ist dagegen bei Straßenhändlern angebracht, insbesondere wenn sie Anzahlung wünschen.

CARNAVAL in Mazatlán: Neben Veracruz und Mérida der lebendigste in Mexiko. Ohne langfristige Vorbuchung allerdings keine Chance für Übernachtung.

AUSFLÜGE: mit Booten in die Lagunen (Flamingos, Pelikane etc.), - zu den westlich vorgelagerten Mini- Inseln de los Lobos, Venados und Pajaros, - sowie zu Minenstädten in der Sierra. Buchung über Hotels und Agenturen.

Verbindungen ab Mazatlán

Flug: Airport 15 km außerhalb an der Straße nach Durango. Colectivos ins Zentrum oder zur Zona Dorada ca. 7 US pro Person.

AEROMEXICO (Büro: Sábalo 31o, Local 1 u. 2) fliegt täglich die für Mexikoreisende interessanten Kurz- und Mittelstrecken nach:

Hermosillo (17o US) 2 Std. über Los Mochis, - Durango (7o US) 3o Min., - Tijuana (235 US) 2 Std., - Los Mochis (95 US) 1 Std. sowie nach Mexico City (195 US) 1.15 Std.

AEROCALIFORNIA (Büro: Av. Sábalo, Hotel El Cid) fliegt täglich für

(11o US) 1 Std. nach La Paz/Baja California sowie für 185 US nach Mexiko City.

MEXICANA (Büro: Paseo Claussen 1o1-B) fliegt außerdem täglich direkt nach Mexico City, Los Cabos, Puerto Vallarta, Guadalajara sowie Los Angeles und Denver.

Bus: Busbahnhof in günstiger Lage zwischen Zentrum und Zona Dorada. Stündliche Verbindung mit Los Mochis (16 US) 7 Std. Häufige Abfahrten pro Tag nach: Durango (13 US) 7 Std., - Monterrey (36 US) 14 Std., - Chihuahua (39 US) 17 Std., - Tijuana (6o US) 3o Std., - Guadalajara (19- 3o US) 8 Std., - Mexico City (44- 5o US) 17 Std..

Außerdem mindestens 1 x täglich in viele weitere Städte des Nordens und entlang der Pazifikküste.

Fähre: Fähranleger am Ende der Av. del Puerto, vom Zentrum aus zu erreichen über die Av. Juárez.

6 x pro Woche, in der Ferienzeit täglich ein Schiff nach La Paz/Baja California. Im Salon 2o US, Kabine je nach Größe und Qualität 4o- 73 US, Auto 145 US (18 Std.).

Den Autotransport sehr frühzeitig reservieren. Für Personen ist eigentlich immer Platz, zumal die Preise seit der Privatisierung der Fährlinie nicht mehr so lächerlich niedrig sind wie noch vor einigen Jahren.

Transport in Mazatlán: Ab Innenstadt/Av. Juárez pendeln die gelben Busse mit der Aufschrift "Sábalo- Centro" über die Av. del Mar zur Zona Dorada. Mit diesen Bussen ist jeder Strandabschnitt leicht erreichbar.

Die für Mazatlán typischen offenen Minitaxis heißen nicht ganz zu Unrecht "pulmonía" (Lungenentzündung) und verkehren ebenfalls zwischen Zentrum und Zona Dorada (je nach Entfernung 3- 4 US).

Mazatlán -> Puerto Vallarta (45o km)

und weiterer Verlauf Pazifikküste Richtung Süden siehe ab Seite 453.

Mazatlán -> Los Mochis (43o km)

Abwechslungsreiche und landschaftlich außerordentlich schöne Strecke. Zwischen Mazatlán und Culiacán verläuft die Straße dicht am Fuße der Sierra Madre Occidental. Ständig Ausblicke auf die Gebirgskette mit ihren senkrecht aufragenden Felswänden und den Bergurwald auf den Hängen. CULIACAN ist die Hauptstadt des Staates Sinaloa, eine Großstadt ohne Reiz, die den Aufenthalt nicht lohnt.

Hinter Culiacán führt die Strecke dann durch eine dicht bewachsene Berglandschaft mit vulkanähnlichen Kegeln, Tafelbergen und bizarren Felsen, ein abwechslungsreicher Genuß fürs Auge. Fahrzeit per Bus insgesamt 6-7 Stunden. Die neue Autopista, die von den meisten Bussen bevorzugt wird, verläuft weiter westlich durch die Ebene und berührt die erwähnten Landschaften nur teilweise. Stattdessen endlose Felder mit intensiver Landwirtschaft.

Achtung: In Mazatlán unbedingt ein Busticket bis Los Mochis kaufen, da es in Culiacán meist ein riesiges Gedränge um die wenigen Busse gibt, die dort nach Los Mochis eingesetzt werden. Wegen der besseren Aussicht möglichst Sitzplatz auf der rechten Seite des Busses.

✦ Los Mochis (ca. 3l0.000 Einw.)

Gesichts- und trostlose Stadt in der Ebene, rund 3o km vom Pazifik entfernt. Trotzdem wichtig als Verkehrsknotenpunkt für Reisen im Nordwesten Mexikos: Los Mochis ist Ausgangs- oder Endpunkt der grandiosen Eisenbahnfahrt zur BARRANCA DEL COBRE (Kupferschlucht) und Durchgangsstation der MEX 15 von Guadalajara nach Nogales/Tijuana (Pazifikroute in die USA.)

In der Nähe liegt Topolobampo mit der kürzesten Fährverbindung nach La Paz auf der Halbinsel Baja California. Wer den Nordwesten Mexikos bereist, kommt also an der Drehscheibe Los Mochis nicht vorbei.

Klima: Heiß, hohe Luftfeuchtigkeit.

Die einzigen Informationen, die man in Los Mochis braucht, betreffen Abfahrtzeiten und Preise. Zuverlässig sind die Reisebüros, die auch gleich die Tickets verkaufen. Zentral: Viajes Flamingo, Leyva/Ecke Hidalgo.

Post: Ordoñez/Ecke Prieto. - **Telefon**: Leyva 453. - **Geldwechsel**: Casa de Cambio "Rocha", Leyva 226. Im Zentrum viele weitere Wechselstuben.

Die Hotels in Los Mochis sind voll auf den Durchgangstourismus eingestellt: Wegen der frühen Abfahrtszeit der Eisenbahn ist praktisch jeder gezwungen, hier eine Nacht zu verbringen. Kaum jemand bleibt länger. Folglich kassieren die Hotels schamlos ab, und die Qualität in der Mittel- und Billigklasse ist erbärmlich. Ein Trost: Die Nacht wird sowieso sehr kurz, und die Bahnfahrt am nächsten Tag entschädigt für einiges.

"**Hotel Colinas**", außerhalb auf einem Hügel an der MEX 15 nach Mazatlán. Schöner Blick über die Ebene. Swimming- Pool. Moderne Zimmer mit AC und Farb- TV. Bus-Service zur Abfahrt des Zuges nach Chihuahua. Wer der Mischung aus Tristesse und Hektik im Zentrum entkommen will und pro DZ ca. 87 US übrig hat, ist hier gut aufgehoben.

"**Hotel Santa Anita**", Leyva/Ecke Hidalgo. Häßlicher Betonkasten mitten im

Zentrum. Komfortables Innenleben eines guten Stadthotels. Zimmer nicht groß, aber vollständig modernisiert und hell möbliert. Morgendlicher Bus- Service zum Bahnhof. DZ ca. 77 US.

"**Hotel Beltrán**", Hidalgo/Ecke Zaragoza. Modernes, vierstöckiges Gebäude in zentraler Lage. An lauter Kreuzung. Helle, luftige Zimmer mit AC. DZ ca. 32 US.

"**Hotel Fénix**", Angel Flores 385. Schmuckloser Backsteinbau, ordentliche Lobby. Zimmer ziemlich muffig mit Möbeln von vorgestern. Sanitäre Anlagen sauber. DZ ca. 31 US.

"**Hotel Monte Carlo**", Angel Flores/Ecke Independencia. Eines der wenigen noch halbwegs schönen Gebäude in Los Mochis, mit Palmen davor. Angenehm kühler und luftiger Innenhof. Einfache, aber ordentliche Zimmer mit s/w TV. Für runde 27 US nicht billig, aber zumindest findet man hier nicht den Absteigecharakter der meisten anderen Häuser.

"**Hotel Lorena**", Obregón/Ecke Prieto. Relativ neues Gebäude mit passablem Interieur. Große Zimmer mit TV und AC; hell, aber laut durch Straßenecke. Insgesamt für ca. 32 US beste Wahl in der Preiskategorie.

"**Hotel Del Parque**", Obregón/Ecke Guerrero. Im Zentrum gegenüber schön gestalteter Plaza, wo man sich auch angenehmer aufhält als in den düsteren und muffigen Zimmern. Einige allerdings auch heller und lauter zur Straße hin. Einrichtung und Bäder basic. DZ ca. 2o US.

"**Hotel Hidalgo**", Hidalgo 26o. Absteige im Zentrum, üble Gerüche. Zimmer basic mit lauter AC. Auch von der Straße genügend Lärm. Die billige Alternative, aber mit ca. 17 US fürs DZ immer noch zu teuer.

ESPAÑA, Obregón 525. Gute internationale Küche in großem Speisesaal, der mit absurden Felsen als Raumteiler ausgestattet ist. Einigermaßen gepflegtes Ambiente. Nudeln, Fleisch und Fisch. Preise mittel bis teuer.

EL FARALLON, Obregón/Ecke Angel Flores. Innen gemütlicher, als es von außen erscheint. Hauptsächlich Fisch, aber auch einige Fleischgerichte. Preise mittel bis teuer.

EL TAQUITO, Leyva/Ecke Independencia. Taquería im Fast- Food- Stil. Sauber. Preise billig bis mittel.

HENRY, Hidalgo/Ecke Allende. Riesiger Eßsaal, ziemlich kahl und ungemütlich, ausschließlich Fisch und Mariscos. Preise mittel.

PEKIN, Guerrero 4o1. Recht gute chinesische Küche mit der üblichen Auswahl an Fleisch-, Fisch- und Gemüsegerichten. Die "Eßhalle" allerdings nicht gerade gemütlich. Preise mittel.

In der Calle Allende/Ecke Hidalgo mehrere billige Imbißstuben. Wie so vieles in Los Mochis aber nicht gerade anregend.

Verbindungen

Flug: Flughafen 15 km außerhalb an der Straße nach Topolobampo. Taxifahrer haben Monopol und kassieren 17 US ins Zentrum.

AEROMEXICO (Büro: Leyva 169 Norte) fliegt täglich nach: Hermosillo (1oo US) 3o Min., - Chihuahua (14o US) 1 1/2 Std., - Mazatlán (95 US) 1 Std., - La Paz (9o US) 3o Min.

AEROCALIFORNIA (Büro: Hidalgo 44o Poniente) fliegt täglich nach Guadalajara (17o US) 1 1/2 Std. und La Paz (85 US) 3o Min. sowie nach Mexico City (26o US) 2 Std. und Tijuana (19o US) 1,5 Std.

Bus: Abfahrten stündlich nach Mazatlán (16 US) 7 Std. und Guaymas (15 US) 6 Std. und Tijuana (5o US) 23 Std.

Bus- Terminal zentral: Juárez/ Ecke Degollado.

Fähre: nach La Paz (Baja California) 6 x pro Woche ab Topolobampo (3o km südwestl.ich). Zu erreichen per Bus ab Los Mochis.

Reservierungen der Fähre in Los Mochis: Reisebüro PAOTAM, Angel Flores/Ecke Rendón. Fahrpreis im Salon 13 US, in der Kabine je nach Größe und Qualität 27- 4o US. Auto 85 US und unbedingt rechtzeitig einen Platz reservieren, gleiches gilt für die Kabine! Fahrzeit 9 Stunden.

Zug: Der Bahnhof außerhalb der Stadt. Tagsüber Stadtbusverbindung, nicht jedoch zu den Zügen, die früh am Morgen abfahren nach Chihuahua via Kupferschlucht. Alle Details siehe Folgekapitel "Kupferschlucht".

Transport in Los Mochis: Im kompakten Zentrum zu Fuß. Kein Bus zum Flughafen, dafür aber zur Fähre nach Topolobampo.

TAXI: Taxifahrer kassieren extrem hohe Preise in Los Mochis, da sie auf den wichtigen Strecken das Monopol haben: zum Flughafen 17 US und zum Bahnhof für den Frühzug nach Chihuahua 1o US.

Die Hotels "Colinas" und "Santa Anita" haben Minibus- Service zum Flughafen und zum Bahnhof. Allerdings nur für ihre Gäste.

Neuerdings verkehrt auf der Strecke zwischen Los Mochis und Chihuahua im Auftrag einer amerikanischen Gesellschaft auch der "VSP First Class" ein luxuriöser Zug, der 6 x pro Woche zum Canyon fährt. Buchbar sind 4- bis 8-tägige Pauschaltouren inkl. Mahlzeiten, Übernachtungen und Flug von Tucson/Arizona. Kosten je nach Jahreszeit und Dauer pro Person ab ca. 9oo US-Dollar. Noch mehr Komfort bietet der "South Orient Express", der mit nostalgischen Waggons aus der Blütezeit der amerikanischen Eisenbahnen jeweils einmal pro Woche von Chihuahua un Los Mochis aus die Fahrt übernimmt. Pauschalarrangements für fünf Tage ab ca. 1.63o US-Dollar. Weitere Informationen und Buchung über DRC Rail Tours, 168oo Greenspoint Park Lane, Houston, Texas 77o6o, USA, Tel. oo1-713-872-o19o.

Nord Mexiko 401

Kupferschlucht-Eisenbahn
Los Mochis -> Barranca del Cobre -> Chihuahua

Die Eisenbahnfahrt von Los Mochis ist landschaftlich mit Abstand spektakulärster Trip in Mexiko. Aufstieg von tropisch heißen Küstenregionen durch alle Klimazonen in die Sierra auf 2.330 m Höhe/<u>CREEL</u>. Entlang des tiefsten Canyons von Mexiko, der "Barranca del Cobre" (Kupferschlucht).

Oben in der Sierra wilde Gebirgslandschaften und an der <u>Station Divisadero</u> Blick in den 1.760 m (!) tiefen Kupfer- Canyon, der an dieser Stelle mit den Schluchten Urique und Tararéqua zusammentrifft. Zum Vergleich: der Grand Canyon in Arizona ist 1.425 m tief.

<u>Bereits 1871</u> bestanden Pläne, Los Mochis/Pazifikküste mit einem Eisenbahngleis über die bei <u>Creel</u> rund 2.300 m hohe Sierra nach Nordmexiko/Chihuahua mit den Karibikhäfen zu verbinden. Das Projekt wurde <u>1903</u> in Angriff genommen.

Dem ehrgeizigen und wegen schwierigen Terrains sehr kostspieligen Gleisprojekt machte zunächst die Mexikanische Revolution (ab 1910) ein Ende.

<u>1953</u> konnte das Teilstück Chihuahua -> Divisadero in Betrieb genommen werden. Der schwierigste Abschnitt aus dem Gebirge bis hinunter zur Pazifikküste wurde erst 1961 vollendet. Ausschlaggebend war hier die Erschließung von Minen in der Sierra.

Keine andere Eisenbahnstrecke in Lateinamerika wurde so spät gebaut und eröffnet. Das Gleis Los Mochis -> Chihuahua (653 km) besitzt 86 Tunnel und 39 zum Teil spektakuläre Brückenbauwerke, vorbei an Wasserfällen, durch Schluchten und später über einsames Hochland. Höhepunkt ist der Stop an der Bahnstation Divisadero mit Blick in den 1.76o m tiefen Kupfercanyon. Das Gleis dient als Querverbindung vom Pazifik nach Chihuahua für den Personentransport, da es im Bereich der Sierra/Creel außer Jeeppisten keine durchgehende Straßenverbindung gibt. Zudem Abtransport von Bodenschätzen (Kupfer, Eisen, Blei, Silber, Gold) zum Pazifikhafen Topolobampo bei Los Mochis. Eingesetzt werden heute relativ moderne Waggons und Dieselloks.

ABFAHRTEN: Der Bahnhof in Los Mochis liegt rund 3 km außerhalb im Osten der Stadt. Für Zugabfahrten am frühen Morgen gibt es keine Stadtbusse vom Zentrum zum Bahnhof, sondern nur Taxis (saftige 1o US).

Ticketverkauf Mo.- Fr. 5- 8.3o und 9- 13 Uhr, Sa./So. nur 5- 9 Uhr. In der Regel ist der Andrang auf die Plätze im Zug nach Chihuahua nicht so groß, so daß man am Tag der Abfahrt um 5 Uhr noch eine Fahrkarte bekommt. Ausnahme: in der sommerlichen Ferienzeit, Ostern und zum Jahreswechsel. Wer sicher gehen will, kauft das Ticket vorher in einem Reisebüro; Adressen siehe Los Mochis. Dort allerdings ein paar Dollar teurer.

Wer die Fahrt in Creel oder Divisadero unterbrechen will, muß dies beim Ticketkauf gleich angeben.

Achtung: Los Mochis und Chihuahua liegen in unterschiedlichen Zeitzonen. Die Fahrpläne der Eisenbahn rechnen aber auch für Los Mochis manchmal in Chihuahua- Zeit. Der Zug, der laut Fahrplan um 7 Uhr abgeht, fährt in Los Mochis daher schon um 6 Uhr Ortszeit los. Das bedeutet: Um 5 Uhr Ortszeit am Bahnhof sein, um die Fahrkarten zu kaufen.

Es gehen pro Tag mehrere Züge: Der "NUEVO CHIHUAHUA PACIFICO" fährt um 6 Uhr Ortszeit Los Mochis, mit 1.- Klasse- Waggons. Er ist der empfehlenswertere Zug, da er schneller ist und den größten Teil der Strecke bei Tageslicht durchfährt. Ankunft laut Fahrplan in Divisadero um 13.3o Uhr, Creel um 15.2o Uhr und Chihuahua 21 Uhr. Verspätungen sind allerdings nicht ungewöhnlich.

Der "EL TARAHUMARA" fährt um 7 Uhr Ortszeit Los Mochis, ist aber nicht vor 23.3o Uhr in Chihuahua. Den schönsten Teil der Strecke auch mit diesem Zug tagsüber. Er ist aber meist sehr voll, was den Genuß der landschaftlichen Schönheit einschränkt. Zudem sehr kleine Fenster, die den Ausblick stark einschränken.

Achtung: Für beide Züge können sich die Abfahrtszeiten ändern, daher vorab die neuesten Abfahrten erkunden!

PREISE: "Nuevo Chihuahua Pacífico": 36 US, - "El Tarahumara": 9 US.

STRECKE: Nach einigen Stunden Fahrt durch die Küstenebene ist der Rand der Sierra erreicht, und die Bahn windet sich durch enge Schluchten rauf auf über 2.ooo m. Immer wieder senkrecht abfallende Wände, spitze Felsnadeln und Tafelberge. Das schwierige Gelände wird mit Tunnels und zum Teil halsbrecherisch konstruierten Brücken bewältigt.

Auf der Höhe angekommen, führt die Strecke durch eine abwechslungsreiche Berglandschaft. Eine Wildnis aus Felsen, Laub- und Nadelwäldern. Besonders schön im Winter, wenn es gerade geschneit hat: eines der ungewöhnlichsten Mexiko- Erlebnisse, schließlich kommt man gerade aus einer tropischen Küstenebene.

TIP für Fotofreunde: Der attraktive Streckenabschnitt beginnt etwa nach drei Stunden Fahrt ab Los Mochis. Rechtzeitig einen Platz im Gang an einer der Türen belegen, denn nur dort lassen sich die Fenster öffnen. Im Waggon bleiben sie geschlossen und sind außerdem oft schmutzig.

DIVISADERO DE BARRANCAS: Hier hält der Zug für leider viel zu kurze 1o Min. Etwa 1oo m von der Station entfernt ein Blick runter in die Barranca del Cobre und die beiden anderen Canyons, die hier einen Schnittpunkt bilden: 1.76o m in die Tiefe. Alle Passagiere können für den kurzen Stop aussteigen. Wer neben dem Genießen der grandiosen Aussicht in den Canyon noch in der Lage ist, einen Blick auf die Artesanía-Produkte der Hochlandindianer zu werfen, muß schon ganz schön fix sein. Der Aufenthalt ist auf jeden Fall zu kurz für eine Sehenswürdigkeit dieser Rangordnung.

Um das Panorama länger zu genießen, besteht die Möglichkeit, in einem der Hotels zu übernachten, die für ihren großartigen Standort allerdings auch entsprechend kassieren:

"Hotel Cabañas Divisadero", direkt am Rande der Schlucht bei der Station Divisaderos. Rustikal- komfortable Zimmer; das Restaurant mit Panoramablick. DZ ca. 153 US inkl. Mahlzeiten für 2 Personen.

"Hotel Mansión Tarahumara", ca. 3 km entfernt. Am Hang oberhalb der Bahnlinie. Der Zug hält dort, kurz bevor er Divisadero erreicht. 19o US für 2 Personen inkl. Mahlzeiten.

"Posada Barrancas Mirador", das neueste der Komforthotels am Canyon. Ebenfalls aussteigen an der Station Posada, 5 Minuten vor Divisadero. Spektakulär auf die Klippen gesetzt, von allen Zimmern Super- Blick in die Canyonlandschaft. Zimmer und Bäder komfortabel ausgestattet, eigener Balkon und Kamin. Bei ca. 18o US fürs DZ sind drei Mahlzeiten pro Person eingeschlossen.

Wer das Geld für eins der teuren Hotels nicht aufbringen will, bleibt in Divisadero und wartet auf den zweiten Zug "El Tarahumara", der etwa zwei bis drei Stunden später hier durchkommt. Weiter die kurze Strecke bis Creel und dort preisgünstiger übernachten.

Das Gebiet der Barrancas heißt auch Sierra Tarahumara, benannt nach dem Indianerstamm, der sich in der schlecht zugänglichen Sierra und in den Schluchten einigermaßen dem Zugriff der spanischen Konquistadoren entziehen konnte. Man schätzt ihre Anzahl derzeit auf etwa 5o.ooo; die Tarahumara sind damit nach den Navajo das größte Indianervolk im nördlichen Amerika. Die Indianer leben heute in unvorstellbarem Elend, da sie von "illegalen" Koka- Produzenten immer häufiger von ihrem Land vertrieben werden und sich in den eiskalten Wintermonaten nicht mehr wie gewohnt aus der Sierra in die subtropisch warmen Canyons zurückziehen können. Es bleibt ihnen daher kaum anderes übrig, als sich dem Zugriff der modernen, touristischen Konquistadoren auszuliefern: Schon gibt es ab Divisadero und Creel einige Touren, die sie in ihren miserablen und angeblich authentischen Lebensumständen vorführen. Wer bei Wanderungen an

⌈ihren Höhlenwohnungen oder Hütten vorbeikommt, sollte die Privatsphäre respektieren⌉
⌊und das Fotografieren sein lassen.⌋

Nach Divisadero erreicht das Gleis den höchsten Punkt der Strecke: 2.461 m am Pass Los Ojitos und führt dann runter nach

★Creel (2.23o m, ca. 5.ooo Einw.)

Klare und frische Luft. Im Sommer nachts kühl, im Winter eiskalt und oft Schnee. Hier gibt es Hotels, Restaurants und eine gewisse Infrastruktur. Organisierte Touren in die Umgebung sowie Ausgangspunkt für schöne Tageswanderungen und längere Hikes. Der Ort läßt sich auch per Straße von Chihuahua aus erreichen. Creel ist mini, auch zu Fuß ist man in 5 Min. durch. Die Stadt lebt von Holzindustrie und Tourismus, dient als kleines Handelszentrum der umliegenden Siedlungen und Haziendas. Die besseren Hotels befördern Gepäck und Personen mit Kleinbussen vom Bahnhof zu ihren Häusern.

"__Hotel Parador de la Montaña__", López Mateos 47. Gemütlich und rustikal mit schönem Aufenthaltsraum und Kamin. Zimmer groß, mit Heizung. DZ ca. 6o US, dafür könnte alles aber etwas gepflegter und sauberer sein. Das Hotel organisiert auch Touren in die Umgebung.

"__Hotel Nuevo__", direkt am Bahnhof. Einfach und sauber, Heizofen im Zimmer, außerdem noch Bett und winziger Tisch. Gekachelte Bäder. DZ ca. 23 US. Im hinteren Bereich rustikale Cabañas, geräumig und modern mit Holzverkleidung. Für 2 Personen ca. 5o US.

"__Hotel Margarita's__", López Mateos 11, direkt an der Plaza. Der Tip in Creel: hervorragend, gemütlich, warm und familiär. Zimmer sauber, rustikal mit Heizung und Bad. Dazu preiswert: Doppelzimmer inkl. Frühstück und Abendessen für 2 Personen ca. 2o- 33 US, je nach Zimmerqualität. Auch Mehrbettzimmer im besten Jugendherbergsstil, Gemeinschaftsbad. Bett mit Frühstück und Abendessen 7 US. Wer auf dem Boden schläft, zahlt nur das Essen. Ein echtes Heim für jeden Geldbeutel und Treffpunkt für alle, die in der Sierra wandern wollen. Auch organisierte, preiswerte Ausflüge.

"__Cascada Inn__", López Mateos 49. Neues Gebäude im zweistöckigen Motelstil. Moderne Zimmer mit ordentlichen Bädern. Hell und freundlich. DZ ca. 47 US.

"__Hotel Korachi__", etwas oberhalb des Bahnhofs. Mehrere flache Gebäude im Motelstil. Zimmerqualität unterschiedlich: von einfach und abgewohnt bis modernisiert und ordentlich. DZ ca. 17- 27 US.

Wer sich nicht bei MARGARITA'S an den familiären Tisch setzt, hat eine kleine Auswahl an einfachen Lokalen:

PARADOR DE LA MONTAÑA, López Mateos 47. Hotelrestaurant. Man sitzt gemütlich am Kamin. Das Essen und der Service eher enttäuschend angesichts der gehobenen Preise. Steaks und mexikanische Gerichte.

LUPITA, López Mateos 44. Einfach, familiär und recht gemütlich. Sauberes und renoviertes Eßzimmer mit wenigen Tischen. Frühstück. Gute Tacos und Enchiladas. Preiswert.

<u>VERONICA</u>, López Mateos 34. Klein und familiär. Einfache mexikanische Gerichte aus der Familienküche nebenan. Preiswert.

<u>LA CABAÑA</u>, López Mateos 36. Im Blockhüttenstil mit rustikalen Holzbänken. Vielseitige Auswahl an mexikanischen Kleinigkeiten sowie Fleisch- und Fischgerichten. Günstige Preise.

ARTESANIA: Einige kleine Läden im Ort. Beste Auswahl zu vernünftigen Preisen im Geschäft der Misión am Bahnhof. Kunsthandwerk der Tarahumara- Indianer, Karten und Bücher.

Wandern in der Sierra Tarahumara

Lago Arareco: Kleiner Bergsee in felsiger Umgebung. Eine Halbtageswanderung entlang der Straße nach Cusarare. Rückweg über eine der Jeep- Pisten, vorbei am markanten Elefantenfelsen, dann rechts von der Straße abbiegen Ri. Missionskirche und zurück nach Creel.

Basaseachic- Wasserfall: Schönste Wanderung der Region zum höchsten Wasserfall Mexikos (246 m). Leicht. Allerdings zunächst mit einer organisierten Tour zum Dorf Basaseachic (etwa 4 Std. Fahrt). Von dort zum Fuß des Wasserfalls und zurück. Gehzeit insgesamt 3 Std. Lohnt sich aber nur, wenn es vorher genügend geregnet hat, da nur dann der Wasserfall genügend Wasser besitzt. Daher vorab fragen in Creel. Beste Chancen von Juli bis September. Für die Wanderung nötig: feste Wanderschuhe und der Jahreszeit entsprechende Kleidung (Regenschutz etc.).

Batopilas: Zunächst eine Tour zum Ort Batopilas im gleichnamigen Canyon, 14o km, ca. 8- 1o Std. auf rauher Piste. Von dort verschiedene Ein- oder Mehrtageshikes im Innern der Schluchten nach Urique, Satevo oder Munerachi. Unten in den Canyons ist es sehr heiß und feucht, deshalb sind diese Touren nur in den Wintermonaten zu empfehlen. Neben festen Wanderschuhen, Sonnenschutz und ausreichender Verpflegung ist für die Wanderungen keine spezielle Ausrüstung nötig. Kleidung angemessen für verschiedene Klimazonen, da man von der im Winter empfindlich kalten Sierra in die subtropischen Canyons hinabsteigt.

<u>Wichtig</u>: Wer zum ersten Mal in der Sierra Tarahumara unterwegs ist, sollte die Touren nach Basaseachic und Batopilas nicht ohne Führer unternehmen. Die Orientierung im Innern der Canyons ist sehr schwierig, Wege gibt es kaum. Die brauchbarsten Informationen und Ratschläge sowie preiswerte Tourenangebote gibt es im Gästehaus Margarita's/Creel. Die Besitzer sind außerordentlich freundlich und hilfsbereit.

<u>Ab CREEL</u> führt das Eisenbahngleis nordwärts nach <u>LA JUNTA</u> (Adolfo López Mateos), einem Stützpunkt zur Reparatur der Eisenbahnwaggons und Abzweigung eines Gleises Richtung Nord nach Cd. Juárez an der me-

xikanisch- amerikanischen Grenze. Im Ort einfache Hotels und Restaurants, ansonsten der Hund begraben. - Weiter nach CUAUHTEMOC, Zentrum der Mennoniten, die in puritanischer Lebensweise und mit viel Fleiß Landwirtschaft betreiben. Im Ort einfache Hotels und Restaurants, 130 km bis Chihuahua.

Per Bus nach Chihuahua 8 x täglich (10 US/5 Std.).

> **Kupferschlucht- Eisenbahn in Gegenrichtung**
>
> Chihuaha -> Los Mochis: Vorteil, man kann die Zugfahrt direkt an das Zentrale Hochland (siehe Seite 249), z.B. ab San Luis Potosi (S. 276) oder Zacatecas (S. 283) anbinden und spart sich die zeitaufwendige Tages- Busfahrt Durango -> Mazatlán plus weiterer Tag bis Los Mochis (da der Zug erst am nächsten Morgen ab Los Mochis losfährt). Außerdem vielfältige Optionen für die Weiterreise ab Los Mochis.
>
> Die Züge ab Chihuahua -> Los Mochis fahren ebenfalls am frühen Morgen von Chihuahua los. Allerdings beginnt der interessanteste Teil der Zugfahrt erst ab Creel, von dort der Abstieg durch die Schluchten runter an den Pazifik.
>
> Wenn alles fahrplanmäßig läuft, sieht man diesen Abschnitt bei Tageslicht, die Fahrt durch die Küstentiefebene bis Los Mochis dann nachts. In dieser Richtung allerdings nicht den langsamen "El Tarahumara" nehmen, der vor allem im Winterhalbjahr die schönste Strecke garantiert im Dunkeln zurücklegt. Siehe auch Chihuahua/"Verbindungen".
>
> Weiterer Reiseroutenverlauf je nach Zeit und Reiseplanung:
>
> a) ab Topolobampo/Los Mochis mit dem Schiff rüber nach La Paz/Baja California Halbinsel (S. 419) und über die Halbinsel nordwärts nach Tijuana/Grenze USA und per Flug, Bus oder Zug retour nach Mexico City. Reine Fahrzeit ca. 2- 4 Tage plus Stops minimum 1 Woche.
>
> b) ab Los Mochis südwärts entlang Pazifikküste, siehe Seite 398.
>
> c) ab Los Mochis per Flug nach Mexico City, um den Süden des Landes, z.B. Yucatán, anzubinden. Details siehe dort.

★Chihuahua (1.520 m, ca. 550.000 Einw.)

Moderne Großstadt mit US- Einfluß und vereinzelten Kolonialgebäuden im Zentrum. Lohnend wegen einiger informativer Museen zur mexikanischen Geschichte. Günstiger Verkehrsknotenpunkt für Reisen im Norden Mexikos, vor allem Ausgangs- oder Endpunkt der Eisenbahnfahrt zur Kupferschlucht.

> Geschichte: Als die Spanier Ende des 16. Jh. Siedlungen im Gebiet des heutigen New Mexico gründeten, führte dies zu Handel mit den dort lebenden Indianern. Allerdings auch (da sich die Spanier zunehmend ausbreiteten) zu einem Indianeraufstand, der 1694

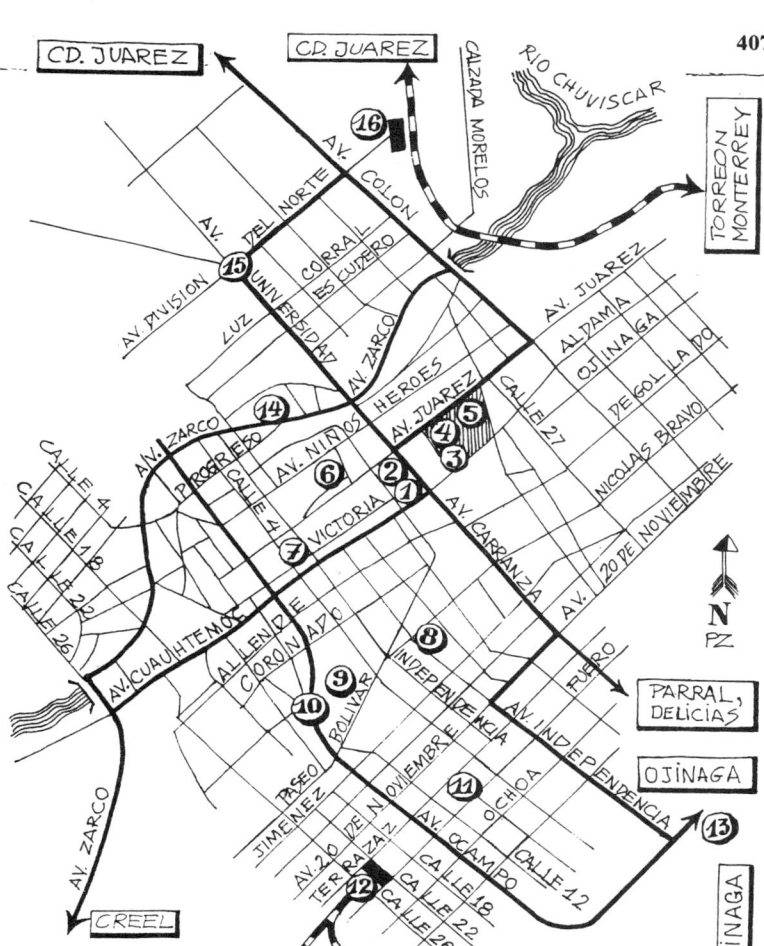

CHIHUAHUA

1 TOURIST- BÜRO,
   Palacio de Gobierno
2 POST, Palacio Federal
3 Kirche San Francisco
4 Plaza Zaragoza
5 Plazuela de Talamantes
6 Museo Casa Juárez
7 Kathedrale
8 Parque Revolución
9 Museo Regional
1o Parque Lerdo
11 Museo de la Revolución
   Casa Pancho Villa
12 BAHNHOF zur Kupfer-
   schlucht und Los Mochis
13 Richtung Busterminal/Flugh.
14 Museo de Arte Popular
15 Monumento Pancho Villa
16 BAHNHOF nach
   Ciudad Juárez

Nord Mexiko

niedergeschlagen wurde. 1709 wurde Chihuahua von Missionaren gegründet und hatte zunächst den Namen "San Francisco de Cuéllar". Zur spanischen Kolonialzeit Bedeutung wegen naheliegender Silberminen sowie als Handelsstützpunkt im Norden Mexikos.

Trotz der Entfernung zu den Machtzentren Mexikos spielte Chihuahua mehrfach eine geschichtliche Rolle, vor allem als Flucht- und Rückzugsort entmachteter Politiker:

Padre Miguel Hidalgo: hatte die Unabhängigkeitsbewegung gegen die spanischen Kolonialherren initiiert. 1810 konnte die zwischenzeitlich auf rund 80.000 Mann angewachsene Truppe um Hidalgo einen entscheidenden Erfolg im Kampf um den Getreidespeicher in Guanajuato (siehe S. 266) gegen die Spanier erringen. Anfang 1811 mußte Hidalgo jedoch mehrere Niederlagen in Kämpfen gegen die spanischen Royalisten im Zentralen Hochland einstecken und flüchtete mit mehreren Generälen in den mexikanischen Norden. Die Spanier nahmen ihn kurz darauf gefangen, brachten ihn nach Chihuahua und machten ihm dort den Prozeß. Sie verurteilten Hidalgo zum Tode und ließen ihn am 3o. Juli 1811 erschießen.

Benito Juárez (mexikanischer Präsident ab 1858): zog sich nach ausländischer Intervention insbes. der Franzosen in Mexiko (1863 Einsetzung von Kaiser Maximilian) in den mexikanischen Norden zurück. Zwischen 1864 und 1866 hielt er sich häufig in Chihuahua auf und organisierte von hier aus den Widerstand gegen das Kaiserreich. 1867 Sturz Maximilians: Juárez unterschrieb in San Luis Potosí das Todesurteil (siehe Seite 276) und kehrte nach Mexico City zurück, um seine Präsidentschaft bis 1872 fortzusetzen.

Pancho Villa: Auch der nordmexikanische Führer der Revolution beehrte Chihuahua ab 191o mehrfach mit seiner Anwesenheit. Weitere Details siehe "Museo de la Revolución".

Klima: Im Sommer extrem heiß. Im Winter kann es nachts sehr kalt werden, gelegentlich sogar Temperaturen unter dem Gefrierpunkt.

PANCHO VILLA: am 5. Juni 1878 im Staat Durango geboren, - wichtigster Revolutionsführer im Norden Mexikos. - OBEN: Leiche Pancho Villas. Von mehr als 100 Schüssen wurden er und sein Dodge 1923 in Hurral del Hidalgo durchlöchert. RECHTS: Pancho Villa wird steckbrieflich gesucht 1916 vom Polizeichef in Columbus / NEW MEXICO.

> **Tourist INFO** Libertad/Ecke Calle 13 oder im Palacio de Gobierno, gleich links neben dem Eingang.
>
> **Post**: Libertad/Ecke Carranza (im Palacio Federal, nicht ausgeschildert). - **Telefon**: Ladatel- Apparate für Orts- und Ferngespräche auf der Plaza de Armas. - **Geldwechsel**: Casa de Cambio, Independencia 4o1/Ecke Victoria (gegenüber der Kathedrale).

Das Stadtzentrum befindet sich rund um die Fußgängerzone der Av. Libertad, zwischen Plaza de Armas und Palacio de Gobierno.

Die KATHEDRALE (7) an der Plaza de Armas. Erbaut 1717- 1789, gilt zu Recht als eine der schönsten Mexikos. Reich verzierte Barockportale und dreistöckige Glockentürme. Bescheidenes Museum mit sakraler Kunst im Keller.

PALACIO DE GOBIERNO (1), Aldama/Ecke Carranza. Im Innern doppelstöckige Arkaden und Malereien zur mexikanischen Geschichte, u.a. ein Wandgemälde, das an den Tod Hidalgos erinnert, der an dieser Stelle hingerichtet wurde. Daneben kleine Gedenkkapelle.

PALACIO FEDERAL (2), Juárez/Ecke Carranza. Unten das Gewölbe, in dem Hidalgo vor seinem Tod gefangengehalten wurde. Ausgestellt sind Dokumente und einige persönliche Gegenstände des mexikanischen Unabhängigkeitskämpfers. Geöffnet 1o- 14 und 16- 19 Uhr. Sa./So. nur vormittags.

IGLESIA SAN FRANCISCO (3), Libertad/Ecke Calle 15. Schlichte Architektur mit mächtigem Glockenturm. Im Inneren zwei schöne holzgeschnitzte Seitenaltäre.

MUSEO CASA JUAREZ (6), Juárez/ Ecke Calle 5. In einem Kolonialgebäude aus dem 18. Jh. mit ruhigem Innenhof. In 12 Räumen Ausstellung von Schriftstücken, Fotos und Möbeln, die den Aufenthalt von Benito Juárez in Chihuahua dokumentieren. Geöffnet Mo.- Fr. 9- 15 und 16- 18 Uhr.

MUSEO DE LA REVOLUCION (11), Calle 1o, Nr. 3o14. Ehemalige 5o-Zimmer- Residenz von Pancho Villa. Dokumente, Waffen, Fotos und sonstige Erinnerungsstücke an die Mexikanische Revolution. Zu sehen u.a. Steckbriefe, mit denen nach Pancho Villa gefahndet wurde, und das mit Einschüssen durchlöcherte Auto, in dem er 1923 in Hidalgo del Parral ermordet wurde. Geöffnet 9- 13 und 15- 19 Uhr. Eintritt 1 US.

Pancho Villa war zweifellos eine der schillerndsten Persönlichkeiten und umstrittenster Held der Mexikanischen Revolution ab 191o.

Geboren Nähe Durango am 5. Juni 1878 mit Namen *Doroteo Arango*, hatte er als Peón (Landarbeiter) auf Haciendas gearbeitet. Als 16-jähriger nannte er sich *Francisco Villa*, nach einem berühmten Banditen in Oaxaca, der dort 3o Jahre zuvor die Region und die reichen Grundbesitzer verunsicherte.

Pancho Villa, wie er bald hieß, wurde zum "Rächer der Besitzlosen", indem er organisierten Viehdiebstahl u.a. auf der Hacienda der Familie Terrazas betrieb, der damals mächtigsten und einflußreichsten im Staat Chihuahua.

1910 wurde Chihuahua belagert und eingenommen. Villa baute sich eine Truppe auf, die in großem Stil Rinder stahl, die Tiere jenseits der Grenze in New Mexico verkaufte, um an Geld für Waffen zu kommen. Nächster Schritt war der Klau von Eisenbahnloks und -waggons, die dann für eigene Zwecke eingesetzt wurden: Einer der ersten großen Coups war die Einnahme von Cd. Juárez im Jahre 1911. Pancho Villa hatte einen Zug geklaut und war mit 2.000 Mann in der Stadt eingedampft. Dem dortigen Befehlshaber erzählte er, er sei in staatlichem Auftrag gekommen, was ihm auch geglaubt wurde. Stattdessen besetzte er die Stadt.

Eisenbahnen wurden fortan in großem Stil von der Villa-Truppe geklaut und eingesetzt. Die Züge erlaubten zum einen schnellen Transport zu den jeweiligen Stätten der Aktion. Zum anderen wurden gestohlene Züge mit Dynamit versehen und auf den eingleisigen Strecken den Zügen der Regierungstruppen entgegengeschickt, worauf die Sache in die Luft ging (siehe auch Fotos S. 284).

Weiterhin unterhielt die Truppe Pancho Villas auch eigene Lazarett- Züge, die zur Versorgung bei Kämpfen eingesetzt wurden.

In der Anfangszeit gab es gewisse Konflikte mit anderen Führern der Revolution, - ab 1914 war Pancho Villa jedoch der unbestrittene Befehlshaber der División del Norte. Im Juni 1914 griff er mit einer Rebellentruppe von 23.000 Mann die Bergwerksstadt Zacatecas im Zentralen Hochland an und konnte dort die Regierungstruppen besiegen. Im Dezember 1914 rückte Pancho Villa in Mexico City ein und schloß dort den legendären Pakt mit Emiliano Zapata, der seinen Machtbereich im Süden Mexikos hatte.

Die Ziele der beiden charismatischen Helden der Revolution waren jedoch grundverschieden. Villas División del Norte stammte nicht aus einer homogenen sozialen Schicht (wie Zapatas Bauerntruppe), sondern war ein buntes Konglomerat aus Banditen, Bauern, Bergarbeitern und Kleinbürgern. Die Allianz war daher nicht stark genug, um den von den USA unterstützten Truppen des mexikanischen Präsidenten Venustiano Carranza auf Dauer standzuhalten.

In der Schlacht von Celaya 1915 gegen Regierungsverbände erlitten die Truppen Villas eine schwere Niederlage. Villa flüchtete nach Chihuahua und wurde von seinen Mitstreitern zum Gouverneur von Chihuahua ernannt. Von hier startete er ein wenig erfolgreiches Land- Enteignungs- und Umverteilungsprogramm.

Als die USA 1916 die Präsidentschaft von Carranza offiziell anerkannten, überfiel Villa mit seinen Truppen Columbus im US- Staat New Mexico. Hierbei starben 17 US-Bürger, und Pancho Villa war fortan auch vom Polizeichef in Columbus steckbrieflich gesucht, bei Belohnung von 5.ooo Dollar. Obwohl der Dollar damals mehr wert war als heute, eine sicher nicht umwerfende Summe. Für die Mitstreiter Cervantes, Lopez und Beltran gab es lediglich 1.ooo Dollar...

Man war sich offenbar klar, daß man den mit allen Wassern gewaschenen Fuchs kaum per Steckbrief aufgreifen konnte und beauftragte den US- General Pershing zum Einfangen Pancho Villas. Eine militärische Expedition, die trotz ausgedehnter Streifzüge im Norden Mexikos keinen Erfolg hatte.

192o stellte sich Pancho Villa den mexikanischen Behörden, die ihm als Gegenleistung Straffreiheit und "ruhiges Privatleben auf einer Hacienda" zusicherten. Ein Handel, der zunächst für beide Seiten "funktionierte". Da Pancho Villa als "friedlicher Haciendero" jedoch nach wie vor gefährlich war, wurde er 1923 in Hidalgo del Parral im Hagel von mehr als 1oo Kugeln auf offener Straße in seinem Ford erschossen. Der Anführer des Mordkommandos stellte sich freiwillig, wurde zu 2o Jahren Haft verurteilt und nach wenigen Monaten entlassen.

Pancho Villa, der durch den gewaltsamen Tod lediglich das Alter von 47 Jahren erreichte, galt als excellenter Reiter. Er hatte keinerlei Schulbildung, war Analphabet, - verfügte aber über die Fähigkeit, Menschen für seine Ziele zu motivieren und zu führen. Bei seinem Begräbnis wurden angeblich 3o.ooo Trauergäste gezählt. Er wird noch heute in vielen mexikanischen Liedern verehrt. Weitere Details zur Revolution siehe Seite 157.

MUSEO REGIONAL (9), Bolívar 4o1. In ehemaliger Prunkvilla eines Bergbauingenieurs, gebaut Anfang 2o. Jh. Im Inneren mehrere prachtvolle Jugendstil- Räume und Art Nouveau- Möbel. Im Obergeschoß eine kleine Sammlung von Keramiken der indianischen Paquimé- Kultur sowie Modell eines Wohnhauses von Casas Grandes. Geöffnet 1o- 14 und 16- 19 Uhr, montags geschlossen. Eintritt 1 US.

"Hotel San Francisco", Victoria 4o9. Zentral direkt neben der Kathedrale. Gepflegtes Hotel, ruhig. Moderne Einrichtung, helle und freundliche Zimmer mit AC und TV. DZ ca. 85 US, am Wochenende nur 53 US.

"Hotel Victoria", Colón/Ecke Juárez. Etwas abseits vom Zentrum. Traditionelles Nobelhotel, von außen eher unscheinbar. Innen schön gekachelter Patio, Zimmer gediegen. Edles Wohnen. Vorübergehend wegen Renovierung geschlossen. Dürfte nach Fertigstellung vor allem modernerem Standard bei der Zimmerausstattung entsprechen.

"Hotel Apolo", Juárez/Ecke Carranza. Mitten im Zentrum an lauter Kreuzung. Noble Lobby mit Stuckdecken. Einfache, aber ordentliche Einrichtung mit Teppichboden und AC. DZ ca. 28 US.

"Hotel Del Cobre", Calle 1o/Ecke Progreso. 1o Min. zu Fuß zur Plaza de Armas. Gute Mittelklasse. Große, saubere Zimmer. Besser als ähnlich teure Hotels im Zentrum. DZ ca. 2o US, mit TV ca. 30 US.

"**Hotel Santa Regina**", Calle 3 a Nr. 1o7. Äußerlich trister Betonkasten. Von innen jedoch in besserem Zustand und modern eingerichtet. Ordentliche, saubere Bäder. Die meisten Zimmer zur ruhigen Seitenstraße. DZ ca. 33 US.

"**Hotel Reforma**", Victoria 8o9. Nähe Kathedrale. Schönes Haus, das schon bessere Tage gesehen hat. Backsteinfassade und aufwendiger Patio. Einfach und sauber. Die Zimmer gehen ab vom ruhigen Innenhof. DZ ca. 14 US.

"**Hotel Roma**", Libertad 1o15. Fünf Blocks von der Kathedrale entfernt, in wenig belebter Seitenstraße. Große Zimmer mit Bad, kräftig abgewohnt. DZ ca. 12 US, mit TV teurer.

"**Hotel San Juan**", Victoria 823. Eingang durch schönen, gekachelten Patio. Leider halten die Zimmer da nicht mit. Zwar ruhig, aber klein und düster. Mobiliar und Bettdecken haben schon ihre Jahre auf dem Buckel. DZ ca. 1o US.

"**Hotel Victoria**", Victoria 82o. Wenige Schritte von der Kathedrale. Basic mit Gemeinschaftsbad. Zimmer im ruhigen Patio. Familiär, passabel sauber. DZ ca. 8 US.

"**Hotel Casa de Huéspedes**", Calle 12/Ecke Libertad. Sehr basic mit Gemeinschaftsbad. Winzige Zimmer mit Minimalausstattung vom ruhigen Innenhof, der immerhin mit vielen Pflanzen verschönert ist. Ein billiges Dach überm Kopf. DZ ca. 8 US.

REGIONALE SPEZIALITÄTEN: "Laurel", ein ausgezeichneter Käse, den die Mennoniten herstellen, die sich seit 1921 bei der Stadt Cauhtémoc angesiedelt haben und dort Landwirtschaft betreiben (ca. 1oo km von Chihuahua entfernt).

DEGA, Victoria 4o9. Im Hotel San Francisco. Erstaunlich lockere Kneipenatmosphäre. Beliebter Treffpunkt bei Kaffee oder Bier. Gutes Essen zu mittleren Preisen. Vielseitige Auswahl vom Imbiß bis zum Steak.

LA PARILLA, Victoria 42o. Spartanische Einrichtung. Tacos, Steaks, große Portionen. Preise mittel.

MI CAFE, Victoria 1ooo. Einfache Cafeteria im Fast- Food- Stil mit gutem Frühstück und preiswerten mexikanischen Gerichten. - DELFIN, Juárez 3oo. Großer, nicht gerade gemütlicher Speisesaal mit Blick aufs Geschehen außerhalb. Fisch und Mariscos in allen Variationen zu mittleren Preisen.

LOS VITRALES, Colón/Ecke Juárez. Nobelrestaurant in alter Villa. Internationale Küche. Teuer. - LA CALESA, Colón/Ecke Juárez. Die Ergänzung zum Los Vitrales in einem schlichten Neubau. Teuer.

LA PARILLA NORTEÑA, Aldama/Ecke Carranza. In einfacher Cafeteria, Steaks vom Grill, Preise billig bis mittel.

GIORGI'S, Aldama 3o3. Kleines Pizzarestaurant mit rustikalen Holzbänken. An Werktagen Mittagsbuffet zum Sattessen mit Nudeln, Pizza, Salaten. Billig.

In der Aldama zwischen Calle 15 und Calle 21 befinden sich mehrere sehr billige Taquerías mit passablen mexikanischen Gerichten.

FERIA DE SANTA RITA: variables Datum, zwei Wochen im Mai. Regionalmesse mit kulturellem Rahmenprogramm, Hahnenkämpfen etc.

DISKOTHEKEN: Wer sich einige Zeit in der Einsamkeit der Sierra Tarahumara herumgetrieben hat, bekommt in Chihuahua möglicherweise Lust auf laute Musik und Menschengedrängel. Der richtige Moment für einen Disco- Besuch: ROBIN HOOD, Ernesto Talavera 2o8. SAHARA, Calle 5 a, Nr. 6o4.

SHOPPING: Chihuahua ist ein Dorado für Freunde von Westernkleidung und extravaganten Lederstiefeln à la John Wayne oder Clint Eastwood, jenen vorn spitz zulaufenden Ungetümen mit den gewaltigen Absätzen:

LA MONTAÑA, Ocampo/Ecke Victoria. Besonders außergewöhnliche Lederstiefel. - BOTAS EL CHARRO, Libertad 821. Maßanfertigung von Lederstiefeln. - JAMA, Libertad 817. Lederwesten und Ledergürtel. Eine Reihe ähnlicher Geschäfte in der Nähe der Kreuzung Ocampo/Juárez.

Wer von Chihuahua aus mit dem Pferd weiter will, kann sich einen Sattel anfertigen lassen in einer der urigen Sattlereien, Av. Ocampo 2o3-211. Sind auf jeden Fall einen kurzen Blick wert.

Verbindungen *ab Chihuahua*

Flug: Airport weit außerhalb der Stadt. Kleinbusse fahren für 8 US pro Person zu jedem gewünschten Hotel. Taxi 25 US ins Zentrum.

AEROMEXICO (Büro: Victoria 1o4) fliegt täglich mindestens 1 x nach: Ciudad Juárez (125 US) 3o min., - Hermosillo (12o US) 1 Std., - Mexico City (29o US) 2 Std., - Monterrey (195 US) 1 Std., - Tijuana (195 US) 2 1/2 Std. (über Hermosillo), - Culiacán (14o US) 1.2o Std.

Eisenbahn: Chihuahua besitzt 2 Bahnhöfe, die leider sehr weit voneinander sowie vom Busterminal entfernt sind.

Der BAHNHOF (12) für den Zug zur Barranca del Cobre und nach Los Mochis befindet sich in der Calle Méndez/Ecke Calle 24. Zu erreichen vom Zentrum aus ab Av. Ocampo mit dem Stadtbus "Avalos". Aussteigen an der Kreuzung mit Calle Mendez, von dort 4 Blocks zu Fuß. Bei Ankunft des Zuges abends kein Bus direkt ab Bahnhof. Daher entweder die 4 Blocks durch das düstere Viertel bis zur Av. Ocampo gehen oder sich den überzogenen Forderungen der Taxifahrer beugen (6- 8 US).

Kupferschlucht ab Chihuahua: nach derzeitigen Fahrplänen Abfahrt des schnelleren Zuges "Nuevo Chihuahua Pacifico" um 7 Uhr früh (36 US). Der schönste Teil der Strecke zwischen Creel und 2.ooo m Abstieg runter zum Pazifik wird tagsüber gefahren. Der Zug erreicht Los Mochis nach Fahrplan gegen 21 Uhr, obwohl auch hier Verspätungen drin sind.

Der langsamere Zug "El Tarahumara" verläßt Chihuahua um 8 Uhr und kommt in jedem

Fall in der Dunkelheit in Los Mochis an. Auch wenn er billiger ist: bei Verspätungen und im Winterhalbjahr sieht man vom interessantesten Teil der Strecke nichts, da in Dunkelheit gefahren.

Vom BAHNHOF (16) in der División del Norte/Ecke Tecnológico fährt täglich ein Zug nach <u>Ciudad Juárez</u> (7 US) 5 1/2 Std. sowie südwärts nach Zacatecas (17 US) 16 Std. und Mexico City (38 US) 3o Std.

Bus: Neuer Bus- Terminal weit außerhalb Richtung Flughafen. 1oo m vom Ausgang entfernt warten die Stadtbusse ins Zentrum. Taxi- Tickets in der Haupthalle für 5 US. Von der Stadt aus Busse mit Aufschrift "Central Camionera" ab Ocampo/Ecke Juárez.

Mehrmals pro Tag Verbindungen nach:
Ciudad Juárez (14- 21 US) 5 Std., - Mexico City (55- 7o US) 2o Std., - Guadalajara (4o- 7o US) 18 Std., - Durango (22- 26 US) 1o Std., - Mazatlán (39 US) 17 Std., - Monterrey (26- 38 US) 12 Std., - Tijuana (57 US) 25 Std., - Creel (1o US) 5 Std., - Nuevo Casas Grandes (11 US) 4 Std. sowie in viele weitere Städte ds Nordens.

Transport in Chihuahua: Die Sehenswürdigkeiten im Zentrum sind bequem zu Fuß zu erreichen. Etwas abseits, aber in der gleichen Richtung liegen das Museo Regional und das Museo de la Revolución, 2o Min. zu Fuß oder per Taxi. Mit Bussen eher umständlich.

Paquimé (Casas Grandes)

Bedeutendste archäologische Ausgrabungsstätte in Nordmexiko. Etwa 5o Hektar in einem Wüstental. Vergleichbar mit verschiedenen, im Südwesten der USA gefundenen Anlagen der Pueblo- Indianer; deutlich aber auch Einflüsse mesoamerikanischer Kulturen. Paquimé wurde erst Ende der 5oer Jahre des 2o. Jahrhunderts freigelegt.

Zu sehen sind Überreste zahlreicher Gebäude und Kultstätten: pyramidenartige Erhebungen, eigentümlich geformte Mauern sowie Ballspielplätze. Die Wohngebäude waren einst zwei- oder sogar dreistöckig, manche von ihnen hatten bis zu 3oo Räume, die vermutlich bis zu tausend Menschen beherbergten.

Die Reste eines ausgeklügelten Kanalsystems verweisen auf die Wasserversorgung dieser Wüstensiedlung: Brunnenbohrungen von bis zu 15 m Tiefe ergänzten die Bewohner von Paquimé durch Kanäle, die den kostbaren Rohstoff von den Hügeln der Sierra herableiteten. In den Bergen wurde das Wasser aus zahlreichen Bächen entnommen, in einem Hauptkanal zusammengefaßt und dann über mehrere Kilometer in die Stadt geleitet.

Die Blütezeit von Casas Grandes lag zwischen 9oo und 13oo n. Chr. In jener Zeit diente die Siedlung als eine Art Verbindungsglied zwischen den hochentwickelten Indianerkulturen Mexikos und den Völkern im heutigen Südwesten der USA. An dieser Nahtstelle trafen sich Handelswege, auf denen die tropischen Produkte der mittelamerikanischen Küstenregionen sowie Salz und Felle aus dem weniger entwickelten Norden transportiert wurden. Die Funde in Paquimé weisen darauf hin, daß sich die Stadt selbst zu einem wichtigen Umschlagplatz für diese Güter entwickelt hatte.

Kein Wunder auch, daß sich dort kulturelle Einflüsse von Nord und Süd vermischten und zu einer besonderen Zivilisation führten. Augenfälligstes Beispiel ist das mesoamerikanische Ballspiel, das über die Händler seinen Weg bis nach Paquimé fand und dort offenbar auch in ritueller Form praktiziert wurde.

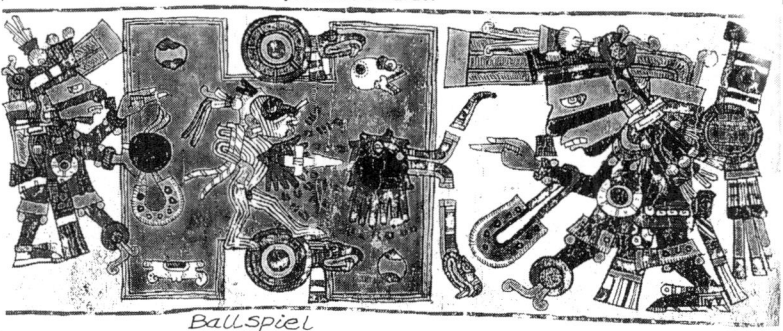
Ballspiel

Paquimé verlor seine wichtige Stellung am Schnittpunkt zweier Kulturen vermutlich im 13. Jahrhundert, nachdem der Handel durch den Abzug der Tolteken aus dem mexikanischen Hochland zum Erliegen gekommen war. Die dadurch arg geschwächte Stadt war in der Folgezeit den Angriffen von Indianerstämmern ausgesetzt, die von Norden her aufgrund langjähriger Dürreperioden in die Region vorrückten. Um 124o kam für die Stadt ein plötzliches Ende: Invasoren eroberten Casas Grandes und zerstörten die Kultstätten. Noch heute deuten Brandspuren darauf hin, daß auch die Wohnhäuser niedergebrannt wurden.

Verbindungen: Von Chihuahua aus rund 37o km bis zum Ort Nuevo Casas Grandes, entweder über die Hauptstraßen Mex 45 und 1o oder Nebenstrecke über die Mennonitensiedlung Cuauhtémoc. Ab Ciudad Juárez ca. 27o km. Busse mehrmals pro Tag ab Chihuahua (11 US/4 Std.) nach Nuevo Casas Grandes. Von dort lokaler Bus über 8 km zum Ort Casas Grandes und den Ruinen von Paquimé. Übernachtung am besten in Nuevo Casas Grandes im "Motel Piñón", 6o5 Juárez (ca. 33 US). Das Haus ist schlicht, hat aber zwei Vorteile: kleines Museum mit Keramik der Paquimé- Kultur, und die Besitzer kennen sich aus.

Der Abstecher ist insgesamt relativ weit und unbequem. Lohnt sich aber, wenn man sowieso von Chihuahua aus nach Ciudad Juárez oder Mexicali/ Tijuana unterwegs ist.

★Ciudad Juarez (1.14o m, ca. 78o.ooo Einw.)

Grenzort rüber nach El Paso/USA mit Busterminal, Bahnhof und Airport.

Ziel von US-Daytrippern, die zum Shopping nach Cd. Juarez kommen, ebenso deutsche Bundeswehr-Piloten, die in New Mexico für Übungsflüge stationiert sind.

> Geschichte machte Cd. Juarez 1913, als Pancho Villa eine Dampflok und die anhängenden Zugwaggons gekapert hatte und mit 2.ooo Mann in die Stadt eindampfte. Die Aktion erfuhr keinen Widerstand, da Pancho Villa dem Stadtkommandanten erklärte, es handele sich hier um einen Verstärkungstrupp für die Royalisten... Mitte 2o. Jh. erfuhr Cd. Juarez Aufschwung durch die Grenzlage zu den USA.

Als Stadt kein Tip für längeren Aufenthalt. Allenfalls interessant als Ausgangspunkt für den Abstecher zur 2oo km südlich gelegenen Ruinenstadt CASAS GRANDES.

✦Nogales (11o.ooo Einw.)

Typische Grenzstadt, wichtigster Übergang nach Arizona. Kleiner, provinzieller und nicht ganz so trostlos wie andere Grenzstädte im Norden, da in den engen Straßen der Innenstadt trotz starker Ausrichtung auf US-Kurztourismus noch etwas mexikanisches Leben zu erkennen ist. Hektisches Geschiebe von Menschen und Autos.

Unterkünfte sind billiger als auf der amerikanischen Seite der Grenze, aber für mexikanische Verhältnisse immer noch überteuert. Einige passable Hotels in der Kategorie von 15-25 US in der Avda. Juárez, wenige Schritte vom Grenzübergang entfernt. Ähnlich "Fray Marcos de Niza", Avda. Campillo 91, mitten im Shopping-Getriebe von Nogales.

SIERRA MADRE: Einsame Bergwelt im Osten von Nogales. Sie gehörte zu den Jagdgründen der Apachen, die dort im 19. Jahrhundert in Konflikt mit mexikanischen Siedlern gerieten und später von der US-Armee über ein Vierteljahrhundert lang bekämpft und schließlich besiegt wurden. Vor allem der legendäre Häuptling Geronimo fand in der mexikanischen Sierra immer wieder Schlupfwinkel, die ihn dem Zugriff der Truppen entzogen.

> Die Apachen hatten im 18. und 19. Jh. auf das spanische und mexikanische Eindringen in ihr Territorium mit Überfällen und Viehdiebstahl reagiert und befanden sich in einem beständigen Kleinkrieg mit Siedlern und Soldaten. Die mexikanische Regierung entschloß sich daraufhin 1837 zu einer Ausrottungspolitik und setzte eine Prämie auf jeden Apachenskalp aus.
>
> Jenseits der Grenze besiegten Truppen der US-Armee die Chiricahua-Apachen unter Führung des Häuptlings Cochise und verbannten die Indianer in Reservate in Arizona. Doch das Leben im Reservat stellte für die Apachen keine dauerhafte Alternative dar: Als Nomaden konnten sie sich nicht über Nacht an eine seßhafte Lebensweise gewöhnen, und die Reservatsverwaltung machte ihnen das Leben zusätzlich schwer. Kein Wunder, daß sie das Reservat immer wieder verließen und in Arizona und Nord-Mexiko auf Beutezug gingen.
>
> Eine kleine Gruppe von Apache-Kriegern, Frauen und Kindern um den Häuptling Geronimo setzte sich 1876 endgültig ab und verschwand in den Bergen der Sierra Madre im

nördlichen Mexiko. Dort kannten sie sich bestens aus, da ihr Stamm in dieser Gegend beheimatet war. Für das kommende Jahrzehnt sollten sie zum Alptraum für die amerikanische Armee werden.

Obwohl Geronimo gleichzeitig nie mehr als hundert Krieger zur Verfügung hatte, machte er den Norden Mexikos und den Süden Arizonas unsicher. Lediglich einmal ließ er sich fangen, nur um kurz darauf wieder aus dem Reservat zu verschwinden. Mehrfach handelte er mit seinen Verfolgern die freiwillige Rückkehr aus, doch lange hielt es ihn nie in den miserablen Zuständen des amerikanischen Reservats. Problemlos rekrutierte Geronimo unter den unzufriedenen Bewohnern neue Anhänger und verschwand wieder in den mexikanischen Bergen.

Geronimos Überfälle diesseits und jenseits der Grenze veranlaßten Mexiko und die USA sogar zu einem Abkommen, das den wechselseitigen Grenzübertritt regulärer Truppen bei der Apachen-Verfolgung gestattete. Doch auch durch diese Maßnahme konnte Geronimo nicht gefaßt werden. Erst der Einsatz indianischer Scouts führte die US-Truppe näher an das Rückzugsgebiet des Apachen-Häuptlings in der Sierra Madre heran.

1884 handelte Geronimo mit US-General Crook, seinem langjährigen Verfolger, einen Frieden aus. Er kehrte von Mexiko aus freiwillig ins Reservat zurück, wobei er zahlreiche Zugeständnisse für sich und seine Krieger erlangte. Doch dort brachen erneut Spannungen aus, so daß Geronimo wiederum verschwand.

Die Armee setzte nun alles daran, um die Indianer endgültig zu unterwerfen. Zunächst wurde die Mehrzahl der Reservat-Apachen nach Florida transportiert, um Geronimo von seiner Familie und seinem Stamm zu isolieren. Danach marschierten rund 5.000 Soldaten über die mexikanische Grenze, um die Jagd auf die knapp fünfzig verbliebenen Apache-Krieger zu beginnen. In den Bergen der Sierra Madre installierten sie eine Art Telegraphen-System, das die Kommunikation der Truppenteile erleichtern sollte. Wasserstellen und strategische Pässe blieben dauerhaft besetzt. Irgendwie mußte sich Geronimo in diesem Netz verfangen.

Doch der bewegte sich und seine Krieger schneller und unvorhersehbarer denn je durch das Gebirge. Zwischenzeitlich tauchte er sogar wieder in Arizona auf. Die Armee konnte den Häuptling einfach nicht fassen. Deshalb entschloß man sich zu einem Verhandlungsangebot: Langfristig hatten die Gejagten keine Überlebenschance, und das mußte auch Geronimo einsehen. Man bot ihm Straffreiheit und eine Zusammenführung mit seinem Stamm in Florida an.

Der damals 57jährige Häuptling hatte seine letzte Kraft in der endlosen Flucht verausgabt, ließ sich auf die Bedingungen ein und begab sich 1886 freiwillig in die Gewalt seiner Verfolger. Nach über 25 Jahren war damit der Widerstand der Apachen im Norden Mexikos und im Südwesten der USA endgültig gebrochen; mit Geronimo hatte der letzte bedeutende nordamerikanische Indianerhäuptling seinen Kampf gegen den Weißen Mann eingestellt.

Wahrscheinlich war er nicht einmal überrascht, daß er entgegen den Absprachen doch für zwei Jahre ins Gefängnis gesteckt wurde. Zu oft hatten die Weißen ihre Verträge und Zusicherungen gegenüber seinem Volk gebrochen. 1894 kamen er und die verbliebenen Chiricahua-Apachen in ein Reservat in Oklahoma, wo die meisten binnen kürzester Zeit erkrankten und starben. Geronimo lebte bis 19o9, gelegentlich bei nationalen Feierlichkeiten in Washington vorgeführt als Symbol für die Unterwerfung der Indianer. Die Wildnis und die vertrauten Berge seiner nordmexikanischen Heimat hat er nie wiedergesehen.

BAJA CALIFORNIA

Landschaftlich einer der Höhepunkte einer Mexiko- Reise: ausgedehnte und abwechslungsreiche Wüsten mit Gebirgslandschaften, erloschenen Vulkanen, Lavafeldern und Kakteenwäldern. Kurze, aber traumhaft schöne Küstenstrecken am Pazifik und am Mar de Cortés.
Oasen mit Dattelpalmen und jede Menge einsame, oft schwer zu erreichende Strände. Im Januar/Februar kommen Tausende von Grauwalen zum Kalben in die Buchten bei Guerrero Negro. Im Norden ausgiebiger "kleiner Grenzverkehr" mit den USA, der sich aber südlich von Ensenada schnell verläuft. An der Südspitze der Halbinsel ein Wassersportparadies mit einigen Tourismuszentren.

Vom restlichen Mexiko ist Baja California getrennt durch das Mar de Cortés, auch genannt Golfo de California. Dieser 1.600 km lange Meeresarm ist eines der biologisch interessantesten und artenreichsten Meeresgebiete der Welt. Durch die Halbinsel Baja California vom offenen Pazifik abgeschirmt, haben sich im warmen und mineralreichen Wasser des Golfs etwa 800 verschiedene Fischarten entwickelt, leben Seelöwen, Delphine und Wale.

Wer Baja California auf den üblichen Wegen durchquert, wird von all dem nicht viel sehen. Aber von den wenigen Küstenstrecken, die am Mar de Cortés entlangführen, bekommt man zumindest einen Eindruck von der phantastischen, tiefblauen Farbe und der Sauberkeit des Wassers. Wer die vielfältige Meeresfauna intensiver erleben will, schließt sich am besten einer der Hochseetouren an, die hauptsächlich von der Südspitze der Halbinsel aus die Gewässer des Golfo de California ansteuern.

Inzwischen ist das Ökosystem des Meeresarms allerdings stark gefährdet, und zwar weniger durch die Sportangler oder die wenigen Touristenzentren an der Küste, sondern durch zahlreiche Ölbohrungen und den industriellen Fischfang. Ob die eingeleiteten Maßnahmen zum Schutz dieses einzigartigen Meeres wirklich ernst gemeint sind oder nur die Begleitmusik zur endgültigen Überfischung und Ausbeutung darstellen, wird sich in den nächsten Jahren erweisen.

ZEITZONEN
Der Norden der Halbinsel bis kurz vor Guerrero Negro hat zwei Stunden Zeitunterschied zum zentralen Mexiko; im Südteil gilt die Pazifikzeit mit einer Stunde Unterschied zur Zentralzeit.

EINREISE AUS USA
Ebenso wie für die gesamte nordmexikanische Grenzregion gilt auch für Baja California: Bei der Einreise aus den USA ist die Grenzüberquerung ohne Formalitäten möglich, da ein kleiner Grenzverkehr für US- Bürger eingerichtet ist.

Wer aber über die Grenzstädte hinaus nach Mexiko einreist, muß sich seine Touristenkarte unaufgefordert am Grenzübergang abstempeln lassen. Wenn nicht, wird man bei einer der Kontrollen auf dem Weg ins Landesinnere zurückgeschickt, verliert viel Zeit und Pesos für das Busticket.

REISEROUTEN:

Durchquerung der Halbinsel von Nord -> Süd oder umgekehrt benötigt ca. 4- 8 Tage je nach Länge der Abstecher und Aufenthalte. Direkte, aber nicht sehr häufige Busverbindungen auf der MEX 1 zwischen Tijuana und Los Cabos sowie auf den entsprechenden Teilstrecken.

Die Fahrt auf der MEX 1 über die Halbinsel ist zwar sehr reizvoll, die Schönheit und Einsamkeit der Landschaft erschließt sich jedoch besser bei Abstechern ins Hinterland und an die Küsten. Dazu ist ein eigener PKW (möglichst mit 4- Rad- Antrieb) Voraussetzung, schlägt allerdings entsprechend in der Reisekasse zu Buche.

Wegen der großen Entfernungen innerhalb Mexikos empfiehlt sich z.B. ab Mexico City Flug nach Tijuana. Dort mit dem Bus über die Halbinsel runter nach La Paz, und hier Flug nach z.B. Los Mochis (Ausgangspunkt der spektakulären Eisenbahnstrecke durch die Kupferschlucht nach Chihuahua, siehe Seite 4o1) bzw. Schiff La Paz -> Los Mochis bzw. Mazatlán.

Autovermieter gibt's u.a. in Tijuana und La Paz. Reine Entfernung zwischen beiden Städten ca. 1.45o km, ohne Abstecher. Sofern möglich, ist daher Anmietung auf Basis "unbegrenzter Kilometer" sinnvoll. Achtung: PKW- Transport auf dem Schiff z.B. La Paz -> Mazatlán mit ca. 145 US recht teuer, Fähre rechtzeitig für PKW- Transport vorbuchen!

Einige Autovermieter in San Diego/Kalifornien akzeptieren per Sondervertrag inzwischen auch den Grenzübertritt nach Mexiko, wenn die Tour auf Baja California beschränkt bleibt. Besonders attraktiv für einsame Wüstenstrecken ist die Anmietung eines Allradfahrzeugs. Die Firma M&M hat Büros in San Diego und Cabo San Lucas, so daß man die rund 1.5oo km der Halbinsel in jeder gewünschten Richtung durchqueren kann. One-way Miete ohne Aufschlag. Kontakt von Europa aus am einfachsten über M&M in San Diego, 22oo El Cajon Blvd., Tel. (619)297-1615 oder 800-464-5724.

Flugverbindungen: ab San José del Cabo im äußersten Süden der Halbinsel täglich nach Guadalajara (siehe Seite 295) im Zentralen Hochland von Mexiko. Rundtrips im Zentralen Hochland (ab S. 25o) können daher bei knapper Urlaubszeit mit nur 1 1/4 Std.- Flug der Mexicana nach Baja California verbunden werden. Zudem preisgünstig per "Mexicana- Airpass", siehe Seite 12.

Die beste Reisezeit für Baja California sind die Wintermonate, da es im Sommer beinahe unerträglich heiß ist und die Landschaft von der glühenden Sonne verbrannt wird.

★ Mexicali (ca. 600.000 Einw.)

Hauptstadt des Staates Baja California und Grenzstadt par excellence. Der Name "Mexicali" ist ein Kurzcombi aus Mexico und California, - ebenso wie die auf der anderen Seite der Grenze liegende Stadt "Calexico".

Mexicali ist wichtiger Verkehrsknotenpunkt im äußersten Norden Mexikos und rüber nach USA, lebt vom Handel und Schmuggel sowie US- Kurztourismus. Ansonsten ein absolut tristes Pflaster, das man am besten so schnell wie möglich wieder verläßt. Wer hier strandet, weil er von oder nach Kalifornien nicht sofort Anschluß bekommt, vertreibt sich die Zeit am besten bei einem ausgiebigen Menü in einem der unzähligen chinesischen Restaurants, die es in jeder Preiskategorie und Qualität gibt.

Nordmexikanische Grenzstädte wie MEXICALI leben zum großen Teil von der Hoffnung Hunderttausender von Menschen, die in diese Grenzregion Mexikos kommen, um an der Wirtschaftsmacht des großen Nachbarn USA teilzuhaben.

Schon Ende des 19. Jahrhunderts begann diese Bewegung mobiler Arbeitskräfte zur Grenze hin: Als Saisonarbeiter ließen sich in der Landwirtschaft von Kalifornien oder Texas ein paar Dollars verdienen. Und die Mexikaner waren bei den US- Farmern lange Zeit als billige Arbeitskräfte willkommen - bis zur Weltwirtschaftskrise, als massenhafte Ausweisungen und Zwangsdeportationen vorgenommen wurden.

Ab 1942 nahm das Hin und Her der Wanderarbeiter dann offizielle Formen an: In einem Vertrag, dem sogenannten Bracero- Programm, einigten sich Mexiko und die USA auf bestimmte Quoten mexikanischer Arbeitskräfte, die Jahr für Jahr zur Erntezeit die Grenze für eine festgelegte Frist überqueren durften.

Das Abkommen wirkte wie ein Magnet, und die Grenzstädte im Norden erlebten ihren ersten großen Wachstumsschub, obwohl nur ein geringer Prozentsatz der Bewerber überhaupt die Arbeitserlaubnis erhielt und den Sprung über "la línea" schaffte. Der Rest blieb auf der mexikanischen Seite und bevölkerte dort die Elendsviertel - immer in der Hoffnung, es doch noch einmal zu schaffen. Oder aber sie überquerten illegal die Grenze, siehe Seite 372.

Und dabei ist es bis heute geblieben. Das Bracero- Programm wurde zwar 1964 beendet, die Migration Richtung Norden ist aber weitergegangen und hat sich sogar verstärkt.

Einige schaffen die dauerhafte Integration ins Arbeitsleben jenseits der Grenze, viele fristen eine unstete Existenz als legale oder illegale Saisonarbeiter. Die meisten Mexikaner müssen zusehen, wie sie in einer Grenzstadt über die Runden kommen, in der die Preise sich inzwischen eher dem US- Niveau annähern.

Klima: Heiß und trocken. Im Sommer brütende Hitze mit Temperaturen über 4o° Celsius.

 Wer sich die Vorzüge einer Grenzstadt wie Mexicali von einheimischen Experten anpreisen lassen möchte, die Stadt hat auch ein Touristenbüro: Blvd. López Mateos/Ecke Camelias.

Geldwechsel: Jede Menge Casas de Cambio an der Grenze und im Zentrum.

"Hotel Lucerna", Blvd. Juárez 2151. Großes Hotel außerhalb des Zentrums. SW- Pool. Zimmer modern eingerichtet und komfortabel mit AC. DZ ca. 82 US.

"Hotel Calafia", Blvd. Justo Sierra 1495. Abseits vom Zentrum. Angenehmes Ambiente in trister Umgebung. Angemessener Komfort der Teuer- Klasse. SW- Pool und moderne, freundliche Zimmer. DZ ca. 95 US.

"Hotel Caliss", Reforma 646. Hotel mit einem Rest von mexikanischer Atmosphäre und einem Anklang von Kolonialstil. Die meisten Zimmer sind allerdings klein und düster mit Fenster zum Gang. Zentral gelegen, DZ ca. 42 US.

"Hotel Del Norte", Madero/Ecke Melgar, direkt am Grenzübergang. Teppichboden, TV im Zimmer. Gepflegtes Ambiente, DZ ca. 42 US.

"Hotel Plaza", Madero 366. Zentral. Nicht mehr besonders neu, aber Zimmer sind in Ordnung und sauber, mit AC, Teppichboden und TV. DZ ca. 22 US.

"Hotel Palacio", Reforma 52o. Im Hinterhof. Einfache, aber ordentliche Zimmer. Einrichtung abgewohnt, sanitäre Anlagen haben bessere Zeiten gesehen. DZ ca. 18 US.

"Hotel Kino", México 279. Basic, Minimalausstattung mit alten, klapprigen Möbeln. Bäder in traurigem Zustand. Passabel sauber. Ein billiges Dach überm Kopf, wenn man in Mexicali unfreiwillig hängen bleibt. DZ ca. 17 US.

Hotels unter 15 US gibt es in der Av. Reforma. Ob sich allerdings jemand in diese "Herbergen" reintraut, sei jedem selbst überlassen. Lieber etwas teurer wohnen und mal anderswo ein paar Pesos einsparen. Besser noch: den nächsten Bus nehmen und weiter.

Einige der zahlreichen chinesischen Restaurants im Zentrum sind ein angenehmer und nicht so teurer Ort für einen Aufenthalt und eine ausgiebige Mahlzeit. Drei positive Beispiele:

MANDARIN, Reforma 628. "Typisch chinesischer" Speisesaal. Preise billig bis mittel. - CHU LIM, Morelos 251. Das übliche "chinesische" Ambiente, Preise mittel. - BUENDIA, Altamirano 263. Ebenfalls vorwiegend China- Küche. Als Alternative aber auch mexikanische Gerichte. Qualität zufriedenstellend, Preise sehr niedrig.

Die Restaurants in den Hotels Caliss und Del Norte bieten mexikanische und internationale Küche und sind akzeptabel.

Außerhalb des Zentrums einige Teuer- Restaurants, vornehmlich besucht von US- Kurztouristen. Ohne Auto aber nur schwer zu erreichen. Allein für den Taxipreis retour gibt es bei den Chinesen des Zentrums mindestens vier komplette Menüs.

SHOPPING
Die gesamte Innenstadt ist eine Art Markt für Billigwaren, hergestellt in Mexiko oder Südostasien für den "kleinen Grenzverkehr" mit den USA.

Verbindungen ab Mexicali

Flüge: Flughafen an der MEX 2 Richtung Osten.

MEXICANA (Büro: Madero 832) fliegt täglich nach Guadalajara (23o US/2,5 Std.) und Mexico City (33o US/4 Std. über Guadalajara).

AEROCALIFORNIA (Büro: Calafia 672) fliegt täglich nach Guadalajara (175 US/2,5 Std.).

Eisenbahn: Wer von Kalifornien direkt ins Zentrale Hochland möchte, hat von Mexicali aus eine interessante Alternative zu den üblichen Flug- und Busreisen. Dauert zwar länger, ist aber bequem und hat seinen eigenen Reiz. Mit dem "Tren Pacífico" täglich 1 x nach Guadalajara (85 US/ 34 Std.). Nachteile: Der Zug ist oft langfristig ausgebucht. Außerdem sitzt man unter Umständen einen Tag in der Grenzstadt und wartet auf die einzige Abfahrt, während man mit einem der häufigen Busse die Tristesse längst hinter sich lassen kann.

Bus: Selbst der Busbahnhof (López Mateos/Ecke Independencia, ca. 4 km südlich des Grenzübergangs) ist in Mexicali trostloser als anderswo: übersät mit Autowracks und Menschenmassen, die für ein Ticket anstehen.

Ständige Abfahrten nach: Tijuana (7- 8 US/3 Std.) sowie mehrmals pro Tag nach: Hermosillo (18- 22 US/1o Std.), - Los Mochis (37- 40 US/18 Std.), - Guadalajara (58- 7o US/35 Std.), - Mexico City (8o- 95 US/47 Std.), - La Paz (6o US/27 Std.).

Außerdem mindestens 1 x pro Tag in weitere Städte des Nordens sowie mehrere Direktbusse nach Los Angeles, USA (27 US/5 Std.).

Transport in Mexicali: Direkt hinter der Grenze (López Mateos/Ecke José Azueta) pendelt ein Stadtbus zum Terminal der Überlandbusse. Haltestelle dort direkt gegenüber dem Eingang. Als Zugabe gibt es auf dieser Strecke eine "City- Tour", vorbei an einigen Häßlichkeiten, die besonders charakteristisch für nordmexikanische Grenzstädte sind.

Ebenfalls zwischen Grenze und Busterminal verkehren Colectivo- Taxis. Fahrziel beim Einsteigen angeben.

Taxis verlangen horrende "Gringo- Preise", Handeln ist ziemlich aussichtslos. Grenze -> Busbahnhof ca. 1o- 15 US.

Mexicali -> Tijuana (19o km)

Die MEX 2 führt zunächst vorbei an der Laguna Salada, einem riesigen Salzsee im Norden von Baja California. Danach schlängelt sich die Straße in steilen Windungen eine Bergkette hinauf, die zeitweise so aussieht, als hätte hier ein gigantischer Sisyphus ungeheure Haufen aus großen Felsblöcken aufgeschichtet, eine Wüste aus Millionen von Wackersteinen. Die Autowracks am Fuße der Abhänge flößen enormes Vertrauen ein in die Haltbarkeit der Leitplanken. Von der höchsten Stelle hat man weiten und spektakulären Blick auf die Ebene, wo in der Ferne Mexicali liegt.

★Tijuana (ca. 750.000 Einw.)

Unansehnliches Eingangstor von Kalifornien in den Nordwesten Mexikos und nach Baja California. Tijuana ist zwar nicht typisch mexikanisch, dafür gibt es hier ein Unterhaltungsangebot, wie es im sonstigen geschichts- und kulturträchtigen Mexiko nicht so geballt geboten wird:

Windhundrennen, die heißesten Diskotheken des Landes, Stierkämpfe und ähnliches mehr. Wer Richtung USA ausreist, kann sich in den zahllosen Shopping- Centers preiswerter als auf der anderen Seite der Grenze eindecken. Ein Bummel über die Avenida Revolución macht deutlich, was "US- Kurztourismus" bedeutet und erspart den Besuch anderer Städte am sogenannten Tortilla- Curtain.

Tijuana ist ein weltweites Unikum: Einerseits gehört etwa ein Drittel der Einwohner zur sogenannten "población flotante", d.h. ist ständig auf dem Sprung über die Grenze nach Kalifornien oder gerade von dort zurückgekehrt. Andererseits kommen jährlich rund 3o Millionen (!) US- Touristen nach Tijuana auf der Suche nach dem billigen Vergnügen jeglicher Art und machen die Stadt zur meistbesuchten der Welt. Daß Tijuana überall den Eindruck eines riesigen Durchgangslagers vermittelt, ist daher nicht verwunderlich.

Klima: Gemäßigtes Meeresklima mit heißen Tagen im Sommer und kühlen Nächten im Winter.

 Kleine Touristenbüros direkt an der Grenze sowie Calle 1/ Ecke Revolución. Wer ein wenig insistiert, bekommt nicht nur Material zu Tijuana, sondern auch brauchbare Informationen und Karten für die Halbinsel Baja California.

Post: Negrete/Ecke Calle 11. - **Telefon**: Viele "larga distancia" Telefonbüros in der Av. Revolución. - **Geldwechsel**: Casas de Cambio wie Sand am Meer im Bereich um die Av. Revolución.

TRANSPORT IN TIJUANA

ZU FUSS: Von der Grenze bis in die Innenstadt sind es knapp 1o Min. Auch entlang der zentralen Av. Revolución geht man am besten zu Fuß.

BUS: Ein Block hinter der Grenze, direkt im Anschluß an die "Taxi- Region", stehen die Busse, die in alle Teile der Stadt und zum Busbahnhof fahren.

COLECTIVOS: Rote Colectivo- Taxis (zumeist Station- Wagon aus US- Produktion) verkehren vom Zentrum für o,5 US über den Blvd. Agua

Caliente bis hinaus zu den Teuer- Hotels, zur Rennbahn und zum Shopping- Center Plaza Patria. Praktisch und preiswert. Man erwischt sie entlang der Av. Madero (Parallelstraße zur Av. Revolución).

TAXI: ist teuer in Tijuana; unter 4 US geht's nicht mal hundert Meter weit.

NACH SAN DIEGO: Direkt jenseits der Grenze praktisch und preiswert der "San Diego Trolley". Straßenbahn in die Innenstadt von San Diego (1,75 US/3o Min.).

"Hotel Fiesta Americana", Blvd. Agua Caliente 45oo. Zwei Hochhauskolosse im chaotischen Einerlei des Häusergewirrs von Tijuana. Einige Kilometer entfernt vom Zentrum Richtung Rennbahn. Viel US- Wirbel und für ca. 9o US angemessener Komfort inkl. SW- Pool, Whirlpool und Tennisplatz.

"Hotel Paraíso Radissón", Blvd. Agua Caliente 1. Trotz der eigentümlichen Hausnummer abseits vom Zentrum und in der Nähe des Fiesta Americana. Angrenzend ein Golfplatz und die Rennbahn. Helle und modern ausgestattete Zimmer, viele mit weitem Blick über die Stadt. Geschützter SW- Pool. DZ ca. loo US.

"Hotel Caesar's Palace", Revolutión/Ecke Calle 5 a. Traditionshotel im Zentrum. Nicht mehr ganz taufrisch, aber komfortable Zimmer mit Farb- TV. Nach vorn laut. Rund um die Lobby läuft die hoteleigene Shopping- Maschinerie auf Hochtouren. DZ ca. 45 US.

"Hotel Plaza de Oro", Revolución 588. Nähe Zentrum und Grenze. Neu und ruhig. Zimmer modern eingerichtet mit Teppichboden und Farb- TV. Sauber und gepflegt. DZ ca. 3o US.

"Hotel Díaz", Revolución 648. Ordentliches Motel im ruhigen Hinterhof. Zimmer einfach- modern eingerichtet. Bequem für Autofahrer, aber wegen Grenz- und Zentrumsnähe auch sonst zu empfehlen. DZ ca. 23 US.

"Hotel Arreola", Revolución/Ecke Calle 5 a. An lauter Kreuzung. Kleine Zimmer, leicht schmuddelig und laut. Möbel schon ziemlich alt und klapprig. Bei den ca. 2o US zahlt man vorwiegend die Lage mitten im Shopping- Getümmel.

"Hotel Catalina", Calle 5a/Ecke Madero. Großer und trister Kasten an lauter Straßenkreuzung im Zentrum. Zimmer besser als der Anstrich vermuten läßt. Luftig hell und passabel möbliert. Sauber. DZ ca. 3o US.

"Hotel Enya", Calle 1 a, Nr. 192o. Traurige Bude mit extrem einfachen Zimmern. Vorteil: Billig und mittendrin in der Shopping- und Nightlife- Action sowie Nähe Grenze. DZ ca. 16 US.

"Hotel Adelita", Calle 4, Nr. 8275. Kleine, düstere Zimmer, aber sehr sauber und ruhig. Für ca. 17 US passabel.

"Hotel Francis", Calle 2, Nr. 8279. Nähe Grenze, mitten auf großem Parkplatzgelände. Alt, aber ordentlich. Sehr einfache Einrichtung. DZ ca. 2o US.

Eine Reihe von **Billighotels** befinden sich in der Av. Madero, sind aber extrem basic und kaum zu empfehlen. Schon die Hotels in der Preisklasse von 15- 2o US sind an der Grenze zur Absteige. Tijuana ist nicht das beste Pflaster für Rucksacktouristen, daher lieber hier ein paar Pesos mehr ausgeben, die man andernorts wieder einsparen kann.

Andere Alternative: **Jugendherberge**, Cañon Aviación/Ecke Via Rápida. Zwar nicht im Zentrum, aber passabel gelegen in der Zona del Rio. Tel. 829 067.

 Große Anzahl guter Restaurants, die für mexikanische Verhältnisse teuer, im Vergleich zu US- Preisen aber günstig sind. Man findet sie entlang des Blvd. Agua Caliente, in der Zona del Rio, um den Paseo de los Héroes sowie in den großen Shopping- Centers.

Im Zentrum jede Menge (auch durchaus preiswerte) Restaurants rund um die Av. Revolución. Die Mehrzahl allerdings im US- Einheitsstil gestrickt. Einfache, aber gute Taquerías mit eher mexikanischen Preisen entlang der Av. Constitución (parallel zur Av. Revolución). Etwas abweichend vom Üblichen:

BOL CORONA, Revolución 774. Riesig, aber nicht ungemütlich. Im 1. Stock mit Terrasse zur Straße. Großes Angebot an mexikanischen und internationalen Speisen, auch Frühstück. Preise billig bis mittel.

LA PLACITA, Revolución 961. Halbwegs gemütlich mit etwas künstlich hergestelltem mexikanischem Ambiente. Tacos und Fleischgerichte. Preise billig bis mittel.

LA COSTA, Calle 7 a, Nr. 8121. Vornehmes Lokal mit erstklassiger Auswahl an Mariscos und Fischgerichten. Qualität und Preise gehoben.

CASA CLUB, Calle 7, Nr. 8341. Kleines Restaurant in unscheinbarem Holzhaus. Etwas abseits des Trubels der Hauptstraße. Tacos und Mariscos. Preise billig bis mittel.

MR. FISH, Blvd. Agua Caliente 11293. Trotz des etwas dämlichen Namens keine Touristenfalle, sondern ein Tip für Fisch- und Mariscofreunde. Halbwegs gemütlich, freundliches Ambiente. Große Portionen, vorher und zwischendurch kleine Probierhappen auf Kosten des Hauses. Gute Gelegenheit zum Kennenlernen einiger Meeresfrüchte. Preise mittel.

UNTERHALTUNG

Regelmäßig erscheinen Zeitungen und Broschüren mit den aktuellen Veranstaltungen in Tijuana. U.a.: "Baja Sun" und "Baja Times". Erhältlich beim Touristenbüro sowie an der Rezeption vieler Hotels.

CENTRO CULTURAL: Unübersehbar in der Zona del Rio, ein moderner Riesenrundbau und Stolz der Einheimischen. Er beherbergt ein Theater sowie das MUSEO DE IDENTIDADES MEXICANAS mit einem Querschnitt durch die mexikanischen Kulturen. Etwas konfus ausgestellt und beschriftet. - In einem KUPPELKINO gibt es täglich eine Film- Show mit einer ziemlich pathetischen, kaum erträglichen Einführung in die mexikanische Geschichte. Danach allerdings sehr lohnend: ein simulierter Hubschrauberflug über Landschaften, Städte und präkolumbianische Ruinen von ganz Mexiko. Gute Einstimmung auf die Reise, - oder kleiner Ersatz für diejenigen, die nicht alles selbst sehen und erleben können. Englische

Version ab 14 Uhr nur Fr. bis So., ansonsten wechselnde geographische Programme in spanischer Sprache.

MEXITLAN: Vergnügungszentrum in der Av. Ocampo/Ecke Calle 2. Mehr als 2oo Gebäude aus allen Teilen Mexikos, - von der präkolumbianischen Pyramide bis zur modernen Universitätsbibliothek von Mexico City, - sind auf einem großen Gelände maßstabgetreu nachgebildet. Dazu Folklore- Darbietungen und Restaurants mit typisch mexikanischen Gerichten. Offenbar ist dieses mexikanische Disneyland schon auf zu hohem Niveau. Nur noch sporadische Öffnungszeiten. Gerüchten zufolge wird demnächst vollends geschlossen.

USA
KALIFORNIEN
Auf den Spuren des "American way of Life", - vollgepackt mit handfesten Infos, Tips, Routenbeschreibungen etc. im bewährtem VELBINGER Stil!

VELBINGER BAND 53

STIERKAMPF: zwei Arenen. Eine im Nobelvorort Playas de Tijuana, die andere am Blvd. Agua Caliente 1oo. Stierkämpfe jeden Sonntag in den Monaten Mai bis September.

WINDHUNDRENNEN: Seit es auf der Caliente- Rennbahn keine Pferderennen mehr gibt, konzentriert sich die Wettleidenschaft auf Hunde. Das Spektakel läuft jeden Abend außer dienstags.

JAI ALAI: Das traditionelle baskische Ballspiel (ähnlich wie Squash oder Raquetball) wird in Tijuana ebenfalls zum Anlaß fürs Wetten genommen. Im großen JAI ALAI FRONTON PALACIO an der Av. Revolución geht es jeden Abend außer Mittwoch rund: Man schaut den Spielern zu, setzt auf seinen Favoriten und kann sich gleichzeitig mit allem versorgen lassen, was Kehle und Magen verlangen. Kommerz pur.

DISKOTHEKEN: Jede Menge Discos entlang der Av. Revolución. Die besseren aber in der Zona del Rio entlang des Paseo de los Héroes. Im Touristenbüro weiß man, was gerade "in" ist.

SHOPPING
Viele SHOPPING- MALLS nach nordamerikanischem Vorbild, wo es in Nobelgeschäften, Boutiquen und Kaufhäusern alles zu kaufen gibt, was reiche Mexikaner und US- Bürger brauchen oder erträumen. Wer die

Grenze Richtung Norden überschreitet, kann sich hier noch einmal eindecken. Jenseits von "la línea" sind die gleichen Waren bedeutend teurer.

PLAZA RIO, Zona del Rio. Größtes und derzeit populärstes Shopping Center. -
PLAZA PATRIA, Blvd. Agua Caliente. Nähe Pferderennbahn. Etwas kleiner mit exklusiven Läden.

MARKT: Daß in Tijuana nicht nur der Dollar im Neon- Glitzer- Ambiente rollt, zeigt sich auf dem MERCADO HIDALGO, Blvd. Sachez- Taboada. Dort zahlt man in Pesos, und die Atmosphäre ist mexikanischer als auf den Flanierstraßen der Touristen und in den teuren Einkaufszentren.

Verbindungen ab Tijuana

Flüge: Flughafen außerhalb. Kleinbusse von "transporte terrestre" ins Zentrum, zum Busbahnhof, nach Ensenada oder zu jedem gewünschten Hotel. Ticket vorher am Schalter kaufen und Ziel angeben. Dann verfrachten die Jungs bei den Bussen ins richtige Gefährt. Preis je nach Ziel 1o- 12 US pro Person.

Außerdem ein direkter und praktischer Busservice nach Los Angeles/USA für 15 US. Taxi zur Grenze 15 US.

AEROMEXICO (Büro: Revolución 1668) fliegt täglich nach:
Aguascalientes (275 US/2 1/2 Std.), - Chihuahua (195 US/2 1/2 Std.über Hermosillo), - Hermosillo (175 US/1 Std.), - Guadalajara (275 US/2 1/2 Std.),- La Paz (22o US/1,5Std.), - Mazatlán (235 US/2 Std.), - Mexico City (33o US/3 Std.), - Morelia (31o US/3 Std.), - Los Angeles/USA (145 US/1 Std.).

MEXICANA (Büro: Flughafen) fliegt täglich nach Zacatecas, Guadalajara und Mexico City zu ähnlichen Preisen.

AEROCALIFORNIA (Büro: Paseo de los Héroes 95) fliegt täglich nach: La Paz (215 US/1 1/2 Std.), - Aguascalientes (275 US/2 1/2 Std.), - Colima (25o US/2 1/2 Std.), - Los Mochis (19o US/1Std.), - Guadalajara (275 US/2 1/2 Std.), - Mexico City (3oo US/3 Std.).

Bus: Der Busbahnhof liegt am Stadtrand, zu erreichen mit den roten Colectivos über den Blvd. Agua Caliente, vorbei an der Rennbahn. Ab Grenzübergang mit Bus.

Vor dem Terminal stehen Taxis, die sowohl individuell als auch als Colectivo funktionieren. Wer nicht mehr als 8- 1o US ausgeben will, muß schon beim Ticketkauf am Schalter vor dem Terminal deutlich auf "colectivo" bestehen, sonst bekommt man unweigerlich das doppelt so teure Taxi angedreht. Die Colectivos fahren ebenfalls zu jedem gewünschten Hotel. Busse zur Grenze mit der Aufschrift "Centro- Linea".

Ständige Abfahrten nach Mexicali (7- 8 US/3 Std.) und Ensenada (4- 5 US/1 1/2 Std.) sowie mit GREYHOUND direkt nach USA: San Diego (4 US/3o Min.), - Los Angeles (18 US/3 Std.), - San Francisco (62 US/15 Std.).

Außerdem mehrmals täglich nach: Hermosillo (28- 32 US/13 Std.), - Los Mochis (45- 5o US/21 Std.), - Guadalajara (65- 83 US/38 Std.), - Mexico City (85- 1o5 US/50 Std.), - La Paz (55 US/24 Std.).

Mindestens einmal pro Tag in weitere Städte des mexikanischen Nordens sowie auf die Halbinsel Baja California.

Autovermietung: Tijuana ist ein guter Ausgangspunkt für Autotouren zur Halbinsel Baja California. Tips zur Anmietung siehe "Reiserouten Baja California". Hier einige Adressen in Tijuana:

Die meisten Vermieter im Flughafen direkt neben der Gepäckausgabe. Im Zentrum u.a.: DOLLAR, Blvd. Sánchez Taboada 1o525. - CENTRAL RENT MEXICALI, Paseo de los Héroes 1o4. - AVIS, Blvd. Agua Caliente 331o-1.

Ein Preisvergleich lohnt unbedingt, da die einzelnen Unternehmen manchmal für bestimmte Wagen Sonderangebote haben. Je nach Geschäftslage kann auch Handeln erfolgreich sein.

Tijuana -> Ensenada (11o km)

Landschaftlich eindrucksvolle Strecke entlang der Pazifikküste. Zunächst allerdings Fahrt durch die Schattenseiten von Tijuana: schlimme Slums, die sich die Hügel hinaufziehen. Dazwischen Müllhalden, Autowracks und frisch gestrichene Fabrikanlagen. Auch geht ein Großteil der Abwässer ungeklärt direkt in den Pazifik. Dann durchquert man ROSARITO, den "Hausstrand" von Tijuana mit vielen Hotels und Trailer- Parks. Im Sommer und an Wochenenden gerammelt voll.

Danach verläuft die Straße oberhalb der großartigen Steilküste und gibt ständig Ausblicke frei auf Buchten, Klippen und Strände. Zunächst ist die Küste noch ziemlich verbaut, später wird es einsamer und schöner.

TIP für Autofahrer: Unbedingt die gebührenpflichtige Straße "Ensenada cuota" nehmen. Sie führt weiter oberhalb an der Küste entlang und bietet die besseren Ausblicke. Kurz vor dem schönsten Teil der Küstenstrecke biegt die gebührenfreie Straße sogar ganz ins Landesinnere ab. Die kleine Mehrausgabe lohnt sich also. Die Direktbusse nach Ensenada nehmen ebenfalls die schönere "cuota"- Straße.

✦Ensenada (ca. 260.000 Einw.)

Voll auf Tourismus eingestellter Küstenort, der sich aber einen kleinstädtischen Charme bewahrt hat. Mit wenigen Ausnahmen keine Hochhaus-Bettenburgen, sondern kleine Hotels mit gemütlicher Atmosphäre. Im Sommer und an Wochenenden überfüllt, ansonsten aber ein angenehmer Zwischenstop auf dem langen Weg zwischen Tijuana und La Paz.

 Lazaro Cárdenas/Ecke las Rocas (Zentrum) oder weiter nördlich Blvd. Costero/Ecke José Azueta.

Post: Av. Riviera/Ecke López Mateos. - **Geldwechsel**: Im Zentrum viele Casas de Cambio. - **Telefon**: Im Busbahnhof.

Innerhalb der Stadt gibt es keine Strände. Die schönsten liegen etwa 1o km südlich: EL CIPRES und HERMOSA sind einsam, Getränke und Picknick selbst mitbringen. Mehr Betrieb an den anschließenden Stränden MONA LISA, EL FARO und ESTERO. Colectivos ab Blvd. Costero (Aufschrift "Chapultepec" oder "Maneadero") bis zur Abzweigung von der Hauptstraße. Den Rest laufen oder trampen.

Vor allem während der Sommermonate gibt es Probleme mit Hotelzimmern, denn die Kapazitäten reichen bei weitem nicht aus. Von Tijuana möglichst frühzeitig abreisen, so daß man noch am Vormittag in Ensenada ankommt. Die angegebenen Preise können je nach Saison und Auslastung nach oben oder unten schwanken. Bei mehrtägigem Aufenthalt an Werktagen oft Sonderangebote.

"**Hotel Misión Santa Isabel**", Castillo/Ecke López Mateos. Nur durch die Uferstraße vom Hafen getrennt. Gebäude im Kolonialstil. Schöne Zimmer um einen Innenhof mit Schwimmbad. Ruhige und entspannte Atmosphäre. Stilvolles Wohnen, ruhig. DZ ca. 55 US, am Wochenende ca. 6o US.

"**Hotel El Cid**", López Mateos 993. Rustikal und gemütlich im Zentrum. Swimming- Pool und komfortable Zimmer, rustikal möbliert. Zimmer möglichst nach innen wählen, da sehr laut zur Straßenfront. DZ ca. 57 US, am Wochenende ca. 72 US.

"**Hotel Villa Fontana**", López Mateos, mitten im Zentrum. Gemütliches Motel in Holzbauweise, DZ ca. 48 US, am Wochenende ca. 52 US.

"**Hotel Ritz**", Calle 4, Nr. 379. Solides, modernes Hotel im Geschäftsviertel, 5 Min. zu Fuß zum Hafen. Zwar etwas abseits, dafür in der Zimmerqualität gutes Preis- Leistungs- Verhältnis. DZ ca. 3o US.

"**Hotel Sahara**", Espinoza/Ecke Calle 2. Gutes Motel mit großen Zimmern, Teppichboden und TV. Einfache Möblierung. Parkplatz direkt vor den Zimmern. In ruhiger Seitenstraße am südlichen Rand des Zentrums.

"**Hotel del Valle**", Riveroll/Ecke Calle 3a. Neues Haus im zweistöckigen Motel-Stil. Gut für Autofahrer, aber auch sonst günstig gelegen, da auf halbem Weg zwischen Bus- Terminal und Hafen. Moderne, helle Zimmer, luftig und ruhig. DZ ca. 35 US.

"**Hotel Coronado**", López Mateos/Ecke Espinoza. Einfaches, aber passables Motel, nicht weit vom Zentrum, am südlichen Stadtrand. 2oo m vom Hafen, aber zwei viel befahrene Straßen müssen überquert werden. Zimmer geräumig, hell und abgewohnt. DZ ca. 18 US.

"**Hotel Caribe**", López Mateos 641. An der Hauptstraße, mitten im Zentrum des Geschehens. Nach vorn laut, aber auch ruhigere Zimmer zu einem Parkplatz. Renoviert, mit passablen Möbeln. Hell und sauber. DZ ca. 25 US.

Camping: Las Dunas/Ecke General Agustín. Am Südrand des Zentrums.

ESSEN UND TRINKEN

Die Gegend um Ensenada ist die beste Weinbauregion Mexikos. Vor allem die Rotweine haben inzwischen einen guten Standard erreicht. Wie überall in Mexiko werden Weine auch in Ensenada nur in den besseren Restaurants serviert und sind dort meist sehr teuer. Wem das zu kostspielig ist: Für 5 US gibt es schon gute Tropfen in den Regalen der vielen Getränkeläden. Fürs Picknick am Strand oder die Dämmerstunde im Hotel. Beste Marken sind DOMECQ und L.A.CETTO, außerdem SANTO TOMAS.

Weinproben und Kellereiführungen (2 US) täglich um 11, 13 und 15 Uhr in der BODEGA SANTO TOMAS, Miramar 666.

SIR FISH, Gastelum 55. Einfach und gemütlich. Rustikale Möblierung, guter Fisch. Auch Frühstück. Preise mittel.

HUSSONG'S CANTINA, Ruiz 1o7. Schon eine Institution in Ensenada. Urige Kneipe in einer alten Bretterbude mit langer Theke und jeder Menge Bildern an der Wand. Am Wochenende platzt hier alles aus den Nähten, und der Alkohol fließt in Strömen.

LA EMBOTTELLADORA VIEJA, Miramar/Ecke Calle 7 a. In der alten Abfüllanlage der Bodega Santo Tomás. Hier steht Baja Californias "vino" im Mittelpunkt. Verschiedene offene Weine zur Auswahl und Probe. Außerdem Weine aus Kalifornien, Italien, Frankreich. Das Essen abgestimmt auf die verschiedenen Weinsorten.

MARISCOS BAHIA ENSENADA, Riveroll/Ecke López Mateos. In bester Lage, trotzdem kein herausgeputztes Touristenlokal. Mehrere Eßsäle mit Plastikstühlen; gemütlich, da meist viel Betrieb. Essen ähnlich wie das Ambiente: herzhafte Hausmannskost. Große Auswahl an Fischgerichten, ausgezeichnete Suppen. Preise mittel.

SEÑOR SALUD, Vegetarische Küche im Shopping- Center Calle 9/Ecke Espinoza. Nur bis 19 Uhr geöffnet.

EL REY SOL, López Mateos 1ooo. Vornehmes Restaurant mit dem, was man hier unter "französischer Küche" versteht. Gut und teuer.

CASAMAR, Lázaro Cárdenas 987. Gepflegt- gemütliches Ambiente. Sehr gutes Fischrestaurant. Preise mittel bis teuer.

Auf der Av. López Mateos gibt es jede Menge teure Restaurants, deren Speisekarten die Preise nur in US- Dollar ausweisen.

Gut und preiswert die Imbißstände rund um den Fischmarkt: Dort gibt es alles, was das Herz eines Fisch- und Mariscofreundes höher schlagen läßt.

Hervorragenden Fisch direkt aus dem Räucherofen verkauft GORDO'S SMOKE HOUSE am Rande des Fischmarktes. Ob Marlin oder Thunfisch - man wählt das gewünschte Stück noch im Ofen aus und verzehrt es mit ein paar Tortillas gleich auf einer Bank am Hafen. Ein Hochgenuß.

UNTERHALTUNG, SPORT

DISKOTHEKEN: An der Ecke Ruiz/López Mateos die beiden beliebtesten Discos: PAPAS AND BEER sowie UPSIDE DOWN.

SPORT: "Off- Road" Rennen. Baja California ist Schauplatz von zwei internationalen Off- Road- Rallyes, die in Ensenada starten: "Baja 5oo" Anfang Juni und "Baja 1ooo" Anfang November.

HOCHSEEANGELN: Tagestouren ab Hafen. Fang mittelgroßer Fische wie Marlin, Thunfisch etc. Kostenpunkt ca. 35 US für eine Tagestour.

Größter Anbieter: "Santa Monica Boat House" mit seiner "Clipper Fleet" am Fischmarkt. Daneben weitere Unternehmer, weshalb außerhalb der Sommersaison der Preis ohne Schwierigkeiten runterzuhandeln ist. Die Boote sind komfortabel, Angelausrüstung im Preis eingeschlossen.

SHOPPING

FISCHMARKT am Blvd. Costero/Ecke Miramar. Ein Bummel durch die Markthalle lohnt sich und macht Spaß: jede Menge Muscheln, Garnelen, frischer und geräucherter Fisch. Lockere und fröhliche Atmosphäre. Um den Markt herum viele preiswerte Imbißstände mit den Produkten des hiesigen Meeres.

ARTESANIA: größte Auswahl, wenn auch vermischt mit viel Souvenirkitsch, im "Centro Artesanal", einer Kooperative mit kleinen Läden in der Av. Lázaro Cárdenas (gegenüber vom Hotel Villa Marina).

Verbindungen *ab Ensenada*

 **Bus**: Central Camionera in der Av. Riveroll/Ecke Calle 11. Kein Stadtbus ins Zentrum, daher entweder Taxi (4 US) oder die zehn Blocks zu Fuß.

Stündliche Abfahrten nach Tijuana (4- 5 US/1 1/2 Std.) sowie mehrmals täglich in den Süden der Halbinsel Baja California, z.B. nach La Paz für (51 US/22 Std).

Autoverleih: ENSENADA RENT, Alvarado 95-1. - HERTZ, Alvarado 143-13. - **Mofa- Verleih**: Verleih direkt aus einem Lastwagen, der meist an der Plaza Blvd.Costero/Ecke Miramar steht.

Ca. 35 km südlich von Ensenada der sogenannte "GEISER MARINO": Durch eine Felsspalte drücken die Wellen das Wasser in einer hohen Fontäne nach oben. In Karten als "La Bufadora" bezeichnet. Eine mexikanische Legende erzählt, daß sich zwischen den Felsen ein Wal verfangen hat, der die Fontänen ausstößt. In der Nähe attraktive Tauch- und Schnorchelgründe (ein Geräteverleih ist vor Ort). Zu erreichen ab Ensenada mit Colectivos "Maneadero",-. Ab Blvd. Costero bis zur Abzweigung von der Hauptstraße. Dort Kleinbusse zur La Bufadora.

Ensenada -> La Paz (1.35o km)

Südlich von Ensenada beginnt das eigentliche Baja California. Auf den folgenden 1.35o km kurvt die MEX 1 über Berge und durch die Täler der Wüste von "Baja". Erst seit der vollständigen Asphaltierung der Straße im Jahre 1973 wurde Baja California erschlossen. Bis dahin waren die meisten Orte praktisch nur per Schiff oder Flugzeug zu erreichen.

Die Halbinsel vollständig hinunterzufahren, ist ein besonderes Erlebnis: Trotz Wüste wird es nie langweilig. Immer wieder phantastische Ausblicke von Paßhöhen auf die weiten Täler und Ebenen, besonders schön bei Sonnenaufgang oder -untergang. Eine Mondlandschaft mit unzähligen Kakteen und Agaven. Auf einer Entfernung wie zwischen Hamburg und Florenz lediglich eine Handvoll kleiner Städte und einige verstaubte Käffer.

Vom Bus aus kann man die Landschaft zwar sehen, aber nicht in ihrer gewaltigen Ausdehnung und Einsamkeit erleben und genießen. Es ist nicht ratsam, auf freier Strecke auszusteigen und auf den nächsten Bus zu warten, da die wenigen durchkommenden Busse meist voll besetzt sind.

Trampen: möglich, da gelegentlich junge Amerikaner unterwegs sind, die Tramper mitnehmen und in den Oasen, an Stränden oder einfach nur mal in der Wüste anhalten, um das Land zu genießen. Auf diese Weise rauscht man nicht mit dem Bus an den einsamsten und schönsten Stellen vorbei. Jedoch keine Garantie, hier einen "lift" zu bekommen. Man sollte daher nur Kurzstrecken trampen und nur zwischen Orten mit Busstop.

Erheblich flexibler ist man mit Off- Road- Mietwagen. Baja California ist d a s Off-Road Paradies Mexikos! Tips dazu siehe "Reiserouten Baja California".

Die Kilometerangaben im folgenden beziehen sich auf die Bundesstraße MEX 1, Ausgangspunkt Tijuana.

San Quintin (km 299): Unattraktives Dorf, aber südlich davon führt die MEX 1 relativ nah am Meer entlang. Abstecher auf Sandpisten zu den schönen und total einsamen Stränden der Bahía San Quintin. Ohne eigenes Auto aber praktisch nicht zu erreichen.

El Rosario (km 356): Hier entfernt sich die Straße für lange Zeit von der Küste. Gab es bis hierher noch vereinzelte Versuche, die Wüste zu bepflanzen (Wein, Chili), so beherrschen ab jetzt Kakteen und Agaven das Bild.

Parador Punta Prieta (km 583): Abzweigung nach BAHIA DE LOS ANGELES (68 km) am Mar de Cortés: kleiner, aufstrebender Ort mit schönen Stränden. Gute Fisch- und Tauchgründe im sauberen Meer. Da abseits der Hauptstraße, finden nur wenige den Weg hierher. Gelegenheit, auch ohne Allradfahrzeug zu abgelegenen Stränden zu gelangen. Öffentlicher Transport allerdings Fehlanzeige.

✱ Guerrero Negro   km 712

Staubiges Nest in der Wüste mit einer großen Attraktion zur Winterzeit: In den Lagunen der Umgebung halten sich dann Tausende von Grauwalen auf. Nördlich des Ortes überquert die MEX 1 die Grenze zwischen den Bundesstaaten Baja California und Baja California Sur. Wer von Nord nach Süd reist, muß seine Uhr um eine Stunde vorstellen, da die Grenze auch zwei Zeitzonen markiert.

Guerrero Negro ist guter Zwischenstop, da Busterminal und gewisse Infrastruktur an Unterkunft und einfachen Restaurants vorhanden sind. Aufenthalt lohnt allerdings nur während der "Wal- Saison". In der Umgebung eine der größten <u>Salzgewinnungsanlagen</u> der Welt: Auf riesigen Flächen läßt man Meerwasser verdunsten und gewinnt das zurückbleibende Salz.

"<u>Hotel La Pinta</u>", 5 km nördlich des Ortes an der MEX 1, mitten in der Wüste. Ruhige und angenehme Atmosphäre. Große, rustikal eingerichtete Zimmer. Restaurant und Bar vorhanden. Einziges Komfort- Hotel weit und breit. DZ ca. 75 US.

"<u>Motel Las Dunas</u>", am Ortseingang Nähe Busterminal. Typisches Motel im US- Stil, allerdings mit reduzierter Zimmerqualität. Zimmer etwas düster; Bäder in unterschiedlichem Zustand, von passabel bis schlimm. DZ ca. 12 US, zur Wal- Saison je nach Nachfrage Aufschläge möglich.

"<u>Motel San Ignacio</u>", ebenfalls an der Zufahrtsstraße zum Ort. Zimmer etwas heller und freundlicher möbliert als im Las Dunas. Von den oberen Blick über die Landschaft. Wer davon genug hat, kann sich mit dem Farb- TV die Zeit vertreiben. DZ ca. 22 US, auch hier im Winter Preiserhöhung möglich.

<u>PARQUE NATURAL DE LA BALLENA GRIS</u>, Besuch lohnt in den Wintermonaten. Zwischen Ende Dezember und Mitte März kalben in den Buchten um Guerrero Negro Tausende von Grauwalen, die in den Monaten vorher von Alaska entlang der nordamerikanischen Küste nach Baja California geschwommen sind.

<u>Die Grauwale</u> verlassen im Herbst ihre angestammten Fanggründe in den arktischen Gewässern der Beringsee, bevor diese endgültig zufrieren. An kürzer werdenden Tagen und kälterem Wasser merken sie, daß die Zeit für ihre Wanderung gekommen ist. Sie schwimmen an der amerikanischen Küste entlang bis nach Baja California, mit rund 8.000 km eine der längsten jährlichen Migrationen, die von Säugetieren unseres Planeten vorgenommen wird. Dabei kommen sie mit einer Geschwindigkeit von etwa 1oo km pro Tag voran, brauchen also für die Strecke knapp drei Monate. Der Rückweg kostet sie noch einmal die gleiche Zeit. Ziel der Wanderung gen Süden sind die warmen Gewässer um Guerrero Negro, wo sich die Grauwale in einigen flachen Buchten paaren und die Walkühe ihre Jungen bekommen.

Da das Meer in den Paarungsgebieten für die Grauwale praktisch keine Nahrung bietet, müssen sie sich während der wenigen Sommermonate einen Vorrat anfressen, der sie über den Rest des Jahres hinwegbringt. Ausgewachsene Tiere können bei einer Länge von 12- 17 Metern ein Gewicht von bis zu 4o Tonnen erreichen. Phänomenal, daß sie während ihrer langen Reise kaum etwas zu sich nehmen; kein Wunder aber auch, daß sie

auf dem Rückweg nur noch halb soviel wiegen wie während des Hinwegs.
Nach der Paarung treten die Wale den Rückweg nach Norden an. Nur die neugeborenen Tiere bleiben zusammen mit ihren Müttern noch einige Wochen länger in den Lagunen von Baja California, um die nötige Größe und Stärke für den langen Weg nach Alaska zu erreichen. Bei einem Konsum von täglich rund 250 l äußerst fetthaltiger Muttermilch verdoppeln sie innerhalb von zwei Monaten ihr Ursprungsgewicht von einer Tonne.

Die Navigationstechnik der Wale ist noch nicht vollständig erforscht. Vermutlich funktioniert sie durch eine Summe von Faktoren: Sonnenstand, Erinnerung an die Konturen des Meeresbodens, Wasserbeschaffenheit bei der Einmündung von Flüssen und Küstenverlauf.

Da sie Säugetiere sind, müssen Grauwale spätestens nach 5 Minuten zum Atmen auftauchen. Dann blasen sie die bis zu fünf Meter hohen charakteristischen Fontänen, die durch das Ausstoßen ihres warmen, feuchten Atems entstehen, der in der Luft kondensiert. Oft sieht man die Wale auch bei meterhohen Sprüngen aus dem Wasser. Der Grund für diese kraftvollen, abrupten Bewegungen ist nicht bekannt, evtl. sollen dadurch Muscheln und Parasiten abgeschüttelt werden, die sich auf der Haut festgesetzt haben. Andere Theorien sehen in den Sprüngen ein Imponier- und Paarungsverhalten, wieder andere deuten sie als Ausdruck der Lebensfreude.

Wie andere Walarten wurden auch die Grauwale gnadenlos gejagt und beinahe ausgerottet. Besonders leichte Beute waren sie natürlich in den Buchten von Guerrero Negro, wo man zunächst die Jungen erlegte, damit sich dann auch die Muttertiere näherten. Daß diese wütend reagierten, ist kaum verwunderlich: Mit ihrer gewaltigen Kraft brachten sie manches Walfängerboot zum Kentern und handelten sich den Ruf ein, besonders aggressive Tiere zu sein, was sie aber unter normalen Umständen überhaupt nicht sind.

Erst mit dem internationalen Artenschutzabkommen von 1937 konnte die Dezimierung der grauen Riesen gebremst werden. Nach Schätzungen gibt es inzwischen wieder mindestens 15.000 Grauwale in den nordamerikanischen Küstengewässern, so daß sie von der Liste der bedrohten Arten gestrichen wurden.

Erreichbar ist der Naturpark nur mit eigenem Auto oder Taxi. Der Fußmarsch in der glühenden Sonne ist nicht zu empfehlen. Trampen schwierig, da nur sehr wenig Leute unterwegs sind. Abzweig von der MEX 1, ca. 10 km südlich von Guerrero Negro Richtung "Ojo de Liebre". Von dort noch 27 km Erdpiste. Die früher üblichen Bootstouren auf die Lagune wurden eingestellt, um die Tiere in Ruhe zu lassen. Dafür gibt es jetzt einen Aussichtsturm, von dem aus man die Wale beobachten kann (gutes Fernglas ist hilfreich).

Viele Wale auch in der LAGUNA GUERRERO NEGRO, zu erreichen auf der Straße durch den Ort Richtung Meer.

Bird Watching: Rund um die beiden Buchten halten sich in den Herbst- und Wintermonaten auch unzählige Vögel auf, über 250 Arten; beste Beobachtungsmöglichkeiten während der auf- und ablaufenden Flut im seichten Wasser.

Südlich von Guerrero Negro Fahrt durch eine kakteenübersäte Ebene. Wer die Möglichkeit hat, sollte aussteigen und in die Wüste reinlaufen, die

Kakteenarten zählen und begutachten und die absolute Stille genießen. Im Winter blühen in der Wüste sogar gelbe und violette Blumenteppiche zwischen den Kakteen.

Wo die Kakteenwälder an einer Biegung plötzlich und unvermittelt aufhören, beginnt die Oase

✱ San Ignacio   km 854

Verschlafenes Dörfchen, rundum ein unglaublich dichter Dattelpalmenbestand. Lohnender Stop an der schattigen Plaza, die die glühende Sonne etwas mildert. Missionskirche aus dem 18. Jahrhundert.

Die Kirche von San Ignacio wurde 1728 von Missionaren gebaut und ist eine der schönsten auf der Baja California Halbinsel. Der Missionierungsprozeß dauerte allerdings nur wenige Jahrzehnte, da die Indianer durch die vom weißen Mann eingeschleppten Seuchen praktisch vollkommen ausgerottet wurden. In Ermangelung von zu bekehrenden Schäfchen verließen die Mönche die unwirtliche Halbinsel. Zurück blieben die Missionskirchen und die von den "padres" angelegten Dattelpalmenwälder.

Nördlich von San Ignacio in der Sierra San Francisco (Höhen bis 1.5oo m) befinden sich in Höhlen viele Wandmalereien. Ursprung und Bedeutung bisher noch nicht ausreichend erforscht. Sie sind nur schwer zu erreichen, Führer ab San Ignacio.

Wer mit dem Bus unterwegs ist, hat Schwierigkeiten, von San Ignacio wieder wegzukommen. Kaum ein Bus fährt ins Ortszentrum, also besser die paar Kilometer vorlaufen bis zur MEX 1. Achtung: u.U. Busse voll, und man hängt im Ort fest.

✱ Santa Rosalía   km 927

Hier trifft die MEX 1 auf die Küste des Mar de Cortés. Kurz vorher zieht sich die Straße vorbei an rostroten Lavafeldern am Fuße des erloschenen Vulkans Tres Virgenes, von denen die Kakteen nur langsam Besitz ergreifen. Am Ortseingang von Santa Rosalía Industrieruinen aus der Blütezeit der hiesigen Kupferproduktion: Maschinen, Hafenanlagen und ein Schmalspurgleis mit Uralt- Lokomotiven. Die Anlage wurde Ende des 19. Jahrhunderts von einer französischen Firma betrieben.

Ein charmantes Städtchen aus Holzhäusern mit gemütlichen Veranden und Balkons. Völlig unmexikanischer Stil und eine überraschende Abwechslung zur sonst üblichen spanischen Kolonialarchitektur. Dazu eine von Gustave Eiffel entworfene Kirche, die in Einzelteilen hierher geschafft wurde. Vorher war sie schon einmal in Brüssel aufgebaut, später wieder zerlegt. Santa Rosalía ist ein günstiger Zwischenstop auf dem Weg nach La Paz und Fährhafen für die Schiffsverbindung nach Guaymas in Nordmexiko.

"Hotel El Morro", Carretera Sur, 5 km südlich von Santa Rosalía. Direkt an der Steilküste. Komfortabel mit AC und SW- Pool. Einsam in der Landschaft, aber Bar und Restaurant vorhanden. DZ ca. 47 US.

"Hotel Blanco y Negro", Sarabia 1. In ruhiger Nebenstraße. Kahle Zimmer mit den Spuren jahrelanger Nutzung. Klapprige Möbel, halbwegs sauber. DZ ca. 13 US, ohne Privatbad bekommt man sein Dach überm Kopf noch etwas billiger.

"Hotel Del Real", Montoya 7. Nähe Hafen. Neu. Ruhige Zimmer mit AC und Holzverkleidung. Allerdings winzig mit Minimalausstattung. DZ ca. 25 US.

"Hotel Olvera", Calle Playa/Ecke Muro. Nicht weit vom Hafen. Einfach, aber ordentlich und sauber. DZ ca. 24 US.

SELENE, südlich des Fähranlegers. Einfaches Ambiente im Cafeteria-Stil. Schöner Blick aufs Meer, Fisch und Mariscos zu mittleren Preisen.

Einige kleine und unscheinbare Lokale um die Plaza und am Hafen. Billig. Etwas gehobener, aber auch nicht umwerfend die Restaurants in der Av. Obregón. Eine gute Alternative ist in Santa Rosalía die Selbstversorgung. Der französische Einfluß hat sich auch bei den Bäckern erhalten: sehr gutes Baguette - eine willkommene Abwechslung zu den üblichen Tortillas.

Verbindungen ab Santa Rosalía

Fähre nach Guaymas: 2 x pro Woche. Im Salon 13 US, in der Kabine je nach Größe und Qualität 26- 53 US. Auto ca. 1oo US. Einzelheiten zu möglichen Schwierigkeiten und bürokratischen Hürden beim Fährtransport von Baja California ins restliche Mexiko siehe La Paz.

Busterminal: Am südlichen Ortsausgang. Tägl. kommen mehrere Busse nach Süden und Norden durch. Oft aber mit erheblicher Verspätung.

Mulegé (km 988): Kleiner, behaglicher Ort in einer Oase, dicht bestanden mit Dattelpalmenwäldern. Schöne Strände. Zwischenzeitlich ziemlich "in" bei Rucksackreisenden und US- Freaks, die am Strand übernachten oder sich in einer der (nicht so billigen) Basic- Unterkünfte einmieten.

Südlich von Mulegé eine abwechslungsreiche Küstenstrecke entlang der Bahía Concepción, einer Bucht, die sich tief ins Landesinnere erstreckt. Immer wieder versteckte und einsame Strände in kleinen Buchten. Sie gehören zu den schönsten auf der gesamten Halbinsel, dabei mit eigenem Fahrzeug problemlos erreichbar. Schöner Kontrast zwischen der Wüstenlandschaft und dem blauen Meer. Kakteen manchmal bis zum Ufer.

Wer mit dem Bus vorbeifährt, kann nur träumen von einem Bad im klaren, warmen Wasser. Minimale Infrastruktur. Betuchte Amerikaner haben ihr Wohnmobil mitgebracht, der Normalverbraucher hängt seine Hängematte unter eine der gelegentlich vorhandenen Palapas.

Loreto (km 1.124): Etwas größer als die vorhergehenden Orte, im 18. Jh. einer der Ausgangspunkte der Missionierungen von Baja California. Die Missionskirche aus dem späten 17. Jahrhundert wurde restauriert. Die mächtigen hölzernen Deckenbalken stehen in eigentümlichem Kontrast zum fein gearbeiteten Barockaltar.

Nebenan das <u>Museo de Las Misiones</u> mit Exponaten zur Geschichte der Eroberung und Missionierung von Baja California. Geöffnet Mo.- Fr. von 9- 17 Uhr. Ansonsten hat der Ort nichts zu bieten. Der Versuch, hier ein großes Touristenzentrum aus dem Boden zu stampfen, ist wegen Wassermangels steckengeblieben.

"<u>Hotel El Presidente</u>", 5 km südlich am Strand Nopolo. Komfortables Luxushotel, hauptsächlich belegt mit Pauschaltouristen aus Nordamerika. DZ ca. 115 US.

"<u>Hotel San Martín</u>", Juárez 4. Das Gegenstück zum "Presidente" für den durchreisenden Individualtouristen mit wenig Geld. Nähe Hauptplaza und Missionskirche. Einfache Zimmer mit bunter Mischung von Möbeln, einige im Prozeß der Erneuerung und Verbesserung. DZ ca. 12 US.

<u>Restaurants</u>: Billige Lokale enlang der Calle Salvatierra. Rund um die Plaza und am Hafen gehobene Preise.

<u>Verbindungen</u>: FLÜGE: Täglich mit AEROCALIFORNIA nach La Paz (3o Min.) und direkt nach Los Angeles/USA. Büro: Juárez/Ecke Zapata.

<u>Busbahnhof</u>: Salvatierra, ca. 2 km vom Zentrum, Nähe MEX 1.

Südlich von Loreto weite <u>Strände</u>. Dann macht die Straße einen Schwenk ins Landesinnere und kehrt erst bei La Paz wieder an die Küste zurück.

★ La Paz (16o.ooo Einw.)

Gepflegte und saubere Stadt an einer schönen Bucht. Natürlicher Jachthafen, von zwei Halbinseln geschützt. Die Hauptstadt von Baja California Sur verfügt über nur wenige große Hotels, so daß der Aufschwung des Tourismus noch etwas vom Eigenleben der Stadt übriggelassen hat. Außerhalb der mexikanischen Ferienmonate ein angenehmes Seebad mit schönen Stränden und guten Wassersportmöglichkeiten. Zentrum der Hochseeangler.

Gute Flug- und Fährverbindungen zum restlichen Mexiko. Wer die hohen Preise an der Südspitze der Halbinsel nicht bezahlen will, verzichtet am besten auf den Trip zum Kap und bleibt in La Paz und Umgebung.

<u>Klima</u>: Im Sommer glühend heiß, meist um 4o Grad Celsius. Nur von November bis Februar kühler. Fast immer sonnig.

Tourist INFO Obregón/Ecke 16 de Septiembre.
Post: Revolución/Ecke Constitución. - <u>Telefon</u>: Obregón/Ecke Muelle. <u>Geldwechsel</u>: Die Casas die Cambio in La Paz sind ausgestorben. Wechseln daher in einer der Banken oder genügend Pesos von anderswo mitbringen.

Das Geschehen in La Paz konzentriert sich entlang des <u>MALECON</u>: an der

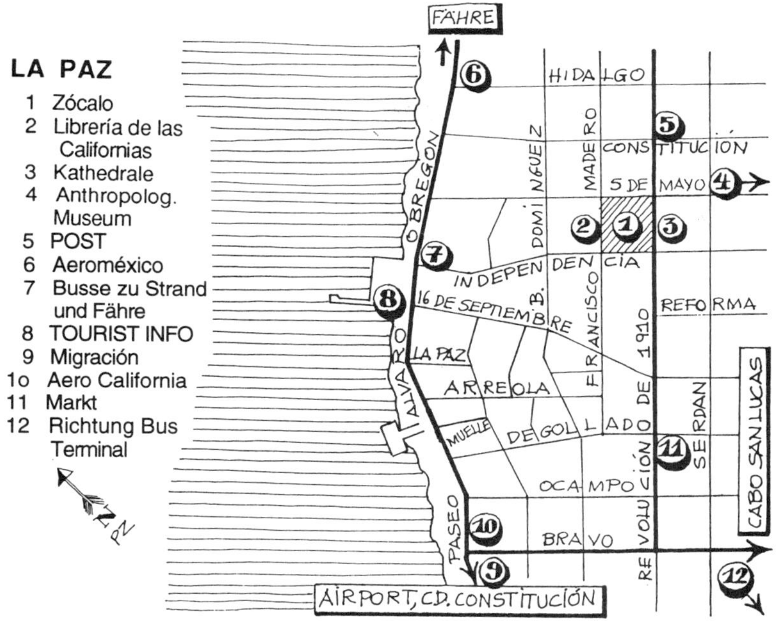

LA PAZ

1. Zócalo
2. Librería de las Californias
3. Kathedrale
4. Anthropolog. Museum
5. POST
6. Aeroméxico
7. Busse zu Strand und Fähre
8. TOURIST INFO
9. Migración
10. Aero California
11. Markt
12. Richtung Bus Terminal

mehrere Kilometer langen Uferpromenade der Jachthafen, einige Fischerboote und kleine Strände. Kein Pracht- Boulevard, sondern gesäumt von eher einfachen Läden und einer Anzahl gemütlicher Restaurants.

Das eigentliche Zentrum der Stadt ist der <u>ZOCALO</u> (1) mit der <u>KATHEDRALE</u> (3): 1720 von Jesuiten als Kirche für ihre Missionsstation erbaut. Schlichte Architektur.

Gegenüber die <u>LIBRERIA DE LAS CALIFORNIAS</u> (2). Bibliothek zur Geschichte Kaliforniens und Baja Californias. Dazu einige Gemälde von Missionskirchen, Indianern und Konquistadoren. Außerdem liegen hier zahlreiche Tageszeitungen aus.

<u>MUSEO DE ANTROPOLOGIA</u> (4) Altamirano/Ecke 5 de Mayo, 4 Blocks vom Zócalo (1). Kleines Museum zur Geographie und Kulturgeschichte von Baja California. Sehr interessant für Baja- Fans: schöne Landkarten aus früheren Jahrhunderten und Fotos von vorgeschichtlichen Felsmalereien, die an vielen Stellen der Halbinsel zu sehen, allerdings meist nur auf beschwerlichen Eselsritten zu erreichen sind. Geöffnet Mo.- Fr. 8- 18 Uhr, Sa. 9- 14 Uhr.

Passable Strände im Stadtbereich vor der Uferpromenade. Die besten Strände liegen Richtung Pichilingue. Einfach per Bus zu errreichen: 7- 18 Uhr stündliche Abfahrten ab Obregón/Ecke Independencia. Letzte Rückfahrt ab Pichilingue ebenfalls gegen 18 Uhr.

"Hotel Gran Baja", Rangel s/n. Etwas außerhalb, direkt am Strand. Großer Swimming- Pool, komfortable Zimmer. Phantastischer Blick über die Bucht und auf die Stadt. Eines der wenigen Hochhäuser von La Paz. Zur Zeit der Recherchen wegen Besitzerwechsel vorübergehend geschlossen. Teuer- Kategorie um 8o US.

"Hotel Los Arcos", Obregón 498. Zentral, direkt an der Uferpromenade, wenige Schritte zum Strand. Swimming- Pool. Komfortable Zimmer, geräumig und mit Balkonen. Einige mit Meerblick, aber laut, da unten die Uferstraße verläuft. Die meisten zum Patio. DZ ca. 77 US.

"Hotel La Posada", Av. Playa Sur s/n. Weit außerhalb Richtung Süden. Kleines Urlaubshotel direkt am Meer, wo man abseits vom Trubel ein paar ruhige Tage verbringen kann. SW- Pool. DZ ca. 44 US.

"Hotel La Perla", Obregón 15o. Zentral, an der Uferpromenade. Flachbau mit großer Sonnenterrasse und SW- Pool. Moderne Einrichung, Farb- TV und AC. DZ ca. 48 US.

"Hotel Gardenias", Aquiles Serdán Norte 52o. Etwas entfernt von Strand und Zentrum. Flachbau in ruhiger Seitenstraße Richtung Norden. Gepflegtes Ambiente mit SW- Pool im Innenhof. Moderne Einrichtung mit Farb- TV und AC. Gutes Preis- Leistungs- Verhältnis bei ca. 31 US fürs DZ.

"Hotel Plaza Real", Carlos Esquerro/Ecke La Paz. Zentral, ein Block von der Uferpromenade. Trister Betonkasten. Zimmer mit Balkon und ratternder Uralt- AC. Farb- TV. DZ ca. 29 US.

"Hotel La Purísima", 16 de Septiembre 4o8. Einfaches Stadthotel an lauter Straße. Große, helle Zimmer. Einrichtung und Bäder könnten Auffrischung gebrauchen. DZ ca. 23 US.

"Hotel Yeneka", Madero 152o. Im Geschäftsviertel. Schattiger, etwas verwilderter Patio mit Palmen und Pflanzen. Freundliches Ambiente. Ruhige Zimmer mit Ventilator. Einrichtung und Bäder etwas vernachlässigt. DZ ca. 19 US.

"Hotel La Posada de San Miguel", Belisario Domínguez 151o. Im Geschäftsviertel. Trotz der zentralen Lage ein ruhiger, fast romantischer Winkel. Schöner, gekachelter Innenhof. Einfache, aber ordentliche Zimmer, DZ ca. 13 US.

"Hotel Lorimar", Bravo 11o/Ecke Madero. Nähe Meer. In ruhiger Seitenstraße. Verschachteltes Gebäude mit Patio und Frühstücksterrasse. Helle, freundliche Zimmer mit AC. Gute Qualität fürs Geld. DZ ca. 22 US.

"Hotel Pekin", Obregón/Ecke Victoria. Kleines Hotel mit wenigen Zimmern, an der Uferpromenade. Günstig gelegen zu den Stränden von Pichilingue. Freundlich- familiäre Atmosphäre. Zimmer schlicht, mit AC, einige mit Meerblick. DZ ca. 25 US.

"Pension California", Degollado 2o9. Wenige Schritte vom Mercado. Kühles Kolonialgebäude. Im originellen Innenhof Bilder, Landkarten und Schildkrötenpanzer. Ansonsten freundliche Atmosphäre. Zimmer sehr einfach und ruhig. Minimalausstattung in abgenutztem Zustand. DZ ca. 13 US.

Jugendherberge: Carretera al Sur/Ecke 5 de Febrero. Rund 2o Blocks von Meer und Zentrum entfernt.

Camping: Mehrere Trailer-Parks in der Umgebung von La Paz. Zelte akzeptiert der Trailer-Park "La Paz", Brecha California 12o.

EL MOLINO, Topete/Ecke Legaspi, am Jachthafen. Gemüt-licher Rundbau. Spezialität Steaks. Extrem teuer.

LA FABULA, Obregón 15/Ecke Independencia. Rustikale Pizzeria in zentraler Lage. Einfache Holzbänke, ordentliche Pizza. Preise mittel.

NUEVO PEKIN, Obregón/Ecke Victoria. Gepflegtes Ambiente mit dem üblichen chinesischen Dekor. Gute chinesische Küche, Preise mittel bis teuer.

EL QUINTO SOL, Domínguez/Ecke Independencia. Vegetarisches Restaurant mit Bio-Laden. Gemütlich ausgestattet mit Korbmöbeln. Gutes Essen, auch Frühstück. Preise billig bis mittel.

PALAPA ADRIANA, Obregón/Ecke 5 de Mayo. Direkt am Strand. Mit Palmenblättern gedeckte Rundhütte. Fisch und Mariscos. Küche und Ambiente einfach, dafür hat man die Wellen vor dem Fenster. Preise billig bis mittel.

EL CAMARON FELIZ, Obregón/Ecke Bravo. Luftiges Lokal unter Palmenblättern an der Uferpromenade. Auf der Speisekarte die typische Mischung aus mexikanischen Spezialitäten und Mariscos.

5. PATIO, Obregón 34o. Rustikale Musikkneipe mit kleinen Imbissen. Nur abends geöffnet. Preise mittel.

LA TERRAZA, Obregón/Ecke La Paz. Großes, offenes Restaurant, durch das die Meeresbrise weht. Treffpunkt vom Frühstück bis in die Nacht. Preise mittel. Essen quer durch den mexikanischen Gemüsegarten: Tacos, Salate, Nudeln, Mariscos.

MAYPI, Revolución 145o. Preiswerte Cafeteria mit Tacos und Comida Corrida. Man ißt draußen im luftigen Hof. Günstiges Frühstück.

ESTRELLA DEL MAR, Obregón/Ecke Márquez de León. Direkt am Strand. Groß, aber gemütlich eingerichtet. Gute und originelle Fisch- und Mariscogerichte. Teuer.

MERCADO MADERO, Revolución/Ecke Degollado. Neben der Markthalle luftiges Gebäude mit sauberen Imbißständen, Theken und Tischen. Billiges Essen á la mexicana. Ordentliche Portionen, auch Frühstück.

EL CORTIJO, Revolución (zwischen Reforma und Independencia). Einfache Kneipe, in der die Ventilatoren Mühe haben, die Luft umzuwirbeln. Pancho Villa und Zapata sowie andere Revolutionsfotos an der Wand. Billiges mexikanisches Essen und ordentliches Frühstück.

SPORT

<u>Hochseeangeln</u>: La Paz ist eines der wichtigsten mexikanischen Zentren für Hochseeangler. Das ganze Jahr über hervorragende Angelmöglichkeiten auf zahlreiche Fischarten. Zwischen Oktober und März wird die Stadt zum Mekka der Marlin- Fischer.

Viele Bootsvermieter und Anbieter von Tagestouren in der Stadt und am Hafen. Preise vergleichen, Handeln lohnt sich.

<u>Tauchen und Schnorcheln</u>: Nur möglich per organisierten Trips zu guten Tauchgründen vor der Küste. Nicht billig. Gute Ausrüstung und Beratung bei <u>BAJA DIVING</u>, Independencia 1o7-B.

Verbindungen *ab La Paz*

 **Flüge**: Flughafen 1o km außerhalb. Colectivos ins Zentrum und zu den Hotels 1o US pro Person.

<u>AEROMEXICO</u> (Büro Obregón/Ecke Morelos) fliegt täglich nach: Culiacán (1oo US/3o Min.), - Guaymas (11o US/1 Std.), - Mexico City (29o US/2 Std.), - Tijuana (22o US/1 1/2 Std.), - Los Mochis (9o US/4o Min.).

<u>MEXICANA</u> fliegt nicht ab La Paz, sondern ab Los Cabos täglich nach Mexico City, Guadalajara, Mazatlán und Los Angeles/USA. Details siehe San José del Cabo.

<u>AEROCALIFORNIA</u> (Büro: Obregón 55o) fliegt täglich nach: Culiacán (85 US/3o Min.), - Loreto (6o US/3o Min.), - Los Mochis (85 US/3o Min.), - Mazatlán (11o US/1 Std.), - Tijuana (215 US/1,5 Std.).

Bus: Busterminal: Héroes de Independencia/Ecke Jalisco. Mehrere Stadtbusse pendeln zwischen Terminal und Mercado. Bei der Fahrt zum Busbahnhof dem Fahrer Bescheid sagen, sonst fährt man leicht vorbei.

Stündliche Abfahrten nach <u>Cabo San Lucas</u> und <u>San José del Cabo</u> (jeweils 9 US/2,5 Std.).

Mehrmals täglich Richtung Norden, z.B. <u>Ensenada</u> (51 US/22 Std.) oder <u>Tijuana</u> (55 US/24 Std.)

Fähren: Fähranleger im Vorort <u>Pichilingue</u>. Zu erreichen mit dem stündlich verkehrenden Bus ab Obregón/Ecke Independencia. Vor den Fährabfahrten sind die Busse rammelvoll. Deshalb lieber eine Stunde eher los, als die Fähre verpassen. Auf jeden Fall frühzeitig an der Fähre sein, da oft großer Andrang und langwierige Abfertigung. Ticketverkauf: SEMATUR, Prieto/ Ecke 5 de Mayo.

La Paz -> Mazatlán: 6 x pro Woche, während der Ferienzeit täglich. Fahrzeit 18 Stunden. Im Salon 2o US, Kabine je nach Größe und Qualität 4o-73 US. Autotransport 145 US.

La Paz -> Topolobampo (Los Mochis): 6 x pro Woche, Fahrzeit 9 Std. Im Salon 13 US, Kabine je nach Größe und Qualität 27- 4o US, Autotransport 85 US.

Auf dieser Strecke häufig keine Kabinen vorhanden (Frachtschiff), sondern nur Salon. Für Personentransport im Salon dürfte auch kurzfristig ein Platz frei sein. Kabinen dagegen frühzeitig reservieren. Achtung vor allem bei Pkw- Transport: Großer Andrang, Lkw haben Vorrang. Also nicht darauf verlassen, daß man überhaupt mitkommt. Auf keinen Fall mit bestimmtem Datum kalkulieren und so früh wie möglich reservieren. Wer seinen Wagen aus USA mitgebracht hat, muß die bürokratischen Anforderungen beachten und die Papiere möglichst schon an der Grenze komplett haben: Fahrzeugpapiere, Einfuhrpapiere, mexikanische Versicherung, Touristenkarte. Nur dann stellt die Fährgesellschaft überhaupt Tickets aus. Bei Problemen ist die "Migración" die richtige Adresse: Obregón/Ecke Allende.

Transport in La Paz: Trotz der Hitze geht man im Zentrumsbereich und an der Küstenpromenade am besten zu Fuß.

Taxis haben eine Preisliste dabei, auf der die wichtigsten Ziele im Stadtbereich vermerkt sind, so daß sich der Umgang mit den Fahrern unproblematischer gestaltet als anderswo in Mexiko.

Busverbindungen zu Stränden, Bus- Terminal und Fähre: Details s. dort.

Südspitze von Baja California

Riesige Gebirgskette, bis zu 1.ooo m aus dem Meer aufsteigend. Ausgesprochen schöne Badebuchten, von denen einige erst in den letzten Jahren durch den Bau von Hotelkomplexen erschlossen wurden. Der "Los Cabos" Airport bedient vorwiegend nordamerikanischen Pauschaltourismus.

Über das Zustandekommen des Namens "CALIFORNIA" gibt es verschiedene Theorien. Nach der einen hat der Eroberer Mexikos, Hernán Cortés, die lateinischen Worte *"callida fornax"* (heißer Ofen) benutzt wegen der Hitze auf der Halbinsel. - Nach anderer Theorie ist der Name entstanden aus den katalanischen Worten *"cala"* (Bucht) und *"Fornix"* (Bogen), bezogen auf die Hafenbucht von Cabo San Lucas. Am wahrscheilichsten jedoch wurde der Name übernommen aus einem im frühen 16. Jh. weit verbreiteten spanischen Roman. Darin war von einer paradiesischen Insel namens "California" die Rede: östlich von Indien, bewohnt von schwarzen Amazonen, die mit goldenen Waffen ihre Vorherrschaft sicherten.

Während der Anfangszeit der Konquista konzentrierten sich die Spanier zunächst auf ihren Hafen Veracruz auf der Karibikseite (siehe Seite 349) und eroberten von dort das Zentrale Hochland mit seinen Minen. Zwar wurden

Baja California

auch auf der Pazifikseite Expeditionen durchgeführt, um das neu entdeckte Territorium Mexiko auch in diesen Bereichen auf Nutzwert für die Spanische Krone zu erforschen. Eine dieser Expeditionen war die von Cortés 1534, der jedoch Baja California erst in einer 2. Expedition 1536 erreichte, und zwar die Bucht des heutigen La Paz. Er war von der Unwirtlichkeit der Region schockiert und drehte um, mit entsprechender Nachricht für Madrid: Hier sei nichts zu holen.

Eine Expedition unter Francisco de Ulloa (1537- 39) erreichte die Westküste bis Höhe Insel Cedros (Nähe heutigem Guerrero Negro). Andere Expeditionen berichteten, daß die hier lebenden Indianer Perlenfischerei betrieben, was offenbar für die Spanier nicht so lukrativ war wie die Erschließung der Silberminen im Hochland Mexikos. 1542 fuhr der portugiesische Seefahrer Rodriguez Cabrillo entlang der Westküste bis rauf zum Cabo Blanco (heutiger US- Bundesstaat Oregon).

Ende des 16. Jh. waren die einsamen Buchten von Baja California zunehmend Schlupfwinkel für Piraten, die die spanischen Schatzschiffe angriffen, die von Manila/Philippinen kamen mit Ziel Acapulco. Englische Piraten wie Francis Drake und Thomas Cavendish feierten große Erfolge im Aufbringen spanischer Schatzschiffe, so daß Spanien sich gezwungen sah, das unwirtliche Baja California zu kolonisieren.

Da die Kolonisierung in den Wüsten Baja Californias teuer war (weite Transportwege, Urbarmachung des Landes, zudem kriegerische einheimische Indianerstämme), - übertrug man, um Geld zu sparen, die Kolonisierung Missionaren der Franziskaner und der Jesuiten. Erste Missionen 1673, die jedoch bald wieder aufgegeben werden mußten. 1679 Gründung der Missionsstation Loreto, die zum Zentrum der Missionare wurde. Später folgten weitere, vorwiegend im Süden der Halbinsel. Mit viel Fleiß pflanzten die Padres Dattelpalmen, legten Brunnen und Bewässerungssysteme an für die Gemüsegärten und Zitrushaine. Die Christianisierung schritt allerdings nur sehr langsam voran, da die Indianer im weißen Missionar eher denjenigen sahen, der ihnen das Land wegnahm.

Die Missionsstationen wurden häufig von den Indianern angegriffen und mußten oft wieder aufgegeben werden, bei späterem Versuch der Neugründung. La Paz wurde beispielsweise dreimal neu gegründet (erster Versuch 1673; zweiter 172o, der 1745 endete. Erst ab 18oo beständige Siedlung).

Die Jesuiten- Missionare konnten sich im äußersten Süden Baja Californias mit ihren Stationen San José del Cabo (173o) und Todos Santos (1733) festsetzen, allerdings 1734- 48 Krankheitsepedemien und Indianeraufstände. Später folgten Franziskaner- und Dominikaner- Missionare. Erst ab ca. 18oo war das Gebiet im "Griff der Weißen": kleine Fischersiedlungen in den einsamen Buchten der Wüsteneinöde.

Der Süden Baja Californias war bis Mitte unseres Jahrhunderts eines der abgelegensten und einsamsten Gebiete Mexikos. Staatliche Fördermaßnahmen wie die Schaffung einer Duty Free Zone in La Paz, Straßenbau und die Schiffsverbindung schafften ersten Aufschwung. Seit Ausbau des Los Cabos Flughafen bei San José del Cabo Mitte der 8oer Jahre zum Jet- Airport eine Vielzahl an US- Touristen und zunehmende Bautätigkeit von Hotels und sonstigen Ferienanlagen in zuvor einsamen und unerschlossenen Buchten.

Die MEX 1 verläuft ab LA PAZ zunächst 3o km südlich. Beim Dorf San Pedro Abzweigung links als serpentinenreiche Bergstrecke via San Antonio rüber zur Ostküstenbucht Los Bariles und anschließend weiter über die Bergketten nach San José del Cabo. Insgesamt ab La Paz ca. 185 km.

Die MEX 9 auf den ersten 8o km landein südwärts nach Todos Santos. Ab hier weitere 83 km entlang der Westküste mit einer Vielzahl an derzeit noch einsamen Strandbuchten mit Campmöglichkeit bis

✯ Cabo San Lucas (derzeit ca. 1o.ooo Einw.)

Touristische Boom- Town an schöner Bucht mit traumhaften Stränden, guten Surf- und Tauchmöglichkeiten, Zentrum für Hochseeangeln. Wer Sonne, Wassersport und ein absolut sauberes Meer pur genießen will, ist hier gut aufgehoben.

Auf den Hügeln über dem Meer phantastisch gelegene Luxushotels. An der Bucht und im Ort immer noch Bautrupps, die weitere Hotels und Apartmentanlagen errichten, vorwiegend für Pauschalurlauber aus USA und Kanada, die über den nahegelegenen Los Cabos Airport per Direktjet einfliegen.

Die Infrastruktur von Cabo San Lucas kommt mit dem Big Business nicht so schnell mit; vieles in ständigem Umbruch. Es regiert der schnell verdiente Dollar, und Spanisch ist mittlerweile eine Art Fremdsprache in Hotels, Restaurants und sogar auf der Straße.

Klima: Heiß und trocken.

Tourist Info: Angesichts der überall präsenten "Informanten", die für kommerzielle Einrichtungen tätig sind und auch Stadtpläne aushändigen, hat sich die ernsthafte Touristeninformation zurückgezogen.

Post: Cárdenas/Ecke 16 de Septiembre. - **Telefon**: Blvd. Marina/Ecke Madero. - **Geldwechsel**: In jedem Hotel sowie Casas de Cambio im Zentrum.

Keine Sehenswürdigkeiten, da touristische Retortenstadt. Das Kapital sind die STRÄNDE, das WASSERSPORTANGEBOT (Surfen, Schnorcheln, Tauchen, Hochseeangeln) und das Après- Sport- Angebot in Discos und Restaurants.

An jeder Straßenecke die aggressiven "Amigos", die mit Informationen und Gratisangeboten locken (Frühstück, Bootstouren etc.), um Verkaufsgespräche über Apartments in den neuen Anlagen zu vermitteln. Wer eine Weile Interesse zeigt, bekommt durchaus einiges umsonst. Die geforderte "kleine Anzahlung" von ein paar Pesos sollte man jedoch verweigern und erst recht die Kreditkarte in der Tasche lassen.

STRÄNDE: Etwas abgelegen, aber besonders schön und einsam die Strände im Westen, zum offenen Pazifik. Zum Baden gefährlich, da oft hohe Wellen und Strömungen. Am meisten Betrieb auf EL MEDANA, der sich östlich an das Hafenbecken anschließt. Dort auch die Mehrzahl der Wassersportaktivitäten. Schön auch EL CHILENO Richtung San José. Weitere schließen sich dort an.

Cabo San Lucas ist in puncto Hotels teures Pflaster, einige sind allerdings auch das viele Geld wert. - Tramper, die nach Cabo San Lucas kommen, rollen den Schlafsack am Strand aus, gehen in die Jugendherberge oder berappen ein paar Dollar mehr in den kleinen Hotels des Zentrums.

"**Hotel Plaza las Glorias**", Blvd. Marina. Nicht zu verfehlen, der große Klotz am Hafen. Pueblo- Bauweise. SW- Pool und Sonnenterrasse mit Blick auf den Hafen. Zimmer mit Balkon, eingerichtet im US- Country- Stil. DZ ca. 11o US.

"**Hotel Finisterra**", wenn schon Luxushotel, dann dies. Weitläufige Anlage auf dem Hügel über dem Hafen. Unübertrefflicher Blick. Swimming- Pool. Großzügige Zimmer mit Terrasse. Direkter Zugang zum breiten Sandstrand. DZ ca. 9o- 145 US.

"**Hotel Solmar**", direkt am Strand gegenüber dem Hafen. Ruhige Lage zwischen den Hügeln am Kap. Swimming- Pool und alle sonstigen "Kleinigkeiten" der Luxusklasse, DZ ca. 155 US.

"**Hotel Mar de Cortez**", Cárdenas/Ecke Guerrero. Im Zentrum mit ruhigen Zimmern um einen schönen, weitläufigen Innenhof. Mit Swimming- Pool. Moderne Einrichtung, DZ ca. 4o US.

"**Hotel Casa Blanca**", Revolución/Ecke Morelos. In ruhiger Seitenstraße, nicht weit vom Busterminal. Staubiger Patio mit Bäumen, Büschen und ein paar Tischen. Zimmer geräumig, neue AC. Gekachelte Bäder; einfach, aber sauber. DZ ca. 26 US.

"**Hotel Dos Mares**", Zapata/Ecke Hidalgo. Zimmer zum kleinen Garten im Patio. Sehr einfach eingerichtet. Mini- Pool. Gute Lage in Hafennähe. DZ ca. 29 US.

Jugendherberge: Etwas außerhalb in der Av. de la Juventud. Billigste Übernachtungsmöglichkeit in Cabo San Lucas. Eine der besseren Jugendherbergen in Mexiko. Neben Schlafsaal auch Einzel- (ca. 8 US) und Doppelzimmer (ca. 12 US).

Jede Menge Lokale vom Typ "Teuer- Open- Air- Grill- Bar", notdürftig zusammengezimmert oder -gemörtelt. Sofern die vorbeiführende Straße noch nicht asphaltiert ist, garniert der Staub den Hummer...

Ein wenig aus dem Rahmen fallen die folgenden. Ob dauerhaft, ist in dieser Boom- Town nicht garantiert. ROMEO Y JULIETTA, Subida al Cerro/Ecke Blvd. Marina. Italienische Spezialitäten. Vornehm- gepflegtes Ambiente. Pizza und hausgemachte Nudeln zu mittleren bis gehobenen Preisen.

SQUID ROW, Blvd. Marina. Originelle Disco- Kneipe auf zwei luftigen Stockwerken. Bar, Neon, Video und tausend verrückte Utensilien. Nachts fließen Bier und Tequila in Strömen, die Stimmung übergeschnappt.

EL CAPITAN LUCAS, Hidalgo/Ecke Blvd. Marina. Originell mit einem Riesenschiffsmodell als Terrasse im 1. Stock. Teuer.

WHALE WATCHER'S BAR, im Hotel Finisterra. Die Ausgabe für einen Margarita oder ähnlichen Drink bei Sonnenuntergang lohnt sich: phantastischer Blick auf Pazifik, Strand und die Felsen des Kaps.

CHILE WILLIE'S, Hidalgo/Ecke Zapata. Einfacher Backsteinbau mit kleiner Terrasse. Ordentliche Taquería in der Touristenzone. Mexikanische Gerichte zu niedrigen Preisen. Gutes Frühstück.

PANCHO'S, Hidalgo/Nähe Zapata. Teils unter freiem Himmel, teils überdacht. Einfaches, freundliches Ambiente. Gute mexikanische Küche, Fisch und Mariscos zu mittleren Preisen.

MI CASA, Cabo San Lucas/Ecke Cárdenas. Versteckter Fluchtort vor dem aggressiven Verkaufstreiben im Zentrum. Romantischer Patio mit Bäumen und kitschigen Wandmalereien. Guter Fisch, Fleisch vom Grill und traditionelle mexikanische Gerichte. Ein Ort, der noch mexikanisches Flair vermittelt, auch wenn die Preise durchaus Cabo- Niveau haben. Hier aber sind große Portionen und Qualität ihren Preis wert.

Die einfachen TAQUERIAS und OSTIONERIAS sind fast völlig aus der Touristenzone verdrängt. Man findet sie konzentriert in der Nähe des Busbahnhofs, in den Straßen Zaragoza und Morelos.

Unterhaltung: Besonders nach Einbruch der Dunkelheit ist "Fun" angesagt in Cabo San Lucas: romantische Sunset- Cruises auf Segelschiffen mit offener Bar; Dancing in Hotel- Discos; gewöhnliche Besäufnisse mit Bier, Tequila und Margarita; oder grober Unfug, wenn sich erwachsene Menschen an den Füßen aufhängen lassen, um wie eine Fisch- Trophäe zu posieren. Alles in allem: "Mexico is great!"

BOOTSTOUREN: Zum Kap mit dem charakteristischen Felsentor per Glasbodenschiff ab Hafen. Pro Person 6 US. Die Schiffe fahren zur Playa del Amor, einem idyllischen Strand zwischen den Felsen. Von dort schöner Blick auf das Kap und die beiden Meere, die hier zusammentreffen. Wer früh losfährt, kann sich für den ganzen Tag auf der Playa del Amor absetzen lassen und wird am Abend mit dem letzten Boot abgeholt. Kein Aufpreis.

HOCHSEE- ANGELN: Rund ums Cabo San Lucas hervorragende Fischgründe. Sie sind so ergiebig, daß Hollywood- Stars wie John Wayne oder Bing Crosby, die den Ort "entdeckten" und damals mit ihren Privatflugzeugen anreisten, die Sache geheim hielten und bei ihrer Rückkehr Falschmeldungen über "trostloses Fischen" verbreiteten. Heute werden die Fischgründe ums Kap in den USA angeltouristisch vermarktet, die Fänge sind immer noch ausgezeichnet.

Die eindrucksvolle Flotte der Jachten liegt im Hafen. Am Pier haben alle Anbieter ihre Stände; Angebote und Preise vergleichen. Können je nach Bootstyp, Gruppengröße und Nachfrage extrem unterschiedlich sein. Am besten man verschafft sich einen Überblick und kommt dann am frühen Morgen, wenn die Touren losgehen, zum Hafen. Verhandeln, abwarten und Gleichgesinnte finden, heißt dann die Devise. Anhaltspunkt: Für ein kleines Boot (3 Personen) werden pro Stunde ca. 25 US verlangt.

SURFEN und **WINDSURFEN**: Bei entsprechenden Wind- und Wellenverhältnissen sind die Strände ums Kap ein Paradies. Wer sein Brett nicht um die halbe Welt mitgeschleppt hat, wendet sich an "Cabo Aguadeportes", Cárdenas/Ecke Matamores oder Playa El Chileno. Weitere Anbieter in Hotels und im Stadtbereich.

TAUCHEN und **SCHNORCHELN**: Gute Tauch- und Schnorchelgründe an den Felsküsten rund ums Kap. Ausrüstung und Unterricht bei "Aventuras Submarinas", Cárdenas/Ecke Zaragoza. Auch einige der Angeltour- Veranstalter am Hafen bieten Tauch- und Schnorchelausflüge an. Bei ihnen ist die Ausrüstung aber nicht immer hundertprozentig.

Verbindungen *ab Cabo San Lucas*

Flug: Airport Los Cabos nördlich von San José. Details siehe dort. Colectivos zum Flughafen ab Zentrum Cabo San Lucas oder Hotel 1o US pro Person. Taxi 4o US.

Taxi: Taxi nach San José del Cabo 25 US.

Bus: Busbahnhof Zaragoza/Ecke 16 de Septiembre (zentral). Stündliche Abfahrten nach San José del Cabo (2 US/3o Min.), La Paz (9US/2,5 Std).

Autovermietung: Die einsamen Strände und bizarren Felsküsten in der weiteren Umgebung sind praktisch nur mit eigenem PKW erreichbar. Mietwagen lohnt sich für ein oder zwei Tage. Verleih: THRIFTY, Av. Lázaro Cárdenas.

Transport in Cabo San Lucas: Noch ist hier das meiste zu Fuß zu erreichen. Zu den etwas abgelegenen Hotels am besten mit einem der zahlreichen Colectivo- Kleinbusse. Tarif im Stadtgebiet ca. 3 US.

Cabo San Lucas -> San José del Cabo (35 km)

Halbstündige Fahrt auf der Küstenstraße. Kurz hinter Cabo San Lucas schöner Blick zurück auf die Felsen des Kap (im Bus möglichst rechts sitzen). Mehrere große Hotelkomplexe an der Strecke. Grundstücke für weitere Hotels und Apartmentanlagen sind abgezäunt, so daß sich der Zugang zu vielen Stränden schwierig gestaltet.

Die Folgen der hemmungslosen Bautätigkeit zwischen Cabo San Lucas und San José lassen auch nicht auf sich warten: Nach starken Regenfällen im November 1993 wurde die schnell und billig konstruierte Autopista zwischen beiden Orten an über einem Dutzend Stellen einfach weggeschwemmt, von den größten Brücke blieben nur Ruinen. Für ein Weilchen war die Zufahrt zu den Luxus- Etablissements am Kap nur durch ein Feld der Verwüstung möglich. Den weiteren Ausbau der Ferienregion wird diese Katastrophe jedoch nicht verhindern.

★San José del Cabo (ca. 7.000 Einw.)

Jesuitenmission 173o, später ab ca. 18oo Fischernest. Aus der Zeit der

Wende ins 2o. Jh. noch einige Gebäude. Ausgedehnte, saubere Strände etwa 2 km vom Zentrum entfernt. Ideal für ein paar entspannende Tage am Strand. Weniger staubig als Cabo San Lucas und im Zentrum etwas harmonischer gewachsen, obwohl am Strand auch große Neubaukomplexe entstanden sind. Eine hübsche Plaza und zahlreiche gemütliche Gartenrestaurants im Zentrum. Außerdem einige Hotels der Billig- und Mittelklasse.

Klima: Heiß und trocken.

Zaragoza/Ecke Mijares, an der Plaza.
- **Post**: Mijares, südlich des Zentrums Richtung Strand. - **Telefon**: Hidalgo, an der Plaza neben der Kirche.

Die Strände beginnen rund 2 km vom Ortskern entfernt: weitläufig, sehr breit und sauber. Kein Schatten direkt am Strand. Auch wer in einem der preisgünstigeren Hotels in der Innenstadt wohnt, kann die Anlagen der Strandhotels mitbenutzen. Alles ist vom Strand aus frei zugänglich.

Die Strandhotels sind gut und ähnlich teuer wie in Cabo San Lucas. Die wenigen preisgünstigeren Hotels liegen im Zentrum.

"**Hotel El Presidente**", Paseo San José/Ecke Mijares. Traditioneles Luxushotel von San José mit allen Annehmlichkeiten. Am Strand gelegen, trotzdem noch relativ nah zum Ortskern. DZ ca. 155 US.

"**Hotel Calinda**", Paseo San José. Angenehmes Strandhotel mit Palmen und sonstigem Grün zwischen den verschiedenen Gebäuden. Swimming- Pool. Zimmer gut, aber nicht übermäßig komfortabel. Im Winter belegt mit Pauschaltouristen aus Alaska und Kanada, im Sommer eher mexikanisches Publikum. DZ je nach Saison ab ca. 95 US.

Weitere Teuer- Hotels mit Swimming- Pool und Garten verteilen sich entlang des Paseo San José. Strand und Golfplatz immer zu Fuß erreichbar.

"**Hotel Ceci**", Zaragoza/Ecke Hidalgo. Zentral. Einfach, aber sauber und akzeptabel. Zimmer kahl und abgewohnt. DZ ca. 17 US.

"**Hotel Mi Cabaña**", Obregón/Ecke Mijares. Flachbau im Motel- Stil. Zentral gelegen, Nähe Plaza. In der danebenliegenden Kneipe nachfragen. Sehr einfach und schmuddelig. Große Zimmer, die besseren im Anbau nach hinten. DZ ca. 15 US.

"**Posada Terranova**", Degollado/Ecke Zaragoza. Ruhige Seitenstraße in Zentrumsnähe. Kleines Hotel mit persönlicher Atmosphäre. Zimmer neu möbliert, gute Bäder, AC. Für ca. 5o US pro DZ gute Alternative in der Mittelklasse.

"**El Mañana**", Obregón 1. Mitten im Zentrum, an der Plaza. Kleine Gebäude in weitläufigem Garten. Helle, luftige Zimmer. Renoviert, neue Möbel. Gemeinschaftsküche steht allen Gästen zur Verfügung. Freundlich lockere Atmosphäre. Für ca. 25 US pro DZ gute Wahl, im Sommer sogar noch billiger.

"**San José Inn**", Obregón/Ecke Degollado. Trister Flachbau im Motel- Stil. Ruhige

Lage, trotzdem zentral. Große, helle Zimmer; kahl und einfach möbliert. DZ ca. 2o US.

 DAMIANA, Mijares/Ecke Zaragoza. Geschmackvoll eingerichtetes Kolonialhaus. Schöner Garten. Traditionell gute Küche, vorwiegend Mariscos und Fleisch. Gediegene Atmosphäre. Teuer.

PIETRO, Zaragoza/Ecke Guerrero. Vornehm- gepflegt in mehreren Räumen. Italienische Küche. Nudelgerichte, Fleisch, Mariscos. Sehr teuer.

LA FOGATA, Zaragoza/Ecke Guerrero. Teure Garnelen- und Lobsterküche in gemütlich- vornehmer Umgebung.

DIANA, Morelos/Ecke Zaragoza. Einfache Taquería in offenem Gebäude. Plastikmöbel. Tacos, Enchiladas und billiges Frühstück.

CALAFIA, Mijares 34. Im Garten eines Kolonialhauses. Preiswerte mexikanische Gerichte. Fleisch und Mariscos ein wenig teurer. Etwas schäbige Möblierung, aber gutes und reichhaltiges Essen, auch Pizza. Preise mittel.

TROPICANA, Mijares 32. Mexikanische Küche in gepflegter Umgebung. Hübsches und kühles Haus mit Patio. Kleine Imbisse, Salate und Sandwiches. Teuer.

SPORT

Surfen: Von März bis November hervorragende Bedingungen fürs Wellenreiten an mehreren Strandabschnitten, die man sich je nach Wind und Wellengang aussucht.

Golf: Golfplatz am Paseo San José in Strandnähe. Weitere an der Straße nach Cabo San Lucas.

Verbindungen ab Cabo San Lucas

 Flüge: Flughafen LOS CABOS nördlich der Stadt. Kleinbusse nach San José 5 US, nach Cabo San Lucas 8 US pro Person. Taxi nach San José 2o US.

MEXICANA (Büro: Plaza Los Cabos) fliegt täglich nach Guadalajara (15o US/1.1o Std.), Mexico City (24o US/2 Std.) und Mazatlán (95 US/45 Min.).

Außerdem 3 x pro Woche nach Puerto Vallarta (1 Std.) und direkt nach Los Angeles (23o US/2.5 Std.).

AEROMEXICO (Büro: Flughafen) fliegt täglich nonstop nach Culiacán (11o US/1 Std.).

AEROCALIFORNIA (Büro: Plaza Los Cabos) fliegt täglich nach Los Angeles (23o US) und Phoenix (23o US).

Fähre: siehe La Paz, Seite 442.

 **Bus**: Busterminal in der Calle Valerio González. Zwischen Zentrum und Strand, Nähe Straße nach Cabo San Lucas. Taxi zur Plaza 1,5 US.

Stündliche Abfahrten nach Cabo San Lucas (2 US/3o Min.) und La Paz (8 US/3 Std.).

Autovermietung: Für Ausflüge zu den einsamen Stränden und Felsküsten in der Umgebung von San José sowie ins Landesinnere lohnt evtl. mal für ein oder zwei Tage ein Miet- PKW: THRIFTY, Blvd. San José 2ooo.

Transport in San José: Im Zentrum zu Fuß. Taxi zum Strand 3 US.

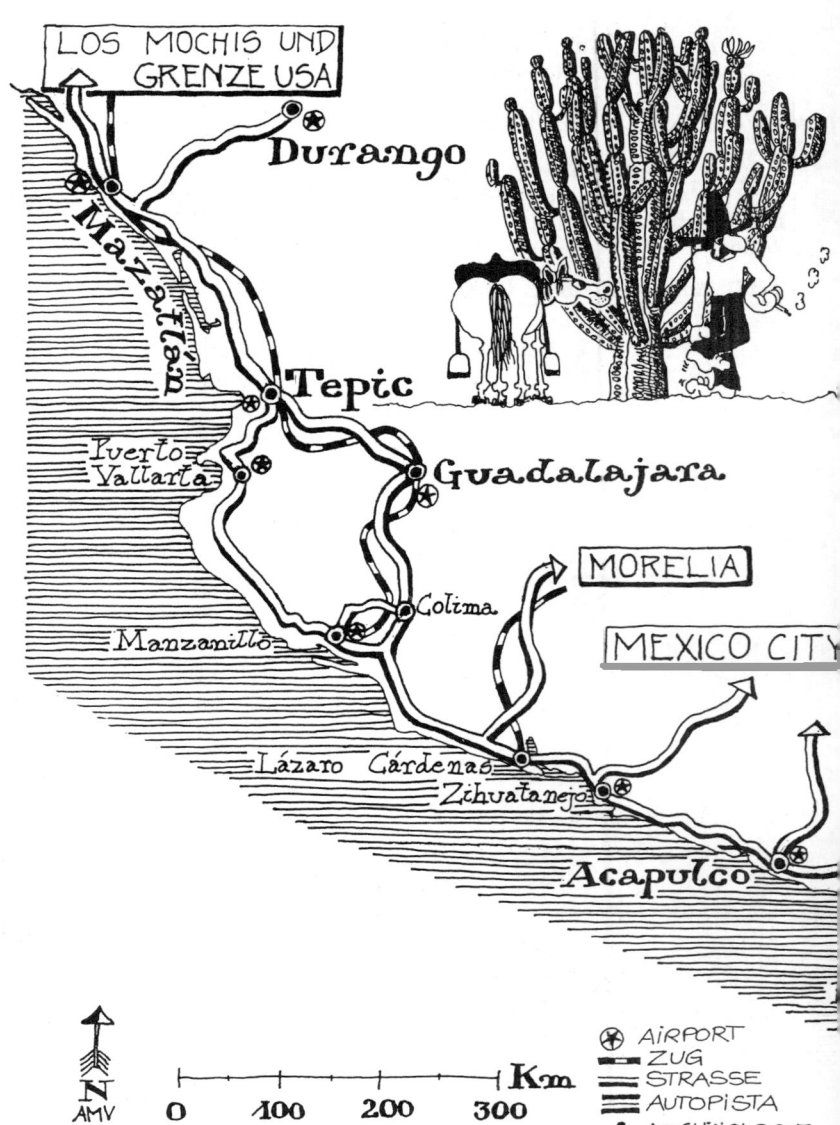

PAZIFIKKÜSTE

Allein im touristisch interessanten Teil zwischen Mazatlán und Tapachula fast 2.3oo km Pazifikstraße, die allerdings nur sehr selten direkt an der Küste verläuft.Trotzdem große Auswahl an <u>Traumstränden</u>, und zwar für jede Art von Traum:

Das weltberühmte <u>ACAPULCO</u> mit seiner unvergleichlichen Bucht und der auf Hochtouren laufenden Tourismusmaschinerie; das mondäne <u>PUERTO VALLARTA</u> mit zahllosen Stränden und einer charakteristischen Altstadt; <u>PUERTO ANGEL</u>: abgelegene, winzige Bucht und Treff der Rucksackreisenden; oder das ruhige, aber gut ausgebaute <u>PUERTO ESCONDIDO</u> mit sauberem Wasser zum Baden und Surfen.

Obwohl alljährlich neue Touristenzentren aus der Retorte entstehen oder weiterentwickelt werden, bleibt auch für den Individualreisenden noch genügend Raum zur Entdeckung kleiner Fischerorte oder vollkommen einsamer und unberührter Strände.

Reiserouten

Die gesamte Pazifikroute (sehr lang und heiß) lohnt nur bei ausreichend verfügbarer Zeit (reine Fahrzeit mit Übernachtungen 4-6 Tage; kaum Flüge entlang der Küste, aber gute Busverbindungen).

Mazatlán -> Puerto Vallarta -> Manzanillo/Colima -> Acapulco -> Puerto Escondido -> Puerto Angel -> Bahías de Huatulco -> Tapachula.

Am besten Teilstrecken auswählen oder einzelne Städte verbinden mit Touren im Zentralen Hochland oder der Südlichen Sierra.

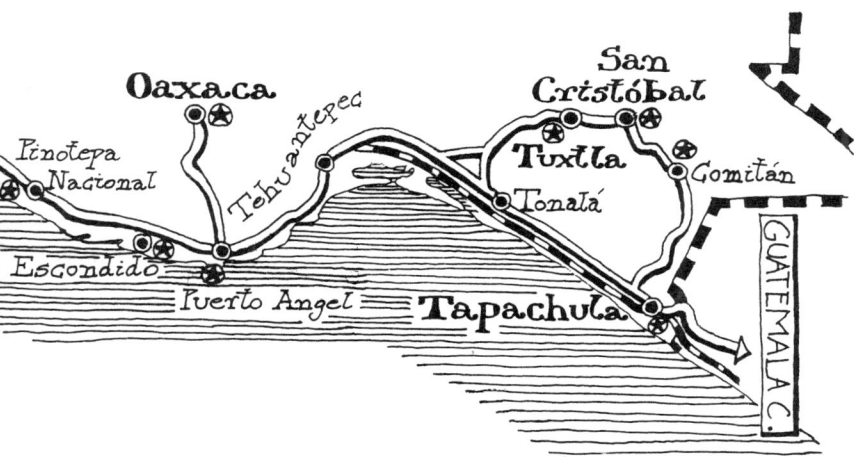

Kombination Küste mit dem ZENTRALEN HOCHLAND:
* ab Puerto Vallarta oder Colima nach Guadalajara (Seite 295)
* ab Acapulco nach Taxco (Seite 325), Cuernavaca (Seite 319) und Mexico City (Seite 173)

Kombination Küste mit SÜDL. SIERRA:
* via Tuxtla (Seite 5o5) nach San Christobal de las Casas (Seite 5o8)
* ab Puerto Escondido nach Oaxaca (Seite 485)

✹ Puerto Vallarta (25o.ooo Einw.)

Die Altstadt zu beiden Seiten des Rio Cuale besitzt trotz der totalen Orientierung auf den Tourismus weiterhin tropischen Charme: Eingezwängt zwischen Meer und Berge verlaufen nur wenige Straßen, alle mit Kopfsteinpflaster. Keine Hochhäuser, viele Palmen und eine attraktive Uferpromenade.

Im Norden lange Strände mit den internationalen Hotelkomplexen. Im Süden eine subtropische Küstenlandschaft mit vielen kleinen Buchten, inzwischen auch von Hotels besetzt. Trotz der Exklusivität des Badeortes und der vielen teuren Hotels ist Puerto Vallarta auch für dünnere Brieftaschen erschwinglich: Relativ günstige Hotels und preiswerte Restaurants im Zentrum.

Als John Huston hier 1963 den Film "Die Nacht des Leguan" mit Richard Burton drehte, war Puerto Vallarta noch ein verträumtes Fischerdorf. Der Film jedoch machte das Städtchen über Nacht bekannt, die Amerikaner strömten herbei, und aus Romantik wurde Kommerz. Acapulco hatte plötzlich Konkurrenz bekommen, und der Jet Set traf sich eine Weile in Puerto Vallarta - bis er nach neuen Zielen Ausschau hielt.

Klima: Sehr schwül, im Sommer ständig über 3o Grad Celsius. Regenzeit zwischen Juli und September.

 Juárez/Ecke Plaza de Armas.
Post: Morelos/Ecke Mina. - **Telefon**: Madero 296. - **Geldwechsel**: Casas de Cambio in der Calle Juárez und am Malecón. Die grünen Dollarscheine sind in Hotels und Restaurants allerdings auch nicht unbekannt.

In Puerto Vallarta dreht sich alles um Strand, Wassersport und Shopping. Sehenswürdigkeiten im üblichen Sinne gibt es nicht. Die PLAZA DE ARMAS (2) ist ein durchschnittlicher mexikanischer Platz, die KATHEDRALE (5) eine ebenso durchschnittliche Kirche mit einer kuriosen Krone auf dem Glockenturm. Das MUSEO ARQUEOLOGICO CUALE (7) auf der Insel im Rio Cuale ist winzig und zeigt neben wechselnden Ausstellungen einige archäologische Funde aus den Staaten Jalisco, Colima und Nayarit. Geöffnet täglich 9- 15 Uhr, Eintritt frei.

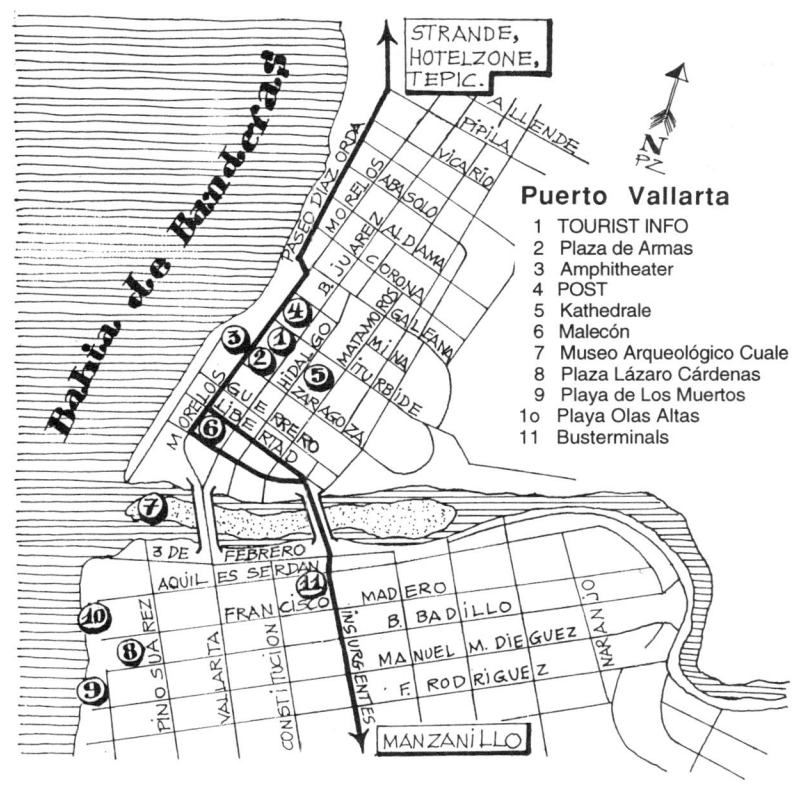

STRÄNDE

BADEN Die großen und langen Sandstrände liegen Richtung Norden in <u>Nuevo Vallarta</u>, wo sich auch die internationalen Hotelketten niedergelassen haben. Gute Wassersportmöglichkeiten. Der beliebteste Sandstrand im Zentrum ist <u>Playa de los Muertos</u> (9), leicht zu Fuß zu erreichen über die Av. Olas Altas.

Im Süden von Puerto Vallarta kleine, exklusive Sandstrände ("<u>Playas del Sur</u>") zwischen den Felsen. Vor jedem von ihnen steht inzwischen mindestens ein Hotel. 1o km südlich mit vorgelagerten Felseninseln <u>Playa Mismaloya</u>: ein Traumstrand zwischen Klippen und Palmen, der allerdings viel von seinem Reiz verloren hat, seit er von drei Hotelungetümen umgeben ist.

Nuevo Vallarta: An den Stränden im Norden stehen die großen Gebäudekomplexe der internationalen Hotelketten mit sämtlichen Einrichtungen für Erholung und Wassersport. Wer ab 80 US aufwärts ausgeben kann, hat die Wahl zwischen Dutzenden von modernen Luxushotels. Publikum: hauptsächlich Pauschaltouristen aus Mexiko und den USA.

Playas del Sur: An der schönen Küstenstraße Richtung Süden reiht sich ebenfalls ein Hotel ans andere. Die Häuser sind in der Regel kleiner und exklusiver als in Nuevo Vallarta. Sie stehen meist an einem der kleinen Strände zwischen den Felsen und sind weniger auf sportliche Aktivitäten als auf luxuriösen Badeurlaub ausgerichtet. Preise ab 80 US aufwärts. Wie in Nuevo Vallarta, so auch hier günstige Sonderangebote einzelner Hotels während der Nebensaison (Mai- Oktober) möglich.

Altstadt: Im Zentrum neben teuren Häusern auch eine Anzahl von Mittelklasse- und Billig- Hotels. Preise je nach Saison sehr unterschiedlich. Von Dez. bis April können die im folgenden genannten Tarife um 20- 30 % höher liegen, besonders zum Jahreswechsel und um Ostern.

"**Hotel Molino del Agua**", Vallarta, direkt an der Brücke im Zentrum. In ruhigem, subtropischem Garten auf großem Gelände. SW- Pool und Whirlpool. Komfortable Zimmer in gediegener Atmosphäre. Verschiedene Größen und Ausstattung. DZ ab 65 US.

"**Hotel Posada Rio Cuale**", Aquiles Serdán 242. Kleines Hotel mit persönlicher Atmosphäre. Romantische, verschachtelte Architektur. Garten mit Swimming- Pool. Komfortable Zimmer mit AC oder Ventilator. DZ ab 40 US.

"**Hotel Belmar**", Insurgentes 161. Sehr zentral an der Hauptstraße. Rustikal eingerichtet. Ventilator, Balkon zur Straße. Teilweise laut. Saubere Bäder. DZ ca. 25 US.

"**Hotel Escuela**", Guerrero/Ecke Hidalgo. Nördlich des Rio Cuale. In ruhiger Seitenstraße. Haus der staatlichen Hotelschule. Große, wenn auch recht einfache Zimmer. Sehr gepflegt und sauber. Das Personal gehört zur Schule und ist daher naturgemäß sehr um den Gast bemüht. DZ ca. 22 US.

"**Hotel Villa del Mar**", Jacarandas/Ecke Madero. Solides Hotel mit einfach eingerichteten Zimmern. Ventilator, einige Zimmer mit Balkon. Kleine Dachterrasse. Sauber, und für DZ ca. 15 US zu empfehlen.

"**Hotel Hortencia**", Madero 336. Direkt am Busbahnhof. Einfache, aber ordentliche Zimmer zum Innenhof. Andere mit Balkon. Saubere Bäder. DZ ca. 13 US.

"**Hotel Analíz**", Madero 429. Zimmer zum Innenhof. Einfach und sauber. Hell mit großen Fenstern. Pflanzen im Gang vermitteln etwas Behaglichkeit. DZ ca. 12 US.

"**Hotel Bernal**", Madero 423. Einfache Zimmer zum düsteren Innenhof. Winzig mit Bett und wenig mehr. DZ ca. 12 US

"**Hotel Cartagena**", Madero 428. Zimmer basic zum Innenhof, aber neue und saubere sanitäre Anlagen. Ventilator. DZ ca. 13 US.

"**Hotel Lina**", Madero 376. Zimmer zum Innenhof, sehr einfach eingerichtet. Ventilator und klappriges Mobiliar. In der Gegend der Busbahnhöfe. DZ ca. 13 US.

"**Hotel Central**", Juárez/Ecke Guerrero. Etwas heruntergekommenes Hotel, Gemeinschaftsbäder. Zimmer aber keine Kabuffs, sondern groß und sauber. Die meisten mit Ventilator. Im Innenhof buntes Durcheinander von Pflanzen und Vogelkäfigen. Nördlich des Rio Cuale. DZ ca. 1o US.

In der Altstadt und in Nuevo Vallarta jede Menge Lokale vom Typ "Fun- Food- Music- Happy Hour". Keine Preisbeschränkungen nach oben hin, vor allem für Hummer oder Garnelencocktails. Auch immer mehr Fast- Food im US- Stil. Einige Ausnahmen:

GILMAR, Madero 412. Klein und familiär. Mexikanische Hausmannskost in einfacher und sauberer Umgebung. Viele billige Gerichte, auch Frühstück.

TUTIFRUTI, Morelos 552. Hervorragende Obst- und Gemüsesäfte.

ARCHIE'S WOK, Rodriquez 13o, Nähe Playa de Los Muertos. Einstiger Mitarbeiter von John Huston hat hier ein kleines Lokal mit asiatischen Spezialitäten eröffnet. Erstklassige Rezepte aus Malaysia, Thailand und anderen Ländern. Auch vegetarische Gerichte. Teuer.

RITO'S, Dominquez 181. Winziges, italienisches Restaurant mit breitem Angebot an Pizza und Nudelgerichten. Außerdem Sandwiches und kleine Imbisse. Preise mittel.

FONDA CHINA POBLANA, Insurgentes 222. Rund um die Uhr geöffnet. Mit Terrasse im 1. Stock. Herzhafte mexikanische Küche. Große Portionen zu günstigen Preisen.

Billige TAQUERIAS mit einfachen mexikanischen Gerichten rund um die Busterminals südlich des Rio Cuale.

UNTERHALTUNG

Diskotheken: Viele Discos in der Hotelzone von Nuevo Vallarta. Besonders "in" die moderne Video- Disco CRISTINE im Hotel Crystal, an der Straße zum Flughafen, km 7. Was sonst gerade beliebt ist, erfährt man im Touristenbüro.

Sport: Alle exklusiven Sportarten sind vertreten: Golf und Tennis, Surfen, Segeln und Wasserski, Tauchen und Hochseeangeln. Aber nur in den Hotels, privaten Clubs oder per organisierter Tour. Angebote in jedem besseren Hotel und in der Altstadt buchstäblich an jeder Straßenecke. Das sportliche Vergnügen aber ist hier wesentlich teurer als anderswo.

SHOPPING

Keramik, Schmuck, Silber: Im Zentrum exklusive Läden und viel Anmache nach dem Motto: "Hey Amigo, come in". Aber auch solide Adressen, vor allem für Keramik, Schmuck und erlesene Silberwaren:

VILLA MARIA, Juárez 449. Edle Keramik.

PLATERIA MITLA, Juárez 252. Exklusive Silberarbeiten und Schmuck.

TAXCO, Díaz Ordaz 512. Gold- und Silberschmuck in riesiger Auswahl.

ONIX & SILVER, Morelos 434. Ungeheures Sortiment von Schmuck, vor allem aus Silber.

Artesanía: Viele Stände mit Artesanía und noch mehr Souvenirkitsch auf der Insel im Rio Cuale.

Verbindungen ab Puerto Vallarta

Flüge: Flughafen 7 km nördlich vom Zentrum. Kleinbusse in die Altstadt und zu jedem gewünschten Hotel: 4- 6 US pro Person. Tickets am Schalter vor dem Flughafen kaufen.

MEXICANA (Büro: Villa Vallarta, Local 6- 18) fliegt täglich nach Guadalajara (85 US) 3o Min., - Mazatlán (85 US) 5o Min., - Mexico City (155 US) 1.1o Std. - sowie in viele Städte der USA (z.B. direkt nach Chicago und Los Angeles). Mehrmals pro Woche nach Los Cabos (125 US) 1 Std.

AEROMEXICO (Büro: Plaza Genovesa, Local 2) fliegt täglich nach: Guadalajara (85 US) 3o Min., - Mexico City (155 US) 45 Min. sowie an die Westküste der USA (San Diego/Los Angeles).

Jede Menge Verbindungen in die USA auch mit den US- Airlines CONTINENTAL, AMERICAN, NORTHWEST, und DELTA.

Bus: Geplant ist ein zentraler Busterminal beim Flughafen, vorläufig haben die einzelnen Buslinien ihre Büros in der Altstadt an der Straßenecke Madero/Insurgentes sowie im Umkreis von drei Straßenblocks.

Abfahrten mehrmals täglich nach:

Guadalajara (14- 16 US) 5 Std., - Mexico City (33 US) 16 Std., - Hermosillo (35 US) 24 Std., - Tijuana (63 US) 37 Std., - Mazatlán (16 US) 7 Std., - Manzanillo (1o US) 4 Std.

Außerdem mindestens einmal pro Tag in weitere Städte an der Pazifikküste und im Norden.

Transport in Puerto Vallarta: Durch die engen Gassen der Altstadt am besten zu Fuß. Zu den Stränden im Norden verkehren die Busse "Las Juntas" und "Ixtapa" ab Parque Lázaro Cárdenas. Richtung Süden pendelt ein Kleinbus (Ruta 2) ab Calle Pino Suárez.

Puerto Vallarta -> Manzanillo (28o km)

Die ersten Kilometer eine subtropische Küstenstrecke mit kleinen Buchten und üppiger Vegetation. Danach führt die Straße durch eine abwechslungsreiche Berglandschaft. Viel Landwirtschaft, u.a. zahlreiche Kokosplantagen. Wer mit dem Auto unterwegs ist, hat Gelegenheit, zahlreiche Abstecher zu einsamen und idyllischen Stränden zu machen, beispielsweise zur BAHIA CHAMELA (Einschränkungen durch Militärgelände) und zur BAHIA TENACATITA. Einige Busse zwischen Puerto Vallarta und Manzanillo halten in BARRA DE NAVIDAD: Nicht ganz so einsam, aber auch hier Strände ohne großen Touristenrummel.

✦ Manzanillo (15o.ooo Einw.)

Schwül- heiße Hafenstadt ohne besonderen Reiz. An der Bucht nach Norden ausgedehnte, aber nicht gerade attraktive Strände, hauptsächlich von Mexikanern und Pauschaltouristen aus Nordamerika besucht. In der Nähe die Super- Luxus- Siedlung "Las Hadas", eine romantisch verschachtelte Retortenstadt für besonders Betuchte.

Zwischenstation auf der Pazifikstraße MEX 2oo von Puerto Vallarta nach Acapulco. Ab Manzanillo günstige Vebindung von der Küste rauf nach Guadalajara und ins Zentrale Hochland.

Wer Richtung Guadalajara will, sollte gleich bis Colima (2 Std. Bus) weiterfahren: als Zwischenstop lohnender und auch klimatisch weitaus angenehmer als Manzanillo.

Klima: Ganzjährig unangenehm schwül und heiß. Regenzeit von Juli bis September.

Av. Juárez s/n., direkt am zentralen Jardín Obregón.
Post: Av. Juárez/Ecke 5 de Mayo.

STRÄNDE

Die Strände liegen nördlich von Manzanillo an der Küstenautobahn, sind teilweise häßlich verbaut und in Hafennähe ziemlich verschmutzt. Für einen Badeaufenthalt gibt es eindeutig bessere Möglichkeiten entlang der gesamten Pazifikküste. Am schönsten noch die Bahía de Santiago, ca. 15 km Richtung Norden. Busse ab Bahnhof mit der Aufschrift "Santiago" oder "Miramar".

Dutzende von teuren Strandhotels an der Küstenautobahn nach Norden. Sie sind aber samt und sonders kaum für einen angenehmen Badeaufenthalt geeignet, da sehr laut. Auch die Strände davor könnten sauberer sein. Die teure Ausnahme für dicke Brieftaschen:

"**Las Hadas**", Rincón de las Hadas. In herrlicher Hügellage über dem Meer. Feriendorf mit Apartments, Restaurants und Geschäften. Alles vom Feinsten. Ist zwar die besondere Attraktion des Feriengebiets um Manzanillo, aber nicht jedermanns

Geschmack: wie der Name schon sagt (las hadas = die Feen), eine künstliche Märchenwelt für Pauschaltouristen.

Im Zentrum von Manzanillo nur wenige Hotels, fast alle in beklagenswertem Zustand. Übernachtungen besser im nahegelegenen Colima.

"<u>Hotel Emperador</u>", Balbino Dávalos 69. Nähe Plaza. Düstere Zimmer zum Innenhof mit Ventilator. Schmuddelig. Einige auch ohne Fenster und besonders muffig. DZ ca. 15 US.

"<u>Hotel Miramar</u>", Juárez 122. Sehr basic. Zimmer in schlechtem Zustand. Einige allerdings einigermaßen hell und luftig, mit Ventilator. DZ ca. 15 US.

"<u>Hotel Flamingos</u>", Madero 72. Große luftige Zimmer mit Ventilator. Sauber. Einrichtung der Zimmer und Ausstattung der Bäder zwar ebenfalls mit Minimalstandard, alles in allem für ca. 17 US pro DZ beste Alternative im Zentrum von Manzanillo.

Verbindungen ab Manzanillo

Flüge: Der Flughafen liegt absurd weit außerhalb, 5o km nach Norden. Kleinbusse pendeln zu den Hotels und ins Zentrum für 7 US pro Person.

MEXICANA (Büro: Av. México 382) fliegt täglich nach Mexico City (13o US) 1 Std.

AEROMEXICO (Büro: Centro Comercial Carillo Puerto, Local 1o7) fliegt täglich nach Guadalajara (7o US) 4o Min.

Eisenbahn: Bahnhof mitten im Zentrum in der Av. Niños Héroes. Täglich ein Zug 2. Klasse nach Colima und Guadalajara. Langsam, viele Stops, häufige Verspätungen. Nicht zu empfehlen.

Bus: Central Camionera am Stadtrand, Av. Hidalgo 75o. Vom Zentrum aus am besten per Taxi: 1,5 US

Ständige Abfahrten nach Colima (3 US) 2 Std., - stündlich nach Guadalajara (13 US) 5 Std., - mehrmals am Tag auf der Pazifikstraße nach Norden (Puerto Vallarta 1o US) 4 Std., - oder Süden (Ixtapa 18 US) 8 Std.

Manzanillo -> Colima (1oo km)

Reizvolle Fahrt (knapp 2 Std.) durch eine fruchtbare, grüne Ebene: große Plantagen mit Kokospalmen, Bananen und Avocados.

✴ Colima (17o.000 Einw.)

In einem Hochtal zu Füßen des noch tätigen Volcán de Colima. Gepflegtes Provinzstädtchen mit gut erhaltenem kolonialen Zentrum. Kaum historisch "wertvolle" Gebäude, da diese immer wieder von schweren Erdbeben beschädigt oder zerstört wurden (allein in diesem Jahrhundert dreimal: 19oo, 1932 und 1941). Aber vieles ist liebevoll wiederaufgebaut und restauriert.

Colima lohnt als Zwischenstop auf dem Weg von der Pazifikküste nach Guadalajara sowie als Abstecher von der Pazifikroute. Kaum vom Tourismus berührt und nicht viel los, aber gut zum Aufatmen nach der Schwüle an der Küste und als Kontrast zum Touristenrummel in den Seebädern.

Klima: Heiß, aber bei weitem nicht so unangenehm schwül wie in der Küstenebene.

Hidalgo 75.

Post: Madero 247. - **Telefon**: Morelos 234. - **Geldwechsel**: Casa de Cambio, Morelos/Ecke Juárez.

SEHENSWERTES

Das koloniale Zentrum gruppiert sich im wesentlichen um drei Plätze, die nicht weit voneinander entfernt liegen: Zócalo, Parque Torres Quintero und Parque Nuñez. Am reizvollsten der Zócalo mit der Kathedrale und den umgebenden Arkaden. Neben der Kirche der Palacio de Gobierno mit Wandgemälden zur mexikanischen Geschichte.

Drei Regionalmuseen, das interessanteste liegt leider etwas außerhalb, lohnt aber den Abstecher:

MUSEO DE LAS CULTURAS DE OCCIDENTE, Independencia/Ecke Carranza. Umfangreiche Sammlung besonders von Tonfiguren aus prähispanischen Kulturen im heutigen Staat Colima. Erstaunlich lebendige Darstellungen von Menschen und Tieren. Wenig bekannt in der breiten Palette prähispanischer Funde, aber künstlerisch außerordentlich bemerkenswert. Großzügig ausgestellt und ausführlich beschriftet und erklärt. Geöffnet Di.- So. 9- 19 Uhr. Eintritt frei. Zu erreichen mit Bus "Norte" ab Parque Nuñez bis Centro Cultural.

Weniger aufregend die beiden anderen:

MUSEO DE HISTORIA DE COLIMA, 16 de Septiembre, neben dem Palacio de Gobierno. Schöner Innenhof. Sammlung von Keramik und Artesanía aus West- Mexiko. Geöffnet Mo.- Sa. 1o- 14 und 16- 2o Uhr, So. 15- 2o Uhr. Eintritt frei.

MUSEO DE ARTE Y CULTURA POPULAR, 27 de Septiembre/Ecke Gallardo. Vielfältige Masken und Kostüme der regionalen Feste und Tänze. Außerdem vielfältige Produkte des lokalen Kunsthandwerks und präkolumbianische Fundstücke. Geöffnet täglich 9- 17.3o Uhr. Gratis.

TIP: Es lohnt sich, in Colima mal hinter die Kulissen zu schauen: Viele öffentliche Gebäude haben schöne Innenhöfe, und manchmal stehen dort sogar die Schreibtische der Beamten unter Palmen oder Bananenstauden.

Auch viele Wohnhäuser mit bezaubernden Patios. Wer selbst keinen findet: In der Calle Zaragoza Nr. 33, 38 und 39 sind beispielsweise drei direkt beieinander.

Hotels in Colima sind preiswerter als sonst an der Pazifikroute. Solide Mittelklasse, aber keinen Luxus erwarten. Billig- Hotels in bemerkenswert gutem Zustand.

"Hotel América", Morelos 162. Zentral. Moderner Flachbau hinter schöner Kolonialfassade. Ruhige Zimmer zu grünen, verglasten Innenhöfen. AC und Farb- TV. DZ ca. 54 US.

"Hotel Ceballos", Zócalo. Eingang versteckt unter den Arkaden. Schöner Innenhof, große klösterliche Flure. Die billigen Zimmer (23 US) gehen ebenfalls ab vom Flur wie Klosterzellen. Zimmer nach außen (3o US) dagegen hell und hoch. Einfach, aber ordentlich möbliert. Für den Preis empfehlenswert.

"Hotel Flamingos", Rey Colimán 8, Unpersönlicher Kasten, Nähe Parque Nuñez. Passable Mittelklasse zu erstaunlich niedrigem Preis. Allerdings an lauter Straßenecke. Zimmer modern und sauber, mit Ventilator, einige mit Balkon. DZ ca. 2o US.

"Hotel San Christóbal", Reforma/Ecke Morelos. Sehr einfach, aber ordentlich. Viele Zimmer zur Straße. Privatbad und Ventilator. DZ ca. 14 US.

"Casa de Huéspedes", Morelos 265. Am Parque Nuñez. Einfach- familiäres Ambiente, nur wenige Zimmer. Lebendig- verwilderter Patio mit Pflanzen und Getier. Luftige Zimmer, aber sehr basic. Privatbäder könnten sauberer sein. Für ca. 12 US pro DZ wird jedoch mehr geboten als anderswo.

"Hotel Nuñez", Juárez 88. Zimmer gehen wie Klosterzellen ab vom schattigen Innenhof. Basic mit relativ sauberen Gemeinschaftsduschen. Zimmer düster und muffig. DZ ca. 9 US, mit Privatbad ca. 12 US.

Regionale Spezialitäten:

POZOLE: Ein Maiseintopf, der inzwischen in ganz Mexiko serviert wird, besonders gut und vielfältig aber in den Staaten Colima, Jalisco und Guerrero. Das Gericht ist prähispanischen Ursprungs: "pozolli" bedeutet in der Nahuatl- Sprache Schaum, so benannt nach dem Schaum, der beim Kochen der großen, weißen Maiskörner entsteht.

Der spanische Chronist Bernardino de Sahagún berichtet, daß man Moctezuma an Festtagen eine Schale Pozole zusammen mit dem Schenkel eines geopferten Jünglings servierte.

Heutzutage sind die Rezepte weniger kannibalisch: Der Mais wird je nach Region ergänzt mit Schweinefleisch, Chili- Schoten und Gewürzen. In Colima werden zusätzlich grüne Tomaten verwendet.

LA TABA, Medellín 11. Argentinisch aufgemacht mit Zeitungsausschnitten und Maradona- Bildern an der Wand. Gute Fleisch- und Pizzagerichte.

LOS NARANJOS, Gabino Barreda 36. Einfach, aber gemütlich im luftigen Innenhof. Fleisch und mexikanische Gerichte. Preise billig bis mittel.

GIOVANNI'S, Constitución 58. Rustikale Pizzeria, mittlere Preise, ordentliche Qualität.

LA MONEDA, Cafeteria am Zócalo. Man sitzt unter den Arkaden und schaut dem Treiben auf dem Platz zu.

JUGOLANDIA, Madero 11. Sehr gute Fruchtsäfte.

CENTRO NUTRICION LAKSIHM, Madero/Ecke Nuñez. Ausgezeichnete hausgemachte Joghurts und andere Naturkost. Aus der Bäckerei Vollkornbrot, eine Seltenheit in Mexiko.

LA ARABICA, Guerrero 162. Café, wo sich die Einheimischen zum Schwätzchen treffen. Guter Kaffee und Capuccino. Man sitzt angenehm im schattigen Patio.

SAMADHI, Medina 125. Freundliches Ambiente im bepflanzten Innenhof. Gute vegetarische Küche, vielfältige Speisekarte. Fruchtsäfte, Joghurts und ein billiges Mittagsmenü. Empfehlenswerte Abwechslung auch für Nicht- Vegetarier.

TIP: Im malerischen Ort COMALA (siehe unten) gibt es am Zócalo eine Reihe von Kneipen und Restaurants unter den Arkaden. Wer den Ausflug dorthin unternimmt, wird von einem Mittag- oder Adendessen positiv überrascht sein. Einfach, aber noch richtig mexikanisch.

SHOPPING

Sombreros: Wer hinter einem mexikanischen Sombrero her ist: preiswerte und gute Auswahl beim Hutmacher in der Madero 191. Kein üblicher Hutladen, erst recht nicht touristisch. Im Angebot auch die speziellen Sombreros aus Colima und Comala.

Artesanía: ARTESANIAS DEL D.I.F., Constitución/Ecke Zaragoza. Sehr geschmackvolles Kunstgewerbe aus der Region. Nicht billig.

Verbindungen ab Colima

Flüge: Flughafen 16 km Richtung Guadalajara. Täglich mit AEROCALIFORNIA (Büro: San Fernando 533) nach Mexico City (2oo US) 1 Std. und Tijuana (342 US) 2 1/2 Std.

Eisenbahn: Bahnhof: Progreso/Ecke Juárez. Täglich ein Zug 2. Klasse nach Manzanillo und Guadalajara. Keine Alternative zum Bus, da langsam, viele ermüdende Stops und häufige Verspätungen.

Bus: Moderner Bus- Terminal 2 km vom Stadtzentrum entfernt, aber ständig Verbindung mit Bussen (Nr. 4 und 5) in die Innenstadt.

> Stündliche Abfahrten nach Manzanillo (3 US) 2 Std., - Guadalajara (1o US) 4 Std., - und Mexico City (25 US) 13 Std.
>
> **Autovermietung**: Einziger Vermieter für den evtl. Trip zum Volcán de Colima: PEGASO, Blvd. Carlos de la Madrid 6o2.
>
> **Transport in Colima**: Das Zentrum ist kompakt, alles mit ein paar Schritten zu Fuß zu erreichen.

Comala: Ca. 1o km Richtung Norden. Hübsches Dorf mit durchgehend weiß gestrichenen Häusern und berühmt für seine handwerkliche Möbelherstellung. Schöner Zócalo, auf dem man noch mexikanische Provinz pur erleben kann. Unter den Arkaden sitzen die Einheimischen und eventuell einige Touristen und schauen dem Treiben auf der Plaza zu. Ständig Busse ab und bis Busbahnhof Colima.

✯ Volcán de Colima

Besteht aus zwei Gipfeln, dem Volcán de Colima (3.96o m) und dem Nevado de Colima (4.33o m). Der Doppelvulkan ragt wie ein gigantischer Sattel aus der Ebene heraus. Wähend der höhere Gipfel eine Schneedecke hat, ist sein Gegenüber inzwischen wieder aktiv und stößt Rauchwolken aus. Die Besteigung beider Gipfel ist von der Route her nicht sehr schwierig (keine spezielle Bergsteigerausrüstung notwendig, selbstverständlich aber sind gute Wanderstiefel, warme Kleidung und ausreichend Proviant).

Ob ein Aufstieg allerdings überhaupt möglich ist, hängt ab von der jeweils aktuellen vulkanischen Tätigkeit des Volcán und den Schneebedingungen auf dem Nevado. Deshalb vorher genau abklären beim Touristenbüro in Colima, dort gibt es auch eine passable Karte. Unmittelbar vor dem Aufstieg noch einmal in Ciudad Guzmán, dem nächstgelegenen größeren Ort nachfragen. Günstige Wetterbedingungen in der Regel zur Trockenzeit zwischen November und März

Zugang zum PARQUE NACIONAL VOLCAN DE FUEGO nur mit eigenem PKW, Taxi oder Mietwagen. Kein sonstiger Transport, auch kein Lastwagenverkehr.

Zufahrt von Colima aus auf der MEX 54 Richtung Norden bis Ciudad Guzmán (ca. 1oo km). Von dort noch gut 1o km bis zum Nationalpark. Eine befahrbare Piste geht hinauf bis zum Sattel zwischen den beiden Gipfeln. Von Colima aus mindestens einen halben Tag allein für die Anfahrt einkalkulieren.

Colima -> Guadalajara (225 km)

Die Straße führt in weitem Bogen um die beiden Vulkangipfel von Colima herum, die man deshalb ständig aus einem neuen Blickwinkel sieht. Wer's einrichten kann: die Fahrt im Morgengrauen beginnen, wenn die aufgehende Sonne die beiden Gipfel in ständig wechselndes Licht taucht. Im Bus auf jeden Fall links sitzen.

Colima -> Acapulco (75o km)

Endlos lange und langweilige Strecke durch die feucht- heiße Ebene. Zwar in Pazifiknähe, das Meer aber kaum jemals zu sehen.

Unterwegs LAZARO CARDENAS, ein gigantisches Stahlwerk mit Hafenanlagen. In den siebziger Jahren aus der Retorte aus dem Boden gestampft. Inzwischen hat sich eine triste Stadt drumherum angesiedelt. Kein Grund für einen Aufenthalt.

Einzig sinnvoller Zwischenstop auf der langen Busfahrt eventuell in ZIHUATANEJO: Ehemaliges Fischernest, das einen touristischen Aufschwung genommen hat, seit im benachbarten IXTAPA ein weiteres mexikanisches Bade- und Hotelparadies in die einstigen Kokosplantagen gesetzt wurde. An den schönen Sandstränden von Ixtapa aufgereiht die aus Acapulco oder Cancún bekannten Hotelketten; im Ortskern von Zihuatanejo auch kleinere Hotels der Billig- und Mittelklasse.

★ Acapulco (1 Mio. Einw.)

Acapulco lohnt sich - und zwar sowohl für Leute, die ordentlichen Rummel mögen, als auch für diejenigen, die normalerweise um derlei Touristenzentren einen großen Bogen machen. Denn die Bucht mit ihren Felsen und Stränden war, ist und bleibt unvergleichlich schön. Bei Nacht geben die Lichter der Skyline dem Ort sogar einen zusätzlichen Reiz, den die einstmals unberührte Bucht nicht aufzuweisen hatte.

Acapulco ist Luxus-, Billig- und Pauschaltourismus: Das Strandleben in "Acapulco Dorado" hält, was die Hochglanzprospekte der Reiseveranstalter versprechen. Ein Ort für alle, die mal Große Welt spielen oder zumindest in ihrem Dunstkreis flanieren wollen.

Doch die Stadt hat noch eine völlig andere Seite - "Acapulco tradicional": tropische Hafenstadt mit einem Eigenleben, in dem die Touristen nur Statisten sind. Rund um den Zócalo ein Ambiente, das so gar nicht zum aufpolierten Image der Strandregion paßt: mexikanisch, lebendig und sympathisch heruntergekommen. Dazu passable Hotels auch in der Billig-Klasse und preiswerte Fischkneipen mit Lokalkolorit.

25o Jahre lang war Acapulco eines der wichtigsten Zentren des Welthandels. Von 1573 bis ins frühe 19. Jahrhundert diente der Hafen als Durchgangsstation für den Warenaustausch zwischen Europa, Amerika und Asien.

Aus Manila schafften die spanischen Galeonen die Reichtümer des Fernen Orients heran, die auf Eselsrücken weiter nach Veracruz transportiert wurden, um von dort ihren Weg über den Atlantik nach Europa zu finden: Elfenbein aus Südostasien; Nelken, Zimt und Pfeffer von den Gewürzinseln; Seide, Porzellan und Teppiche aus China; Schwerter und

Messer aus Japan. In der Gegenrichtung verschifften die Spanier Wein, Kakao, Tabak, Wolle und einen großen Teil des in Mexiko geförderten Silbers, das besonders in China gefragt war. Am Handel beteiligt waren außerdem Schiffe aus südamerikanischen Häfen, die die reichen spanischen Kolonien in Lima, Quito und Potosí mit Luxusgütern aus Asien versorgten.

Kolumbus' Traum vom Seeweg nach Indien hatte sich realisiert, wenn auch auf andere Weise als vorhergesehen. Mit der Zeit entwickelte sich ein regelmäßiger Schiffsverkehr, bis zu drei randvoll beladene Galeonen pro Jahr legten die 9000 Seemeilen lange Strecke zwischen Acapulco und Manila in jeder Richtung zurück. Während die Schiffe den Weg nach Westen mit Hilfe der Passatwinde zumeist problemlos in zwei bis drei Monaten bewältigten, war der Rückweg äußerst beschwerlich. Wegen der vorherrschenden Winde und Strömungen mußten die Galeonen die stürmische Nordroute wählen und brauchten für die Reise bis zu einem halben Jahr. Ein Teil der Besatzung und der Passagiere starb regelmäßig an Unterernährung oder Krankeiten.

Für die beteiligten Kaufleute dagegen war die Schiffsverbindung eine Goldgrube. Trotz bestehender gesetzlicher Beschränkungen wurden die Galeonen mit Gütern überladen, ein großer Prozentsatz davon war Schmuggelware. Bei den enormen Profiten war es offenbar kein an der Tagesordnung, die Hafenbehörden zu bestechen und die Vorschriften und anfallenden Steuern zu umgehen. Schiffsraum auf den Galeonen wurde von einer Kommission zugeteilt; Regierung, Kirche, Händler und Privatpersonen erhielten entsprechende Anteile. Auch dabei war natürlich Korruption im Spiel, und wer seinen Raum nicht beanspruchte, verhökerte ihn teuer an die ausreichend vorhandenen Interessenten.

Daß im Laufe der Jahrhunderte über 40 Schiffe ihr Ziel nicht erreichten, führte zwar zu individuellen Tragödien und dem Bankrott ganzer Handelshäuser, der Risikofreudigkeit in Erwartung immenser Gewinne tat dies jedoch keinen Abbruch. Selbst als holländische und englische Piraten Jagd auf die Galeonen machten, zogen es die Betreiber vor, an Kanonen und Geleitschutz zu sparen, um noch den letzten Winkel ihrer Schiffe mit Pfeffer oder Silbermünzen auszufüllen. Auf diese Weise wanderte ein beträchtlicher Teil der Waren, die für Spanien bestimmt waren, in die Taschen von illustren Persönlichkeiten wie Francis Drake oder Henry Morgan.

Das Ende für Acapulco als Welthandelszentrum kam zu Beginn des 19. Jh., als die Spanier eine Ostasienroute um das Kap der Guten Hoffnung einrichteten, Napoleon vorübergehend das Mutterland der Kolonien eroberte, andere Nationen sich in den Chinahandel einmischten und in Mexiko selbst die Unabhängigkeitsbewegung für instabile Verhältnisse sorgte. Der Hafen und die Bucht versanken in provinzieller Abgeschiedenheit.

Seinen Aufstieg zum internationalen Tourismuszentrum und Treffpunkt des Jet-Set begann Acapulco im Jahre 1927, als die erste Straßenverbindung zur Hauptstadt fertiggestellt wurde. Mehr als ein Jahrzehnt ging die Entwicklung allerdings noch recht gemächlich voran, bis während des 2. Weltkrieges die US-Amerikaner den Ort entdeckten und die Hollywood-Stars ihn zu ihrem Modetreff erklärten.

Der mexikanische Präsident Miguel Alemán, dessen Namen heute die kilometerlange Uferpromenade trägt, erkannte das Potential dieser Traumbucht für den Massentourismus und förderte ab 1946 zielstrebig die Entwicklung Acapulcos: Während sich der Jet-Set andere Ziele suchte, kamen die Möchtegern-Größen und später die einfacheren Leute auf der Suche nach Sonne, Strand und den Spuren, die ihre Idole hier hinterlassen hatten.

Und auch heute noch lebt Acapulco nicht nur von der natürlichen Schönheit der Bucht und den klimatischen Reizen, die es auf die Bewohner der kälteren Regionen ausübt, sondern auch und vor allem von seinem legendären Ruf: Tummelplatz der reichen

Müßiggänger und der High Society. Und irgendetwas ist geblieben von diesem einstigen Hauch, auch wenn Pauschaltouristen aus Nordamerika und Wochenendurlauber aus Mexico City längst das Bild bestimmen und vieles nur noch Durchschnitt ist.

Klima: Tropisch heiß und schwül das ganze Jahr über. Wasser immer angenehm warm.

 M. Alemán 187 (Nähe Zentrum). Außerdem M. Alemán 4455, am Centro de Convenciones.

Geldwechsel: Unzählige Wechselstuben auf der Av. M. Alemán.

Post: M. Alemán, Nähe Zócalo im Palacio Federal. - **Telefon**: Calle la Paz, einige Schritte vom Zócalo.

SEHENSWERTES

ZOCALO (2): Ein schöner und lebendiger Platz ohne Autos; viele Einheimische unter den dicken, schattigen Bäumen. Gute Gelegenheit, eine Weile vom Touristenstreß zu entspannen und in einer der Bars einen Drink zu nehmen. Oder auf einer Bank sitzen und sich einfach etwas Flüssiges von einem der fliegenden Händler servieren lassen.

PALACIO MUNICIPAL (4), vom Zócalo über die Treppe neben der Kathedrale. Häßlicher Rundbau, der früher als Gefängnis gedient hat. Aus dieser Zeit noch Wandgemälde, die teilweise von Häftlingen erstellt wurden. Neben den üblichen historischen Motiven auch persönliche Impressionen.

FUERTE DE SAN DIEGO (5): am Hafen gegenüber der Mole ("Muelle Fiscal"). Erbaut 1615, nach einem Erdbeben im 18. Jahrhundert rekonstruiert. Überbleibsel aus der wirklich "Goldenen Zeit" von Acapulco, als der Hafen einer der wichtigsten Umschlagplätze des Welthandels war. Das schön restaurierte Fort lohnt sich allein schon wegen der phantastischen Aussicht über die Bucht. Im Innern in zwölf Gewölben Exponate zur Geschichte der spanischen Eroberungen im Pazifik sowie des Asienhandels, die von Acapulco ihren Ausgang nahmen.

Außerdem eine Galerie der berühmtesten Piraten und Dokumente zu ihrem wüsten Treiben vor der mexikanischen Küste. Auch ein kurzer Blick in die restaurierte Küche des Forts lohnt sich. Geöffnet Di.- So. 1o.3o- 16.3o Uhr, Eintritt 4,5o US.

LA QUEBRADA (18): 5 Min. zu Fuß vom Zócalo. Hier springen die weltberühmten "clavadistas" von den 4o m hohen Klippen in die enge Bucht. Die Show ist nicht ungefährlich, da die Springer genau den Gang der Wellen berechnen müssen, damit das Wasser im Moment des Eintauchens tief genug ist. Die Vorführungen finden täglich statt um 13, 19.15, 2o.15, 21.15 und 22.3o Uhr.

Der Eintritt zur Aussichtsplattform, von der aus das Spektakel hervorragend zu verfolgen ist, kostet 2 US. Wer's gemütlicher haben will, reserviert sich einen Platz im Restaurant oder der Bar des Hotel Mirador. Essen und Drinks sind nicht gerade billig, die Show jedoch ist inklusive.

CAPILLA SUBMARINA (22): zwischen Playa La Caleta und Playa La Roqueta: "Unterwasserkapelle", unten auf dem Meeresboden liegt die Jungfrau in einem Glaskasten. Kleine Glasbodenschiffe machen den Ausflug für 8 US. Sie drehen noch eine Runde zur Insel La Roqueta, auf der man sich auch für den ganzen Tag absetzen lassen kann: Lohnt sich, denn der Strand ist schön und nicht überlaufen.

MAGICO MUNDO MARINO (2o), auf kleiner Insel vor Playa Caleta. Ein Aquarium im fröhlichen Stil von Acapulco: Exotische Fische und Seelöwen, aber nicht nur diese dürfen sich im Wasser tummeln. Schwimmbecken, Rutschen und das Meer sorgen für Abkühlung der Besucher. Eine Attraktion durch die bevorzugte Lage mit schönem Blick auf die Bucht und die Vielzahl der Beschäftigungsmöglichkeiten. Geöffnet 9- 19 Uhr, Eintritt 7 US, für Kinder 5 US.

Strände mit wenig Wellengang und problemloser Bademöglichkeit sind: Hornitos, Caleta, Caletilla, Manzanillo, Hornos. Am meisten Betrieb: Condesa (vor den großen Hotels). Relativ ruhig sind Icacos und Manzanillo (letzterer nicht sehr sauber). Noch weniger Betrieb ist an den etwas abseits liegenden Stränden Caleta, Caletilla, Roqueta (zu erreichen per Boot ab Playa Caleta) und Revolcadero. Details zu Strandaktivitäten siehe Sport.

Acapulco besitzt Hunderte registrierter Hotels. Kommt man nicht gerade über Weihnachten/Neujahr, Ostern oder zur mexikanischen Ferienzeit, gibt es wenig Probleme. Selbst in der Billig- Kategorie existiert ein großes Angebot, wenn auch nicht so leicht zu finden wie die besseren Hotels, die einfach am Strand aufgereiht sind.

Wer nur wenige Tage in Acapulco bleibt, sollte möglichst nicht am Wochenende kommen, denn dann ist die Stadt voll mit mexikanischen Kurzurlaubern. Hochsaison von Dezember bis April. Dann steigen auch die Hotelpreise.

Wer preiswert wohnen will, ist in den Straßen rund um den Zócalo gut aufgehoben. Sind die aufgelisteten Hotels voll - in ihrer Nähe gibt es weitere, zwar weniger gut, aber akzeptabel. Beste Straßen sind die Azueta und Quebrada. Vorteil der Zócalo- Gegend: gute und direkte Busverbindung zu den Stränden.

"Hotel Casa Amparo", Quebrada 69. Kurzer, schweißtreibender Marsch den Hügel hinauf. Vor dem Hotel kleiner Garten mit Bäumen und SW- Pool. Zimmer und Bäder einfach und vernachlässigt, mit Ventilator. DZ je nach Saison ca. 2o- 3o US.

"Hotel Paola", Azueta 16. Zwar einfach, aber mit ein paar Pflanzen ausgestattet und

ACAPULCO

1. Kathedrale
2. Zócalo
3. POST
4. Palacio Municipal
5. Fuerte de San Diego
6. Markt
7. TOURIST INFO
8. Central de Autobuses
9. Playa Hornos
10. Parque Papaguayo
11. BUS- Term. Estrella de Oro
12. Playa Hornitos
13. Playa Condesa
14. Centro de Convenciones
15. CICI
16. Playa Icacos
17. Playa La Poma
18. La Quebrada
19. Playa Honda, Manzanillo
20. Playa Caleta / Aquarium
21. Playa Caletilla
22. Unterwasser-Kapelle
23. Playa La Roqueta
24. Mirador, Blick

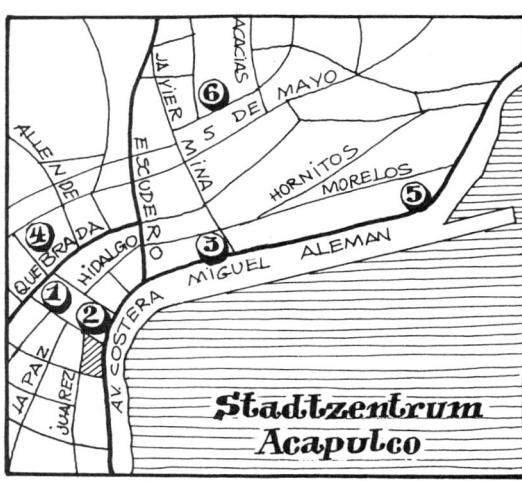

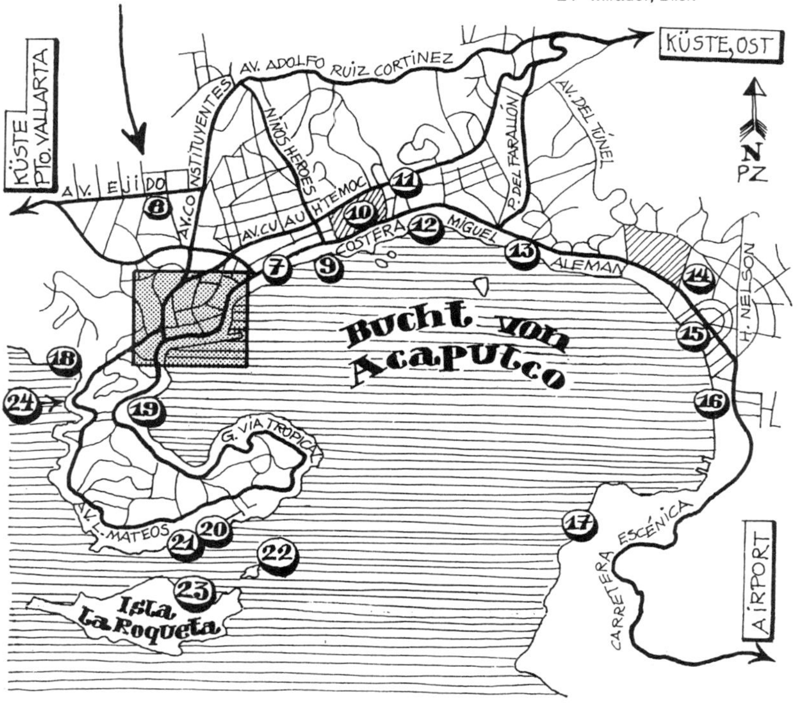

gepflegt. Zimmer groß und hell, aber kahl. Ventilator, nach vorn mit Balkon. DZ ca. 2o- 25 US.

"**Hotel Sutter**", Azueta 1o. Große, helle Zimmer. Einfach mit Ventilator. Sehr sauber. Terrassen laufen rundum, so daß man sich in heißen Tropennächten auch mal nach draußen begeben kann. DZ ca. 17 US, zur Hochsaison ca. 27 US.

"**Hotel Lucía**", López Mateos 33. Große, luftige Zimmer mit Ventilator. Ordentlich eingerichtet, sauber. Die Pflanzen in den Fluren vermitteln etwas tropische Behaglichkeit. DZ ca. 2o- 25 US.

"**Hotel La Tia Conchita**", Quebrada 32. Traditioneller Flachbau mit großer Terrasse. Familiäre Atmosphäre rund um die Zimmer im Hof. Basic mit Ventilator. Zimmer stickig. Gemeinschaftsbad. DZ ca. 13 US.

"**Hotel Aries**", Quebrada 3o. Direkt nebenan und ähnlich wie "Tia Conchita". Zimmer basic mit Ventilator. Passable Gemeinschaftsbäder. DZ ca. 13 US.

"**Hotel Mama Hélène**", Juárez 12. Fast am Zócalo. Das Gebäude nicht sehr einladend, aber freundlich- familiäre Atmosphäre rund um den Innenhof, der auch ein kleines Restaurant beherbergt. Zimmer ordentlich möbliert, Ventilator. DZ ca. 27- 3o US.

"**Hotel Misión**", Felipe Valle 12. Nähe Zócalo. Traditionelles Kolonialhaus mit typischer Fassade, in ruhiger Seitenstraße. Romantischer Patio mit vielen Pflanzen und Sitzgelegenheit. Ein schöner Ruhepunkt für Auge und Gemüt in der sonst eher häßlichen Altstadt. Zimmer renoviert, mit Ventilator. Saubere Bäder mit einfacher Dusche. DZ ca. 33 US, zur Hochsaison Aufschlag.

"**Hotel Asturias**", Quebrada 45. Schöne Fassade, dahinter Innenhof mit kleinem SW- Pool zum Abkühlen. Zimmer in verschiedenen Gebäuden, die unteren ebenfalls relativ kühl. Ventilator. DZ je nach Saison ca. 17- 23 US.

Ab ca. 25 US, in der Hochsaison ab ca. 35 US kann man schon in Strandnähe auf der Av. M. Alemán wohnen. Die Zimmer nach vorn sind allerdings sehr laut: "**Hotel San Francisco**", M. Alemán 219 (DZ ca. 27- 36 US) oder "**Hotel Monaco**", M. Alemán 137 (mit Schwimmbad), ca. 36 US, in der Hochsaison allerdings schon 8o US.

Je weiter östlich, desto besser und teurer werden die Hotels, die fast alle über einen Swimming- Pool verfügen, z.B. "**Hotel Doral Playa**", M. Alemán 265 oder "**Hotel El Cid**", M. Alemán 895. Beide für ca. 5o- 7o US. Weitere in dieser Kategorie vor allem auf der Landseite der Küstenstraße.

Hinter dem Parque Papaguayo beginnt die Teuer- und Luxusklasse. Mit 9o- 13o US z.B. empfehlenswert der Rundbau (fast alle Zimmer mit Blick auf die Bucht) des "**Hotel Calinda**".

Hier im Strandbereich an der Av. M. Alemán dicht nebeneinander weitere Häuser dieser Kategorie. Merkmale: Hochhäuser mit schönem Blick über die Bucht, komfortable Zimmer mit AC und Balkon, SW- Pool, direkter Zugang zum Strand. In der Nebensaison oft günstige Sondertarife.

Die Luxus- Klasse hat von Mai- November ebenfalls niedrige Preise für den gebotenen Komfort. "**Hotel Acapulco Plaza**" bietet ein DZ z.B. für ca. 12o US. Dafür bekommt man in dem riesigen Gebäuden an der Playa Hornitos eine SW- Pool- Landschaft im Palmengarten, direkten Zugang zum Strand, geräumige Zimmer mit exklusiver Einrichtung und Balkon, Super- Ausblick über die Bucht. Zur Hochsaison läuft unter 2oo US jedoch nichts. Ähnlich das "**Hotel Hyatt Regency**" am östlichen Rand der Bucht, vor der Playa Icacos: DZ für ca. 13o bzw. 22o US. Das Besondere bietet das "**Hotel Las Brisas**", oberhalb des Meeres im Osten der Bucht. Mitten in einem weitläufigen Gartengelände kleine Häuschen, teilweise mit eigenem SW- Pool. Hier klettern die Preise von ca. 180 US auf bis zu 350 US. Luxus pur.

Östlich und westlich der Stadt jeweils ein Campingplatz. Beide akzeptieren auch Zelte, liegen aber sehr weit außerhalb:
El Coloso, 25 km östlich auf der Carretera a Pinotepa.- Acapulco, Playa Pie de la Cuesta. 15 km auf der Küstenstraße nach Westen.

ESSEN UND TRINKEN

Regionale Spezialitäten: Ein guter Querschnitt durch alles, was der Pazifik an Mariscos bietet, ist enthalten im Cocktail "Vuelve a la vida" (zurück ins Leben), ein Katerfrühstück, das nicht nur nach einer langen Nacht schmeckt. Gibt es auch in anderen Pazifikorten Mexikos, unschlagbar gut sind sie aber in den einfachen Fischkneipen von "Acapulco tradicional" rund um Zócalo und Hafen.

Das Angebot ist riesig, umso schwerer fällt die Auswahl. Leicht haben es alle, die auf Fast- Food und US- Nahrungsmittelketten stehen. Die gibt's an jeder Straßenecke. Außerdem in der Strandzone jede Menge Restaurants mit den Rennern T- Bone Steak, Hummer und Garnelen. Meist groß aufgemacht und teuer. Im Zentrum viele billige Taquerías. Wer etwas zwischen diesen beiden Extremen bevorzugt, muß sich genauer umsehen.

Zwei Tips, die die Suche erleichtern, aber auch nicht immer zum Erfolg führen müssen:

1. Einen Blick in die Seitenstraßen der Küstenpromenade Av. M. Alemán werfen. Dort liegen manchmal gute, aber bescheidener aufgemachte Restaurants.

2. Lokale, die auf den obligatorischen Anmacher am Eingang verzichten, haben so etwas nicht nötig und überzeugen eher durch Qualität.

Auch die folgenden Adressen fallen etwas aus dem üblichen Rahmen:

Acapulco tradicional (Zentrum)

MANDINGA, M. Alemán 225. Fleisch vom Grill und Mariscos. Viel mexikanisches Publikum. Preise billig bis mittel. Am Hafen zwischen Zócalo und Azueta.

L0S CHAVELOS, direkt daneben. Etwas gemütlicher. Essen und Preise ähnlich.

LAS HIJAS DEL GENERAL, Zócalo. Einfaches Ambiente. Einige Tische draußen unter schattigen Bäumen und Sonnenschirmen. Günstiges Mittagsmenü. Preise mittel.

MARISCOS PACO'S, Quebrada 36. Luftig unter großem Palmendach. Ventilatoren. Fisch und Mariscos appetitlich und zu mittleren Preisen.

LA OSTRA, Azueta 14. Kleine, gemütliche Fischkneipe. Der Ventilator summt, der Schweiß fließt, das Essen ist reichlich, gut und billig. Viele Einheimische.

ASTORIA, Zócalo. Versteckt unter großem Baum neben der Kathedrale. Einfache Huhn- und Fleischgerichte. Sehr billiges Frühstück.

TERRAZA LAS FLORES, Zócalo. Sozusagen die Touristenzuflucht an der Plaza. Man sitzt schön in den oberen Stockwerken auf luftigen Terrassen und hat das Treiben unter sich im Blick. Internationale Küche, teuer. Daß hier in tropischer Hitze deutsche Gerichte wie Bratwurst, Sauerbraten und Haxe serviert werden, ist schon fast komisch. Aber Vorsicht: Es könnte die teuerste Bratwurst in der unpassendsten Umgebung werden.

EL AMIGO MIGUEL, Juárez/Ecke Azueta. Zwei gleichnamige Fischkneipen an der Straßenkreuzung. Auf mehreren Stockwerken. Luftig, da offen und zusätzlich mit Ventilator. Mexikanisches Publikum. Gute Qualität zu moderaten Preisen.

PUNTA BRUJA, M. Alemán/Ecke Alvarez. Gute, preiswerte Mariscos. Auch Frühstück.

Acapulco Dorado

1oo % NATURAL, M. Alemán, im Hotel Las Torres Gemelas. Säfte, Salate, frische Kost. Außerdem Joghurts, Müsli und einfache Fischgerichte. Viele weitere Filialen entlang der Hauptstraße. Hier auf Terrasse unter Palmendach, andernorts oft kühles Fast- Food- Ambiente.

VIENA, M. Alemán 715, gegenüber Torre Azul. Kleines, sehr gemütliches Café. Auch Frühstück. Winzige Tische; Plakate aus Österreich an der Wand.

EL PATIO, M. Alemán gegenüber Hotel Exelaris Hyatt. Großer Platz in Form eines Innenhofes mit mehreren kleinen Bars und drei sehr angenehmen Restaurants zur Auswahl (alles unter freiem Himmel mit wenig Schatten, daher nur nach Sonnenuntergang zu empfehlen): ein chinesisches, ein italienisches Lokal und ein Grillspezialist. Gutes Essen in relativ ruhigem Ambiente. Preise mittel bis teuer, ein Menü meistens im Sonderangebot. Zur Zeit der Recherchen war der gesamte Komplex geschlossen; wird hoffentlich in ähnlicher Form wieder eröffnen.

EL JACALITO, Gonzalo Sandoval/Ecke M. Alemán. Nähe Hotel Acapulco Plaza. Einfache Einrichtung unter großem Palmendach. Gute Auswahl an Fisch und Mariscos. Außerdem mexikanische Gerichte und Frühstück. Preise mittel.

LOS PORTALES, M. Alemán im Hotel Acapulco Tortuga. Gemütliches, freundliches Ambiente. Im kühlen Innenhof. Großes Frühstücksbuffet zum Festpreis und tagsüber günstige Menüs.

CRISMAR, M. Alemán, Ecke Costera Vieja, gegenüber Hotel Fiesta

Americana. Im 1. Stock. Kleine Frühstücksbar. Rustikal, freundlich, preiswert.

EL CABALLO FELIZ, M. Alemán, gegenüber Hotel Fiesta Americana. Kleine, appetitliche Taquería. Bunte Tischdecken, einige Tische auch vor dem Lokal. Einfaches mexikanisches Essen zu günstigen Preisen. Billiges Frühstück.

Am Strandabschnitt PLAYA HORNOS gibt es über ein Dutzend sehr gemütlicher Restaurants unter Palmendächern direkt am Meer. Preise mittel bis teuer. Der Spaziergang am Strand oder auf der Promenade, bei dem man sich das passende Lokal aussucht, ist Teil der Vorfreude aufs Eßvergnügen.

VERANSTALTUNGEN

CARNAVAL: Der Karneval wird in Acapulco sehr farbenprächtig mit Umzügen auf der Küstenpromenade gefeiert. Das ganze allerdings eher ein Touristenspektakel.

VIRGEN DE GUADALUPE: Am 12. Dezember Prozessionen von verschiedenen Stadtteilen aus zur Kathedrale.

Stierkampf: Im Ortsteil Caletilla, Nähe Zócalo. Bisher von Dezember bis Ostern jeden Sonntag. Zuspruch war aber gering, so daß man erwägt, die Veranstaltung einzustellen. Nachfragen im Hotel oder Touristenbüro.

Parque Papaguayo (1o): Der ehemalige Hotelpark ist jetzt öffentlich und bietet jede Menge Unterhaltung vom Kino über Rollschuhbahnen bis hin zu einem kleinen Zoo. Auch freilaufende exotische Tiere. Im Bereich des Parks verläuft die Küstenstraße M. Alemán unterirdisch. Zwischen Park und Strand ein riesiger Markt mit Artesanía, Kleidung und viel Krimskrams.

Centro de Convenciones (14): Kinos, Restaurants, Theater. Mo., Mi. und Sa. eine sehr touristisch aufgemachte Show unter dem Motto "Fiesta Mexicana": Folklore, Tänze sowie eine Vorführung der "voladores", der fliegenden Menschen von Papantla (Details zu dieser präkolumbianischen Tradition siehe Seite QW). Eintritt 17 US.

CICI (15) - Centro Internacional de Convivencia Infantil: Av. M. Alemán im Osten der Bucht. Ein Kinderparadies, auch für Erwachsene: Delphinshow, Aquarien, Rutschbahnen, Wellenbad, Schwimmbäder. Geöffnet 1o- 18 Uhr, Eintritt 1o US für Erwachsene, 8 US für Kinder.

Diskotheken: Große Auswahl, werden ständig verändert und modernisiert. Wer wissen will, was gerade "in" ist, fragt am besten im Hotel oder beim Touristenbüro.

SPORT

Surfen: Beste Bedingungen an der Playa Revolcadero, östlich von Acapulco. Außerdem auf der anderen Seite der Stadt in Pie de la Cuesta. Nur für Könner, da die Brandung oft sehr hoch ist. Viele Unfälle.

Tauchen: Am Rande der Bucht bei den Felsen. Zuverlässige Ausrüstung vermieten:
HERMANOS ARNOLD, M. Alemán 1o6. - DIVERS DE MEXICO, M. Alemán, Nähe Mole Jachtclub.

Segeln, Windsurf, Wasserski, Fallschirmsegeln: Hauptsächlich zwischen Playa Hornos und Playa Condesa. Viele Anbieter am Strand vor den großen Hotels.

SHOPPING
Markt: MERCADO MUNICIPAL: (3) Av. Constituyentes. Lebensmittel viel preiswerter als überall sonst. Wer nachts sein Geld in einer teuren Disco gelassen hat, kann sich im Mercado für wenige Pesos gleich die Mahlzeiten für den ganzen Tag zusammenstellen.

Artesanía: Anderswo in Mexiko ist Artesanía in der Regel besser und billiger, also nicht unbedingt in Acapulco kaufen. Wer keine andere Möglichkeit hat - passables Preis/Qualitätsverhältnis bei:
NOA NOA, M. Alemán/Ecke Hurtado de Mendoza. PARASAL, um die Ecke vom Zócalo. Viele Stände auch entlang des Strandes auf Höhe Parque Papaguayo.

Verbindungen ab Acapulco

Flüge: MEXICANA (Büro: M. Alemán, im Hotel Torre Acapulco) fliegt täglich 6 x nach Mexico City (115 US) 45 Min.

AEROMEXICO (Büro: M. Alemán 1252) fliegt täglich 5 x nach Mexico City (115 US) 45 Min. sowie 2 x nach Guadalajara (14o US) 1 Std. Auf beiden Strecken außerhalb der Saison oft Sonderangebote.

TAESA (Büro: M. Alemán 251) fliegt ebenfalls nach Mexico City. Oft günstigere Tarife als bei den beiden anderen Linien.

Der Flughafen liegt 2o km südlich der Stadt.

Ankunft in Acapulco:
Sich nicht von der Hektik im Flughafenterminal beeindrucken lassen, die während der Stoßzeiten hier herrscht. Tausend Leute bieten ihre Dienste an. Es ist aber alles groß, exakt und eindeutig ausgeschildert, so daß man gut allein zurechtkommt. Also in Ruhe das Transportmittel wählen, Ticket kaufen und dann vor dem Gebäude auf dem entsprechenden Fahrzeug bestehen: Taxis sind sehr teuer, Colectivos 6 US, Bus 4 US. Die Busse sind komfortabel, haben AC und laden ebenso wie die Colectivos vor dem gewünschten Hotel ab, werden allerdings nur bei viel Betrieb eingesetzt.

Achtung: Leute mit Taxitickets steckt man in dem Durcheinander gern ins billigere Colectivo, und Inhaber von Colectivo- Tickets werden an den angeblich eher abfahrenden Bus verwiesen. Der Bus ist zwar in Ordnung, aber wer für mehr bezahlt hat, sollte dann auch darauf bestehen oder sich gleich das billigere Busticket kaufen.

Transport zum Flughafen:
Bestellen über "Transportación al Aeropuerto", Tel. 852 332. Der Preis hängt letztlich ab von der Menge Leute, die zusammenkommt, d.h. ob die Firma einen Bus (4 US) oder ein Colectivo (6 US) einsetzt. Es gibt auch einen billigen Stadtbus ab Küstenstraße M. Alemán mit Aufschrift "Puerto Marquez". In Puerto Marquez umsteigen in den Bus zum Flughafen. Kosten insgesamt nur 1 US.

Bus: Acapulco ist vollständig auf Flugtourismus eingestellt. Busse benutzen nur die Einheimischen und wenige Rucksackreisende. Die "Bus- Szene" sieht dementsprechend aus: ein gewaltiger Kontrast zur Glitzerfassade von Acapulco Dorado.

Da es keine direkten Flüge entlang der Pazifikküste oder nach Oaxaca gibt, gehen diese Strecken nur per Bus.

CENTRAL DE AUTOBUSES im einstigen Terminal von Estrella Blanca. Nicht groß, aber einigermaßen modern und übersichtlich sowie relativ zentral (Av. Ejido). Mehrmals täglich nach: Mexico City (2o- 4o US) 6- 7 Std., Zihuatanejo (1o- 12 US) 4 Std., Guadalajara (45 US) 1o Std., Taxco (1o- 12 US) 4 Std., Puerto Escondido (14- 17 US) 7 Std. Außerdem in weitere Städte des Zentralen Hochlands.

Die Gesellschaft Estrella de Oro hat einen eigenen Terminal in der Nähe des Parque Papaguayo (Cuauhtémoc/Ecke Ruiz Massieu). Hauptsächlich Busse nach Mexico City zu ähnlichen Preisen.

TIP: Für Fahrten entlang der Pazifikküste ist es besonders wichtig, einen 1.- Klasse- Direktbus zu erwischen, sonst vergeht man bei den ewigen Stops in der tropischen Hitze.

Autovermietung: Für den Ausflug zur Laguna Coyuca ist evtl. ein Mietwagen nützlich:
HERTZ, M. Alemán, Nähe Hotel Radisson.
AUTOS SAND'S, M. Alemán gegenüber Hotel Acapulco Plaza. Etwas preiswerter als die bekannten internationalen Firmen.

Transport in Acapulco: Ein Bus verkehrt auf der gesamten Küstenstraße: Von Icacos im Osten über den Zócalo bis Caleta auf der westlichen Halbinsel heißt er "Hornos Caleta", in umgekehrter Richtung "Hornos Base".

Taxi: Es gibt zwei Taxiarten - "normal" und "de lujo". Letztere warten vor den Hotels und sind sehr teuer. Normaltaxis sind erschwinglich, z.B. 1,5 US vom Zócalo bis zum Touristenbüro. Man spart viel Geld und schwitzt auch nicht mehr als in den teuren Schlitten. Allerdings vor der Fahrt Preis ausmachen und die Ausgangsforderung ein gutes Stück herunterhandeln.

★ Laguna Coyuca

Schöner Trip zur 15 km entfernten Lagune. Palmenwälder im Hintergrund und ein dünner Landstrich zwischen Meer und Lagune, der einen kilometerlangen Sandstrand bildet. Bootsausflüge auf dem See und häufig gute Surfbedingungen am Strand.

Außerdem aufgereiht wie an einer Schnur Hotels und Restaurants jeder Preisklasse. Dazu der Campingplatz ACAPULCO (Details siehe Camping) und Hängematten aber doch sehr viel ruhiger und einfacher als in Acapulco Zu erreichen mit dem Bus "Pie de la Cuesta" (so heißt der Strand) ab Zentrum.

TIP: Wer nicht im hektischen Acapulco übernachten will: An der Laguna ruhig und fast idyllisch wohnen und Acapulco als Ausflug einplanen. Auf jeden Fall preiswerter.

In den subtropischen Wäldern um Coyuca wurde der klassische Tarzan- Film mit dem Ex- Weltrekordschwimmer Jonny Weissmueller gedreht. Diesem gefiel es über die Dreharbeiten hinaus offenbar so gut in Acapulco, daß er sich dort niederließ und seinen Lebensabend verbrachte. Alteingesessene Taxifahrer wissen noch von ihm zu erzählen und zeigen sein ehemaliges Anwesen, das heute allerdings unter verschiedenen Privatleuten aufgeteilt ist.

Acapulco -> Mexico City (41o km)

Hervorragend ausgebaute Autobahn. Die Landschaft dagegen nicht besonders aufregend. Zwischenstop lohnt sich höchstens in Cuernavaca: von dort Abstecher zu den sehenswerten präkolumbianischen Ruinen von Xochicalco sowie ins Silberstädtchen Taxco. Details dazu Seite 324.

Acapulco -> Puerto Escondido (37o km)

Langweilige Fahrt (6- 7 Std.) durch eine grüne, aber eintönige Subtropenlandschaft. Am interessantesten ist noch der Beginn in Acapulco: Hinterm

Berg führt die Straße durch das "dritte Gesicht" der Stadt: Nicht mehr Touristenglitzer oder leicht angegammelte tropische Hafenstadt, sondern die (Unter-)Welt derjenigen, die im dritten und vierten Glied für das Funktionieren der Strandkulisse Sorge tragen. Kein erhebender Anblick; er widerlegt auch die offizielle Lesart, nach der es in Acapulco keine Slums gibt.

✦ Puerto Escondido

Kleiner Fischerort mit schönen Stränden und guter touristischer Infrastruktur. Ausgezeichnete Surfbedingungen. Im Zentrum keine Hotelhochhäuser, so daß die Atmosphäre relativ ruhig und familiär ist. An Feiertagen und zur mexikanischen Ferienzeit allerdings sehr voll. Ideal für Leute, denen die Luxusseebäder zu überlaufen und hektisch sind, die aber auf einen gewissen Komfort nicht verzichten möchten. Außerdem Treffpunkt vieler Rucksackreisender aus Europa und den USA.

Die einzig wichtige Adresse in Puerto Escondido ist die Av. Pérez Gasga. Dort findet sich alles, was nötig ist: Touristeninfo, Telefon, Büros der Fluglinien, Geldwechsel, Autovermietung. Und in den Restaurants jede Menge nützliche Tips von denjenigen, die schon einen Tag länger da sind als man selbst.

 Strände sind durchgehend ausgesprochen sauber. Am meisten Betrieb in der Bahía Principal, unmittelbar vor dem Ortskern (ruhiges Wasser), sowie an der Playa Marino (direkt daneben). Dort schon höhere Wellen. Auf der sich anschließenden Playa Zicatela verlieren sich langsam die Leute. Der Strand der Wellenreiter, wegen hoher Brandung nicht zum Schwimmen geeignet.

Zur anderen Seite hin, hinter dem Leuchtturm (ebenfalls leicht zugänglich): Puerto Angelito und Carizalillo, zwei schöne Buchten. Etwas weiter entfernt, zu erreichen über die Straße zum Flughafen: Bacocho, ein kleiner, abgelegener Strand mit einigen Hotels - zum Baden allerdings zu gefährlich.

 Die Hotelauswahl in Puerto Escondido ist nicht schwer: einfach vom Busbahnhof aus die Av. Pérez Gasga hinuntergehen. Links und rechts viele Möglichkeiten. Sind die Hotels an der Hauptstraße voll, dann weiter oberhalb im Ort oder an der MEX 2oo Richtung Flughafen suchen. Bei preiswerten Hotels ist außerhalb der Feriensaison Handeln möglich.
Hochsaison von Dezember bis April und um Ostern sowie teilweise im Sommer.

"__Hotel Paraíso Escondido__", In ruhiger Fußgängerzone, etwas oberhalb des Zentrums. Romantisches Hotel im spanischen Stil. Gemütliche Zimmer, AC. Kleine Gartenanlage mit SW- Pool. DZ je nach Saison ca. 5o- 6o US.

"__Hotel Las Gaviotas__", auf halbem Weg zum Flughafen, relativ günstig zum Strand von Puerto Angelito. Kleines Haus im mexikanischen Stil. Schattiger Garten, luftiges Restaurant, SW- Pool. Recht einfache Zimmer mit AC. DZ ca. 33- 5o US.

"**Hotel Las Palmas**", direkt im Zentrum am Strand. Schöner Palmengarten. Große, helle Zimmer mit Blick auf Garten und Meer. Ruhig und schattig. Passable Einrichtung, Ventilator. Für DZ ca. 27- 4o US zu empfehlen.

"**Hotel Roca Mar**", im Zentrum. Zimmer zum bepflanzten Innenhof relativ kühl, zur Straße hin allerdings den ganzen Tag über der prallen Sonne ausgesetzt. Sauber, mit Ventilator. Geräumig und hell, viele mit Balkon. Einige Zimmer renoviert, mit neuen Bädern. DZ ca. 3o- 35 US.

"**Hotel Loren**", etwas oberhalb des Zentrums. Schattige Terrasse und SW- Pool. Zimmer einfach, ordentlich, sauber. Mit Ventilator und Balkon. Von den oberen Zimmern schöner Blick. Luftig und hell. Für ca. 2o US vor allem in der Nebensaison gute Alternative. Sonst bis zu 45 US.

"**Hotel San Juan**", unterhalb des Busbahnhofs. Terrassen mit Sonne und Schatten. Viele Zimmer mit schönem Blick auf die Bucht. Einfach, aber ordentlich und sauber. Ventilator. DZ ca. 17 US, in der Hochsaison ca. 27 US.

"**Hotel Virginia**", auf halbem Weg zw. Busbhf. und Strand. Terrasse mit schönem Blick auf die Bucht. Solide Qualität und Sauberkeit für den Preis von ca. 17- 22 US.

"**Cabañas**", simple Hütten an den Stränden Bahía Principal und Marino. Camping- Stil mit Gemeinschaftsbädern. Wichtig ist, daß Moskitonetze vorhanden sind. Billig, je nach Saison ein paar Dollar mehr oder weniger. Mehrere Alternativen direkt am Strand.

Wer die totale Abgeschiedenheit sucht und das Geld für ein gutes Hotel ausgeben kann, ist am Strand von BACOCHO (Richtung Flugplatz) am besten aufgehoben: herrliche Bucht mit Steilküste und mehreren schönen Luxushotels (Baden im Meer zu gefährlich).

"**Hotel Posada Real**", direkt an der Steilküste, schon etwas älter. Schöner Blick aufs Meer. Bus- Service zum Strand Bacocho und einem dort gelegenen Swimming- Pool. Schöne Gartenanlage. DZ ab 9o US.

"**Hotel Fiesta Mexicana**", in ähnlicher Lage. Bungalow- Stil mit großem Swimming- Pool und Sportanlagen. Bus- Service zum Strand. DZ ab 9o US.

"**Hotel Aldea Bacocho**", im Ortsteil Bacocho Nähe MEX 2oo. Rustikale Holzhäuschen in einem schattigen Garten mit Palmen. Ordentlich möbliert im Country- Stil (AC), Bilder sorgen für etwas Wohnlichkeit. Bäder eng und mit alten Armaturen. Behagliches Wohnen, etwas abseits vom Strand- und Stadtbetrieb. DZ ca. 33 US, in der Hochsaison Aufschlag.

"**Hotel Jardín Real**", in einiger Entfernung zum Strand. Weitläufiger Garten mit Rasenflächen, Palmen und SW- Pool. Sehr ruhig. Einfache Zimmer in Flachbauten rund um den Garten. Mit Ventilator ca. 27 US, mit AC ca. 38 US. Zur Hochsaison mindestens doppelter Preis.

Zwei Campingplätze, die neben Wohnmobilen auch Zelte zulassen: NEPTUNO und PALMAS DE CORTES. Beide direkt am Strand der Bahía Principal, schattig und etwas staubig.

Entlang der Av. Pérez Gasga zahlreiche Restaurants der verschiedenen Preiskategorien. Meist luftig unter Palmendächern, mit Ventilator. Das beste Angebot natürlich bei frischem Fisch und Mariscos. Große Preislisten vorm Eingang, der Blick in die offenen Lokale ist frei, so daß die Auswahl nicht schwer fällt. Einige direkt am Strand, von der Lage her natürlich am schönsten.

SPORT

<u>Wellenreiten</u>: Bei entsprechendem Wellengang sehr gute Surfbedingungen am Strand Zicatela im Südosten der Stadt. Selbst Könner aus Kalifornien kommen hierher, um die "Mexican Pipeline" herauszufordern. Nichts für Anfänger! <u>Tauchen und Schnorcheln</u>: Am besten an den Felsen der nordwestlich gelegenen Bucht Puerto Angelito.

Verbindungen *ab Puerto Escondido*

<u>Flüge</u>: Flugplatz wenige Kilometer westlich vom Ort. Die Colectivos von "transporte terrestre" kosten pro Person 2 US ins Zentrum (leicht überteuert für die kurze Strecke - mit zwei Personen kommt ein Taxi schon billiger).

<u>MEXICANA</u> fliegt 3 x pro Woche, in der Hochsaison täglich, nach Mexico City (11o US) 1 Std.

Günstige Verbindung nach Oaxaca mit <u>AEROMORELOS</u> und <u>AEROVEGA</u>: täglich mit Propellermaschinen (7o US) 3o Min.

<u>Bus</u>: Busbahnhof direkt oberhalb der MEX 2oo. Nur die Hauptstraße überqueren, dann beginnt die Av. Pérez Gasga, die direkt ins Zentrum und zum Strand führt. Zu Fuß knapp 1o Min. bergab. Abfahrten mehrmals täglich nach: Acapulco (14- 17 US) 7 Std., - Mexico City (35 US) 17 Std., - Pochutla (2 US) 1 Std., - Puerto Angel über Pochutla (3 US) 1,5 Std., - Huatulco (3- 5 US) 2 Std.

<u>Achtung</u>: Die Busse nach Oaxaca fahren hinter dem eigentlichen Busterminal ab - eine Parallelstraße oberhalb, dann ca. 3oo m nach rechts. 8 x täglich, aber nur zwei Direktbusse (1o US) 7 Std. Auch "Cristóbal Colón" hat zwei Direktbusse zu gleichem Preis ab kleinem Büro an der MEX 2oo, Richtung Flughafen.

Nach Oaxaca wegen der Entfernung und der wüsten Kurverei durch die Berge unbedingt einen der wenigen Direktbusse nehmen. Lieber sich in Puerto Escondido noch einen halben Tag an den Strand legen und warten, als die Zeit im ewig anhaltenden 2.- Klasse- Bus zu verbringen, der dann letztlich auch nicht eher in Oaxaca ankommt.

Puerto Escondido -> Oaxaca (31o km)

Für die <u>Busfahrt</u> unbedingt einen ganzen Tag einkalkulieren. Auf der

Karte erscheint die Strecke nicht sehr lang, dafür geht es in einer abenteuerlichen Serpentinenkurverei ununterbrochen durch die wilde Landschaft der Sierra. Ausreichend Verpflegung, vor allem Getränke einpacken.

Mindestens genauso eindrucksvoll wie die Busfahrt ist der Flug nach Oaxaca: Die Propellermaschine dreht zunächst einige Schleifen über dem Pazifik, um sich auf die Höhe der Sierra hochzuschrauben. Danach eine grandiose Aussicht über Berge und Täler der Gebirgskette, in der man kaum einen Weg oder eine menschliche Siedlung entdeckt.

✷Puerto Angel

Kleines Fischernest an einer verträumten Bucht mit Felsen und Sandstränden. Ruhige, entspannte Atmosphäre, viel Rucksackreisende.

Puerto Angel ist noch viel weniger touristisch als Puerto Escondido: billiger, kaum Infrastruktur, die Straßen nicht geteert, die Schweine laufen durchs Dorf. Von der Idylle aber weit entfernt: Abwässer werden ins Meer geleitet, manchmal tagelange Quallenplage. Dann hilft nur Ausweichen an den 3 km entfernten Strand Cipolite, sehr beliebt bei Rucksacklern, aber kaum Infrastruktur.

In Puerto Angel läßt sich tagelang die Zeit vertrödeln und vergessen, daß man irgendwann doch eigentlich die Pyramiden anschauen wollte, oder daß in Kürze der Jet nach Hause abgeht. Der Fischer aus Heinrich Bölls "Anekdote zur Senkung der Arbeitsmoral" liegt hier auch noch irgendwo unter einer der Palmen; er läßt sich jedoch nicht mehr ein auf Gespräche mit Touristen über seine angeblich fabelhaften Zukunftsaussichten.

Telefon und Post: Beides inzwischen vorhanden. Ansonsten außerhalb der Marinebasis wenig Infrastruktur.

"Hotel La Cabaña", sehr schönes Hotel im spanischen Stil am Strand. Einzelne, verwinkelte Gebäude mit kleinen Gärten. Neue und modern eingerichtete Zimmer mit Ventilator. Gekachelte Bäder. DZ ca. 23- 25 US.

"Hotel El Chapy", an der Straße zum Strand. Gute Pension mit schöner Palmendachterrasse. Zimmer sauber und ordentlich, allerdings etwas eng. Ventilator, Privatbad. DZ ca. 15 US.

"Hotel Puesta del Sol", oberhalb der Straße zum Strand. Neue Pension, von Deutschem geführt. Ordentlich und sauber. Zimmer geräumig mit Ventilator. DZ ca. 12 US, mit eigenem Bad ca. 17 US.

"Hotel Rincón Sabroso", oberhalb des Hafens am Berg. Schattige Terrasse. Rustikale, saubere Zimmer, hell und frisch. Kleine Gemeinschaftsküche zur Frühstückszubereitung. Privatbad. Freundliche Atmosphäre. DZ ca. 17 US.

"Hotel Gundi y Tomas", oberhalb des Strandes. Einfache Zimmer mit Tisch, Bett und Moskitonetz. Saubere Gemeinschaftsbäder. Schattige Terrasse. Auch Hängematten. Zimmer ca 9- 13 US.

"Hotel La Buena Vista", direkt hinter der Militäranlage bergauf. Kleines Hotel, familiär geführt. Von der Terrasse aus fabelhafter Blick aufs Meer. Zimmer mit Ventilator und Moskitonetz. DZ je nach Lage (manche mit Balkon und schönem Blick) ca. 2o- 27 US.

Zahlreiche weitere in der Kategorie um 1o- 15 US. Bei den meisten besteht auch die Möglichkeit, für wenige Pesos seine Hängematte aufzuhängen oder eine zu mieten.

Ausreichend einfache Restaurants an der Uferstraße und am Strand. Vor allem Mariscos und Langusten relativ preisgünstig.

Verbindungen ab Puerto Angel

Per Bus oder Colectivo nach Pochutla. Von dort weiter nach Puerto Escondido (stündlich, ca. 2 US) 1 Std. oder Oaxaca (8 x/Tag, aber nur zwei Direktbusse, ca. 8- 9 US) 6 Std., Huatulca (3 US) 1,5 Std.

Bahías de Huatulco

35 km langer Küstenstreifen mit zahlreichen Buchten und einsamen Traumstränden. 12o km südöstlich von Puerto Escondido. Die Region befindet sich noch in der Entwicklung und soll um die Jahrhundertwende eines der größten Seebäder Mexikos werden. Das genaue Gegenteil von Puerto Angel: ein Hotelkomplex aus der Retorte für den mexikanischen und internationalen Luxustourismus.

Zur Zeit sind einige Hotels der Teuerkategorie fertiggestellt, u.a. eines der Sheraton- Kette und ein Club Méditerranée. Alle mit Swimming- Pool und Einrichtungen für Sport und Wassersport. Preise variieren extrem nach Saison und Auslastung. Buchung am besten per Pauschalangebot in Reisebüros von Oaxaca oder Puerto Escondido.

Etwas einfacher und preiswerter: Hotel Grifer, kein Swimming- Pool, Zimmer mit Ventilator, 35- 45 US. Weitere Hotels im Bau.

Verbindungen ab Bahias de Huatulco

Bus: Mehrmals pro Tag nach Pochutla (3 US) 1,5 Std. Von dort weiter nach Puerto Escondido oder Oaxaca.

Flug: Täglich 1 x mit AEROMEXICO nach Mexico City (115 US), 2 x täglich mit MEXICANA nach Mexico City zu ähnlichem Tarif. AEROMORELOS verbindet Huatulco täglich per Propellermaschine mit Oaxaca (8o- 9o US) 3o Min.

TIP: Wer sich nach einigen Tagen in Oaxaca an Kolonialbauten und Ausgrabungsstätten sattgesehen hat: Örtliche Reisebüros bieten gelegentlich extrem günstige Pauschaltrips nach Huatulco für 3 oder 4 Nächte an.

Puerto Escondido -> Huatulco ->Tapachula (95o km)

Langweilige, heiße Fahrt durch die Ebene. Zwischenstops,wenn überhaupt, in Tehuantepec oder Tonalá, wo es einige passable Unterkünfte gibt. Nach Guatemala aber auf jeden Fall die Hochlandroute über San Cristóbal de las Casas nehmen.

★Tapachula (25o.ooo Einw.)

Grenzstadt zwischen Kokos-, Avocado- und Bananenplantagen. Über allem thront der 4.o93 m hohe Vulkan Tacaná. Kein Ort zum Verweilen, höchstens Durchgangsstation von und nach Guatemala. Sehr bezeichnend die größte Attraktion der Stadt: das Theater aus den zwanziger Jahren, heute verwandelt in ein Parkhaus.

Die Straßenbezeichnungen gehen zwar nach Nummern, sind aber dennoch extrem verwirrend, da die zentralen Achsen nicht durch das tatsächliche Zentrum der Stadt am Parque Hidalgo verlaufen. Daher lieber dreimal fragen, ehe man in der tropischen Hitze der Logik folgt und prompt in die falsche Richtung marschiert.

4 Norte 35.
Post: 1 Oriente, zwischen 7 und 9 Norte. Telefon: 1 Poniente 18.
Geldwechsel: Casa de Cambio, 4 Norte/Ecke 2 Poniente.

Klima: Tropisch heiß und feucht.

KONSULATE: Deutsche, Österreicher und Schweizer brauchen für die Einreise nach Guatemala nur ihren Reisepaß und können direkt zur Grenze fahren. Stimmt aber etwas mit den Papieren nicht, dann besser vorher das Konsulat von Guatemala aufsuchen:

2 Oriente 33, Tel. 61252

Wer seine mexikanische Touristenkarte (aus welchen Gründen auch immer) nicht mehr hat, muß sich unbedingt vor der Ausreise nach Guatemala um einen Ersatz kümmern. In Tapachula gibt es unendliche Probleme, und direkt an der Grenze geht gar nichts mehr.

"Hotel Kamico", Prolongación Central Oriente s/n. Etwas außerhalb Richtung Grenze. Verschiedene Gebäude in schönem Palmengarten. Swimming- Pool. Moderne Zimmer mit TV und AC. DZ ca. 65 US.
"Hotel Don Miguel", 1 Poniente 18. Gute Mittelklasse im Zentrum. Zimmer geräumig und hell, solide möbliert. Farb- TV und AC. DZ ca. 33 US.
"Hotel Fénix", 4 Norte 19. Nähe Zócalo. Einfache Zimmer zum Garten oder Garagenhof. Einige mit AC, andere mit Ventilator. Der Zustand unterschiedlich, teilweise in Ordnung, teilweise heruntergekommen. DZ ca. 27 US (mit Ventilator) oder ca. 33 US (mit AC).

"**Hotel Posada Michell**", 5 Poniente 23. Zentral, in ruhiger Fußgängerzone. Modern und sauber. TV und AC. DZ ca. 25 US.

"**Hotel Guizar**", 4 Norte 27. Sehr einfache Einrichtung in abgenutztem Zustand in großen Zimmern. Ventilator. Bäder mit Uralt- Armaturen, passabel sauber. DZ ca. 23 US.

"**Hotel Colonial**", 4 Norte 31. Sehr einfach mit Ventilator. Zimmer hell und ruhig, Bäder sauber. Balkon zum Garten. DZ ca. 23 US.

"**Hotel Cervantino**", 1 Oriente 6. Düstere Zimmr zum halbwegs kühlen Innenhof. Ventilator. Große, saubere Privatbäder. DZ ca. 15 US.

"**Hospedaje Las Américas**", 1o Norte 47. Einfaches Hotel mit bepflanztem, sonnigem Innenhof. Saubere Zimmer mit Ventilator, gekachelte Bäder. DZ ca. 13 US.

Weitere Billighotels in der Calle 8 Norte.

In Tapachula ernährt man sich am besten von Obst: Papayas, Ananas, Melonen - wunderbar saftig und billig an jeder Straßenecke. Alles Sonstige ist nicht sehr überzeugend. Wer trotzdem etwas anderes bevorzugt, geht am besten zum Parque Hidalgo. Dort mehrere Lokale im Freien. Angenehmes Ambiente auf dem Platz, und nicht allzu teure Imbisse. Wirklich gut und teuer ist das Gartenrestaurant im Hotel Kamico.

Verbindungen ab Tapachula

Grenzübertritt nach Guatemala: Wenige Kilometer bis zur Grenze. Am besten mit einem der Colectivos ab Calle 5 Poniente (Nähe 14 Norte) zur Puente Talismán. Tagsüber ständige Abfahrten. Hinter der Grenze gleich eine Touristeninformation der Guatemalteken sowie ständig Busse nach Guatemala City.

TIP: Mehrere Gründe sprechen dafür, die Grenze zwischen Mexiko und Guatemala nicht bei Tapachula, sondern über San Cristóbal und Comitán bei Ciudad Cuauhtémoc zu überqueren, und zwar sowohl wenn man von Oaxaca als auch von der Pazifikküste (Acapulco, Puerto Escondido) kommt:

San Cristóbal de las Casas ist auch bei wenig Zeit ein absolut lohnender Zwischenstop, während auf Tapachula und die Pazifikstrecke leicht zu verzichten ist. Klima und Fahrt sind angenehmer, die Landschaft schöner. Außerdem jenseits der Grenze günstigere Verbindungen nach Guatemala City.

Flüge: Der Flughafen liegt gut 15 km außerhalb. Kleinbusse von "transporte terrestre" haben das Transportmonopol. 5 US pro Person zu jedem gewünschten Ort in Tapachula.

AEROMEXICO (Büro: 2 Norte 6) täglich 2 x nach Mexico City (2oo US), 1 1/2 Std.

AVIACSA (Büro: Central Norte 18) 1 x täglich nach Tuxtla Gutiérrez (75 US) 3o Min.

Eisenbahn: Bahnhof in der Av. Central Sur am Stadtrand. Zwar gibt es täglich einen Zug nach Ciudad Hidalgo, von wo aus es nur wenige Schritte sind bis zur Grenze nach Guatemala. Der Übergang ist aber nicht empfehlenswert, da dort hauptsächlich Abfertigung von Lastwagen. Die Grenzformalitäten für Touristen werden elend lang hinausgezögert.

Auch der 2.- Klasse- Zug nach Veracruz ist nicht zu empfehlen, da er für die Strecke schon fahrplanmäßig eine Ewigkeit braucht und obendrein meist noch riesige Verspätungen hat.

Bus: Mehrere Busbahnhöfe im Stadtgebiet verstreut:
Omnibus Cristóbal Colón: 16 Oriente/Ecke 3 Norte.
(Vom Zentrum aus zu erreichen mit Colectivos "Periférico Derecha" ab 1o Norte/Ecke 7 Poniente. Langstreckenverbindungen 1. Klasse, u.a. nach Oaxaca (22 US) und Tuxtla Gutiérrez (14 US). Letztere fahren jedoch nicht über San Cristóbal de Las Casas, sondern über Tonalá. 2 x pro Tag die direkte Strecke nach San Cristóbal (11 US) 7 Std.

Transportes Tuxtla: 9 Oriente/Ecke 3 Norte. 2.- Klasse- Busse über die landschaftlich schöne, aber anstrengende Direktroute (Beschreibung siehe unten) nach Comitán (6 US) 7 Std. und San Cristóbal de Las Casas (8 US) 9 Std.

Tapachula -> Comitán (2oo km)

Abwechslungsreiche Fahrt (ca. 7 Std.) hinauf in die Berge. Zunächst durch tropische Plantagen. Dann schraubt sich die Straße auf wenigen Kilometern hinauf in die Sierra. Zwischendurch spektakuläre Ausblicke. Später geht es in ebenso engen und steilen Serpentinen hinab in ein Hochtal und von dort bergauf, bergab durch die Sierra von Chiapas.

Die Fahrt ist ziemlich anstrengend, vor allem mit den Bussen 2. Klasse von "Transportes Tuxtla", die an jeder Kurve halten und nicht selten mit einer Panne liegenbleiben. Dafür viel Lokalkolorit; Indios, die ihre Waren zum Markt bringen etc. Bequemer und weitaus schneller mit den Komfort-Bussen von "Cristobal Colón". Während der Regenzeit ist die Straße aufgrund von Erdrutschen gelegentlich nicht passierbar. Vorher in Tapachula nachfragen, ob der Bus bis Comitán durchgeht. Ist der Erdrutsch in der Nacht vorher passiert, hat man Pech und muß warten oder zurückfahren.

Südliche Sierra

Landschaftlich eines der schönsten und abwechslungsreichsten Gebiete Mexikos. Die eindrucksvolle Gebirgskette erschwert allerdings die Verkehrsverbindungen.

Abenteuerliche Straßen an die Küste und in die Ebene von Yucatán. Insgesamt sind die beiden Staaten <u>Oaxaca</u> und <u>Chiapas</u> noch unerschlossen, die Bevölkerung sehr arm. Vor allem im Hochland von Chiapas ist der Anteil und Einfluß der Indiobevölkerung auch heute noch ungleich größer als im restlichen Mexiko.

Mit <u>Oaxaca</u> und <u>San Cristóbal de las Casas</u> verfügt die Region über zwei der schönsten und harmonischsten Kolonialstädte Mexikos. Im Staat Oaxaca liegen mit <u>Monte Albán</u> und <u>Mitla</u> bedeutende und gut restaurierte archäologische Ausgrabungsstätten (Zapoteken und Mixteken). In der Sierra von Chiapas bereits interessante Spuren der Maya- Kultur.

Reiserouten

Oaxaca -> Tuxtla Gutiérrez -> San Cristóbal -> Comitán (5- 12 Tage je nach Anzahl der besuchten Städte, Abstecher und Wahl des Verkehrsmittels).

Gute Busverbindungen. Die Strecke Oaxaca -> Tuxtla ist landschaftlich schön, allerdings sehr lang und anstrengend. Hier lohnt sich bei Zeitmangel eventuell ein Flug.

<u>Kombination mit anderen Routen</u>:
* ab Oaxaca via Puebla (Seite 33o) nach Mexico City siehe Kapitel "Zentrales Hochland"
* ab Oaxaca nach Veracruz (Seite 349) siehe Kapitel "Golfküste"
* ab Tuxtla Gutiérrez nach Villahermosa (Seite 523) siehe Kapitel "Yucatán"
* ab San Cristóbal via Palenque (Seite 593) nach Yucatán, häufig benutzte Querverbindung, da man das sehr lohnende Palenque mit den Maya-Ruinen und Stränden Yucatáns verbinden kann. Details im Kapitel "Yucatán".

★ Oaxaca (6oo.ooo Einw.)

Koloniales Kleinod, sicher eine der schönsten Städte Mexikos. Ganze Straßenzüge und Stadtviertel mit gut erhaltenen und restaurierten Häusern: einstöckig mit den charakteristischen schmiedeeisernen Gittern vor den Fenstern. Ein verkehrsberuhigter <u>Zócalo</u>, rundherum gesäumt von Arkadengängen zum Ausruhen und Leute- Beobachten.

Oaxaca ist nicht nur zum Besichtigen, sondern eignet sich auch zum Ver-

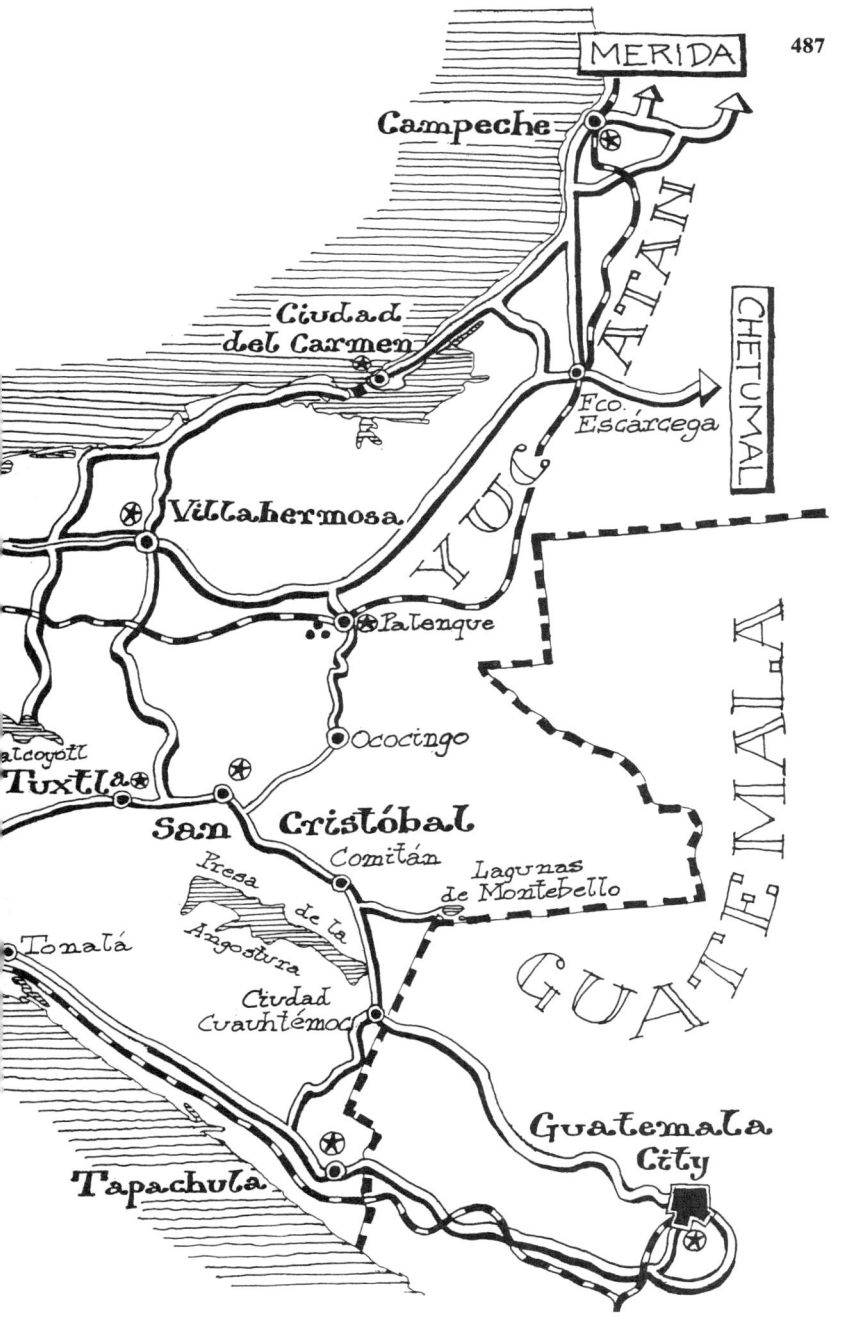

weilen: Die ruhige, entspannte Atmosphäre steckt schnell an, und ohne es zu merken, sind ein paar Tage beim Flanieren durch die Straßen oder in den Cafés auf dem Zócalo vegangen.

Zwischendurch lohnende Ausflüge: zu den prähispanischen Ausgrabungsstätten von Monte Albán, Mitla oder Yagul sowie zu zahlreichen Kolonialkirchen und Indiomärkten in den Dörfern der Umgebung.

Nachdem die Truppen von Hernán Cortés 1521 auch in die Südliche Sierra einmarschiert waren, erhielt er vom spanischen König den Titel eines "Marqués de Oaxaca". Als Beigabe schenkte der Herrscher seinem erfolgreichen Eroberer riesige Ländereien im Hochtal von Oaxaca. In der Folgezeit entwickelte sich die neugegründete Stadt zu einem wichtigen Zentrum im spanischen Kolonialreich, da sie strategisch günstig lag für die weitere Eroberung des östlichen Landesteiles.

Rigorose landwirtschaftliche Ausbeutung und Abholzung führten im Laufe der Jahrhunderte jedoch zur Verarmung der gesamten Gegend, in der es kaum nennenswerte Bodenschätze gibt. Die Industrialisierung ist an der Südlichen Sierra ebenfalls vorbeigegangen. Die Verkehrswege wurden nicht entwickelt, so daß das Gebiet heute zu den ärmsten in ganz Mexiko gehört. Kein Wunder, daß Oaxaca hin und wieder in die Schlagzeilen gerät, wenn es zu Protesten und Aufständen der hier ansässigen Bauern kommt, die in ihrer Mehrzahl mixtekischer oder zapotekischer Herkunft sind.

OAXACA, Kathedrale 1887

 **Tourist Info**: 5 de Mayo/Ecke Morelos. Außerdem Independencia/Ecke García Vigil und M. Bravo 3o5. Alle zentral und hilfreich. Eine Seltenheit in Mexiko: Das Touristenbüro in Oaxaca kümmert sich auch um die Reservierung von Hotelzimmern. Ist in der Stadt viel Betrieb, dann am besten direkt hier nachfragen, welches Hotel noch Betten frei hat. Das erspart viel Lauferei.

Post: Independencia/Ecke Alameda. - **Telefon**: Trujano, zwischen 2o de Noviembre und García, neben dem Hotel Mesón del Rey. - **Geldwechsel**: Interdisa, Valdivieso/ Ecke Hidalgo (am Zócalo).

Klima: Angenehm gemäßigtes Höhenklima. Im Winter kühle Nächte, von Juni bis August gelegentlich Regenfälle.

SEHENSWERTES

Die Altstadt ist voll mit gut erhaltenen kolonialen Wohnhäusern, Kirchen und Museen. Bei einem Rundgang lohnen sich vor allem die folgenden Stationen:

ZOCALO (1): Mittelpunkt der Akivitäten in Oaxaca. An einer Seite der PALACIO DE GOBIERNO (2) mit gewaltigem Innenhof. Im Treppenaufgang Wandmalereien zur Geschichte Oaxacas. Im Mittelpunkt Benito Juárez.

Gegenüber die KATHEDRALE (3): Gedrungene Architektur mit dickem Mauerwerk und mächtigen Pfeilern. Barocke Fassade mit Säulen, Heiligenfiguren und Ornamenten. Innenausstattung relativ schlicht, hölzernes Chorgestühl unter der Orgel.

Ab Zócalo Richtung Norden die Calle ALCALA: Fußgängerzone mit einheitlichen Kolonialfassaden.

CASA DE CORTES (7), Macedonio Alcala/Ecke Morelos. Kolonialbau mit großen und kleinen Innenhöfen. Heute Kulturzentrum und Bibliothek. Ein ruhiges Plätzchen zum Lesen und Ausruhen: Die ausgelegten Zeitungen und Zeitschriften sind für jedermann zugänglich.

In einem Trakt das MUSEO DE ARTE CONTEMPORANEO: Die permanente Sammlung im 1. Stock mit Werken moderner Künstler aus Oaxaca, u.a. Gemälden von Rufino Tamayo. Nicht besonders umfangreich, aber attraktiv präsentiert in mehreren Räumen. Im Erdgeschoß wechselnde Ausstellungen. Geöffnet Mi.- Mo. 1o.3o- 2o Uhr. Gratis.

SANTO DOMINGO (9), Macedonio Alcala. Unbedingt sehenswerte Kirche mit hervorragend restaurierten Stuckdekorationen und Altären. Alles unwahrscheinlich verschwenderisch vergoldet. An der Decke ein kurioser Stammbaum des Dominikanerordens. Ebenso prächtig ausgestattet die seitlich abgehende Capilla del Rosario. Das Innere der Kirche wirkt besonders am Abend beim Schein der Lampen und Kerzen.

490 Südliche Sierra

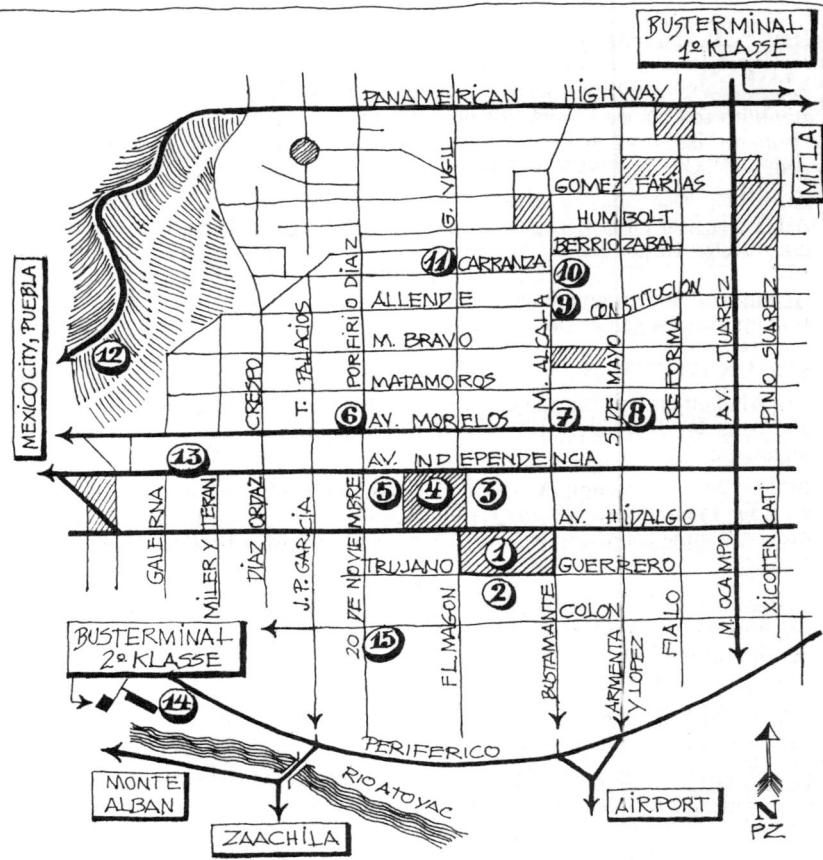

OAXACA

1 Plaza Zócalo
2 Palacio de Gobierno
3 Kathedrale
4 Alameda Park
5 POST
6 Museo Rufino Tamayo
7 Casa de Cortés
8 TOURIST- BÜRO
9 Kirche Sto. Domingo
1o Museo Regional
11 Casa de Juárez
12 Aussichtspunkt
13 La Soledad
14 Central de Abastos (Markt)

MUSEO REGIONAL (1o), neben der Kirche Santo Domingo. Lohnt schon allein wegen des doppelstöckigen ehemaligen Klostergebäudes. Hervorragende Sammlung von archäologischen Fundstücken aus der Region (vor allem der sagenhafte Goldschatz aus dem Grab Nr. 7 von Monte Albán). Zu den Grabbeigaben gehörte auch Schmuck aus Silber, Jade, Türkis und Perlen. Außerdem religiöse Kunst und Indianertrachten. Geöffnet Di.- So. 1o- 17 Uhr, Einritt 4,5o US, sonntags gratis.

Südliche Sierra 491

CASA DE JUAREZ (11), García Vigil 6o9. Hier verlebte der liberale Ex-Präsident Benito Juárez einige Jahre seiner Kindheit als Zögling eines katholischen Priesters. Schönes Beispiel eines Wohnhauses aus jener Epoche, die Wohnräume um den Innenhof gruppiert. Interessant der Kontrast zwischen den schlichten Möbeln des Paters und dem pompösen Schreibtisch von Juárez, der später hier aufgestellt wurde. Geöffnet Di.-So. 1o- 18 Uhr, Eintritt 3 US.

MUSEO RUFINO TAMAYO (6), Morelos/Ecke Porfirio Díaz. Schön ausgestellte Keramiken und Steinarbeiten der wichtigsten Kulturen Altmexikos. Zum Teil ausgefallene und wertvolle Stücke aus der privaten Sammlung des Künstlers Rufino Tamayo, der in Oaxaca geboren wurde. Einzelheiten zu seinem Werk siehe Mexico City (S. 2o9). Geöffnet 1o- 14 und 16- 19 Uhr, sonntags 1o- 15 Uhr, dienstags geschlossen. Eintritt 3 US.

LA SOLEDAD (13), Independencia/Ecke Galeana. Schöne Stuckdekorationen in der Kuppel über dem Altar mit der Schutzpatronin von Oaxaca, Nuestra Señora de la Soledad. Sie trägt eine 2 kg schwere Goldkrone mit funkelnden Diamanten. Vor der Kirche ein lebendiger Platz mit Marktatmosphäre. Dahinter kleines Museum mit religiöser Kunst. Im Garten die naive, lebensgroße Darstellung der Eselskarawane, die das Bildnis der Jungfrau 162o nach Oaxaca brachte.

CERRO DEL FORTIN (12): Von diesem Hügel schöner Überblick über die Stadt. Ca. 2 km vom Zócalo, über Av. Crespo, dann die Treppen hinauf zum Auditorio Guelaguetza. Von dort weiter bergauf.

 TIP: Wer noch kein Hotel reserviert hat, geht am besten direkt zum Touristenbüro, von wo aus das gewünschte Hotel angerufen wird. Ein hilfreicher Service, da es in Oaxaca oft Engpässe bei Hotelzimmern gibt und die meisten Hotels sehr klein sind. Auf diese Weise espart man sich unter Umständen viele unnütze Fragen und Wege.

"Hotel Presidente", 5 de Mayo 3oo. Eines der schönsten Hotels in Mexiko. Fünf Blocks nördlich vom Zócalo. Im ehemaliges Kloster Santa Catalina aus dem 16. Jh. Dicke Mauern, gemütliche Zimmer, Kreuzgänge, bepflanzte Patios, Swimming- Pool. Der Stil hat seinen Preis: DZ ca. 18o US.

"Hotel San Felipe", außerhalb im Vorort San Felipe. Stündlich pendelt ein Hotelbus zum Zócalo. Gute Alternative in der gehobenen Klasse, wenn die entsprechenden Hotels im Zentrum ausgebucht sind. Absolut ruhige Lage, großer Garten, Swimming-Pool. Großzügige, moderne Zimmer. DZ ca. 115 US.

"Hotel Victoria", Carretera Internacional, km 545. Etwas außerh., in großem Garten. Moderne, komfort.Zimmer. Gr. Schwimmbecken. Hotelbus zum Zócalo. DZ ca. 9o US.

Hotel Marquéz del Valle", Portal de Claverías s/n. Traditionelles Hotel direkt am Zócalo. Schön gekachelter Innenhof, geschmackvoll eingerichtete Zimmer. Groß, hell und mit Blick auf die Plaza. Renovierte Bäder. Von Lage und Zimmerqualität für ca. 5o

US pro DZ empfehlenswert.

"Hotel Señorial", Portal de Flores 6. Direkt am Zócalo. Modernes Hotel hinter kolonialer Fassade. Zimmer mit TV, ansonsten ohne große Extras. Dachterrasse, Swimming-Pool. Solide Mittelklasse in bester Lage. DZ ca. 33 US.

"Hotel Monte Albán", Alameda de León 1. Zentral in schönem Kolonialhaus, gegenüber Kathedrale. Restaurant im Patio. Ruhige, große Zimmer. Angenehmes Ambiente. Kein Luxus, aber mit dem Charme vergangenen Glanzes. DZ ca. 36 US.

"Hotel Mesón del Angel", Mina 518. Etwas abseits vom Zócalo. Trostloser Betonkasten mit bahnhofsmäßiger Hotelhalle, denn hier werden die Tickets für Busse nach Monte Albán verkauft. Zimmer akzeptabel ohne besondere Extras. Pool. DZ ca. 42 US.

"Hotel Calesa Real", García Vigil 3o6. Schön renoviertes Kolonialhaus mit bunten Kacheln und hölzernen Decken. SW- Pool im ruhigen Patio. Stilvolles Wohnen in freundlichem Hotel mit persönlicher Atmosphäre. DZ ca. 55 US.

"Hotel Francia", 2o de Noviembre 212. Wuchtiges Kolonialgebäude Nähe Zócalo. Gemütlicher Aufenthaltsraum im angrenzenden Patio. Die meisten Zimmer groß und hell. Möblierung alt und abgenutzt. DZ ca. 22 US.

"Hotel Veracruz", Calzada Niños Héroes 1o2o. Direkt neben dem Busbahnhof der 1. Klasse. Einfach, aber praktisch bei später Ankunft in Oaxaca. Am nächsten Tag findet sich dann in Ruhe etwas Besseres. DZ ca. 29 US.

"Hotel Principal", 5 de Mayo 2o8. 3 Blocks nördlich vom Zócalo. Schöner Innenhof, wenige Zimmer. Einfach eingerichtet, aber groß. Neue und sehr saubere Bäder. Angenehme, ruhige Atmosphäre. DZ ca. 27 US.

"Hotel Posada Margarita", Plaza Labastida 115. Einfache Zimmer zum kolonialen Innenhof. Privatbad, sauber. Familiäre Atmosphäre. Vom Hof schöner Blick auf die Türme von Santo Domingo. DZ ohne Fenster ca. 13 US, mit Fenster ca. 17 US.

"Hotel Reforma", Reforma 1o2. Einfaches Hotel, eingerichtet mit alten Möbeln. Enge Bäder. Viele Zimmer ohne Tageslicht, im 2. Stock etwas luftiger. DZ ca. 15 US.

"Hotel Pombo", Morelos 6o1. Zimmer ab von mehreren kahlen Innenhöfen. Einfache Einrichtung, Bäder ziemlich heruntergekommen, aber sauber. Im 1. Stock heller und luftiger. Gute Lage nördlich vom Zócalo. DZ ca. 15 US.

"Hostal de la Noria", Fiallo/Ecke Hidalgo. Nähe Zócalo. Vollständig renoviertes Kolonialhaus, etwas knallige Farbgebung im US- Geschmack. Schöner Patio mit Säulengang und einigen Tischen. Hohe, luftige Zimmer; komfortabel möbliert. Moderne Bäder. DZ je nach Saison ca. 6o- 7o US.

"Hotel Las Golondrinas", Tinoco y Palacios 411. 6 Blocks vom Zócalo Richtung Cerro del Fortín. Schöne Kolonialfassade, einladender Patio mit viel Grün. Die Zimmer in mehreren verwinkelten Gebäuden. Nicht groß, aber mit soliden Möbeln und ordentlichen Bädern. Ruhig und blitzsauber. Freundliches Ambiente. DZ ca. 28 US, in dieser Kategorie ausgezeichnetes Preis- Leistungs- Verhältnis.

"Hotel La Cabaña", Mina 2o3. Zimmer wie Gefängniszellen vom dunklen Innenhof. Düster und muffig, aber ruhig und passabel sauber. Minimalmöblierung. Ausweichmöglichkeit, wenn andere belegt sind. DZ ca. 15 US.

"Hotel Virreyes", Morelos 1oo1. In ehem. wunderschönem Kolonialgebäude. Etwas vom Glanz der alten Zeiten ist noch zu sehen an der Fassade und im Innenhof mit seinen Arkaden. Zi. sehr einfach mit Privatbad. Einige düster mit Fenster zum Hof, andere mit

Balkon. Sauber. Große Möbel aus Omas Zeit, massiv und verziert. DZ ca. 15 US.
"**Hotel Central**", 2o de Noviembre 1o4. Nähe Zócalo. Kühler Innenhof. Zimmer einfach, aber sauber. Hauptvorteil ist die zentrale Lage. DZ ca. 13 US.
"**Hotel Mina**", Mina 3o4. Zimmer sehr spartanisch vom düsteren Innenhof. Gemeinschaftsbad. 6 Blocks vom Zócalo, nicht die feinste Gegend. Abgase und Lärm der vorbeifahrenden Busse. Ein billiges Dach überm Kopf für ca. 1o US pro DZ.

 **Camping**: OAXACA, Violetas 9oo. Im Norden der Stadt. Busverbindung zum Zentrum mit "Colonia Reforma".

ESSEN UND TRINKEN

Regionale Spezialitäten:

Oaxaca ist eine der Hochburgen mexikanischer Kochkunst. Die besondere Vielfalt und das Engagement bei der Zubereitung zeigt sich sogar in den einfachsten Restaurants.

MOLE NEGRO (auch Mole Oaxaqueño): Nicht ganz so berühmt wie die Mole Poblano aus Puebla, trotzdem mindestens genauso geschmackvoll und weitaus aufwendiger zubereitet.

Eine dunkle Soße, serviert zu Huhn oder Fleischgerichten, deren Herstellung in der Originalform mehrere Tage in Anspruch nimmt. Es gibt Dutzende von Rezepten, die Grundlage besteht aber meist aus Chili- Schoten, Erdnüssen, Mandeln, Rosinen, Bananen, Schokolade sowie einer langen Liste von Gewürzen: Knoblauch, Zimt, Oregano, Nelken etc.

Mexikanische Küche kann kaum ausdrucksvoller und intensiver sein als bei Gerichten, die mit dieser Soße abgerundet werden.

TAMALES: Diese in Mais- oder Bananenblätter eingewickelte Mahlzeit geht zurück auf eine indianische Tradition. Es gibt sie auch anderswo in Mexiko, in Oaxaca jedoch wird sie dank intensiver Gewürze zu einem Gericht der feinen Küche.

Häufig bekommt man die "tamales oaxaqueños" auch zusammen mit der "mole negro" serviert. Die gefüllten Bananenblätter enthalten in der Regel Schweinefleisch oder Huhn, vermischt mit Tortilla- Masse und Gewürzen. Sie werden in kochendem Wasser gegart und müssen möglichst bald auf den Tisch kommen, sonst werden sie hart.

MEZCAL: Auf der Suche nach einem Rohstoff für Hochprozentiges verfielen die spanischen Konquistadoren schnell auf die Maguey- Agave, aus der die Indios bereits ein berauschendes Getränk für ihre heiligen Feste bereiteten.

Anders als der Tequila, eine besondere Art des Mezcal aus der Gegend um Guadalajara, besitzt der Mezcal jedoch kein fest umrissenes Anbaugebiet: Er wird sowohl in der Südlichen Sierra als auch an der Pazifikküste und im Norden Mexikos produziert. In der Umgebung von Oaxaca jedenfalls wird er häufig noch in der traditionellen Art und Weise hergestellt und destilliert.

TIP: Wer den Ausflug von Oaxaca nach Mitla unternimmt, kann kurz hinter der Abzweigung nach Teotitlán del Valle einen kurzen Stop einlegen bei der Mezcal- Destillerie CHAGOYA.

Vorn ein kleiner Verkaufsladen, interessant aber wird es erst im hinteren Gebäude. Dort wird der Mezcal noch hergestellt wie vor Jahrhunderten: Ein Pferd bewegt den Mühlstein, der die Agaven zermalmt. Danach ein kleiner Einblick in den primitiven Gär- und Destillationsprozeß. Wer will, bekommt einen hochprozentigen Probeschluck, der in der Kehle brennt wie kaum ein anderer Schnaps.

 SANTA FE, 5 de Mayo 1o3. Nähe Zócalo. Im Kolonialhaus auf 2 Stockwerken. Kleine, gemütlich ausgestattete Räume. Fleisch- und Fischgerichte, außerdem Enchiladas, Tamales und ähnliches aus der mexikanischen Küche. Preise mittel.

LA CASA DE LA ABUELA, am Zócalo. Von der Lage her nicht zu schlagen: Von den offenen Fenstern Blick auf Plaza und Kathedrale. Typische Einrichtung mit Kacheln und rustikalen Möbeln. Teure Fleischgerichte, aber auch Spezialitäten aus Oaxaca im mittleren Preisniveau.

EL SAGRARIO, Alcalá 12o. In der Fußgängerzone Nähe Zócalo. Renoviertes Kolonialhaus mit dicken Pfeilern und schönen Holzdecken. Auf 3 Stockwerken. Unten Pizzeria (mittags peiswertes Buffet zum Sattessen). Oben gepflegtes Restaurant mit einer Mischung aus teuren Fleischgerichten und mexikanischer Küche zu moderaten Preisen.

LA FLOR DE OAXACA, Armenta y López 311. Gemütlich in einem Kolonialhaus. Gehobene mexikanische und internationale Küche. Fleischgerichte, Enchiladas etc. Preise mittel.

EL ASADOR VASCO, direkt am Zócalo im 1. Stock, Eingang unter den Arkaden. Schön eingerichtet mit Holzfässern. Terrasse mit Blick über den Platz. Grillgerichte und einiges andere, was gut und teuer ist: Austern, Krabbencocktails, Rinderfilet und mexikanische Spezialitäten.

EL CAPISAYO, Díaz Ordaz 215. Einfach und rustikal auf einer schattigen Terrasse in kleinem Garten. Ruhige, angenehme Atmosphäre. Bevorzugt von Einheimischen. Preiswerte Gerichte aus Oaxaca.

DEL VITRAL, Guerrero 2o1. Nobelrestaurant im 1. Stock einer ehemaligen Villa. Gepflegtes Ambiente rund um den Innenhof. Kronleuchter geben zusätzliche Atmosphäre. Internationale Küche. Preise mittel bis teuer und in der Qualität von Ambiente und Essen unbedingt angemessen. Anderswo in Mexiko zahlt man für derlei weitaus mehr.

ABUELITA, im Mercado 2o de Noviembre. Berühmteste der vielen "Fondas" im Mercado. Essen allerdings auch nicht besser als an den vielen

Nachbarständen. Seit der Markt renoviert wurde, sind die Stände sauberer und appetitlicher als früher.

EL MESON, Hidalgo 8o5. Nähe Zócalo. Preiswertes Frühstücksbuffet. Für 5 US große Auswahl an Salaten und warmen Gerichten, Nachtisch und Säfte inbegriffen. Ein Tip für den großen Hunger oder ein ausgiebiges Super- Frühstück. Auch mit weniger Appetit ist man fürs Geld gut bedient. Mittags günstige "comida corrida" und abends gute mexikanische Küche à la carte.

COLONIAL, 2o de Noviembre 11o. Einfach in kühlem, altem Gemäuer. Preiswertes Mittagsmenü und Frühstück. Außerdem Fleischgerichte und mexikanisches Essen.

CAFE AMARANTOS, Preiswerte Bar am Zócalo unter den Arkaden. Beliebter Treff. Hier ist von früh bis spät Betrieb. Weitere Cafés direkt nebenan, die auch Frühstück servieren.

LAS CHALOTES, Fiallo 116. Innenraum mit schöner Kombination aus Natur- und Backstein. Gemütliche Kelleratmosphäre. Französische Küche. Preise mittel.

LA CORONITA, Díaz Ordaz 2o8. Etwas ungemütlich zwischen Hotelhalle und Toreinfahrt. Aber ausgesprochen preiswerte Küche mit Spezialitäten aus Oaxaca. Nur bis 18 Uhr geöffnet.

ALAMEDA, J. P. García 2o2. In schönem Kolonialhaus. Spezialitäten aus Oaxaca. Preise mittel.

FLOR DE LOTO, Porfirio Díaz/Ecke Morelos. Mehrere verwinkelte Räume im Kolonialhaus. Vegetarische Küche, einfach und preiswert. Auch Frühstück.

CATEDRAL, García Vigil 1o5. Im Patio eines Kolonialhauses und den angrenzenden Räumen. Pflanzen und kleiner Springbrunnen. Rustikalvornehm möbliert. Fleisch vom Grill und einige typische Gerichte aus Oaxaca. Preise mittel bis teuer.

PITA- PE, García Vigil 4o1. Sehr kleine, gemütliche Cafeteria. Essen aus der Familienküche. Regionale Spezialitäten, Frühstück, billig.

ALFREDO DA ROMA, M. Alcala 4oo, Pizzeria in dicken, alten Mauern. Holzverkleidete Wände, rustikale Einrichtung. Preise mittel.

EL TOPIL, Labastida 1o4. Sehr familiär, im Stil einer kleinen Wohnung, in kühlem Kolonialgebäude. Rustikale Einrichtung, freundliche Atmosphäre. Kleine Speisekarte mit Enchiladas und Queradillas. Preise mittel.

LA FAROLA, 2o de Noviembre 313. Halbwegs "zivile" Cantina - mal zum Reinschnuppern für männliche Touristen. Auf die gebotene Zurückhaltung achten.

EL DOMINICO, J.P. García 512. Man sitzt im niedrigen Raum unter zahlreichen Arkaden. Einrichtung schlicht. Internationale und mexikanische Küche, preiswerte Nudelgerichte.

VERANSTALTUNGEN

GUELAGUETZA: An den letzten beiden Montagen im Juli. Folklore-Festival. Die Hauptveranstaltung findet im Freilufttheater Auditorio Guelaguetza statt. Während der gesamten Woche Tänze und Folkloreveranstaltungen in den Straßen und auf dem Zócalo. Hotels unbedingt vorher reservieren.

NOCHE DE RABANOS: Am 23. Dezember auf dem Zócalo. Kunsthandwerker aus der gesamten Region treffen sich zu einem Wettbewerb, bei dem ulkige und kunstvolle Figuren aus Rettichen "geschnitzt" werden. Ein ungewöhnlicher "Kunstwettbewerb", bei dem die Stimmung wichtiger ist als das Resultat.

CALENDAS: 24. Dezember. Jede Kirchengemeinde bringt ihre geschmückten Wagen (Motive zum Weihnachtsfest) ein in einen Umzug, der am Zócalo seinen Höhepunkt erlebt.

Sprachkurse: Oaxaca ist ein angenehmer Ort für einen längeren Aufenthalt. In und um die Stadt gibt es eine Menge zu sehen und zu erleben, das Kulturprogramm ist abwechslungsreich. So dürfte es bei einem Spanischkurs, der über mehrere Wochen geht, auch "nach Feierabend" nicht langweilig werden. Kontakte über folgende Adressen:

INSTITUTO CULTURAL OAXACA, Av. Juárez, 68000 Oaxaca, Tel. (91-951) 53404.

SHOPPING

CENTRAL DE ABASTOS (14), an der Ringstraße "Periférico". Täglicher Markt, besonders attraktiv jeden Samstag ab 7 Uhr früh. Indios aus der Umgebung und den Nachbartälern bringen Lebensmittel und Artesanía zum Markt.

MERCADOS CENTRALES (15), 20 de Noviembre. Zwei Marktgebäude mit Lebensmitteln, Artesanía und preiswerten Essensständen. Täglich geöffnet.

MERCADO DE ARTESANIAS, Zaragoza/Ecke J. P. García. Kunsthandwerk, hauptsächlich Textilien, Decken, Teppiche, Umhänge.

Artesanía: Die Stadt ist voll mit Artesanía-Läden. Größte und preiswerteste Auswahl allerdings auf den Märkten, wo man jedoch sehr genau auf die Qualität achten sollte.

FONART, M. Bravo 116. Große Auswahl an Kunsthandwerk aus ganz Mexiko. Gute Qualität, gehobene Preise.

ARIPO, García Vigil 809. Große Auswahl in einem Kolonialhaus. Beste

Adresse für Artesanía aus dem Staat Oaxaca: Keramik, Holzfiguren, Schmuck, Textilien.

Verbindungen ab Oaxaca

Flüge: Flughafen außerhalb. Die Colectivos von "transporte terrestre" haben das Monopol: 3 US pro Person zu jedem gewünschten Hotel im Zentrum. Dort wird man bei rechtzeitiger Reservierung auch abgeholt und zum Flughafen gebracht. Alameda de León (Hotel Monte Albán), Tel. 4435o.

AEROMEXICO (Büro: Hidalgo 513) fliegt täglich 2 x nach Mexico City (1o5 US) 45 Min.

MEXICANA (Büro: Fiallo/Ecke Independencia) fliegt 4 x pro Tag nach Mexico City (1o5 US) 45 Min. Außerdem 1 x tägl. nach Tuxtla Gutiérrez (9o US) 1 Std. und von dort über Villahermosa und Mérida nach Cancún.

AVIACSA (Büro: Porfirio Díaz 1o2) fliegt täglich 1 x nach Mexico City sowie nach Tuxtla Gutiérrez und von dort weiter nach Mérida. Tarife häufig günstiger als bei Mexicana.

AEROMORELOS (Büro: Alcalá 5o1) fliegt täglich nach Puerto Escondido (8o- 9o US je nach Saison) 3o Min. sowie nach Huatulco (8o- 9o US) 3o Min.

AEROVEGA (Büro: Alameda de León, Hotel Monte Albán) hat täglich einen preiswerten Flug (7o- 8o US) nach Puerto Escondido.

Eisenbahn: Bahnhof außerhalb in der Calzada Madero, zu erreichen über Calle Morelos oder mit dem Bus "Santa Rosa" ab Morelos/Ecke García Vigil. Vom Bahnhof aus der schnellste Stadtbus ins Zentrum ist "Colonia Reforma".

Täglich ein Zug nach Puebla (17 US) 9 Std., - und weiter nach Mexico City (26 US) 14 Std.

TIP: Wer den Zug nimmt und Zeit sparen will, sollte nur bis Puebla lösen, selbst wenn Mexico City das Ziel ist. Von Puebla aus macht die Bahn nämlich einen riesigen Umweg, braucht für das Teilstück 5 Stunden, welches der Bus ab Puebla in weniger als 2 Stunden erledigt. Wer den teureren Schlafwagen bucht, fährt aus Bequemlichkeitsgründen jedoch besser durch, anstatt am frühen Morgen in Puebla umzusteigen.

Bus: Der Busbahnhof der 1. Klasse liegt im Norden, in der Calzada Niños Héroes 1o32. Zu erreichen ab Calle Reforma mit dem Stadtbus "Colonia Reforma". Taxi vom Zentrum aus 3 US.

Täglich mehrfache Abfahrten nach: Mexico City (2o- 24 US) 1o Std., - Tehuantepec (8- 1o US) 4 Std., - Tuxtla Gutiérrez (17- 22 US) 9 Std., -

Villahermosa (22 US) 12 Std., - Veracruz (2o US) 8 Std., - San Cristóbal (19 US) 11 Std., - Puerto Escondido (1o US) 6 Std.

Direktbusse nach Puerto Escondido an der Pazifikküste auch 2 x pro Tag ab Hotel Mesón del Angel. Tickets am Schalter in der Hotelhalle: (1o US) 6 Std. Von hier aus auch der Bus nach Monte Albán.

Ab 2.- Klasse- Terminal (Periférico/Ecke Las Casas) fahren die Busse in die sehenswerte Umgebung von Oaxaca, nach Mitla, Ocotlán etc. Vom Zentrum aus entweder zu Fuß oder ab Morelos/Ecke García Vigil mit dem Stadtbus "Santa Rosa".

Autovermietung: Für Ausflüge in die Umgebung von Oaxaca lohnt sich unter Umständen ein Leihwagen, wenn man möglichst viele der archäologischen Stätten und Kolonialkirchen sehen will, da die Busverbindungen sehr mühsam sind. Details zur sinnvollsten Organisation siehe "Ausflüge ab Oaxaca".

HERTZ, Labastida 115. - BUDGET, Manzano 1oo. - MINIRENT (preiswert), Porfirio Díaz 1o2.

Transport in Oaxaca: Die Schönheit der Innenstadt von Oaxaca erschließt sich am besten auf Spaziergängen durch die einzelnen Stadtviertel. Die Sehenswürdigkeiten liegen relativ kompakt zusammen. Taxi im Innenstadtbereich 2- 3 US.

✶ Monte Albán

Prähispanische Ausgrabungsstätte in überwältigender Lage: Auf dem eingeebneten Gipfel eines Berges beherrscht die Anlage drei riesige Täler, die an dieser Stelle zusammenlaufen. Weiter Rundblick auf die Stadt Oaxaca und die umliegenden Gebirgsketten.

Zahlreiche Gebäudekomplexe der einstigen Zapotekenhauptstadt sind freigelegt und teilweise restauriert. Hoch über dem Trubel der modernen Welt fällt es der Phantasie hier leichter als anderswo, sich die Anlage in ihrer ganzen Pracht und bevölkert mit Tausenden von Indios vorzustellen.

Monte Albán wurde etwa 5oo v. Chr. gegründet und war damit eine der ersten Städte auf dem amerikanischen Kontinent überhaupt. Es waren vermutlich Olmeken, die den Gipfel des Berges abtrugen und auf diese Weise eine künstliche Plattform schufen, auf der sie ein Zeremonialzentrum errichteten. Die Kultstätte wurde nach und nach zum Mittelpunkt einer ausgedehnten Siedlung, die sich an den Hängen der Berge entlangzog und Anziehungspunkt für die Bewohner des gesamten Hochtals von Oaxaca war. Mit der Übernahme durch die Zapoteken erlebte Monte Albán zwischen 1oo und 7oo n. Chr. den Höhepunkt seiner Macht. Um 6oo n. Chr. erreichte die Stadt mit 25.000 Einwohnern und 6,5 qkm eine heute kaum vorstellbare Ausdehnung. Ihr kultureller und wirtschaftlicher Einfluß reichte in jener Zeit bis zur Golfküste und ins Hochland von Chiapas.

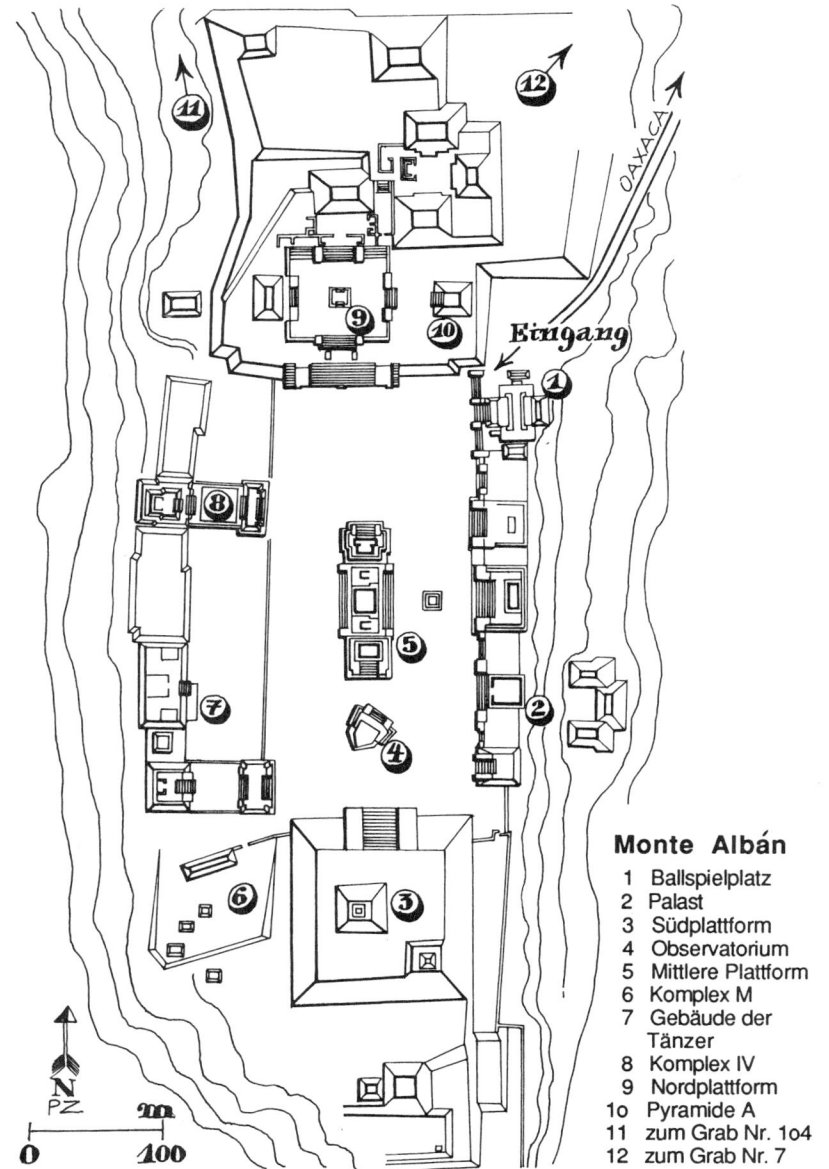

Monte Albán

1 Ballspielplatz
2 Palast
3 Südplattform
4 Observatorium
5 Mittlere Plattform
6 Komplex M
7 Gebäude der Tänzer
8 Komplex IV
9 Nordplattform
10 Pyramide A
11 zum Grab Nr. 104
12 zum Grab Nr. 7

> Warum Monte Albán gegen Ende des Jahrtausends aufgegeben wurde, ist bisher nicht eindeutig geklärt. Vermutlich kamen in der übermäßig großen Stadt Probleme mit der Versorgung und Verwaltung auf, denn die Bewohner siedelten im folgenden an anderen Stellen des Valle de Oaxaca in kleineren, unabhängigen Stadtstaaten wie Mitla oder Yagul. Monte Albán selbst wurde weiterhin als heiliger Ort betrachtet und diente als Begräbnisstätte.

Von dem riesigen Areal, das die Stadt Monte Albán einst bedeckte, ist nur die zentrale Plattform auf dem Gipfel des Berges freigelegt. Die einst buntbemalten Gebäude heute eher grau und unansehnlich. Die einzelnen Bauwerke stammen zwar aus verschiedenen Epochen der Besiedlung, fügen sich jedoch harmonisch zu einem Gesamtkonzept zusammen. Detaillierte Merkmale ihrer Architektur sind nicht bekannt, da heute nur noch die Grundmauern und sockelförmigen Plattformen existieren.

Am Eingang, hinter dem Denkmal des Archäologen Alfonso Caso, der BALLSPIELPLATZ (1), der noch nicht die Seitenringe aufweist, die erst in späterer Zeit aufkamen (Details zum präkolumb. Ballspiel s. S. 118).

Anschließend einige Plattformen, die das Fundament für Tempelbauten gewesen sind. Die Ostseite wird abgeschlossen durch den sogenannten PALAST (2): Grundmauern um einen Innenhof deuten darauf hin, daß es sich um Priesterwohnungen handelte.

Ein hervorragender Überblick über die gesamte Ruinenanlage von der SÜDPLATTFORM (3), die über eine freigelegte Treppe zu besteigen ist. Auf den Stelen vor der Plattform verschiedene Figuren und Hieroglyphen.

In der Mitte der gesamten Anlage drei zusammenhängende Gebäude - Fundamente von Tempeln und Opferstätten. Daneben das OBSERVATORIUM (4), das in seiner Konstruktion völlig aus dem Rahmen fällt, und zwar sowohl durch seine schräge Anordnung zur Hauptachse als auch durch seinen Grundriß mit der pfeilartigen Spitze, die nach Südwesten zeigt. Schräg durch das Observatorium verläuft ein Tunnel. Ob das Gebäude den Zapoteken tatsächlich zu Kalenderberechnungen gedient hat, ist nicht geklärt. An der Seite des Observatoriums zahlreiche Figuren und Hieroglyphen.

An der Westseite der Anlage weitere Plattformen des sogenannten KOMPLEX M (6), ebenfalls die Grundmauern von Tempeln und Opferstätten.

Die schönsten Details am angrenzenden GEBÄUDE DER TÄNZER (7), so benannt nach den seltsamen Figuren auf den Steinreliefs, die von den Archäologen als Tänzer interpretiert wurden. Die wirkliche Bedeutung der wild gestikulierenden Figuren ist allerdings nicht bekannt. Möglicherweise handelt es sich auch um Gefangene oder Sklaven. Tunnel führen ins Innere zu überbauten Gebäuden, deren Seitenwände ebenfalls die eigentümlichen Figuren zeigen.

Die Westseite der Anlage schließt der sogenannte KOMPLEX IV (8), den

Gebäuden des Komplex M sehr ähnlich: auf einer Plattform lediglich Fundamente von Wohngebäuden oder Tempeln.

Die NORDPLATTFORM (9) ist über eine breite Treppe zu erreichen. Oben die Stümpfe gewaltiger Säulen und ein versenkter Platz mit einem Altar. Stelen mit Bildinschriften von dieser Plattform heute im Anthropologischen Museum von Mexico City. Ein Ausgrabungs- und Rekonstruktionsprojekt hat in den Jahren 1992- 94 vor allem im Bereich hinter der Nordplattform weitere Fundamente freigelegt und ein Gewirr aus Plattformen, Pyramidensockeln, Säulen und kleinen Plazas rekonstruiert (13).

Um die Plattform herum Gräber und Grundmauern von Tempeln und Palästen. Ein Pfad führt zum GRAB NR. 1o4 (11), dem am besten erhaltenen. Im Innern Reliefs und eine imposante Götterfigur. Von dort Richtung Straße das berühmte GRAB NR. 7 (12). Hier fand der Archäologe Alfonso Caso 1932 den sagenhaften Grabschatz, von dem große Teile im Museo Regional von Oaxaca zu sehen sind.

Im kleinen Museum am Ausgang Fundstücke aus Monte Albán. Die wertvollsten Gegenstände jedoch im Museo Regional von Oaxaca (vor allem die Funde aus dem Grab Nr. 7) sowie im Anthropologischen Museum von Mexico City. Die gesamte Anlage geöffnet täglich von 8- 17 Uhr. Eintritt 4,5o US.

Ab Hotel Mesón del Angel in der Calle Mina 518, Oaxaca fährt mindestens 6 x pro Tag ein Bus hinauf zu den Ruinen. Tickets rechtzeitig am Schalter in der Hotelhalle besorgen, die Nachfrage ist groß. Abfahrtszeiten ändern sich ständig. Die Fahrt kostet hin und zurück 3 US.

Aufenthalt in der Anlage knapp 2 Stunden. Wer länger bleiben will, kann einen der später kommenden Busse nehmen, muß dann aber für die Rückfahrt noch einmal zusätzlich 1,5 US berappen und mit einem Stehplatz vorliebnehmen, falls der Bus voll ist.

Zaachila

Jeden Donnerstag großer Indiomarkt (möglichst schon am Vormittag kommen!). Am Stadtrand der besonders interessante Tauschmarkt für Tiere: Wer hier seine Kuh mitbringt, kann bei entsprechendem Angebot drei Ferkel oder fünfzig Hühner dafür eintauschen.

Auf dem Weg nach Zaachila evtl. Zwischenstation machen in CULIAPAN, wo sich ein ehemaliges Kloster der Dominikaner befindet, das über eine kuriose Kapelle ohne Dach verfügt.

Verbindungen: Ab Busterminal 2. Klasse den häufig verkehrenden Bus mit der Aufschrift "Zaachila" nehmen.

Ocotlán

Jeden Freitag attraktiver Indiomarkt. Vormittags ist am meisten los. Evtl. unterwegs einen Halt einlegen in SAN BARTOLO COYOTEPEC, einem Ort, der berühmt ist für seine Keramik aus schwarzem Ton.

<u>Verbindungen</u>: Häufige Abfahrten des Buses "Ocotlán" ab Terminal 2. Klasse.

Oaxaca -> Mitla

Die Fahrt ins etwa 45 km entfernte Mitla (südöstlich auf der MEX 19o) lohnt sich nicht nur wegen der Ausgrabungsstätte mit einzigartigen präkolumbianischen Ornamenten, sondern auch wegen der zahlreichen Sehenswürdigkeiten (Ruinen, Kolonialkirchen und Artesanía- Dörfer), die direkt an der Strecke liegen und daher relativ leicht erreichbar sind.

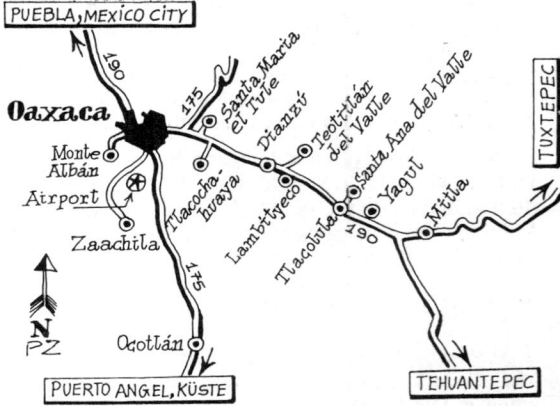

Transport: Wer alles an einem Tag sehen will, muß sich einen <u>Mietwagen</u> oder ein <u>Taxi</u> nehmen. Bei entsprechendem Verhandlungsgeschick kommt ein Taxi billiger, wobei man mit mindestens 8 US pro Stunde kalkulieren sollte. Mit Mietauto oder Taxi sind die im folgenden aufgeführten Sehenswürdigkeiten an der Strecke bequem an einem Tag zu besichtigen.

Wer auf <u>öffentliche Verkehrsmittel</u> angewiesen ist, sollte mindestens 2 Tage mit Übernachtung in Mitla einplanen. Vom 2.- Klasse- Terminal in Oaxaca fahren stündlich Busse in die Dörfer an der Strecke (z.B. nach Santa Maria El Tule, dem ersten sehenswerten Ort bei km 14). Hier kann man noch versuchen, den nächsten vorbeifahrenden Bus nach Tlacochahuaya zu erwischen. Von dort aber geht es nicht weiter. Daher entweder zu Fuß zurück zur Hauptstraße oder trampen: funktioniert ganz gut auf dieser und anderen Teilstrecken. Bus direkt nach Mitla (Puerta 9) alle halbe Stunde.

Zu den <u>präkolumbianischen Ruinen Dainzú, Lambityeco und Yagul</u> (alle geöffnet 9- 17 Uhr, Eintritt jeweils 2,5 US) gibt es keinerlei direkten Transport. Sie liegen aber sehr nah an der Hauptstraße, so daß man zur Not zu Fuß gehen kann, wenn sonst niemand vorbeikommt. Zurück auf der Hauptstraße dann entweder weitertrampen oder einen der Busse ins nächste Dorf oder nach Mitla erwischen. Andere Alternative: Touren ab Oaxaca, die aber außer Mitla nur 2- 3 andere Orte im Programm haben. Veranstalter im Hotel Mesón del Angel (ca. 13 US).

Santa Maria El Tule km 14
Attraktion ist ein etwa 2.ooo Jahre alter Baum, dessen Höhe 49 m und dessen Umfang 58 m betragen. Ein zerzaustes Ungetüm mit dem wissenschaftlichen Namen Taxodium Mucronatum, - "Ahuehuete" nennen ihn die Indios. Ein ungeheurer Stamm und wild gewachsene Äste, deren Formen die Phantasie anregen. Dahinter verschwindet die Kirche Santa Maria wie ein Spielzeughäuschen. Stündliche Busverbindung mit Oaxaca.

Tlacochahuaya km 21
2 km rechts von der Hauptstraße. Abstecher lohnt wegen der Kirche San Gerónimo aus dem 16. Jahrhundert. Goldüberzogene Altäre und eine fast vollständig erhaltene Innenbemalung (christliche Motive wechseln mit Naturdarstellungen). Eine reizvolle Kombination aus schlichter Architektur und kostbarer Innenausstattung. Stündliche Busverbindung mit Oaxaca.

Dainzú km 24
1 km rechts von der Hauptstraße. Schön am Hang gelegene Ruinenanlage einer ehemaligen Zapotekensiedlung mit weitem Blick über das Tal und die angrenzenden Berge. Harmonisch in die Landschaft eingefügter Gebäudekomplex auf zwei großen Plattformen, durch Treppen verbunden. An der oberen verwitterte Reliefs verschiedener Figuren. Am unteren Komplex ein Grabeingang mit herausgearbeitetem Jaguarkopf sowie ein zur Hälfte restaurierter Ballspielplatz.

Teotitlán del Valle km 26
Von der Abzweigung aus noch 4 km. Abgelegenes Dorf, dessen Bewohner sich der Herstellung von Sarapes und Teppichen aus Wolle widmen. Fast jedes Haus mit eigenem Webstuhl und kleiner "Fabrik". Großes Angebot, die meisten Webarbeiten noch mit Naturfarben gefärbt. Viele traditionelle Muster, aber auch modernes Design. Beim Kauf ist angemessenes Handeln durchaus angebracht. Wegen der Vielfalt der Muster lohnt es sich, nicht nur bei den Ständen am Hauptplatz zu schauen, sondern auch hier und da in den Werkstätten entlang der Straße. Angenehm geruhsame Atmosphäre, bislang noch sehr dörflich.

Lambityeco km 31
Kleine Ruinenanlage direkt an der Hauptstraße. Interessant vor allem durch die Stuckreliefs des zapotekischen Regengottes Cocijo. Von der oberen Plattform des großen Gebäudes Blick in eine Grabkammer mit hervorragend erhaltenen Stuckverzierungen und zwei Köpfen, die die ehemaligen Herrscher darstellen. Ansonsten weitere Grundmauern des Palastes und des Zeremonialzentrums einer Stadt, von der noch etwa 2oo Gebäude nicht freigelegt sind.

Tlacolula km 33
1 km rechts ab von der Hauptstraße ins Ortszentrum. Schöne Plaza; davor

eine sehenswerte Kirche aus dem 16. Jahrhundert mit gut erhaltenen Deckenmalereien. Besonders schön die verschwenderisch ausgestattete Seitenkapelle "Capilla del Santo Cristo". Vergoldete Stuckornamente an den Wänden bis hinauf in die Kuppel. Silbergeschmückter Altar.
Jeden Sonntag attraktiver Markt im Ort. Stündliche Busverbindung mit Oaxaca.

Santa Ana del Valle   km 33

An der gleichen Abzweigung, nur in die andere Richtung, nach 3 km das Artesanía- Dorf Santa Ana del Valle. Ähnliche Webarbeiten (Teppiche, Umhänge) wie in Teotitlán.

Yagul   km 36

Von der Abzweigung noch knapp 2 km nach links. Festungsähnliche Ruinenanlage auf einem Felsplateau. Die wichtigsten Gebäude stammen aus der Epoche zwischen 9oo und 12oo n. Chr., also aus der Zeit, in der die Zapoteken Monte Albán bereits verlassen hatten und kleinere Siedlungen wie Yagul oder Mitla ausbauten.

Phantastischer Blick über das Tal und auf die gegenüberliegende Bergkette. Verschiedene Gebäudekomplexe mit zahlreichen Innenhöfen sowie Plattformen auf mehreren Ebenen. Gut restaurierter Ballspielplatz, der größte in der Region Oaxaca. Unterhalb ein Grab mit drei Kammern, an deren Eingängen noch Verzierungen erhalten sind. Die Ruinen sind überwachsen mit riesigen, alten Kakteen.

Mitla   km 42

Von der Abzweigung aus noch 5 km. Eine der ausgefallensten präkolumbianischen Ruinenanlagen. Interessant vor allem wegen der ungeheuren Anzahl gut erhaltener Ornamente: geometrische Muster, die sich ständig wiederholen. Verschiedene Abteilungen. Ungewöhnlich der Palacio de las Columnas mit mehreren monolithischen Säulen, die früher das Dach getragen haben. Im Innern zahlreiche Kammern mit fein herausgearbeiteten mosaikähnlichen Ornamenten. Geöffnet täglich 9- 17 Uhr, Eintritt 3,5 US.

Im Ortszentrum an der Plaza das MUSEO FRISELL. In alter Hacienda mit schönem Innenhof. Ausgezeichnete Sammlung von Ton- und Steinfiguren aus Mitla. Geöffnet täglich 9- 17 Uhr, Eintritt frei.

> Obwohl Mitla schon zur Blütezeit Monte Albáns (siehe S. 498) besiedelt war, gewann es größere Bedeutung erst, nachdem die Zapoteken ihre Hauptstadt aufgegeben hatten und in anderen Teilen des Valle de Oaxaca unabhängige Siedlungs- und Verwaltungszentren ausbauten. Die ungewöhnliche Ornamentik stammt allerdings aus dem 13. und 14. Jh., als die Mixteken Mitla bereits übernommen hatten. Im Gegensatz zu anderen präkolumbianischen Völkern zerstörten sie nicht die Kultur der von ihnen eroberten Städte, sondern überlagerten die vorhandenen Gebäude mit ihrem eigenen Stil.

Den Besuch von Mitla möglichst für den späten Nachmittag einplanen. Kurz vor Schließung der Anlage arbeitet die tiefstehende Sonne die geometrischen Muster an den Wänden besonders gut heraus und bringt sie voll zur Geltung.

"<u>Hotel La Zapoteca</u>", direkt an der Brücke über den Fluß. Einfache, aber sehr ordentliche und saubere Zimmer im Hinterhof. Familiäre Atmosphäre, auch im dazugehörigen Restaurant. DZ mit eigenem Bad ca. 23 US.

★Tuxtla Gutiérrez (5oo.ooo Einw.)

Wenig einladende Großstadt; kein Ort für einen längeren Aufenthalt. Allerdings Ausgangspunkt für Touren zum Cañón del Sumidero, einer ca. 1.ooo m tiefen Schlucht.

Wichtigste Sehenswürdigkeit von Tuxtla ist der Zoologische Garten, in dem viele der in Chiapas vorkommenden Tierarten (vom Jaguar bis zur Spinne) relativ frei und großzügig gehalten werden. Der Zoo liegt im Südosten der Stadt, außer montags täglich 8.3o- 17.3o Uhr geöffnet.

Tuxtla ist eine gute Drehscheibe für Flüge zwischen der Südlichen Sierra (Oaxaca) und der Halbinsel Yucatán. Praktische und nicht übermäßig teure Verbindungen mit Aviacsa und Mexicana/Aerocaribe, die auf diese Weise lange und anstrengende Bustouren durchs Gebirge einsparen.

<u>Klima</u>: Im Sommer extrem heiß und feucht. Im Winter kann es gelegentlich mal kühlere Tage geben.

Tourist INFO Blvd. Belisario Domínguez 95o, im Edificio Plaza de las Instituciones.

<u>Post</u>: Am Parque Central, im Palacio Federal. <u>Telefon</u>: 1 Poniente/Ecke 1 Sur (an der kleinen Plaza).

"<u>Hotel Bonampak</u>", Blvd. Belisario Domínguez 18o. Modernes Haus, etwas abseits vom Zentrum Richtung Flughafen. SW- Pool. Große, helle Zimmer mit Farb- TV und AC. Nach vorn sehr laut. Ruhige Zimmer zum Garten. DZ ca. 7o US.

"<u>Hotel Humberto</u>", Av. Central/Ecke 1 Poniente. Nähe Zócalo. Komfortabelstes Hotel im Zentrum. Großer Glaskasten, Zimmer relativ laut, aber hell mit Panoramafenstern. Moderne Einrichtung, AC. DZ ca. 45 US.

"<u>Hotel Esponda</u>", 1 Poniente/Ecke Av. Central. Zwischen Busterminal "Colón" und Zócalo. Die meisten Zimmer zu düsteren Hinterhöfen, aber ruhig. Nach vorn luftiger und freundlicher, aber auch lauter. Ordentliche Einrichtung, sanitäre Anlagen nicht mehr die neuesten, passabel sauber. Ventilator und TV. DZ ca. 25 US.

"<u>Hotel Plaza Chiapas</u>", 2 Norte/Ecke 2 Oriente. Zentral Nähe Zócalo. Neues Hotel, alles äußerst gepflegt. Helle Zimmer zur Straße, ruhiger und etwas dunkler zum Hof. Neue Möbel, Ventilator und gekachelte, blitzsaubere Bäder. Für ca. 15 US pro DZ eine gute Wahl.

"<u>Hotel Estrella</u>", 2 Oriente/Ecke 2 Norte. Zentral und relativ ruhig. Große, saubere

Zimmer mit Ventilator. Solide Möblierung, gepflegt. DZ ca. 12 US.
Hotel Santo Domingo", 2 Norte Poniente 259-A. Düstere, stickige Buden mit Ventilator. Nach vorn etwas frischer, aber zur lauten Straße. Einziger Vorteil: direkt gegenüber vom Busbahnhof "Cristóbal Colón". DZ ca. 1o US.
Jugendherberge: Calzada Angel Albino Corzo 18oo. Etwa 2 km östlich des Zentrums.

Die Restaurant- Szene im Zentrum von Tuxtla Gutiérrez ist basic - billige Taquerías oder trostlose Fast- Food- Verschnitte. Angenehm und ruhig sitzt man in den Straßencafés und Restaurants an der Hauptplaza, etwas versteckt hinter der Rückseite der modernen Kathedrale. Dort hat man die Auswahl zwischen verschiedenen Lokalen und bekommt auch Frühstück.

Verbindungen ab Tuxtla Gutiérrez

Flüge: Der Flughafen liegt am Stadtrand. Nur Taxitransport ins Zentrum (7 US, max. vier Personen). Bei genügend Betrieb gibt es auch einen Direktbus nach San Cristóbal de Las Casas (12 US pro Person).

MEXICANA (Büro: Av. Central Poniente 2o6) fliegt täglich nonstop nach Mexico City (17o US) 1,5 Std. und Villahermosa (8o US) 3o Min. und Oaxaca (9o US) 1 Std.

AVIACSA (Büro: Central Poniente 1144) fliegt täglich nonstop nach Mexico City (165 US) 1,5 Std., Mérida (145 US) 1 Std., Oaxaca (1o5 US) 5o Min., Tapachula (75 US) 4o Min. und Villahermosa (9o US) 3o Min. Häufig weitaus günstigere Sondertarife. Nachfrage lohnt sich.

Bus: Busbahnhof "Cristóbal Colón", 1. Klasse, in Zentrumsnähe: 2 Norte/Ecke 2 Poniente.

Halbstündlich nach San Cristóbal de Las Casas (3 US) 2 Std. sowie stündlich nach Comitán (6 US) 4 Std. Mehrmals pro Tag in viele Städte von Chiapas und der Halbinsel Yucatán, u.a. nach Oaxaca (17 US) 9 Std., Villahermosa (9 US) 7 Std., Palenque (9- 12 US) 7 Std. Außerdem Langstrecken nach Tapachula (13 US) 7 Std., Puebla (34- 45 US) 14 Std. und Mexico City (4o- 55 US) 16 Std.

Frühmorgens ein Direktbus zur Grenze nach Guatemala, Ciudad Cuauhtémoc (9 US) 5 Std.

Busbahnhof "ADO", 1. Klasse: 9 Poniente/Ecke 5 Sur. Täglich nach Mexico City, Oaxaca, Puebla und Veracruz (12 Std.). Ähnliche Preise wie "Cristóbal Colón".

Busterminal "Transportes Tuxtla", 2. Klasse: 2 Sur Oriente 712. Ziele im Staat Chiapas, kaum preiswerter als "Cristóbal Colón", dafür langsamer und nur im Ausnahmefall zu empfehlen.

> **Autovermietung**: Wer auf bequeme und selbständige Art zum Cañón del Sumidero kommen will, mietet sich evtl. ein Auto:
> BUDGET, Blvd. Belisario Domínguez 251o. - DOLLAR, 5 Norte Poniente 226o.

✦ Cañón del Sumidero
Eine der großen landschaftlichen Schönheiten Mexikos: ca. 1.ooo m tiefer Canyon mit senkrecht aufragenden Felswänden. Der Rio Grijalva fließt in zahlreichen Windungen am Fuße dieses Felsmassivs entlang. Der Canyon läßt sich von Tuxtla Gutiérrez aus relativ leicht erreichen:

Variante 1: Der Blick von oben
Eine Straße führt von Tuxtla aus ca. 2o km bis zu den verschiedenen Aussichtspunkten. Von dort jeweils großartige Ausblicke in den Canyon und auf den träge dahinfließenden Rio Grijalva. Zeitbedarf gut zwei Stunden, um alles in Ruhe zu sehen.

Der schönste (und kitzligste) Aussichtspunkt ist El Roblar. Nach 1o Min. auf einem Pfad durch den Urwald gelangt man an einen Felsvorsprung, von dem es direkt senkrecht heruntergeht. An dieser Stelle entsteht erst das richtige Gefühl für die gewaltige Höhe. Aber Vorsicht: keinerlei Absperrung oder Geländer! Leider kein öffentlicher Transport. Mietwagen (siehe Tuxtla Gutiérrez) oder Taxi ab Tuxtla sind die Alternative. Bei etwas Verhandlungsgeschick dürfte ein Taxi für 2 Stunden billiger sein als ein Mietwagen für den ganzen Tag.

Variante 2: Bootsfahrt im Canyon
Die abwechslungsreichere Alternative, denn vom Ort Chiapa de Corzo fahren Boote den Rio Grijalva hinab. 42 km durch den Canyon bis zur Presa Chicoasén, einer Staumauer, die den Fluß überhaupt erst schiffbar gemacht hat. Stellenweise ragen die Felsen direkt senkrecht aus dem Wasser auf. Unterwegs Krokodile sowie viele Vögel (Reiher, Geier, selbst Pelikane). Leider sind die Geschwindigkeiten, mit denen die Boote durch den Canyon sausen, und der Lärm des Motors dem Genuß der Landschaft nicht gerade zuträglich. Fahrzeit insgesamt ca. 2 Std. Die Boote fahren mit einem Minimum von 8 Personen, also sich nicht zu spät am Anleger einfinden, sonst wartet man unter Umständen umsonst oder muß den gesamten Bootspreis allein bezahlen. Bei 8 Leuten Kostenpunkt p.P. 7 US.

✦ Chiapa de Corzo
15 km von Tuxtla Richtung San Cristóbal de las Casas. Außer dem Anleger für den Bootstrip zum Canyon hat der Ort nicht viel zu bieten. Einzige sonstige Attraktion ist der riesige Backsteinüberbau des Brunnens auf der Plaza aus dem Jahr 1562. Er ist in seiner Form der kastilischen Königs-

krone nachempfunden. Wenige Schritte unterhalb der Plaza der "Embarcadero", die Anlegestelle der Boote.

> **Unterkunft** im Ort: "Casa de Huéspedes Los Angeles" ist sehr einfach. Vom Hof aus führen Flure zu den großen Zimmern mit massiven Holzmöbeln. Ventilator, passabel sauber. DZ ca. 17 US. In Tuxtla oder San Cristóbal wohnt man jedoch besser und hat mehr Alternativen.
>
> Die Wartezeit auf den Bus nach Tuxtla oder San Cristóbal verbringt man am besten im **Restaurant** "Jardines de Chiapa" an der Plaza. Schöner Garten im Innenhof.
>
> **Verbindungen**: Laufend 2.- Klasse- Busse nach Tuxtla und San Cristóbal.

Tuxtla Gutiérrez -> San Cristóbal de las Casas

Atemberaubende zweistündige Fahrt hinauf in die Sierra. Über 60 km geht es in steilen Serpentinen fast nur bergauf. Immer wieder grandiose Blicke ins Tal und auf die Gebirgskette. Besonders schön am Morgen, wenn noch die Nebelschwaden an den Hängen entlangziehen. Auf der Straße viele Indios in ihren bunten Trachten, die auf mühselige Weise Holz oder Mais schleppen, den sie noch an den steilsten Abhängen und auf den steinigsten Böden anbauen.

Auch bei Dunkelheit ist die Strecke imposant: erstaunlich, wie lange man bei klarem Wetter noch die Großstadtlichter von Tuxtla erkennt. Selbst nach eineinhalb Stunden Fahrt tauchen sie hin und wieder auf der linken Seite auf: Ausblicke wie aus einem Flugzeug.

✶ San Cristóbal de las Casas (120.000 Einw.)

Gehört zu den schönsten und ist sicher die bunteste aller mexikanischen Städte. Die vielfältigen Trachten der Indio- Bevölkerung beleben den Ort mit Farbe. Straßen mit buntbemalten Häusern sowie romantische Gassen, die ihren dörflichen Charakter bewahrt haben. Über allem liegt eine ruhige, ausgeglichene Stimmung, und das klare Licht auf 2.200 m Höhe verleiht der Stadt einen zusätzlichen Glanz.

San Cristóbal ist ein Ort zum Genießen, zum endlosen Spazierengehen durch die Gassen oder zum Träumen auf dem ruhigen Zócalo. Ganz große Attraktionen gibt es nicht, dafür ist das gesamte Stadtbild eine einzige Sehenswürdigkeit.

> Die Stadt ehrt in ihrem Namen den Dominikanerpriester <u>Bartolomé de las Casas</u>, eine Ausnahmeerscheinung im Eroberungs- und Missionierungsrausch des frühen 16. Jh. <u>1484</u> in Sevilla <u>geboren</u>, reiste er bereits mit 18 Jahren zum ersten Mal in die Neue Welt, um dort für seine Familie die Verwaltung einer Hacienda auf der Insel Hispaniola zu übernehmen. Nach seiner vorübergehenden Rückkehr in die Heimat beendete er sein Studium und wurde 1506 in Rom zum Priester geweiht.
>
> Zwei Jahre später machte sich Bartolomé wieder auf den Weg nach Amerika. In den folgenden Jahren stand er noch auf der Seite der Eroberer und Ausbeuter, u.a. nahm er an einem Feldzug auf Kuba teil, bei dem über eine halbe Million Indios unterworfen wur–

den. Etwa um 1514 jedoch tauchten die ersten Zweifel an den Praktiken der Konquista auf. Bartolomé de las Casas verzichtete daraufhin auf seinen Grundbesitz und reiste nach Spanien, um sich bei Hofe für die Belange der Indios einzusetzen.

Daraufhin wurde ihm gestattet, in einem 800 km langen Streifen an der Küste Venezuelas sein Konzept der "friedlichen Konquista" in einer Missionsstation zu erproben. Die Mission jedoch wurde mehrfach von Indios überfallen und zerstört, das Projekt scheiterte.

Nach seinem Übertritt zum Dominikanerorden verbrachte Bartolomé de las Casas fast zwei Jahrzehnte in Klöstern auf Hispaniola und in anderen Teilen Mittelamerikas. 154o verfaßte er sein bedeutendes Werk "Brevíssima Relación de la Destrucción de las Indias", in dem er die hemmungslose Ausbeutung der einheimischen Bevölkerung anprangerte.

BARTOLOMÉ DE LAS CASAS

Mit diesem Buch hatte er entscheidenden Einfluß auf die Gesetzgebung aus dem Jahre 1542, in der der spanische König Karl V. die Indianersklaverei verbot und die Indios formal den Spaniern gleichstellte. In der Praxis führten diese Gesetze jedoch kaum zu einer Verbesserung der Lage der amerikanischen Ureinwohner. Madrid war weit, und die Krone interessierte sich letztlich doch mehr für die handfesten Resultate der Indianerausbautung als für deren menschwürdige Behandlung.

1543 wurde Bartolomé de las Casas zum Bischof des reichen Bistums in Cuzco/Peru vorgeschlagen, doch er lehnte diese Stellung ab zugunsten des Bistums Chiapas in Mexiko. Dort versuchte er, den neuen Gesetzen vor Ort Geltung zu verschaffen und setzte Maßnahmen zum Schutz der Indios durch, so daß sein Name auch heute noch von der Indianerbevölkerung verehrt wird. Die weißen Siedler jedoch waren ihm derart feindselig gesinnt, daß er nur zwischen den Indios einigermaßen sicher war und bei ihnen auch wohnte.

Nach wenigen Jahren zwangen ihn seine Gegner zur Aufgabe, und er kehrte 1547 endgültig nach Spanien zurück. Im Reich der Konquista war kein Platz für den "Apostel der Indianer". Bis zu seinem <u>Tod 1566</u> engagierte er sich jedoch weiter für die Interessen der Indios, u.a. auch mit der fatalen Forderung, die Ureinwohner Amerikas zu entlasten durch die Verwendung von Negersklaven aus Afrika - eine Haltung, die er später bereute.

Daß die Indios im südlichen Mexiko auch heute noch in Elend und Unterdrückung leben, hat zu Beginn des Jahres 1994 der Aufstand der Indios von Chiapas in drastischer Weise verdeutlicht. Die Rebellion, die in der Besetzung der Kathedrale von San Cristóbal kulminierte, hatte in der Weltöffentlichkeit ein so unerwartet großes Echo, daß sich die mexikanische Regierung letztlich veranlaßt sah, ihre zunächst eingeschlagene Politik der brutalen Repression in Verhandlungsbereitschaft umzuwandeln.

Die Ergebnisse der Vermittlungsgespräche können sich auf den ersten Blick durchaus sehen lassen: u.a. Selbstverwaltungsrechte für indianische Gemeinschaften, Verbesse-

510 Südliche Sierra

> rung von Gesundheitsversorgung und Bildungssystem, Ausweitung der Stromversorgung, Möglichkeit zur Enteignung von Großgrundbesitzern. Ob das Abkommen tatsächlich zu einer Verbesserung für die Indios führt, wird die Zukunft zeigen. Schon zu oft seit den Zeiten von Bartolomé de las Casas haben Verträge und Gesetze hier nur auf dem Papier bestanden.

Klima: Trockenes Hochlandklima; im Winter kann es vor allem nachts ziemlich kühl werden. Gelegentliche Regenfälle in den Monaten Juli bis September.

Am Zócalo im Palacio Municipal.

Post: Rosas/Ecke Cuauhtémoc. - **Telefon**: Real de Guadalupe 2o.
Geldwechsel: Casa de Cambio "Lacantun", Real de Guadalupe 12-A.

SEHENSWERTES

Mittelpunkt der Stadt ist der ZOCALO (1) mit dem Palacio Municipal und der Kathedrale (2) (reich geschmückte Barockfassade). An einer Ecke des Platzes die CASA DE LA SIRENA, eines der wenigen in Mexiko noch erhaltenen Wohnhäuser aus dem 16. Jahrhundert, erbaut vom Stadtgründer Diego de Mazariego.

SANTO DOMINGO (11), General Utrilla/Ecke Chiapa de Corzo. Sehenswerteste Kirche der Stadt aus dem 16. Jahrhundert mit überreich verzierter Barockfassade. Im Innern vergoldete Holzschnitzereien und Gemälde von Heiligen und Dominikanermönchen. Daneben das MUSEO REGIONAL DE LOS ALTOS. Leuchtend rote Arkaden um einen stillen Innenhof. Im Obergeschoß des Museums eine anschauliche Sammlung von Webarbeiten der Region. Besonders informativ im Erdgeschoß die Ausstellung zur Geschichte der Kolonialzeit im Raum San Cristóbal - mit Akzent auf den Formen der Unterdrückung der Indios und ihrem Leiden unter der spanischen Herrschaft. Geöffnet Di.- So. 9- 17 Uhr. Eintritt 3 US.

> Allein zwischen 1524 und 1549 wurden in Chiapas Tausende von Indios eingefangen und als Sklaven auf den Märkten von Veracruz und Nicaragua verkauft. Beispielhaft für die hemmungslose Ausbeutung der Bevölkerung sind die im Museum ausgestellten Listen der Tributzahlungen, die den Indios auferlegt wurden. Aufschlußreich ebenfalls die detaillierte und zynische Anleitung des spanischen Stadtoberhauptes Tomás de Murga aus dem Jahre 1766, wie man sich in einer Amtszeit auf Kosten des Volkes am besten bereichern könne. Auch die Listen der Abgaben für den Klerus verdeutlichen die Not der Indios und die nicht zu unterschätzende Rolle der Kirche bei ihrer Ausbeutung.
>
> Das Museum dokumentiert auch die (vergebliche) Gegenwehr der Indios: 1712 und 1869 schlossen sie sich zu größeren Aufständen gegen ihre Unterdrücker zusammen, die jedoch beide Male grausam und blutig niedergeschlagen wurden.

Noch vier weitere Kirchen in San Cristóbal haben einen besonderen Charakter:

NUESTRA SEÑORA DE GUADALUPE (9). Auf einem Hügel, zu erreichen über eine der schönsten Straßen des Ortes, die Calle Real de Guada-

San Cristobal De Las Casas

1. Zócalo
2. Kathedrale
3. TOURIST- BÜRO, Palacio Municipal
4. POST (Correo)
5. Arco und Kirche del Carmen
6. BUSTERMINAL "Cristóbal- Colón"
7. BUSTERMINAL "Transportes Tuxtla"
8. BUSTERMINAL "Lacandonia"
9. Nuestra Señora de Guadalupe
10. Museo Na Bolom
11. Kirche Santo Domingo
12. Mercado
13. Kirche San Cristóbal

lupe. Von oben sehr guter Überblick über die Stadt und das gesamte Tal.

<u>LA CARIDAD</u>, etwas unterhalb von Santo Domingo. Am Hauptaltar eine Madonna als Generalin des spanischen Heeres - eine Würde, die ihr die

spanischen Herren 1712 nach Niederschlagung eines Indioaufstandes verliehen haben.

ARCO Y TEMPLO DEL CARMEN (5), Hidalgo/Ecke Hermanos Domínguez. Kirche mit einem für Mexiko außergewöhnlichen Torbogen, der an ein mittelalterliches Stadttor erinnert. Schön restaurierte Holzdecke.

SAN CRISTOBAL (13). Am Ende der Calle Hermanos Domínguez beginnt der steile Aufstieg zur Kirche San Cristóbal. Die Mühe lohnt sich: von oben herrlicher Rundblick auf die gesamte Stadt.

NA BOLOM (10), Comitán/Ecke Guerrero. Die archäologischen Fundstücke des kleinen Museums aus verschiedenen weniger bekannten Ruinenstätten in Chiapas sind nicht überwältigend. Dafür ist das Haus selbst unbedingt sehenswert: Um die Jahrhundertwende im Hacienda- Stil erbaut, wurde es 1950 vom dänischen Archäologen Frans Blom und seiner Schweizer Frau Gertrude Duby erworben. Frau Duby hat bis zu ihrem Tod im Dezember 1993 hier gelebt und das Haus verwandelt in ein Museum mit Fotos aus ihrer jahrzehntelangen journalistischen Arbeit zur Verteidigung der Indianer und des tropischen Regenwaldes. Dazu viele Gemälde von Künstlern, die im Rahmen eines Stipendiums eine Zeitlang im Hause Na Bolom gelebt und gearbeitet haben.

Das weitläufige Gebäude mit seinen schönen Patios und Gärten ist außerdem Treffpunkt für Maya- Forscher aus aller Welt. Gesucht sind ständig Volontäre, die im Hause arbeiten und sich ernsthaft für die Probleme der Region interessieren. Einige sehr schöne Gästezimmer auch für Touristen. Geöffnet Di.- So. ab 16 Uhr. Eintritt 3 US, für Studenten 1,5 US. Um 16.3o Uhr Führung auf Spanisch und Englisch, im Eintrittspreis inbegriffen und unbedingt empfehlenswert.

Wer sich für die Geschichte und Kultur der Maya sowie ihre gegenwärtige Situation interessiert, kann die umfassende Bibliothek des Hauses (1o.ooo Bände zu diesem Themenkreis) benutzen. Außerdem gute Literatur über die Region Chiapas und den (fast kaum noch vorhandenen) Lakandonen- Regenwald. Die Bibliothek ist für jedermann frei zugänglich. Geöffnet Mo.- Fr. 9- 2o.3o Uhr, Sa. 9- 13.3o Uhr.

Nicht alle der Billig- und Mittelklassehotels in San Cristóbal haben den ganzen Tag über Warmwasser, was sie aber naturgemäß nicht gern zugeben. Daher nachfragen, die Zimmer vorher anschauen und dabei die Probe aufs Exempel machen. Je nach Auslastung variieren die Hotelpreise extrem. Hochsaison um Ostern, Weihnachten/Neujahr und Juli/August.

"Hotel Na Bolom", Comitán/Ecke Guerrero. Einige Gästezimmer im Haus von Gertrude Duby (Details siehe Museen). Absolut ruhig. Jedes Zimmer ein kleines Museum für sich: antike Möbel, Gemälde, eindrucksvolle Fotos und viel Artesanía aus der Zeit, als die Indianer noch nicht für den Geschmack der Touristen produzierten.

Als Zugabe die Benutzung der Bibliothek sowie Gespräche mit den im Haus wohnenden Maya- und Chiapasexperten. Wer sich die 45 US (inkl. Frühstück) fürs Doppelzimmer leisten kann (womit auch die Arbeit des Hauses unterstützt wird), bekommt hier eine wertvolle Einführung in die Kultur und die heutigen Lebensbedingungen der Maya.

"**Hotel Bonampak**", Calzada México 5. Etwas außerhalb an der Straße nach Tuxtla. Modern mit ruhigen Zimmern zum Innenhof. Farb- TV. Nicht gerade im Stil von San Cristóbal, aber komfortabel. DZ ca. 4o- 75 US.

"**Hotel Posada Diego Mazariego**", 5 de Febrero/Ecke Utrilla. Schönes Kolonialhaus mit mehreren Innenhöfen. Dem Stil der Architektur angemessene Einrichtung der Zimmer. Gediegene Atmosphäre. Für DZ ca. 77 US wohnt man hier gut und sehr stilvoll.

"**Hotel Ciudad Real**", Zócalo. Großes, etwas unpersönliches Kolonialhaus. Zimmer zum Innenhof mit Restaurant, deshalb unter Umständen nicht immer leise. Bäder leicht heruntergekommen. Holzgetäfelte Zimmer mit TV. DZ ca. 5o US.

"**Hotel Santa Clara**", direkt am Zócalo. Romantisch- rustikales Kolonialhaus, erbaut vom Stadtgründer Diego de Mazariego. Schöner Patio mit Holztreppe und -geländern. Mehrere angenehme Aufenthaltsräume. Geheiztes Schwimmbad. DZ ca. 38- 43 US. Kein Luxus, aber in dieser Preisklasse Spitze.

"**Hotel Real del Valle**", Real de Guadalupe 12-D. Insgesamt einfach und sauber. Zimmer solide möbliert. Innenhof mit Pflanzen und einigen Tischen. DZ ca. 18- 3o US.

"**Hotel Bartolomé de las Casas**", Insurgentes/Ecke Niños Héroes. Schöner Innenhof mit Arkaden. Davon ab die großen Zimmer. Alles nicht mehr neu, aber passabel sauber und mit etwas Stil. Zimmer teilweise sehr laut, da zur Hauptstraße. DZ ca. 17- 25 US.

"**Hotel Capri**", Insurgentes 54. Nähe Busbahnhof "Cristóbal Colón". Modernes Haus mit kolonialer Fassade. Zimmer nach innen düster. Helle Zimmer mit Balkon zur Straße, aber laut. Einfache, aber neue Einrichtung. Sauber. DZ ca. 18- 25 US.

"**Hotel D'Mónica**", Insurgentes 33. Kleiner Aufenthaltsraum mit Kamin und Fernseher. Moderne, rustikale Zimmer, neue sanitäre Anlagen. DZ ca. 27- 53 US. Empfehlenswert.

"**Hotel Posada San Cristóbal**", Insurgentes/Ecke Cuauhtémoc. Nähe Zócalo. Koloniales Flair, ruhig. Schöner Patio. Große Räume, rustikal eingerichtet. Bäder heruntergekommen. DZ ca. 17- 2o US.

"**Hotel Posada Santiago**", Real de Guadalupe 32. Neu. Nicht viel Atmosphäre, die Zimmer klein und viele ohne Fenster mit Tageslicht. Nur Bett, aber alles neu und gepflegt. Sehr sauberes Privatbad. Ruhig. Für 13- 18 US gute Wahl.

"**Hotel Posada los Morales**", Ignacio Allende 17. Nur wenige Blocks vom Zócalo, trotzdem abseits vom Trubel. Romantisch und ruhig in einem Gärtchen. Eingang durch einen verwunschenen Innenhof. Zehn kleine Steinhäuschen, sehr einfach, aber mit Schlaf- und Wohnraum, Kamin, kleiner Kochstelle und Bad. Empfehlenswert evtl. bei einem längeren Aufenthalt in San Cristóbal. DZ ca. 17- 23 US.

"**Hotel Ramos**", Cuauhtémoc 12. Traditionelle Kolonialfassade und Reste eines schönen Patios, der durch einen Parkplatz verschandelt ist. Einfache, große Zimmer mit winzigem Bad. Abgewohnt, passabel sauber. DZ ca. 18- 25 US.

"**Hotel Posada Margarita**", Real de Guadalupe 34. Treff von Rucksackreisenden. Schöner Innenhof mit kleinem Restaurant vor den Türen der Zimmer. Sehr einfache Zimmer. Saubere Gemeinschaftsbäder. Freundliche Atmosphäre. DZ ca. 13- 15 US.

"**Hotel Flamboyant Español**", Calle 5 de Febrero. Schönes Kolonialhaus mit mehreren romantischen Patios, bepflanzt und gepflegt. Ruhige Zimmer, groß und mit Möbeln im Country- Stil. Moderne, gekachelte Bäder. Hotel mit Atmosphäre. DZ ca. 58- 78 US.

 **Camping**: RANCHO SAN NICOLAS, am Ende der Straße Francisco León, ca. 1 km vom Zentrum.

 LA MISION DEL FRAILE, Insurgentes/Ecke Dr. Flores. Rustikal und gemütlich mit dicken Holzbalken an den Decken. Preiswerte mexikanische Gerichte, appetitlich direkt hinter der Theke gebrutzelt. Auch Frühstück.

EL MURAL, 2o de Noviembre 8. Einfaches Ambiente im Innenhof und angrenzenden kleinen Zimmern. Billige comida corrida. Ansonsten Sandwiches und kleine Imbisse. Abends oft Live- Musik.

EL PUNTO, Comitán 13. Schöner Blick auf die Stadt und den Cerro San Cristóbal. Pizza und Sandwiches. Preise mittel.

KUKULCAN, Insurgentes/Ecke Dr. Flores. Klein und sehr gemütlich. Mexikanische Küche, außerdem Sandwiches und Frühstück. Preise mittel.

MADRE TIERRA, Insurgentes/Ecke Hermanos Domínguez. Mexikanische und vegetarische Gerichte. Gemütliches Lokal mit Holzfußboden, mehrere kleine Räume, auch einige Tische im ruhigen Innenhof. Preise billig bis mittel.

EL FOGON DE JOVEL, 16 de Septiembre 11. Kleine Räume um einen gemütlichen Innenhof, dekoriert mit Pflanzen und buntem Kleinkram. Mexikanische Küche, ungewöhnliche Zubereitungen. Frühstück. Preise mittel.

LA GALERIA, Hidalgo 3. Sehr gemütliches Ambiente. Innenhof und hölzerne Terrasse. Mexikanische Gerichte, nach Art des Hauses originell zubereitet. Im 1. Stock eine Kunstgalerie. Preise billig bis mittel.

UNICORNIO, Insurgentes 33-A. In ehemaliger Villa. Mexikanische Küche und Pizzas. Preise mittel.

PLAZA, an der Hauptplaza. Im 1. Stock mit Blick auf den Zócalo. Gepflegte Einrichtung. Internationale Küche, Fleisch, Nudeln, Pizza ohne besonderen Pfiff. Frühstück. Preise mittel.

FLAMINGO, Madero 14. Rustikal mit einfachen Holzbänken. Pizzas und Nudelgerichte. Sehr preiswertes und reichhaltiges Frühstück.

FULANO'S, Madero 12. Etwas kahl, aber wenn die Räume voll sind, gemütliches Ambiente. Preiswerte mexikanische Küche, Frühstück.

LA LANGOSTA, Madero 9. Sehr kleines Lokal. Auf der Speisekarte von allem etwas: Fisch, Mariscos, Fleisch, mexikanische Gerichte. Mittlere Preise.

LOS ARCOS, Madero 4. Ein größerer und ein kleinerer Speiseraum, Wandmalereien. Frühstück und comida corrida. Sehr einfaches und billiges Essen in recht gemütlicher Umgebung.

CAFE COLONIAL, Dr. Navarro/Ecke Utrilla. Originell in einem zugewachsenen Patio. Stühle und Tische allerdings eher für Kinder geeignet. Zeichnungen mit präkolumbianischen Motiven an den Wänden, ein Raum für wechselnde Ausstellungen eingerichtet. Einfache, billige Gerichte.

LA PARILLA, Dr. Navarro 8. Zwischen Zócalo und Na Bolom. An kleiner, dörflich anmutender Plaza. Freundliches Ambiente im Kolonialhaus. Zwei Räume mit Holzdecken und Dekoration für Pferde- Fans. Gute Grillspezialitäten zu günstigen Preisen. Nur abends geöffnet.

VERANSTALTUNGEN

Fiestas:

In San Cristóbal und seinen Vororten findet eigentlich ständig irgendein Fest statt. Die folgende Liste führt nur die wichtigsten auf. Wer sich besonders für die Fiestas interessiert, an denen die Indianer meist in ihren bunten Trachten teilnehmen, geht bei der Ankunft gleich zum Touristenbüro und fragt, ob und wo in den nächsten Tagen etwas stattfindet.

1. Januar: Neujahrsfest. In verschiedenen Kirchen feiert man "Sentada del Niño" (das Jesuskind setzt sich zum ersten Mal auf).

6. Januar: Santos Reyes. Farbenfrohe Prozession der Heiligen drei Könige zu verschiedenen Kirchen.

Karfreitag: Prozessionen zu den Kirchen, am attraktivsten zur Kirche Santo Domingo und zur Iglesia de Mexicanos. Große Prozession auch im Vorort San Felipe.

Ostersamstag: "Concurso de Judas". Satirische Darstellung des Bösen; in der Nacht Feuerwerk.

Ostersonntag: "Feria de la Primavera y de la Paz". Frühlingsfest mit Stierkämpfen, Hahnenkämpfen, Umzügen, Tänzen und Folkloredarbietungen. Zieht sich hin bis zum übernächsten Sonntag.

16.- 25. Juli: "Fiesta Patronal de San Cristóbal". Tägliche Pilgerströme zur Iglesia San Cristóbal. Höhepunkt der Feiern zu Ehren des Schutzheiligen der Stadt am 25. Juli.

1.- 2. November: In der ganzen Stadt Messen und Feiern im privaten Kreis am Tag der Toten.

8.- 12. Dezember: Zahlreiche Prozessionen zur Iglesia N.S. de Guadalupe. Höhepunkt am 1o. Dezember, wenn die Kinder in bunten Trachten zum Bildnis der Jungfrau gebracht werden.

25. Dezember: Vielbesuchte Messen zur Geburt Christi vor allem in der

Kathedrale und in der Kirche Santo Domingo.

Artesanía: Gute Auswahl im Mercado. Viele Geschäfte auch in den Straßen Utrilla und Real de Guadalupe. Gegenüber der Kirche Santo Domingo liegt die Kooperative SNA-JOLOBIL: Sehr gutes Kunsthandwerk aus den Dörfern um San Cristóbal (Calle Lázaro Cárdenas 42).

Markt: Calle Utrilla/Ecke Honduras. Täglich Obst- und Gemüsemarkt, im 1. Stock Artesanía. Am meisten los ist am Samstag. Indianerfrauen aus der Umgebung bieten in farbigen Trachten ihre Produkte an. Die Indios aus den verschiedenen Dörfern sprechen jeweils eine eigene Sprache, so daß man - könnte man sie unterscheiden - auf dem Markt sechs verschiedene Sprachen hört.

Wichtig: Extreme Zurückhaltung beim Fotografieren; unbedingt vorher die Einwilligung der zu fotografierenden Person einholen!

Verbindungen ab San Cristóbal de Las Casas

Grenzübertritt nach Guatemala: Täglich drei Direktbusse von "Cristóbal Colón" (ca. 6 US) sowie mehrere 2.-Klasse-Busse von "Transportes Tuxtla". Letztere kommen aus Tuxtla und sind häufig schon voll. Deshalb besser mit "Cristóbal Colón", die ihre Busse hier einsetzen, so daß bei rechtzeitigem Ticketkauf ein Sitzplatz garantiert ist.

Schöne und abwechslungsreiche Fahrt durch die Sierra von Chiapas bis zur Grenzstation Ciudad Cuauhtémoc, einem trostlosen Haufen von Häusern. Wer nicht die Maya-Ruinen von Chinkultic und die Lagos de Montebello sehen will (Zwischenstation in Comitán), kauft sich am besten für den frühen Morgen ein Busticket bis Ciudad Cuauhtémoc, um rechtzeitig über die Grenze zu kommen. Fahrzeit des Direktbusses von "Cristóbal Colón" etwa 3 Stunden. Möglichst früh am trostlosen Grenzübergang eintreffen, um in Guatemala noch das Ziel der Tagesetappe zu erreichen.

Weitere Hinweise zu den Grenzverbindungen zwischen Mexiko und Guatemala siehe Comitán und Tapachula.

Bus: Die Busbahnhöfe der verschiedenen Linien liegen dicht beieinander an der Carretera Panamericana, wenige Blocks vom Zócalo entfernt.

TIP: Viel Nachfrage zur Halbinsel Yucatán über Palenque und Villahermosa. Deshalb frühzeitig das entsprechende Ticket kaufen.

CRISTOBAL COLON, Carretera Panamericana/Ecke Insurgentes. 1.Klasse. Abfahrten mehrmals täglich nach:

Mexico City (4o-55 US) 18 Std., - Oaxaca (19 US) 11 Std., - Villahermosa (1o US) 9 Std., - Tapachula (11 US) 7 Std., - Mérida (29-31 US),

- Palenque (8 US) 4- 5 Std.

Stündlich Busse nach Tuxtla Gutiérrez (3 US) 2 Std. und Comitán (3 US) 1 1/2 Std. 3 x täglich direkt zur Grenze nach Guatemala in Ciudad Cuauhtémoc (6 US) 3 Std.

<u>MUNDO MAYA</u>, Insurgentes/Ecke Gómez Farías. 2 x täglich 1. Klasse nach Palenque (8 US). Terminal 2 Blocks südlich von Carretera Panamericana und Terminal Colón.

<u>TRANSPORTES TUXTLA</u>, Carretera Panamericana/Ecke Allende. 2. Klasse. Palenque: 5 x pro Tag für 5 US. Weitere Busse nach Tuxtla, Comitán, Chiapa de Corzo und zur Grenze nach Guatemala.

<u>LACANDONIA</u>, Carretera Panamericana/Ecke Hermanos Pineda. 2. Klasse. Täglich nach Palenque (5 US) 6 Std., - Chetumal (2o US) 13 Std. und Villahermosa (9 US) 9 Std.

Autovermietung: <u>BUDGET</u>, Diego de Mazariego 36. - <u>RICCI DIESTEL</u>, 5 de Mayo 6.

Transport in San Cristóbal: Die Stadt ist kompakt, so daß alles zu Fuß erreichbar ist. Selbst die Busbahnhöfe liegen nur wenige Blocks vom Zócalo entfernt. Taxi im Stadtgebiet 1,5 US.

Grutas de San Cristóbal

Riesige Tropfsteinhöhle, insgesamt 11 km lang. 1 km davon ist zu besichtigen. Geöffnet 9- 17 Uhr, Eintritt 1 US.

Verbindungen: Bus "Transportes Tuxtla" Richtung Comitán. Fahrer Bescheid sagen, er hält dann an der Abzweigung zur Höhle. Von dort aus schöner Spaziergang durch den Wald: ca. 1 km bis zum Eingang. Auf dem Rückweg einen der aus Comitán kommenden Busse anhalten.

Indianerdörfer

In der näheren Umgebung von San Cristóbal liegt eine Anzahl von Indianerdörfern, in denen die Indios noch weitgehend in ihren traditionellen Gemeinschaften leben.

Die bekannntesten sind <u>SAN JUAN CHAMULA</u>, <u>TENEJAPA</u>, <u>AMATENANGO DEL VALLE</u> und <u>ZINALANTAN</u>.

Die Beurteilung, wo die Indios noch "ursprünglich" oder schon vom "Tourismus verdorben" sind, bleibt gewissen alternativen Reiseführern überlassen, die mit ihren sogenannten Insider- Tips den Prozeß gewaltig beschleunigt haben, den sie nun beklagen.

Ob mit oder ohne Tourismus - die Indios haben genug Schwierigkeiten, die aus ihrer Existenz alles andere als die Idylle eines mit der Natur in Einklang lebenden Volkes machen, wie das manch wohlmeinender Reisende vielleicht erwartet:

> Wirtschaftliche Probleme, denn der ihnen zugeteilte Boden ernährt längst nicht mehr die wachsende Menschenzahl; Probleme mit den örtlichen und staatlichen Behörden, die zwar oft schöne Gesetze erlassen, die Indios in der Realität aber weiterhin als zweitklassig behandeln; Probleme mit sich selbst, denn der Kontakt mit der modernen Welt spaltet sie in "Traditionalisten" und "Fortschrittler", d.h. Leute, die an ihrer Identität festhalten wollen, und andere, die eher auf Annäherung und Integration setzen.

Wer sich wirklich für die Situation der ungefähr 1 Million Hochlandmayas in Chiapas interessiert, dem sei dringend ein Besuch im Museum Na Bolom und eine ausführliche Unterhaltung mit einem der dort arbeitenden Wissenschaftler empfohlen, die in solchen Gesprächen eine ihrer Aufgaben sehen.

Danach kann man sich immer noch entscheiden, die Indiodörfer aufzusuchen, und weiß wenigstens, was dort zu erwarten ist. Auf jeden Fall geben die Leute von Na Bolom angemessene Verhaltensmaßregeln, an die man sich unbedingt halten sollte, wenn es vor Ort keine feindseligen Reaktionen der Indios geben soll (Fotografierverbot, Betreten von Kirchen etc.).

In San Juan Chamula plant man inzwischen ein völliges Besucherverbot für Individualtouristen und Reisegruppen. Stattdessen soll es von den Indios selbst organisierte und durchgeführte Rundgänge geben.

Verbindungen: Zu den einzelnen Dörfern fahren Colectivos ab Markt in San Cristóbal.

San Cristóbal de las Casas -> Villahermosa   (35o km)

Außerordentlich reizvolle Strecke durch die einsame Bergwelt von Chiapas. Allerdings auch die wildeste Kurverei, die man sich vorstellen kann: 6 Stunden lang nicht das geringste Stück gerader Straße. Kann auf Dauer ziemlich nervenaufreibend werden, vor allem im Bus, wenn den hinten sitzenden Passagieren speiübel wird. Erst 6o km vor Villahermosa beginnen der Staat Tabasco, die Ebene und - soweit das Auge reicht - die Bananenplantagen.

San Cristóbal de las Casas   -> Palenque   (22o km)

Mühselig und langsam quält sich der Bus stundenlang über die enge und kurvenreiche Straße, fast immer bergab. Viel Wald, aber auch kräftige Kahlschläge. Teilweise spektakuläre Streckenführung durch den Bergurwald. Einzig nennenswerter Ort ist OCOSINGO, ein armseliges Nest in der Sierra. Die Komfort- Busse von "Cristobal Colón" oder "Mundo Maya" brausen durch. Wer 2. Klasse fährt, hat die Gelegenheit zu einem Zwischenstop und Abstecher zu den versunkenen Maya- Ruinen von TONINA: Vom Urwald überwuchert, kaum freigelegt, selten besucht. Ruinen- Feeling, wie es wahrscheinlich die frühen Archäologen im Maya- Land hatten. 15 km von Ocosingo mit Taxi oder Colectivo.

✱ Comitán

Reizlose Stadt in der Sierra von Chiapas. Letzter größerer Ort vor der Grenze nach Guatemala. Günstiger Ausgangspunkt für den Besuch des Nationalparks "Lagunas de Montebello" und der Maya-Ruinen von Chinkultic.

An der Hauptplaza im Palacio Municipal.
Post: Belisario Domínguez 45. **Telefon**: Belisario Domínguez Norte 2.
Geldwechsel: Keine Casa de Cambio. Genügend Pesos mitbringen. Wer aus Guatemala kommt, sollte an der Grenze wechseln, da die Banken nur vormittags tauschen.

"**Hotel Lagos de Montebello**", Carretera Internacional 1257. An der Durchgangsstraße, abseits vom Zentrum. Viele Zimmer zum bepflanzten, ruhigen Innenhof. Schwimmbad. Zimmer groß, rustikal eingerichtet, mit Farb-TV. Insgesamt etwas vernachlässigt. DZ ca. 43 US.

"**Hotel Real Banún Canán**", 1 Poniente Sur Nr. 5. Solide Mittelklasse im Zentrum. Gemütliches Restaurant. Kleine Zimmer mit TV, hell und luftig. Modern möbliert. DZ je nach Saison ca. 45- 7o US.

"**Hotel Internacional**", Belisario Domínguez Sur 16. Modernes Gebäude, wenige Schritte vom Zócalo. Helle Zimmer mit großen Fenstern. Nach vorn laut, die hinteren Zimmer zum Parkplatz sind leiser. DZ ca. 25 US.

"**Hotel Delfín**", Belisario Domínguez 21. Direkt an der Hauptplaza. Ruhiger Innenhof mit einigen Pflanzen. Zimmer düster mit Holzverkleidung. Die wenigen Möbelstücke haben schon ihre Jahre auf dem Buckel. Im 1. Stock etwas heller. Bäder abgenutzt, passabel sauber. Wegen zentraler Lage und Ruhe für ca. 18 US eine gute Wahl.

"**Hotel Morales**", Belisario Domínguez Norte 1o4. Zimmer zu einer Art Großgarage - ein trostloser Anblick. Passables Privatbad, solide Einrichtung. Nähe Zócalo. DZ ca. 18 US.

"**Hotel Las Flores**", 1 Poniente Norte Nr. 17. Kolonialer Patio aus besseren Zeiten, ruhig. Sehr basic mit Gemeinschaftsbad. Nur Bett im Zimmer. Der Putz bröckelt gewaltig. DZ ca. 8 US.

"**Hotel Posada San Miguel**", 1 Poniente Norte Nr. 19. Ähnlich wie Las Flores. Zimmer noch kleiner. Gemeinschaftsbäder in düsteren Verschlägen, die Details zur Sauberkeit verhüllen. Ein Dach überm Kopf, mehr nicht. DZ ca. 8 US.

Kulinarisch ist in Comitán wenig los. Einigermaßen passabel sind die Restaurants NEVELANDIA und HELEN'S ENRIQUE an der Hauptplaza; Preise billig bis mittel. Ansonsten einige langweilige Taquerías im Zentrum.

Verbindungen ab Comitán

Grenzübertritt nach Guatemala: Zum Grenzübergang Ciudad Cuauhtémoc zahlreiche Busse der Linien "Cristóbal Colón" (1. Klasse, ca. 3

US) 1 1/2 Std. und "Transportes Tuxtla" (2. Klasse, ca. 2 US).

Wer von San Cristóbal nach Guatemala will und sich weder für die Maya-Stätte Chinkultic noch für die Seen von Montebello interessiert, der hat in Comitán nichts verloren. Am besten früh in San Cristóbal los und direkt bis zur Grenze.

Von Guatemala aus in diesem Fall am besten auch gleich bis San Cristóbal. Bei später Ankunft im Grenzort Ciudad Cuauhtémoc ist eine Übernachtung in Comitán evtl. eine Notlösung.

Bus: Busbahnhof von "Cristóbal Colón" (1. Klasse): Carretera Internacional 1258.

Abfahrten stündlich nach San Cristóbal (3 US) 1 1/2 Std. und Tuxtla Gutiérrez (6 US) 3 1/2 Std. 2 x pro Tag nach Mexico City (44-56 US) 2o Std., Ciudad Cuauhtémoc an der Grenze nach Guatemala (3 US) 1 1/2 Std. und Tapachula (8 US) 6 Std.

"Transportes Tuxtla" (2. Klasse): Carretera Internacional km 1257.

Täglich nach Tapachula an der Pazifikküste (6 US) sowie häufig zur Grenzstadt Ciudad Cuauhtémoc (2 US).

Busse zu den Maya- Ruinen von Chinkultic sowie zu den Seen von Montebello siehe unten.

Chinkultic

Kleine, aber durch ihre Lage besonders reizvolle Ruinenanlage aus dem 6.- 8. Jahrhundert n. Chr. Nur die obersten Pyramiden (mit dem Rücken zu einer steilen Felswand) sind freigelegt und etwas restauriert. Von dort weiter Blick über die Sierra und die Lagos de Montebello. Viele "Steinhügel", von Pflanzen und Bäumen überwuchert. Hier läßt sich gut studieren, wie die Maya- Städte über Jahrhunderte zerfallen und zugewachsen sind. Ein stiller, fast idyllischer Ort für Leute, die sich auch mal abseits der üblichen Maya- Rundtouren bewegen möchten.

Wanderung nach Chinkultic: Zunächst mit dem Colectivo von Comitán (siehe Verbindungen "Lagos de Montebello") über La Trinitaria zur Abzweigung nach Chinkultic. Dann zu Fuß 3 km über einen Feldweg bis zum Eingang der Ruinenanlage (Eintritt 2 US). Von dort führt ein Weg nach links, vorbei an vereinzelten Stelen zum Ballspielplatz, der plötzlich aus dem Grün der Büsche auftaucht. Zurück zum Eingang und dann auf dem Hauptweg weiter zu den Pyramiden unterhalb der Felswand, an deren Fuß sich ein Cenote befindet. Zum Schluß führt der Weg über eine alte Maya- Straße, vorbei an weiteren, von üppiger Vegetation überwucherten Gebäuden.

Rückweg zur Hauptstraße und von dort entweder Colectivo nach Comitán oder weiter zu den Lagos de Montebello. Wer den Weg nicht zu Fuß zurücklegen will, muß sich schon in Comitán ein Taxi nehmen. Trampen ziemlich aussichtslos, da nur vereinzelt Leute die Anlage besuchen.

Übernachtung: Auf der Hauptstraße zwischen Chinkultic und den Seen befindet sich nach ca. 1 km eine Basic- Unterkunft mit einfachem Restaurant "Orquidea". Kleine, einfache Hütten, Strom und Wasser vorhanden, 3 US pro Person. Nicht immer geöffnet.

Lagos de Montebello

Nationalpark mit viel Wald und 58 Seen in einer für das mexikanische Hochland ungewöhnlich grünen und feuchten Umgebung. Das Wasser der Seen schillert wegen der darin enthaltenen Mineralien in unterschiedlichen Farben. Ideal für Wanderungen und für Leute, die im Wohnmobil unterwegs sind.

Unterkunft: Am Ende der Teerstraße beim Lago Bosque Azul Campmöglichkeit. Wasser und Toiletten vorhanden. Daneben einfaches Restaurant und Verkauf von Lebensmitteln.

Wanderungen: Im Bereich der Seen gibt es keine ausgeschilderten Wanderwege; die Orientierung ist ziemlich schwierig, da ständig irgendein Gewässer dazwischenkommt und den Weg versperrt. Gute Ausrüstung (Regenschutz, Kompaß etc.) unbedingt nötig. Eine brauchbare, detaillierte Karte gibt es leider nicht.

Die Parkwächter bei Bosque Azul haben gute Informationen über Wanderungen und Ausflüge im Bereich der Seen. Bootstouren und Ausritte zu Pferde möglich.

Problemlos und reizvoll ist die Wanderung vom Parkeingang über einen Feldweg nach Tziscao (9 km). Es geht durch den Wald, vorbei an Seen und kleinen Lagunen. Baden und Campen überall möglich. In Tziscao gibt es eine Basic- Unterkunft (3 US pro Person) mit sehr einfachem Restaurant. Im Prinzip das ganze Jahr geöffnet; aber zur Sicherheit am Parkeingang noch einmal nachfragen.

Verbindungen: Von Comitán zunächst 16 km auf der MEX 19 Richtung Grenze. Beim Ort La Trinitaria links ab und noch 39 km bis zum Nationalpark. Kurz vorher links die Abzweigung zu den Maya- Ruinen von Chinkultic.

Ständige Abfahrten mit Bussen und Colectivos der Linie "Comitán-Montebello" ab Comitán, 2 Poniente Sur Nr. 17-B. Ab morgens 6:3o Uhr, letzte Rückfahrt am frühen Nachmittag zu unterschiedlichen Zeiten; daher nachfragen. Die Colectivos fahren in den Nationalpark hinein bis zum Ende der Teerstraße am Lago Bosque Azul, wo sich auch die Basic-Unterkunft und das kleine Restaurant befinden.

HALBINSEL YUCATÁN

Total flache Halbinsel zwischen dem Golf von Mexiko und dem Karibischen Meer. Die höchsten Erhebungen sind zumeist die freigelegten oder noch vom Urwald überwucherten MAYA- PYRAMIDEN.

In Yucatán befinden sich in einmaliger Konzentration die wichtigsten präkolumbianischen Ausgrabungsstätten Mexikos. Sie sind in ihrer Mehrzahl den verschiedenen Phasen der Maya- Kultur zugehörig: besonders gut erhalten und restauriert Uxmal, Chichén- Itzá, Tulum und Palenque. Dutzende weiterer Ruinenstädte, die nicht nur für Archäologen interessant sind.

Der Besuch der Mayaruinen läßt sich bequem mit BADEURLAUB verbinden: An der Karibikküste Alternativen für jeden Geschmack: Luxushotels und viel Rummel in Cancún und Cozumel, lockere Atmosphäre in Playa del Carmen und auf der Isla Mujeres, aber auch absolut einsame Strände, an denen die Hängematte die einzige Übernachtungsmöglichkeit ist.

Gemeinsam sind fast allen Küstenorten die riesigen, sauberen Strände. Hervorragende Tauch- und Schnorchelreviere mit Korallenriffs auf der Insel Cozumel und bei Chetumal.

Reiserouten

A: Große Yucatán- Rundfahrt (14- 18 Tage inkl. einiger Badetage an der Karibikküste): Villahermosa -> Campeche -> Mérida -> Uxmal -> Puuc- Region -> Chichén Itzá -> Cancún -> Playa del Carmen -> Tulum/Cobá -> Chetumal -> Palenque.

Die Verbindungen sind zum Teil kompliziert, vor allem zu einigen abgelegenen Ausgrabungsstätten.

B: Kleine Rundfahrt zu den wichtigsten Ruinenstätten mit Ausgangs- und Endpunkt in Mérida (5- 7 Tage): Mérida -> Chichén- Itzá -> Cancún -> Tulum/Cobá -> Uxmal -> Mérida.

Auf manchen Teilstrecken nur sporadische 2.- Klasse- Busverbindungen. Hier lohnt es sich daher am ehesten in ganz Mexiko, für ein paar Tage ein Auto zu mieten.

✴ Villahermosa (650.000 Einw.)

Wenig attraktive Großstadt am Rio Grijalva, auch die zahlreichen Plazas und Fußgängerzonen können nicht über den schäbig- heruntergekommenen Zustand der Stadt hinwegtäuschen. Eine Boom- Town, kräftig gewachsen und aus den Nähten geplatzt während der mexikanischen Erdöl- Euphorie der siebziger Jahre, die hier im Staat Tabasco eines ihrer Zentren hatte.

Eine der großen Attraktionen der Halbinsel Yucatán ist das <u>Freilichtmuseum Parque La Venta</u>, in dem 3o monumentale Fundstücke der Olmekenkultur ausgestellt sind. Außerdem das ausgezeichnete <u>anthropologische Museum</u> als Einführung in die Maya- Kultur.

Villahermosa ist ein gutes Eingangstor zur Halbinsel Yucatán und ein günstiger Ausgangspunkt für den Besuch der großartigen Maya-Ruinen von Palenque. Häufige und direkte Busverbindungen in alle wichtigen Städte.

Klima: Feucht- heißes Tropenklima, bis zu 4o Grad Celsius im Sommer. Regenfälle während des ganzen Jahres.

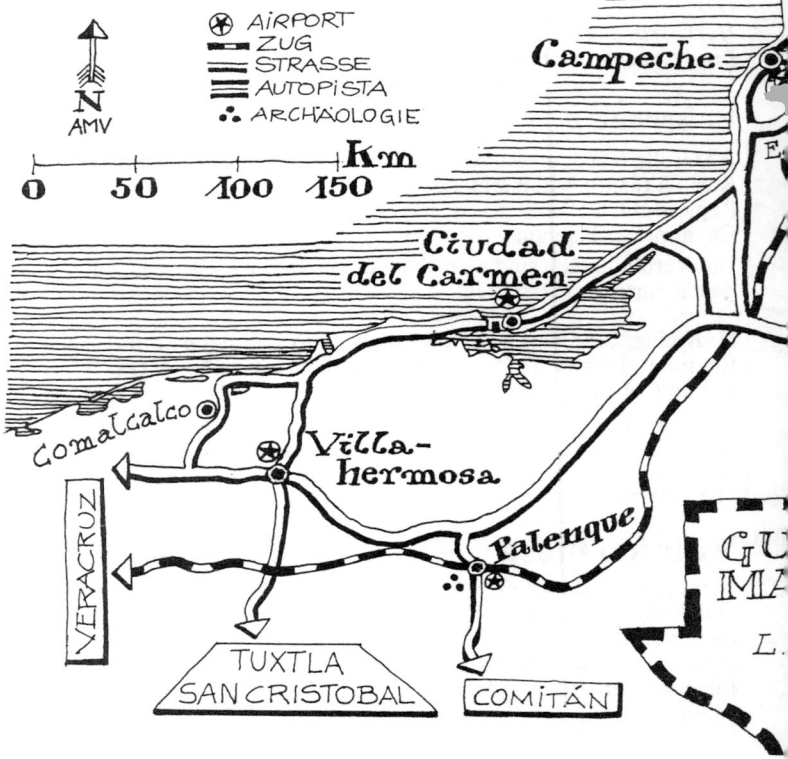

Halbinsel Yucatán

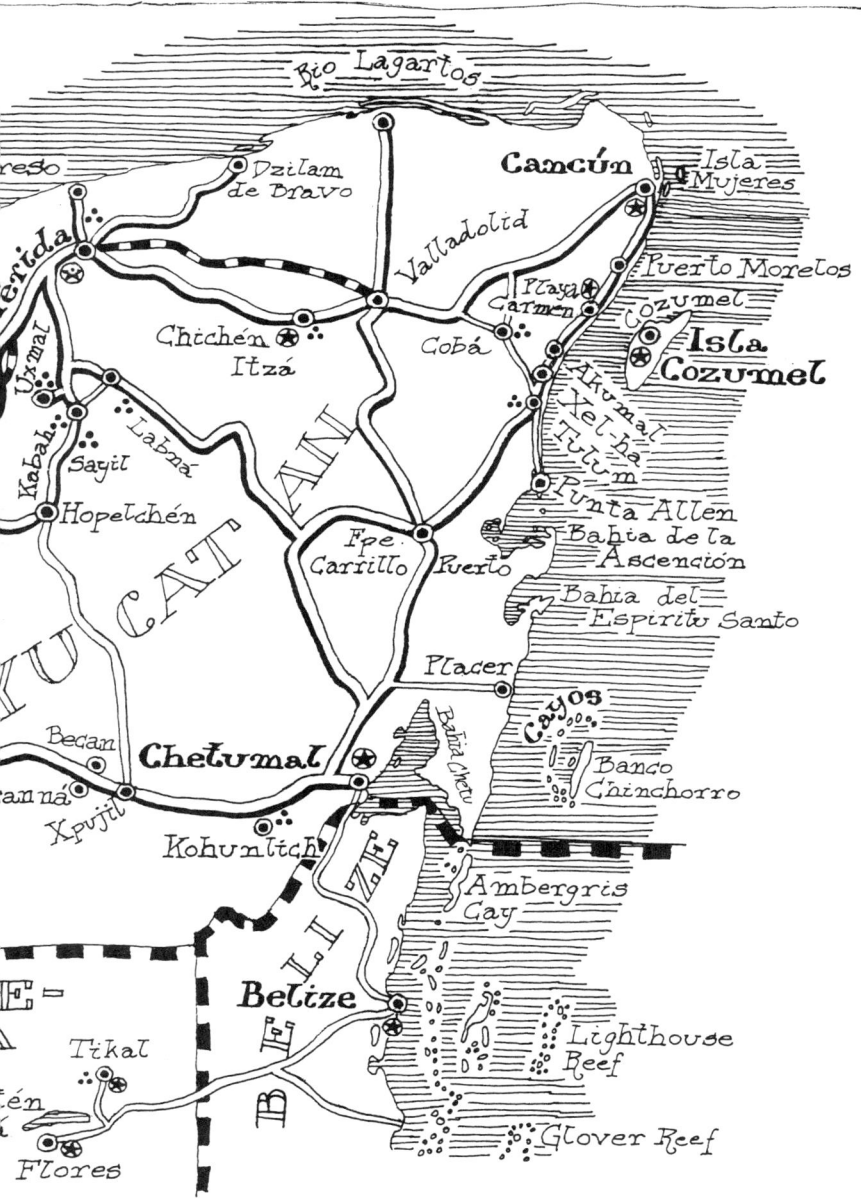

 Av. Paseo Tabasco, Tabasco 2ooo im Centro Administrativo, 1. Stock. Außerdem Info- Stände am Flughafen und im Busbahnhof der 1. Klasse.

Post: Saenz/Ecke Lerdo. - **Telefon**: Juárez/Ecke Zaragoza, an der kleinen Plaza. - **Geldwechsel**: Keine Casa de Cambio in Reichweite, deshalb Pesos mitbringen oder sich auf lange Schlangen bei den Banken einstellen.

Das Zentrum der Stadt in der Nähe des Rio Grijalva, etwa zwischen Plaza de Armas und der kleinen Plaza Juárez. Dazwischen die Fußgängerzone (Reforma, Juárez, Aldama, Lerdo) mit einem Riesenrummel auf den Straßen sowie in den Geschäften und Taquerías. Es wird geschaut, gebrutzelt, gehandelt, gekauft.

Die <u>PLAZA DE ARMAS</u> mit den üblichen Regierungsgebäuden liegt etwas erhöht oberhalb des Rio Grijalva. Von dort eine Fußgängerbrücke über den Fluß. Darauf ein Monument des betonierten Modernismus: eine Art Wehrturm mit Schießscharten. Im Inneren eine schweißtreibende Wendeltreppe, die zur Aussichtsplattform führt. Von dort der beste Blick auf Villahermosa und einen kleinen Abschnitt des Flusses.

<u>PARQUE LA VENTA</u>: In einem tropischen Park stehen 3o Fundstücke der Olmeken- Kultur, neben Stelen, steinernen Altären und Tierskulpturen auch zwei der 25 Tonnen schweren Kolossal- Köpfe aus Basalt mit den charakteristischen negroiden Gesichtszügen. Sie wurden bei Erdölbohrungen auf der Insel La Venta im Mündungsgebiet des Rio Tonalá entdeckt. Üppiges Grün, freilaufende Tiere und Affen in den Bäumen vermitteln das dazugehörige Urwald- Feeling.

Adresse: Av. Ruiz Cortines s/n, zu erreichen vom Zentrum aus mit jedem Bus oder Colectivo auf dem Paseo Tabasco. Aussteigen Paseo Tabasco/ Ecke Ruiz Cortines, von dort nach rechts, wenige hundert Meter zu Fuß.

Das Volk der Olmeken wird von Anthropologen und Archäologen als Vorläufer der kulturellen Entwicklung in ganz Mittelamerika angesehen. Spuren ihrer Kultur existieren von Copán in Honduras bis nach Zacatecas im Zentralen Hochland von Mexiko. Einige Funde deuten darauf hin, daß ihr Einfluß sogar bis nach Nordamerika sowie Ecuador und Peru reichte.

Schon um 12oo v. Chr. errichteten die Olmeken verschiedene Siedlungen in der Golfregion, die Blütezeit von La Venta dauerte bis etwa 6oo v. Chr. Auffallend sind die Vielfalt der beim Bau verwendeten Materialien und die erstmalige Bearbeitung von Edelsteinen. Wie die Olmeken ihre tonnenschweren Monumentalskulpturen transportiert haben, ist bis heute völlig unklar. Die riesigen Steine mußten jedenfalls über viele Kilometer herbeigeschafft werden, da sie in den Sumpfregionen der Küste nicht vorhanden waren.

Die Fundstätte selbst ist nur sehr schwer zugänglich, weshalb man die Skulpturen in Villahermosa in einer ihr ähnlichen Umgebung aufgestellt hat. Ein originelles Freilichtmuseum mit seltenen Fundstücken einer Kultur, von der bisher relativ wenig bekannt ist, die aber einen großen

Einfluß auf viele Hochkulturen des alten Mexiko hatte. Geöffnet 8- 16 Uhr, Eintritt 2 US.

MUSEO REGIONAL DE ANTROPOLOGIA "CARLOS PELLICER CAMARA", Saénz 2o3, Zona Luz: Eines der wichtigsten Museen für Maya-Kultur, im modernen, unübersehbaren Cicom- Gebäude am Rio Grijalva. Großzügig ausgestellte Sammlung von Fundstücken (viel Keramik und Tonfiguren) aus der prähispanischen Zeit, besonders der Olmeken, Totonaken und Maya. Repliken der Wandmalereien von Bonampak. Geöffnet 9- 17 Uhr, Eintritt 2 US.

TABASCO 2ooo, futuristischer Stadtteil im Westen der Stadt, Stolz der Einheimischen. Mit Planetarium, Kongreß- Zentrum und Bürohäusern. Allerdings eher lieblos, ohne erkennbares architektonisches Konzept durcheinandergebaut. Das US- orientierte Gegenstück zum heruntergekommenen, aber wenigstens lebendigen Zentrum. Steril und künstlich.

"Hotel Hyatt", Juárez 1o6. Nähe Parque la Venta. Sämtlicher Komfort dieser Preisklasse. Swimming- Pool. Das Top- Hotel der Stadt hat seinen Preis: ca. 14o US fürs DZ.

"Hotel Calinda Viva", Paseo Tabasco 12o1. Großer Hotelkomplex mit Swimming- Pool. Hauptsächlich von Geschäftsleuten besucht, aber auch sehr günstige Lage zum Parque La Venta. Die Zimmer zum Innenhof ruhig, mit Farb- TV und AC. DZ ca. 83 US.

"Hotel Cencali", Paseo Tabsco/Ecke Juárez. Nähe Parque La Venta. Flachbau in schönem Garten mit Schwimmbad. Die Zimmer komfortabel mit Farb- TV und AC, das DZ ca. 77 US.

"Hotel Don Carlos", Madero 418. An der Hauptgeschäftsstraße im Zentrum. Noble Eingangshalle, die Zimmer halten damit allerdings nicht mit: düster, alte Möbel, könnte für ca. 48 US sauberer sein. Farb- TV und AC. Ausweichmöglichkeit, wenn die anderen Mittelklasse- Hotels belegt sind.

"Hotel Madan", Pino Suárez 1o5. Kleines Stadthotel mit wenigen Zimmern, im Zentrum. Modern und sauber. Kleine Zimmer mit AC. Solide Mittelklasse, DZ ca. 35 US.

"Hotel Palma de Mallorca", Madero 51o. Zentral, nach vorn laut. Große, einfach eingerichtete Zimmer mit Ventilator. Angeschimmelte Bäder. Große Fenster, durch die aber eher Lärm als frische Luft hereinkommt. DZ ca. 22 US.

"Hotel Miraflores", Reforma 3o4. Moderner Hotelkasten, zentral in der Fußgängerzone. Große, helle Zimmer, viele mit Balkon. AC, relativ ruhig. Modern möbliert, renovierte Bäder. Beste Qualität im Zentrum. DZ ca. 48 US.

"Hotel San Miguel", Lerdo 315. In der Fußgängerzone im Zentrum, einigermaßen ruhig. Von außen eher wie ein Gefängnis. Auch von innen äußerst kahl und schlicht mit Minimalausstattung. Passabel sauber. DZ mit Ventilator ca. 15 US, mit röhrender AC ca. 25 US.

"Hotel Oriente", Madero 425. Eingang versteckt unter den Arkaden der Hauptgeschäftsstraße. Sehr einfach. Zimmer nach vorn laut. Ventilator. Die meisten Zimmer düster und stickig, ganz oben gibt es ein paar luftigere. DZ ca. 15 US.

"Hotel Madero", Madero 3o1. An lauter Straßenecke im Zentrum. Sehr einfach, aber sauber. Düstere Zimmer mit Ventilator. Minimalausstattung, aber solide und intakt. Ebenso die Bäder. DZ ca. 17 US.

 Die Innenstadt ist voll mit schlechten Fast- Food- Läden und wenig einladenden Taquerías. Auch der angebliche "Pracht-Boulevard" Paseo Tabasco hat wenig zu bieten.

Ausnahmen - wenn auch nicht überragend und fürs Gebotene ziemlich teuer:

LEO, Paseo Tabasco 429. Im Fast- Food- Stil mit mexikanischen Gerichten. Etwas hektische Atmosphäre. Essen in Ordnung, Preise mittel.

PELICANOS, Paseo Tabasco 4o1. Gute Fischgerichte und Mariscos. Wer Meeresfrüchte mag, ist hier am besten aufgehoben. Eiskalte AC, Pullover mitbringen. Preise mittel.

EL GANADERO, 27 de Febrero 17o6. Weit außerhalb. Rustikal eingerichtet. Fleisch vom Grill. Teuer.

LAS PALMAS, Reforma 3o4. Im Hotel Miraflores. Die überdachte Terrasse direkt zur lebendigen Fußgängerzone. Ventilatoren wirbeln die heiße Luft herum. Gute Fisch- und Grillgerichte. Eignet sich auch für einen Drink oder ein paar Tacos, während man das Gewühl auf der Straße beobachtet. Preise mittel bis teuer.

EL MIRADOR, Madero 1o5. Nähe Plaza de Armas. Vornehm mit weißen Tischdecken und AC. Gute Auswahl an Fisch und Mariscos, aber auch Fleischgerichten. Ruhiges Ambiente in der ansonsten hektischen Innenstadt. Teuer.

MADAN, Madero 4o8. Halbwegs gemütlich, im Zentrum. Dunkle, rustikale Holzmöbel. Vielfältige Speisekarte, auch Frühstück.

Verbindungen ab Villahermosa

 **Flüge**: Flughafen 12 km außerhalb an der Straße nach Palenque. Kleinbusse ins Zentrum und zu den einzelnen Hotels ca. 5 US pro Person.

AEROMEXICO (Büro: Carlos Pellicer 51o) fliegt täglich 2 x nach Veracruz (13o US/1 Std.) und Mexiko City (17o US/1.1o Std.).

MEXICANA (Büro: Av. de los Rios/Ecke Av. Planetario, Tabasco 2ooo) fliegt täglich 3 x nach Mexico City zu ähnlichen Tarifen. Außerdem per Aerocaribe 1 x täglich nach Tuxtla Gutiérrez (85 US) 3o Min., und über Mérida (13o US) 1 Std. nach Cancún (175 US) 2,5 Std.

AVIACSA (Büro: Javier Mina 1o25- D) verbindet Villahermosa täglich mit Tuxtla Gutiérrez (ca. 9o US) 3o Min., Mérida (12o US) 1 Std.und Mexico City (15o US) 1,5 Std.

Bus: Busbahnhof 1. Klasse in der Nähe des Zentrums, Av. Francisco Javier Mina 297.
Mit versch. Linien kommt man mehrmals pro Tag nach:

Oaxaca (24 US) 13 Std.
Mérida (21- 23 US) 1o Std.
Campeche (15- 17 US) 6 Std.
Chetumal (18 US) 8 Std.
Cancún (3o- 34 US) 13 Std.
Ciudad del Carmen (6- 7 US) 3 1/2 Std.

Comalcalco (3 US) 1,5 Std.
Tuxtla Gutiérrez (9 US) 7 Std.
Palenque (5 US) 3 Std.
Veracruz (16- 18 US) 8 Std.
Puebla (28 US) 1o Std.
Mexico City (33- 4o US) 12 Std.

Der Busterminal 2. Kl. befindet sich am Blvd. Ruiz Cortines s/n. Ähnliche Ziele, vor allem bei Kurzstr. aber kaum billiger, daher keine Alternative.

Autovermietung:

Villahermosa ist neben Mérida und Cancún einer der günstigen Ausgangspunkte für Autotouren durch Yucatán.
NATIONAL, Reforma 3o4. - HERTZ, Ruiz Cortínez 9o7. - DOLLAR, Paseo Tabasco, im Hotel Viva.

Transport in Villahermosa: Im Zentrum zu Fuß (viele Fußgängerzonen). Wichtigste Verbindungsstraße ist der Paseo Tabasco, der von der Innenstadt zum Parque La Venta und ins moderne Viertel Tabasco 2ooo führt. Verschiedene Buslinien und Colectivos vekehren auf dem Paseo. Taxi vom Zentrum bis Tabasco 2ooo ca. 1- 2 US. Billig, dafür werden meist noch andere Fahrgäste zugeladen.

Comalcalco

Maya- Stätte aus der klassischen Epoche. Besonderheit ist das verwendete Baumaterial: Aus Mangel an Steinbrüchen wurden die Gebäude aus Ziegelsteinen erstellt. Mehrere, teilweise freigelegte und restaurierte Gebäude und Pyramiden. Kleines Museum mit Fundstücken der Ausgrabungsstätte. Geöffnet 1o.3o- 17 Uhr. Eintritt 3,5 US.

Comalcalco gilt bei Achäologen als eine der ersten Städte überhaupt, die aus Backstein erbaut wurden. Der Ort hatte seine Blütezeit ähnlich wie Palenque während der klassischen Maya- Periode zwischen 6oo und 9oo n. Chr. Die Maya drangen bis in diesen nordwestlichen Zipfel ihres Einflußbereiches vor, um hier vor allem die begehrten Kakaobohnen anzubauen.

Mangels natürlicher Steinvorkommen stellten sie ihr Baumaterial selbst her: Eine Mischung aus Lehm, Sand und gemahlenen Muscheln wurde zu Ziegelsteinen verarbeitet. Als Grundlage des Mörtels dienten ebenfalls Muschelschalen. Dieser Mörtel wurde auch verwendet zur künstlerischen Verzierung der Gebäude mit Figuren und Ornamenten.

Verbindungen: 7o km von Villahermosa entfernt. Busse sowohl vom 1.- als auch 2.- Klasse- Terminal zum Ort Comalcalco. Von dort Colectivo oder Taxi zu den Ruinen (ca. 3 km).

Villahermosa -> Campeche (450 km)

Wer's eilig hat, fährt die <u>MEX 186</u>: schnellere, aber langweilige Inlandsstrecke.

Viel schöner dagegen die <u>MEX 180</u> entlang der Küste: Die bei <u>Ciudad del Carmen</u> notwendige Fährverbindung über die Meeresbucht Términos verzögert die Fahrt beträchtlich. Dafür wird man aber reichlich entschädigt: Zunächst bestimmen Kokospalmen das Bild. Ab Ciudad del Carmen ständig am Meer entlang, zeitweise auf einer schmalen Landzunge. Traumstrände mit und ohne Palmen wie aus dem Bilderbuch: weißer Sand, das Wasser türkis und kaum ein Mensch. Glücklich, wer mit dem eigenen Fahrzeug unterwegs ist - irgendwo anhalten, einfach ins Meer springen und sich nur noch wohlfühlen....

Die <u>Direktbusse</u> von Villahermosa nach Campeche und Mérida nehmen die Inlandsroute. Wer die Küstenstrecke fahren will, kauft zunächst ein Ticket nach Ciudad del Carmen und steigt dort um nach Campeche oder Mérida. Häufige Abfahrten.

Die <u>Fähre</u> über den Meeresarm bei Ciudad del Carmen geht von 6 bis 21 Uhr alle zwei Stunden, Fahrzeit ca. 30 Min. Im öffentlichen Bus ist die Überquerung inklusive. Für PKW: ca. 2 US. Die Wartezeit am Fähranleger vertreibt man sich am besten mit einem köstlichen Krabbencocktail und eiskalter Kokosmilch direkt aus der Nuß - beides von fliegenden Händlern billig angeboten.

*Campeche (250.000 Einw.)

Außergewöhnliche Provinzstadt, geprägt durch die zahlreichen Befestigungsanlagen, welche die Spanier im 17. Jahrhundert errichteten, um sich gegen die ständigen Piratenüberfälle zu schützen. Ein großer Teil der Stadtmauer und die Forts sind noch erhalten. Sie umschließen ein koloniales Stadtzentrum, dessen Fassaden leider wenig gepflegt werden. Die ständige Feuchtigkeit sorgt für langsamen Verfall. Dennoch ein einheitliches Straßenbild mit kolonialem Charakter.

Campeche ist außerdem günstigster Ausgangspunkt für den Besuch der weniger berühmten, aber sehenswerten Maya-Ruinen von Edzná.

Campeche war für <u>Piraten</u> verschiedener Nationalitäten besonders attraktiv, weil sich hier schon im 16. Jahrhundert ein großes Versorgungslager der spanischen Armada befand, das bei Überfällen und Plünderungen reiche Beute einbrachte. Einer der ersten Korsaren, der den Angriff auf Campeche wagte, war William Parker, den die Bewohner 1597 allerdings noch vertreiben konnten. In darauffolgenden Jahrhundert dagegen waren die Seeräuber erfolgreicher; alle bekannten Kapitäne der Karibikpiraterie hinterließen in Campeche ihre blutigen Spuren: John Hawkins, Henry Morgan, Kornelius Zols, Bartolomé Portugués, Rock Brasiliano und Diego el Mulato.

Als die Spanier die periodisch wiederkehrenden Überfälle leid waren, erbauten sie ab

Halbinsel Yucatán 531

1686 eine Stadtmauer mit zahlreichen, massiven Festungsanlagen. Der Erfolg stellte sich prompt ein: Die Piraten kamen nicht wieder, sondern suchten sich andere, leichter zu plündernde Ziele.

Eine informative Ausstellung zum Piratenunwesen jener Zeit befindet sich im Museo Regional von Campeche (Bilder, Dokumente etc.).

Klima: Schwül- heiß, im Sommer nicht selten bis 4o Grad Celsius. Eine leichte Meeresbrise macht die Hitze aber meist erträglich.

 Calle 67, im Baluarte Santa Rosa. Außerdem in dem kleinen Häuschen neben dem Hotel Baluartes.

Post: 16 de Septiembre/Ecke Calle 53 (Nähe Baluarte Santiago). - **Telefon**: Calle 8, zwischen 57 und 59.

Das alte Stadtzentrum befindet sich in Meeresnähe und wird von der Stadtmauer umschlossen. Die verwitterten Fassaden, die laue Meeresbrise und das lebendige Treiben vermitteln etwas Karibik- Atmosphäre.

Die noch vorhandenen Teile der Stadtmauer und die zahlreichen Forts ("BALUARTES") lassen sich bei einem Rundgang zu Fuß am besten besichtigen. Alle paar Hundert Meter eine der Verteidigungsanlagen mit massiven Mauern, schweren hölzernen Toren und vereinzelten Kanonen.

Bester Ausgangspunkt für den Rundweg ist der Zócalo ("Parque Principal"). Von dort über die Calle 8 bis zum Baluarte Santiago, dann rechts durch die Calle 51. Wieder rechts in die Calle 18 und am Baluarte San Juan noch einmal rechts durch die Calle 67 bis zum Baluarte San Carlos.

In den einzelnen Forts sind zum Teil kleine Museen untergebracht, die zwar nichts Überragendes bieten (Bücher, Waffen, Kunsthandwerk), in die man aber auf dem Weg ruhig mal reinschauen sollte. Im Baluarte de la Soledad archäologische Fundstücke hauptsächlich aus der Maya- Epoche. Das Baluarte Santiago mit einem kleinen Botanischen Garten, in dem über 2oo verschiedene tropische Pflanzen zu sehen sind.

Das etwas größere MUSEO REGIONAL mit Exponaten zu Stadtgeschichte und Piratenunwesen sowie archäologischen Funden aus dem Staat Campeche liegt in der Calle 59 (zwischen Calle 14 und 16). Geöffnet Di.- Sa. 8- 2o Uhr, So. 8- 13 Uhr. Eintritt 3,5 US.

 "**Hotel Ramada Inn**", Av. Ruiz Cortinez s/n. Zentral. Nähe Zócalo an der Uferpromenade. Komfortables Hotel mit Swimming- Pool und den entsprechenden Annehmlichkeiten der Preisklasse. Das Top- Hotel von Campeche. DZ ca. 1oo US.

"**Hotel Baluartes**", Av. Riuz Cortines, neben dem Ramada Inn. Modern, viele Zimmer mit Meerblick. Swimming- Pool, AC und Farb-TV. Das einstige Nobel- Hotel kommt in die Jahre; der Zahn der Zeit nagt an Möbeln und Armaturen. Die gute Lage und die großen luftigen Zimmer rechtfertigen jedoch den Preis von ca. 65 US pro DZ.

"**Hotel América**", Calle 1o, Nr. 252. Nicht abschrecken lassen von der Fassade; Lobby und Patio sind hell und frisch renoviert. Die Zimmer halten da nicht ganz mit, sind aber groß, ordentlich eingerichtet und sehr sauber. Ventilator. Ruhig zum Innenhof. DZ ca. 33 US.

"**Hotel Colonial**", Calle 14, Nr. 122. Älteres Haus mit einfachen Zimmern. Kleiner Innenhof als Aufenthaltsraum. Bunt gekachelte Flure und Teppiche. Freundliche Atmosphäre. Zimmer sehr sauber mit AC. DZ ca. 22 US.

"**Hotel Posada del Angel**", Calle 1o, zwischen Calle 53 und 55. Kolonialhaus mit schmucker Fassade neben der Kathedrale. Modernisiert mit AC. Sauber, DZ ca. 31 US.

"**Hotel Campeche**", direkt am Zócalo. Sehr heruntergekommen. Einrichtung basic mit Ventilator. Die hinteren Zimmer besonders düster und muffig, nach vorn etwas heller und luftiger. Manche sogar mit Balkon zur Plaza. DZ mit Privatbad ca. 15 US.

"**Hotel Reforma**", Calle 8, Nr. 257. Wüste Bude; extrem basic mit Mini- Waschbecken im Zimmer, manche auch mit Bad ohne Warmwasser. Besonders düster im Erdgeschoß, oben heller und luftiger. DZ ca. 15 US.

Jugendherberge: Etwas außerhalb, Nähe Universität: Av. Agustín Melgar s/n.

EL RINCON TARASCO, Calle 12, Nr. 112. Großes Lokal mit mehreren Räumen und Patio. Einfache und preiswerte Fleischgerichte vom Grill. Außerdem Tacos und Quesadillas.

MIRAMAR, Calle 61/Ecke Calle 8. Gemütliches, hausbackenes Ambiente mit schmiedeeisernen Gittern und hölzernen Deckenbalken. Spezialität: Fischgerichte und Mariscos. Preise mittel bis teuer.

MARGANZO, Calle 8, Nr. 261. Relativ gemütlich, an den Wänden Fotos vom alten Campeche. Regionale Spezialitäten und Fisch orginell zubereitet. Preise mittel.

DEL PARQUE, Calle 8/Ecke Zócalo. Preiswerte mexikanische Gerichte, Sandwiches, Fleisch und Fisch, auch Frühstück. 24 Stunden geöffnet.

Verbindungen ab Campeche

Flüge: Flughafen nicht weit von der Stadt, zu erreichen über die Av. Gobernadores und Av. Madero.

AEROMEXICO (Büro nur am Flughafen, Tickets über Reisebüros in den Hotels Ramada Inn und Baluartes) fliegt täglich nach Mexico City (ca. 2o5 US) 1 1/2 Std.

Bus: Busbahnhof in der Av. Gobernadores, etwas außerhalb der Altstadt, vorbei am Baluarte San Pedro. Ein moderner Bus- Terminal am Stadtrand ist im Bau, genaues Datum für die Einweihung steht nicht fest.

Häufige Abfahrten pro Tag nach: Mérida (7- 12 US) 3 Std., - Ciudad del Carmen (8 US) 5 Std., - Mexico City (48 US) 18 Std., - Villahermosa (15 US) 6 Std. und Veracruz (31 US) 14 Std.

<u>Achtung</u>: die Busterminals 1. und 2. Klasse befinden sich im gleichen Gebäude, haben aber verschiedene Schalterhallen: 1. Klasse zur Av. Gobernadores, 2. Klasse direkt um die Ecke.

Orientierung: Straßen mit geraden Zahlen verlaufen parallel zum Meer, mit ungeraden senkrecht zur Küste. Das Zentrum mit dem Zócalo befindet sich Calle 1o/Ecke Calle 55.

Edzná

Weniger bekannte und besuchte Maya- Stätte, da sie abseits der üblichen Routen liegt. Trotzdem sehr imposant wegen der zahlreichen gut restaurierten Tempel und Gebäude des Zeremonialzentrums. Besonders sehenswert der fünfstöckige, steil aufragende Nischentempel.

Auffällig die kompakte Gruppierung der Gebäude um einen zentralen Platz. Dazu Überreste des ausgefeilten Kanal- und Bewässerungssystems, mit dessen Hilfe die Maya das Regenwasser auffingen, stauten und zur Bewässerung der Felder nutzten. Für Stadt und Zeremonialzentrum gleichzeitig ein effektiver Schutz vor Überschwemmungen. Archäologen fanden in der Umgebung Spuren von kilometerlangen Kanälen, künstlichen Seen und Wasserspeichern.

Mit Abstand bedeutendstes Bauwerk ist der <u>TEMPLO DE LOS CINCO PISOS</u> (der fünfstöckige Tempel) mit den auf jeder Ebene eingebauten Nischen. Am Fuß des Gebäudes noch gut erkennbare Ornamente und Masken. Eine Treppe führt an der Frontseite nach oben. Auf jedem Stockwerk Eingänge zu zahlreichen Kammern. Ganz oben der eigentliche Tempel mit einem 6m hohen Dachkamm. Von Größe (31 m hoch) und Bauweise her eines der außergewöhnlichsten Beispiele der Maya-Architektur in Yucatán.

Der Tempel selbst steht auf einer künstlichen Plattform, der sogenannten Akropolis, mit einem kleinen Platz, um den sich weitere Gebäude gruppieren: neben dem Tempel der <u>ANEXO DE LOS CINCO PISOS</u>, im Süden die <u>CASA DE LA LUNA</u> (Haus des Mondes) sowie der <u>TEMPLO DEL SUROESTE</u> (Südwest- Tempel) und gegenüber der <u>TEMPLO DEL NOROESTE</u> (Nordwesttempel). Diese Gebäude leider nicht besonders gut erhalten.

Gegenüber der Akropolis die <u>CASA GRANDE</u> (großes Haus) mit Mauerresten, die darauf hindeuten, daß dieses Gebäude als Wohn- oder Verwaltungstrakt diente. Am Eingang zur Ausgrabungsstätte die <u>PLATAFORMA DE LOS CUCHILLOS</u> (Plattform der Messer), auf der sich ebenfalls Fundamente von Wohngebäuden befinden. Weitere kleinere Bauwerke schließen sich jeweils an die Hauptgebäude an.

 Zur Zeit der Recherchen war die frühere Direktverbindung ab 2.- Klasse- Terminal in Campeche eingestellt. Es lohnt bei Ankunft in Campeche aber sicher die Nachfrage bei den Buslinien, da sich in diesem Bereich ständig etwas ändert. Die sonstigen Alternativen sind lokale Busse ab Mercado (Nähe Baluarte San Pedro): Der Bus Richtung PICH fährt wenige Hundert Meter an der Ausgrabungsstätte vorbeiu. Fahrer Bescheid sagen.

Campeche -> Mérida (195 km)

Wer mit dem eigenen Fahrzeug unterwegs ist, fährt am besten die Nebenstrecke über Hopelchén und Uxmal. Auf diesem Weg liegen die wichtigen Maya- Ruinen von Edzná und Uxmal sowie weitere sehenswerte Ausgrabungsstätten der Puuc- Region.

Mit dem öffentlichen Bus besser die Direktroute wählen, da auf der Nebenstrecke kaum Busverbindungen. Die Besichtigung von Edzná in diesem Fall als Ausflug ab Campeche. Den Besuch von Uxmal und anderen Ruinen in der Puuc- Region danach separat von Mérida aus organisieren.

✶Mérida (600.000 Einw.)

Der Glanz der Kolonialzeit ist in Mérida inzwischen weitgehend verblichen. Außer einigen Sehenswürdigkeiten rund um den Zócalo ist die Altstadt stellenweise ziemlich heruntergekommen. Trotzdem hat Mérida eine besondere Atmosphäre: Mexiko - versehen mit einer Prise Karibik. Viel Leben auf den zahlreichen Plazas. Dazu die Prachtvillen am Boulevard Paseo Montejo, die aus der Zeit des Sisal- Booms um die Jahrhundertwende stammen.

Mérida besitzt eine gute touristische Infrastruktur, ist infolgedessen bester Ausgangspunkt für einen Besuch der Maya- Ruinen von Chichén- Itzá, Dzibilchaltún, Uxmal und weiterer Ausgrabungsstätten der Puuc- Region.

Sonntags zeigt sich Mérida von seiner besten Seite: Teile der Innenstadt sind dann für den Autoverkehr gesperrt, auf den Plätzen finden Märkte sowie Musik- und Folkloreveranstaltungen statt. Es herrscht eine lockere, ausgelassene Stimmung. Die Bewohner benutzen Fahrräder oder lassen sich im Pferdewagen herumkutschieren. Kurz - ein kleines, wöchentlich wiederkehrendes Volksfest bei dem sich auch der Tourist nicht als Eindringling fühlt.

Méridas Aufstieg zum wirtschaftlichen Zentrum der Halbinsel Yucatán begann mit der verstärkten Nachfrage nach "Henequén" auf dem Weltmarkt, einem Produkt, das hierzulande als "Hanf aus Sisal" bekannt wurde. Sisal war der einstige Verladehafen, heute versandet und in Bedeutungslosigkeit versunken. Um die Jahrhundertwende jedoch gingen von dort die Schiffe ab nach Nordamerika und Europa und machten Yucatán vorübergehend zu einer der wirtschaftlich wichtigsten Regionen Mexikos.

Schon die Maya benutzten das Mark der hier wachsenden Agave zur Herstellung von Fasern für besonders strapazierfähige Seile. Damit transportierten sie die Steinquader für ihre Bauvorhaben. Die Entwicklung des Weltmarkts Ende des vergangenen Jahrhunderts verhalf dem Sisal dagegen erst sehr viel später zum internationalen Durchbruch: Gefragt war robustes Verpackungsmaterial für die weltweiten Transporte, und Yucatán lieferte haltbare Säcke und Seile aus den Fasern der Agave.

Geschäftstüchtige Landbesitzer verwandelten die Halbinsel in eine riesige Monokultur, Eisenbahnen durchzogen das Land, und Verarbeitungs- Manufakturen entstanden. Fast drei Viertel des nutzbaren Bodens dienten zeitweise der Sisalproduktion. Export war, wie so oft in der Geschichte Mexikos, wieder einmal das Zauberwort. Kein Wunder also, daß die Verkehrsverbindungen mit Nordamerika und Europa wesentlich besser funktionierten als zwischen Yucatán und dem restlichen Mexiko.

Der Reichtum, den die Grundbesitzer in jenen Jahren anhäuften, läßt sich noch heute erahnen, wenn man die Villen an Méridas Prachtstraße Paseo Montejo sieht. Für die Landbevölkerung dagegen blieben die negativen Auswirkungen des Booms reserviert: Vertreibung von nutzbaren Landstrichen; erhöhte Preise für Lebensmittel, da die heimischen Anbauflächen drastisch zugunsten der Sisalproduktion reduziert wurden; in den Plantagen harte Arbeit für einen Hungerlohn.

Nachdem die Nachfrage während des 1. Weltkrieges noch einmal steil nach oben geklettert war, brach sie schließlich am Ende des Krieges fast vollständig zusammen. Neu entwickelte Kunstfasern waren billiger und machen dem Sisal bis zum heutigen Tag Konkurrenz, so daß die alte Herrlichkeit dahin ist. Es wird zwar weiter produziert, und im Laufe der letzten Jahrzehnte hat es immer wieder ein gewisses Auf und Ab der Nachfrage und der Weltmarktpreise gegeben; als Faktor der mexikanischen Wirtschaft und alleinige Grundlage der Ökonomie Yucatáns jedoch hat der Sisal seine einstige Position endgültig eingebüßt.

Klima: Schwülheiß, vor allem in den Monaten März bis Oktober.

 Calle 6o/Ecke Calle 57, im Teatro Peón Contreras, einem typisch neoklassizistischen Bau aus der Regierungszeit des Diktators Porfirio Díaz.

Post: Calle 65/Ecke Calle 56. - **Telefon** : Calle 59/Ecke Calle 62. - **Geldwechsel**: Casa de Cambio "Canto", Calle 61 Nr. 468; oder "Finex", Plaza Hidalgo, neben Hotel Caribe.

SEHENSWERTES

Schattige Bäume sowie interessante Gebäude rund um den ZOCALO (1):

Die massige KATHEDRALE (5) aus dem 16. Jahrhundert ließen die Spanier aus den Steinen der von ihnen eroberten Maya- Stadt T'ho erbauen. 3oo Indios arbeiteten 35 Jahre, um dieses kolossale Gebäude zu errichten. Im Innern ein Gemälde, das die Unterwefung der Indios unter die spanische Herrschaft darstellt.

Im Innern des PALACIO DE GOBIERNO (4) moderne Wandmalereien zur Geschichte der Maya und Mexikos. Der PALACIO MUNICIPAL (3) gegenüber der Kathedrale mit charakteristischem Uhrturm .

536 Halbinsel Yucatán

CASA DE MONTEJO (2): Diesen Palast ließ sich der spanische Konquistador und Gründer Méridas Francisco de Montejo im Jahre 1549 errichten. Heute Sitz einer Bank. Die ungewöhnliche Fassade zeigt spanische Soldaten bei der Eroberung des Maya- Reiches.

Ein Block entfernt vom Hauptplatz die PLAZA HIDALGO (6): Kleiner, intimer Platz, teilweise verkehrsberuhigt. Mehrere angenehme Straßencafés. Einer der schönsten Winkel Méridas, geeignet zum Ausruhen oder für einen Drink.

Paseo Montejo: Prachtboulevard mit wunderschönen Villen aus der Zeit des Sisal- Booms. In einem der Paläste das MUSEO REGIONAL DE ANTROPOLOGIA (9), Calle 43/Ecke Paseo Montejo. Anschauliche Ausstellung zum Leben der Maya mit bedeutenden Plastiken und anderen Fundstücken. Zahlreiche Großfotos von Ausgrabungsstätten verdeutlichen die Verbreitung dieses Volkes auf der Halbinsel Yucatán. Verkauf von Büchern zu den verschiedenen Ausgrabungsstätten Yucatáns. Geöffnet Di.- Sa. 8- 2o Uhr, sonntags 8- 14 Uhr. Eintritt 4,5 US.

Auf dem Weg vom Zócalo zum Paseo Montejo entlang der Calle 6o die kleine Plaza de Santa Lucía mit der gleichnamigen Kirche aus dem 16. Jh. Der Platz umrahmt von kolonialen Arkaden.

MUSEO DE ARTE POPULAR (12), Calle 59/Ecke Calle 5o. In großem Kolonialgebäude eine bescheidene Ausstellung von Kunsthandwerk aus Yucatán: Trachten, Stickereien, Körbe, Keramik. Außerdem eine typische Wohnhütte der Maya- Bevölkerung. Geöffnet Di.- Sa. 8- 2o Uhr, So. 9- 14 Uhr. Gratis.

Spuren der einstigen Stadtbefestigung finden sich dort, wo Calle 61 und 63 die Calle 5o kreuzen: zwei Stadttore, Arco Dragones (13) und Arco del Puente (14).

Hotelinformationen und Reservierungen im Busbahnhof. Zwar stehen dort nicht alle Hotels auf der Liste, aber die Auswahl ist groß genug, um etwas Passendes zu finden. Ausnahme: Billig- Hotels.

"Hotel Casa del Balam", Calle 6o, Nr. 488. 3 Blocks von Zócalo entfernt. Großer, sechsstöckiger Kasten. Modern , aber im Kolonialstil gehalten. Wunderbar kühler und grüner Innenhof mit Schaukelstühlen. Swimming- Pool. Zimmer mit AC und Farb- TV. Häufig vonPauschaltouristen belegt, daher der relativ hohe Preis von ca. 1oo- 12o US fürs DZ.

"Hotel Mérida Misión", Calle 6o, Nr. 491. Häßlicher gelber Betonkasten, innen aber durchaus mit Atmosphäre. Schwimmbad. Moderne Zimmer mit Farb- TV und AC. Zentral und komfortabel. DZ ca. 8o US.

"Hotel D'Champs" Calle 7o/Ecke Calle 67. Nähe Busbahnhof. In altem Kolonialhaus, innen modern und großzügig ausgebaut. Großer Garten mit Pool im Patio. Geräumige Zimmer, modern möbliert, AC. Etwas abseits vom Zócalo, dafür ruhig und ausgezeichnete Qualität fürs Geld. DZ ca. 82 US.

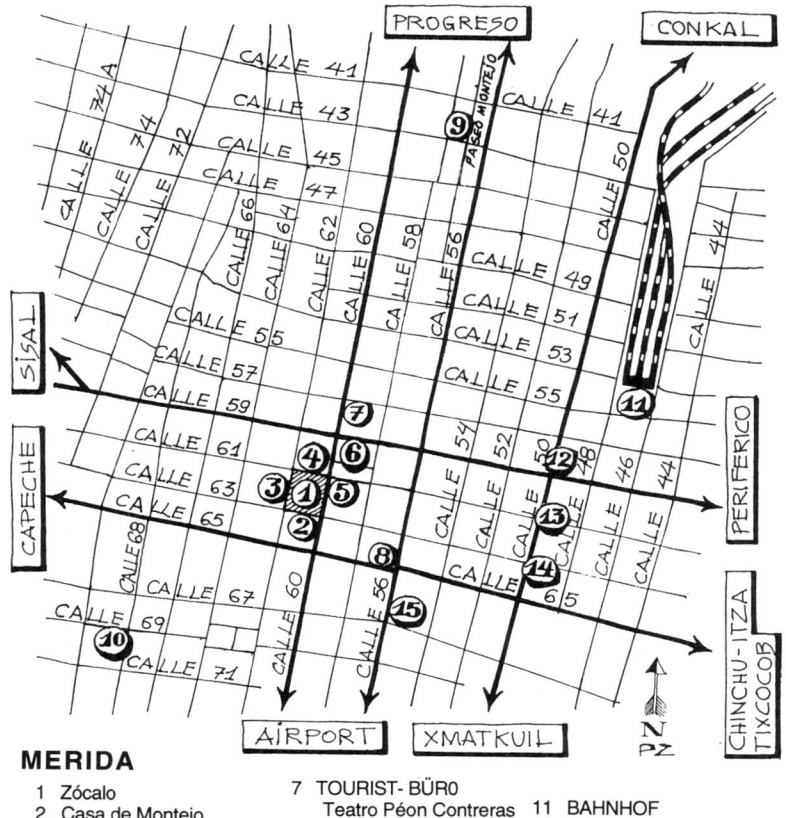

MERIDA

1 Zócalo
2 Casa de Montejo
3 Palacio Municipal
4 Palacio de Gobierno
5 Kathedrale
6 Plaza Hidalgo
7 TOURIST- BÜRO
   Teatro Péon Contreras
8 POST
9 Museo Regional de
   Antropología
1o BUS TERMINAL
11 BAHNHOF
12 Museo de Arte Popular
13 Arco Dragones
14 Arco del Puente
15 Mercado

"**Hotel Colonial**", Calle 62, Nr. 476. Moderner Neubau. Zimmer mit Farb- TV und AC. Mini- Pool im Erdgeschoß. Komfortabel und schnörkellos. Gute Lage Nähe Zócalo und Parque Hidalgo. DZ ca. 55 US.

"**Hotel Caribe**", Calle 59, Nr. 5oo. Zentral am Parque Hidalgo. In älterem Haus, ruhige Zimmer zum Innenhof mit AC. Auf der Dachterrasse kleines Schwimmbecken mit Blick auf die Kirchtürme von Mérida. Freundliche Atmosphäre. DZ ca. 47 US.

"**Hotel Colón**", Calle 62, Nr. 483-A. Nähe Zócalo. Älteres Haus. Solide Mittelklasse mit TV und AC. Schön gekachelte Lobby, hinten im Garten ein Swimming- Pool. DZ ca. 4o US.

"**Gran Hotel**", Calle 59, am Parque Hidalgo. Nobel im spanischen Stil, auch wenn der Putz schon etwas blättert. Ein traditionelles Haus mit Atmosphäre. Zimmer halten nicht ganz, was die pompöse Lobby verspricht. Trotzdem groß und ordentlich, mit Ventilator. DZ ca. 41 US.

"**Hotel Posada Toledo**", Calle 57/Ecke Calle 58. Schöne alte Villa mit außergewöhnlichem Patio, in dem man zwischen Pflanzen und Gemälden angenehm sitzt. Bunte Kacheln verstärken die koloniale Atmosphäre. Feundliche Zimmer mit Ventilator ca. 37 US, mit AC ca. 42 US. Nähe Plaza Hidalgo.

"**Hotel Montejo**", Calle 57/Ecke Calle 62. Gute Lage Nähe Zócalo. Älteres Haus mit schönem Patio. Einfache Zimmer, einige mit AC. Insgesamt etwas vernachlässigt. Mit Ventilator ca. 22 US, mit AC ca. 27 US.

"**Hotel Santa Lucía**", Calle 55, Nr. 5o8. Gegenüber der gleichnamigen Plaza. Kolonialhaus, innen modern ausgebaut. Kleine, neu möblierte Zimmer mit AC oder Ventilator. Farb- TV. DZ mit Ventilator ca. 3o US, mit AC ca. 33 US.

"**Hotel Reforma**", Calle 59/Ecke Calle 62. Nähe Zócalo. Älteres Hotel mit schönem Patio. Einfache und ordentliche Zimmer, saubere Bäder. Kleiner SW- Pool. DZ mit Ventilator ca. 3o US, mit AC ca. 33 US.

"**Hotel Sevilla**", Calle 62, Nr. 511. Altes Kolonialhaus. Der Charme des vergangenen Glanzes ist noch überall zu spüren. Zimmer zumeist zum ruhigen Patio. Einfache Einrichtung, Ventilator. Zimmer relativ düster. Gute Lage, nur 1 Block vom Zócalo. DZ ca. 16- 2o US.

"**Hotel Dolores Alba**", Calle 63, Nr. 464 (Ecke Calle 52, Nähe Mercado). Rund um einen schattigen Patio mit Bäumen und bequemen Schaukelstühlen. Kleiner SW- Pool. Zimmer groß und luftig. Spärliche, aber solide Möblierung. Die Bäder renoviert, gekachelt und blitzsauber. Für ca. 23 US pro DZ in dieser Preiskategorie Spitze. Mit AC ca. 7 US extra. Das gleichnamige Hotel in Chichén Itzá gehört denselben Leuten, Reservierung möglich, ebenfalls empfehlenswert.

"**Hotel Del Parque**", Calle 6o/Ecke Calle 59. Zentral, gegenüber kleiner Plaza. Eingang durch eine alte Villa mit vornehmem Treppenaufgang. Das Hotel selbst dagegen nebenan. Modern mit hellen Zimmern und Panoramafenstern nach vorn (laut). Ordentliche Bäder, AC. DZ ca. 33 US.

"**Hotel Casa Becil**", Calle 67/Ecke Calle 66. Kleine Pension mit wenigen Zimmern, ein Block vom Busbahnhof. Ruhiger Patio, von dem die Zimmer abgehen. Relativ kühl und luftig mit Bett und ein paar klapprigen Stühlen. Gekacheltes Bad, sauber. DZ ca. 17 US. Gute Alternative bei später Ankunft per Bus in Mérida. Gegenüber und nebenan zwei ähnliche Häuser: Posada del Angel und New Victoria. Die Hotels direkt gegenüber vom Terminal ("ADO" und "San Jorge") sind dagegen nur 2. Wahl und preislich nicht günstiger.

"**Hotel Mucuy**", Calle 57, Nr. 481. Nähe Plaza Hidalgo. Zimmer ruhig und einigermaßen frisch, mit Ventilator. Kleiner Aufenthaltsraum im Innenhof. Familiäre Atmosphäre. DZ ca. 17 US.

"**Hotel Trinidad**", Calle 62/Ecke Calle 55. Alte, leicht heruntergekommene Villa. Verwunschener Patio mit viel Schatten. Modernisierte Zimmer mit Bad ca. 22- 27 US, einfachere ohne Bad ca. 17 US.

"**Hotel Casa Bowen**", Calle 66/Ecke Calle 65. Zwischen Busterminal und Zentrum. Klein, in ehemaliger Villa mit romantischem Patio. Bepflanzt und ruhig, ein angenehmer Aufenthaltsort. Freundlich- familiäres Ambiente. Zimmer einfach. Für ca. 13- 15

US empfehlenswert.

"**Hotel Margarita**", Calle 66, Nr. 5o6. Zwischen Busbahnhof und Zentrum. Älteres Kolonialhaus mit vernachlässigtem Patio. Untere Zimmer düster, obere heller und luftiger. Ventilator. Einrichtung und Bäder schäbig. Für ca. 12- 14 US aber akzeptabel.

"**Casa de Huéspedes Peniche**", Calle 62, Nr. 5o7. In hektischer Straße, wenige Schritte vom Zócalo. Tiffany- Scheiben und Gemälde sind die Reste des einstigen Glanzes. Kolonialhaus mit schönem Innenhof, Zimmer aber in sehr schlechtem Zustand, einige mit Privatbad., DZ ca. 1o US, mit Bad ca. 12 US.

ESSEN UND TRINKEN

Regionale Spezialitäten: In Mérida kann man ausgesprochen gut und ausgiebig die vielfältigen Spezialitäten der Küche Yucatáns probieren, die besonders stark von den traditionellen Rezepten der Indios geprägt ist. Die meisten Restaurants haben zumindest das eine oder andere regionale Gericht auf der Speisekarte. Besonders typisch und weit verbreitet:

Cochinita Pibil: Spanferkel im Backofen. Pibil ist die indianische Art der Zubereitung von Fleisch in einem unterirdischen Ofen ("pib"), fest eingewickelt in Bananenblätter. Auf dem Land ist diese Form des Garens teilweise noch üblich. Im Restaurant wird das Schweinefleisch (kann auch Huhn oder Truthahn sein) in die Bananenblätter eingehüllt und im Backofen gegart. Serviert mit einer Soße aus Chili, Zwiebeln und exotischen Gewürzen.

Sopa de Lima: Pikante Geflügelsuppe (Huhn oder Truthahn) mit Chili, Tomaten, Mais und viel Limettensaft, der der Suppe ihren besonderen Geschmack verleiht.

Pavo en relleno negro: Gefüllter Truthahn (Hackfleisch, verschiedene Chili- Sorten, Tomaten, Butter und Eier), serviert mit einer kräftigen, dunklen Soße.

PIZZA BELLA, Calle 61, unter den Arkaden am Zócalo. Vor allem schön am Sonntag, wenn der Platz für den Verkehr gesperrt ist. Pizzas zu mittleren Preisen.

LA JUNGLA, Eingang in der Calle 62, Nr. 5oo. Im 1. Stock hinter den Artesanía- Läden versteckt. Gemütlich mit schönem Blick auf den Zócalo. Italienische Küche zu mittleren Preisen.

LOS ALMENDROS, Calle 5o-A, zwischen Calle 57 und 59. Tip für gute und authentische yucatekische Küche. Zahlreiche Spezialitäten des Landes sowie eigene Kreationen. Preise mittel.

EL PATIO ESPAÑOL, Parque Hidalgo, im Grand Hotel. Stilvolle Atmosphäre im Patio, mit Palmen. Mex. und intern. Küche. Preise mittel.

EL MESON, Parque Hidalgo. Auf der Speisekarte heißt das Lokal jetzt "El Rincón". Straßencafé vor dem Hotel Caribe. Zu empfehlen für ein ruhiges, gutes Frühstück. Tagsüber und abends vielseitige mexikanische und internatonale Küche. Preise mittel.

TIANO'S, Parque Hidalgo. Auch hier sitzt man angenehm auf der ruhigen Plaza. Gute Mariscos und empfehlenswerte Spezialitäten aus Yucatán. Preise mittel bis teuer.

LA CASONA, Calle 6o, Nr. 434. Gepflegtes Ambiente, schöner Innenhof. Italienische und internationale Küche. Preise mittel.

PEON CONTRERAS, Calle 6o /Ecke Calle 59. Im gleichnamigen Theater. Schönes Theatercafé mit neoklassizistischen Säulen und Biedermeier- Möbeln. Tische auch auf der Terrasse. Espresso und Capuccino. Außerdem Pizza, Sandwiches und andere Kleinigkeiten.

VITO CORLEONE, Calle 59, Nr. 58o. Urige Pizzeria mit verrückten Dekorationen. Man sitzt dichtgedrängt im engen Raum, teilweise auf einer hölzernen Galerie.

AMARO, Calle 59, Nr. 5o7. Im ruhigen Patio, einige Bäume geben Schatten. Vegetarische Küche und einige Spezialitäten aus Yucatán. Einfallsreiche Zubereitungen zu niedrigen Preisen. Auch Frühstück.

EL LOUVRE, Calle 62, Nr. 499. Einfache Taquería am Zócalo. Billige Sandwiches, mexikanische Gerichte und Frühstück. Günstige comida corrida. Offen zur Straße, was aber mehr Lärm als frische Luft bringt.

EL TUCHO, Calle 6o, Nr. 482. Großer Speisesaal, ausgekleidet mit Palmblättern. Beliebt bei Mexikanern und Ausländern wegen regionaler Küche aus Yucatán zu mittleren Preisen und einer Art Volksfeststimmung bei Show und Live- Musik.

BELLA EPOCA, Calle 6o/Ecke Calle 59. Gegenüber der kleinen Plaza. Verzierte Holztüren, Stuckdecken und Kronleuchter aus der guten alten Zeit. Gepflegtes Ambiente. Spezialitäten aus Yucatán und Mexiko zu mittleren Preisen (im 1. Stock). Unten das Café del Parque: schlichter und billiger, ansonsten ähnlich.

VERANSTALTUNGEN

Fiestas: Mérida ist berühmt für seinen Karneval: Umzüge, Straßenfeste und eine ausgelassene Stimmung in der gesamten Stadt. Allerdings während der Tollen Tage auch extrem überfüllt, massive Engpässe bei Unterkünften.

Kultur- und Unterhaltungsprogramm:
Die Stadtverwaltung organisiert jeden Tag der Woche unterschiedliche Veranstaltungen, die in der Regel gratis sind. Das Touristenbüro hat einen detaillierten und jeweils aktuellen Veranstaltungskalender. Die wichtigsten regelmäßigen Angebote (Termine können sich gelegentlich ändern, daher vorher kurz nachfragen):

Sonntag: Jeden Sonntag sind der Zócalo und die Calle 6o bis zur Plaza Santa Ana für den Autoverkehr gesperrt. Verschiedene Konzerte in öffentlichen Gebäuden, Straßentheater, Flohmarkt im Parque Santa Lucía. Überall in den Straßen spielen Marimba- und andere Musikgruppen.
Montag: Die sogenannte "Vaquería", um 2o Uhr im Palacio Municipal: Vorführung typischer Folkloretänze aus Yucatán.
Donnerstag: "La Serenata", ab 2o Uhr Folklore im Parque Santa Lucía.
Freitag: Ballet Folclórico der Universität von Yucatán. Um 2o Uhr Vorführung im Uni- Gebäude, Calle 6o/Ecke Calle 57. Eintritt frei.
Sprachkurse: Mérida ist ein guter Standort für Spanischkurse: Die Stadt verfügt über ein hervorragendes kulturelles Angebot, und in der Umgebung gibt es wegen der zahlreichen Maya- Ausgrabungsstätten viel zu sehen, so daß einem nicht so schnell langweilig werden dürfte. Kontakte über:
"Centro de Idiomas de Sureste", Calle 14, Nr. 1o6, 97128 Mérida, Yucatán, Tel. (91-99) 261155.

SHOPPING

Markt: MERCADO, Calle 67/Ecke Calle 56. Lebensmittel und Artesanía. Sehenswert das Markttreiben zwischen Bergen tropischer Früchte.

Hängematten: Die besten Hängematten werden in und um Mérida hergestellt und hier an jeder Ecke und von vielen fliegenden Händlern angeboten. Aber unbedingt auf die Qualität achten, da sie ja einiges aushalten müssen, wenn sie nicht in der heimischen Souvenirtruhe verschwinden sollen: Wichtig ist, daß sie stabil geknüpft und breit genug sind, sonst gerät die Siesta statt zur Entspannung zur Strapaze. Gute Auswahl und Qualität bieten:

"El Aguacate", Calle 58, Nr. 6o4. - "El Hamaquero", Calle 58, Nr. 572. - "El Tixcocób", Calle 56, Nr. 549.

Artesanía: Im Mercado und in vielen Geschäften des Zentrums, wo allerdings auch viel Souvenirkitsch angeboten wird. Gute und große Auswahl:

"Casa de las Artesanías", Calle 63/Ecke Calle 64. "Bazar García Rejón", Calle 6o/Ecke Calle 65.

Verbindungen ab Mérida

Flüge: Flughafen außerhalb. Kleinbusse zum Zentrum für ca. 8 US pro Person. Taxi 12 US .
AEROMEXICO (Büro: Paseo Montejo 46o) fliegt täglich nach Cancún (1oo US) 45 Min., - Mexico City (235 US) 1.35 Std. und Miami 2 1/2 Std.
MEXICANA/AEROCARIBE (Büro: Calle 56 A, Nr. 493) fliegt täglich

nach Cancún (9o US) 1 Std. und weiter (2o Min.) nach Cozumel. Außerdem nach Villahermosa (13o US) 1 Std. und Mexico City (235 US) 1,5 Std. sowie 2 x pro Woche direkt nach Havanna/Kuba.

AVIACSA (Büro: Calle 3o, Nr. 13o) fliegt täglich nach Cancún (9o US) 45 Min., Tuxtla Gutiérrez (145 US) 1.1o Std., Villahermosa (12o US) 1 Std.

TAESA (Büro: Calle 6o, Nr. 448) fliegt täglich nach Cozumel (65 US) 1 Std.

AVIATECA (Büro: Calle 58/Ecke Calle 49) verbindet Mérida 4 x pro Woche mit Guatemala City (175 US).

Eisenbahn: Bahnhof in der Calle 55/Ecke Calle 48. Täglich via Campeche -> Palenque nach Mexico City (ca. 5o Std., mit Schlafwagen 2. Klasse). Erheblich länger als der Bus, viele Verspätungen und Diebstähle. Nicht zu empfehlen.

Bus: Central Camionera in der Calle 69/Ecke Calle 68. 1o Min. zu Fuß ins Zentrum. Taxi ca. 3- 4 US .
Ständige Abfahrten nach Valladolid (4- 6 US) und Cancún (8- 17 US).

Außerdem mehrmals täglich nach: Chetumal (13- 2o US, 6 Std.), - Mexico City (54- 66 US, 28 Std.), - Veracruz (37- 48 US, 18 Std.), - Villahermosa (23- 25 US, 1o Std.), - Ciudad del Carmen (15 US), - Campeche (7 US, 3 Std.).

Weitere Ziele auf der Halbinsel Yucatán: z.B. 3 x pro Tag direkt nach Palenque (18- 2o US, 8 Std.)

Nach UXMAL nur 2. Klasse mit AUTOTRANSPORTES DEL SUR. 8 x täglich zwischen 6:3o Uhr und 19 Uhr (ca. 2 US). Bus fährt weiter bis Kabah, aber nicht zu den anderen Puuc- Ruinen.

Fast stündlich ein Bus nach Ticul und Oxcutzab (Höhlen von Loltún). Nach CHICHEN ITZA häufig Busse 2. Klasse, aber nur ein Bus 1. Klasse, der morgens losfährt und am Nachmittag zurückkehrt. Hin und zurück ca. 8 US.

Autovermietung: Wegen der relativ schlechten oder teilweise gar nicht vorhandenen öffentlichen Verkehrsverbindungen zu einigen Maya- Ausgrabungsstätten lohnt sich in Yucatán unter Umständen das Mieten eines PKW für einen oder mehrere Tage. Mérida ist ein guter Ausgangspunkt für Touren in die Puuc- Region (Uxmal, Kabah, Labná etc.), nach Chichén- Itzá und weiter nach Tulum und Cobá (siehe auch: Reiserouten Yucatán, Seite 523).

EASY WAY, Calle 59, Nr. 5o1. - HERTZ, Calle 6o/Ecke 57. - NATIONAL, Calle

6o, Nr. 486. - <u>DOLLAR</u>, Calle 7, Nr. 2o7. - <u>BUDGET</u>, Calle 6o/Ecke Calle 57.

<u>Transport in Mérida</u>: Im Zentrum am besten zu Fuß, auch wenn es - vor allem im Sommer - extrem heiß ist. Aber in den vollgestopften Bussen schwitzt man eher noch mehr. Taxi im Stadtbereich ca. 3- 4 US .

Celestún

Attraktives Vogelschutzgebiet, seit 1979 Nationalpark. Heimat von Tausenden von rosa Flamingos und vielen anderen Vogelarten, u.a. Reiher, Kormorane, Pelikane. Vor allem die ungeheure Anzahl der farbenprächtigen Flamingos ist verblüffend. Eindrucksvolles Schauspiel, nicht nur für eingefleischte Naturfreunde und Bird- Watcher.

Die Vögel leben in den seichten Gewässern von Lagunen und Flußmündungen. Sie sind im Prinzip das ganze Jahr über dort; von April bis Juni ist allerdings Brutzeit der Flamingos, so daß sich viele von ihnen in den Nestern aufhalten und verstecken.

<u>Verbindungen</u>: Celestún liegt etwa 1oo km westlich von Mérida. Zu erreichen mit regelmäßigen Bussen 2. Klasse ab Terminal von "Autotransportes Sur", Calle 5o/Ecke Calle 67. Im kleinen Hafen von Celestún Boot mieten, das Besucher zu den Plätzen bringt, an denen sich die Vögel konzentrieren.

Dzibilchaltún

Weitläufige Ruinenanlage (19 qkm mit über 8.ooo Bauwerken). Die meisten Gebäude sind allerdings noch nicht freigelegt. Einzig restauriert ist der <u>TEMPLO DE LAS MUNECAS</u>. Zweimal pro Jahr ein besonderes Schauspiel: Am 21. März und 21. September geht die Sonne direkt in seinem Torbogen auf. Zu erreichen nach einem etwa 1o- minütigen Fußmarsch auf dem <u>SACBE</u>, einem befestigten Steindamm aus der Maya-Zeit.

Am Eingang der Anlage ein schöner Cenote, ein heiliger Brunnen der Maya, teilweise bewachsen mit Seerosen. Bestechend das dunkel schillernde Türkis des Wassers. Wer die nicht gerade überwältigende Ruinenbesichtigung mit einem erfrischenden Bad beenden will: Hier ist es möglich und sogar erlaubt. Ein ausgefallenes Erlebnis, auch wenn auf dem Grund keine Opfergaben der Maya mehr zu finden sind.

Von Mérida aus (Parque San Juan, Calle 62/Ecke Calle 67) alle zwei Stunden <u>Busverbindung</u> mit dem ca. 2o km nördlich liegenden Ort Dzibilchaltún. Die Ruinen liegen außerhalb des Ortes, Busfahrer Bescheid sagen und an der Abzweigung aussteigen. Von dort noch gut 1 km zu Fuß bis zur Ausgrabungsstätte.

Puuc- Region

In der hügeligen Landschaft südlich von Mérida ("Puuc" = Land der niedrigen Hügel) gibt es eine Reihe von Maya- Ruinen, die zweifellos zu den schönsten in ganz Yucatán gehören und sich durch phantasievolle Dekorationen und einen einheitlichen Stil in der Architektur auszeichnen.

UXMAL ist eine der wichtigsten auf Yucatán überhaupt, im Umkreis von nur wenigen Kilometern liegen weitere Ausgrabungsstätten: Kabah, Sayil, Xlapak und Labná.

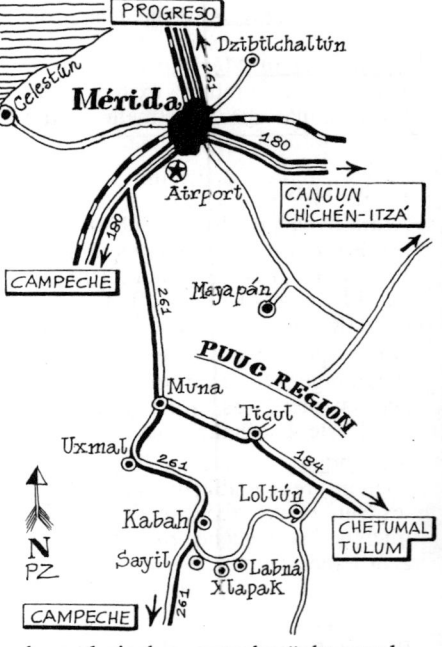

Der <u>PUUC- STIL</u> entstand in der sogenannten Klassischen Zeit zwischen 6oo und 9oo n. Chr. und unterscheidet sich von anderen Stilrichtungen der Maya- Architektur vor allem durch das glatte Mauerwerk, dessen oberer Teil dann aber verschwenderisch ausgeschmückt wurde. Vorherrschend waren geometrische Formen, Mäander, gebündelte Säulen und die Maske des Regengottes Chac. Die Gebäude in der Puuc- Region erscheinen daher kunstvoller, lebendiger und weniger streng als in anderen Maya- Stätten.

✦Uxmal

Wichtigste Ausgrabungsstätte der <u>Puuc- Region</u> und eine der schönsten Maya- Stätten überhaupt. Auf relativ kleinem Raum zahlreiche Tempel und Paläste, die sich vor allem auszeichnen durch den Reichtum der Ornamente und das immer wiederkehrende Motiv des Regengottes Chac mit der rüsselförmig herausragenden Nase.

Die vom Urwald überwucherte Anlage wurde seit ca. 1928 von Archäologen vermessen und bis in die 5oer Jahre hervorragend restauriert, wobei u.a. Zeichnungen des Engländers Catherwood als Vorlage dienten, der Yucatán in der ersten Hälfte des 19. Jh.bereiste. Der freigelegte Teil der Ruinenstätte erstreckt sich etwa über 8oo mal 8oo m. Die Mehrzahl der Gebäude angeordnet um rechtwinklige Patios.

Gleich am Eingang das beherschende Bauwerk der Anlage, die 38 m hohe

PYRAMIDE DES WAHRSAGERS (4). Wer die extrem steilen Treppen erklettert, hat von oben einen guten Überblick über die Ruinen und einen weiten Ausblick auf die leicht hügelige Landschaft. Die Pyramide hat einen ovalen Grundriß, der der Konstruktion ihre Besonderheit verleiht. Ungewöhnlich auch die schwungvoll, faltenförmig aufgeworfene Außenmauer. Ein Baustil, der sich sonst in der Maya- Architektur nicht findet.

Die Pyramide enthält fünf übereinandergebaute, teilweise verschachtelte Tempel. Sichtbar die obersten beiden als rechteckige Gebäude mit reichen Ornamenten, immer wieder auch die Maske des Regengottes Chac. Weitere besitzen ihre Eingänge seitlich im unteren und mittleren Bereich der Pyramide. Die Anordnung der Tempel verrät, daß die Pyramide nicht in einer einzigen Bauphase errichtet wurde. Nachträgliche Überbauungen schafften erst ihre heutige Form und Höhe.

Neben der Pyramide das NONNENVIERECK (5), vier Gebäude, die einen großen Innenhof umschließen. Die an allen vier Seiten vorhandenen Kammern haben die spanischen Eroberer an die Zellen eines Nonnenklosters erinnert. Welche Funktion der Komplex tatsächlich erfüllte, ist unbekannt.

Die Ornamente sind ein besonders ausgeprägtes Beispiel für den Puuc-Stil: geometrische Formen, mäanderförmige Umrahmungen und Masken des Regengottes. Charakteristisch auch das Motiv einer palmengedeckten Hütte, die den einfachen Mayas als Wohnung diente. Die ärmlichen Hütten aus aneinandergebundenen Bambuspfählen mit ihrer gebrechlichen Struktur sind noch heute überall in Yucatán verbreitet. Ein ungeheurer Kontrast zur prachtvollen Architektur der Zeremonialzentren.

Besonders reich geschmückt der nördliche Teil des Gebäudekomplexes: Tiere, Maya- Hütten und Chac-Masken. Er steht auf einer erhöhten Plattform und überragt damit die anderen Teile des Bauwerks. Zu erreichen vom Innenhof über eine breite Treppe. Im

Südgebäude des Nonnenvierecks ein schöner Torbogen mit einem gut erhaltenen "falschen Gewölbe" (siehe Seite 117). Auch die Gebäudeteile des Nonnenklosters stammen nicht aus derselben Zeit, infolgedessen auch unterschiedliche Bauweise und Verzierungen.

Der Bogen verbindet den Innenhof des Nonnenvierecks mit dem BALLSPIELPLATZ (6), von dem nicht mehr viel zu sehen ist. Leider wurde inzwischen auch der gut erhaltene Steinring, durch den der Ball gespielt werden mußte, gestohlen und durch eine Plastik- Kopie ersetzt.

Oberhalb des Ballspielplatzes liegt der gewaltige PALAST DES GOUVERNEURS (8), eines der schönsten Bauwerke im Puuc- Stil: glatte Fassade und überschwengliche Verzierungen im oberen Bereich. Das gewaltige Fries, das um den Palast herumläuft, hat eine Höhe von rund drei Metern. Auffällig die lange Reihe von über hundert Chac- Masken. Außerdem wiederholen sich Maya- Hütten, Schlangenmotive und geometrische

Halbinsel Yucatán

Ornamente. Die zahlreichen Räume im Innern dagegen sind schmucklos und düster. Der Palast selbst steht erhöht auf einer Plattform, zu der eine breite Treppe hinaufführt.

> Die Masken des <u>Regengottes Chac</u> sind in ganz Yucatán verbreitet. An den Gebäuden der Puuc- Region kommt es allerdings manchmal zu regelrechten "Chac- Orgien". Maske an Maske, eine genau wie die andere: die charakteristische Rüsselnase, der offene Mund mit den vorstehenden Zähnen, runde Augen und verzierte Augenbrauen.
>
> Die besondere Verehrung des Regengottes hatte ihren Grund: Uxmal und die Puuc- Region besitzen keine Cenotes, die heiligen Brunnen der Maya. Das Regenwasser mußte daher in Zisternen aufgefangen werden und war infolgedessen immer knapp.

Das schlichte Gebäude neben dem Palast ist das <u>SCHILDKRÖTENHAUS</u> (7), benannt nach Motiven, die im oberen Teil der Fassade zu erkennen sind. Die Schildkröten sind eines der Symbole für den Wasserkult der Maya. Außerdem entlang der Außenfront die für den Puuc- Stil typischen gebündelten Säulen.

Hinter dem Palast eine Gruppe von verfallenen Konstruktionen. Teilweise freigelegt ist die rund 30 m hohe <u>GROSSE PYRAMIDE</u> (10). Eine Treppe führt hinauf zum Tempel. Wiederum Ornamente im Puuc- Stil und Masken

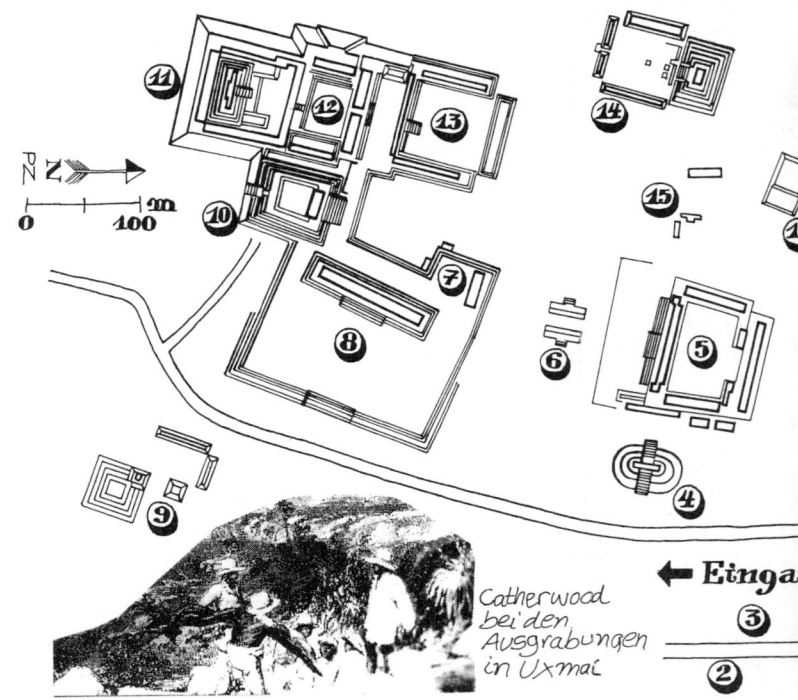

Catherwood bei den Ausgrabungen in Uxmal

des Regengottes. Von der oberen Plattform ein guter Überblick über die anderen Gebäude von Uxmal.

Nebenan, etwas versteckt im Gestrüpp, das <u>TAUBENHAUS</u> (12), dessen charakteristische Dachverzierung einem Taubenschlag ähnelt. Von dem einst großen Gebäude, das ähnlich wie das Nonnenviereck um einen Patio angeordnet war, ist nur noch ein kleiner Teil zu sehen.

Rund um diese freigelegten und restaurierten Gebäude liegt eine Anzahl weiterer Konstruktionen, die aber noch mit Gras, Gestrüpp und Geröll bedeckt sind. Die Hügel im ansonsten flachen Yucatán weisen auf weitere verborgene Gebäude hin.

<u>Geöffnet</u>: 8- 17 Uhr, Einlaß nur bis 16.3o. Eintritt ca. 6 US, sonntags gratis. Eine Licht- und Tonschau ab 19 Uhr auf Spanisch (ca. 3 US) und ab 21 Uhr auf Englisch (ca. 3 US).

Es gibt keinen eigentlichen Ort Uxmal. Die wenigen Hotels liegen entlang der Durchgangsstraße, sie verfügen alle über Restaurants mit zumeist teurer internationaler Küche.

"<u>Hotel Hacienda</u>", an der Hauptstraße gegenüber den Ruinen. Im noblen Hacienda- Stil mit großem Garten, Swimming- Pool und großzügigen Zimmern, mit Ventilator. DZ ca. 11o US.

"<u>Hotel Villa Arqueológica</u>", direkt neben dem Eingang zu den Ruinen. Moderner Flachbau, versteckt im niedrigen Urwald. Swimming- Pool, AC. Relativ kleine Zimmer, komfortabel und modern möbliert. DZ ca. 7o US.

"<u>Hotel Misión</u>", ca. 1 km Richtung Mérida. Unübersehbar auf einem Hügel. Modern und großzügig. Sw.- Pool. Viele Zimmer mit Blick auf die Ruinen. DZ mit AC ca. 8o US.

"<u>Hotel Rancho Uxmal</u>", etwa 2 km Richtung Mérida. Einfache, aber ordentliche und sehr saubere Zimmer. Ventilator. Gekachelte Bäder; SW- Pool. Empfehlenswerte Alternative zu den teuren Hotels in der unmittelbaren Nähe der Ruinen. DZ ca. 25 US. Einfaches Restaurant. Auch Zelten auf dem

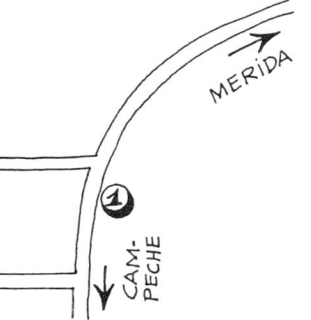

Uxmal

1 Hotel Hacienda Uxmal
2 Hotel Villa Arqueológica
3 Parkplatz
4 Pyramide des Wahrsagers
5 Nonnenviereck
6 Ballspielplatz
7 Schildkrötenhaus
8 Palast des Gouverneurs
9 Haus der alten Frau
1o Große Pyramide
11 Südtempel
12 Taubenhaus
13 Quadrángulo
14 Friedhofsgruppe
15 Säulengruppe
16 Terrasse der Monumente
17 Nordwestgruppe
18 Nordgruppe

548 Halbinsel Yucatán

> Grundstück erlaubt, kleine Gebühr. Wer kein Auto hat, muß einen heißen Marsch zu den Ruinen in Kauf nehmen, trampen oder einen der sporadischen Busse stoppen.

Verbindungen *ab Mérida nach Uxmal und Puuc-Region*

Uxmal und die anderen Ausgrabungsstätten der Puuc- Region sind am besten von Mérida aus zu erreichen.

 Bis Uxmal fährt 8 x pro Tag ein 2.- Klasse- Bus von AUTOTRANSPORTES DEL SUR.
Dieser Bus fährt auch weiter bis Kabah. Bei früher Abfahrt und guter Zeitplanung lassen sich beide Orte an einem Tag per Ausflug von Mérida aus besuchen. Zu den anderen Ausgrabungsstätten kein brauchbarer öffentlicher Verkehr!

 Wer das Geld hat und die Puuc- Region intensiv erkunden möchte, sollte sich hier auf jeden Fall einen Mietwagen leisten. Mit einer Übernachtung in Uxmal oder (billiger) in Ticul kommt man gut aus (Hotels siehe "Uxmal" und "Ticul").
Ab Uxmal eine kleine Rundfahrt, bei der alle Ruinen und die Höhlen von Loltún problemlos besucht werden können. Die Ausgrabungsstätten liegen im Abstand von nur wenigen Kilometern beieinander.

Eine andere Alternative sind die organisierten Touren, die in Mérida in den besseren Hotels und von Reisebüros angeboten werden. Dabei ist der Aufenthalt in den Ruinen allerdings meist recht knapp bemessen. Außerdem teuer, da selten genügend Leute zusammenkommen.

Ohne das nötige Kleingeld für Mietwagen oder Tour geht man am besten so vor: Mit dem Bus bis Uxmal oder Kabah. Dort auf den Parkplätzen Leute direkt ansprechen, die mit einem Mietauto unterwegs sind (die Wagen haben alle den entsprechenden Aufkleber einer Rent- a- car- Firma).

Es sind genug Autofahrer unterwegs, die die Tour machen und einen die paar Kilometer bis zur nächsten Ruinenanlage oder auf die ganze Rundfahrt mitnehmen können. Übernachtung dann entweder in Ticul oder Uxmal - und von dort mit dem Bus zurück nach Mérida.

Kabah

Etwa 25 km von Uxmal entfernt. Ruinen zu beiden Seiten der Straße, die Gebäude an der westlichen Seite sind nicht freigelegt. Ein schmaler Weg führt allerdings zum TORBOGEN VON KABAH mit dem typischen Maya- Gewölbe. Er steht im ehemaligen Zentrum der Stadt auf einer Plattform. An dieser Stelle begann die Maya- Straße ("Sacbe") nach Uxmal.

Sehr ungewöhnlich auf der Ostseite der Straße der PALAST DER MASKEN ("Codz Pop"): Hunderte von Steinmasken des Regengottes Chac zieren in schier unendlicher Reihe die Fassade des Gebäudes. Sogar eine

PALAST DES GOUVERNEURS während der Ausgrabungen
Stich von Catherwood.

große Anzahl der rüsselförmigen Nasen ist unversehrt. Verstreut davor liegen viele behauene Steine - auch auf ihnen wiederholt sich immer wieder das Motiv der Chac- Maske.

Hinter dem Palast der Masken der sogenannte PALACIO: Auffällig die für den Puuc- Stil typischen Verzierungen aus kleinen Säulen im oberen Teil der Fassade.

Geöffnet: 8- 17 Uhr, Eintritt ca. 3,5 US. Sonntags gratis.

Sayil

1o km von Kabah entfernt. Das wichtigste Gebäude befindet sich gleich am Eingang der Ausgrabungsstätte: Der riesige PALACIO mit seinen drei Stockwerken und einem breiten Treppenaufgang in der Mitte ist zweifelsohne eines der gewaltigsten Maya- Bauwerke in Yucatán. Die Eingänge zu den zahlreichen Kammern werden von Säulen getragen. Insgesamt enthält der Palast 94 Räume. Auch hier wiederholen sich an der Fassade die für den Puuc- Stil typischen Verzierungen aus gebündelten Säulengruppen.

Wer Zeit und Lust zu einem kleinen Urwaldmarsch hat (ca. 1 Std.), folgt dem Weg durch die Ausgrabungsstätte und kommt dabei an drei weiteren Tempeln (u.a. dem MIRADOR mit seinem aufragenden Dachkamm) sowie verschiedenen, nicht freigelegten Konstruktionen und Plattformen vorbei.

Geöffnet: 8- 17 Uhr, Eintritt ca. 3,5 US. Sonntags gratis.

Xlapak

5 km von Sayil entfernt. Einzelner, kleiner Palast im deutlich ausgeprägten Puuc- Stil: Säulenverzierungen und an den Ecken gut erhaltene Masken des Regengottes Chac. 2oo m nach rechts führt ein Pfad zu einem weiteren Gebäude mit kleineren Verzierungen.

Geöffnet: 8- 17 Uhr, Eintritt ca. 3,5 US. Sonntags gratis.

Labná

4 km von Xlapak entfernt. Ein riesiger Palast gleich am Eingang: besteht aus mehreren Gebäuden, die nacheinander ohne erkennbaren Plan errichtet wurden. Ein steinerner Dammweg führt zur großen Pyramide: heute nur noch ein Steinhaufen, auf dem die Reste eines Tempels mit einem gut erhaltenen Dachgesims stehen.

Daneben der TORBOGEN VON LABNA, der wohl das harmonischste aller erhaltenen Maya- Gewölbe aufweist. Der Torbogen war ursprünglich Teil eines Gebäudes, das zwei Höfe voneinander trennte. Links und rechts zwei rechteckige Kammern. Die Hauptfassade ist mit geometrischen Ornamenten versehen.

Labná ist die letzte der Ausgrabungsstätten im Puuc- Stil auf der hier vorgeschlagenen Rundtour.

Geöffnet: 8- 17 Uhr, Eintritt ca. 3,5 US, sonntags gratis.

LABNA – der Torbogen (Stich von Catherwood)

Grutas de Loltún

Von Labná aus etwa 2o km weiter auf der asphaltierten Straße. Riesige Höhle, schon in vorgeschichtlicher Zeit genutzt. Für die Maya war sie Wasserresevoir und Kultstätte.

Ein Teil der Grotten (ca. 2 km) kann besichtigt werden. Dauer der Führung etwa eine Stunde (Beginn zwischen 9.3o und 15.3o alle 9o Min.). Eintritt ca. 5 US.

Ticul

25 km von Loltún und 3o km von Uxmal entfernt. Hier schließt sich der Kreis einer Rundfahrt durch die Puuc- Region. Einziger Ort in der Gegend mit passablen und preiswerten Unterkünften. Sinnvoll als Übernachtungsstation bei einer zwei- oder mehrtägigen Rundtour, wenn man die hohen Preise in Uxmal nicht zahlen will. Regelmäßige Busverbindung mit Mérida; nur sporadisch nach Uxmal und Kabah, umsteigen und warten auf Anschluß inbegriffen.

"Hotel Sierra Sosa", Calle 26, Nr. 199-A. Ordentlich eingerichtete und sehr saubere Zimmer mit Ventilator. Privatbad. Einige düster und muffig, da ohne Fenster. DZ ca. 12 US.

"Hotel San Miguel", Calle 28, Nr. 191-A. Einfache Zimmer mit Ventilator und Fenster, daher einigermaßen hell und freundlich. DZ ca. 12 US.

LOS ALMENDROS, an der Hauptstraße. Mit Abstand besser als die teuren Restaurants der Hotels in Uxmal. Ausgefallene und authentische Spezialitäten aus Yucatán.

Mayapán

Einst eine der mächtigsten Maya- Städte auf der Halbinsel Yucatán: 12.000 Einwohner, 3.500 Gebäude und 20 Cenotes; vollständig umgeben von einer Stadtmauer. Bauweise ähnlich wie in Chichén Itzá, aber nicht so stabil. Daher heute vornehmlich ein mehrere Quadratkilometer großer Trümmerhaufen, von Pflanzen zugewachsen. Die Große Pyramide ähnlich der in Chichén Itzá, der Chac- Tempel zeigt Einflüsse des Puuc-Stils. Der weite Abstecher (ca. 50 km nördlich von Ticul Richtung Mérida; nicht verwechseln mit dem heutigen Ort Mayapán östlich von Ticul) lohnt nur für ausgesprochene Maya-Enthusiasten, die eine kaum freigelegte Ruinenstätte ohne Besucherandrang erleben wollen. Mit eigenem Auto eventuell einbauen in den Rückweg von Ticul/Uxmal nach Mérida. Ansonsten nur per umständlichem Bus- Trip ab Mérida zu erreichen.

Mérida -> Chichén Itzá (110 km)

Wenig abwechslungsreiche Strecke durch die Ebene von Yucatán. Unterwegs lohnt eventuell der Abstecher nach IZAMAL, knapp 20 km nördlich der Hauptstraße: Ein verschlafenes Städtchen mit kolonialem Flair. Sehenswert das Franziskaner- Kloster mit seinem riesigen Innenhof, umgeben von einer eindrucksvollen Reihe von Arkaden. Nach der Eroberung Yucatáns durch die Spanier ordnete der Mönch Diego de Landa die Zerstörung sämtlicher Maya- Gebäude in Izamal an und ließ das Kloster auf dem Fundament der Hauptpyramide errichten.

Chichén Itzá

Weiträumige Ruinenanlage an der Hauptstraße zwischen Mérida und Cancún, mit vielen, zum Teil hervorragend restaurierten Bauwerken. Das gesamte Gelände äußerst weitläufig. In den verschiedenen Teilen der Ausgrabungsstätte existieren alle wich-

"NONNE" Vorlage

tigen Architekturelemente der präkolumbianischen Kulturen Mexikos: Tempel, Paläste, Pyramiden, der Ballspielplatz, ein Observatorium.

Außerdem gut erhaltene Reliefs, die Aufschluß über die Mythologie der einstigen Bewohner geben: Statuen des Chac Mool sowie die immer wiederkehrenden Motive von Totenköpfen, Adlern, Jaguaren und der gefiederten Schlange. Dazu der ca. 60 m breite Cenote, ein heiliger Brunnen der Maya.

Wer nur eine Maya- Stätte besuchen kann oder will, sollte Chichén Itzá wählen. Sie ist vielleicht nicht die schönste, gibt aber durch die Vielzahl der vorhandenen Gebäude und Motive den besten Einblick und Überblick. Auf jeden Fall einen vollen Tag für die Besichtigung einkalkulieren: Die Wege sind weit, und es gibt viele sehenswerte Details, die bei einem schnellen Durchgang verlorengehen.

<u>GEÖFFNET</u> von 8- 17 Uhr (Einlaß bis 16.30). Eintritt ca. 6 US, sonntags gratis. Chichén Itzá ist zeitweise stark überlaufen, vor allem ab

"ER", Hauptfassade um 1880 nach einer Charney CHICHEN ITZA

"EL CASTILLO" (Pyramide des Kukulcán) um 1880 und vor Restaurierung

11 Uhr kommen die Touristenbusse aus Cancún, die gegen 15 Uhr wieder abfahren. Wer die Anlage einigermaßen in Ruhe genießen will, kommt daher am besten gegen Mittag an und plant einen Teil der Besichtigung für den späten Nachmittag ein. Dann Übernachtung und am nächsten Morgen in Ruhe den Rest anschauen. Zusätzlicher Vorteil: Man klettert nicht in der glühenden Mittagshitze auf den Pyramiden herum.

Eine Licht- und Tonschau ab 19 Uhr auf Spanisch (ca. 3 US) und ab 21 Uhr

Chichén Itzá

1 Ballspielplatz
2 Tempel der Jaguare
3 Adlerplattform
4 Schädelmauer
5 Venusplattform
6 Heiliger Cenote
7 El Castillo (Pyramide des Kukulkán)
8 Tempel der Krieger
9 Ballspielplatz
10 Halle der tausend Säulen
11 Dampfbad
12 Marktplatz
13 Markthalle
14 Ballspielplatz
15 Hotel Mayaland
16 Hacienda Chichén
17 Cenote und Tempel des Xtoloc
18 Grab des Hohepriesters
19 Haus des Hirsches
20 Rotes Haus
21 Observatorium "El Caracol"
22 Tempel der Wandtafeln
23 El Akab-Dzib
24 La Iglesia (die Kirche)
25 Nonnenhaus

Halbinsel Yucatán 555

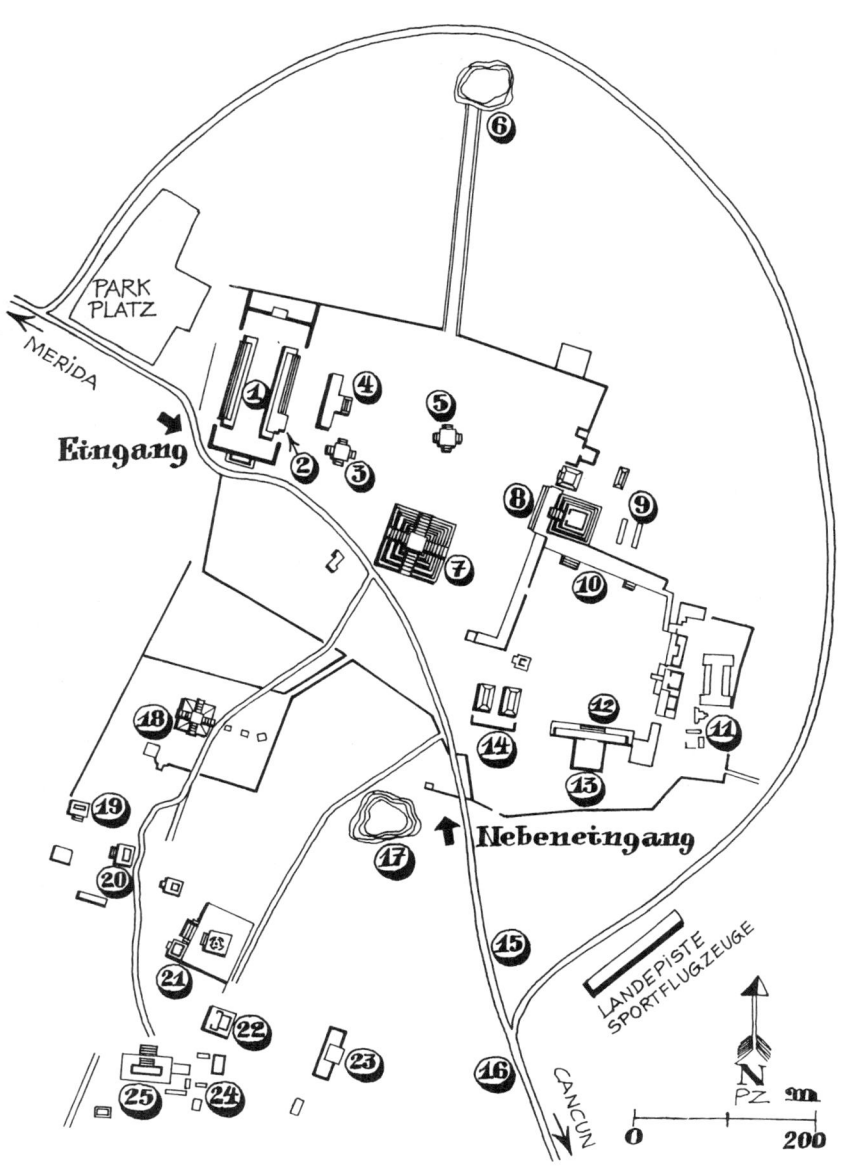

PYRAMIDE DES KUKULKAN, wie sie Catherwood sah

auf Englisch (ca. 3 US). Dauer jeweils 3o Min.

Chichén Itzá wurde im 5. Jahrhundert n. Chr. gegründet und hatte seine erste Blütephase in der Klassischen Epoche der Maya von 6oo bis 9oo. Um die Jahrtausendwende eroberte der Toltekenstamm der Itzá die Region: Die vorhandenen Gebäude wurden jedoch nicht zerstört, sondern mit Hilfe von Maya- Künstlern und Maya- Architekten erweitert oder überbaut. In der Folgezeit eine künstlerische Renaissance, in der sich toltekische Stilelemente mit Maya- Motiven zu einer einzigartigen Mischung verbanden. Insofern erlebte Chichén Itzá zwei ausgeprägte Phasen kultureller Entwicklung und nimmt damit eine Ausnahmestellung ein unter den Mayasiedlungen Yucatáns.

Das zentrale Gebäude der gesamten Anlage ist die 24 m hohe PYRAMIDE DES KUKULKAN (7) (manchmal auch "El Castillo" genannt): quadratischer Grundriß von 55 m Seitenlänge. Vier Treppen, die auf jeder Seite zur oberen Plattform führen, auf der sich ein Tempel befindet. Jede Treppe hat 91 Stufen, zusammen mit der Schwelle am Tempeleingang also insgesamt 365; ein Beispiel dafür, daß Architektur in den Zeremonialzentren der präkolumbianischen Völker oft symbolischen Charakter hatte, verbunden mit astronomischen Berechnungen von Tagen, Monaten oder Jahren.

Kukulkán ist das Maya- Wort für Quetzalcóatl, die gefiederte Schlange. Die Tolteken brachten den Kult um diesen eigentümlichen Gott des Regens aus dem Zentralen Hochland nach Yucatán. Der indianischen Legende zufolge hatte er vor vielen Jahren aus Scham über einen Sündenfall das Land verlassen, aber vesprochen, eines Tages von Osten her zurückzukehren und sein toltekisches Reich zu erneuern.

Am Fuß der Nordtreppe die steinernen Schlangenköpfe, die an zwei Tagen im Jahr ein besonderes Schauspiel liefern: Am 21. März und 21. September erhalten die Köpfe durch den Stand der Sonne einen scheinbaren Körper. Der Schatten, den die Stufen werfen, schlängelt sich langsam die Treppe hinunter. An diesen Tagen ist Chichén Itzá mit Tausenden von Besuchern überfüllt. Die Licht- und Tonschau wiederholt allabendlich das Phänomen auf künstliche Weise.

Im Innern entdeckten die Archäologen eine zweite Pyramide, die von der jetzigen überbaut ist. Ein Tunnel führt hinein zu einer steinernen Chac-Mool Figur und einem mit Jade verzierten Altar, der einen Jaguar darstellt. Der Eingang ist nicht den ganzen Tag über geöffnet, daher u.U. einen der Aufseher fragen, wann die Tür aufgeschlossen wird.

Gegenüber der Pyramide der gewaltige, rund 9o m lange <u>BALLSPIELPLATZ</u> (1), einer von sieben, die es einst in Chichén Itzá gab. Der größte in ganz Mexiko. An beiden Seiten begrenzt durch knapp zehn Meter hohe Mauern, auf der Darstellungen des präkolumbianischen Ballspiels zu sehen sind. In mehreren Metern Höhe in die Mauer eingelassen die mit Reliefs verzierten Steinringe, durch die der Ball gespielt werden mußte. (Details siehe Seite 118.)

An den Frontseiten des Platzes je ein kleiner Tempel. Auf einer der seitlichen Begrenzungen der <u>TEMPEL DER JAGUARE</u> (2), von dessen oberem Stock aus das Ballspiel beobachtet werden konnte. Auf Säulen und Mauern

rashe des Regengottes CHac

Schlangenkopf in Chichén Itzá

Reliefs von Quetzalcóatl sowie toltekischen Kriegern.

Vom Ballspielplatz aus im Uhrzeigersinn um die Kukulkán- Pyramide herum zunächst die ADLERPLATTFORM (3). Die auf Reliefs dargestellten Adler und Jaguare verzehren menschliche Herzen. Sie stellen symbolisch toltekische Krieger dar, deren Aufgabe es war, möglichst viele Gefangene zu machen, um sie der Sonne zu opfern.

> Die Tolteken fürchteten jeden Tag aufs Neue, daß die Sonne nicht mehr aufgehen würde. Um ihr die notwendige Energie für den kommenden Tag zu verschaffen, brachten sie blutige Menschenopfer. Eine Vorstellung, die später auch die Azteken übernahmen. Cortés und den spanischen Priestern und Eroberern war diese Zermonie eine willkommene Rechtfertigung für das brutale Vorgehen gegen die Aztekenherrschaft.

Gleich hinter der Adlerplattform die SCHÄDELMAUER (4), auf der die Schädel der geopferten Menschen auf Pfählen aufgestellt wurden. Hunderte von Totenköpfen sind aus den Steinen der Mauer herausgearbeitet: ein makabres Bild.

Dahinter die VENUSPLATTFORM (5) mit gefiederten Schlangen und dem Maya- Zeichen für das Jahr der Venus am Treppenaufgang.

Wenige Schritte weiter geht ein Weg links ab durch den Wald zum HEILIGEN CENOTE (6), natürliches Wasserreservoir und Opferstätte der Maya. Das runde Loch im Kalksteinboden hat fast 6o m Durchmesser. Die Wände fallen senkrecht ab, rund 2o m unterhalb des Randes liegt der grünlich schimmernde Wasserspiegel.

Das Wasser des Cenote war die Lebensader von Chichén Itzá. Auf seinem Grund fanden Archäologen Opfergaben und zahlreiche menschliche Skelette - Hinweise auf die kultischen Zeremonien, die hier abgehalten wurden. Ihm verdankt das Zeremonialzentrum wohl auch seinen Namen: Chichén Itzá = "an der Quelle der Itzá".

> Wasserreservoire wie der "Cenote" in Chichén Itzá waren in weiten Teilen Yucatáns die einzige Süßwasserquelle der Maya- Völker. Der poröse Kalksteinboden des Landes läßt jeden Regen sofort versickern und verhindert die Entstehung von Bächen oder gar Flüssen. So ist auch heute noch die Ebene von Yucatán eine flußlose Landschaft mit Wasserproblemen.
>
> Kein Wunder auch, daß sich der Götterkult der Maya auf den Regengott Chac konzentrierte, der für die notwendige Bewässerung der Felder zu sorgen hatte. In Jahren der Dürre mußten größere Siedlungen sogar zeitweise von ihren Bewohnern verlassen werden, die dann auf dem Land und im Urwald versuchten zu überleben.

Weiter im Uhrzeigersinn um die Kukulkán- Pyramide herum, als nächstes der TEMPEL DER KRIEGER (8). Vor dem Tempel und auf seiner Plattform Dutzende von rechteckigen Pfeilern, auf denen schwerbewaffnete Toltekenkrieger zu sehen sind. Machen beinahe den Eindruck einer Armee, die das Bauwerk bewacht. Große Ähnlichkeit zu den "Atlanten" in der einstigen Toltekenhauptstadt Tula, im Zentralen Hochland. Auf der Plattform außerdem eine hervorragend erhaltene Chac-Mool- Figur.

> Chac- Mool bedeutet "roter Jaguar", was mit dem tatsächlichen Aussehen dieser in einer

eigentümlichen Haltung zurückgelehnten Figur nichts zu tun hat. Der Begriff wurde geprägt vom amerikanischen Archäologen Le Plongeon, der 1875 eine dieser Skulpturen entdeckte. Die Bezeichnung hat sich erhalten, obwohl nicht geklärt ist, welche Bedeutung die Figur besaß. Ob auf der Schale am Bauch tatsächlich die geopferten Menschenherzen aufbewahrt wurden, ist ebenfalls unklar.

Begrenzt wird der Kriegertempel von der HALLE DER TAUSEND SÄULEN (1o). Zwar waren es nicht ganz tausend, aber mehrere hundert von ihnen umfaßte der gesamte Komplex. Sie wurden konstruiert durch übereinandergeschichtete Zylinder. Oben ein rechteckiger Quader als Abschluß, der früher die hölzerne Dachkonstruktion getragen hat. Hinter der "Halle" kleinere Ballspielplätze und der sogenannte MARKT (13), eine Plattform mit Säulenresten, deren tatsächliche Funktion nicht bekannt ist.

Chichén Viejo: Von der Südseite der Kukulkán- Pyramide aus führt ein Weg zum älteren Teil von Chichén Itzá, der weniger Einflüsse der Tolteken, sondern reine Stilelemente der Maya aufweist: Puuc- Stil und Masken des Regengottes Chac, wie sie ansonsten nur in der Puuc- Region um Uxmal zu finden sind. Vorbei an einer schlecht erhaltenen Pyramide, dem GRAB DES HOHEPRIESTERS (18), in dem Archäologen verschiedene Gräber mit Opfergaben entdeckt haben.

Hinter zwei weiteren, verfallenen Gebäuden (dem HAUS DES HIRSCHES (19) und dem ROTEN HAUS (2o) trifft der Pfad auf den charakteristischen Rundbau des OBSERVATORIUMS (21), dessen runde Form eine Seltenheit in der präkolumbianischen Architektur darstellt. Eine schneckenförmige Wendeltreppe endete in einem Raum, von dem aus die Maya- Priester Himmelsbeobachtungen durchführten. Die Mauern haben schmale Öffnungen zur Observation bestimmter Sternbilder und Planetenkonstellationen.

Hinter dem Observatorium weitere kleine Gebäude mit Ornamenten im Puuc- Stil, am besten erhalten das sogenannte NONNENHAUS (25), dessen Kammern die Spanier an die Zellen eines Klosters erinnert haben. Verschiedene Nebengebäude mit Chac- Masken an den Ecken. Ein Pfad führt nach Süden zu weiteren Ruinen, die aber kaum freigelegt und nicht restauriert sind: interessant höchstens für archäologische Experten.

Die meisten Hotels liegen entweder im nahen Ort Pisté, am Ortsausgang Richtung Chichén Itzá (2 km zum Haupteingang der Ruinen; problemlos zu Fuß auf gutem Fußweg) oder bei km 12o rechts ab von der Hauptstraße (zum Nebeneingang der Ruinen wenige Schritte).

"Hotel Mayaland", Carretera km 12o. Direkt am Nebeneingang zu den Ruinen. Schöne und großzügige Anlage in weitläufigem, subtropischem Garten. Schwimmbad. Große Zimmer, einige mit Blick auf die Ruinen. Schönes Wohnen im Hacienda- Stil. DZ mit AC und renovierten Bädern ca. 12o US.

"Hacienda Chichén", Carretera km 12o und in der Nähe des "Mayaland". Kleine Bungalows, verstreut in einem schönen Garten. Swimming- Pool. Kurzer Weg zum Nebeneingang der Ruinenanlage. Das DZ mit Ventilator ca. 11o US. Während einiger Sommermonate geschlossen.

"**Hotel Villas Arqueológicas**", Carretera km 12o. Nähe Nebeneingang zur Ausgrabungsstätte. Weitläufiger Flachbau in großem Garten. Schwimmbad. Kleine, aber komfortable Zimmer. DZ ca. 85 US.

"**Hotel Misión Chichén Itzá**", am Ortsrand von Pisté. An der Durchgangsstraße, nach vorn laut. Schönere Zimmer zum Garten. Schwimmbad. DZ mit AC ca. 8o US.

"**Hotel Stardust**", Ortsausgang von Pisté an der Hauptstraße. Modernes Gebäude um einen Garten mit Swimming- Pool. Zimmer mit Farb- TV und AC. Neu möbliert, gekachelte Bäder. DZ ca. 7o US, in der Nebensaison eventuell weniger.

"**Hotel Pirámide Inn**", Ortsausgang von Pisté. Neues Gebäude im Motel- Stil. Trailer- Park nebenan. Großer Garten mit Schwimmbad. Zimmer mit AC. DZ ca. 65 US, bei geringer Auslastung Nachlässe möglich.

"**Hotel Dolores Alba**", Carretera km 123. Etwa 3 km Richtung Cancún. Saubere Zimmer, im Bungalow- Stil aneinandergereiht. Ventilator. Kleines Schwimmbad. DZ ca. 23 US, mit AC ca. 7 US extra. Transport zu den Ruinen, falls gewünscht. Das gleichnamige Hotel in Mérida (sehr zu empfehlen) gehört denselben Besitzern. Reservierung möglich.

"**Hotel Posada Chac Mool**", Ortsrand Pisté. Einfache Zimmer mit Ventilator. Passable Bäder. Die spärliche Möblierung läßt sich durch die eigene Hängematte ergänzen. Haken vorhanden.

"**Hotel Posada El Paso**", im Ortskern von Pisté an der Hauptstraße. Im Motel- Stil. Einfache Zimmer mit Ventilator. Große und sehr saubere Bäder, o.k. für ca. 13 US/DZ.

Verbindungen ab Chichen Itza

Von Mérida aus etwa 1,5 Stunden Busfahrt. Morgens fährt ein 1.- Klasse- Bus, der am frühen Nachmittag zurückkehrt. Hin- und Rückfahrt können gemeinsam gebucht werden (ca. 8 US).

Ansonsten häufig 2.- Klasse- Busse Richtung Cancún, die auch in Chichén Itzá halten. Von Chichén Itzá bis Cancún ca. 2oo km.

Flug: Die von MEXICANA/AEROCARIBE immer wieder angekündigten Flüge Cancún - Chichén Itzá stehen (inkl. Flugnummer) bisher nur auf dem Papier. Eventuell tut sich etwas in Zukunft.

Chichén Itzá -> Cancún (2o5 km)

Langweilige Fahrt durch die Ebene. Wer Chichén Itzá relativ spät am Nachmittag verläßt und nicht mehr bis Cancún durchfahren will, findet einige einfache Hotels in Valladolid, ca. 4o km von Chichén Itzá entfernt.

Von dort aus eventuell Abstecher nach RIO LAGARTOS, ca. 1oo km nördlich an der Küste. In den seichten Gewässern der Lagune die größte Flamingo- Kolonie Mexikos. Außerdem zahlreiche andere Vogelarten wie Pelikane, Kormorane und Reiher. Vor allem die Bootsfahrt zu den Sammelpunkten der rosa Flamingos, die sich dort zu Tausenden aufhalten, ist ein großes Naturerlebnis.

Per öffentlichem Bus (2. Klasse, viel Warterei auf Anschlüsse) ist der Trip ziemlich beschwerlich. Auch die Kosten für die Bootsfahrt sind hoch, da die Entfernung vom Hafen zu den attraktiven Plätzen groß ist. Zudem das Risiko, daß sich niemand sonst einfindet, der den Preis teilt. Einfacher und billiger ist daher der Ausflug ab Mérida nach Celestún (siehe dort), wo man eine ähnliche Ansammlung von Flamingos erleben kann. Ab Cancún ist Rio Lagartos allerdings weitaus schneller zu erreichen.

✴ Cancún (25o.ooo Einw.)

Touristenzentrum par excellence aus der Retorte. 197o von einem Computer als idealer Standort für eine Super- Feriensiedlung ausgewählt, haben sich die Erwartungen mittlerweile mehr als erfüllt. Auf einem fast 2o km langen Landstrich zwischen Karibik und der Laguna Nichupte (mit zwei Brücken ans Festland angebunden) finden sich mehr als 1oo Hotels und Apartmenthäuser. Ganzjährig angenehmes Klima, viel Sonne, saubere Strände und das glasklare, türkisfarbene Meer der Karibik mit seinen phantastischen Wassersportmöglichkeiten sind die Attraktionen.

In der Mehrzahl Pauschalurlauber aus Nordamerika und Europa. Inzwischen über 2 Millionen Touristen pro Jahr, ständig entstehen neue Hotels. Geplant für das kommende Jahrzehnt ist die Entwicklung von PUERTO CANCUN, einer Marina zwischen Cancún und Puerto Juarez mit 1.ooo Liegeplätzen für Jachten aller Art, weiteren 12 Luxushotels sowie 17 Apartment- Komplexen.

Cancún ist zweifellos touristisch, wenig mexikanisch und voll; es ist aber längst nicht so überlaufen und vollgestopft wie mancher Ferienort am Mittelmeer. Auch für Einzelreisende bleiben einige individuelle Alternativen in der ansonsten perfekten Urlaubsmaschinerie. Cancún ist außerdem ein guter Standort für Ausflüge zu den Maya- Ruinen von Chichén Itzá, Tulum und Cobá.

__Klima__: Das ganze Jahr über angenehm warm, meist zwischen 25 und 3o Grad Celsius. Gelegentlich kann es auch mal regnen, die Schauer sind aber schnell vorüber.

PAUSCHAL- URLAUB IN CANCUN
Zweifellos ist Cancún der richtige Ort für Sonnenanbeter und Wassersportler, die außer Strandleben und komfortabler Unterkunft nicht viel mehr von einem Urlaub erwarten. Aber eine Pauschalreise ist wegen der insgesamt niedrigen Kosten für Flug und Hotel im Fall Cancún auch eine Alternative für Leute, die ihre Ferien durch individuelle

Unternehmungen gestalten wollen. Die Umgebung ist derart vielseitig und verfügt über so hochkarätige Attraktionen, daß man auf jeden Fall auf seine Kosten kommt. Möglichkeiten für Ein- oder Mehrtagesausflüge existieren in Hülle und Fülle; per Bus, Mietwagen, Boot oder Kurzflug. Die Verkehrsverbindungen sind ausgezeichnet. Wer nur Übernachtung mit Frühstück bucht, ist flexibel und kann seine Ferien an einem der schönsten Strände Mexikos verbinden mit dem Kennenlernen natürlicher und kultureller Attraktionen des Landes. Im Folgenden einige Vorschläge, Details in den jeweiligen Kapiteln:

Tagesausflüge: Seite
- zum Baden und Schnorcheln auf die Isla Mujeres... 570
- vielfältige Vogel- und Tierwelt beobachten im Naturschutzgebiet von Isla Contoy 573
- kombinierte Auto/Bootstour zu den Flamingo-Kolonien von Rio Lagartos........... 561
- Besichtigung der umfangreichen Maya- Ruinen in Chichén Itzá....................... 552
- Maya- Ruinen von Tulum und Cobá... 582/586
- Bade- und Schnorcheltag in der Lagune Xel- ha 576
- Tauch- oder Schnorcheltour zu den Korallenriffen vor der Insel Cozumel.............. 581

Mehrtagestouren (2- 3 Tage)
- nach Mérida mit Besuch der Maya-Ruinen in der Puuc-Region, vor allem Uxmal ..544
- Flug nach Villahermosa (Parque la Venta!) und Abstecher zu den Maya- Ruinen in Palenque 593

Av. Tulum 26.

Post: Av. Sun Yax Chen/Ecke Xel- ha. - **Telefon**: Av. Alcatraces/ Ecke Cobá. - **Geldwechsel**: Viele Casas de Cambio in der Av. Tulum.

SEHENSWERTES

Kleinere, recht unbedeutende <u>Maya- Stätten</u> in der Hotelzone, z.B. beim Sheraton- Hotel ("San Miguelito" (9) mit einer gut erhaltenen Chac Mool Figur) oder die Ruinen "El Rey" (1o) am südlichen Ende der Landzunge. Dort Pyramidenplattformen und ein kleiner Tempel. Wer sowieso in Cancún Urlaub macht, schaut mal kurz rein; ansonsten keinen Umweg wert.

<u>MUSEO DE ANTROPOLOGIA</u> (7), im Centro de Convenciones an der Punta Cancún. Fundstücke der Maya- Kultur, nichts Überwältigendes. Seit dem Hurrican "Gilbert" von 1988 geschlossen. Unklar, ob es je wieder geöffnet wird.

CANCUN
1 POST
2 TELEFON
3 Busterminal
4 Mercado de Artesanías
5 Fähre Islas Mujeres
6 Jugendherberge
7 Museo Antropológico/Centro de Convenciones
8 Golf
9 Sitio Arqueológico San Miguelito
1o Sitio Arqueológico El Rey
11 Flughafen
12 Playa Tortugas
13 Playa Chac Mool
14 Playa Marlin
15 México Mágico
16 Playa Delfines

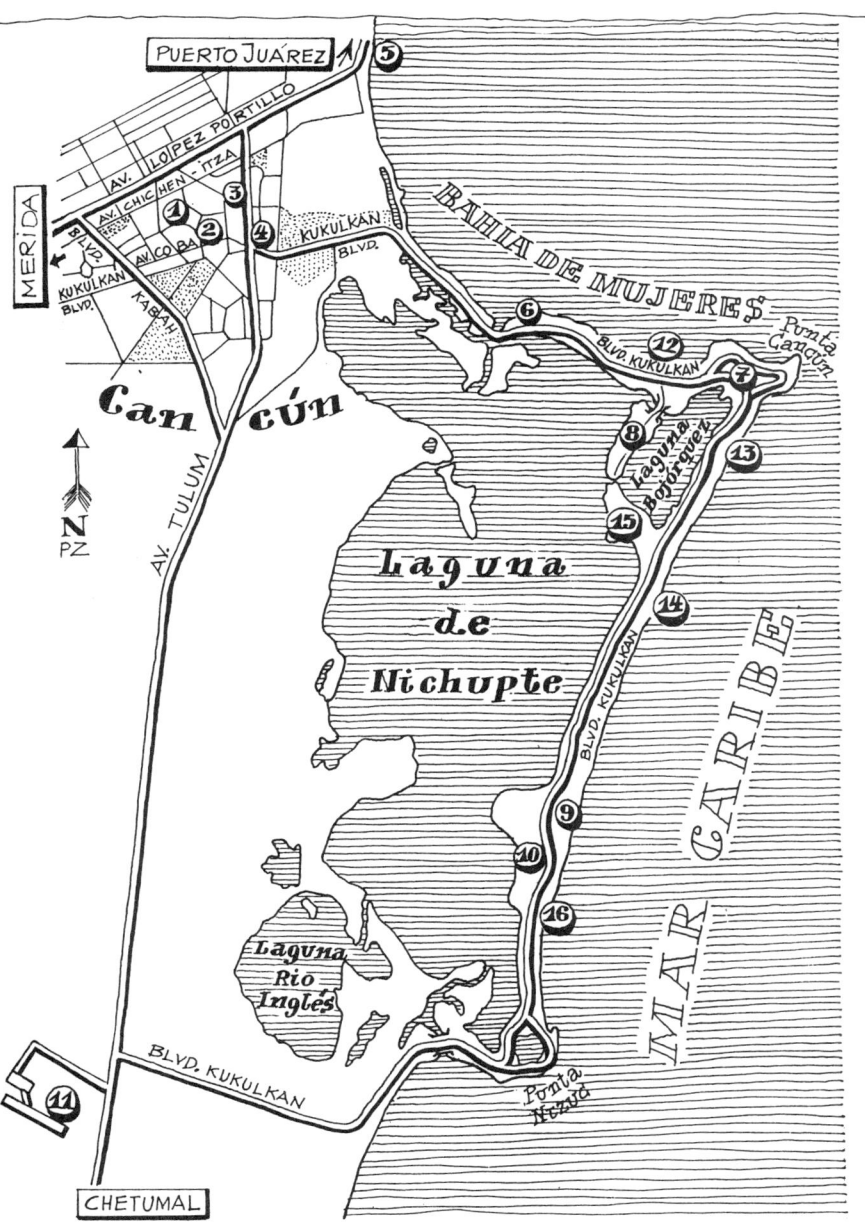

MEXICO MAGICO (15): Ein modernes Strandparadies braucht auch seinen Vergnügungspark, und so haben die Tourismus- Manager von Cancún ein kleines mexikanisches Disney- World auf die Landzunge gesetzt. Hier kann man endlich das "typische Mexiko" (in Vergangenheit, Gegenwart und Zukunft) erleben, ohne je einen Schritt vom Strand weg getan zu haben. Wer gleichzeitig auch noch Frankreich, Spanien und Italien kennenlernen möchte - die entsprechenden Pavillons sind vorhanden. Ausweitung ist geplant, so daß man in Zukunft vermutlich auch durch Rothenburg ob der Tauber spazieren kann. Geöffnet 17- 24 Uhr, Eintritt ca. 2o US, Shows und Vorführungen inbegriffen.

AUSFLÜGE: Die wirklichen Sehenswürdigkeiten liegen in der näheren und weiteren Umgebung der Stadt. Wer außer Sonnenbaden und Wassersport noch einiges unternehmen will, hat dazu viele Möglichkeiten: Details siehe oben ("Pauschalreisen") und in den entsprechenden Kapiteln.

STRÄNDE

BADEN
Die gesamte "Zona Hotelera" ist ein einziger schöner STRAND, an vielen Stellen voll, aber nicht überfüllt.
Da Mexikos Strände öffentlich sind, kann jeder auch die Hotelstrände der Luxushotels benutzen. Die sind allerdings oft nur zugänglich durch die Lobby.

Außerdem gibt es zahlreiche frei zugängliche Strände: am schönsten Playa Tortugas (12) an der Bahía Mujeres und Playa Chac- Mool (13) an der offenen Karibik. Außerdem gut Playa Marlin (14) und Playa Delfines (16), ziemlich am Ende der Hotelzone.

Die Strände an der Bahía Mujeres bis zur Punta Cancún haben seichtes, ruhiges Wasser. Die Strände von der Punta Cancún aus südlich gehen zur offenen Karibik, haben höhere Wellen und sind weniger voll mit Leuten.

Die Hotels in Cancún befinden sich entweder im Zentrum oder auf der langgestreckten, der Küste vorgelagerten Landzunge entlang der Av. Kukulkán. Der Landstrich mit den Hotels und Stränden knickt an der Punta Cancún senkrecht nach Süden ab, so daß die in Zentrumsnähe gelegenen Hotels an der Bahía Mujeres stehen (seichtes, ruhiges Wasser). Hinter der Punta Cancún Hotels an der offenen Karibik: Strände schöner, sauberer, weniger Betrieb.

Ein Hotel im Zentrum lohnt lediglich für kurzfristige Übernachtungen auf der Durchreise, da weit vom Strand und trotzdem noch teuer genug. Für einen längeren Aufenthalt bieten sich die Hotels in der "Zona Hotelera" an. Dort allerdings erst recht gesalzene Preise. Die Preisangaben im folgenden sind normale Hochsaisonpreise zwischen November und März. In der restlichen Zeit billiger (bis zu 2o oder 3o Prozent), aber Vorsicht: an bestimmten Feiertagen oder langen Wochenenden schnellen sie unversehens wieder in die Höhe. Wer länger in Cancún bleiben will, bucht am günstigsten pauschal von Europa aus.

Sehr preisgünstig im Vergleich auch zu den "Billig- Hotels" ist die JUGENDHERBERGE (6) von Cancún. Sie ist ideal gelegen - in der Hotelzone am Strand, und doch relativ nah zum Zentrum. Man kann dort auch sein Zelt aufschlagen. Allerdings häufig belegt mit mexikanischen Jugendgruppen. Übernachtung ca. 1o US pro Person.

ZENTRUM

Die Hotels im Zentrum sind einander meist ähnlich: moderne Bauten, zwei bis drei Stockwerke. Eins am anderen in den Avenidas Tulum, Uxmal und Yaxchilán. Halbwegs preisgünstige Häuser sind rar, klein und schnell ausgebucht.

"__Hotel Plaza Caribe__", Av. Uxmal. Am Busbahnhof. "Luxus- Variante" in der Innenstadt. Großer Flachbau, ruhige Zimmer. Swimming- Pool, AC. DZ ca. 75 US.

"__Hotel Novotel__", Av. Tulum. Mitten im Geschehen der Innenstadt. Schnörkelloser Bau und ebensolche Zimmer. Viele zur lauten Straße. Mittelklasse mit Swimming-Pool. DZ mit AC ca. 55 US , mit Ventilator ca. 4o US.

"__Hotel Rivemar__", Av. Tulum. Zentral an der Hauptgeschäftsstraße. Einfach, aber gepflegt. Kleines Hotel, nach vorn laut. Zimmer mit AC. DZ ca. 27 US.

"__Hotel Colonial__", Av. Tulum, Eing. in ruhiger Nebenstr.. Einf. eingerichtete Zimmer, klein und je nach Lage etwas stickig. Mit Ventilator ca. 24 US, mit AC ca. 27 US.

"__Hotel Cotty__", Uxmal 44. Nur wenige Schritte vom Busbahnhof. Motel- Stil. An der Hauptstraße, aber Gebäude nach hinten versetzt, daher passabel leise. Zimmer solide möbliert mit AC. DZ ca. 29 US.

"__Hotel El Alux__", Uxmal 21. Neben dem Busbhf. an lauter Straße. Typisches Stadthotel mit relativ geräumigen Zimmern, neue Möbel. DZ mit AC und TV ca. 3o US.

"__Hotel Komvaser__", Yaxchilán 15. Mehrere verschachtelte Gebäude, etwas zurück von der Straße. Trotzdem noch relativ laut. Völlig restauriert mit neuen Möbeln und Bädern. Einfach, aber solide. Kleiner SW- Pool auf der Terrasse. Gute Wahl, wenn der Preis von 23 US bestehen bleibt.

"__Hotel Coral__", Sunyaxchén 3o. Etwas abseits vom direkten Geschehen, Richtung Mercado 28. Geräumige Zimmer mit soliden Möbeln und AC. Kleiner Hof mit SW-Pool. Freundlich- familiäre Atmosphäre. Für ca. 2o US von der Zimmerqualität her gutes Preis- Leistungs- Verhältnis.

Wer von Cancún aus weiter zur Isla Mujeres will, die letzte Fähre aber verpaßt hat, bleibt eventuell in einem der relativ preisgünstigen Hotels am Fähranleger im Vorort Puerto Juárez:

"__Hotel Fuente Azul__", Direkt gegenüber dem Anleger. Offenbar nur als Durchgangsstation gedacht. Wenig gepflegt, wenig Aufmerksamkeit gegenüber dem Gast, der sowieso nur eine Nacht bleibt. Zi. einf., mit Ventilator. Notlösung für ca. 17 US pro DZ.

"__Hotel San Marcos__", 3oo m vor dem Anleger. Neu und sauber. Etwas düstere Zimmer mit Ventilator.

HOTELZONE

Inzwischen sind fast alle Abschnitte der Hotelzone zumindest teilweise bebaut; die Lücken werden immer kleiner. Derzeit rund 85 Hotels im Strandbereich zur Auswahl, praktisch keines in schlechter Lage. Bis auf die wenigen an der Laguna de Nichupte haben alle direkten Zugang zum Strand, liegen also in der "ersten Reihe", da es keine zweite gibt. Wichtig für fast alle Hotels in der "Zona Hotelera": Zimmer ohne Meerblick haben zwar meist eine schöne Aussicht über die Laguna Nichupte, liegen aber in der Regel zur Tag und Nacht stark befahrenen Av. Kukulkán.

Fast alle Hotels verfügen über Restaurant, Swimming- Pool, Reiseagentur sowie komfortable Zimmer mit TV und AC. Die wichtigste Unterscheidung besteht darin, ob sie an der Bahía Mujeres (ruhiges Wasser, mehr Betrieb) liegen, oder zur offenen Karibik (größere Wellen, einsamer).

Nur wenige ältere Hotels haben ein Preisniveau von ca. 7o- 1oo US, z.B. "Hotel Playa Blanca", "Hotel Aquamarina Beach", "Club Las Perlas", "Villas Cerdeñas" und "Hotel Girasol". Bis auf das letzte liegen alle im Abschnitt Bahía Mujeres.

Die Mehrzahl der Strandhotels bewegt sich, wer auf eigene Faust bucht, im Preisbereich zwischen 15o und 3oo US (einige auch darüber). Erheblich billiger, wer ein Pauschalangebot bucht, also Transatlantikflug & Cancun Hotel. Die Preise abhängig von Saison; alle Details in den Prospekten der Mexiko- Reiseveranstalter.

 Unzählige Restaurants in der Hotelzone. Jedes Hotel hat mindestens eins, manche haben zwei oder drei. Weitere in den Einkaufszentren und entlang der Av. Kukulkán. Alle aufwendig gestaltet und sehr teuer.

Im Zentrum wird's erschwinglicher. Viel Anmache allerdings auf der Av. Tulum und ihren kleinen Seitenstraßen für die Einheitslokale mit dem Hummer und T- Bone Steak im Angebot. Auch diese noch teuer, eins neben dem anderen. Haben große Preislisten und die wichtigsten Gerichte vor der Tür auf Tellern ausgebreitet. Auch in der Umgebung der Avenidas Uxmal, Yaxchilán und Cobá ist das Preisniveau nicht gerade niedrig. Die Lokale dort allerdings etwas bodenständiger. Nach Restaurants, die von der Norm anweichen, muß man suchen. Hier einige Vorschläge:

LOS ALMENDROS, Av. Bonampak, gegenüber der Stierkampfarena. Ausgezeichnete Spezialitäten der yukatekischen Küche. Atmosphäre wie in der Bahnhofshalle, aber wenn der Laden voll ist, wird's gemütlicher. Nicht billig, aber für Cancún sehr venünftige Preise.

LA PLACITA, Yaxchilán 12. Gutes Grillfleisch. Preise mittel. Im Freien mit Sonnenschirmen.

LAS TEJAS, Uxmal 29. Rustikal- einfache Einrichtung. Grillfleisch und mexikanische Küche. Preise billig bis mittel. Offener Speisesaal, Nähe Busbahnhof.

LA ESQUINA, Yaxchilán 39, neben Hotel Margarita. Klein und versteckt. Holzverkleideter Raum mit rustikalen Tischen. Mexikanische Imbisse, einfach und ohne Anspruch, aber billig.

LOS BRASERITOS, Yaxchilán, gegenüber Hotel Margarita. Großes Lokal, zur Straße hin offen. Gemütlich eingerichtet mit Stühlen im Country-Stil und bunten Tischdecken. Breite Palette mexikanischer Küche: Tacos, Tamales, Enchiladas. Frühstück. Ordentliche Portionen zu mittleren Preisen. 24 Stunden geöffnet.

MERCADO 28, Av. Xel- ha, Nähe Post. Im Markt von Cancún eine große Anzahl von "Loncherías" und Theken, die von morgens bis abends preiswertes und schmackhaftes Essen servieren. Die billigste Variante, sich in Cancún mit warmem Essen zu versorgen.

EL TACOLOTE, Cobá 19. Einfaches Lokal, zur Straße hin offen. Auf dem Grill sieht man die Speisen brutzeln. Vorwiegend bodenständisches mexikanisches Essen wie Tacos und Quesadillas zu niedrigen Preisen. Etwas teurer die Fleischgerichte. Mexikanisches Publikum, lockere Atmosphäre.

PAPITO'S, Tulum/Ecke Cobá. Gegenüber Hotel América. Frühstück, Imbisse, kleinere Mahlzeiten zu niedrigen bis mittleren Preisen auf der überdachten Terrasse. Nichts besonderes, aber in guter Lage zwischen Zentrum und Hotelzone. Angeschlossen außerdem ein gut sortierter Supermarkt, wo man sich für einen Tag am Strand oder einen Ausflug eindecken kann.

SPORT

Cancún ist ein Paradies für jede Art von Wassersport. Das jeweilige Vergnügen ist aber nicht gerade billig. Viele Hotels haben eigene Sporteinrichtungen und Clubs; es gibt aber auch öffentliche Anlagen und Verleih von Ausrüstung.

Tauchen und Schnorcheln: An den vorgelagerten Riffen hervorragende Tauch- und Schnorchelmöglichkeiten. Nur per Boot zu erreichen.

Besonders attraktiv: PUNTA NIZUC und EL GARRAFON (vor der Isla Mujeres). Kein Vergleich allerdings mit den Tauchrevieren vor der Insel Cozumel. Dorthin auch Bootstrips ab Cancún. Wer mal ein oder zwei Tauch-/Schnorcheltouren machen möchte, kann diese problemlos ab Cancún organisieren. Fans, die häufiger untertauchen wollen, sind in Cozumel oder Playa del Carmen weitaus besser aufgehoben. Ausrüstung und Touren in Cancún: AQUA RAY, Blvd. Kukulkán km 1o,5, vor dem Hotel

Continental Villas, SCUBA CANCUN, Blvd. Kukulkán, gegenüber Vacations Club International.

Angeln: Hochseeangeln im Rahmen von Tagesausflügen auf speziell ausgerüsteten Jachten. Jegliches Zubehör vorhanden. Vielseitiges Angebot bei: WATER SPORTS ROYAL YACHT CLUB, Blvd. Kukulkán km 16,5, vor dem Hotel Royal Mayan.

Wasserski: Besonders gute Bedingungen für Anfänger auf der Laguna Nichupte. Etwas anspruchsvoller in der Bahía Mujeres. Boote im Water Sports Royal Yacht Club, siehe Angeln.

Windsurfen: Für Anfänger ideal die Laguna Nichupte. Fortgeschrittene surfen in der Bahía Mujeres. Surfbretter verleiht Royal Yacht Club, siehe Angeln.

Fallschirmsegeln: Besonders beliebt (und nicht ungefährlich) ist das Fallschirmsegeln an den Stränden der Bahía Mujeres.

Golf: Ein 18- Loch- Golfplatz in der "Zona Hotelera", direkt an der Laguna Nichupte. Ein zweiter im Süden der Hotelzone beim Hotel Melia Cancún.

Tennis: Viele der Strandhotels verfügen über Tennisplätze. Außerdem gibt es zwei öffentliche Plätze mit Flutlicht am Golfplatz.

VERANSTALTUNGEN

Fiestas: KARNEVAL: In der Retortenstadt Cancún logischerweise kein gewachsenes Fest der Einheimischen, sondern ein Rummel für Touristen. Umzüge, Straßenfeste, Folkloreveranstaltungen.

Stierkampf: Jeden Mittwoch ab 15:3o Uhr Stierkämpfe in der Arena, Av. Bonampak.

Diskotheken: Viele Strandhotels haben ihre eigene Disco. Einen Ruf und Publikum über den Kreis der Hotelgäste hinaus haben u.a. die folgenden: CHRISTINE im Hotel Krystal an der Punta Cancún; DADY'O mit Laser- Light- Show in der Hotelzone (km 9,5); LA BOOM neben Hotel Calinda. Im Stadtzentrum liegen RISKY BUSINESS (Av. Tulum) und CAT'S (Yaxchilán 12) mit live Reggae- Bands.

Außerdem jede Art von kommerziellem Spaß wie Wetten beim baskischen Rückschlagspiel Jai Alaí, Sunset- Cruises, Folklore- Shows etc. Genügend Angebote dieser Art in den Hotels und der Zeitschrift "Cancún Tips".

SHOPPING

Zahlreiche Shopping- Center nach US- Vorbild, z.B. KUKULKAN PLAZA am Blvd. Kukulkán km 13, PLAZA GALERIAS in der Av. Tulum, PLAZA BONITA in der Av. Xel- ha oder EL PARIAN in der Hotelzone beim Centro de Convenciones. Vor allem Läden mit Artesanía,

Schmuck und Importwaren.

Markt: MERCADO 23, Av. Tulum/Ecke Cedro. Lebensmittelmarkt. MERCADO 28, Av. Xel- ha. Die wichtigste Markthalle (Lebensmittel) von Cancún. Wenig Touristen, niedrige Preise.

Artesanía: Großer Artesanía- Markt an der Av. Tulum. Teuer, viel Kitsch und wenig gute Sachen. Cancún ist nicht das ideale Pflaster für den Einkauf von Kunsthandwerk.

Verbindungen ab Cancun

Flüge: Der Flughafen liegt 18 km südlich vom Zentrum an der Straße nach Tulum. Kleinbusse fahren zu jedem gewünschten Hotel, ca. 7 US pro Person. Zum Flughafen nur Taxi, ab Zentrum 12 US.

AEROMEXICO (Büro: Cobá 8o) fliegt 1 x täglich nach Mérida (1oo US) 45 Min., 5 x täglich nach Mexico City (29o US) 2 Std. Außerdem 2 x pro Woche über Paris nach Frankfurt (Details siehe Anreise) und häufig in die USA, z.B. täglich nach Miami, Houston, New York und New Orleans.

MEXICANA/AEROCARIBE (Büro: Cobá 39 und Uxmal/Ecke Tulum) fliegt 5 x pro Tag nach Mexico City zu ähnlichen Tarifen. 8 x täglich nach Cozumel (5o US) 2o Min., 2 x täglich nach Mérida (95 US) 45 Min. Von Mérida aus weiter über Villahermosa und Tuxtla Gutiérrez nach Oaxaca. 3 x pro Woche nach Flores/Tikal in Guatemala (135 US) 2 Std. sowie täglich nach Miami, New York und Los Angeles.

AVIATECA (Büro: Tulum 2oo) fliegt 5 x pro Woche nach Guatemala City (19o US one way; 27o US hin und zurück). 3 x pro Woche Zwischenstop in Flores/Tikal (135 US one way; 255 US return).

TAESA (Büro: Yaxchilán 31- 8) fliegt täglich nach Chetumal (6o US) 1 Std., Mexico City (195 US) 2 Std., Cozumel (36 US) 2o Min.

AVIACSA (Büro: Cobá 55) fliegt täglich nach Mérida (9o US) 45 Min. und 3 x pro Woche weiter über Tuxtla Gutiérrez mach Oaxaca.

AEROCANCUN (Büro: Flughafen) hat Flüge nach Südamerika (Sao Paulo, Buenos Aires) und in die USA (San Francisco, Los Angeles, Denver, Washington). LACSA (Büro: Bonampak/Ecke Cobá) fliegt über Guatemala City nach San José in Costa Rica.

Die US- AIRLINES Northwest, United, Continental und American fliegen nach Miami und zu ihren jeweiligen Drehscheiben.

Bus: Busbahnhof im Zentrum: Av. Tulum/Ecke Uxmal. Ein gewaltiger Kontrast zum grenzenlosen Luxus rund um die Hotels: viel zu eng, unübersichtlich und in den wenigen Jahren seiner Existenz schon heruntergekommen. Nicht einmal eine gemeinsame Schalterhalle ist vorhanden. Ein kleiner Hinweis auf die Realität hinter der Fassade.

Die einzelnen Buslinien haben ihre Büros teilweise schon in den Nachbargebäuden, was die Suche nach der richtigen Verbindung nicht gerade erleichtert. Zum Glück sind die Taxifahrer hilfreich bei der Suche nach dem Schalter fürs gewünschte Ziel.

Abfahrten mehrmals täglich nach:

Tulum (5 US), - Chetumal (12- 15 US) 5 Std., - Villahermosa (3o- 34 US) 13 Std., - Veracruz (5o US) 23 Std., - Mexico City (6o- 7o US) 3o Std., - Mérida (8- 16 US) 5 Std., - Chichén Itzá (6 US) 3 Std.

Außerdem mind. einmal täglich in weitere Städte auf der Halbinsel Yucatán.

Fähre: Regelmäßige Personen- und Autofähren zur Isla Mujeres (15- 45 Min.). Details siehe dort.

Autovermietung: Cancún ist ein guter Ausgangspunkt für Auto- Touren zu Stränden, Naturschutzgebieten, kleinen Nationalparks und einigen Maya- Ruinenstätten, z.B. Tulum, Cobá, Xel- ha und Chichén Itzá. Viele Vermieter, gelegentlich Sonderangebote für bestimmte Wagentypen - daher nicht gleich beim ersten besten buchen.

ECONORENT, Tulipanes 16. BUDGET, Av. Tulum 214. DOLLAR, Av. Tulum 77- 8o. HERTZ, Reno 35. NATIONAL, Uxmal 12. MONTERREY, Yaxchilán 65. KUKULKAN, Bonampak/Ecke Cobá.

Transport in Cancún: Vom Zentrum aus gibt es einen häufigen Busservice durch die Hotelzone bis zum Hotel "Regina Cancún" kurz vor dem südlichen Ende der Landzunge. Busse mit der Aufschrift "Hoteles" oder "Zona Hotelera".

TAXI vom Zentrum bis zur Punta Cancún ca. 5 US und bis zum Ende der Landzunge ca. 1o US. Bis zum Flughafen ca. 12 US.

✦ Isla Mujeres

8 km lange Insel vor der Karibikküste bei Cancún mit freundlich- provinzieller Urlaubsatmosphäre. Einige schöne Strände sowie Tauch- und Schnorchelmöglichkeiten haben die Insel in eine preiswerte Alternative zu Cancún verwandelt.

Besonders schön der Kontrast zwischen den wellenumtosten Stränden der Ostküste und dem seichten und ruhigen Wasser im Westen und Norden. Der einzige Ort liegt an der Nordspitze der Insel, ist winzig und bietet nichts Aufregendes: der richtige Ort für ein paar entspannende Tage nach einer Rundtour zu den Maya- Stätten Yucatáns. Alles Notwendige wie Hotels, Restaurants, Geschäfte und Telefon dicht zusammen. Zentrum der Aktivitäten am Abend ist der Zócalo: Basketballspiele, Musik, Treffpunkt von Einheimischen und Touristen. Viel Stimmung.

STRÄNDE

Meistbesuchter Strand ist <u>PLAYA COCOTEROS</u> an der Nordseite der Insel, schön zum Baden und Windsurfen - vom Ort aus bequem zu Fuß zu erreichen.

<u>EL GARRAFON</u> liegt im Süden der Insel: kleines Korallenriff mit Schnorchelmöglichkeit (Schnorchelverleih dort). Inzwischen zum Nationalpark erklärt. Ist aber nicht so übermäßig attraktiv wie die Prospekte versprechen, vor allem wenn am späten Vormittag die Gruppen aus Cancún eintreffen und eine Horde Menschen den Fischen hinterherschnorchelt. Frühmorgens am schönsten.

Einige einsame Strände an der <u>Ostküste</u>, aber wegen der Strömungen und des hohen Wellengangs ist das Baden sehr gefährlich und nicht zu empfehlen.

<u>Transport auf der Insel</u>: Im Ort und zum Nordstrand zu Fuß. Ausflug zur Südspitze per Fahrrad (ca. 5 US pro Tag) oder Moped (ca. 2o US pro Tag). Die meisten Vermieter in der Av. Guerrero. <u>AUSFLÜGE</u>: Isla Mujeres ist bester Ausgangspunkt für Trips zur Isla Contoy (Vogelparadies) und für einige ungewöhnliche Tauchtouren (siehe unten).

"<u>Hotel Del Prado</u>", direkt auf der Nordspitze. Bestes Hotel der Insel mit phantastischem Blick aufs Meer und die Skyline von Cancún. Sehr komfortabel mit Swimming- Pool.

"<u>Hotel Perla del Caribe</u>", Playa Norte/Ecke Madero. Zum Teil ganz neu, direkt an den Felsen. Großer Hotel- Komplex mit mehreren Gebäuden, nicht weit vom Strand. Schöner Pool. Relativ schlichte Zimmer mit AC, fast alle haben Meeresblick. DZ ca. 76 US.

"<u>Hotel Posada del Mar</u>", Rueda Medina 15. Nähe Fähranleger. Große Anlage mit Palmen und Schwimmbecken. Mehrere Gebäude, einige Räume mit Balkon und Meerblick. Geräumige, luftige Zimmer mit Ventilator. Je nach Zimmerqualität DZ ca. 52 bis 68 US.

"<u>Hotel Perla del Caribe II</u>", Playa Norte. Schöner Blick. Kleiner Swimming-Pool. Zimmer mit Ventilator, nicht sehr gepflegt. DZ ca. 65 US.

"<u>Hotel Caribe Maya</u>", Madero 9. Einfaches, sauberes Haus. Im Ortszentrum. Die unteren Zimmer klein, düster und stickig. Obere Zimmer luftig. Mit Ventilator ca. 15 US, mit AC ca. 2o US.

"<u>Hotel Caracol</u>", Matamoros 5. Im Ortszentrum. Einfache Zimmer; die oberen haben Ausblick, die unteren sind düster. Ventilator. Gekachelte Bäder, sauber. DZ mit Ventilator ca. 25 US, mit AC ca. 35 US.

"<u>Hotel Vistalmar</u>", Rueda Medina s/n. Älteres, sauberes Hotel. Wenige Schritte vom Fähranleger. Möbel und Bäder ziemlich abgenutzt. Große Terrasse mit Meerblick. Ventilator. DZ ca. 2o US.

572 Halbinsel Yucatán

"**Poc- Na**", Matamoros/Ecke Lazo. Private Jugendherberge. Schlafsäle rund um eine Palapa, wo man Frühstück und Abendessen bekommt. Extrem einfach mit Schlafstelle oder Haken für die Hängematte. Locker- freundliche Atmosphäre. Treffpunkt von Rucksackreisenden. Kein Warmwasser. Für ca. 4 US p.P. kann man kaum mehr verlangen.

"**Hotel Osorio**", Madero/Ecke Juárez. Dreistöckiges Hotel im Ortszentrum. Relativ neu und gepflegt, solide möbliert, Ventilator, saubere Bäder. DZ ca. 17 US.

"**Hotel Na Balam**", direkt am Strand. Neue Gebäude in schönem, ruhigem Garten. Große Zimmer mit AC, fast alle haben Meerblick. Einige mit Balkon und Kühlschrank. DZ mit AC ca. 82 US. Stilvolles Wohnen in bester Lage.

PIZZA ROLANDI, Hidalgo 11o. Beliebter Treffpunkt. Rustikale Einrichtung. Pizza, Nudeln, Salate. Preise mittel.

MESON DEL BUCANERO, Hidalgo, gegenüber von Rolandi. Angenehm luftiger Raum, internationale Küche. Preise mittel bis teuer.

GOMAR, Madero/Ecke Hidalgo. Schönes Ambiente mit Terrasse. Luftige Palapa im 1. Stock. Günstiges Frühstück. Mexikanische und internationale Küche. Preise mittel.

MIRAMAR, direkt am Fähranleger, unter einer Palapa auf dem Strand. Meerblick. Fische und Mariscos bei kühler Meeresbrise. Preise billig bis mittel.

CAFECITO, Juárez/Ecke Matamoros. Nette Frühstückskneipe, herausgeputzt und bunt bemalt. Spezialität sind Crepes aller Art. Niedrige bis mittlere Preise. Weitere Restaurants ähnlichen Typs, leicht zu finden in den Straßen des Ortes, direkt am Strand oder Nähe Fähranleger.

Tauchen und Schnorcheln: Neben dem Korallenriff El Garrafón (siehe oben) gibt es in der Nähe der Insel einige ausgezeichnete Reviere, nur per Boot zu erreichen Eines der Highlights ist das 1 km lange Manchones-Riff in der Bahía (Schnorcheln und Tauchen). Ein Leckerbissen für erfahrene Taucher ist die Unterwasser- Höhle der "schlafenden Haie", ca. 5 km nordöstlich der Insel. Die Haie "schlafen" dort unten mit offenen Augen und bewegungslos. Ausrüstung und Touren bei verschiedenen Anbietern am Strand und am Fähranleger, die auch zur Isla Contoy fahren. Einen guten Ruf hat die "Cooperativa Isla Mujeres", Nähe Anleger.

Verbindungen ab Isla Mujeres

Fähren: Ab Puerto Juárez (von Cancún aus: auf der Av. Tulum gegenüber vom Bus- Terminal jeder Bus mit Aufschrift "Puerto Juárez". Zwischen 5.3o und 2o Uhr ständige Abfahrten. Schnellboot 15 Min. (3 US), die alte Fähre 45 Min. (1,5 US).

Ab Punta Sam (5 km von Puerto Juárez; gleicher Bus ab Cancún) Autofähre 7 x pro Tag zwischen 7.15 und 2o Uhr. Nimmt auch Passagiere ohne Auto mit. 1,5 US pro Person, 9 US für einen Pkw.

✦ Isla Contoy

Nur 6 km lange und maximal 7oo m breite Insel nordwestlich von Isla Mujeres. Eines der attraktiven Vogelschutzgebiete der Halbinsel Yucatán. Über 7o Vogelarten leben hier dauerhaft oder vorübergehend, u.a. Pelikane, Kormorane und Fregattvögel, zeitweise auch rosa Flamingos. Kleine biologische Station mit Reptilien, Muscheln und Korallen, nebenan ein Aussichtsturm fürs "bird watching". Fußweg über die Insel nur auf beschränktem Gebiet.

Man sollte sich unbedingt an die geltenden Regeln halten, nicht nur aus Gründen des Naturschutzes. In einigen Teilen der Insel sind nämlich inzwischen wieder Krokodile und Schlangen heimisch. Wegen der Fülle der Vögel ein imposantes Naturereignis, zu organisieren am besten per Tour ab Isla Mujeres. Dort am Strand und Fähranleger mehrere Anbieter, die teilweise auch eine Schnorchelexkursion in den Trip mit einbinden. Die Gewässer um Isla Contoy klar und fischreich.

✦ Playa del Carmen

Kleines, überschaubares Städtchen mit schönen Stränden, das inzwischen ganz vom Tourismus lebt. Hauptsächlich Durchgangsstation für Passagiere der Fähren von und zur Insel Cozumel. Außerdem Zwischenstation für Individualreisende, denen Cancún zu voll und teuer ist. Freundlich lockere Atmosphäre. Guter Ausgangspunkt für den Besuch der Ruinen von Tulum und Cobá. Die größten Sehenswürdigkeiten liegen vor der Küste, unter Wasser: phantastische Korallenriffe im glasklaren Meer, zu denen man Schnorchel- und Tauchtouren unternehmen kann. Manchmal fallen allerdings die Charterbusse aus Cancún ein, dann ist es für ein paar Stunden vorbei mit der Beschaulichkeit.

Tourist Info: Kleiner Kiosk an der Plaza.

Post: Av. Juárez, am Ortseingang. - **Telefon** : Av. Juárez, am Busbahnhof von Autotransportes del Oriente. - **Geldwechsel**: Casa de Cambio an der Plaza.

STRÄNDE

Die Strände beginnen direkt im Zentrum am Fähranleger. Im Ortsbereich manchmal aber nicht sehr sauber. Südlich und nördlich der Stadt jedoch kilometerlange, saubere Strände. Heller Sand, glasklares Wasser. Die schattenspendenden Palmen hat 1988 leider der Hurrican "Gilbert" geköpft, Neuanpflanzungen wachsen erst langsam nach.

"**Hotel Molcas**", direkt an der Plaza und am Fähranleger. Fußgängerzone, daher relativ ruhig, obwohl rund um das Hotel wegen der Fähre viel Betrieb ist. Maurischer Baustil. Swimming- Pool auf abgestufter Plattformanlage mit kleinem Garten. Große Zimmer mit AC, die meisten allerdings mit unschönem Blick auf die Straße; gelegentlich laut. DZ je nach Saison ca. 65- 75 US.

"**Hotel Sian Kaan**", Av. 5 Norte, zwischen Fußgängerzone und Strand. Mehrere flache Häuser in einem schön angelegten Garten. Schatten und Sitzgelegenheiten. Zimmerqualität unterschiedlich, manche mit Kochmöglichkeit. DZ ca. 25- 33 US.

"**Hotel Delfín**", Av. 5 Norte. Etwas unpassender, grauer Bau, aber in guter Lage in der Fußgängerzone. Wenige Schritte zum Strand. Zimmer schlicht möbliert mit Ventilator. Einige mit Blick aufs Meer. DZ ca. 35 US.

"**Hotel Blue Parrot Inn**", am Strand, zu erreichen auch über die Av. 5 Norte. 1o Minuten vom Zentrum entfernt. Kleine zweistöckige Häuschen für ca. 8o- 2oo US. Einfachere Hütten mit und ohne Privatbad ab 5o US. DZ ca. 4o- 7o US. Vielfältige Übernachtungsvarianten und stark saisonabhängige Preise.

"**Hotel Costa del Mar**", am Strand, auch zu erreichen über die Av. 5 Norte. 1o Min. vom Zentrum entfernt. Flacher Betonbau, Zimmer ohne Meerblick. DZ mit Ventilator ca. 4o US, mit AC ca. 53 US; einige Hütten für ca. 27 US.

"**Cabañas Banana**", Av. 5 Norte. Verschiedene Arten von hüttenähnlichen Bungalows mit und ohne Privatbad. Jenseits der Fußgängerzone, zwischen Palmen und Büschen. Ruhig. DZ ca. 3o US, Hütten ca. 2o- 35 US.

"**Hotel Maya Bric**", am Ende der Av. 5 Norte. Nähe Meer mit SW- Pool. Motel- Stil, mehrere Gebäude im Garten. Kühle, einfach eingerichtete Räume mit Ventilator, saubere Bäder. DZ ca. 4o US.

"**Hotel Playa del Carmen**", Av. Juárez, am Ortseingang. 5 Min. zum Strand. Neue, moderne Zimmer mit Privatbad und Ventilator. An der Durchgangsstraße, Zimmer allerdings nach hinten versetzt, daher halbwegs ruhig. Motel- Stil, Autos im Hof. DZ ca. 23 US.

"**Hotel Posada Lily**", gegenüber vom Busbahnhof. 5 Min. zum Strand. Zweistöckig im Motel- Stil. Nach hinten ruhig, vorn ständig Busbetrieb. Staubige Umgebung. Einfache Zimmer mit Ventilator. DZ ca. 17 US .

Jugendherberge: etwas abseits. Kurz nach dem Ortseingang an der Eisfabrik ("Hielo") links ab bis zum Ende des Weges. Langer Marsch zum Strand. Neben Schlafsaal auch kleine Cabañas. Alles extrem einfach.

Camping: "Ruinas". Direkt am Strand, nicht weit von der Plaza. Auch einfache Cabañas und Palapas für die Hängematte. Sanitäre Anlagen allerdings einigermaßen katastrophal.

Fast alle Restaurants in Playa del Carmen mit ähnlichem Ambiente, mal mehr, mal weniger schlicht. Meist unter Palmendächern. Im Angebot einfache Fisch- und Fleischgerichte.

Halbinsel Yucatán 575

LIMONES, am Ende der Fußgängerzone von Av. 5 Norte. Schickeria-Treff. Einige ausgefallene Gerichte. Unter Palmendächern und Bananenstauden in einem dicht bewachsenen Garten. Teuer.

LA HUEVA DEL CORONADO, Av. 5 Norte. Neben dem üblichen Angebot einige spezielle Gerichte aus Yucatán. Günstiges Frühstück. Preise billig bis mittel.

NUESTRA SRA. DEL CARMEN, direkt neben dem Busbahnhof. Sehr gute Fischgerichte und Mariscos. Große Portionen. Preise mittel.

PEZ VELA, Av. 5 Norte. Im Freien unter schattigen Bäumen. Gute Fischgerichte. Langusten: ausgezeichnet zubereitet und nicht übermäßig teuer.

Die Restaurants an der Plaza sind durchweg teurer und nicht besser, so daß sich die paar Schritte in die Seitenstraßen rentieren.

Tauchen und Schnorcheln: Auch von Playa del Carmen aus lassen sich die fabelhaften Tauchreviere und Korallenriffe vor der Insel Cozumel gut erreichen. Details siehe Cozumel. Schnorchelausrüstung und Tauchtouren werden an jeder Ecke angeboten. Einen guten Ruf haben ""Tankha Dive Shop" (Av. 5 Norte beim Maya Bric Hotel) und "Wet Dreams" im "Albatros Royale Resort".

Verbindungen ab Playa Carmen

Flüge: Täglich zahlreiche Propellerflüge vom nahen Flugplatz zur Insel Cozumel (ca. 17 US) 7 Min.

Bus: Das winzige Playa del Carmen verfügt absurderweise über drei Busbahnhöfe:

"Autotransportes del Oriente": <u>Av. Juárez/Ecke 5 Norte</u>. Mehrmals täglich 1.- Klasse- Busse nach Mérida (ca. 15 US) 6 Std., - Cancún (ca. 2 US) 1 Std. und 2. Klasse nach Chichén Itzá (ca. 4 US) 4 Std., Tulum (ca. 1,5 US) 1 Std., Chetumál (12 US) 4 Std.

"Autotransportes del Caribe", Abfahrt und Tickets an einem unscheinbaren Lädchen in der Av. Juárez, nebenan. Mehrmals am Tag Busse nach Chetumal (ca. 11 US) 4 Std., die auch in Tulum (ca. 2,5 US) 1 Std. halten.

"ADO", versteckt in einer Seitenstraße von Av. Juárez ohne Schild. Täglich mehrere Langstreckenbusse der 1. Klasse nach Mexico City (ca. 61-67 US) 31 Std. über Escárcega/Villahermosa.

Fähren: Zur Insel Cozumel Personenfähren tägl. mind. 8 x zw. 5.3o und 19.3o Uhr, manchm. auch 21 Uhr. Entweder mit dem Schnellboot (ca. 3o Min.) oder mit der normalen Fähre (ca. 5o Min.). 7 bzw. 5 US für die einfache Fahrt.

Xel-Ha

Etwa 4o km südlich von Playa del Carmen. Größere Maya-Stätte, allerdings kaum ausgegraben. Direkt an der Hauptstraße der TEMPLO DE LOS PAJAROS mit relativ gut erhaltenen Wandmalereien, die Vögel, Masken und einen Kalender darstellen. Weitere weniger bedeutende Gebäudegruppen an einem Pfad zu einem versteckten Cenote.

Gegenüber befindet sich die Zufahrt zu den Lagunen von Xel-ha. Die größte von ihnen ist verbunden mit dem Meer. Gute Schnorchelmöglichkeit: die Karibikfische kommen durch den Kanal in die Lagune. Eine Art natürliches Aquarium; mexikanischer Nationalpark.

Eintritt ca. 5 US, Schnorchel 9 US pro Tag. Am Ufer riesiger Rummel mit Tagesausflüglern, die per Bus kommen. Am frühen Morgen allerdings wunderschön (geöffnet ab 8 Uhr).

Verbindungen: Ab Playa del Carmen mit einem der Busse Richtung Chetumal. Fahrer Bescheid sagen, daß er an der Abzweigung hält.

Akumal

Ca. 35 km südlich von Playa del Carmen. Schöne Badebucht mit vorgelagerten Riffen. Ideales Tauch- und Schnorchelrevier. Verleih von Ausrüstung vor Ort. Drei Luxushotels direkt am Strand, alle um die 1oo-15o US. **Verbindungen**: Ab Playa del Carmen mit einem der Busse Richtung Chetumal. Fahrer Bescheid sagen, damit er an der Abzweigung hält.

Playa Del Carmen -> Tulum (65 km)

Neben Akumal und Xel-ha weitere Stichstraßen zu schönen Stränden, teilweise mit Club-Hotels, andere einsam oder mit kleinen Restaurants. Cenotes, Lagunen und überall der helle Sand und das glasklare Wasser. Hervorragende Schnorchelreviere - kein Wunder, daß die Strände im Gefolge von Cancún immer häufiger besucht werden. Doch noch existieren auch völlig einsame Abschnitte. Wer die Stille sucht, kann dort am Strand seinen Schlafsack ausrollen. Ohne eigenen PKW schwierig zu erreichen und wieder zu verlassen. Die bekanntesten und beliebtesten Stellen (von Nord nach Süd): IXCARET, PAMUL, PUERTO AVENTURAS und XCACEL.

★Cozumel (55.ooo Einw.)

Größte mexikanische Insel, mit dem Schnellboot in 3o Min. vom Festland aus zu erreichen. Gut ausgebautes Ferienzentrum. Besondere Attraktion der Insel sind die vorgelagerten Korallenriffe: im kristallklaren Wasser der Karibik erstklassige Tauch- und Schnorchelmöglichkeiten.

[Als 1518 die ersten Spanier unter der Führung von Juan Grijalva auf die Insel kamen,] waren sie die ersten Europäer, die mexikanischen Boden betraten. Zu dieser Zeit gab es auf Cozumel zahlreiche Siedlungen und Zeremonialzentren der Maya; viele davon wurden von den Neuankömmlingen unverzüglich zerstört. 1519 landete auch Cortés auf der Insel und sammelte erste Erfahrungen für seinen darauffolgenden Eroberungszug auf dem Festland. Cozumel selbst war ihm wegen der fehlenden Bodenschätze nicht interessant genug.

Während die Maya- Bevölkerung durch die von den Spaniern eingeschleppten Krankheiten fast völlig ausstarb, entwickelte sich Cozumel zum Schlupfwinkel für englische und französische Piraten vom Schlage Francis Drake oder Jean Lafitte. Von hier aus starteten sie ihre Raubzüge zu den spanischen Häfen auf dem Festland.

Ende des 19. Jahrhunderts kamen die Maya wieder in größerer Anzahl auf die Insel, allerdings nicht freiwillig: Während des "Krieges der Kasten" (siehe Seite 121) flüchteten viele Indios vor den mexikanischen Regierungstruppen nach Cozumel. Im 2. Weltkrieg errichteten dann die Amerikaner einen Luftwaffenstützpunkt und bereiteten damit langfristig auch den Tourismus vor, der in den sechziger Jahren langsam einsetzte. Auf der Air- Force- Piste landeten die ersten Flugzeuge mit Tauch- Enthusiasten, die von Jacques Cousteaus Berichten über das Palancar- Riff angezogen wurden.

Klima: Ganzjährig heiß, seltene Regenfälle.

Edificio Plaza del Sol, 1. Stock, am Zócalo. Eingang über eine Hintertreppe. Außerdem ein Büro am Flughafen.

Post: Rafael E. Melgar/Calle 7 Sur. - **Telefon**: Melgar/Calle 3 Sur. - **Geldwechsel**: Casa de Cambio, Av. 5 Sur/Ecke Zócalo.

Einzig nennenswerter Ort ist SAN MIGUEL DE COZUMEL an der Westküste. Von hier aus legen die Fähren nach Playa del Carmen und Puerto Morelos ab. Restaurants, Discos und eine Reihe von Hotels der Billig- und Mittelklasse. Trotz der Touristen hat sich der Ort eine provinzielle, locker- freundliche Atmosphäre bewahrt. Auch die Hotelzonen im Süden und Norden sind längst nicht so konzentriert und mondän wie in Cancún; die einzelnen Häuser verteilen sich entlang der Küste.

MUSEO DE LA ISLA, Av. Melgar/Calle 6 Norte. Exponate zur Geographie und Geschichte der Insel: Flora, Fauna, Unterwasserleben, Maya- und Kolonialgeschichte. Geöffnet So.- Fr. 1o- 18 Uhr, Eintritt 3 US.

Die MAYA- RUINEN auf Cozumel sind zestört, verfallen und vom Urwald überwuchert. Ein wenig rekonstruiert mit Gebäuden, die als Grabmale und Altäre dienten, ist SAN GERVASIO. Zwar haben hier auch die frühen Maya- Forscher Stephens und Catherwood Ausgrabungen vorgenommen, die Stätte ist jedoch äußerst bescheiden im Vergleich zu Tulum oder Cobá, die von Cozumel aus leicht zu erreichen sind. San Gervasio liegt im Nordteil der Insel, Abzweigung von der Cross Island Road über eine Sandpiste.

CHANKANAAB, Unterwasser- Nationalpark und botanischer Garten im Süden der Insel (8 km vom Ort). Lagune mit heimischer Flora und Fauna.

Kleines vorgelagertes Riff. Eine Art natürliches Aquarium mit über 60 Fisch- und Muschelarten. Schnorcheln innerhalb der Lagune nicht mehr erlaubt, da zu starke Zerstörung des Riffs die Folge war. Im freien Wasser jedoch phantastische Schnorchelbedingungen. Schnorchelverleih am Ort. Kein öffentlicher Transport, deshalb am besten per Moped. Geöffnet täglich 8- 16.30 Uhr. Eintritt 4 US.

PUNTA CELARAIN: Eine Sandpiste führt zum Leuchtturm an der Südspitze von Cozumel. Er ist zu besteigen, von oben schöner Blick über die Insel.

ISLA DE LA PASIÓN: Mit dem Boot ab "Caleta", in der Nähe des Anlegers der Autofähre nach Puerto Morelos. Einsame Insel mit kleinem Strand in einer Bucht im Nordwesten der Insel. Ein idyllischer Ort, wie aus einem Traum von der einsamen Südseeinsel.

STRÄNDE

BADEN Die gesamte Westküste ist ein einziger Strand, überall zugänglich. An vielen Stellen unterbrochen durch felsige Abschnitte mit mäßig guten Schnorchelmöglichkeiten. Meist ruhiges Wasser, kaum Wellen. Besonders schön ist PLAYA SAN FRANCISCO im Süden der Insel. Einsame Strände an der Ostküste, allerdings zum offenen Meer hin mit gefährlichen Strömungen und hohem Wellengang. Besonders schön: PLAYA CHEN RIO (keinerlei Einrichtungen) und PLAYA PUNTA CHIQUEROS (mit Restaurant).

Transport auf der Insel

Im Ortszentrum zu Fuß. Zu den Hotels und Stränden außerhalb gibt es keinen öffentlichen Transport. Taxi teuer (zur Playa San Francisco beispielsweise ca. 7- 8 US). Deshalb knattert alle Welt mit den **Leihmopeds** über die Insel (Kostenpunkt ca. 20- 25 US pro Tag, Vermieter in Hotels und im Zentrum an jeder Ecke).

Fahrräder kosten ca. 5- 8 US pro Tag. Größere Inseltouren wegen der Hitze und der Entfernungen mit den zumeist schweren, altmodischen Rädern aber nur für erprobte Radler zu empfehlen.

Autovermietung: Budget, Av. 5 Norte/Ecke Calle 2 Norte. - Less Pay, Av. Coldwell Sur 548.

Die Preise der Touristenhotels an den Stränden schwanken extrem, je nach Saison, Ferienzeiten und Feiertagen. Sie hängen auch davon ab, ob ein Hotel gerade mit Pauschaltouristen ausgebucht ist oder nicht. Vergleichen und evtl. Handeln vor Ort bringen unter Umständen einiges ein. Auch bei den Billig- Hotels können sich je nach Saison leichte Abweichungen von den angegebenen Preisen ergeben. Jedenfalls ist Cozumel in dieser Kategorie inzwischen besser als sein Ruf: ordentliche Qualität zu Preisen, die oft niedriger liegen als an vielen anderen Orten Mexikos.

Die billigsten Hotels finden sich im Ortszentrum; teuer (8o- 25o US) an den Stränden der "Zona Norte" und Zona Sur".

ZONA NORTE:

Alle Hotels liegen direkt am Strand. Die besten sind "**Hotel Melia Mayan Cozumel**", "**Hotel Cozumel Reef**", "**Hotel Coral Prince**", "**Club Cozumel Caribe**" und "**Hotel El Cozumeleño**". Die preisgünstigsten sind "**Hotel Cantarell**" und "**Hotel Playa Azul**". Preislich dazwischen liegt "**Hotel Mara**".

ZONA SUR:

Einige Hotels sind vom Strand durch die Küstenstraße getrennt. Verbindung zum Meer oft durch eine Brücke oder einen Tunnel. Die besten sind "**Hotel Presidente**", "**Hotel Fiesta Inn**", "**Hotel Plaza Las Glorias**" und "**Hotel Sol Caribe**". Zu den billigeren gehören "**Hotel Club del Sol**", "**Hotel Villa Blanca**" und "**Hotel Casa del Mar**".

ZENTRUM:

"**Hotel Villa las Anclas**", Av. 5, Nr. 325. Neue, sehr schöne Apartments mit Küche. Verschachteltes Gebäude mit kleinem Garten. Bäume und ein paar Tische zum Aufenthalt im Freien. Ruhig, moderne Ausstattung. Ca. 75 US.

"**Hotel Vista del Mar**", Rafael Melgar/Ecke Calle 5 Sur. Neue Anbauten um das ursprüngliche Gebäude. Dort sind die Zimmer und vor allem die Bäder in besserem Zustand. Man sollte sich mehrere anschauen. Viele Zimmer mit Balkon und Meerblick. Kleiner Swimming- Pool im Hof. Große Zimmer mit AC. Ca. 35 US.

"**Hotel Mesón San Miguel**", direkt am Zócalo und Fähranleger. Gute Mittelklasse, sehr gepflegt. Zimmer mit AC, Balkon und Blick auf die Plaza. Ruhig, da zur Fußgängerzone. Wegen der bevorzugten Lage allerdings etwas übertreuert. DZ ca. 62 US.

"**Hotel Mary Carmen**", Av. 5 Sur 14o. Nähe Zócalo in ruhiger Fußgängerzone. Innenhof mit Pflanzen und Liegestühlen. Schlicht möbliert, aber hell und luftig. AC. DZ ca. 25 US.

"**Hotel Aguilar**", Calle 3 Sur 98. Flachbau im Motel- Stil. Großer Hof mit kleinem Swimming- Pool. Zimmer ordentlich mit Ventilator. Renoviert und sauber. DZ ca. 3o US.

"**Hotel Elizabeth**", Calle Salas 56. Flachbau Nähe Meer und Zócalo. Ruhige Zimmer zum Hof. Modern und sauber. DZ mit Ventilator ca. 17 US, mit AC ca. 25 US.

"**Hotel López**", am Zócalo. Ruhig, da zur Fußgängerzone. Verschachtelter Betonbau. Zimmer mit AC, ohne sonstige Extras. Sehr sauber. Einf. Möblierung. DZ ca. 25 US.

"**Hotel Pirata**", Av. 5 Sur 137. Wenige Schritte vom Zócalo in ruhiger Fußgängerzone. Helle Räume, vorn mit großen Panoramafenstern. Einfach und sauber. DZ mit AC ca. 28 US , mit Ventilator ca. 25 US.

"**Hotel Posada Edem**", Calle 2 Norte 161. Einfache, saubere Zimmer im Hinterhof. Ventilator. DZ ca. 17 US.

"**Hotel Sao Lima**", Calle Salas 26o. Saubere Zimmer mit Ventilator zum bepflanzten Innenhof. Insgesamt etwas kahl und spartanisch, aber für ca. 15 US pro DZ akzeptabel.

"**Hotel Flamingo**", Calle 6 Norte 81. Schon abseits der gewöhnlichen Touristenpfade in ruhiger Wohnstraße. Trotzdem nur ein paar Schritte zum Meer. Häßlicher Kasten mit frischer Fassade. Innen jedoch große, ordentliche Zimmer mit Ventilator. Blitzsaubere Bäder. Für ca. 2o US pro DZ empfehlenswert.

Teure Restaurants für jeden Geschmack in der Hotelzone. Im kompakten Zentrum, das man bei einem kurzen Spaziergang ausreichend erkunden kann, liegen die Preise niedriger. Billig aber ist es nirgends. Einige empfehlenswerte Adressen in den Straßen von San Miguel:

MERCADO, Salas/Ecke Av. 25 Sur. Neben der Markhalle ein halbes Dutzend saubere "Loncherías", die einfaches, appetitliches Essen bereiten. Die preiswerteste Art, auf der Insel eine warme Mahlzeit zu bekommen.

LAS PALMAS, direkt am Fähranleger. Irgendwann landet man hier, entweder zum Leute- Beobachten oder für einen Drink beim Warten aufs Schiff. Vielseitige Speisekarte, das Essen teuer.

RINCON MAYA, Av. 5 Sur 3o9. Kleines, gemütliches Lokal mit Wandgemälden und Maya- Dekorationen. Vorwiegend Fisch und Mariscos in regional- typischer Zubereitung. Auch ein paar Fleischgerichte. Preise mittel.

PIZZA PRIMA, Salas/Ecke Av. 1o Sur. Pizza und hausgemachte Nudeln zu mittleren Preisen. Man sitzt angenehm auf der schattigen Terrasse im 1. Stock, wo Ventilatoren noch für eine zusätzliche Brise sorgen.

LA CHOZA, Salas/Ecke Av. 15 Sur. Unter Dächern von Palmenblättern, einer Maya- Hütte nachempfunden. Zur Straße hin offen, luftig. Mexikanische Gerichte und Spezialitäten aus Yucatán. Kleine Karte und wechselnde Tagesangebote. Mittlere Preise.

LA COCINA ITALIANA, Av. 1o Sur 121. Rustikale Holzbänke im Inneren, etwas gemütlicher im bepflanzen Patio. Pizza, Nudeln, Salate. Preise mittel bis teuer.

ZERMATT, Av. 5 Norte/Ecke Calle 4 Norte. Bäckerladen mit ein paar Tischen, wo man seinen Kuchen verzehren kann. Ansonsten Tip für Selbstversorgung mit Brot und Süßem am Strand oder während eines Tauch- Trips.

LA PARROQUIA, Av. 1o Sur/Ecke Juárez, neben der Kirche. Weniger Glanz und Glitzer als in den meisten anderen Lokalen. Einfache Plastikmöbel, trotzdem sitzt man angenehm auf der Terrasse im 1. Stock. Mexikanische Küche, Fisch und Mariscos ohne große Ansprüche. Niedrige bis mittlere Preise.

UNTERHALTUNG

Fiestas: Karneval: Von Freitag bis Dienstag ständig Veranstaltungen auf der Straße; Umzüge, Tänze, Folkloregruppen.

Diskotheken: Einige der Luxus- Hotels an den Stränden haben ihre eigene Disco. Am beliebtesten aber diejenigen im Zentrum von San Miguel. Derzeit besonders 'in': Scaramouche, Rafael Melgar/Ecke Calle Salas. Neptuno, Calle 11 Sur/Ecke Rafael Melgar.

SPORT

Tauchen und Schnorcheln: Cozumel ist ein Paradies für Tauch- und Schnorchelfreunde. Viele Möglichkeiten auch für Anfänger von der Küste aus. Höhepunkt aber sind die vorgelagerten Riffe (schwarze Korallen), nur per Boot zu erreichen. Begleitung eines Führers ist obligatorisch. Das beste Riff ist PALANCAR im Südwesten der Insel. Mit 7o- 8o m Sichtweite unter Wasser gehört es weltweit zu den Spitzen- Revieren. Hervorragend auch die Riffe YOCAB, PARAISO und MARACAIBO.

Schnorcheln von der Küste aus am besten südlich des Ortes (im Norden zu starke Strömungen), z.B. an der Playa Dzul- ha vor dem Hotel Club del Sol (Korallenriff nur 5o m vom Ufer entfernt) und in der Nähe vom Fähranleger nach Puerto Morelos, wo ein für einen Film "abgestürztes" Flugzeugwrack im Meer liegt.

Beste Schnorchelmöglichkeiten auch in CHANKANAAB, dem Unterwassernationalpark, 8 km südlich von San Miguel (siehe oben). Tauch- und Schnorcheltouren sowie Kurse werden in vielen Hotels angeboten. Zahlreiche Läden auch im Ort, wo man die Preise etwas vergleichen und eventuell etwas herunterhandeln kann. Billig wird das Vergnügen in keinem Fall: 4o- 6o US für einen Tauch- Trip zu den Riffen, 8- 1o US für Schnorchelausrüstung. Einen guten Ruf haben "Dive Paradise", Av. Melgar 6o1 - "Studio Blue", Salas 121 - "Blue Bubble Divers", Av. 5 Sur/Calle 3 Sur.

Windsurfen: Gute Surfbedingungen (auch für Anfänger) an der Westküste der Insel. Ideal sind Playa San Francisco und der Strand am Hotel Sol Caribe (beide südlich von San Miguel).

SHOPPING

Markt: MERCADO MUNICIPAL, Salas/Ecke Av. 25 Sur. Lebensmittelmarkt. Einzige preiswerte Einkaufsmöglichkeit auf der Insel.

Artesanía: MERCADO DE ARTESANÍA, direkt am Zócalo. Große Preisunterschiede für gleiche Qualität. Oft sind die kleinen Läden um den Markt herum günstiger. Auf jeden Fall handeln.

Verbindungen ab Cozumel

Flüge: Flughafen 3 km nördlich des Ortes. Mit Kleinbussen ins Zentrum ca. 3 US pro Person. In der Hotelzone 5 US. Taxi ins Zentrum teuer.

MEXICANA/AEROCARIBE (Büro: Rafael Melgar 17) fliegt täglich nach Mérida (95 US) 1 Std., mindestens 4 x täglich nach Playa del Carmen (17 US) 7 Min. und je nach Saison ca. 8 x tägl. nach Cancún (5o US) 2o Min.

TAESA (Büro am Flughafen) fliegt 1 x täglich nach Cancún (36 US) 2o Min. und Mérida (65 US) 1 Std.

Fähre: PERSONENFÄHRE nach Playa del Carmen mindestens 8 x pro Tag zwischen 5 und 19.3o Uhr, manchmal 21 Uhr mit normalem Schiff oder Schnellboot. 5 bzw. 7 US. Im Schnellboot rasant (3o Min.) und steril unter Deck. Normales Schiff etwas langsamer, aber man sieht mehr, und die frische Karibikbrise weht einem um die Nase.

AUTOFÄHRE nach Puerto Morelos knapp 4 Stunden. Einmal pro Tag hin und zurück. Auch Personentransport, lohnt aber nicht, da schneller über Playa del Carmen.

Die frühere Schnellbootverbindung mit Cancún ist eingestellt.

★Tulum

Zeremonialzentrum der Maya, das sich vor allem durch seine spektakuläre Lage auszeichnet: Die Ruinen liegen auf einem Felsplateau direkt am Karibischen Meer. Der Blick vom sogenannten "Schloß" über die gesamte Anlage mit dem türkis und blau schimmernden Wasser und den heranrollenden Wellen ist einzigartig.

Auch wenn die Gebäude nicht zu den bedeutendsten gehören, hinterläßt das Zusammenspiel von Maya-Architektur und natürlicher Schönheit der Küste einen unvergeßlichen Eindruck.

Die Tatsache, daß fast alle wichtigen Maya-Städte im Landesinneren liegen, täuscht darüber hinweg, daß die Maya durchaus fähige Seefahrer waren. Während der Blütezeit ihrer Kultur verfügten sie über mindestens 4.000 seetüchtige Kanus, die auf Handelsrouten entlang der Karibikküste vom heutigen Honduras bis in den Norden Yucatáns verkehrten.

Auch die erste Begegnung von Europäern und Maya war ein Zusammentreffen von Seefahrern: Während seiner vierten Reise in die Neue Welt im Jahre 15o2 traf Christoph Kolumbus vor der guatemaltekischen Küste auf ein riesiges Kanu, das aus einem einzigen großen Baumstamm angefertigt war, und dessen Mannschaft aus Mayas und deren Sklaven bestand.

Offenbar dienten die Gebäude in Tulum ebenfalls nicht nur zeremoniellen, sondern auch praktischen Zwecken der Navigation. Das "Castillo" war gleichzeitig eine Art Leuchtturm, der einen natürlichen Durchgang im vorgelagerten Riff signalisierte: Zwei Lichter

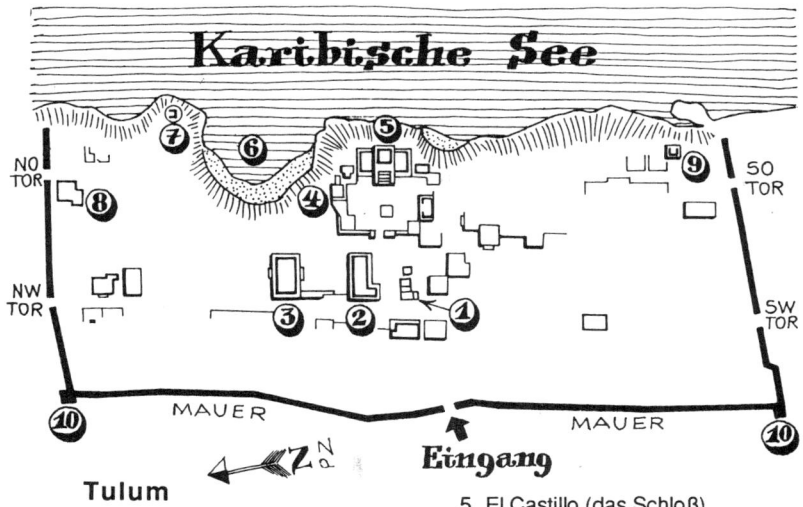

Tulum

1 Tempel der Fresken
2 Haus der Säulen
3 Haus des Oberpriesters
4 Tempel des herabstürzenden Gottes
5 El Castillo (das Schloß)
6 Hafenbucht
7 Tempel des Windgottes
8 Haus am Brunnen
9 Tempel des Meeres
10 sogen. Wachtürme

in den oberen Fenstern des Gebäudes sehen die Seefahrer genau in dem Augenblick gleichzeitig, in dem sie die Durchfahrt durch das Riff passieren.

Das Zeremonialzentrum war auf den drei Landseiten von einer Mauer umgeben, die noch fast komplett erhalten ist und der Anlage eine zusätzliche kompakte Harmonie verleiht. Mächtigstes Gebäude der Anlage ist das sogenannte SCHLOSS (5), von den Spaniern so getauft wegen seiner Größe und beherrschenden Lage auf dem Felsen über dem Meer. Über eine Treppe Zugang zum oberen Teil mit mehreren Kammern. Guter Blick über die gesamte Anlage.

Eine Art Anbau ist der TEMPEL DES HERABSTÜRZENDEN GOTTES (4). Über dem Eingang eines der wenigen markanten Details in Tulum, zu sehen auch noch an anderen Gebäuden: der "herabstürzende Gott", eine eigenartige Figur, dargestellt mit dem Kopf nach unten, verschränkten Armen und gespreizten Beinen. Ob es sich dabei um ein Symbol der untergehenden Sonne handelt, ist nicht eindeutig geklärt.

Auf einer Klippe am nördlichen Rand des Zeremonialzentrums der TEMPEL DES WINDES (7), der einen winzigen Raum umschließt. Von hier aus fotogenes Panorama mit Küste und "Schloß". Von den zerfallenen Gebäuden im Zentrum der Anlage vor allem bemerkenswert der kleine TEMPEL DER FRESKEN (1). Die Wände zieren Malereien mit unterschiedlichen Symbolen: Pflanzen, Schlangen, Gottheiten.

Geöffnet: 8- 17 Uhr. Eintritt ca. 4,5 US.

Für Tulum gilt noch mehr als für die anderen bekannten Ausgrabungsstätten in Mexiko, daß man möglichst früh, d.h. bei Öffnung der Anlage dort sein sollte. Die Nähe zu den Ferienzentren Cancún und Cozumel hat Tulum inzwischen zur meistbesuchten Ausgrabungsstätte Yucatáns gemacht und führt im Laufe des Tages zu einem unwahrscheinlichen Rummel, der dem Ort viel von seiner Anziehungskraft nimmt. Da die Anlage nicht besonders groß ist, läßt sie sich in Ruhe genießen, bevor die Buskolonnen eintreffen.

ORIENTIERUNG:

Bei Anfahrt von Norden liegen die Ruinen kurz vor dem eigentlichen Ort Tulum. Der öffentliche Bus fährt nicht zur Ausgrabungsstätte, daher an der Abzweigung "Ruinas" aussteigen und den Rest zu Fuß gehen (ca. 15 Min.).

Einige passable Unterkünfte in der Nähe der Ruinen: entweder an der Abzweigung von der Hauptstraße (ca. 800 m zum Eingang) oder südlich am Strand (ca. 800- 1.500 m entfernt). Das Hotel im Ort Tulum ca. 4 km von den Ruinen. Im Regelfall nicht attraktiv, höchstens bei später Ankunft am Abend, wenn man den Weg zum Strand nicht mehr machen möchte. Weitere Unterkünfte in der Uferstraße Richtung Punta Allen, die allerdings nur mit eigenem Pkw oder Taxi zu erreichen sind (s. Reserva Siankaan).

"**Hotel Maya Tulum**", Av. Tulum Poniente 32. Im Ort. Große, gekachelte Zimmer. Einfach, aber sauber. Ventilator. Teilweise laut. DZ ca. 20 US. Zu den Ruinen ca. 4 km.

"**Hotel Acuario**", an der Abzweigung zu den Ruinen. 800 m Fußweg zum Eingang. Mehrere verschachtelte Gebäude um einen Innenhof mit SW- Pool. Zimmer neu, ordentlich gekachelt. Ventilator. DZ ca. 35 US.

"**Hotel El Crucero**", ebenfalls an der Abzweigung. Flache Gebäude im Motel- Stil im Hinterhof. Minimaler Aufwand, um ein Dach über dem Kopf zu erstellen: vier kahle Wände, Bett, Ventilator und Kloschüssel. Dusche vorhanden. Wenig gepflegt. DZ ca. 13 US.

"**Cabañas El Mirador**", ca. 800 m südlich der Ruinen am Strand. Einfache Hütten mit Palmendach und Haken für die Hängematte. Wer keine hat, kann sie für 2 US ausleihen. Ansonsten ca. 7 US pro Cabaña. Auf der Anhöhe kleines Restaurant mit schönem Blick aufs Meer.

"**Cabañas Santa Fé**", 900 m südlich der Ruinen. Einfache Hütten am Strand. Gemeinschaftsbäder, Restaurant. Mit Hängematte ca. 7 US, mit Bett ca. 13 US.

"**Cabañas Don Armando**", 1 km südlich der Ruinen. Ähnliche Hütten, Gemeinschaftsbad. Gelände mit Sand und Palmen. Je nach Ausstattung ca. 7- 20 US pro Cabaña. Restaurant vorhanden. Freundliche Besitzer, die auch Schnorchel- und Tauchtouren organisieren.

"**Hotel El Paraíso**", ca. 1,5 km südlich der Ruinen in wahrhaft paradiesischer Lage. In den Dünen und einem Palmenwald. Flache Gebäude im Motel- Stil. Neu und gepflegt. Nur wenige Zimmer mit Bad und Ventilator. DZ ca. 36 US.

Halbinsel Yucatán 585

TULUM, El Castillo zu Zeiten von Catherwood, damals noch tropisch eingewuchert

Durch den Ort Tulum fahren mehrmals pro Tag die Busse zwischen Cancún und Chetumal. Da die Wartezeit manchmal ganz schön lang werden kann (inkl. Fußmarsch von den Ruinen zum Ort), lohnt es sich, auf dem Parkplatz vor den Ruinen Leute anzusprechen, die mit dem PKW zurück nach Playa del Carmen oder Cancún fahren. Wer weiter Richtung Süden will (kaum noch Touristen), geht am besten zur Tankstelle in Tulum, an der viele Autos und Lastwagen halten.

Reserva Siankaan

Naturschutzgebiet auf einer 3o km langen Halbinsel im Karibischen Meer, südlich von Tulum. Einsame Strände; seltene Vogelarten. Je weiter Richtung Punta Allen, desto einsamer und schöner wird es - ein kaum berührtes Paradies. Leider (oder zum Glück) kein öffentlicher Transport. Zu den

Unterkünften entweder langer Fußmarsch oder Taxi ab Tulum.

Mehrere Unterkünfte (Cabañas, Motel) südlich der Ruinen von Tulum am Strand (Details siehe dort). Weiter südlich Richtung Reserva die folgenden:

"<u>Osho Oasis</u>", 6 km Richtung Punta Allen an schöner Bucht mit vorgelagerten Riffs. Saubere Hütten mit je zwei aufgehängten Doppelbetten. Moskitonetze. Ausreichend und saubere Gemeinschaftsbäder. Ca. 45 US inkl. kleines Frühstück. Fahrrad- und Schnorchelverleih.

"<u>Los Arrecifes</u>", 7 km südlich der Ruinen von Tulum am Palmenstrand, ruhig. Sehr sauber. Hochgestellte Betten, Moskitonetz. Hauptsächlich von Tauchern frequentiert. Cabañas von unterschiedl. Qualität für ca. 35- 7o US. Einfaches Restaurant vorhanden.

Cobá

Die Maya- Ruinen von Cobá liegen zwischen fünf Seen verstreut im Regenwald. Der besondere Reiz der Anlage besteht darin, daß selbst die wichtigsten und größten Gebäude (u.a. die höchste Pyramide Yucatáns) nur zum Teil freigelegt und kaum restauriert sind. Hier läßt sich sehr schön studieren, wie der Urwald die Gebäude überwuchert hat, sich Baumwurzeln zwischen die Steine geschoben und die Architektur zerstört haben. Noch sind hier rund 2o.ooo Gebäudeteile unter dem Urwald begraben.

Cobá war eine der größten Städte im Maya- Reich und von ca. 6oo bis 15oo n. Chr. bewohnt. Ihre Lage war ausgesprochen privilegiert: Aufgrund der Seen hatten die Bewohner nicht die üblichen Wasserprobleme der anderen Siedlungen auf Yucatán. Die zahlreichen befestigten Maya- Straßen ("<u>sacbe</u>" genannt), die von hier aus den Regenwald durchziehen, zeugen ebenfalls von der Bedeutung der Stadt. U.a. beginnt in Cobá die längste heute bekannte Straße, die den Ort mit dem rund 1oo km entfernten Yaxuná verband.

Die Mayas legten zwischen ihren städtischen Zentren diese Art von Wegen an, indem sie auf den sumpfigen Untergrund Steine aufschütteten und sie mit einem Gemisch aus Kalk und Wasser bedeckten. Ein relativ ebener Weg machte auf diese Weise das sumpfige Gelände problemlos passierbar. Daß die "weißen Straßen" häufig in den Zeremonialzentren an einem Tempel oder einer Pyramide endeten, weist darauf hin, daß die Sacbes auch zeremoniellen Zwecken dienten.

Vor allem bei Kurzstreckenflügen über Yucatán sind gelegentlich die schnurgeraden Linien zu sehen, die sich kilometerweit durch den Urwald ziehen.

Gleich am Eingang der Ausgrabungsstätte von der Pyramide der <u>Cobá-Gruppe</u> aus ein guter Überblick über die Seen und hinüber zum zweiten wichtigen Bauwerk: einer Pyramide innerhalb des Gebäudekomplexes der <u>Nohoch Mul- Gruppe</u>, von der nur die steile Treppe freigelegt ist. Der Rest noch unter Urwald verborgen. Oben ein Tempel mit der auch in Tulum vorhandenen Figur des "herabstürzenden Gottes". Mit gut 4o m ist diese Pyramide die höchste in Yucatán.

Die einzelnen Sektoren der Ausgrabungsstätte sind nur auf Pfaden durch den Regenwald zu erreichen. Ganz unvermittelt tauchen die Ruinen, noch halb zugewachsen, hinter den Bäumen auf. Gelegentlich vereinzelt oder in Gruppen auch Stelen mit Maya-Symbolen. Es entsteht manchmal ein Gefühl, wie es die Archäologen bei der Entdeckung derartiger Ruinen gehabt haben müssen. Verstärkt wird dieser Eindruck noch durch die Verlassenheit: Nach Cobá verirren sich nicht viele Touristen, und die wenigen Besucher verteilen sich auf den Pfaden durch den Urwald.

Geöffnet 8-17 Uhr, Eintritt ca. 4,5 US, sonntags gratis.

Achtung: In der Regenzeit von Juli bis September unbedingt auf den Wegen bleiben, da im Urwald Giftschlangen unterwegs sind.

"__Hotel Villas Arqueológicas__", direkt an der Lagune. Im mediterranen Stil, kleine, komfortable Zimmer. DZ 95 US. Teures Restaurant. SW-Pool und für den Abend eine Bibliothek mit passabler Literatur zur Maya-Kultur.

"__Hotel El Bocadito__", kurz vor den Ruinen. Freundliche Atmosphäre. Zimmer sehr einfach mit Ventilator. Nicht übermäßig sauber. Privatbäder, aber ohne Warmwasser. DZ ca. 1o-15 US. Ordentliches, preiswertes Restaurant.

"__Cabañas Isabel__", sehr primitive Hütten, ohne Bad. Je nach Saison und Nachfrage ca. 5-8 US für 2 Personen.

Zweimal täglich ein Bus von und nach Tulum (ca. 1,5 US). Wenig Autoverkehr, so daß auch trampen sich recht schwierig gestalten kann. Wer keinen eigenen Pkw hat, spricht am besten Autofahrer am Parkplatz vor den Ruinen oder bei den Hotels an.

✦Chetumal (15o.ooo Einw.)

Grenzstadt, Hafenstadt und Hauptstadt des Staates Quintana Roo. Keinerlei Sehenswürdigkeiten. Aber: Bester Ausgangspunkt für den Grenzübertritt nach Belize. Außerdem hat Chetumal eine attraktive Umgebung: das Korallenriff Banco Chinchorro, ein grandioses Revier für Taucher, Lagunen und Strände für alle Arten von Wassersport sowie einige kleinere Maya-Ruinen an der Hauptstraße Richtung Escárcega/Palenque.

__Klima__: Tropisch heiß und feucht.

Tourist INFO Kleiner Kiosk in der Av. Héroes/Ecke Efraín Aguilar.

__Post__: Plutarco E. Calles/Ecke 5 de Mayo. - __Telefon__: Héroes/Ecke Aguilar.

__Geldwechsel__: Trotz Grenzstadt keine Casa de Cambio. Pesos mitbringen. Wer von Belize kommt, sollte schon an der Grenze wechseln. Banken entlang der Av. Héroes haben nur beschränkte Öffnungszeiten und oft lange Schlangen vor den Schaltern.

BADEN PLAYA CALDERITAS, 8 km nördlich der Stadt. Strand mit sauberem Wasser, am Wochenende Naherholungsgebiet der Einheimischen. Weitere Strände und Bademöglichkeiten siehe "Ausflüge ab Chetumal".

"**Hotel El Presidente**", Av. Héroes/Ecke Chapultepec. Moderner Flachbau mit Garten und Swimming-Pool. Zimmer groß, ruhig und modern eingerichtet. Farb-TV und AC. Bestes Hotel der Stadt in zentraler Lage. DZ ca. 1o5 US.

"**Hotel Continental Caribe**", Héroes 171. Betonkasten mit Swimming-Pool im engen Innenhof. Zimmer mit TV und AC, renoviert mit modernen Möbeln und neuen Bädern. Zentrale Lage, viele Zimmer laut. DZ ca. 95 US.

"**Hotel Azteca**", Belize 186. Ordentliche Zimmer mit AC. Nach vorn laut. Gekachelte Bäder, äußerst sauber. DZ ca. 21 US.

"**Hotel San Enrique**", Colón 2o7. Extrem dunkle Zimmer zum Garagenhof. Sauber, mit Ventilator. Nicht besser als die etwas preiswerteren Hotels, daher nur Ausweichmöglichkeit, wenn diese belegt sind. DZ ca. 15 US.

"**Hotel Jacaranda**", Obregón 2o1. Heruntergekommen; einfach eingerichtete Zimmer, hell und sauber. DZ mit Ventilator ca. 13 US, mit AC ca. 17 US.

"**Hotel Maria Dolores**", Obregón 2o6. Einfach, aber ordentlich und sauber. Räume klein und stickig, Möblierung käftig abgewohnt. Zimmer mit Ventilator. DZ ca. 13 US.

"**Hotel Brasilia**", Aguilar 186. Zentral, Nähe Mercado. Die unteren Zimmer etwas düster und muffig; oben dagegen größer, heller und vor allem luftiger. Einfache, aber solide Möblierung, Ventilator. Für ca. 13 US pro DZ gute Wahl.

Jugendherberge: nicht weit vom Zentrum. Calzada Veracruz/Ecke Obregón.

Chetumal bietet keine kulinarischen Offenbarungen. Am besten noch Fischgerichte und Mariscos. Passable Restaurants in jeder Preisklasse auf der Av. Héroes zwischen Primo de Verdad und Obregón sowie auf der Av. Obregón.

Verbindungen ab Chetumal

Grenzübergang Belize: Wenige Kilometer von Chetumal beim Ort Subteniente López an der internationalen Brücke über den Rio Hondo. Per Bus: unbedingt mit dem Direktbus ab Chetumal nach Belize City:

BATTY-BUS: Je nach Saison pro Tag mindestens vier Abfahrten. Dauer ca. 4 Std., Kostenpunkt ca. 5 US. Pro Tag ein Express-Bus (schneller und komfortabler). In Belize City Anschluß am nächsten Morgen mit dem gleichen Unternehmen zu den Maya-Ruinen von Tikal/Guatemala.

Für die Einreise nach Belize brauchen Deutsche, Österreicher und Schweizer derzeit kein Visum. Die Formalitäten haben sich in den letzten Jahren aber häufig geändert. Wer ganz sicher gehen will, fragt vorher telefonisch bei der britischen Botschaft in Mexico City oder beim britischen Konsulat in Mérida nach. Auch für die Weiterfahrt nach Guatemala reicht der gültige Reisepaß.

Flüge: Flughafen am Stadtrand, zu erreichen über die Av. Obregón. AVIACSA (Büro: Av. Héroes/Ecke Chapultepec) fliegt täglich nach Mexico City (2oo US) 2 Std. TAESA (Büro: Obregón 185) fliegt täglich nach Cancún (6o US) 1 Std.

Bus: Moderne Central Camionera, von der aus alle Überlandlinien abfahren: Av. Insurgentes/Ecke Belize. Kein Stadtbus von hier aus ins Zentrum, Taxi ca. 1,5 US.

Häufige Abfahrten pro Tag nach:
Cancún (13- 15 US) 5 Std., - Escárcega (1o US) 4 Std., - Mexico City (6o- 75 US) 21 Std., - Mérida (13- 2o US) 6 Std., - Playa del Carmen (11- 12 US) 3 Std., - Villahermosa (18 US) 8 Std., - Belize- City (5 US) 4 Std.

Transport in Chetumal: Das Zentrum mit Hotels und Restaurants ist kompakt und gruppiert sich um die Achsen Av. Héroes und Av. Obregón. Alles zu Fuß erreichbar.

AUSFLÜGE

Die Ausflüge nach BACALAR, zum CENOTE AZUL und zur LAGUNA MILAGROS sind leicht zu organisieren, da alle drei an der Hauptstraße MEX 3o7 Richtung Cancún liegen. Wer von Norden kommt oder von Chetumal aus Richtung Tulum/Cancún weiter will, kann dort auch auf der Durchfahrt einen Zwischenstop einlegen. Verbindung ab Chetumal mit Colectivo- Kleinbussen, die in der Av. Primo de Verdad/Ecke Hidalgo abfahren.

Laguna Milagros
14 km westlich von Chetumal. Schöner See, umgeben von Wäldern, Wassersportmöglichkeiten.

Cenote Azul
Kurz vor Bacalar Abzweigung zum Cenote Azul, dem größten Cenote Yucatáns. Tiefe 9o m. Dunkelblaue Farbe, viele Fische. Bade- und Schnorchelmöglichkeit. Gutes Restaurant am Ufer, Trailerpark und Camping wenige Schritte neben dem Cenote. Übernachtung im "Hotel La Laguna" am Ufer der Laguna Bacalar, auf halbem Weg zwischen Cenote Azul und dem Ort Bacalar.

Bacalar
Kleiner Ort, 38 km nordwestlich von Chetumal. Direkt am Ufer der Laguna Bacalar, einem großen See, an dem die MEX 3o7 in geringer Entfer-

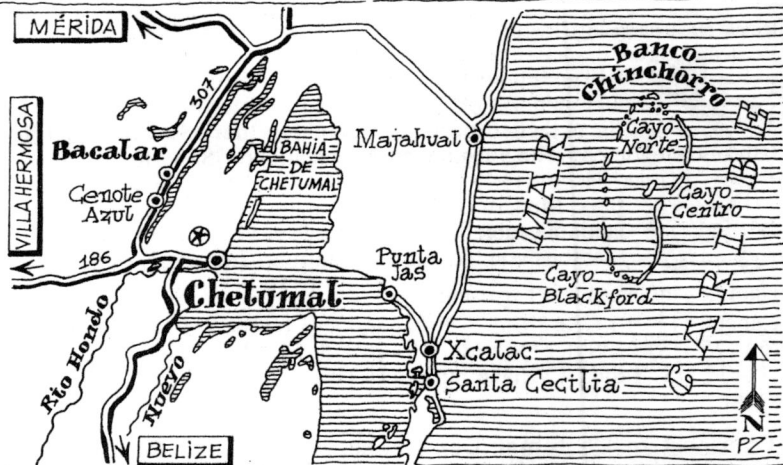

nung entlangführt. Naherholungsgebiet (Wassersport) der Bewohner von Chetumal.

Sehenswert die einstige spanische Befestigungsanlage FUERTE DE SAN FELIPE: gut erhalten mit Wehrmauern, Wassergraben und Kanonen. Im Innern ein kleines Museum zur Geschichte der Maya und zum sogenannten "Krieg der Kasten" (1847-19o1):

Er war einer der blutigsten und längsten Aufstände, den die mexikanischen Indios gegen ihre Unterdrücker geführt haben. In diesem Fall schon nicht mehr gegen die spanischen Kolonialherren, sondern gegen die Führungsmacht des unabhängigen Mexiko: Anlaß war 1847 die öffentliche Hinrichtung eines indianischen Häuptlings. Sie führte zu einer Rebellion, die erst über ein halbes Jahrhundert später endgültig niedergeschlagen wurde.

Innerhalb weniger Monate beherrschten die Aufständischen einen großen Teil der Halbinsel Yucatán. Die reichen Landbesitzer hatten sich zurückgezogen nach Mérida und Campeche, wobei ihnen auch das Fort San Felipe in Bacalar zwischenzeitlich als Verteidigungsbastion gedient hatte. Das siegreiche Maya-Heer verzichtete jedoch auf die Einnahme der beiden wichtigen Städte, die Menschen gingen zurück auf ihre Felder, um die Maissaat nicht zu versäumen. Die verpaßte "Reconquista" der gesamten Halbinsel Yucatán wird noch heute von einigen mayafreundlichen Historikern bedauert.

Die Gegenoffensive der Regierungstruppen ließ nicht lange auf sich warten; die Reste der Maya-Truppen mußten sich in entfernte Urwaldgebiete zurückziehen, und die Bevölkerung wurde grausam unterdrückt. Einen neuerlichen Aufschwung jedoch nahm die Aufstandsbewegung ab 185o durch die Legende des "Sprechenden Kreuzes": Einer der Führer der Maya hatte in einen Mahagonibaum drei Kreuze geritzt, denen er fortan eine spirituelle Kraft zusprach. Um das neue Heiligtum in Chan Santa Cruz (in der Nähe des heutigen Städtchens Felipe Carillo Puerto) sammelten sich die Aufständischen, nannten sich "Cruzob" und gründeten in der Abgeschiedenheit des Ortes ein unabhängiges Gemeinwesen. Von dort aus traten sie zur Wiedereroberung großer Teile des yukatekischen Territoriums an, eroberten erneut Bacalar und beherrschten zeitweise die gesamte Region zwischen Chetumal und Cozumel.

In den darauffolgenden Jahrzehnten versuchten die Regierungstruppen immer wieder, das Reich des "Cruz Parlante" zu vernichten. Mehrfach gelangten sie bis Chan Santa Cruz und zerstörten das Hauptquartier und Heiligtum der Rebellen. Es kam zu zahllosen Schlachten, die von beiden Seiten erbittert und blutig geführt wurden.

Erst 19o1 konnte ein Expeditionskorps mexikanischer und yukatekischer Truppen den militärischen Widerstand der Maya endgültig brechen. Der Mythos des "Sprechenden Kreuzes" ist jedoch bis heute in der Maya- Bevölkerung Yucatáns lebendig.

Majahual und Xcalac

Abgelegene Fischer- und Badeorte an der Karibik mit einsamen Stränden. Von Chetumal auf der MEX 3o7 bis kurz vor Limones. Dort die Abzweigung nach Majahual und noch 58 km. Täglich (frühmorgens) ein Kleinbus vom "Sindicato de Taxistas" (Gandhi/Ecke 16 de Septiembre), der gegen Mittag nach Chetumal zurückkehrt. Primitive Übernachtungsmöglichkeiten. Vor der Küste das Korallenriff

Banco Chinchorro

Ein Leckerbissen für erfahrene Taucher: eines der größten Korallenriffs vor der zentralamerikanischen Küste. Ein Paradies für Freunde des Unterwassersports nicht nur wegen der schwarzen Korallen und der Tierwelt, sondern auch wegen der vielen gestrandeten Schiffe aus mehreren Jahrhunderten. Naturschutzgebiet; zu erreichen per Boot ab Xcalac.

Übernachtung in Xcalac. Verleih von Tauch- und Schnorchelausrüstung sowie Bootstransport zum Riff nicht immer gesichert. Vorher in Chetumal im Touristenbüro nachfragen. Beste Chancen für gemeinsames, kostensenkendes Mieten eines Bootes am Wochenende, wenn ein paar Leute aus Chetumal rüberkommen.

Chetumal -> Palenque (47o km)

Langweilige und elend lange Strecke auf schlechten Straßen durch den niedrigen Regenwald. Auf den ersten gut einhundert Kilometern links und rechts der MEX 186 einige Maya- Ruinen, von denen Kohunlich die erste und bedeutendste ist. Der Besuch von Kohunlich läßt sich auch als Ausflug von Chetumal aus organisieren.

Kohunlich

Mitten in einem Palmenwald die nur wenig freigelegten Maya- Ruinen. Am Eingang der Anlage die PLAZA DE LAS ESTELAS, umgeben von kaum restaurierten Gebäuden und dem Ballspielplatz.

Hauptattraktion: Auf einer Anhöhe der TEMPLO DE LOS MASCARONES (Maskentempel) mit fünf überdimensionalen, gut konturierten Masken aus Stuck, die die Sonnengottheit der Maya repräsentieren. Ursprünglich waren es acht Masken, die zu beiden Seiten der Treppe modelliert waren. Die restlichen drei konnten nicht mehr rekonstruiert werden. Von der Spitze des Tempels aus ein weiter Blick über die Urwaldlandschaft des südlichen Yucatán.

Verbindungen: Auf der MEX 186 ca. 60 km Richtung Escárcega. Von der Abzweigung noch 9 km gute Straße bis zu den Ruinen. Einfach, wenn man von Chetumal nach Palenque mit dem PKW unterwegs ist.

Kein öffentlicher Transport, deshalb versuchen, mit ein paar Leuten beim "Sindicato de Taxistas" in Chetumal (Gandhi/Ecke 16 de Sept.) ein Taxi od. einen Kleinbus zu bekommen. Nicht mit einem Fahrer, sondern direkt mit dem Geschäftsführer sprechen. Der hat mehr Interesse an der Förderung dieser Art von Tourismus und gewährt vielleicht einen Sonderpreis.

Die folgenden Maya- Stätten entlang der MEX 186 lohnen sich nur, wenn man ohnehin mit dem Pkw auf der Strecke unterwegs ist und ohne großen Aufwand einen kurzen Zwischenstop einlegen kann:

Xpujil

Reste eines Maya- Zeremonialzentrums. Wichtigstes Gebäude ist ein Tempel mit drei pyramidenförmigen Türmen.

Die Ruinen liegen direkt an der Straße MEX 186, 60 km von Kohunlich. Gelegentlich hält einer der ADO- Busse zwischen Chetumal und Villahermosa im 1 km entfernten Ort Xpujil. Dann muß man allerdings eine Weile auf den nächsten warten, denn die Strecke ist wenig befahren.

Becan

Wenige km hinter Xpujil. 1 km Feldweg ab von der MEX 186. Zeremonialzentrum mit massiven Tempel- und Pyramidenbauten um einen zentralen Platz. Weitere Gebäude noch nicht ausgegraben. Die gesamte Anlage war umgeben von einem 3 km langen Wassergraben, der als Verteidigungssystem diente. Davon heute nur noch wenige Spuren vorhanden.

Chicanná

2 km hinter Becan die Abzweigung nach Chicanná. Von dort noch gut 1 km über einen schlecht zu befahrenden Feldweg. Kleines Zeremonialzentrum mit einigen erhaltenen Reliefs. Wichtigstes Stilelement: ein Torbogen, um den herum eine furchterregende, überdimensionale Maske gestaltet wurde.

Hinter Chicanná kehrt dann endgültig die große Langeweile auf der Strecke ein: schnurgerade Straße durch eine öde Landschaft und einige triste Dörfer und Städte. Auch <u>ESCARCEGA</u> lohnt keinen Aufenthalt. Am besten so schnell wie möglich weiter bis Palenque oder Villahermosa.

Südlich von Escárcega, im Grenzgebiet zwischen Mexiko und Guatemala, erstreckte sich einst eines der ausgedehntesten Regenwaldgebiete Mittelamerikas. Doch seit die mexikanische Regierung in den siebziger Jahren ein Erschließungs- und Besiedlungsprogramm förderte, ist davon nicht mehr viel übrig geblieben. Lediglich ein Teil blieb als CALAKMUL BIOSPHERE RESERVE unter Naturschutz.

Die Urwaldbäume wurden gefällt und das Unterholz abgebrannt, so daß ein fruchtbarer Ascheboden entstand, der für einige Jahre ertragreiche Ernten ermöglichte. Doch die Erde war schnell ausgelaugt, so daß sie nur noch als Viehweide taugte.

Jenseits der schnurgeraden Grenze zu Guatemala blieb der Urwald zunächst noch unberührt. Satellitenfotos aus den achtziger Jahren zeigen den markanten Grenzverlauf anhand eines abrupten Übergangs von Viehweiden (Mexiko) zu dichtem Regenwald (Guatemala). 1990 stellte die Regierung von Guatemala im Rahmen der MAYA BIOSPHERE RESERVE den Wald im gesamten Grenzgebiet unter Naturschutz. Doch mexikanische Siedler drängen inzwischen immer häufiger über die Grenze und roden den auch dort den Urwald, so daß dessen Existenz massiv bedroht ist.

Seit einiger Zeit existieren Bemühungen um einen internationalen Naturpark unter Einschluß von Calakmul Reserve, Maya Biosphere Reserve und dem Gebiet von Rio Bravo in Belize. Ob diese Initiative die drohende Zerstörung des Regenwaldes aufhalten kann, bleibt abzuwarten. Die wachsende Bevölkerung und die damit einhergehende Armut in den drei Staaten jedenfalls sind keine guten Voraussetzungen für eine Beendigung der sich ausbreitenden Siedlungsaktivitäten.

★Palenque

Palenque ist der Inbegriff einer im Urwald versunkenen Maya- Stadt. An drei Seiten umgeben von dichtem Regenwald, befinden sich die Ruinen genau dort, wo die Berglandschaft von Chiapas in die weite Ebene der Halbinsel

SARKOPHAG, WESTFIGUR 2

Yucatán übergeht. Von den Tempeln aus ein ausgezeichneter Blick ins Tiefland.

Gut erhaltene Tempelbauten der klassischen Maya- Periode. Tempel, die trotz ihrer erhöhten Lage auf pyramidenförmigen Sockeln kaum die umstehenden Urwaldbäume überragen. Ungewöhnlich viele Dachverzierungen, die der massigen Architektur eine gewisse Leichtigkeit und Verspieltheit verleihen. Weitere Besonderheiten, die nur die Ruinen von Palenque bieten, sind der riesige Palast mit einem für die Maya- Architektur unüblichen Turm sowie die Grabkammer im Innern des Tempels der Inschriften.

PALENQUE war schon lange vor der Zeitenwende bewohnt, erlebte seine kulturelle Blütezeit allerdings gegen Ende der Klassischen Maya- Periode zwischen 6oo und 9oo n. Chr. Die Stätte wurde danach aus bisher ungeklärten Gründen verlassen. Bei Ankunft der Spanier lebten nur noch wenige Indios verstreut in der Umgebung. Der Urwald hatte so vollständig Besitz von den Gebäuden ergriffen, daß sie erst 1773 wiederentdeckt wurden. Noch immer hat man den Eindruck, als könne der Regenwald die Ruinen binnen weniger Jahre aufs neue vollständig verschlucken.

Imposantestes Gebäude ist der TEMPEL DER INSCHRIFTEN (3), kurz hinter dem Eingang zur Ausgrabungsstätte. Eine steile Treppe führt hinauf zu dem gut restaurierten Bauwerk, in dessen Innern sich die Hieroglyphen befinden, denen er seinen Namen verdankt.

Die Pyramide unter dem Tempel ist eine Besonderheit in der präkolumbianischen Architektur Mexikos. Sie erfüllte eine Funktion, die die Archäologen (angelehnt an die Pyramiden Ägyptens) zwar immer gesucht, aber vorher nirgends gefunden hatten: Sie diente als Grabmal. Vom Tempel führt ein enger und stickiger Gang hinunter ins Innere der Pyramide. An seinem Ende der Sarkophag, bedeckt mit einer massiven Steinplatte.

Die Entdeckung der Grabkammer durch den Archäologen Alberto Ruz im Jahre 1949 war eine archäologische Sensation. Vom Tempel aus legte er in dreijähriger Arbeit einen Gang frei, der 18 m tief ins Innere der Pyramide führt. An dessen Ende fand er einen Sarkophag, bedeckt mit einer steinernen Reliefplatte, auf der sich Symbole der Maya-Kultur in rätselhafter Verknüpfung befinden: Götter, Masken und Schlangenköpfe.

Unter der Platte, im Grab selbst entdeckte der Archäologe ein menschliches Skelett und einen wertvollen Grabschatz:

PALENQUE, 1891
rühmten Fotografe

Jadegegenstände und eine großartige Jademaske, die in den Besitz des Anthropologischen Museums in Mexico City übergingen. Teile des Schatzes wurden bei dem Museumsraub Weihnachten 1985 entwendet, konnten aber im Juni 1989 zusammen mit der Mehrzahl der gestohlenen Stücke wiedergefunden werden.

Ähnliches Aufsehen wie der Fund von Ruz erregte 1994 eine Entdeckung, die die beiden mexikanischen Archäologen Arnoldo González und Fanny López unter dem verfallenen Tempel XIII (direkt neben dem Tempel der Inschriften) machten: Sie fanden ebenfalls einen Sarkophag mit einem jadegeschmückten Skelett und bewiesen damit, daß die Maya-Archäologie auch heute noch zu ungewöhnlichen Ergebnissen kommen kann.

Eines der ersten Fotos von Palenque durch den berühmten Alfred D. Maudsley: Die Ruine wird vom Urwald freigeschafft.

Auf einer massiven Plattform das zweite große Gebäude, der sogenannte PALAST (5), der sich um vier Innenhöfe gruppiert. An den Wänden eine Vielzahl von gut erhaltenen Reliefs, Hieroglyphen und Stuckverzierungen, die trotz der häufigen tropischen Regenfälle die Jahrhunderte überdauert haben. Die Reliefs sind ausgesprochen fein gearbeitet und gehören zu den schönsten auf der Halbinsel Yucatán. Darstellungen von Maya- Priestern und Edelleuten.

Durch seinen in anderen Maya- Stätten unbekannten, dreistöckigen Turm ist der Palast eine architektonische Besonderheit. Er ragt weit aus dem übrigen Gebäude heraus, durch eine extrem enge Treppe erreicht man die oberste Plattform. Oben ebenfalls nur ein schmaler Grat, der die Bewegungsmöglichkeiten stark einschränkt.

Welche Funktion diese ungewöhnliche Konstruktion erfüllte, ist völlig unbekannt. Wegen der schlechten Zugänglichkeit kann es sich kaum um eine Verteidigungsanlage gehandelt haben. Auch für die Vermutung, daß der Turm als Observatorium gedient hat, gibt es keine überzeugenden Hinweise.

Östlich vom Tempel der Inschriften befinden sich drei kleinere, gut erhaltene Tempel, die einander recht ähnlich sind und sich vor allem durch die mehr oder weniger erhaltenen Dachgesimse auszeichnen:

Der TEMPEL DER SONNE (1o) mit Stuckverzierungen, Hieroglyphen und Reliefs. Im Innern riesiges Flachrelief einer Opferzeremonie, in deren Mittelpunkt das Symbol der Sonne steht.

Der TEMPEL DES KREUZES (11) und der TEMPEL DES BLATTKREUZES (12) stehen wie der Sonnentempel auf kleinen, mit Vegetation bedeckten Pyramiden. Die großartigen Reliefs, denen sie ihren Namen verdanken, allerdings im Anthropologischen Museum in Mexico City.

Die eigentümlichen Dachkämme dieser Bauwerke dienten den Maya zur architektonischen Auflockerung: Die Deckenkonstruktion des sogenannten "falschen Gewölbes" (siehe Seite 117) ermöglichte ihnen nur eine relativ plumpe und massive Gestaltung der Dächer. Mit Hilfe der steil aufragenden Gesimse versuchten sie, den Eindruck einer gewissen "Leichtigkeit" zu erzielen.

Der Weg vom Tempel der Inschriften quer durch die Ruinenanlage führt vorbei am Palast und dem TEMPEL DES GRAFEN (6). Benannt nach dem Archäologen Graf Friedrich von Waldeck, der während seiner Forschungsarbeiten im 19. Jahrhundert zwei Jahre lang in dem Gebäude wohnte. Vor allem die Steintreppe ist hervorragend erhalten. Gegenüber die Erdwälle des Ballspielplatzes.

Hinter dem Tempel des Grafen schließen sich die fünf zerfallenen Tempel der NORDGRUPPE (7) an, neben denen sich auch das kleine MUSEUM (8) befindet. Ausgestellt Stelen, Keramik und kleinere Grabbeigaben. Die schönsten Fundstücke aus Palenque aber sind nicht hier, sondern im

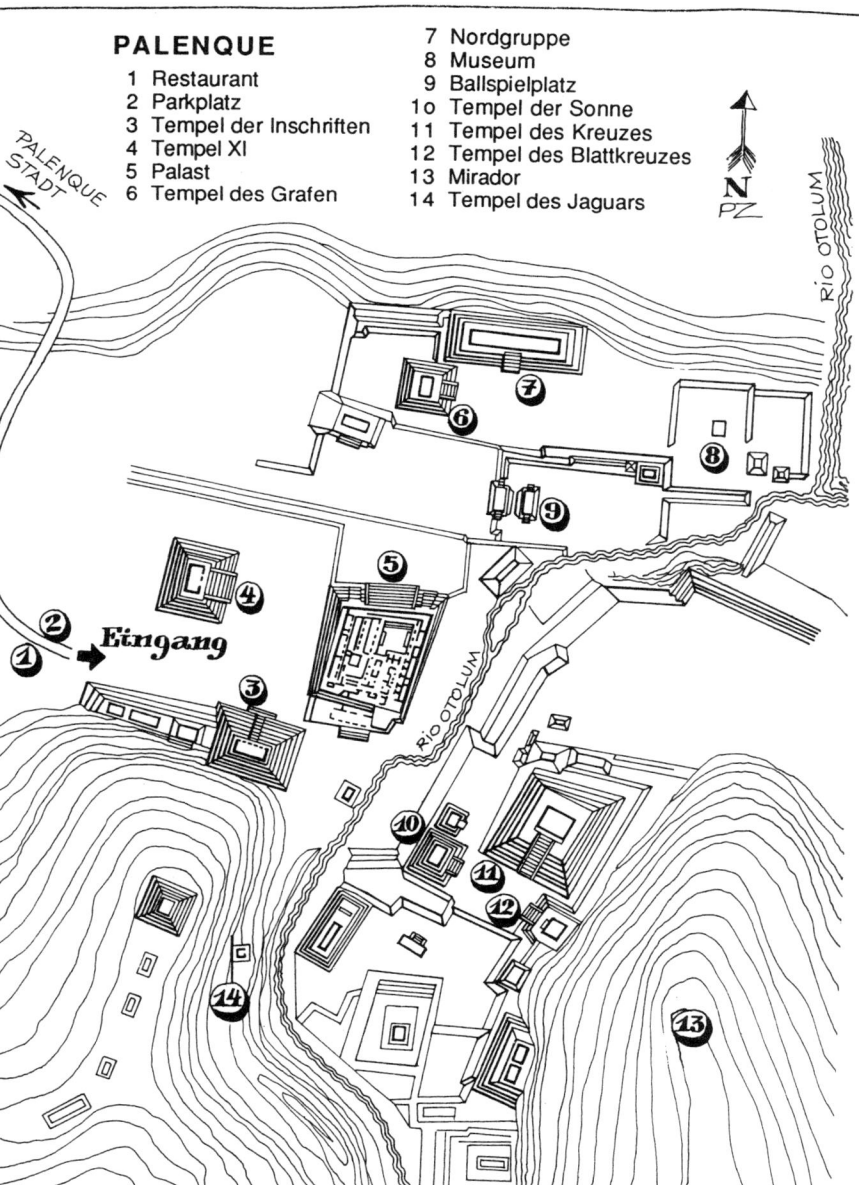

Maya-Saal des Anthropologischen Museums in Mexico City.
Hinter dem Tempel der Inschriften ein einsamer Pfad zum <u>TEMPEL DES JAGUARS</u> (14), verborgen im Wald und nicht restauriert. Auf dem Weg schon ein wenig "Urwald-Feeling": Der Wald höher und dichter als in den Ebenen Yucatáns. Das Konzert der Vögel durchbricht die Stille abseits des Touristenaufmarsches rund um die Hauptgebäude.

<u>Ausgrabungsstätte geöffnet</u> 8- 17 Uhr, das kleine <u>Museum</u> ab 1o Uhr. Eintritt ca. 4,5 US, sonntags gratis.

Palenque/Ort

Die Ausgrabungsstätte liegt ca. 6 km vom eigentlichen Ort entfernt. Gute Verbindungen zwischen Zentrum und Ruinen per Kleinbus. (Abfahrt alle 1o Min. ab Allende/Ecke Hildalgo oder Allende/Ecke 2o de Noviembre, ca. 0,5 US.)

Im Ort selbst wenig los, aber alles schnell und einfach zu erreichen: die meisten Hotels und Restaurants sowie alle wichtigen Anlaufstellen wie Post oder Busbahnhof. Von hier aus auch der lohnende Ausflug zu den <u>Kaskaden von Agua Azul</u>.

Klima: Tropisch feucht. Von März bis Mai trocken, sonst immer mit Schauern rechnen. Der meiste Regen von Juni bis Dezember.

 Am Zócalo, Calle Jiménez.

Post: Independencia/Ecke Bravo, Nähe Zócalo. - **Telefon**: Im "ADO"-Busbahnhof, 5 de Mayo/Ecke Juárez.

Geldwechsel: Keine Casa de Cambio. Die Banken <u>BANA-MEX</u> und <u>BANCOMER</u> tauschen zwischen 1o und 12 Uhr. Viel Andrang, daher möglichst mit genügend Pesos nach Palenque kommen und die Zeit bei den Ruinen anstatt in einer langen Warteschlange verbringen. Im Notfall tauschen auch die besseren Hotels und einige Artesanía-Läden. Außerdem Reisebüros, z.B. YAX-HA, Juárez 123.

 "<u>Hotel Misión</u>", am Ortsrand oberhalb des Zócalo, am Ende der Av. 5 de Mayo. Auf einem großen Gelände mit Swimming-Pool. Sehr ruhig. Zimmer modern mit AC. Bestes Hotel in Palenque. Eigener Bus zu den Ruinen. DZ je nach Saison ca. 1oo- 11o US.

"<u>Hotel Chan-Kah</u>", an der Straße zu den Ruinen. Schöne Cabañas im tropischen Garten. Ventilator. SW-Pool. Komfortables und ruhiges Wohnen mit Urwald-Feeling. DZ ca. 9o US.

"<u>Hotel Maya Tucan</u>", am Ortseingang. Vollkommen neues Gebäude, modern eingerichtete Zimmer mit TV und AC. Subtropischer Garten. Schnelle Verbindung ins Zentrum mit den Taxis, die hier als Colectivos funktionieren. DZ je nach Saison ab 75 US.

"<u>Hotel Calinda Nututun</u>", etwas abseits, ca 3 km auf der Straße nach Ocosingo. Nur sinnvoll für Leute mit eigenem PKW. Schön gelegen, ruhig. Zimmer mit TV und AC. DZ ca. 77 US, in der Hauptsaison etwas teurer.

"**Hotel El Paraíso**", 5 km vor den Ruinen an der Verbindungsstraße zum Ort. Kleines, modernes Gebäude. Große Zimmer mit AC. Neue Möblierung, die Bäder blitzsauber. DZ ca. 55 US.

"**Hotel Maya- Tulipanes**", am Maya- Denkmal Ortseingang. Von dort ca. 2oo m Feldweg. Älteres Haus in ruhiger, leicht romantischer Umgebung am Waldrand. SW- Pool. Große Zimmer mit Ventilator. DZ ca. 3o US mit Ventilator, 4o- 45 US mit AC. Aufschläge zur Hochsaison.

"**Hotel Plaza Palenque**", 2 km vom Zentrum Richtung Villahermosa. Schnell in die Stadt mit den ständig verkehrenden Colectivo- Taxis. Zweistöckiger Motelstil, im Innenhof aber keine Autos, sondern Rasen, Palmen und SW- Pool. Luftige Flure und große, helle Zimmer. Modern und komfortabel. DZ ca. 77 US.

"**Hotel la Cañada**", am Ortseingang, ca. 3oo m vom Maya- Denkmal. Ruhige Lage im Wald. Kleine Cabañas mit Privatbad, die meisten mt AC. Eigenes Restaurant, wo man angenehm sitzt und ordentliches Essen bekommt. Ähnlich wie Maya- Tulipanes zwar abseits vom Trubel, aber nicht weiter von den Busbahnhöfen entfernt als die Hotels am Zócalo. DZ je nach Saison ab 27 US.

"**Hotel Casa de Pakal**", Juárez 13. Nähe Zócalo. Einfache Einrichtung. Ordentlich und sauber. Zimmer mit AC, klein, aber solide möbliert. DZ ca. 33 US.

"**Hotel Misol- ha**", Juárez 14. Nähe Zócalo. Einfache Zimmer mit Ventilator. Sauber. Heiß und stickig trotz der vielen gekachelten Wände. DZ ca. 17- 25 US.

"**Hotel Palenque**", 5 de Mayo/Ecke Zócalo. Alter Betonkasten mit großem Innenhof. Dort sitzt man im Grünen unter Bananenstauden. SW- Pool. Heruntergekommen. Große, einfach eingerichtete Zimmer mit AC. DZ ca. 33- 4o US.

"**Hotel Vaca Vieja**", 5 de Mayo/Ecke Chiapas. Drei Blocks oberhalb des Zócalo. Etwas abseits, aber große und ordentliche Zimmer. Ruhig und sauber. Einige mit Balkon. DZ ca. 2o- 23 US.

"**Hotel Kashlan**", 5 de Mayo, gegenüber ADO- Busbahnhof. Großes Haus. Zimmer einfach, aber neu möbliert. Hell und luftig, mit Ventilator. Sauber, freundliche Atmosphäre. Für ca. 2o US gute Wahl.

"**Hotel Lacroix**", Hidalgo/Ecke Zócalo. Flachbau mit sehr einfachen Zimmern und Bädern. Ventilator, alte Armaturen. Größter Vorteil ist die schöne Terrasse; an den Wänden Maya- Motive, nach hinten Blick auf Palmen und Garten, wo die Vögel zwitschern. DZ ca. 17 US.

"**Hotel San Juan**", Emilio Rabasa (am Ende der Calle Allende links ab). Einfach, aber sauber. Zimmer mit Ventilator und kleinem Bad. Etwas abseits, dafür hat man Palmen vor der Tür und befindet sich im Grünen, weg von Lärm und Schmutz des Zentrums. Für ca. 13 US pro DZ eine gute Wahl.

"**Hotel Regional**", Juárez 113. Basic. Zwischen Zócalo und Busbahnhöfen. Patio mit Pflanzen, wo man passabel sitzt. Zimmer düster mit Bett, Stuhl und Ventilator. Winzige Bäder mit Klo und Dusche in einem. DZ ca. 18- 2o US.

"**Hotel Avenida**", gegenüber Busbahnhof "Transportes Tuxtla". Großer Betonkasten mit einfachen Zimmern. Ventilator. Notlösung bei später Ankunft. DZ ca. 15 US.

"**Hotel Posada San Francisco**", Hidalgo 113. Basic. Zwischen Zócalo und Busbahnhöfen. Düstere Zimmer mit Ventilator, sehr einfaches Privatbad. Heiß und stickig. DZ ca. 1o US.

Camping: "Maria del Mar", 2,5 km auf dem Weg zu den Ruinen. Trailer- Park; auch Zelte akzeptiert. Mit Swimming- Pool und Restaurant.

"Mayabell", 2 km vor den Ruinen. Günstig, um von dort zu Fuß zur Ausgrabungsstätte zu gehen. Einfache Einrichtungen, bei Rucksackreisenden beliebt.

ROCAMAR, 2o de Noviembre/Ecke Zócalo. Große Auswahl an Fisch und Mariscos. Preise mittel.

Vier einfache, preiswerte Taquerías in der Calle Jiménez, direkt am Zócalo.

ARTEMIO, Hidalgo/Ecke Zócalo. Kleine Terrasse mit Blick auf den Zócalo. Schlicht, aber recht gemütlich. Einfache mexikanische Gerichte, auch Frühstück. Preise billig bis mittel.

MAYA, Independencia/Ecke Hidalgo. Halbwegs gemütlich. Gute Auswahl an mexikanischen Gerichten. Frühstück. Ansonsten Fleisch- und Fischgerichte. Preise mittel.

GIRASOLES, Juárez/Ecke 5 de Mayo. Am ADO- Busbahnhof mit relativ luftiger Terrasse im 1. Stock. Mexikanische Gerichte, Frühstück und andere Kleinigkeiten zu niedrigen bis mittleren Preisen.

LA QUEBRADA, Juárez, gegenüber ADO- Busbahnhof. Einfaches Essen, auch Frühstück. Billig. Praktisch bei Wartezeiten auf den Bus.

CHAN- KAH, Juárez/Ecke Zócalo. Eines der besseren Lokale, aber keine kulinarischen Höhenflüge erwarten. Mexikanische Spezialitäten, Grillgerichte. Preise mittel.

LA KAN- HA, Juárez 2o. Angenehme Taquería mit den üblichen mexikanischen Gerichten. Frühstück. Billig.

Etwas abgelegen, aber ruhig am Waldrand und leicht romantisch einige Restaurants Nähe Maya- Denkmal am Ortsrand. Versteckt an einem Waldweg zwischen den Hotels Maya- Tulipanes und La Cañada.

EL PARAISO, an der Straße zu den Ruinen. Schönes Ambiente unter großem Palmendach. Grillfleisch und mexikanische Gerichte. Mittags häufig Reisegruppen, abends ruhig. Preise mittel.

MARIA DEL SOL, 2,5 km auf der Straße zu den Ruinen. Angenehme Atmosphäre. Gute Grillgerichte, Frühstück. Preise mittel.

LA SELVA, o,5 km auf der Straße zu den Ruinen. Gute mexikanische und internationale Gerichte. Viele Reisegruppen. Teuer.

Verbindungen ab Palenque/Ort

Palenque gehört verwaltungsmäßig zum Staat Chiapas, läßt sich aber sinnvoll in eine Rundtour zu den wichtigsten Maya-Ruinen der Halbinsel Yucatán einbauen. Außerdem ist der Ort eine günstige Zwischenstation auf Trips zwischen der Südlichen Sierra und Yucatán.

Eisenbahn: Der Bahnhof liegt im Nachbarort Pakal-Na. Züge nach Mexico City, Veracruz und Mérida. Die Strecke wird repariert, so daß es zu immensen Verspätungen kommt. In ein paar Jahren evtl. einmal attraktiv. Im Moment unbedingt den Bus nehmen, wenn man halbwegs nach Plan abfahren und ankommen will.

Bus: Zahlreiche Busterminals im kleinen Palenque. Geplant ist eine neue Central Camionera für alle Linien.

Beste und günstigste Verbindungen nach Yucatán hat ADO; in die Sierra von Chiapas (San Cristóbal de las Casas) mit "Cristóbal Colón" oder "Mundo Maya".

ADO, 5 de Mayo/Ecke Juárez.

6 x pro Tag nach Villahermosa (5 US) 3 Std. sowie 1 x pro Tag direkt nach Mexico City (4o US) 15 Std., - Campeche (12 US) 5 Std. und Escárcega (7 US) 3 Std., - Chetumal (17 US) 7 Std.

"Transportes Tuxtla" (2. Klasse), am Ortseingang, 5oo m hinter dem Maya-Denkmal. 5 x pro Tag nach Tuxtla Gutiérrez und San Cristóbal de las Casas (6 US) 6 Std.

CRISTOBAL COLON, Terminal Nähe Maya-Denkmal an der Straße zu den Ruinen. Täglich nach Villahermosa (5-6 US), Mexico City (37-45 US), Mérida (31 US), Cancún (38 US) und San Cristóbal (8 US). Fahrzeiten ähnlich wie ADO.

MUNDO MAYA, Terminal vorläufig im Restaurant "Terminal" gegenüber von Transportes Tuxtla. 2 x täglich 1. Klasse nach San Cristóbal de las Casas (8 US) 4-5 Std.

TRF, neben Transportes Tuxtla. 5 x täglich 1. Klasse nach Tuxtla Gutiérrez, wobei man auf der Durchfahrt auch in San Cristóbal aussteigen kann. Preise und Fahrzeiten wie die anderen 1.-Klasse-Busse.

Grenzübertritt nach Guatemala: Von Palenque aus gibt es eine attraktive Möglichkeit, zu den Ruinen von Tikal zu gelangen, der bedeutendsten Maya-Stätte in Guatemala. Die Verbindung liegt abseits der ausgetretenen Touristenpfade und hat immer noch ein wenig Abenteuercharakter:

Zunächst ab Palenque mit einem Regionalbus bis Zapata. Von dort wiederum einen Bus bis Tenosique. Hier dann den Bus nach La Palma nehmen.

> Dort liegt ein Boot, das auf dem Rio San Pedro bis Naranjo in Guatemala
> fährt. Wer morgens früh den ersten ADO- Bus von Palenque nach Zapata
> nimmt, hat in der Regel günstige Anschlüsse und dürfte das Boot errei-
> chen, das gegen Mittag in La Palma ablegt.
>
> Übernachtung in Naranjo und von dort am nächsten Tag weiter mit einem
> Bus nach Flores/Tikal. Von Tikal aus mit dem Bus nach Guatemala City
> oder über Belize zurück nach Chetumal/Mexiko. Weitere Details zu den
> Grenzverbindungen zwischen Mexiko und Guatemala siehe Kapitel
> "Comitán" und "Tapachula".

AUSFLÜGE AB PALENQUE

Agua Azul

Sehenswerte Kaskaden, die sich kilometerweit durch den dichten Regenwald ziehen. Glasklares Wasser, durch Mineralien blau und türkis gefärbt.
Sehr gute Bademöglichkeit. Allerdings je nach Wasserstand und Strömung
Vorsicht geboten. Einfache Unterkunft vorhanden; außerdem Palmen-
dächer zum Aufhängen der Hängematte. Auch Camping möglich. Kleine,
einfache Restaurants. Am Wochenende und Feiertagen viel Betrieb und
leider auch viel Müll.

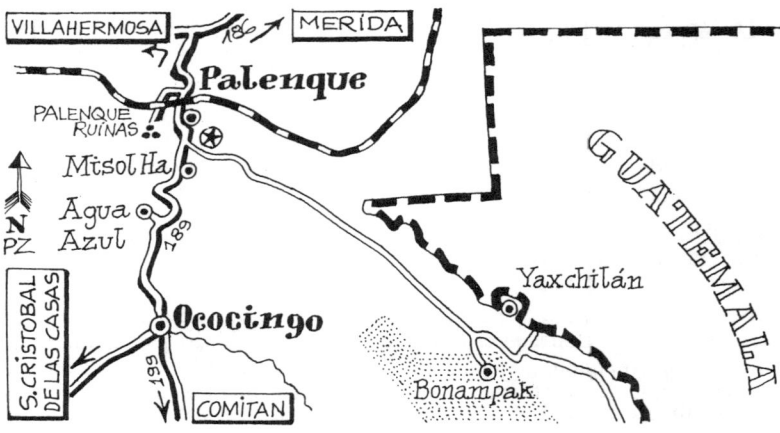

Am Ufer flußaufwärts führt ein Pfad immer am Fluß entlang. Schöne
<u>Wanderung</u> bis zu einem Canyon, wo es nicht mehr weitergeht (ca.
1 Stunde). Die Wasserfälle sind hier nicht mehr so spektakulär, aber
immer wieder kleinere Fälle und Kaskaden. Möglichst in Gruppen gehen,
es hat hier schon Überfälle gegeben.

 65 km von Palenque auf der Straße Richtung Ococingo/San Cristóbal de las Casas. <u>Kleinbusse</u> fahren von Palenque für 7 US (Allende/Ecke Hidalgo) 2 x pro Tag über Misol- Ha (Aufenthalt ca. 2o Min.) nach Agua Azul. Aufenthalt dort etwa 3 Std. Wer länger bleiben will, übernachtet und fährt mit dem Kleinbus am nächsten oder übernächsten Tag zurück. Dann aber noch einmal 3,5 US extra.

<u>Andere, etwas beschwerlichere Alternative</u>: Mit dem 2.- Klasse- Bus von "Transportes Tuxtla" Richtung San Cristóbal de las Casas. Aussteigen an der Abzweigung nach Agua Azul, die restlichen 4 km zu Fuß. Später entweder zurück nach Palenque oder weiter über die landschaftlich sehr schöne Strecke durch die Sierra von Chiapas nach San Cristóbal de las Casas. Aber nur spärliche Busverbindungen auf der Hauptstraße, deshalb größere Wartezeiten einkalkulieren.

Misol- Ha

Einzelner, frei fallender Wasserfall (25 m Höhe), aber bei weitem nicht so spektakulär wie Agua Azul. Bademöglichkeit. Ca. 25 km von Palenque auf dem Weg nach Agua Azul.

Verbindungen: siehe Agua Azul.

Bonampak

Die Maya- Ruinen von Bonampak liegen abseits und verloren im tropischen Regenwald. Besonders interessant sind neben der einsamen und schwer zugänglichen Lage die Wandmalereien im <u>TEMPLO DE LAS PINTURAS</u>, dessen Wände und Decke mit Szenen aus dem täglichen Leben der Maya bemalt sind.

Die Gebäude von Bonampak stammen vorwiegend aus dem 8. Jh. Entdeckt wurden sie erst 1946 von dem amerikanischen Forscher und Fotografen Giles Healey. Sie waren so konstruiert, daß Regenwasser durch die Wände drang und im Laufe der Zeit eine Kalkschicht auf den Malereien ablagerte. Nur so war es möglich daß sich die Farben über die lange Zeit erhalten konnten. Während die Malereien in anderen Maya-Stätten verlorengingen, hatte sie hier eine natürlich entstandene Schutzschicht konserviert. Für den Beobachter waren die Motive der Bilder jedoch nur rudimentär zu erkennen, weshalb 1984 mexikanische Wissenschaftler die überlagernde Schicht entfernten und vorher nicht sichtbare Details freilegten.

Yaxchilán

Ähnlich abgelegen wie Bonampak, am Ufer des Rio Usamacinta an der Grenze zu Guatemala. Die Ruinenanlage von Yaxchilán ist weitläufig; viele typische Gebäude und Details der Maya- Architektur: Tempel,

Ballspielplatz, Reliefs, Wandmalereien. Das besondere Erlebnis aber liegt darin, sich in einer von der Außenwelt noch fast isolierten Anlage zu aufzuhalten, zu der nur wenige Besucher den Weg finden.

Verbindungen nach Bonampak und Yaxchilán

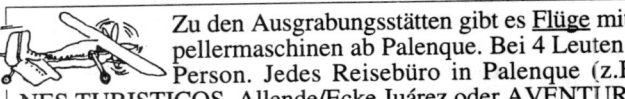

Zu den Ausgrabungsstätten gibt es Flüge mit kleinen Propellermaschinen ab Palenque. Bei 4 Leuten ca. 15o US pro Person. Jedes Reisebüro in Palenque (z.B. ANFITRIONES TURISTICOS, Allende/Ecke Juárez oder AVENTURA MAYA, Juárez 122- A) sammelt die Interessenten; sind genug zusammen, geht's los.

Mit Kleinbussen ab Palenque. Minimum 5 Personen. Möglichst früh Interesse anmelden und bei Reisebüros einschreiben. Dauer der Tour: 2 Tage. Zunächst geht es mit dem Kleinbus durch den Regenwald, dann 1 Std. auf dem Fluß Usumacinta nach Yaxchilán. Dort Übernachtung in Zelten. Am nächsten Tag weiter nach Bonampak mit Boot, Auto und anschließendem ca. 1o km Fußmarsch. Kostenpunkt ca. 1oo US, inkl. Übernachtung, Essen und Transport.Wenn sich genug Leute zusammenfinden, wird der Trip auch als Eintagestour zu einem der beiden Orte gemacht.

INDEX:

A
ACAPULCO 60, 152, 269, 314, 444, **465**
AGUASCALIENTES 291
Agua Azul 602
Ajijic 307
Akumal 576
Amacameca 239
Amatenango del Valle 517
Antigua 351
Aztlán 130

B
Bacalar 589
Bahamas 350
Bahía Chamela 459
Bahía Concepción 437
Bahías de Huatulco 481
Bahía de los Angeles 433
Bahía Tenacatita 459
Bahía Términos 530
BAJA CALIFORNIA 24, 59, **419**
Banco Chinchorro 59, 591
BARRANCA DEL COBRE 401
Barra de Navidad 459
Barranca de Oblatos 307
Basaseachic-Wasserfall 405
Batopilas 405
Becan 592
Belize 588, 602
Bonampak 128, 603
Brownsville 372, 375
Brüssel 144
Buena Vista 154

C
Cabo San Lucas 59, 445
Cacaxtla 341
Cadiz 148, 349
Calexico 372, 421
CAMPECHE **530**, 590
CANCUN 60, 561
Cañón del Sumidero 507
Cañón Huasteca 385
Cardel 363
Casas Grandes **414**, 416
Cd. Juárez 405
Celestún 543
Cenote Azul 589
Cerro del Estribo 310
Cerro de la Bufa 283, 287
Cerro de la Nevería 392
Chankanaab 577
Chan Santa Cruz 590
Chapala 307
Chapultepec 206
Chetumal 587
Chiapas 65, 485, 510, 519, 593
Chiapa de Corzo 507
Chicanná 128, 592
Chichén Itzá 105, 120, 123, 245, **552**
Chicomoztoc 290
Chihuahua 152, 374, **406**
China 465
Chinkultic 520
Cholula 106, **340**
Chupaderos 387
Cd. del Carmen 530
Ciudad de México 180
Ciudad Guzmán 296
Ciudad Juárez **415**
Cobá 128, 586
Cola de Caballo 385
Colima 57, 308, **460**
Comala 464
Comalcalco 529
Comitán 519
Costa Esmeralda 363
Costa Rica 141
Coyoacán 212, 228
Cozumel 59, 576
Creel 404
Cuauhtémoc 406
Cuautla 324
CUERNAVACA **319**, 476
Cuicuilco 217
Culiacán 397
Culiapán 501
Cumbres de Monterrey Nationalpark 384

D
Dainzú 503
Distrito Federal 79
Divisadero de Barrancas 403
Dolores Hidalgo 265
Dresden 114
DURANGO 290, 374, **386**
Dzibilchaltún 543

E
Edzná 533
EL TAJIN 107, **365**
El Garrafón 571
El Paso/USA 415
El Roblar 507

El Rosario 433
ENSENADA 429
Escarcega 592

F

Felipe Carrillo Puerto 590
Florida 147, 350

G

Garcia-Tropfsteinhöhle 384
Gelatao 68
GOLFKÜSTE ZENTRALE 345
Golfo de California 419
Grand Canyon 401
Grenada 351
Grutas de Loltún 551
Grutas de San Cristóbal 517
GUADALAJARA 144, 152, 200, 265, **295**
Guadalupe Hidalgo 155
GUANAJUATO 144, 152, 200, **265**, 318
Guatemala 122, 482, 516, 519, 601
Guerrero 65, 314
Guerrero Negro 434

H

Haiti 141
Havanna/Cuba 147, 180, 349
Hispaniola 137, 139
HOCHLAND, ZENTRALES 24, 26, **249**
Hollywood 386, 387
Honduras 103, 123, 582
Huatulco 481

I/J

Isla Contoy 573
Isla de la Pasión 578
Isla Janitzio 313
Isla Mujeres 570
Ixtaccíhuatl 57, 239, 330
Ixtapa 465
JALAPA 346
Jamaika 109, 351

K

Kabah 548
Kairo 199
Kalifornien 141, 295, 372, 421, 424
Karibikküste 25, 58, 523
Kohunlich 591
Kuba 137, 141, 163, 177, 362
KUPFERSCHLUCHT 401

L

LA PAZ 59, 433, **438**, 444
Labná 550
Lago Arareco 405
La Bufadora 432
Lago Chapala 307
La Ciudad 391
Lago Cuitzeo 276
Lagos de Montebello 57, 521
Lago de Pátzcuaro 313
Laguna Coyuca 476
Laguna Guerrero Negro 435
La Junta 405
La Malinche 330, 341
Laguna Milagros 589
Laguna Nichupte 561
Laguna Ojo de Liebre 435
Laguna Salada 423
Lambityeco 503
Laredo 372
La Valenciana 266, **272**
La Venta 104, 526
Limones 591
Loltún 551
London 270
Loreto 437
Los Alamos 387
Los Mochis 374, **398**

M

Madrid 151
Majahual 591
Manila 465
Manzanillo 308, **459**
Mar de Cortés 419
MATAMOROS 372, **375**
Matehuala 283
Mayapán 552
MAZATLAN 59, 374, **391**
Mc Allen 372
MÉRIDA 65, **534**
Mesa Chipinque 385
MEXICALI 372, **421**
MEXICO CITY 61, 62, 154, **173**, 325
Michoacán 313
Mil Cumbres 318
Misol-Ha 603
MITLA 106, 502, **504**
Montebello 521
MONTERREY 154, 282, 376, **379**
Monte Albán 106, **498**

MORELIA 276, 308, **313**
Morelos 319
Mulegé 437

N

Nassau 350
Nautla 363
Nayarit 120
Nevado de Colima 464
Nevado de Toluca 324
New-Mexico 373, 406, 416
New York 199
Nogales 416
NORD-MEXIKO 371
Nueva España 141
Nueva Granada 150
NUEVO LAREDO 372, **376**

O

OAXACA 65, **485**
Ocosingo 518
Ocotlán 341, 502
Ojo Caliente 282, 295

P

PACHUCA 144, **250**
PALENQUE 122, 128, 518, 591, **593**
Papantla 363
Paquimé 411, **414**
Parador Punta Prieta 433
Paris 114
Parque Nacional Volcán de Fuego 464
Parque Natural de la Ballena Gris 434
Paso de Cortés 239
PATZCUARO 308
PAZIFIKKÜSTE 25, **453**

Petén 128
Pichilingue 439
Pico de Orizaba 57
Pie de la Cuesta 476
Pisté 559
Playa del Carmen 573
Polanco 206
Popocatépetl 57, **238**, 324, 330
Potosi/Bolivien 139
Poza Rica 368
PUEBLA 64, 106, 324, **330**
PUERTO VALLARTA 308, 397, **454**
Puerto Angel 480
Puerto Cancún 561
Puerto Escondido 477
Puerto Juárez 572
Punta Allen 585
Punta Cancún 564
Punta Sam 572
Puuc-Region 544

Q/R

QUERÉTARO 152, 156, 160, **253**
Quintana Roo 587
Real de Catorce **282**, 386
Reserva Siankaan 585
Reynosa 372
Rio Bravo 372
Rio Cuale 454
Rio Grijalva 507
Rio Hondo 588
Rosarito 429

S

Saltillo 385
SAN CRISTOBAL DE LAS CASAS 482, **508**
SAN LUIS POTOSI 276
SAN MIGUEL DE ALLENDE 152, 259
Santa Ana del Valle 504
San Angel 215
San Bartolo Coyotepec 64
Santuario de Ocotlán 341
San Diego/USA 154
San Ignacio 436
San José del Cabo 448
San Juán Chamula 517
Santa María El Tule 503
San Miguel de Cozumel 577
San Quintin 433
Santa Rosalía 436
Sao Paulo 199
Sayil 550
Sevilla 140, 148, 349
Siankaan 585
SIERRA SÜDLICHE 485
Sierra de Chiapas 65
Sierra de los Organos 290
Sierra Madre 24, 374, 386, 397, 416
Sierra San Francisco 436
Sierra Tarahumara 403
Sinaloa 120, 374, 397
Sisal 534
Sombrerete 290
Sonora 374
Spanien 143
SÜDLICHE SIERRA 485

T

Tabasco 176

Tampico 154, 368
Tapachula 482
Tarahumara 57
TAXCO 64, 139, 144, **325**
Tehuantepec 482
Tenejapa 517
TENOCHTITLAN **130**, 139, 146, 173
Teopanzolco 320
TEOTIHUACAN 105, 134, **240**
Teotitlán del Valle 65, 503
Tepotzotlán 246
Tequila 54, 302
Tequisquiapan 253
Texas 154, 215, 373, 421
Texas 154, 373
Texcoco-See 129, 173, 181
Ticul 551
TIJUANA 424
Tlacochahuaya 503
Tlacolula 503
Tlamacas 239
Tlaquepaque 64, 295, **306**
Tlaxcala 139, 176, 341
Todos Santos 444
Tokio 199
Toluca 260, 318
Tonalá 64, 307
Tonina 518
Topolobampo 603
Tucson 155
Tula 105, **245**
TULUM 576, **582**
TUXTLA GUTIÉRREZ 505
Tziscao 521

U/V/W

USA 215, 372, 373, 411, 419
Uxmal 116, **544**
Valladolid 313, 314, 560
Valle de México 129, 238
Valle de Oaxaca 500
VERACRUZ 138, 146, 154, 176, 180, 346, **349**
VILLAHERMOSA 518, **523**
Villa del Oeste 387
Volcán de Colima 57, 460, **464**
Volcán de Fuego 464
Volcán La Malinche 330, 341
Volcán Tacaná 482
Westindien 138

X

XALAPA 346
Xcalac 591
Xel-Ha 576
Xlapak 550
Xochicalco 319, **324**
Xochimilco 218
Xpujil 592

Y

Yagul 504
Yaxchilán 604
Yaxuná 586
YUCATAN HALBINSEL 24, 107, 122, **523**

Z

Zaachila 501
ZACATECAS 144, **283**
Zempoala 362
ZENTRALE GOLFKÜSTE 345
ZENTRALES HOCHLAND 24, 26, **249**
Zihuatanejo 465
Zinalantan 517
Zona Rosa 205